2020 FUYANG YEARBOOK

富阳年鉴

杭州市富阳区地方志编纂委员会　编

（总第25卷）

方志出版社
Publishing House of Local Records

图书在版编目（CIP）数据

富阳年鉴. 2020 / 杭州市富阳区地方志编纂委员会编. -- 北京：方志出版社，2020.9
ISBN 978-7-5144-4587-9

Ⅰ.①富… Ⅱ.①杭… Ⅲ.①富阳－2020－年鉴
Ⅳ.①Z525.54

中国版本图书馆 CIP 数据核字（2020）第 214005 号

富阳年鉴（2020）

编　　者：杭州市富阳区地方志编纂委员会
责任编辑：刘方圆
出 版 者：方志出版社
地址　北京市朝阳区潘家园东里 9 号（国家方志馆 4 层）
邮编　100021
网址　http://www.fzph.org
发　　行：方志出版社图书经销中心
电话（010）67110500
经　　销：各地新华书店
印　　刷：杭州富阳正大彩印有限公司
开　　本：889×1194　1/16
印　　张：25.75
字　　数：952 千字
版　　次：2020 年 9 月第 1 版　2020 年 9 月第 1 次印刷
印　　数：0001～1000 册
ISBN 978-7-5144-4587-9　定价：360.00 元

编 辑 说 明

一、《富阳年鉴》记载富阳区政治、经济、文化及社会发展的主要情况，为广大读者了解富阳提供年度信息资料。自1996年开始编纂至今，已连续公开出版25卷。

二、《富阳年鉴（2020）》以马克思列宁主义、毛泽东思想、邓小平理论、“三个代表”重要思想、科学发展观、习近平新时代中国特色社会主义思想为指导，坚持辩证唯物主义和历史唯物主义的立场、观点和方法，紧紧围绕中国共产党的路线、方针、政策，全面、客观地反映富阳区人民在2019年勇于开拓创新，在政治、经济、文化、社会、生态文明和党的建设中取得的新成就、新经验，以及在前进道路上遇到的新情况、新问题。记述时限为2019年1—12月。

三、《富阳年鉴（2020）》采用分类编纂法，以类目、分目、条目3个层次为框架结构。卷首设特载、年度聚焦、大事记、区情综览。百科部分设中国共产党杭州市富阳区委员会、杭州市富阳区人民代表大会、杭州市富阳区人民政府、中国人民政治协商会议杭州市富阳区委员会、纪律检查·监察、民主党派·社会团体、法治、军事、经济管理、农业·新农村、工业、商贸流通、金融、交通运输、邮政通信、旅游业、富阳经济技术开发区、杭州富春湾新城、投融资平台、城乡建设与管理、环境保护、科学技术、教育、文化·传媒、卫生健康、体育、社会生活、乡镇·街道。卷尾设名录、附录、索引。全书共设35个类目，275个分目，1793个条目。类目之首一般设“综述”，分目之首一般设“概况”，以集中记述各行各业的综合情况。

四、《富阳年鉴（2020）》的文稿大部分由富阳区各部门和各乡镇、街道提供，部分由区委党史研究室（区地方志办公室）和有关人员撰写。文稿由领导审核，文后作者署名。凡涉及全区性国民经济和社会发展的数据，均以富阳区统计局当年《统计年鉴》为准；《统计年鉴》未收录的数据，采用各专业部门提供的数据。个别数据由于来源不同，统计口径不一，以该行业主管部门提供的为准。各业所涉及的产值均指当年价。

五、先进名录由各部门单独提供，收录标准为国家级、省部级及杭州市委、杭州市政府以上颁奖或命名的先进集体和先进个人。

六、附录的收录范围为新任区领导简历、重要文件目录。

七、全书所涉浙江省委、市委、区委如无特殊说明，一般指中国共产党浙江省委、杭州市委、富阳区委。

2020年10月

杭州市富阳区地方志编纂委员会

《富阳年鉴》编辑部

2020 年 1 月 6 日，区委一届八次全体（扩大）会议召开　　（朱啸尘　供稿）

2020 年 1 月 18 日，区十六届人大四次会议召开　　（朱啸尘　供稿）

2020 年 1 月 17 日，区政协九届四次会议召开　　（骆晓飞　供稿）

2019 年 1 月 5 日，富阳与中央财经大学、中科院上海光机所、杭州电子科技大学合作签约
（包　健　供稿）

2019 年 1 月 8 日，富阳召开全区第五期村干部“擂台比武——党建工作擂台赛”

（包　健　供稿）

2019 年 1 月 14 日，区行政服务中心新办事大厅正式启用　　（黄赛琼　供稿）

2019 年 1 月 19 日，富阳召开全区机构改革动员大会　（包　健　供稿）

2019 年 2 月 1 日，富阳规划展示馆正式启用　（朱啸尘　供稿）

2019 年 3 月 6 日，富阳召开全区“医共体”建设动员大会　　（包　健　供稿）

2019 年 3 月 22 日，“富阳·富春山居”高铁冠名的 G7317 次列车首发运行　　（骆晓飞　供稿）

2019 年 4 月 3 日，富阳召开全区农村工作会议暨实施乡村振兴战略推进会　　（朱啸尘　供稿）

2019 年 5 月 6 日，富阳举行新闻发布会，率先启动“人生一件事”改革　　（朱啸尘　供稿）

2019 年 5 月 25 日，“歌颂祖国、千旗共舞”——富阳区纪念新中国成立 70 周年广场活动在秦望广场举行（黄赛琼　供稿）

2019 年 5 月 31 日，富阳召开全区综合考评总结部署暨“奋力争先、勇创一流”战斗动员大会（包　健　供稿）

2019 年 6 月 1 日，杭州市台办和富阳区人民政府共同举办公望富春两岸文化周暨二十年 · 一幅画富春江雅集 20 周年纪念活动 （朱啸尘 供稿）

2019 年 6 月 22 日，富阳区领导干部"周末学习大讲堂"开班典礼在区委党校举行 （包 健 供稿）

2019 年 6 月 27 日，富阳举办庆祝中国共产党建党 98 周年暨全区“入党初心故事分享”大会
（黄赛琼　供稿）

2019 年 9 月 3 日，富阳区庆祝新中国成立 70 周年大型诵读活动——“追梦富春 · 国旗下的诵读”在富春山馆举行
（马千里　供稿）

2019年9月9日，富阳打响生活垃圾分类“百日攻坚战”（图为全区垃圾分类推进会现场）
（区分类办　供稿）

2019年9月11日，富阳召开“不忘初心、牢记使命”主题教育工作会议　（包　健　供稿）

2019 年 9 月 11 日，富阳推出 7 条红色研学线路，组织全区党员开展“红色研学”（图为区四套班子领导赴湖源乡金萧支队纪念馆开展“红色研学”）（马千里　供稿）

2019 年 9 月 16 日，富阳阳陂湖生态修复治理项目正式启动（图为阳陂湖湿地整治后效果图）（富春山居集团　供稿）

2019年9月21日，中科院上海光机所杭州分所（杭州光学精密机械研究所）在杭州富春湾新城正式揭牌（区科技局　供稿）

2019年9月30日，富阳举行浙江省中医院新院区项目签约仪式（沈　虹　供稿）

2019 年 11 月 15 日，富阳举行重大项目集中开竣工活动　　（朱啸尘　供稿）

2019 年 12 月 12 日，富阳区启动庆祝撤市设区 5 周年系列活动　　（黄赛琼　供稿）

2019 年 12 月 20 日，杭州富春湾新城举行转型通报会暨项目集中签约活动

（包　健　供稿）

2019 年 12 月 31 日，精品江景二期和桂花路精品街正式开放　　（黄赛琼　供稿）

富阳荣誉（2019）

富阳荣誉

中国天然氧吧

中国气象服务协会

富阳荣誉

全省无欠薪区

浙江省根治欠薪工作领导小组办公室

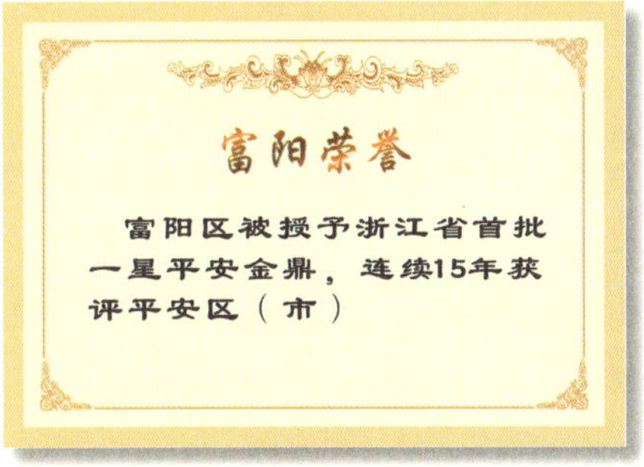
富阳荣誉

富阳区被授予浙江省首批一星平安金鼎，连续15年获评平安区（市）

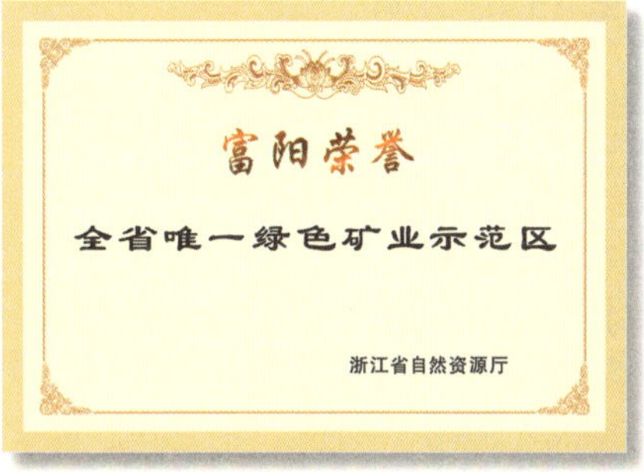
富阳荣誉

全省唯一绿色矿业示范区

浙江省自然资源厅

富阳荣誉

2019年度浙江省新时代美丽乡村示范县（区）

中共浙江省委办公厅
浙江省人民政府办公厅

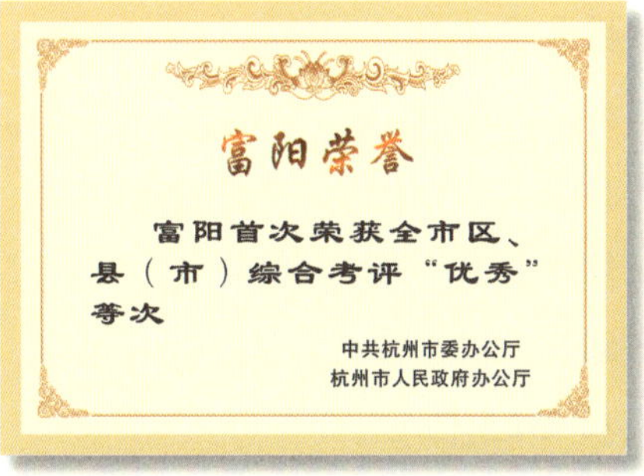
富阳荣誉

富阳首次荣获全市区、县（市）综合考评“优秀”等次

中共杭州市委办公厅
杭州市人民政府办公厅

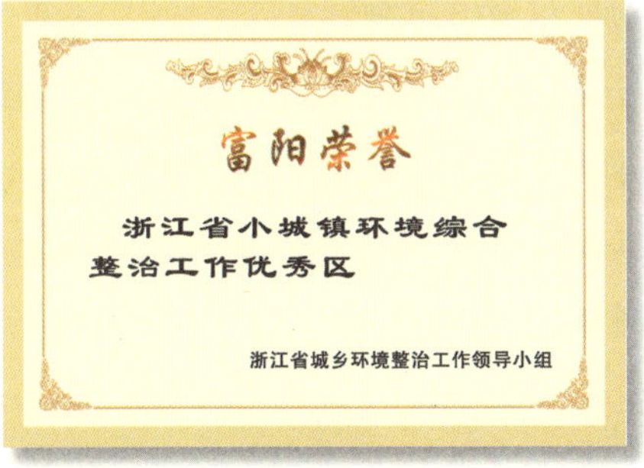
富阳荣誉

浙江省小城镇环境综合整治工作优秀区

浙江省城乡环境整治工作领导小组

富阳荣誉

2019年度乡村振兴战略实绩考核（优秀区）

中共杭州市委办公厅
杭州市人民政府办公厅

富阳荣誉

全省农村文化礼堂建设示范区

浙江省农村文化礼堂建设工作领导小组办公室

富阳荣誉

2019年度乡村振兴战略实绩考核区县（市）协作贡献单位

中共杭州市委办公厅
杭州市人民政府办公厅

数字富阳（2019）

区域面积1821.08平方千米
年平均气温17.80℃
年降水量1664.8毫米
年日照时数1576.6小时
市区空气质量优良天数336天
森林覆盖率65.5%
国家级生态乡镇（街道）18个，省级生态乡镇（街道）2个、杭州市级生态乡镇（街道）4个
常住人口74.4万人，户籍人口68.8万人
登记在册流动人口21.3万人
人口自然增长率5.5‰
城镇登记失业率1.8%
地区生产总值820.5亿元，增长6.0%
三次产业结构6.0 ∶ 45.6 ∶ 48.4
人均生产总值（按户籍）119643元
财政总收入131.3亿元
一般公共预算收入80亿元
一般公共预算支出105.5亿元
规模以上工业企业数632家
规模以上工业企业总产值1334.4亿元
数字经济核心产业增加值（剔重）77.7亿元
农林牧渔业总产值69.8亿元
农林牧渔业增加值49.6亿元
规模以上工业增加值231.7亿元
高新技术产业增加值130.7亿元
战略性新兴产业增加值83.6亿元
装备制造业增加值103.5亿元
工业总产值超亿元企业200家（按独立法人计算）
淘汰落后企业257家
建筑业增加值40.6亿元
固定资产投资增长率22.0%
社会消费品零售总额368.6亿元
接待国内游客1853.1万人，实现国内旅游收入172.8亿元
接待入境旅游者1.3万人，创旅游外汇收入377.4万美元
实现乡村旅游收入105932万元，增长59.7%
完成货物进出口总额295.9亿元
跨境电商进出口总额37086.2万美元
全社会货物运输量1830.4万吨
公路旅客运输量92.6万人次
邮电业务收入120826万元
引进硕士研究生等高层次人才1052人
拥有各类专业技术人员74674人
专利申请量4934件，授权量2744件，其中发明专利授权量395件
研究与试验发展经费支出占生产总值比重2.46%
新增省级研究院5家、国家级高新技术企业65家
杭州市级以上高新技术企业研发中心164家，其中省级以上58家
众创空间3家，入驻创业团队106个
公共图书馆1个，藏书616千册（件），书刊外借117.1万册次
县级以上文物保护单位89处（群），其中省级以上8处（群）
体育场馆22个，健身苑（点）648个
城镇居民人均可支配收入60576元
城镇居民人均消费支出37338元

农村居民人均可支配收入35531元
农村居民人均消费支出25378元
区内上牌的私人汽车拥有量121416辆
每百户家庭拥有私人汽车64.8辆
各类医疗卫生机构594个，医疗床位4137张
各类专业卫生技术人员6282人
完成无偿献血14974人次，献血总量299万毫升
职工基本养老保险参保人数544208人
职工基本医疗保险参保人数318981人
工伤、失业、生育保险参保人数分别为224809人、222422人、226344人
新建示范型居家养老中心10家、床位568张
老年食堂238家，居家养老照料中心265家，养老床位5372张
五保供养服务中心12所
福利院1所，床位186张

目　录

Contents

1 特　载

Special Report

1　中共杭州市富阳区委一届八次全体（扩大）会议工作报告
9　杭州市富阳区人民代表大会常务委员会工作报告
14　杭州市富阳区人民政府工作报告
23　中国人民政治协商会议第九届杭州市富阳区委员会常务委员会工作报告

2 年度聚焦

Highlights of the Year

28　“不忘初心，牢记使命”主题教育
28　高新产业发展
28　项目招引
28　杭州高新区（滨江）富阳特别合作区成立
28　中科院上海光机所杭州分所揭牌
29　再获省“腾笼换鸟”考核先进
29　高品质城市建设
29　融杭交通建设
29　拥江发展
30　阳陂湖生态修复治理项目开工
30　高水平社会治理
30　启动新一轮党政机构改革
30　社区大党委制建设
31　“最多跑一次”改革创新
31　紫云山庄环境综合整治
31　美丽乡村建设
31　获评浙江省新时代美丽乡村示范区
31　获“全省文化礼堂建设示范区”
32　举办首届味道山乡大会
33　新中国成立 70 周年庆祝活动

3 大事记

Chronicle of Major Events

33　1 月
34　2 月
35　3 月
35　4 月
36　5 月
36　6 月
36　7 月
37　8 月
37　9 月
37　10 月
38　11 月
39　12 月

4 区情综览

Profile

40　自然状况
40　概况
40　建制沿革
40　概况
41　行政区划
41　概况
41　人口变迁
41　概况
41　国民经济和社会发展概况
41　综合
42　农业、新农村建设
42　工业、建筑业
42　固定资产投资、房地产业
42　商贸、旅游
42　对外经济
42　交通、邮电通信

43 金融、保险
43 教育、科技
43 文化、卫生和体育
43 人口、人民生活、社会保障、救济福利
44 城市建设、资源灾害、环境保护和社会安全
44 主要指标解释
45 气　象
45 概况
45 气温
46 降水
46 光照
46 灾害性天气
47 水　文
47 概况
47 雨情
47 年降水
48 水情

5 中国共产党杭州市富阳区委员会

Hangzhou Fuyang District Committee of the Communist Party of China

49 区委全委会
49 区委一届五次全体会议
49 区委一届六次全体会议
49 区委一届七次全体会议
49 区委重要会议
49 区委常委会会议
52 村干部党建工作擂台赛
52 全区机构改革动员大会
52 统一战线迎新会
52 医共体建设动员大会
52 “扫黑除恶”专项斗争推进会
52 党建工作会议
52 老干部助力“三高”宣扬“最美”大会
53 经济工作会议
53 农村工作会议
53 “奋力争先、勇创一流”战斗动员大会
53 “不忘初心、牢记使命”主题教育工作会议
53 区第二届人才群英大会
53 全区高质量发展大比武暨乡镇工作交流会
53 公安工作会议
53 “清洁家园 文明富阳”战斗动员大会
53 美丽经济现场会
53 区委常委会（扩大）会议暨区四套班子务虚会
53 重要活动
53 在京乡贤乘首趟直达富阳高铁回故乡
54 富阳规划展示馆揭牌
54 浙江省“我们的村晚”
54 中国工程院原常务副院长潘云鹤到富作专题报告
54 区政府与浙江中医药大学、省中医院合作签约
54 全区重大项目集中开工活动
54 公望富春两岸文化周活动
54 “美丽城镇”“美丽乡村”大会比武
54 杭州高新区（滨江）富阳特别合作区挂牌
54 “追梦富春·国旗下的诵读”活动
55 阳陂湖生态修复治理项目开工
55 项目建设大比武
55 庆祝中华人民共和国成立 70 周年文艺晚会
55 全区项目集中开竣工活动
55 上级领导到富调研
55 杭州市人大常委会党组书记、主任于跃敏到富阳调研
55 常规性工作
55 政策研究
55 深化改革
55 督查工作
56 考评工作
56 保密工作
56 信息工作
56 富阳、台湾两地交流
56 组织工作
56 党组织和党员基本情况
56 开展蹲点调研工作
56 树立实绩实干用人导向
56 实施年轻干部“五级梯队”培养选拔
56 创新实施 8 小时外干部培训
57 完善人才政策
57 稳步集聚“双创”人才
57 强化人才保障
57 探索实施党建联盟助力乡村振兴机制
57 整治组织工作的薄弱环节
57 宣传工作
57 理论武装工作
57 舆论宣传
58 对外宣传
58 舆情管理
58 精神文明建设
58 推荐身边好人选树文明家庭
58 开展第二课堂教育实践活动
58 文化礼堂行政村、乡镇两个“全覆盖”
58 开展农村群众性文化活动
58 放映农村公益电影
58 “扫黄打非”行动
58 电影产业基地
58 思想文化队伍建设
59 统战工作
59 构建统战工作新格局
59 党外代表人士队伍建设
59 乡镇（街道）统战工作规范化建设
59 民主党派基层组织规范化建设
59 区级机关统战工作规范化建设
60 “凝心聚力共建新城”主题活动
60 搭建党外人士成长成才平台
60 经济领域统战工作

60 民族宗教工作
60 海外统战工作
60 乡贤统战工作
60 统战宣传
60 巡察工作
60 概况
61 优化制度建设
61 巡察全覆盖
61 巡察方法创新
61 巡察工作公开
61 机构编制工作
61 完成党政机构改革
62 推进其他领域改革
61 乡镇（街道）属地清单
62 牵头推进机关内部“最多跑一次”改革
62 规范机构编制管理持续加强
62 信访工作
62 领导重视信访
62 推进初次信访程序改革
62 依法维护信访秩序
62 实现无信访积案区
63 统一平台高效运转
63 启用“信访超市”
63 党校教育
63 学习贯彻习近平新时代中国特色社会主义思想
63 “不忘初心、牢记使命”主题教育
63 基层教学调研联系点
63 接待外地到富阳培训
63 “三高”专题培训班
64 干部培训
64 教学科研咨政
64 党史 地方志工作
64 完成《中国共产党富阳历史第三卷》（1978—2002）初稿编写
64 继续推进新四军两渡富春江纪念馆史料征集工作
64 开展红色资源普查
64 推出首批7条红色研学路线
64 命名首批党史教育基地
65 编印《奋斗与梦想——中国共产党富阳历史文集》
65 新中国成立70周年系列纪念活动
65 入围全国地方志工作先进典型推荐对象
65 指导地情文献编纂和成果应用
65 《富阳年鉴（2019）》出版发行
65 档案工作
65 综合档案馆业务评价
65 省级数字档案馆评估
65 档案利用服务
65 档案接收
65 档案库房智能化管理
66 馆藏档案数字化
66 继续推进“最多跑一次”改革
66 提供档案文化服务
66 培育档案文化品牌
66 老干部工作
66 概况
66 服务保障
66 打造机关党建品牌
66 设立老党员驿站
67 品牌工作室建设
67 区老年大学建设
67 老年志愿服务队
67 关心下一代工作
67 传承红色基因教育
67 假日爱心学校
67 创办爱心游泳基地
68 非公企业关工委组织建设
68 宣传报道

6 杭州市富阳区人民代表大会
Hangzhou Fuyang District People's Congress

69 重要会议
69 区十六届人大三次会议
69 区十六届人大常委会第十八至第二十七次会议
70 常委会监督工作
70 法律监督
71 工作监督
71 重大事项决定
71 常委会决定
71 人事任免
71 任免干部
72 代表工作
72 代表活动
72 指导乡镇（街道）人大工作
72 议案建议
72 议案建议办理
73 大会议案

7 杭州市富阳区人民政府
Hangzhou Fuyang District People's Government

74 重要会议
74 区政府全体会议
74 区政府常务会议
75 区长办公会议
75 区政府专题会议
75 其他重要会议
76 重要政事
76 新设立非常设机构
76 调整非常设机构
76 政务工作
76 外事工作
76 督办工作
76 “两会”议案建议和提案办理

76 政务信息
76 公文处理
76 行政服务
76 办理行政服务事项总量
77 率先群众办事“最多跑一次”
77 深化企业办事“最多跑一次”
77 推进“项目审批一件事”改革
77 推进政务服务标准化建设
77 推进机关内部“最多跑一次”改革
77 改革向公共服务领域延伸
77 改革向乡镇（街道）延伸
77 工程建设领域监督
78 政府采购电子交易新举措
78 国有产权出租交易新平台
78 住房公积金管理
78 住房公积金归集
78 住房公积金支取
78 住房公积金贷款
78 住房公积金财务情况
78 住房公积金“最多跑一次”改革
79 人才人事工作
79 人才招聘活动
79 引进优秀高校毕业生
79 人才培养开发
79 海外引才引智
79 扶持大学生创业
79 人才服务
79 个人档案管理
79 事业单位岗位管理
79 应急管理
79 应急管理机构建立
79 主要洪涝灾害
80 抗击台风“利奇马”
80 避灾场所建设
80 物资储备
80 安全生产责任体系建设
80 隐患排查治理
80 安全培训
80 安全生产月活动
80 安全生产执法
81 违法企业曝光
81 生产安全事故比上年下降
81 消防安全管理
81 数据资源管理
81 区数据资源管理局建立
81 政府数字化转型
81 城市大脑建设
81 电子政务基础建设
81 政府投资信息化项目全流程统筹管理
82 红十字会
82 博爱帮困
82 救护培训
82 造血干细胞、器官捐献
82 志愿服务
82 红十字精神宣传
82 区委书记朱党其调研红十字狼群应急救援队

8 中国人民政治协商会议杭州市富阳区委员会

Hangzhou Fuyang District committee of the Chinese People's Political Consultative Conference

83 重要会议
83 政协九届三次会议
83 政协常委会会议
83 政治协商
83 请你来协商
84 基层协商
84 民主监督
84 专项集体民主监督
84 委派民主监督员
84 社情民意信息
84 参政议政
84 提案工作
84 专题调研
84 助解民生小事
84 经常性工作
84 理论研究
84 主题教育
84 培训讲座
85 文史工作
85 团结联谊
85 政协走亲活动
85 服务基层群众
85 重点提案
85 全体会议建议案
85 完善“四个平台”和全科网格机制的建议
85 鹿山新城新建综合市场的建议
86 优化营商环境的对策建议
86 完善农事节庆活动的建议
86 公园绿地网络的建议
86 创客教育提速发展的建议
86 加强网络订餐安全监管的建议
87 助推生活垃圾源头分类的建议
87 推动基础教育国际化的建议
87 规范政府购买服务的建议
87 提升精准就业服务能力的建议
87 家庭医生签约服务中提升中医药服务的建议

9 纪律检查·监察

Discipline Inspection and Supervision

88 上级领导调研
88 市纪委书记到新登镇调研

88 **重要会议**
88 区纪委一届四次全会
88 巡察向村社延伸动员会
89 杭州市“家门口的监委”建设现场会
89 **监察体制改革**
89 派驻机构改革
89 乡镇（街道）监察办公室规范化建设
89 **执纪审查和监察调查**
89 信访举报工作
89 审查处置
89 **作风建设**
89 落实中央“八项规定”
89 四风问题整治
89 专项治理
89 扫黑除恶“打伞破网”
89 **党风廉政建设**
89 四责协同
89 主题教育正风肃纪检查
89 巡察工作
90 廉政风险排查防控
90 廉政文化建设
90 警示教育
90 清廉富阳建设

10 民主党派・社会团体

Democratic Parties and Social Organization

91 **中国民主同盟杭州市富阳区基层委员会**
91 概况
91 自身建设
91 参政议政
91 监督协商
92 社会服务
92 **中国民主建国会富阳区支部**
92 概况
92 参政议政
92 组织建设
92 学习生活
92 社会服务
92 **中国农工民主党杭州市富阳区基层委员会**
92 概况
92 自身建设
93 参政议政
93 民主监督
93 对口联系
93 社会服务
93 **致公党富阳支部**
93 概况
93 参政议政
93 自身建设
93 海外联谊
93 社会服务
94 **富阳区工商业联合会**
94 概况
94 强化思想引领
94 注重能力建设
94 积极建言献策
94 开展企业调研
94 招商安商引商
95 优化营商环境
95 走亲连心三服务
95 基层商会活动
95 履行社会责任
95 **富阳区总工会**
95 概况
96 “中国梦・劳动美”庆“五一”主题活动
96 “不忘初心、牢记使命”主题教育活动
96 服务高新产业发展“五百”项目进企业
96 “三送、四化、五爱”服务高品质城市建设
96 民主管理
96 职工服务
96 “三对口两协作”结对扶贫
96 爱心驿站建设
96 工会干部培训
96 经费使用管理
97 **共青团富阳区委**
97 概况
97 区新企联二届一次理事大会暨青商会三届一次会员大会
97 “快递从业青年服务月”关爱活动
97 第五届“品质公益・志愿同行”公益项目对接会
97 共青团杭州市富阳区委二十一届三次全体（扩大）会议
97 “青春心向党・建功新时代”特别主题团日
97 纪念“五四”运动 100 周年青年座谈会
97 “青春心向党・建功新时代”红色团日活动
97 党员志愿服务活动
97 青年学子看家乡主题活动
97 志愿服务实务知识培训会
97 社区青少年俱乐部工作推进会
98 “青春建功新时代 我与祖国共成长”荧光夜跑活动
98 志愿服务活动
98 “培育青年创客，助力乡村振兴”主题培训班
98 “不忘初心・建功新城”主题演讲比赛
98 “不忘初心、牢记使命”党团知识竞赛
98 首届青少年创客大赛
98 行政村（社区）团干部培训班
98 在富高校团工作座谈会
98 基层组织力提升比武大会
98 **富阳区妇女联合会**
98 概况
98 思想政治引领
98 两规实施
98 “最美庭院”大比武活动

98　垃圾分类
98　双学双比·巾帼建功
99　“我在富春山乡有个家”活动
99　家庭文明建设
99　“好家庭”信用贷
99　家庭教育
99　妇女维权
99　关心关爱行动
99　妇女组织全覆盖
99　杭州市富阳区科学技术协会
99　概况
99　领衔破难见实效
99　十届八、九次常委会和十届六次全委会
99　第十一次代表大会和十一届一次全委会
100　区科协系统改革
100　建言献策
100　重大科普活动
100　科普大讲堂活动
100　拓展科普宣传阵地建设
100　开展“科技下乡、科普进文化礼堂”活动
100　科普工作信息化
100　开展科普电影大篷车巡回放映和科普电影进校园活动
100　青少年科普教育基地
101　全国科技工作者日活动
101　工商联开展反邪宣传警示教育
101　富阳区文学艺术界联合会
101　概况
101　志愿者服务
101　麦家“童年与故乡”《人生海海》创作分享会
101　“送欢乐、下基层”暨“诗画富春山居”写生采风创作活动
101　文艺帮扶
101　增强“四力”服务“三高”发展座谈会
101　公望美术馆 2019 年展览
101　三江两岸女画家富阳采风活动
101　实施文艺家进校园支教
102　组建文艺轻骑兵礼堂小分队
102　“味道山乡”摄影活动
102　文艺惠民活动
102　对外文艺交流
102　基层调研
102　重要创作成果

11 法　治
Rule of Law

103　“平安富阳”建设
103　概况
103　深化大平安工作机制
103　构建大维稳工作格局
103　聚焦高水平社会治理
103　公　安
104　概述
104　石小忠到分局调研
104　王双全、金志到分局督导全国“两会”维稳安保
104　金伯中到分局调研
104　史占彪到分局调研
104　汪勇到分局考察
104　金志到分局专案基地调研
104　金志到富阳联系基层人大代表和人民群众
104　许强到富阳指导反恐怖工作
104　刘威华到分局调研
104　朱党其出席公安工作会议
104　维稳安保体系
104　涉稳风险处置
105　治安隐患整治
105　大型活动监管
105　重点场所管理
105　涉恐行业管理
105　中心工作护航
105　重大活动社会风险评估做法
105　“走亲连心三服务”活动
105　民族团结一家亲
105　扫黑除恶
105　重大案事件侦破
105　打击黄赌犯罪
105　打击民生领域犯罪
106　反恐执法
106　涉毒执法
106　经侦执法
106　非法集资案件查处
106　“蓝剑 2019”专项行动
106　开展“猎狐行动”
106　基地建立
106　“雪亮工程”建设
106　“智安小区”建设
106　重点创建并重
106　警民共建共治
106　基层基础建设
107　数字化派出所建设
107　“枫桥式派出所”创建
107　综合指挥室建设
107　危险物品管理
107　“护校安园”行动
107　公共交通管理
107　交通隐患治理
107　交通违法整治
107　围剿技战法
107　交通违法防控
107　流动人口管理
107　保安行业监管
107　精神病人管控
108　“智慧”监管升级

108　在押人员服务保障
108　司法实战服务
108　在押人员管理
108　打造巡特警“金名片”
108　警务保障
108　档案史志
108　“一局一品”创建
108　执法制度建设
108　执法管理辅助平台建设
108　执法问题整治
108　“最多跑一次”改革
109　特种行业许可审批承诺制
109　窗口服务
109　从严治警
109　素质强警
109　从优待警
110　宣传工作
110　双聘工作
110　首次警察职务晋升
110　立功创模
110　实践教学
110　检　察
110　概况
110　维护大局稳定
110　推进扫黑除恶专项斗争
110　严惩侵害群众利益犯罪
111　协同推进反腐败工作
111　打造法治营商环境
111　优化刑事诉讼监督
111　加强民事诉讼监督
111　行政诉讼监督
111　检察公益诉讼
111　参与社会治理
111　守护“舌尖上的安全”
111　未成年人司法保护
112　深化检察服务职能
112　作风建设
112　推动创新提质效
112　接受监督提公信
112　审　判
112　概况
112　优化法治营商环境
112　服务平安富阳创建
112　参与社会综合治理
113　助推法治政府建设
113　深化诉讼司法服务
113　提升案件质量效率
113　强化案件强制执行
113　“智慧法院”建设
113　司法行政
113　概况
113　法治富阳建设
114　社区矫正和安置帮教
114　大调解和基层基础
114　法治宣传
114　公共法律服务
114　法律服务行业管理
115　案例选录
115　侦破“3·28”黑恶犯罪团伙案件
115　侦破“铜精矿粉”系列盗窃案件
115　侦破网络诈骗团伙案件
115　侦破徐某特大跨省系列盗窃案件
115　侦破持刀入室抢案件
115　侦破微信交友诈骗案件
116　侦破全国首起以网络电商平台刷单方式进行非法吸收公众存款案件
116　利用“城市大脑”平台查获马路杀手
116　以检察公益诉讼守护英烈荣光
116　蒋莲英非法集资案

12 军　事

Military Affairs

117　综　述
117　概况
117　富阳区常委议军会议
117　民兵与预备役
117　民兵组织整顿
117　民兵连长集训
117　兵役工作
117　“最多跑一次”改革
117　退伍老兵欢迎仪式暨就业推进会
118　为老战士代表颁发庆祝中华人民共和国成立 70 周年纪念章
118　国防教育
118　抓好国防教育
118　开展国防动员潜力调查
118　军民共建
118　增强群众性活动教育实效

13 经济管理

Economic Management

119　综合经济管理
119　概况
119　聚焦规划计划统筹
119　聚焦重大课题及战略对接谋划
119　扩大有效投资
119　推进产业发展
120　项目申报和资金争取
120　信用工作
120　做好“双控”
120　锅炉淘汰和综合功能站建设
120　机关节能工作

120 监测和经济形势分析
120 推进投资项目制度改革
120 打造国际一流营商环境
120 推进小城市培育试点
120 打造特色小镇
121 国有资产监督管理
121 国有资产概况
121 推进国企专业化重组
121 强化国有资本运营
121 加强国企管理监管
121 规范国有企业党建
121 财　政
121 概况
121 组织财政收入
121 支持经济发展
123 保障民生支出
123 深化财政改革
123 强化财政监管
124 税　务
124 概况
125 落实减税降费
125 组织税费收入
125 夯实税收管理
125 推进依法治税
125 优化纳税服务
125 土地资源管理
126 概况
126 完成机构改革
126 深化“最多跑一次”改革工作
126 率先成为杭州地区实行“权调承诺制”的县（市、区）
126 规划资源法律法规宣传教育
126 保障发展用地
126 探索节约集约利用土地新模式
127 土地供应出让
127 土地综合整治和生态修复
127 强化执法监察
127 深化农民审批建房工作
127 富阳区首次实现 1 ：2000 基础地理信息全覆盖
127 地矿管理
127 矿山专项整治
127 废弃矿山综合治理
128 绿色矿业发展示范区建设
128 地热资源勘查
128 矿产资源开发管理
128 矿政管理
128 地质灾害防治
128 市场监督管理
128 概况
129 全方位“最多跑一次”改革
129 压缩企业开办时间
129 清理企业开办、注销门槛
129 食品小作坊三年提升计划
129 全国食品生产加工小作坊治理工作现场会
129 农村家宴三年创建计划
130 杭州市农村家宴中心厨房创建提质扩面工作现场会
130 开展食品安全监督执法
130 推进热点难点的有效解决
130 网络餐饮食品安全整治工作
130 智慧监管全面上线
130 推动乡村菜场规范提升
130 广告执法工作
131 “浙江制造”品牌培育硕果累累
131 “双百示范”培育工程
131 商品质量安全监管
131 认证认可产品专项检查
131 标准化建设
131 “千家民企计量帮扶”活动
131 助力企业强化知识产权工作
131 打击知识产权侵权行为
132 推进市场主体转型升级
132 清理异常经营企业
132 信用信息公示
132 开展“双随机、一公开”工作
132 聚焦重点领域执法
132 特种设备安全大检查
132 民生电梯安全
132 送药上山进岛便民服务点
132 助力医疗器械企业健康发展
133 药械安全检查
133 开展药械“热点”专项整治
133 “降总量、提质量”改革
133 成立消费者权益保护中心
133 消费者权益保护工作
133 统　计
133 概况
133 统计服务
133 大型国情国力调查
134 社情民意调查
134 统计基础建设
134 统计法治建设
134 审　计
134 概况
134 预算执行审计
134 投资项目审计
134 经济责任审计
134 专项审计调查
135 内部审计指导
135 物价管理
135 概况
135 保持价格总水平基本稳定
135 做好降费减负工作
135 深化价格成本监审工作
135 深入推进重点价格政策落实
135 区市场监管局价监分局成立

135 价格监管领域执法
135 涉企收费专项检查

14 农业·新农村
Agriculture and New Countryside

136 **综 述**
136 概况
136 农业产业
136 民宿经济
136 新时代美丽乡村
136 精准扶贫
137 农民素质提升工程
137 **农村经济管理**
137 扶持薄弱村
137 农村集体“三资”管理
137 土地“三权分置”改革
137 **种植养殖业**
137 粮油生产
137 救灾种子储备
137 茶叶生产
137 蚕桑生产
137 水果生产
137 中药材
137 蔬菜生产
137 畜牧生产
137 渔业生产
137 竹产业
137 木本油料
138 花卉苗木
138 **农业产业化**
138 市级“菜篮子”工程建设
138 市级畜禽屠宰行业发展项目
138 省级美丽农业项目
138 区本级农林项目
138 农林项目网上申报
138 粮食生产功能区
138 中央农业支持保护补贴（耕地地力保护）
138 规模种粮（油）大户
138 粮食高产示范
138 蔬菜之王
138 省级标准农田地力提升
138 杭州市农田质量提升工程
138 垦造耕地后续管护
138 打造精品渔业基地
138 **林 业**
138 造林抚育
138 林区基础设施提升
139 一村万树
139 一亩山万元钱新模式
139 乡村绿化
139 美丽林相
139 森林生态文化
139 战略合作工程
139 义乌森博会
139 国际竹产业博览会
139 **农业机械**
139 农业机械监督管理
140 农机具推广
140 实施农业“机器换人”示范工程
140 **农业生态环境与安全**
140 动物尸体无害化处理
140 粮油病虫害总体发生情况及防治
140 草地贪夜蛾
140 省农作物病虫监测网富阳区域站建设
140 化肥零增长
140 农药零增长
140 农药废弃包装物回收处置
140 氮磷生态拦截沟渠建设
140 沼气安全生产
140 农作物秸秆禁烧和综合利用
140 农村统一灭鼠
140 富阳区土壤肥料检测中心
140 耕地质量监测
141 中轻度污染农田安全利用示范
141 渔业生态保护
141 农产品质量安全检测
141 “三品”基地建设
141 古树名木保护
141 湿地公园建设
141 野生动植物保护管理
141 野生动物救护
141 森林公安、森林消防安全
141 渔业管理
141 禁渔期管理
141 重大动物疫病防控
142 森林病虫害防治
142 产地检疫与调运检疫
142 检疫监管
142 **科技宣传**
142 农业科技下乡
142 农业科技
142 农作制度创新
142 农技推广体系建设
143 新品种、新技术推广
143 **农业人才培训**
143 农广校学历教育
143 新型职业农民培育
143 农技人员继续教育培训
143 职业技能鉴定
143 农业实用技术培训
143 实训基地、田间学校
143 **防汛防台抗旱**
143 主要灾害

143 防汛检查
143 保障措施
143 基层防汛防台体系建设
143 水利建设和管理
143 概况
143 水利规划
144 富春江治理工程
144 北支江综合整治工程
144 河湖清淤工程
144 水利工程管理
144 水资源管理
144 水土保持
144 水域保护与管理
144 生态调水
144 河道保洁
144 美丽河湖创建
144 水利工程标准化管理
144 农村小水电管理
144 岩石岭水库运行管理
144 皇天畈排涝站运行管理
144 “3·22”世界水日
144 依法行政
144 法治监督
145 行政执法能力建设
145 农资市场监管
145 水政执法
145 行政审批

15 工 业

Industry

146 综 述
146 主要经济指标
146 4家富阳企业入选“2019浙商全国500强”
146 3家富阳企业入围 “2019中国民营企业500强”
146 3家富阳企业入围2019浙江省民营企业百强
146 3家富阳企业入选杭州重点拟上市企业名单
146 富阳区工业企业百强榜出炉
147 富阳5个“152”工程项目开工
147 3名富阳企业家入围“品质杭商”候选名单
147 企业培育
147 龙头企业
147 成长企业
147 小微企业
147 产业转型
147 高新产业发展
147 优势产业提升
148 民生产业改造
148 数字经济
148 概况
148 企业引育夯实产业基础
148 平台建设推动产业集聚
148 数字赋能引导产业升级
148 有色金属冶炼和压延加工业
148 概况
148 富冶集团入围浙江省第一批“雄鹰行动”培育企业名单
148 富通昭和线缆（杭州）有限公司入围2018年铜导体线材加工企业十强名单
149 电气机械和器材制造业
149 概况
149 富通集团等2家企业入围2019年电子信息百强企业榜
149 富通集团等4家企业入选2019年中国电子元件百强企业
149 富通集团、富春江集团上榜中国光通信最具竞争力企业十强
149 富通集团获“高质量发展”领军企业
149 富通集团积极布局“5G+万物互联”新时代
149 杭电股份500千伏电缆系统在国网中标
149 富春江集团顺利通过工信部两化融合体系贯标
149 富通集团荣获“5G创新企业”
149 造纸及纸制品业
149 概况
149 春江街道加快造纸企业腾退
149 道勤纸业转型升级
150 马来西亚新胜大绿色造纸产业园项目签约落地
150 金属制品业
150 概况
150 杭黄高铁“张小泉”品牌专列首发
150 老字号品牌张小泉转型提升
150 杭州新永丰钢业有限公司实现在线检测技术
150 计算机通信和其他电子设备制造业
150 概况
150 杭州雄迈信息技术有限公司被评为“杭州市专利试点企业”
150 杭州雄迈信息技术有限公司荣获“浙江名牌产品”称号
150 大华智联创建科技化服务化仓储管理体系
150 大华智联等3家企业入选浙江“聪明工厂”
150 星帅尔取得2项商标注册证书
150 通用设备制造业
150 概况
151 2019年度富阳区职业技能大赛启动
151 浙江江丰新材料有限公司金属材料深加工项目落户新登新区
151 永盛科技LNG低温阀通过鉴定
151 中泰深冷、富春江环保各一项产品被认定为省内首台（套）产品
151 非金属矿物制品业
151 概况
151 山亚南方水泥减量优化技术升级
151 山亚南方水泥5000t/d生产线项目审批成功

151 医药制造业
151 概况
151 惠迪森药业完成项目迁建
152 海正药业入选 2018 年度中国医药工业百强榜
152 瀚晖制药有限公司获 2018 年度杭州市政府质量奖
152 富阳 3 家企业 7 个项目入选杭州市生物医药产业发展资助项目
152 化学原料和化学制品制造业
152 概况
152 中策清泉挂牌“锦屏劳务输出就业基地”
152 橡胶和塑料制品业
152 概况
152 废弃资源综合利用业
152 概况
152 汽车制造业
152 概况
152 汽车超人上榜杭州独角兽企业榜单
152 金固股份汽车超人顺利召开 2019 年战略沟通会
152 金固股份、贝斯特气体联合进军氢能源领域
152 金固股份项目总部项目开工
152 供 电
152 概况
153 电网规划
153 电网建设
153 智慧电网建设
154 持续优化营商环境
154 供电服务建设

16 商贸流通

Commerce and Circulation

155 综 述
155 概述
155 招商引资
155 概述
155 招商体制
155 招商项目
155 引进高新企业
155 利用外资
156 商贸流通
156 概述
156 商贸活市
156 再生资源工作
156 商贸项目
156 行业管理
156 对外贸易
156 概述
156 加工贸易
156 进口贸易
156 “一带一路”拓市场
156 出口品牌建设
156 外贸风险防控
156 境外投资
156 服务贸易
156 电子商务
156 概述
156 电商培训
157 电博会富阳馆
157 农村电商
157 电商扶贫
157 粮食安全
157 储备管理
157 流通安全
157 产销合作
157 经济合作
157 持续推进对口帮扶工作
158 全面落实山海协作
158 其他对口工作
158 供销合作商业
158 概况
158 扩大区农合联组织基础
158 优化农资生产服务
158 畅通供销合作体系
158 深化信用支农力度
158 推广农业政策性保险覆盖面
159 夯实供销组织体系
159 深化党建联盟机制
159 “万亩土地托管”工程
159 提升社有企业实力
159 烟草专卖
159 概况
159 业务经营
159 市场监管
159 QC 创新

17 金 融

Finance

160 综 述
160 概况
162 中国人民银行富阳支行
163 中国工商银行富阳支行
163 中国农业银行富阳支行
163 中国银行富阳支行
163 中国建设银行富阳支行
163 中国交通银行富阳支行
163 中信银行杭州富阳支行
163 杭州银行富阳支行
164 富阳农村商业银行
164 邮政储蓄银行富阳支行
164 招商银行杭州富阳支行
164 兴业银行杭州富阳支行
164 浙江民泰商业银行杭州富阳支行
164 浙江泰隆商业银行杭州富阳支行

164 上海浦东发展银行杭州富阳支行
164 浙商银行杭州富阳支行
164 中国民生银行杭州富阳支行
164 南浔银行富阳支行
164 恒丰银行杭州富阳支行
165 北京银行杭州富阳支行
165 平安银行杭州富阳支行
165 稠州银行杭州富阳支行
165 富阳恒通村镇银行
165 光大银行杭州富阳支行
165 华夏银行杭州富阳支行
165 宁波银行杭州富阳支行
165 台州银行杭州富阳支行
165 江苏银行杭州富阳支行
165 南京银行杭州富阳支行
165 **政策性银行**
165 中国农业发展银行富阳支行
165 **银行监管**
165 概述
166 机构改革
167 **证券　期货**
167 概况
167 财通证券股份有限公司杭州江滨西大道营业部
167 浙商证券富阳江滨西大道营业部
167 中信证券杭州桂花西路证券营业部
167 中国银河证券杭州江滨西大道证券营业部
167 安信证券股份有限公司杭州富阳富春街证券营业部
167 国元证券股份有限公司杭州江滨西大道证券营业部
167 华福证券有限责任公司富阳江滨西大道证券营业部
167 信达期货有限公司富阳营业部
167 美尔雅期货有限公司富阳营业部
168 **保险业**
168 概况
168 中国人民财产保险股份有限公司富阳支公司
168 中国平安财产保险股份有限公司富阳支公司
168 中国人寿财产保险股份有限公司杭州市富阳区支公司
168 中国太平洋财产保险股份有限公司富阳支公司
168 中国大地财产保险股份有限公司富阳支公司
168 阳光财产保险股份有限公司富阳支公司
168 太平财产保险有限公司杭州富阳营销服务部
169 安诚财产保险股份有限公司富阳支公司
169 浙商财产保险股份有限公司富阳支公司
169 华安财产保险股份有限公司浙江分公司富阳支公司
169 天安财产保险股份有限公司富阳支公司
169 英大泰和财产保险股份有限公司富阳支公司
169 国任财产保险股份有限公司杭州市富阳支公司
169 中华联合财产保险股份有限公司富阳支公司
169 长安责任保险股份有限公司富阳支公司
169 都邦财产保险股份有限公司富阳支公司
169 大家财产保险股份有限公司浙江分公司富阳区营销服务部
169 永安财产保险股份有限公司富阳支公司
170 中银保险有限公司浙江分公司富阳营销服务部
170 泰山财产保险股份有限公司杭州市富阳支公司
170 中国人寿保险股份有限公司杭州市富阳支公司
170 中国平安人寿股份有限公司浙江分公司富阳营销服务部
170 中国太平洋人寿保险股份有限公司杭州市富阳支公司
170 中国人民人寿保险股份有限公司杭州市富阳支公司
170 太平人寿保险有限公司杭州中心支公司富阳营销服务部
170 富德生命人寿保险股份有限公司杭州中心支公司富阳区营销服务部
170 阳光人寿股份有限公司富阳支公司
170 民生人寿保险股份有限公司浙江分公司富阳营销服务部
171 华泰人寿保险股份有限公司浙江分公司富阳营销服务部
171 泰康人寿保险有限责任公司浙江杭州富阳第一营销服务部
171 中国人民健康保险股份有限公司富阳营销服务部
171 长生人寿保险有限公司浙江分公司富阳营销服务部
171 中意人寿保险有限公司浙江分公司富阳营销服务部
171 信泰人寿保险股份有限公司浙江分公司富阳营销服务部
171 国华人寿股份有限公司富阳支公司
171 新华人寿保险股份有限公司杭州中心支公司富阳区营销服务部
171 **小额贷款**
171 概况
172 风险拨备覆盖
172 贷款业务
172 **担　保**
172 概况

18 交通运输
Transportation

174 **综　述**
174 概况
175 **公路运输**
175 概况
175 农村公路建管养
175 交通质监行业管理
175 安全监管体系建设
175 公路路政管理
176 公路养护
176 道路运输安全管理
176 客运市场监管
176 出租车行业管理
176 维修驾培行业管理
176 **水路运输**
176 概况
177 海事管理

177 航道管理
177 港口管理
177 运输管理
178 船舶检验
178 **重大交通项目**
178 杭州至富阳城际铁路工程（杭州地铁 6 号线）
178 湖州至杭州西至杭黄铁路连接线工程（富阳段）
178 杭富城际铁路附属配套工程（彩虹快速路西延）
178 杭州绕城高速西复线富阳段工程
178 西复线银湖互通连接线工程
178 西复线大源互通连接线工程
178 G235 富阳灵桥至渔山段工程（春永线）
179 杭新景高速东洲互通口整治提升项目
179 富阳 320 国道至富阳大桥连接线鹿山（大盘山）隧道工程
179 环金线整治（二期）

19 邮政通信

Postal Communication

180 **邮 政**
180 概况
180 邮务类业务
181 金融类业务
181 电商业务
181 邮政服务
181 邮政便民工程
182 **中国电信股份有限公司富阳分公司**
182 概况
182 雪亮工程
182 基层治理综合信息中心平台外包项目
182 企业上云重转型
182 提升服务能力
182 5G 网络元年
182 提升“双网”质量
182 **中国移动富阳分公司**
182 概况
183 5G 基站建设
183 提升信息化合作能力
183 **中国联通富阳分公司**
183 概况
183 网络建设
183 经营管理
183 便民服务
184 **杭州富阳华数公司**
184 概况
184 城市书房项目
184 区政府会议中心视频项目改造
184 “爱尚富阳”APP 项目
184 数字经济服务
184 集团业务全方位开展

20 旅 游 业

Tourism

185 **综 述**
185 概况
185 **旅游开发**
185 规划编制
185 重点项目
185 品牌创建
185 **宣传促销**
185 旅游宣传推广活动
186 节庆主题活动
186 旅游形象宣传
186 **旅游管理**
186 旅游教育培训
186 旅游行业安全生产
186 行业管理
186 导游技能大赛

21 富阳经济技术开发区

Fuyang Economic and Technological Development Zone

187 **综 述**
187 概况
188 **省级创建**
188 省级众创空间
188 银湖创新中心被认定为省级小微企业园
189 **招商引资**
189 概况
189 **项目建设**
189 概况
189 **引进项目**
189 两大智能项目签约
190 万达广场项目落户银湖新区
190 智能装配检测线生产基地项目
190 线束生产整体搬迁项目
190 金属材料深加工项目
190 子午线轮胎扩建项目
190 智能气腹肌及医用耗材研发生产项目
190 两个总部项目
191 零售产业综合体项目
191 银湖新区九大项目

22 杭州富春湾新城

Fuchunwan New Town Hangzhou

192 **杭州富春湾新城**
192 概况
192 征地拆迁

193 **规划编制**
193 概况
193 江南新城总体规划
193 规划深化专项行动
193 江南新城竖向标高布局专项规划
194 杭州富春湾新城生态湿地规划
194 杭州富春湾新城中轴线地区总体城市设计
194 杭州富春湾新城“四大之城”专题研究
194 杭州富春湾新城交通体系布局专项规划
194 杭州富春湾新城公共服务设施布局专项规划
194 杭州富春湾新城给排水布局专项规划
194 杭州富春湾新城春南产业区块城市设计控制性导则研究
194 杭州富春湾新城大源产业区块城市设计控制性导则研究
195 杭州富春湾新城灵桥产业区块城市设计控制性导则研究
195 **招商引资**
195 概况
195 留心留根
195 项目建设
195 飞旋科技磁悬浮 + 产业化项目
195 中科院上海光机所杭州分所
195 春江研究院
195 专业园区
195 **滨富合作区**
195 概况
195 招商引资
196 工作机制
196 **项目建设**
196 概况
196 市政基础设施项目
196 公建配套项目
197 安置房项目

23 投融资平台
Investment and Financing Platform

198 **富春山居集团**
198 概况
198 资产经营投资管理
198 直属子公司
198 融资管理
198 项目建设管理
199 文旅产业发展
199 国企改革
199 机关事业单位公共资产管理中心
199 **区城投集团**
199 概况
199 筹融资
199 供排水
199 燃气供应
199 **富阳交通集团**
199 综述
200 重点工程
201 交通投融资管理
201 公路运输
201 **杭州富阳开发区集团**
201 概况
201 国企改革
201 筹融资
201 亚运射击射箭现代五项馆项目
202 银湖区块安置房建设项目
202 银湖区块安置房建设项目
202 场口公寓房九期项目
202 场口村棚户区改造安置房项目
202 东洲新区安置房一期项目
203 新登镇共和花园公寓安置区（一期）项目
203 新登镇惠来花园公寓安置区（一期）项目
203 新登镇塔山花园公寓安置区工程
203 场口综合便民服务大楼及执法中心项目
203 药谷小镇综合配套工程（一期）
203 松溪家园五期工程
203 银湖小学工程
203 **杭州富春湾集团**
203 概况
203 2019 年度获得荣誉
203 筹融资
204 **资产管理**
204 资产运营公司合并整合
204 征迁情况
204 做地情况
204 安置房分房情况
204 创建富春湾新城小微企业创新园

24 城乡建设与管理
Urban-Rural Development and Management

205 **综　述**
205 规划概况
205 富阳区总体城市设计
205 彩虹快速路沿线产业业态与城市形态研究
206 鹳山区块城市设计暨风貌控制导则
206 富阳区社区用房布点专项规划
206 杭州富阳区学前教育专项规划
206 富阳区渣土消纳专项规划
206 富阳中心城区人行过街设施整治规划
206 开展全区用地布局及调查梳理工作
206 初步完成富阳区国土空间规划基数现状一张图
206 完成五个“多规合一”村庄规划编制试点工作
207 **城市更新**
207 概况
207 城市交通建设工作
207 城市绿化建设工作
207 城区环境综合整治工作
207 地下空间开发利用工作
207 城市给排水系统建设工作

207　农村生活污水提标改造和运维工作
207　停车场（位）建设统筹工作
207　充电设施建设统筹工作
207　海绵城市建设统筹工作
207　村镇建设
207　美丽宜居示范村创建
207　危房管理
207　城中村改造工作
208　房地产业
208　房地产固定投资
208　新建商品房交易
208　二手房交易
208　新建商品房库存
208　物业两金管理
208　富阳首台整体装配式电梯亮相
208　开展物业小区考核排名
208　富阳区三个物业管理项目获评市优荣誉称号
208　全区开展物业经营性收支信息公示试点工作
208　公房管理
209　保障房建设
209　房地产行业监管
209　建筑业
209　概况
209　建筑业管理
209　推行政府投资项目建设过程全公开工作
209　混凝土行业管理
209　建设工程审批制度改革
209　新制定《富阳区建设工程施工在表投标管理规定》
209　开展建筑工人、村镇建筑工匠技能比武大赛
209　强化建筑行业监管力度
209　开展安全生产月活动
210　强化各类检查
210　提升建筑工地文明施工管理水平
210　督促商品混凝土企业改造安装出入口冲洗设备
210　开展富阳区建筑工程施工发包与承包违法行为专项整治行动
210　城市公用设施
210　市政基础设施建设
210　城市管理
210　概况
211　一巡多功能
211　二级平台
211　数字城管
211　精细化管理品牌创建
212　亮灯建设
212　犬类管理
212　环卫保洁
212　市政公用
212　园林绿化
212　垃圾分类
212　志愿者活动
213　行政执法
213　机构改革
213　市容秩序
213　三沿管理
213　户外广告
213　两违防控
213　渣土管控
213　法制培训
213　紫云山庄综合整治
213　人民防空
213　人防宣传演练
214　人防警报试鸣管控工作
214　人防指挥通信工程建设及岗位联训
214　人防应急指挥保障
214　人防行政审批
214　人防工程管理
214　人防专业队整组

25 环境保护
Environmental Protection

215　环境质量
215　概况
215　水环境
215　大气环境
215　声环境
215　固废环境
215　生态环境公众满意度
215　环境综合整治
215　水污染防治
216　大气污染防治
216　固废污染防治
217　土壤污染防治
217　生态环保督察整改工作
217　环境管理执法
217　环境风险管控
217　生态环境执法
217　机制体制改革

26 科学技术
Science and Technology

218　科技进步
218　概况
218　国家高新技术企业数量再创新高
218　研发平台培育工作
218　引进杭州地区首家中科院系统科研院所
218　引进重大创新要素有突破
219　产业创新服务综合体
219　科技金融服务有提升
219　双创平台建设
219　小微企业创新园建设

219 深化科技大市场运营机制
219 “双创周”活动
219 外国专家管理服务
219 科技特派员选派
220 科技宣传
220 亚热带林业研究所
220 概况
220 科技创新
220 服务林业大局
220 科技服务地方
220 人才培养与团队建设
222 条件与平台建设
222 健全社会保障
222 运行机制
222 中国水稻研究所
222 概况
222 顶尖人才实现零突破
222 基础研究取得新突破
222 水稻品质遗传改良团队获2018—2019年度中华农业科技奖优秀团队奖
223 水稻新品种新技术获认可
223 大力开展水稻绿色提质增效技术创新与集成
223 扎实推进科技扶贫与乡村振兴
233 RICE SCIENCE 影响因子大幅度提高
223 公共科技服务
223 国际合作与交流
223 人才培养
223 杭州光学精密机械研究所
223 概况
223 科技创新

27 教　育
Education

224 综　述
224 概况
225 幼儿教育
225 概况
225 2019年学前教育宣传月浙江省“安吉游戏”实践园（浙北片区）展示活动在富阳举行
225 大源镇幼新建工程开工
225 中小学教育
225 概况
226 举行第四届“孙过庭奖”中小学师生书法大赛
226 三千师生快闪 唱响《我和我的祖国》
226 富春五小“颜色密码”工作坊获全国第六届中小学生艺术展演活动一等奖
226 开展全国首个“工匠日”庆祝活动
226 举行全区2019年青少年红十字应急救护知识和技能竞赛
227 举行富阳区第48届中小学生田径运动会
227 富春七小“新劳动教育”在央视专题片《教育强国》播出
227 举行富阳区首届青少年创客大赛
227 举行2019年全国小班化教育研讨会议
227 长三角基础教育年度峰会暨中国长三角新劳动教育20校联盟成立仪式在富阳举行
227 中国陶行知研究会求真教育实验研究分会2019年学术年会在富阳举行
227 举行富阳区2019年中小学、幼儿园啦啦操比赛
228 德国“迷你慕尼黑”青少年素质教育试点项目在素质基地开营
228 中等职业教育
228 概况
228 举行2019年职业教育活动周启动仪式暨职业教育成果展
228 技工学校庆祝建校40周年
228 举行“富阳光华产教融合促进中心”共建项目签约仪式
228 非遗富阳竹纸制作技艺传承特色班正式开班
228 成人教育
228 概况
228 创建成为第五批全国农村职成教示范县（区）
229 特殊教育
229 概况
229 浙江省首个融合教育教师发展学校在富阳落户成立
229 浙江省盲人学校庆祝建校30周年
229 学校管理
229 概况
230 召开教育系统纪念建党98周年暨深化“三争”活动工作部署会
230 召开全区中小学、幼儿园垃圾分类工作现场会
230 富阳区教育现代化进入浙江省第一方阵
230 师资队伍
230 概况
231 富阳3名教师赴黔东南支教
231 召开思想政治课教师座谈会
231 召开全区教育大会暨庆祝第35个教师节表彰会
231 举行第二届“公望”全国班主任论坛
231 举行富阳区第三届“富春情·教育梦”学术节
231 富阳区2019中小学骨干教师赴新加坡研修
231 教学与教育科研
231 概况
231 杭州市“六县七校联盟”同课异构教研活动在场口中学举行
232 杨金红名师乡村工作室主题培训活动暨省（市）教研课题开题论证会在新登镇小举行
232 杭州市职教教研室对富阳二中进行创客教育调研
232 银湖中学获得“最佳教研团队奖”荣誉称号
232 经费设施
232 概况
232 举行2019“未来基金”助学仪式

28 文化·传媒
Culture Media

233 **公共文化服务**
233 概况
233 杭州市富阳区文化和广电旅游体育局正式挂牌
233 基层文化队伍建设
233 文化馆场馆搬迁
233 通过省标认定
234 省农村文化礼堂“我们的村晚”省主场晚会
234 “味道山乡大会”之山乡大戏活动
234 “欢歌祖国 悦动富阳”暨第八届富阳区乡镇（街道）文艺会演
234 “我和我的祖国”新故事征文比赛
234 “灿烂星河 放飞梦想”——“家在富春江上”富阳区首届青少年才艺大赛
234 富阳·嵊泗两地摄影联展活动
234 “拥抱新时代”—庆祝新中国成立70周年文艺晚会
234 浙江省第四届“棒棒虎”幼儿故事会大赛
234 富阳区第九届富春江读书节
235 公共图书馆服务体系建设
235 读者活动
235 杭州富阳越剧艺术传习院
235 **文化遗产保护**
235 概况
235 文物保护与安全
235 展览和宣教活动
235 “红色记忆”主题活动
235 瓦窑里遗址考古发掘
236 非遗名录项目挖掘保护
236 传承人服务保护
236 非遗保护载体建设
236 非遗展示展演与交流活动
236 非遗创新发展工作
236 **文化市场**
236 概况
236 行政审批
236 杭州市富阳区文化市场综合行政执法队挂牌成立
236 文化市场行政执法
236 “扫黄打非”工作
237 文物监察
237 文化市场安全生产
237 **文化创意产业**
237 概况
237 杭州国际动漫节富阳分会场
237 中国（杭州）电影产业高峰论坛
237 “富春山居”创意设计助力乡村振兴暨全国艺术院校大学生创新创业大赛
237 2019浙江国际青年电影周——导演、编剧创投活动
237 **广播电视**
237 概况
238 主题宣传
238 民生报道
238 舆论监督
238 大型专题
238 活动策划
238 广播节目
238 融媒体建设
239 节目创优
239 安全播出
239 项目建设
239 更名
239 **新媒体宣传**
239 概况
239 召开区委网络安全和信息化委员第一次全体会议
239 挂牌成立区融媒体中心
239 富阳发布
239 富阳新闻网
239 **《富阳日报》**
239 概况
239 报纸发行
239 新中国成立70周年报道
239 主题报道
240 舆论引导
240 民生报道
240 媒体融合
240 “不忘初心 牢记使命”主题教育
240 报业经营

29 卫生健康
Health

241 **综　述**
241 概况
241 “最多跑一次”改革
241 医疗投资管理
242 区属医院业务
242 社区卫生建设
242 基本公共卫生
242 家庭医生签约
242 医疗帮扶
242 清廉医院建设
242 **健康富阳**
242 体制机制建设
243 宣传阵地建设
243 健康素养进农村文化礼堂
243 **卫生保健**
243 孕产妇系统管理
243 妇女保健
243 儿童保健
243 干部保健
244 **计划生育**
244 帮扶服务模式

244 青春健康教育
244 促进“优生优育优教”建设
244 推进母婴设施建设
244 落实计生利导政策
244 建立保险理赔直付系统
244 计划生育依法行政
244 **卫生监督**
244 公共场所卫生监督
245 饮用水和涉水产品卫生监督
245 学校卫生监督
245 医疗机构监督
245 **疾病预防控制**
245 免疫规划工作
245 传染病疫情
245 H7N9 流感防治
245 艾滋病防治
245 结核病防治
245 慢性病防治
245 地方病防治
246 生活饮用水监测
246 精神卫生
246 **爱国卫生**
246 城乡爱国卫生
246 健康城市建设
246 病媒生物防制
246 农村改水改厕
246 **医政管理**
246 医共体改革
246 院前医疗急救
247 医疗保障和体检任务
247 智慧医疗
247 安全生产管理
247 无偿献血
247 **中医中药**
247 概况
247 区中医院
248 中医骨伤医院
248 **医教科研**
248 概况
248 学科建设
248 **老龄工作**
248 概况
248 老年文教体育事业
248 老年人意外伤害保险
248 “敬老月”活动
249 医养结合

30 体 育

Sports

250 **综 述**
250 概况
250 富阳区第九届全民运动会
250 永安山第十四届滑翔伞嘉年华暨第二届浙江省滑翔伞锦标赛
250 **群众体育**
250 “全民健身日”千人健步走活动
251 全民健身日展示交流大会
251 社会体育队伍培养
251 国民体质监测
251 体育社团工作
251 浙江省男子篮球超级联赛
251 五省市羽毛球联赛
251 **竞技体育**
251 队伍建设
251 竞技体育大赛成绩优秀
251 富阳籍运动员获得帆船与射击项目东京奥运会入场券
251 市级阳光体育赛事
251 区级学校体育工作
251 体育传统项目学校建设
251 **体育设施**
251 民生实事工程建设
252 学校体育场地面向社会开放工作
252 体育中心项目建设
252 亚运场馆建设
252 **体育产业**
252 体育产业发展资金项目申报
252 运动休闲旅游基地、线路评选
252 2019 年浙江省龙舟裁判员培训班
252 产业创新
252 体育彩票

31 社会生活

Social Life

253 **人民生活**
253 城镇居民生活
253 农村居民生活
253 居民消费品价格
253 居民住房
253 **人力资源**
253 “最多跑一次”改革
253 新增就业
253 就业公共服务
254 就业困难群体帮扶
254 异地对口就业扶贫
254 职业技能培训
254 建设和谐劳动关系
254 创建全省“无欠薪”区
254 劳动人事争议仲裁
254 信访维稳
254 **社会保险**
254 企业职工基本养老保险
254 机关事业单位养老保险

254 城乡居民社会养老保险
254 被征地人员社会保障
254 工伤、失业保险
254 企业社会保险降费减负
255 社会保险业务经办
255 退休人员社会化管理
255 医疗保险
255 杭州市医疗保障局富阳分局成立
255 基本医疗保险
255 生育保险
255 医疗保障改革
255 医疗保障监管
255 医疗保障服务
255 民政事务
255 社会救助
256 养老服务
256 殡葬改革
256 行政审批
256 慈善福利事业
256 社会事务
256 民政法治建设
258 优抚 双拥 安置
258 概况
258 开展“双拥”活动
258 接收安置工作
258 残疾人事业
258 概况
259 “最多跑一次”改革
259 残疾人基本民生保障
259 残疾人康复服务
259 残疾人就业创业
259 残疾人文体活动
259 残疾人合法权益维护
260 社区（村）建设
260 社区规范化建设
260 社区人才队伍建设
260 社区创建
260 社会组织
260 社会组织培育孵化
260 社会组织规范化管理
260 打造社会组织品牌
260 民族 宗教
260 民族概况
260 宗教概况
261 民族村振兴
261 推进“云南班”系列帮扶计划
261 宗教领域规范化建设
261 各宗教团体开展庆祝建国 70 周年系列活动
261 举办“中国佛教讲经交流会”到富阳巡讲活动
261 开展普法宣传
261 巩固传统文化阵地建设

32 乡镇·街道

Township and Streets

262 富春街道
262 概况
263 各行政村基本情况
263 开展“拔钉清零”比武
263 举办“展巾帼风采 筑大美富春”三八节庆祝活动
263 举办第五届大青草莓节
263 举办第十届拔山开茶节
264 老旧小区改造
264 基层党建“互学互比”活动
264 承办区职工技能大赛
264 试点信访“最多访一次”工作
264 融杭交通项目征迁
264 “不忘初心、牢记使命”主题教育
264 少年儿童圆梦志愿活动启动仪式
264 开展消防隐患治理破冰风暴行动
264 2019 年度基层团支部大比武活动
264 推广打造“家门口的监委”富春经验
264 巡察整改
264 党建引领高水平社会治理
264 开展环境整治行动
264 高新产业发展
265 获得荣誉
265 春江街道
265 概况
266 各行政村基本情况
266 召开第一届人民议事会议第二次代表会议
266 完成第二批工业企业拆除签约
266 成立乡贤联谊会
266 完成中沙村整村搬迁（一期）工作
266 成立“春江红”党建诵读团
266 二董纪念馆开馆
266 承办杭州市健康素养进农村文化礼堂三年行动启动仪式暨 2019 年老年健康宣传周活动
267 “春江红”党建联盟成立暨首届春江论“建”
267 “七一”大合唱比赛
267 街道党群服务中心挂牌启用
267 庆祝中华人民共和国成立 70 周年文艺展演
267 冬至节气民俗活动
267 拆除永泰热电厂排烟烟囱
267 东洲街道
267 概况
268 各行政村基本情况
268 对口帮扶锦屏县彦洞乡、缙云县大源镇
268 亚运项目陆续开工建设
268 东洲街道首批社区成立
268 召开杭州市农村家宴中心创建提质扩面工作现场会
269 乡贤工作
269 推进美丽经济“三大计划”

269 “不忘初心、牢记使命”主题教育工作会议
269 创建浙江省果蔬特色农业强镇
269 东洲街道 70 年史料展陈
269 “谷牧在新沙纪念展厅”正式开放
269 杭新景高速东洲岛道口扩容
269 鹿山街道
269 概况
269 各行政村基本情况
269 东吴社区启动创建杭州市垃圾分类示范小区
269 开展“微心愿”圆梦仪式
270 召开“奋力争先、勇创一流”环境卫生大比武暨垃圾分类提质扩面推进大会
270 鹿山街道创建省级示范数字档案室
270 东吴社区举办金婚庆典活动
270 鹿山街道举办“假日爱心学校”开班仪式
270 北京市西城区政协考察组赴山水社区指导工作
271 “五彩富阳”农业综合体项目竣工
271 认定鹿山街道为 2019 年杭州市示范街道（乡镇）30 分钟市民学习圈
271 鹿山街道山水社区获评“浙江省社会组织党群服务中心示范点”
271 银湖街道
271 概况
271 各行政村基本情况
271 地铁沿线征迁
272 推进征补项目
272 全面推进垃圾分类
272 发展美丽经济
272 坑西村温泉度假和唐家坞村农旅产业园项目
272 开展平安银湖建设
272 七色“彩虹党群联盟”
272 回迁安置
273 全面发展社会民生
273 完成紫云山庄环境综合整治
273 春建乡
273 概况
274 各行政村基本情况
274 成立春建乡首届乡贤联谊会
274 农村人居环境大提升大比武攻坚行动
274 台湾南投营北营盘中小学师生文化走亲
274 “夏至春建，麦有嬉乐”夏至节气活动
274 春建乡中心幼儿园新园开园
274 获“欢歌祖国 悦动富阳”乡镇文艺汇演金奖
274 咸康村成功创建 3A 级景区村庄
274 举办山地自行车越野赛
274 横桐线巧溪至青山桥段全线贯通
274 “茶艺小镇”建设
275 新桐乡
275 概况
275 各行政村基本情况
275 区新联会乡村振兴新桐实践基地启动仪式暨首个“新联书屋”共建活动
275 获浙江省美丽乡村示范乡镇称号
275 首届乡贤大会
275 成立二董教育基金会
276 争创“最强领头雁”大比武活动
276 新中村“金萧支队江北办事处史料馆”被命名为富阳首批党史教育基地
276 “不忘初心、牢记使命”思想交流研讨会
276 通过省级“现代农业产业园”评审立项
277 新桐村获评 2019 年度浙江省高标准农村生活垃圾分类示范村
277 新登镇
277 概况
277 各行政村基本情况
277 获 2018 年度小城镇环境综合整治省级样板
277 半山桃花节暨味道山乡大会开幕
278 松溪小学啦啦操队获杭州市特等奖
278 推进“阳光工程”建设
278 杭州市市长徐立毅调研新登古城复兴和城镇有机更新
278 新登镇“贤明讲堂”开班
279 杭州市领导来新登调研“家门口的监委”工作
279 杭州市“美丽城镇、美丽乡村”建设考察组来上山村考察
279 新登镇湘溪乡贤馆开馆
279 罗隐书屋正式开业
279 获区“护校安园”专项行动大比武第 1 名
280 富阳农发桐坞生猪养殖场项目开工
280 获评浙江省森林城镇
280 渌渚镇
280 概况
280 各行政村基本情况
280 渌渚镇小城镇环境综合整治通过省级考核验收
280 渌渚镇杨袁村百亩七彩油菜花开放
280 举办“渌渚周雄”杯浙江省第三届少儿故事会总决赛
281 渌渚镇举行首届乡贤联谊会
281 推进“不忘初心、牢记使命”主题教育
281 富阳循环经济产业园生活垃圾焚烧项目开工
281 渌渚镇中心小学钟小凤老师获全国模范教师称号
281 举办 2019 中国故事节·少儿孝善故事会
282 举办 2019“民间民俗·多彩浙江”周雄孝文化节开幕式暨中国故事节·少儿孝善故事会成果发布典礼
282 阆坞村整体搬迁
282 渌渚镇成功创建全国孝文化之乡
282 渌渚镇镇志完成初稿
282 完成 S305 省道渌渚段亮灯工程
282 胥口镇
282 概况
282 各行政村基本情况
283 举行胥口镇农村饮用水工程通水仪式
283 召开首届乡贤联谊会
283 科技文化卫生三下乡活动走进胥口
283 举办“乡约里坞·茶润古今”第二届古茶诗会

284 成立胥口富春药谷小镇妇女联合会
284 首届峭山论坛开幕
284 开展“假日爱心学校”“春泥计划”
284 开展味道山乡之“桃源避暑行”系列活动
284 胥口镇首家家宴中心设立
285 举办胥口镇第六届全民健身运动会
285 **永昌镇**
285 概况
285 各行政村基本情况
285 “重燃初心 建享竹乡”党员春训活动
285 青何村居家养老服务照料中心改造升级
285 成立“漫”永昌特色产业联盟
285 举办“臭味香投”厨艺擂台赛
285 凝情竹乡·聚力永昌暨产业项目签约
285 永昌镇中心小学举办2019年全国小班化教育研讨会
286 开展造纸、胶鞋、食品三大传统行业整治提升
286 召开中国共产党永昌镇第十五届代表大会第四次会议
286 推进“不忘初心”主题教育
287 **大源镇**
287 概况
287 各行政村基本情况
287 首届大源镇乡贤联谊会
287 大源镇大同村打造美丽乡村新样板
287 获“中国传统竹纸之乡”称号
287 完成大源镇集镇有机更新房屋搬迁
288 “向美而行 大美大源”庆七一表彰大会
288 大源镇稠溪村获富阳区村级大党建擂台比武擂主村
288 大源镇第二小学综合教学楼启用
288 杭州绕城西复线大源段白洋尖隧道全面贯通
288 大源镇第一届“华达杯”全民运动会
288 徐樟线骆村村内段改扩建项目竣工通车
289 **灵桥镇**
289 概况
289 各行政村基本情况
289 灵桥镇第十七届人民代表大会第五次会议召开
289 灵桥镇人民调解委员会获司法部表彰
289 举办“礼仪之源，孝善新华”活动
289 首届乡贤联谊会
289 灵桥籍射击运动员赵中豪获东京奥运会入场券
289 举办“小满”节气庆祝活动
290 举办红歌大赛
290 杭州高新区(滨江)富阳特别合作区管理委员会揭牌
290 举行村级大党建擂台比武
290 灵桥镇2019年度重大民生实事项目集中开工
291 **里山镇**
291 概况
291 各行政村基本情况
291 完成里山溪西侧企业、化工区块征迁
291 安顶风情小镇项目建设完成
291 完成精品线路弱电整治工程
291 完成2座病危桥改造
291 完成里安公路精品线路二期工程
292 完成里山4村农村饮用水达标提标工程
292 创建国家级卫生乡镇
292 通过杭州市“无违建”乡镇创建验收
292 完成集镇“污水零直排区”建设
292 开展茶文化系列活动
292 大力发展“茶经济”
292 **渔山乡**
292 概况
293 各行政村基本情况
293 首届乡贤联谊会成立
293 钱塘江饮用水源地保护整改
293 芒种节气活动
293 举办党建大练兵擂台赛暨喜迎中华人民共和国成立70周年活动
293 渔山乡渔葛复线建成通车
293 举办2019杭州富阳·渔山稻香节暨大杭州首届稻草艺术嘉年华
294 **上官乡**
294 概况
294 各行政村基本情况
294 召开第十七届人民代表大会第五次会议
294 召开清廉村社建设深化推进会暨廉内助座谈会
294 举办第二届山乡兰花大会
294 举办第六届竹文化节
294 举办球拍创意设计大赛
294 举办“球拍名镇·上官杯”羽毛球对抗赛
295 举行第十七届人民代表大会第六次会议
295 完成上官乡计生协会换届选举
295 成立“中共路西县场源区委、萧富联络站”史料收集课题组
295 球拍行业整治
295 中国(上官)球拍产业园开园
296 举办中国(上官)球拍产业高峰论坛
296 **常绿镇**
296 概况
296 各行政村基本情况
296 举办2019杭州富阳“味道山乡·常绿溪山行”暨“红绿篮”纳凉大会
296 启动常绿镇饮用水提升工程
296 完成大化线入镇口段综合整治边坡治理工程
297 大章村被评为省级历史文化村落保护重点村
297 启动江南县委旧址修缮布展工程
297 **场口镇**
297 概况
297 各行政村基本情况
298 场口镇叶盛整村搬迁
298 举办浙江省第五届农村文化礼堂“我们的村晚”
298 召开全国小作坊整治现场会
298 举办首届富春江开渔节
298 场口镇机关党政机构改革
299 举办“二十四节气·我们的场口”节庆活动
299 完成区第四人民医院四楼病区及门诊室升级改造工程

299 推进精品村创建
299 推进场口微镇项目
299 创建国家卫生镇
299 获评浙江省森林城市
299 **常安镇**
299 概况
299 各行政村基本情况
299 常安镇景山阻击战纪念公园开园
300 第三届富春山居梨花节
300 举行乡贤联谊会暨乡贤爱心发展基金成立仪式
300 召开常安镇第十七届人代会第六次会议
300 常安童玩节开幕暨思科旅游“田更园”项目启动
301 醉美常安“初心晨读”学堂开班
301 抗击台风“利奇马”
301 “迎大庆、排隐患、保平安”攻坚行动
301 推进“不忘初心、牢记使命”主题教育
301 成立常安高山味道电商联盟
301 召开中国共产党常安镇第十五届代表大会第四次会议
301 **龙门镇**
301 概况
302 各行政村基本情况
302 召开龙门镇第十七届人大第五次会议
302 获评第二批浙江省旅游风情小镇
302 举行2019年度党员春训
302 龙门镇龙门禅寺祈福法会送祝福、倡文明、保稳定
302 举办台湾籍画家余素政“梦里家园”油画展
302 法国艺术家造访
303 举行2019年度龙门镇乡贤大会
303 第二届百花大会开幕
303 开展对台文化交流
303 承办“欢歌祖国 悦动富阳”乡镇对唱赛
303 举办庆祝建党98周年文艺晚会暨“入党初心故事分享”大会
303 开展龙门镇院校合作
303 龙门镇公交首末站正式开通
303 龙门古镇加快5G建设
303 开展“不忘初心、牢记使命”主题教育
304 龙门景区假日专线开通
304 龙门古镇孙家厨获奖
304 龙门廉洁文化示范基地落成
304 召开中共龙门镇十四届代表大会第四次会议
304 **湖源乡**
304 概况
305 各行政村基本情况
305 举办“雨水”节气活动
305 “不忘初心、牢记使命”主题教育
305 推进源乡特色旅游
305 加快美丽乡村建设
305 推进乡村环境综合整治
305 加强生态资源保护
305 整合土地资源
305 完善住房保障与公共配套
305 持续提升供水安全
306 推进交通基础设施项目建设
306 持续营造文明乡风
306 **环山乡**
306 概况
307 各行政村基本情况
307 开展“不忘初心，牢记使命”主题教育
307 推进铜工业功能区拆除工作
307 完成环山乡党委巡察工作
307 启动新时代美丽乡村创建
307 启动中埠精品村创建
307 推进新中线拓宽工程
307 巩固小城镇整治成果
307 完成19省道精品线路工程
308 整治提升杭黄沿线、西复线互通周边环境
308 通过国家卫生乡创建
308 通过杭州市无违建乡创建
308 **万市镇**
308 概况
308 各行政村基本情况
308 “味道山乡”写生活动暨杭州市乡村书画学共体联盟成立仪式
308 举办2019第三届环富阳骑游大会
309 中国藏学研究中心调研万市
309 开展“与乡村益起”可持续发展乡村科技行富阳站活动
309 委内瑞拉语言文化研修班到万市镇参观交流
310 成立北京乡贤联谊站
310 村级文化礼堂全覆盖
310 启动“四线供水”工程
310 获浙江省“2019年度五水共治考核优秀乡镇”称号
310 **洞桥镇**
310 概况
311 各行政村基本情况
311 培育乡村经济
311 做优做活农业经济
311 做实做好工业经济
311 党建规范化建设
311 味道山乡之状元故里行大会
311 打造道路交通安全综合治理样板镇
311 推行矛盾纠纷“六制联动法”
311 富阳区政协书画院洞桥创作基地揭牌
311 洞桥镇“营地之乡产业联盟
311 创建省“诗词之乡”
312 首届富春江诗词大会在施肩吾故里举行
312 成立“营地之乡产业联盟”
312 召开第十四届代表大会第四次会议

33 名 录

Directory

313 先进集体
313 国家级和国家属部门级先进集体
314 省级和省属部门级先进集体
318 市级先进集体
318 先进个人
318 国家级和国家属部门级先进个人
319 省级和省属部门级先进个人
321 杭州市级先进个人
321 2019 年度荣立三等功以上军人名录
322 名优产品
322 省级以上含省级
323 科研获奖项目

34 附 录

Appendix

326 新任区领导简历
326 重要文件目录
326 中共富阳区委文件
327 富阳区人大常委会文件
328 富阳区人民政府文件
328 中共富阳区委办公室文件
331 富阳区人民政府办公室文件

35 索 引

Index

333 主题索引
346 照片索引
349 图表索引

1 特 载
Special Report

坚持“三高”发展　奋力起跳争先 全力加快向一流的大都市新型城区迈进

在区委一届八次全体（扩大）会议上的报告
（2020年1月6日）

中共杭州市富阳区委书记　朱党其

这次全会的主要任务是：高举习近平新时代中国特色社会主义思想伟大旗帜，全面贯彻落实党的十九届四中全会、省市委全会、中央和省委经济工作会议精神，按照区第一次党代会确定的“一年破题、三年见效、五年变样”时间表，回顾总结富阳转型发展三年来取得的成绩，研究部署2020年及下一阶段工作任务，团结带领全区党员干部群众，始终聚焦高新产业发展、高品质城市建设、高水平社会治理，奋力起跳、奋勇争先，全力加快向一流的大都市新型城区迈进。

下面，我代表区委常委会向全会作报告。

一、充分肯定转型成绩，富阳转型发展迎来全面起跳

区第一次党代会以来，区委常委会高举习近平新时代中国特色社会主义思想伟大旗帜，按照省委“‘八八战略’再深化、改革开放再出发”和市委“干好一一六、当好排头兵”的部署要求，团结带领全区党员干部群众，以建设富裕阳光的大都市新型城区为战略目标，坚定“三看四态促转型”“拥抱富春江、拥抱大都市、拥抱新时代”不动摇，持续高质量打好转型硬仗，全面实施“三高”发展举措，奋力加快与杭州大都市高质量一体化发展，基本兑现了区第一次党代会确定的“一年破题、三年见效、五年变样”时间表中“三年见效”的承诺，交出了一份令人满意的答卷。预计，2019年地区生产总值突破800亿元，同比增长5.7%左右；财政总收入131.26亿元，其中一般公共预算收入80亿元，分别同比增长6.6%和10.0%；城镇和农村居民人均可支配收入分别达到60743元和35465元，分别增长8.5%和9.3%。在战斗过程中，区四套班子真正做到了信念坚定、团结一心、奋发有为；全区上下真正形成“一股绳”“一盘棋”，全力以赴抓转型、心无旁骛谋发展；全体党员干部通过战天斗地，让全区人民和外界人士看到了一个蓬勃发展的富阳、一个欣欣向荣的富阳、一个充满希望的富阳。我们可以自豪地说，当前的富阳，发展速度、发展质量、发展状况全面向好，已经进入了“基础牢固、发力起跳”阶段。

三年来，我们聚力产业业态转型，经济发展稳中有进、进中向好。牢固树立“产业第一、产业当中高新产业第一”理念，敢于先破后立、快破快立，基本告别过去靠山靠水、靠天靠地的环境污染型、资源消耗型发展模式，高新制造、数字经济等新兴产业迅速崛起，产业平台专业化水平大幅提升，为建设大都市新型城区夯实了产业基础。产业结构实现大调整。开展全省传统制造业改造提升试点工作，坚决淘汰落后产能，大力实施造纸业整体腾退，以暂时的代价换取长久的发展。三年累计淘汰落后产能企业1050家，其中造纸及关联企业620家；削减产能492.5万吨，减少用能137.9万吨标煤，三星热电120米高的“三根烟囱”启动拆除；累计腾出空间25000亩。创新建立区招商引资与产业发展委员会，瞄准“无污染、小空间、高科技、大产出”的新兴产业开展精准招商、产业链招商，三年累计引进产业项目386个（含制造业项目152个），总投资527.12亿元。2019年，招引落地产业项目176个，总投资202.62亿元，其中高新产业项目127个（含制造业项目77个），5个“152”项目全部开工。产业平台实现大提升。把产业平台作为经济发展的主战场，推动高新制造项目和各类资源要素向平台倾斜，提升产业平台核心竞争力。富阳经济技术开发区紧扣“主攻产业、强化服务”主线，有序推进腾空间、造环境、抓项目、优配套等各项工作，三年累计腾出空间8000亩，完成征收5108亩；招引用地类产业项目103个；开工建设项目80个，竣工投产项目42个。以银湖科技城为重点，全面加快银湖商业综合体、国贸银湖酒店等项目建设，对产业和人才的吸引力得到大幅提升。杭州富春湾新城按照“产城融合、田园风光、现代气派、江南韵味”要求，全面推进整体转型。三年累计腾出空间15000亩，完成收储12000亩；招引总投资129亿元的32个产业项目，其中高新制造业项目21个；开工建设飞旋科技等项目12个。中科院上海光机所杭州分所实体化运行，鸿昊集团、金富春集团等“留心留根”企业总部签约落地。杭黄高铁站前广场、省人民医院富阳院区、富春湾双语学校、富春湾大道等项目顺利推进。杭州高新区（滨江）富阳特别合作区挂牌成立，完成土地交付3000亩，首批宏华数码等3个项目签约落户。创新驱动实现大突破。全面实施高新技术企业培育三年行动计划，打造浙工大“工创谷”、杭州电子科大富阳研究院等科技创新平台，升级完善富阳版“人才新政”，以超常规力度招引培育创新创业人才，不断为全面转型发展注入创新驱动新动能。三年累计招引高层次人才创业项目107个；正副高、硕士及以上研究生等高层次人才2244人，年均增长46.3%。2019年，新增国高企65家、省级科技型企业122家，高新技术产业增加值、战略性新兴产业增加值分别增长10.5%、11.0%。大规模实施制造业数字化改造，规上工业数字化改造率达到78.4%。浙工大“工创谷”被认定为省级众创空间，富阳信息经济核心产业综合体成功创建为省级综合体。美丽经济实现大提速。深入实施乡村振兴战略，提出“六个有”工作目标和“三字经”工作法，突出发展美丽经济。“营地+”“互联网+”“文旅+”等发展模式大力推广，“味道山乡大会”“百花大会”“江鲜大会”等爆点纷呈，“牛八碗”“龙鳞坝”等网红频出。2019年，全区乡村旅游接待游客1500万人次，实现乡村旅游收入8.57亿元，分别增长34.9%和27.9%。坚决打好“消薄”攻坚战，经营性收入15万元以下经济薄弱村全面消除。

三年来，我们聚力城乡形态转型，现代城乡联动互进、统筹发展。坚持高起点规划、高质量建设、高水平养护、高要求管理，统筹推进都市、乡村一体化发展，“产、城、人、生态”融合的现代化都市格局已经定型、不可逆转，一座“一江带城、南北呼应，山水相依、产城融合，现代气派、田园风光”的大都市新型城区正在由规划蓝图转变为实景。城市交通动脉加速贯通。坚持把重大交通与都市一体化作为“先手棋”，建立区重大交通项目建设综合指挥部，加快打造以高铁、地铁、高速、快速路为重点的立体式都市交通体系。杭黄高铁站场完成扩容改建并顺利投用，一举跨入“高铁时代”；杭富城际铁路实现“上改下”，成为名副其实的地铁。2019年，秦望过江隧道、大盘山隧道、环金线开工建设，绕城西复线全线贯通，春永快速路右幅通车，龙门古镇互通投入使用，长期困扰市民出行的19条城市“断头路”全面打通，城乡公交一体化不断深入，“四好农村路”建设有序推进，城市交通新格局实现强有力突破。城市形象品质显著提升。举全区之力强势推进秦望区块有机更新、地铁沿线和钢圈厂路搬迁，秦望“城市眼”完成土地出让，万达广场开工建设，阳陂湖生态湿地公园项目顺利推进，地铁和富春江两大城市轴线风貌日益显现。杭黄高铁站前片区和银湖新区两个“一平方公里”建设如火如荼，银湖射击射箭馆、北支江水上运动中心等亚运会项目快步推进，新登古城复兴工程、场口“微镇”项目全面启动，城市重要节点多点开花。按照“一年一段江景、一个街区、一个景区”要求实施精品工程，江北沿江精品江景、精品夜景，达夫路、桂花路精品街区精彩亮相。城西、后周两大老旧小区完成改造，城中村无序建房得到坚决遏制，城市肌理实现全面提升。“三美”新农村建设成效凸显。牢固树立“绿水青山就是金山银山”理念，区委常委会每季度一次专题研究乡镇（街道）工作，创新设立区委党建和乡村振兴指导组，联动推进美丽乡村、美丽城镇、美丽经济建设。坚持“一月一擂台、一季一比武”，全面推进美丽乡村建设和小城镇环境综合整治，乡村治理水平与基层党的建设、乡村环境综合整治同步提升，积极创建省美丽乡村示范区，成功获评省小城镇环境综合整治工作优秀区，“整洁有序、温馨文明”成为富阳乡村代名词，富春山居式乡村、小镇面貌正在快速重现，城乡特质鲜明的富阳正成为杭州都市里的独特一员。社会治理体系明显改善。坚决落实“四问四权”要求，认真谋划推进社会治理现代化，完善治理体系、提升治理能力，始终保持社会大局和谐稳定。抓实基层治理，强化城市基层党建，科学推进社区调整，首次面向社会公开招聘专职社工，完成城区股份经济合作社组织换届，夯实全科网格基础，积极打造“一体两翼”工作体系示范区，以紫云山庄为试点探索开辟老旧小区治理“富阳经验”。推进法治富阳建设，强化诉源治理，健全完善矛盾化解“最多跑一地”、信访举报“最多访一次”、重大决策社会稳定风险评估、政法系统参与前端治理、“拆执破”府院衔接等诉源治理新模式，将更多矛盾纠纷化解在诉讼前、消除在萌芽状态。扎实推进平安富阳建设，圆满完成重大维稳安保任务，纵深推进扫黑除恶专项斗争，深入开展反邪教斗争，坚决防范遏制各类安全生产事故，牢牢守护“舌尖上的安全”。

三年来，我们聚力环境生态转型，生活品质稳步提升、不断改善。以环境生态为重要窗口，积极展现富阳经济发展水平和社会文明程度，持之以恒保护和改善环境，充分彰显独特的富春山水、宜居的生活氛围、荟萃的城市人文和优质的营商环境，高标准建设人们愿意生活和工作的“美丽富阳”。还富春山水本色。健全完善生态环境建设长效机制，探索提升“一巡多功能”综合巡查机制，持续打好拔烟囱、停矿山、“五水共治”、“三改一拆”等环境整治组合拳，三年累计拔除烟囱544支、关停矿山19座，富春江干流稳定保持II类水质，空气优良率平均保持在90%以上。2019年，我们持续打好污染防治攻坚战，扎实完成第一轮中央环保督察回头看和第二轮迎检工作，部署开展“清洁家园、文明富阳”行动，全力打造现代版富春山居图最美示范区。促宜居生活提质。始终坚持以人民为中心的发展思想，统筹推进各类社会事业，大力实施“名师名校名校长”工程，全面推动“健康富阳”建设，扎实做好稳就业、困难帮扶等工作，在保障和改善民生中不断提升城市生活品质。2019年，教育现代化发展水平跻身全省第一方阵，浙江省中医院新院区签约落户富阳，舒心就医卫健平台纳入杭州“城市大脑”应用，28个安置房项目加速推进，循环经济产业园顺利开工建设，城市功能不断补弱增强。促城市人文提升。着力打造“家在富春江上”特色文化品牌，在全市率先实现文化礼堂行政村全覆盖，获评省农村文化礼堂建设示范区，承办全省第五届“我们的村晚”。区融媒体中心挂牌成立，56家文创企业入驻省级“春江花月夜”文创街区，电影《老师·好》获得省市“五个一”工程奖。全力推进新时代文明实践中心建设，非遗传承学校揭牌，首批手工造纸技艺传承班开学，城市文脉得到进一步继承发扬。促营商环境提优。始终坚持“优质服务是发展的第一要务”理念，以“最多跑一次”改革为突破口，持续优化服务环境和营商环境。统筹推进投资项目、企业法人、公民个人三个全生命周期“一件事”改革；创新组建区投资项目联动推进中心，实现企业项目从赋码备案到竣工验收“最多90天”；开设常态化企业开办专窗，企业开办时间由原来的2.5天压缩至4小时；在全省率先建立人生档案制度，实现公民人生9个阶段168个事项“一站式办理”，相关改革经验在省市推广。深入开展机关内部“最多跑一次”改革，实现率达96.1%。制定出台“新制造业计划26条”和“支持民营经济高质量发展意见18条”，及时兑现中央和省市大规模减税降费政策，仅2019年为企业减负超过64亿元。常态化开展“走亲连心三服务”和服务企业专项行动，建立区领导服务企业“两必到”“三联系”机制，实现工业企业走访全覆盖。

三年来，我们聚力党员干部精神状态转型，干事创业担当有为、蔚然成风。区委认真落实管党治党主体责任，推动全面从严治党向纵深发展，每年召开“三看四态促转型”战斗动员大会，推动党员干部精神状态实现大转型，干部素质今非昔比、大大提升，干部精神面貌脱胎换骨、奋力有为，“干部辛苦、人民幸福”成为一种普遍共识和行动规范，并且正在成为骨子里的自觉。高标准强化政治引领。坚持把党的政治建设放在首位，深入践行习近平新时代中国特色社会主义思想，扎实开展“不忘初心、牢记使命”主题教育。严守党的政治纪律和政治规矩，严肃落实党内政治生活若干准则，严格执行民主集中制、“三重一大”等制度，倡导积极健康的党内政治文化。区委常委带队每年开展专项督查，进一步落实“一把手”意识形态工作责任制。坚持党的集中统一领导，支持人大、政府、政协和监委、法院、检察院依法依章履行职责，巩固和壮大最广泛的爱国统一战线，最大限度地汇聚起干事创业、推动转型的强大合力。顺利完成新一轮部门和乡镇（街道）党政机构改革。高素质锻造干部队伍。牢固树立“鼓励肯干的、提拔好干的、鞭策少干的、整治不干的、拔除倒干的”用人导向，三年累计提拔重用190名区管领导干部，选树1名省级、5名市级、100名区级“担当作为好干部”。加大干部教育培训力度，开设“区管领导干部周末学习大讲堂”“年轻干部‘三高’专题进修班”，用好“学习强国”“春江论坛”等平台，推广“每月一学”“每月一讲”等做法，不断提升干部服务本领。坚持年轻干部“五级梯队”培养选拔机制，持续面向“双一流”名校招引一大批优秀紧缺高专人才，探索打通体制外选人渠道，搭建年轻干部成长平台。高要求夯实基层基础。坚决落实基层党建工作责任制，深入开展“最强支部”创建，持续深化“领头雁”工程，大力整治“软弱涣散”基层党组织，切实加强党员队伍管理，基层组织战斗堡垒作用大幅提升。坚持“奋力争先、勇创一流”工作要求，常态化开展村（社）擂台比武活动，不断营造“比学赶超”的浓厚氛围。探索建立社区“大党委”工作模式，全面开展“百日解百难”及机关党员进社区志愿服务活动，2019年累计走访群众30000余户，开展各类志愿活动1084次，党群干群关系大为改善。高强度抓实正风肃纪。持续抓好党风廉政建设和反腐败斗争，深入整改省委巡视反馈问题，纵深推进监察体制改革，深化区委巡察、村（社）延伸巡察和项目化监督工作，深入整治“不担当、不作为、不落实”问题，始终保持惩治腐败高压态势，高标准高质量建设“清廉富阳”。2019年，严肃查处多起严重违纪违法案件，立案审查涉黑涉恶腐败“保护伞”案件10人，查处形式主义、官僚主义问题42起56人，整治“三不”问题105起138人，坚决维护风清气正的政治生态。

这些成绩的取得，得益于习近平新时代中国特色社会主义思想的正确指引，得益于省市委的坚强领导，得益于全区各级党员干部的顽强拼搏，得益于离退休老同志、各民主党派和社会各界的鼎力支持，得益于广大人民群众的积极拥护和奋发进取。在此，我代表区委常委会，向奋战在各条战线上的广大党员干部群众，向所有关心支持富阳发展的各界人士，表示崇高的敬意和衷心的感谢！

二、认真总结成功经验，始终保持高昂的斗志

三年的发展令人瞩目，三年的成绩令人振奋，三年的变化令人惊叹，三年的奋斗令人铭记。我们在三年转

型发展的伟大实践中，积累了宝贵的“富阳经验”，值得一以贯之地坚持和发扬：

——必须坚挺“四个意识”不动摇，不折不扣抓落实。三年来，我们始终牢固树立“四个意识”，增强“四个自信”，坚定做到“两个维护”，把贯彻落实以习近平同志为核心的党中央各项决策部署，作为最根本的政治纪律和最重要的政治任务，着眼大局、胸怀全局，吃透上情、结合实情，创造性地开展工作，保证了党中央政令在富阳畅通无阻、落地生根。区委常委会坚持译好“普通话”、讲好“富阳话”，第一时间传达学习贯彻党的十九大和十九届二中、三中、四中全会精神，习近平总书记系列重要讲话和中央重要会议精神，及时把党中央的理论武器、行动指南和政策支持转化为契合地方实际的行动自觉。我们贯彻落实创新、协调、绿色、开放、共享的新发展理念和高质量发展要求，提出“三看四态促转型”发展战略和高新产业发展、高品质城市建设、高水平社会治理发展路径；我们贯彻落实乡村振兴“产业兴旺、生态宜居、乡风文明、治理有效、生活富裕”的总要求，提出具有富阳地方特色的“六个有”工作目标和“三字经”工作法；我们贯彻落实长三角一体化发展国家战略，提出全力加快与杭州大都市高质量一体化发展的目标要求。实践证明，车马炮各展其长，一盘棋大局分明，关键在于党中央坐镇中军帐，只要我们上接天线下接地气，上有所令下有所行，勇于担当、敢于作为、善抓落实，就一定能让党中央放心、让人民群众满意。

——必须坚定战略方向不动摇，一张蓝图绘到底。三年来，我们始终坚持“三看四态促转型”和“三个拥抱”不动摇，致力于推动“三高”发展，以“一年脱掉一层皮、干出一番新天地”的战斗姿态，保持定力、铆足干劲，在富阳大地上打响了一场中心突破、南征北战、远程打击、四面开花的转型发展大会战。在这场战役中，我们有过疑惑、有过彷徨、有过焦虑、也有过懈怠，但是我们更有着咬定青山不放松的韧劲，有着一锤一锤钉钉子的精神，有着不破楼兰终不还的决心，始终坚信转型是富阳腾飞的必由之路，“下蹲”是富阳涅槃的必经阵痛，“起跳”是富阳发展的必然结果。区委常委会带领广大党员干部群众一起，坚定清醒、不畏艰险，不断完善发展思路，积极破解发展难题，强化落实发展举措，一步一个脚印稳步前行。实践证明，没有比脚更长的路，没有比人更高的山，定下来的目标，明确了的任务，只要我们认准方向往前走，不绕过难题、不回避矛盾，水滴石穿、绳锯木断，就一定能无远不至、使命必达。

——必须坚持党建引领不动摇，凝心聚力加油干。三年来，我们始终坚持“党建强发展强”理念，坚持发挥党总揽全局、协调各方的领导作用，紧紧抓住“人”这个干事创业的决定性因素，广泛汇聚起推动转型发展的磅礴力量。区委常委会以全面加强党的建设统领各项工作，狠抓执政能力和干部队伍建设，全面增强各级党组织的凝聚力、战斗力，将干部选用与为人民服务结合起来，与推动转型发展结合起来，与维护社会和谐稳定结合起来，形成了各级党员干部带着使命去工作、带着情怀去干事的实干之风。坚持团结一切能够团结的力量，争取上级关心、吸引外界关注，引导集聚民主党派、海内外乡贤和社会各界人士力量投入全区转型发展事业，形成了“上下同心、目标同向、工作同步、风雨同舟”的良好态势。实践证明，三年来我们干成的很多大事，关键在于党的领导，在于群策群力、团结一心，只要我们不断加强党的执政能力建设，团结带领全区上下心往一处想、劲往一处使、汗往一处流，齐心协力谋发展、同心同德干事业，就一定能无往不利、势如破竹。

——必须坚守为民初心不动摇，扎根人民谋发展。三年来，我们始终牢记全心全意为人民服务的根本宗旨，践行以人民为中心的发展思想，贯彻“民有所呼、我有所应，民有所需、我有所为”的民生要求，坚持一切为了群众、一切依靠群众、一切服务群众，积极顺应并努力实现人民群众对美好生活的向往。区委常委会坚持民生优先，持续加大民生投入，办好民生实事，努力使转型发展成果更多更公平惠及全区人民。推动社会治理重心向基层下移，将“四问四权”工作方法贯穿到民生福祉保障和城市治理过程中，打造共建共治共享的社会治理格局，使人民获得感、幸福感、安全感更加充实、更有保障、更可持续。尊重人民群众主体地位和首创精神，相信群众、依靠群众、发动群众，实现了“在骂声中开始，在掌声中落幕”的华丽转变，形成了党员干部带头干、人民群众跟着干的浓厚氛围，各项决策部署赢得了人民群众的信任和点赞。实践证明，以人民为中心是我们开展各项工作的力量源泉，只要我们坚守为民初心，自觉坚持群众路线，自觉站在人民立场上想问题、干事业，就一定能战无不胜、攻无不克。

当前，富阳的转型发展正迎来难能可贵的历史机遇。党的十九届四中全会专题研究部署坚持和完善中国特色社会主义制度、推进国家治理体系和治理能力现代化问题，中央经济工作会议明确继续实施积极的财政政策和稳健的货币政策，浙江全面实施全省大湾区大花园大通道大都市区建设行动计划，杭州加快推进市域融合发展、大力实施“新制造业计划”，中央和省市委的新决策新部署，为我们推进“三高”发展进一步指明了前进方向、增添了无穷动力。再叠加自身业已形成的区位、空间、环境和产业错位发展等优势，富阳已经成为杭州大都市地位重要、独具特色的全新区域。但同时我们也要清醒地看到，富阳转型发展已到了“中流击水”“爬坡过坎”的关键节点，受宏观经济形势影响，经济发展存在较大的下行压力，都市品质城区建设尚处于起步阶段，基层社会治理积累的矛盾较为突出，部分党员干部责任担当意识、改革创新意识、服务本领质量还有待进一步提升，官僚主义、本领恐慌、反弹回潮和基层腐败等问题还比较突出。这些问题如果不加以改进，必将成为阻碍富阳发展的“绊脚石”。为此，我们必须顺应高质量发展趋势，充分发挥自身优势，加快补齐自身短板，一鼓作气往前冲，只争朝夕快步跑，“勇立潮头”“越过山丘”，快速跟上杭州大都市高质量发展步伐。

三、瞄准“三高”发展目标，坚决扛起转型发展新使命

2020 年是我国全面建成小康社会、“十三五”规划

收官之年，也是富阳全面加快转型、实现“三高”发展的关键之年。从富阳当前发展的阶段性特征看，产业体系正从传统产业主导向新兴产业引领转型，城市形象正在由“半城半村”向现代化都市城区转化，社会治理正从传统管理向现代治理转变。新的形势任务、新的机遇挑战，需要我们坚持创新、协调、绿色、开放、共享的新发展理念，按照高质量发展要求，坚定步伐、换挡提速，继续沿着“三高”发展的道路不断前进。

对此，区委提出2020年和下一阶段工作的指导思想是：高举习近平新时代中国特色社会主义思想伟大旗帜，深入学习贯彻党的十九届四中全会、省委十四届六次全会和市委十二届八次全会精神，坚持“三看四态促转型”和“拥抱富春江、拥抱大都市、拥抱新时代”不动摇，牢牢把握转型发展主基调，始终聚焦高新产业发展、高品质城市建设、高水平社会治理，久久为功、接续奋斗，奋力起跳、奋勇争先，全力加快向一流的大都市新型城区迈进。

主要目标是：到2020年底，实现地区生产总值增长6.5%，其中高新产业和高新制造业占比显著提高，全社会R&D支出占GDP比重达到2.1%，一般公共预算收入增长12.5%，城镇居民、农村居民人均可支配收入分别增长7.5%和8.5%。城市发展实力更加提升，城市宜居环境更加向好，社会治理体系和治理能力建设更上一层台阶。在此基础上，到2021年底，转型发展成效更加明显，区第一次党代会提出的“五年变样”目标全面超预期完成，成为转型发展的全省样板。高新产业发展上，产业结构进一步优化，创新驱动进一步增强，现代服务业与高新制造业实现“双轮驱动”，加快形成以高端装备制造、光电子、医药和医疗器械、新能源新材料等高新制造业为主要支撑，乡村美丽经济为重要组成，一、二、三产全面融合发展的产业体系，实现产业发展一流。高品质城市建设上，基本建成大气开放、整洁有序、温馨文明、靓丽繁华的都市新区，精致靓丽、产城融合、各具特色的小城市和乡土气息、田园风光、地域特色、富阳品牌的美丽宜居乡村，富裕阳光的大都市新型城区成为杭州大都市的重要一极，实现城市建设一流。高水平社会治理上，共建共治共享的社会格局进一步深化，治理理念实现大解放、治理体系实现大变革、治理能力实现大提升，整体治理效能显著增强，成功探索“富阳之治”新经验，争创全省区域治理现代化排头兵，实现社会治理一流。

（一）大力推动高新产业发展，着力构建一流的产业体系

坚持产业与城市融合发展、联动互进，围绕产业现代化，把培育和引进以高新制造业为主体的新兴产业作为主攻方向，全力打造杭州市高新产业强区和高新制造业示范区。

一是强化资源要素保障。做足做好“土地”文章，在交付滨富特别合作区产业用地3000亩净地基础上，富阳经济技术开发区和杭州富春湾新城两大平台2020年6月底前力争再腾出“两个3000亩”净地。加大闲置土地整治和存量用地盘活力度，全年多途径争取新增用地指标1500亩以上；盘活存量建设用地2500亩，土地整治项目2800亩以上。推动土地要素向重大项目、重点产业倾斜，保障工业用地占土地出让总量比率40%以上，重点平台工业用地100%标准地出让，切实把有限的空间资源用在保发展、保民生的“刀刃”上。积极稳妥推进经营性土地出让开发，确保土地收储、做地、出让工作环环相扣、良性滚动，重点推出杭州富春湾新城、富春、银湖等区域地块，全年土地出让金收入确保完成200亿元。做实做优5个以上政府主导型产业基金，强化规范管理，加大考核力度，切实提升产业基金专业化、市场化运作水平，引导金融“活水”更好地浇灌实体经济。落实升级版人才政策，拓宽引才引智渠道，力争全年新增国千、省千和市“521”人才10名以上，招引硕士及以上研究生等高层次人才1200名以上。

二是推动产业提质增量。深入实施“新制造业计划”，始终把高新制造业作为主攻方向，加快建设杭州市高新产业强区。加大优质企业招引和培育力度，突出抓好龙头企业招商、强链补链招商，特别是招引一批高科技含量、高附加值、高成长性企业。2020年力争引进产业项目130个以上，其中高新产业项目不少于60%，高新产业项目中制造业项目不少于60%，亿元以上制造业项目不少于35个；力争引进“152”项目7个，其中10亿元以上制造业项目6个；确保固定资产投资、工业投资、高新产业投资增幅实现3个10%以上，力争达到3个20%。加快企业梯队培育，做强工业百强榜企业，做大高新潜力企业，挖掘培育一批细分行业“单项冠军”“隐形冠军”。全面实施制造业数字化改造，确保完成工厂物联网项目40个，新增上云企业400家。坚持将创新驱动发展作为第一动力，深化国高企培育三年行动计划，充分发挥企业科技创新主体作用，鼓励“企业家”与“科学家”队伍合二为一，加快上海光机所杭州分所等科研院所科研成果从“实验室”走向“生产线”。

三是提升专业平台能级。推动富阳经济技术开发区、杭州富春湾新城、各乡镇（街道）产业集聚区竞争式发展，围绕招商引资、空间腾退、项目建设、高端人才引进、服务质量，大力开展“五比五学”竞赛活动，促进各产业平台良性竞争、勇争一流，在全区范围内全面掀起高质量发展比武竞赛的热潮。富阳经济技术开发区要以银湖新区为核心，以地铁沿线产业带为纽带，重点突出总部经济、研发孵化、楼宇制造，高标准布局一批5G、芯片、新零售、人工智能、智能装备产业集群，确保全年引进“152”项目4个、用地类高新产业项目20个以上，建成国家级、省级孵化器2个。加快产业项目和城市配套项目建设，确保全年新竣工产业项目20个、政府投资项目38个，推动园区向现代城市转变，引领杭州开发区经济发展新模式。杭州富春湾新城要围绕打造杭州高新制造业示范区目标，大力实施产业发展、城市建设、生态环境建设3个“三年行动计划”，确保年内全面完成传统制造业改造提升省级试点和造纸行业基本腾退，全年落地高新项目28个、“152”项目3个、亿元以上项目15个，开工建设政府投资项目39个，加快杭黄高铁站前片区“一平方公里”、春南产业板块建设。滨富特

别合作区要充分发挥区区合作优势，持之以恒、全力以赴做好项目服务保障工作，确保全年高新产业项目落地10个以上、开工建设5个以上。其他产业集聚区要加快原有传统产业的转型升级，腾出空间招引高新产业项目，推动优质产业项目向全区布局。积极探索国有企业建设小微企业创新园新模式，扎实推进金桥、鹿山、环山、永昌等工业园区整治提升，推动上官球拍产业园打造成为省级示范产业园。

四是加快美丽经济发展。按照“一乡一品、一镇一业、一村一特色”的要求，加快农村土地流转和闲置农房盘活，促进规模经营，加大农村新经济新业态招商，培育和招引懂技术、懂管理的农业农村实用人才，逐渐形成农村一、二、三产融合发展新模式。充分挖掘和利用农村现有资产资源，大力发展“互联网+”农业，鼓励特色餐饮、农家小吃、手工艺制作等乡愁产业集聚发展，开发乡村旅游产品，打响“富春山居”区域公共品牌。大力发展源域经济，推动葛溪流域、壶源溪流域、大安顶、大龙门等区域联动发展，实现部门、乡镇（街道）、村（社）以及人与人、户与户之间的联动互动。不断丰富“富春山居实景游”精品旅游线路，继续办好“味道山乡大会”“百花大会”“江鲜大会”等“美丽大会”，推动“大农业”和“大旅游”有机结合。加快把美丽环境转化为美丽经济，推动现代民宿、乡村旅游、乡村文创、共享经济等新业态协同发展，培育一批“好看、好吃、好住、好玩、好购、好客、好评”的特色村，全面消除经营性收入20万元以下的薄弱村。

（二）大力推动高品质城市建设，着力打造一流的城市体系

按照“拥江发展、都市一体、产城融合、现代田园”要求，围绕城市都市化和乡村景区化，统筹推进城乡发展，加快城市交通、建设、运维与杭州大都市一体化，着力提升城市功能、城市环境、城市品质。

一是加快完善城市交通环境。全力推进重大交通项目建设，确保地铁、绕城西复线、彩虹快速路、春永快速路于2020年底前竣工通车，开工建设湖杭温高铁富阳段，基本建成“三铁三高三快速”都市综合交通体系，实现与杭州大都市立体式“无缝对接”。开工建设杭新景高速灵桥互通迁改工程，全力推进以秦望过江隧道、大盘山隧道等为重点的“七纵九横”内部骨干路网建设，做好杭淳开高速、杭州“中环”项目前期，“四好农村路”建设力争实现“三年任务两年完成”。

二是不断改善城市生活环境。以“工匠精神”抓好城市建设，统筹推进老旧小区提升改造、城中村改造、城市给排水系统改造、精品工程建设。深入实施城市有机更新，全面推进秦望“城市眼”建设，启动周家弄、秋月小区等9个区块提升改造。启动达夫路南段、城西街精品街区，江滨东大道北岸精品江景，精品夜景灯光三期等精品工程。推进高桥江、新桥江、南渠、北渠等河道整治，完成截污纳管改造。紧盯“全省一流小城市”目标，加快新登、场口小城市培育和建设工作。加快推进安置房、人才房、公租房建设，全面推进亚运场馆、省中医院、省人民医院富阳院区、富春湾双语学校、万达广场等公共配套建设，全力办好就业、养老、社保、教育、医疗卫生等民生实事。以“绣花功夫”抓好城市管理，加速杭州“城市大脑”已建应用场景落地贯通，完善运动休闲、公共厕所、无障碍通道等便民设施，持续开展垃圾分类、公交优化等工作，着力打造安居乐业、服务优良的宜居品质城市。

三是大力提升城市人文环境。强化思想教育引导和文明素养培育，深入践行社会主义核心价值观，壮大主流舆论氛围，着力打造理论学习的“富阳高地”。巩固提升文明城市创建成果，高标准抓好城市文明指数测评、各类文明创建工作，着力提升全社会志愿服务水平。持续推动文化繁荣兴盛，进一步打响“家在富春江上”、“春江花月夜”文创街区、“新劳动教育”实践体验、“二十四节气”等文化品牌。深入实施文化惠民，健全公共文化服务体系，加快推进郁达夫纪念馆、新四军两渡富春江纪念馆等文化设施建设。

四是全面保护城市生态环境。深入实施“蓝天、碧水、净土、清废”四大行动，持续打好污染防治攻坚战，争创国家级生态文明建设示范区。加快关停杭州富春湾新城热电、污水等造纸配套企业，推进渌渚循环经济产业园建设，建成投产生活垃圾焚烧、餐厨垃圾处置、飞灰处置等项目，持续改善环境质量，确保城区空气优良率达到93%以上，富春江干流稳定保持Ⅱ类水质，出境断面水质持续“优秀”。扎实推进省级山水林田湖草生态修复试点工程，完成阳陂湖生态修复治理项目建设，打造全省城市文化湿地公园精品样板。坚决抓好中央环保督察反馈意见整改，全面开展“清洁家园、文明富阳”环境大提升行动，争创最清洁城区。

五是持续巩固乡村美丽环境。坚持以富春山水为最靓底色，以“经验原创地”为工作标准，巩固好、保持好“六个有”工作目标和“三字经”工作法，发展完善美丽城乡、美丽经济、美丽人文新“三美”建设体系。科学编制全区新时代美丽乡村设计规划，深化美丽乡村建设，确保全年新建、提升新时代美丽乡村精品村60个以上，高标准完成新登、场口省级美丽城镇试点创建工作。以“河（湖）长制”为抓手，扎实推进“五水共治”“三改一拆”等工作，认真抓好“无违建区”“污水零直排区”创建。强化群众思想道德建设，用活用好乡村文化礼堂等文化设施，多形式开展文化下乡、科技下乡等服务，着力提升乡风文明。

（三）大力推动高水平社会治理，着力完善一流的治理体系

深入贯彻落实党的十九届四中全会精神，充分发挥党在社会治理中领导核心作用，围绕治理体系和治理能力提升，着力推动社会治理现代化。

一是强化党建引领社会治理。切实加强党对社会治理的领导，以党建水平提升带动治理现代化水平提升，以党的组织保障强化治理能力保障，切实把高水平社会治理各项目标任务落到实处。坚持以政治建设统领干部队伍建设，巩固“不忘初心、牢记使命”主题教育成果，坚定维护党中央权威和集中统一领导，确保以习近平同志为核心的党中央重大决策部署在富阳落地生根。

坚持干部选拔正确用人导向，继续开展区管领导干部和年轻干部教育培训，拓宽干部高素质专业化培养途径，持续开展“担当作为好干部”评选，旗帜鲜明为担当者撑腰鼓劲、摇旗助威。贯彻落实《中国共产党宣传工作条例》，抓紧抓实各级党委（党组）意识形态工作责任制落实。深化“清廉富阳”建设，紧盯形式主义、官僚主义新动向新表现，加大对“不担当、不作为、不落实”问题查处力度，营造务求实效的干事氛围。牢固树立抓基层强基础的鲜明导向，以提升组织力为重点，全面推动基层党建工作提质增效。统筹推进村（社）、非公企业、两新组织和机关党建工作，深入开展“最强党支部”创建和党支部标准化、规范化建设，做好新一届村级组织换届准备工作，不断夯实党在基层的执政根基。总结推广基层治理“紫云山庄经验”，进一步完善社区“大党委”工作模式和党组织领导下的基层民主协商模式，探索打通退二线党员干部进小区业委会任职渠道，大力培育“全科社工”。建成优化区、乡镇（街道）、村（社）三级党群服务中心“阵地联盟”，引导群团组织和公益性社会组织进一步融入基层治理格局，打造15分钟党群服务圈。

二是全力筑牢平安稳定底线。深入推进诉源治理，坚持“调解优先、诉讼断后”，推动矛盾纠纷化解关口前置、重心下移。充分发挥区、乡镇（街道）、村（社）三级综治平台作用，健全多元化解矛盾机制，有序运营“信访超市”，充分整合司法、行政、信访资源，完善联合接待、联合调处、联合帮扶等新工作机制，努力实现社会治理领域“只进一扇门”“最多跑一地”，争创无信访积案区。深入推进平安富阳建设，突出抓好生产安全、交通道路安全、消防安全、食品药品安全等工作，围绕重点领域集中开展整治，排查消除安全隐患风险点，完善安全防护设施设备，加强应急救援力量，着力压降各类死亡事故。持续推进“雪亮工程”“智安小区”“数字派出所”、中心警务站建设，重拳打击盗抢骗、黄赌毒、食药环和新型电信网络诈骗等各类违法犯罪活动，打好扫黑除恶专项斗争收官之战，坚决维护和谐稳定有序的社会环境。

三是全面增强改革发展活力。巩固发展投资项目、企业法人、公民个人全生命周期改革成果，在促进投资、服务企业方面采取更大改革力度。完善投资项目联动推进中心建设，进一步压缩一般企业投资项目审批时间。坚决落实减税降费政策，进一步降低企业社保、融资、用工、用房等成本，优化商事登记全流程，放宽市场主体准入条件，大力支持中小微企业发展。继续深化国企改革，不断提升资产管理、资本运作、项目建设能力，促使国企真正成为独立市场主体。扎实推进事业单位改革和综合行政执法改革，进一步优化机构职能和人员结构。深化机关内部“最多跑一次”改革，建立完善“网上办”“移动办”系统，争取实现“跑零次”，不断推动政府职能、服务方式和服务效能转变提升。深入推动“最多跑一次”改革扩面延伸，持续推进社保、医保、卫健、教育、公安、民政等便民领域改革，在具备条件前提下进一步向社区、车站、商场、文化场馆等基层公共场所拓展服务。

一流的大都市新型城区建设是经济、政治、文化、社会、生态文明“五位一体”的建设，也是全面加强党的建设的应有之义，必须坚持系统谋划、统筹推进，加快形成广泛参与、齐抓共建的生动格局。要进一步加强区委常委会自身建设，着力提高“把方向、管大局、作决策、保落实”的能力水平，更好地在全区当好示范、作出表率。要进一步提高各地各部门党委（党组）领导班子政治站位，按照“全区一盘棋”的要求，找准定位、负起责任，凝聚各方力量，统筹推进各项工作。要进一步发挥各级领导干部“关键少数”作用，尤其是“一把手”要坚持当好“施工队长”，把现场当战场、把工地当阵地，压实责任、亲力亲为，把“三高”发展各项任务抓深抓实。要支持人大和政协聚焦民生实事、重大项目开展监督，支持政府依法行政，建设法治政府，支持司法机关切实维护社会公平正义。要充分发挥统一战线独特优势，团结引领各民主党派、工商联、无党派人士、在外乡贤在联系群众、招商引资、城市建设、基层治理等方面展现更大作为。要支持工会、共青团、妇联等群团组织立足自身职能，积极参与发展大局。要加强新时期人民武装工作和国防后备力量建设，积极探索武装工作服务支持地方经济建设和社会治理新路径。要主动做好外地驻富单位联系、服务工作，支持其主动参与地方经济社会发展。

同志们，行百里者半九十，一流的大都市新型城区建设，非一人一地之力、一朝一夕之功，富阳的转型发展道路还需要继续跋山涉水、斩关夺隘。让我们始终坚定目标不动摇、看准道路不回头，坚持一张蓝图绘到底，不忘初心、牢记使命，只争朝夕、不负韶华，努力兑现对人民群众的庄严承诺，不断开创富阳更美好的明天！我们坚信，这一天一定能够实现！

名词解释

“六个有”工作目标：房子有人居住、土地有人耕种、产业有人兴旺、“三园”（田园、庄园、庭院）有人美丽、文化有人传承、和谐有人构筑。

“三字经”工作法：拆违建、清溪流、扫干净、堆整齐、种满园、点漂亮、增收入、人和谐。

“拆执破”府院衔接：面对涉迁企业资不抵债可能带来的诉讼“爆炸”风险，将拆迁、执行、破产三种制度有机结合，对摸排发现可能破产的涉拆迁企业，通过执行转破产通道，启动“预破产”程序，采取“企业自主清理，专业化指导介入”方式，有效预防和化解各类纠纷进入司法程序。

“五个一”工程奖：“五个一”指一部好的戏剧作品，一部好的电视剧（片）作品，一部好的电影作品，一部好的图书（限社会科学方面），一部好的理论文章（限社会科学方面）。

“两必到”“三联系”：区领导亿元以上工业企业必到、规上工业企业必到，联系大企业、联系科技型潜力企业、联系困难企业。

社区“大党委”工作模式：以社区党组织为领导核心，牵头社区党建共建联系结对区级机关、企事业单位、行政村、两新组织、外地驻富单位、外地驻富国有企业和其他单位，发动社区广大党员群众、业委会、物业服务企业，采用工作例会、议事决策、联席会商等工作方式，通过共建共治共享开展社区治理的工作机制。

“五比五学”：全区各产业平台、乡镇（街道）围绕落地项目数量质量、腾出发展空间比例、在建项目塔吊数量、高端人才引进数量和服务能力服务质量五个方面，分类分组开展比武竞赛活动，以互学互比促进发展提升。

“全科社工”：全科社区工作者，指的是全面掌握各项社区工作职业技能的社区工作者，具有一人多岗、一专多能的优势，一人即可为有不同需求的市民办理各种业务。

“信访超市”：区社会治理中心，统筹整合政法力量，司法全人员入驻、法院全功能搭载，变“多中心”为“一中心”，让群众纠纷化解和信访“最多访一次”“最多跑一地”。

杭州市富阳区人民代表大会常务委员会 工作报告

在杭州市富阳区第十六届人民代表大会第四次会议上

（2020 年 1 月 19 日）

杭州市富阳区人大常委会主任 汤金华

各位代表：

我受区人大常委会委托，向大会报告工作，请予审议。

一、过去一年的主要工作

2019 年是新中国成立 70 周年，是全国人民代表大会成立 65 周年，也是富阳开启全面建设的关键之年。在区委的坚强领导下，区人大常委会高举习近平新时代中国特色社会主义思想伟大旗帜，认真落实区委一届六次、七次全体（扩大）会议部署，坚持党的领导、人民当家作主、依法治国有机统一，切实履行宪法法律赋予的职责。区十六届人大三次会议以来，共召开常委会会议 9 次，主任会议 15 次。依法行使重大事项决定权，作出决议决定 13 项；依法履行监督职能，听取“一府两院”专项工作报告 13 项，发出审议意见 8 份，对 8 部法律法规开展了执法检查；按照法定程序开展人事任免，依法任免国家工作人员 89 人次，有效行使了国家权力机关职能，各项工作取得新进展。

（一）坚持党的领导，保证人大工作正确政治方向

人大及其常委会是党领导下的重要政治机关。常委会把政治建设摆在首位，牢固树立“四个意识”，始终坚持“四个自信”，坚决做到“两个维护”，坚定地把党的领导贯穿于人大工作的全过程、各方面。

*自觉用科学理论武装头脑。*坚持用习近平新时代中国特色社会主义思想统领人大工作，结合“不忘初心、牢记使命”主题教育，深刻学习领会习近平总书记关于坚持和完善人民代表大会制度的重要思想和对地方人大及其常委会工作的重要指示精神。及时传达学习十九届四中全会精神以及省、市、区委重要会议、重要文件精神，切实增强做好新时代人大工作的责任感和使命感。

*发挥党组织领导核心作用。*区委高度重视人大工作和建设，一年来，区委常委会专题研究人大工作 4 次，区委主要领导对人大工作作出批示 14 件，全力支持和保障人大依法履职。区人大常委会党组坚决做到重大问题、重大事项、重大活动及时向区委请示报告，全年累计召开党组会议 19 次，向区委请示、报告事项 23 件。即时学习区委人大工作会议精神和区委出台的《关于高水平推进新时代人大工作和建设的意见》精神，认真研究部署落实。

*依法正确行使人事任免权。*坚持党管干部原则与人大依法行使任免权有机统一，通过法定程序实现党组织的意图。在机构改革中，第一时间任免政府组成部门主要负责人，确保新老机构无缝对接。一年来，依法决定任免 27 名政府组成部门主要负责人、2 名监察委员会委员、11 名常委会工作委员会组成人员、49 名司法工作人员。持续开展常委会任命法官、检察官的履职监督工作，对区检察院 2 名检察官开展履职监督。

（二）围绕中心大局，贯彻落实区委重大决策部署

推动区委中心工作的落实是人大依法履职的着力点和落脚点。常委会始终聚焦经济社会发展重大问题，依法讨论决定重大事项，凝心聚力破解发展难题。

*积极服务经济高质量发展。*开展“促进民营经济高质量发展”专项监督暨区十六届人大三次会议 2 号议案督办工作，指定审计局对“民营经济财政扶持政策落实情况”开展专项调查，走访调研企业 215 家，梳理问题 103 条。通过常委会领导带队现场解决、两级人大共同解决、与政府及职能部门共商解决等方式，积极助推政策落地，提振民营企业发展信心。专题调研“城市建成区产业优化”工作，对政府主要职能部门服务项目的质

量和效率进行监督，助力产业结构和营商环境优化。听取和审议预决算报告和“同级审”审计意见落实情况报告，两次审查批准财政收支预算调整方案。听取和审议2018年度全区国有资产管理情况综合报告，提出了“强化管理责任、夯实管理基础、建立健全管理制度、增强运行绩效”等意见建议。审议批准2019年地方政府债务限额和政府债券预算调整方案。指定审计局对精品街工程一期（大桥路—桂花路）、银湖公寓建设工程、区第二人民医院病房扩建工程等民生项目开展稽查，规范政府投资项目管理。

*积极服务高品质城市建设。*务实履行杭州富春湾新城建设人大指导组工作职责，进一步发挥“指导、服务、协助、监督”的作用，重点推动规划实施、项目建设、部门服务等工作。专题调研新登古城项目建设、常绿“红绿蓝”发展、春建“茶艺小镇”建设等工作，助力推进乡村转型发展。指导上官乡“球拍名镇”建设，助推产业园顺利开园。审议批准秦望隧道与广场地下空间开发工程、背街小巷整治建设工程、地铁杭富线相关路段建设工程等11个项目计划调整方案和17个新增项目计划方案，助力政府重大投资项目加快建设。

*积极服务高水平社会治理。*开展“最多跑一次”改革之“人生一件事”调研，助推“人生一件事”信息集成化、办事便利化、流程标准化。发挥街道人民议事会议在城市治理体系中的作用，监督推动街道民生实事项目落地、重大投资项目和基础设施建设。专题调研“三治融合”乡村善治体系建设工作，积极推进“民事民议、民事民办、民事民管”多层次基层治理格局的形成。开展扫黑除恶专项斗争监督工作，听取司法机关专项工作报告，助力提高扫黑除恶专项斗争的精准度和实效性。专题调研社区规范化建设，推动50个社区办公用房选址落地、便民事项全覆盖和优秀物业小区创建，不断提升人民群众的获得感、幸福感和安全感。

（三）增进民生福祉，加强社会热点难点问题监督

以民为本是人大工作的根基，是贯穿始终的价值取向。常委会认真践行以人民为中心的发展思想，推动解决群众关心关注的突出问题，不断彰显人大情怀、体现人大温度。

*精准监督民生实事。*完善2019年区政府民生实事项目监督机制，推行新“五个一”工作法。在上一年度政府民生实事项目“事事有监督”的基础上，根据子项目情况，分设29个监督小组，实现“小组化”精准监督。一年来，10个监督工作组集中视察30余次，29个监督小组实地视察430余次，提出意见建议280余条，协调解决问题176个，积极助推政府民生实事项目高质量完成。

*全力护航乡村振兴。*认真开展区十六届人大三次会议1号议案督办工作，助力出台《关于推进新时代美丽乡村建设的实施意见》，确保美丽乡村创建工作全面推进。专题调研供销总社“三位一体”建设情况，为加快打造服务农民生产生活的综合平台提出了切实可行的意见建议。开展美丽经济发展情况专项视察，专题调研茶产业发展情况，有效激发了美丽经济发展的内生动力。跟踪督查农村集体经济相对薄弱村消除工作审议意见的落实情况，进一步助推集体经济发展壮大。

*积极回应群众关切。*开展安置房建设专项督查，实地察看秦望区块搬迁安置工程、灵桥永丰安置小区等项目进展情况，发放调查问卷321份，围绕群众反映较多的问题，向政府及职能部门提出意见建议。视察智慧医疗运行情况，调研区第一人民医院“城市大脑”卫健系统，听取群众对“看病难、看病繁”问题的意见建议，推动智慧医疗更加高效便捷。开展农村家宴中心建设和小作坊整治提升检查活动，保证人民群众“舌尖上的安全”。督查土壤污染防治和修复情况，助推生态环境保护和农用地土壤环境安全。视察生活垃圾分类及末端处置设施建设情况，助力引导垃圾分类成为新时尚。积极做好信访工作，热情接待群众来访，认真办理群众来信，有效疏通化解社会矛盾。

（四）强化法治思维，保证宪法法律有效贯彻实施

法治是国家治理体系和治理能力的重要依托。常委会充分发挥法治引领和规范作用，积极成为依法治国强有力的推动者和实践者。

*加强宪法法律宣传教育。*通过常委会会前学法、人大机关讲座、机关固定主题党日等载体，开展多层次、多形式、多角度的宪法法律知识学习，带头尊崇法治、敬畏法律。落实宪法宣誓制度，组织常委会任命的国家工作人员进行宪法宣誓4次共16人，激励和教育国家工作人员“忠于宪法、遵守宪法、维护宪法”。指导“区级法治公园”规划设计和宪法宣传系列活动，积极主动向群众展示我国宪法和法治建设取得的伟大成就。配合杭州市人大常委会建立基层立法联系点，畅通代表和群众参与立法的渠道。加强规范性文件备案审查，对区政府19件规范性文件进行合法性审查，确保文件于法有据。

*加强执法检查。*开展大气污染防治“一法一条例一规定”执法检查，先后检查部分企业和建筑工地大气污染防治情况，实地查看空气自动检测站建设运行情况，提出了“推进法律法规宣传经常化、工业生产清洁化、扬尘治理规范化、车船尾气控制和油烟治理精细化”等意见建议。开展促进科技成果转化“一法一条例”执法检查，重点检查政府落实法定责任、推动企业与高校院所科技成果转化、优化科技成果转化环境等情况，提出了“加大政策法规宣传力度、继续完善政策体系、强化平台建设、统筹安排创新资源”等意见建议。配合浙江省人大常委会开展《浙江省学前教育条例》三级联动执法检查，查找学前教育存在的主要问题和薄弱环节，助推“幼有所育”落到实处。同时，主任会议听取了文物保护“一法一条例”实施情况报告，就落实文物保护主体责任、提升文物保护水平、推进历史文化古镇（村落）保护等工作提出意见建议。

*加强司法工作监督。*开展检察院公益诉讼工作专项监督，通过走访调研、听取代表意见等方式，全面助推公益诉讼工作提档升级。开展全区律师工作专题调研，多方面征求律师行业转型发展的意见建议，积极引导律师在承担社会责任、维护社会稳定方面作出更大贡献。组织代表参与法院“天网二号”大执行、网络赌博刑事

审判工作新闻发布会和检察院“一案一席谈”、检察开放日等活动，不断促进司法公开公正。

（五）注重改革创新，不断推动人大工作与时俱进

创新是时代发展的主题，是坚持和完善人民代表大会制度的内在要求。常委会紧扣发展实际，在继承中创新，在创新中发展，形成了独具特色的人大工作品牌。一年来，全国各地人大考察团纷至沓来，共接待54批次710人次，提高了富阳的知名度和美誉度。

坚持守正创新。将“一府两院”工作报告会与“民生福祉擂台大比武”相结合，通过代表实地视察、责任部门上台陈述、现场公布测评结果等形式，倒逼实施单位提质增效。首次试行预算草案“三审制”，让代表有序参与预算监督、提前介入预算编制。推行“代表旁听村务例会制度”，助推村级事务决策和实施更加科学规范。大力推动街道人大工作开拓创新，富春街道将“代表周五坐班制”升级为“部门负责人与代表周五晚专题接待选民”，更加直接地解决群众普遍关心的民生问题；春江街道持续创新代表联系群众的平台和载体，构建乡村治理新模式。

鼓励基层创新。指导乡镇人大结合实际，创新工作方式方法，有效形成“人大一盘棋，全面树品牌”的工作格局。新桐乡建立“年轻代表主题发言”制度；渌渚镇成立“阿德哥”“小娘舅”代表调解室；永昌镇实行民生实事项目“代表验收签字”制度；大源镇构建“定单、派单、跟单、晒单”民生实事监督体系；常安镇在各行政村设立“代表工作室”；龙门镇推行“政府重大项目代表参与方案论证”制度等。

加强信息宣传。修订完善《乡镇（街道）人大信息宣传工作考核办法》，建立健全信息宣传联系制度。改版升级“富阳人大”微信公众号，全方位、广视角、多层次反映人大工作动态。一年来，春江街道“小队会”、胥口镇“代表包干制”、大源镇“代表联络卡”等工作多次得到全国及省市媒体的宣传报道，有效提升了人大信息宣传工作的影响力。在“杭州市第二十八届人大好新闻”评选中，“议案建议改变我们的生活”荣获二等奖、“人大代表周五坐班制，服务选民零距离”荣获三等奖。

（六）激发代表活力，全力保障代表主体作用发挥

人大代表是人民代表大会的主体，人大工作的活力在代表、动力在代表、潜力也在代表。常委会坚持“尊重代表、依靠代表、服务代表”，不断完善机制、拓展平台，代表工作取得较好成效。

做优代表履职服务。坚持做好代表履职培训，组织区十六届人大全体代表赴安吉开展集中履职培训，组织2018年度代表履职积极分子赴闽西赣南原中央苏区所在地进行履职能力提升培训，进一步增强了代表的履职信心。加强常委会与代表的联系，主任会议成员全年集中走访联系代表450余人次，常态化组织代表列席常委会会议、执法检查、调研视察等活动。在区融媒体和“富阳人大”微信公众号等平台，开设“代表风采”专栏专版，宣传报道代表履职事迹，不断激发代表履职热情。

做实代表联络站建设。始终把代表联络站建设作为人大密切联系群众的主平台、主抓手，提出“站在一线”的建设标准，坚持“站点设置在一线、代表履职在一线、解决问题在一线”。以杭州“最美人大代表联络站”建设为契机，推进全区24个乡镇（街道）74个代表联络站规范化建设。围绕高质量转型发展，指导新登镇在城市有机更新一线建立联络站、场口镇在叶盛村整村搬迁指挥部建立联络站、灵桥镇在“杭州高新区（滨江）富阳特别合作区”建立联络站等，实现代表联络站由覆盖“全域化”向功能“实效化”转变。

做精议案建议督办。修订完善《代表议案和建议处理办法》，对议案建议的提出、交办、领办、跟踪督查、结果评价等各环节提出更高要求，明确各承办单位在建议办理工作答复后，做好“再协调、再落实”工作，并将办理结果按规范报送。常委会主任会议成员牵头对2件大会议案和2件重点建议开展督办，专门召开议案建议办理工作评议会，推动议案建议办理取得实质性成效。

（七）重视自身建设，焕发人大工作的生机与活力

加强自身建设是人大工作进步的根本保证。常委会不断激发人大干部的实干担当精神，推动人大工作更好地体现时代要求和人民需求。

全心投入主题教育。按照中央和省、市、区委的统一部署，牢牢把握“十二字”总要求，紧紧围绕“五个奋力争先”工作目标，带领全体人大党员干部以饱满的政治热情、强烈的政治担当和坚定的政治信念，扎实开展主题教育。把“学习教育、调查研究、检视问题、整改落实”贯穿主题教育全过程，认真组织专题读书会、专题党课、对照党章党规找差距专题会议等各项活动。结合走访人大代表、区级领导干部人大代表进代表联络站联系群众等活动，面对面听取意见建议，进一步密切与人大代表和人民群众的联系，推动主题教育取得实效。

俯身一线调查研究。聚焦重点任务，坚持求真务实，先后开展科技创新支撑高质量发展、“三位一体”合作经济组织体系建设、杭州富春湾新城蝶变中的三农问题等课题调研，发挥人大智囊团作用，积极为区委决策提供参考。深入开展“走亲连心三服务”、意见建议征求座谈会等活动，一年来，累计走访服务企业430余次、走访农（居）户220余次、走访乡镇（街道）、行政村（社区）360余次，推动解决了一批企业、群众和基层反映强烈的突出问题。

不断提升工作合力。完善常委会领导分工联系乡镇（街道）人大工作制度，定期深入基层，加强日常指导，促进基层人大工作扎实开展。在区委的关心下，不断优化人大干部队伍的年龄、素质和专业结构，全区24个乡镇（街道）挂牌设立人大办公室，配强基层人大工作力量。加强人大机关队伍建设，充分发挥参谋助手和服务保障作用，促进常委会及机关工作更加高效有序运行。认真做好人大机关老干部各项工作，积极发挥老干部在服务全区中心大局和支持人大工作中的重要作用。

各位代表，过去一年常委会所取得的成绩，是区委正确领导的结果，是常委会组成人员、各专门委员会组成人员和全体人大代表共同努力的结果，是区政府、区监委、区法院、区检察院密切配合、团结协作的结果，也是全区人民充分信任、上级人大关心指导和社会各界大力支持的结果。在此，我代表区人大常委会表示衷心的感谢！

回顾过去一年的工作，我们也清醒地认识到，常委会工作中还存在一些问题和短板，主要表现在：监督工作的针对性、实效性还需进一步增强；常委会同代表、代表同人民群众的联系还需进一步紧密；代表履职能力和水平还需进一步提升；常委会及机关创新能力还需进一步提高等等。对于这些问题，我们必须高度重视，自觉接受人民监督，虚心听取代表意见，不断加强和改进各项工作，切实担负起党和人民赋予人大的职责使命。

二、2020年的主要任务

2020年是全面建成小康社会和"十三五"规划收官之年，是富阳全面加快转型、实现"三高"发展的关键之年，也是富阳人大设立常委会40周年。面对新形势、新任务、新要求，今年区人大常委会工作的总体要求是：高举习近平新时代中国特色社会主义思想伟大旗帜，深入学习贯彻习近平总书记关于坚持和完善人民代表大会制度的重要思想，坚持党的领导、人民当家作主和依法治国有机统一，按照区委一届八次全体（扩大）会议决策部署，始终聚焦"三高"发展，积极依法履职，创造性地做好人大各项工作，为加快建设一流的大都市新型城区贡献人大智慧和力量。

根据这一总体要求，2020年常委会工作的主要任务是：

（一）提高政治站位，在学懂弄通做实上开拓新境界

党的十九届四中全会专题研究坚持和完善中国特色社会主义制度、推进国家治理体系和治理能力现代化问题并作出决定，充分反映了新时代党和国家事业发展的新要求和人民群众的新期待。常委会要把深入学习、深刻领会、全面贯彻十九届四中全会精神作为当前和今后一个时期的重大政治任务，矢志不渝做人民代表大会制度的维护者、实践者和推动者。更加坚定恪守人民代表大会制度的初心和使命。时刻牢记人民代表大会制度是承载中国共产党人初心和使命的国家根本政治制度，持续巩固深化主题教育的成果，自觉把初心守成恒心，把使命化作担当。更加深刻认识人民代表大会制度的巨大优越性。想明白人民代表大会制度"为什么好、为什么能、为什么强"的问题，站稳政治立场，保持政治定力，旗帜鲜明地坚持党对人大工作的领导。更加有力推动治理体系和治理能力现代化。认真贯彻落实省、市、区委人大工作会议精神，根据区委一届八次全会提出的目标任务和决策部署，锚定我区人大工作新方位，积极把制度优势转化为治理效能，把治理效能转化为转型发展胜势。

（二）强化监督实效，在落实区委决策部署上体现新担当

坚持把监督的着力点放在推动区委决策部署的贯彻落实上、放在解决事关转型发展和人民群众切身利益的重点难点问题上，以"盯住法""管好钱""把牢图""跟项目"为关键，打好监督"组合拳"。"盯住法"。准确把握执法检查的定位和目的，加强和改进执法检查工作，紧扣法律法规条文开展监督，敢于动真碰硬，发挥好执法检查"法律巡视"利剑作用。"管好钱"。深化预算联网监督工作和预算草案"三审制"，完善人大国有资产监督体系，继续对群众关心关注的政府重大投资项目开展指定监督，提高财政资金使用绩效。"把牢图"。开展"十三五"规划纲要执行情况监督，依法审查各类规划，探索建立督促检查机制，增强规划实施的科学性、严肃性和有效性。专题调研"十四五"规划编制情况，为科学编制规划提供参谋。"跟项目"。紧盯全区重大工程和重点民生项目，就项目规划的科学性和合理性、项目投资的规模和预期目标、项目建设的进度和质量等内容进行评估与全过程监督，助推项目更好地服务经济社会发展，更多地惠及百姓。

（三）注重服务保障，在激发代表履职热情上落实新举措

始终把激发代表履职活力、发挥代表主体作用作为做好新时代人大工作的重要基础，不断优化服务、强化保障，提升代表工作水平。持续提高代表履职能力。坚持把加强学习培训作为提高代表素质和能力的重要抓手，通过专题培训、学习研讨、现场教学等形式，组织区、乡镇两级人大代表系统学习法律法规、人大制度和相关履职业务。围绕"一府两院"工作报告会、政府民生实事项目监督、执法检查等工作，精心组织代表开展活动，确保代表更好履职。持续深化"双联系"机制。健全常委会联系代表、代表联系人民群众制度，丰富联系内容，创新联系方式，明确联系职责，努力使常委会真正成为同人民群众保持密切联系的代表机关，使人大代表真正成为联系人民群众的桥梁纽带。坚持效果导向，完善意见建议处理机制，代表和人民群众想什么、盼什么，常委会就重点调查什么、研究什么，不断提升代表和人民群众对人大工作的认同感。持续提升议案建议办理实效。健全议案建议分类办理、重点督办、疑难会诊、全程公开、科学评估等机制，强化议案建议办理"回头看"。推动一些"年年提、反复提、多人提"的代表建议得到有效破解，真正让代表从"纸上满意"变为"内心满意"。

（四）加强队伍建设，在增强干部履职能力上实现新提升

积极谋划新时代加强人大工作和建设的有效举措，努力在创新人大工作、推进人大建设等方面取得新突破。不断加强政治建设。牢牢坚持党建引领，充分发挥常委会党组把方向、管大局、保落实的作用，加强对人大机关党组的领导，积极打造人大机关特色党建品牌。加强党风廉政建设，严格落实中央八项规定精神和省、市、区委有关规定，扎实推进廉政风险防控机制，打造忠诚干净担当的干部队伍。不断加强作风建设。改进常委会会议组织工作，落实常委会听取审议专项工作报告"三三制"，加大对审议意见落实情况的跟踪监督力度。主动围绕"三高"发展和民生关切，深入基层一线，秉持"勤收集、勤分析、勤调研"的理念，推动形成一批高质量的理论研究成果。不断加强能力建设。深入贯彻《浙江省街道人大工作条例》，认真梳理人大街道工委职责，丰富街道人民议事载体和内容，推进人大工作在街道的生动实践。把学习政治理论知识、业务知识和其他领域前沿知识有效结合，培养一支“懂人大业务、懂人民关切、懂法治建设、懂前沿科技”的人大干部队伍。发挥传统媒体和新兴媒体融合发展的优势，加强对人大制度和人大工作的宣传报道，总结一批有影响、有分量、有特色的亮点工作。

各位代表，伟大的时代激励我们砥砺前行，美好的向往鼓舞我们继续奋斗，让我们紧密团结在以习近平同志为核心的党中央周围，在中共杭州市富阳区委的坚强领导下，铭记人大制度初心，扛起高质量发展使命，以一流的标准、一流的担当、一流的实绩，为全力加快向一流的大都市新型城区迈进而努力奋斗！

杭州市富阳区人民政府工作报告

在杭州市富阳区第十六届人民代表大会第四次会议上

（2020年1月18日）

杭州市富阳区人民政府区长　吴玉凤

各位代表：

现在，我代表区人民政府向大会报告政府工作，请予审议，并请各位政协委员和其他列席人员提出意见。

2019年工作回顾

2019年是新中国成立70周年，也是富阳全面推进由“破”到“立”的转段之年、拼搏之年、奋斗之年。一年来，我们坚持以习近平新时代中国特色社会主义思想为指导，扎实开展“不忘初心、牢记使命”主题教育，全面贯彻落实党的十九大和十九届二中、三中、四中全会精神，在省、市和区委坚强领导下，在区人大、区政协监督支持下，团结依靠全区人民，坚持“三看四态促转型”不动摇，坚定“三个拥抱”，加快“三高”发展，较好地完成了区十六届人大三次会议确定的目标任务。地区生产总值820.5亿元，增长6.0%；固定资产投资增长22.0%；财政总收入131.3亿元，一般公共预算收入80亿元，分别增长6.6%和10%；城镇和农村居民人均可支配收入60576元和35531元，分别增长8.2%和9.5%。

*一、着力稳增长调结构，产业升级步伐加快。*减税降费有效落实。按照“应减尽减、力争多减”的原则，落实上级大规模减税降费政策，企业税费、社保、电力、物流成本进一步降低，为企业减负64亿元。新旧动能加快转换。实施“高新产业强区”战略，打好产业转型组合拳，数字经济、战略性新兴产业和装备制造业增加值分别增长20.3%、11.7%和8.9%，高新技术产业增加值占比提高7.5个百分点，达到53.0%。深入实施振兴实体经济省级试点，淘汰落后企业257家，累计腾出用地空间2.5万亩，33个“留心留根”项目落地建设。制造业数字化改造加快推进，完成市级攻关项目7个，组织实施区级推广项目152个，新增“企业上云”550项，规上工业企业数字化改造覆盖率达78.4%，3家企业被评为省级智能工厂。现代服务业加快发展，引进蒙牛奇鹅网络等新零售企业5家，建东医药等7个总部项目开工建设，73家企业入驻省级“春江花月夜”文创街区，服务业增

加值增长9.1%。项目引育蹄疾步稳。成立区招商委并组建一办七组，深化以商引商、产业链招商，成功招引高新产业项目127个，江丰新材料等5个“152”工程项目开工建设。企业梯队培育逐步加快，完成个转企343家、小升规137家，新增国高企65家、省级科技型企业122家，富冶、富通、富春江集团入选2019年中国民营企业和民营制造业500强。专业平台稳步提升。开发区完成地铁沿线三、四期1307户农户、41家企业拆搬迁，47个产业项目开工建设，“味来银湖”等一批配套项目建成开业。杭州富春湾新城基本完成造纸产业腾退，累计收储土地1.2万亩，引进高新产业项目22个，积极打造万亩千亿平台；滨富特别合作区挂牌成立，宏华数码等首批3个项目成功签约，30多个高新项目正有效对接。成功创建7家省级小微企业园。创新生态持续优化。中科院杭州光机所、杭电富阳研究院等正式落地，“工创谷”孵化项目17个，新申报省级研究院5家、市级以上研发中心24家，创获省级产业创新服务综合体。参与制定国家、行业标准6个，新增省级科技型企业122家、发明专利授权365件、“浙江制造”标准12项。新设立中小企业贷款风险池基金，引进子基金及落地项目3个。出台重点人才队伍建设三年行动计划，引进硕士研究生等高层次人才1052人，增长55.4%。

*二、着力抓改革优服务，营商环境持续改善。*重点改革纵深推进。以“一件事”为核心推进“最多跑一次”

改革，“人生一件事”改革在全市推广，168个事项整合为28个“一件事”，实现一站式办理。深化“企业一件事”改革，企业开办实施“5110”标准，新设立企业4737家，增长12.7%。建立“项目一件事”管理系统，一般企业投资项目开工前审批压缩至60天以内，最快18天。实施区属国有集团专业化改革，建立分类监管体系。产业扶持精准施策。构建“1+X”产业政策扶持体系，出台新制造业计划26条，明确“五优五新”十大产业主攻方向，每年安排15亿元用于推进数字经济和制造业高质量发展。出台球拍、竹纸、永昌“三行业”等块状经济转型升级扶持政策，大源创获全国特色竹纸之乡。探索实施财政预兑现奖补机制，兑现资金1.76亿元。企业服务有力有效。深入开展“走亲连心三服务”，按照“三个必到”实现工业企业走访全覆盖，走访企业1.8万家次，办结各类问题1882个。要素保障更加有力，实施全域土地综合整治项目20个，垦造水田3600亩，盘活存量土地1.06万亩，新增建设用地2301亩，开发区工业用地100%标准地出让。深化百名行长访民企活动，新增贷款207亿元，增长16.1%，小微企业贷款利率下降0.44个百分点。

三、着力快建设促融合，都市形态加速形成。都市一体全面推进。坚持规划引领，启动新一轮国土空间规划编制，开展彩虹快速路及金桥北路沿线城市设计，基本完成总体城市设计和多规合一编制，完成生态红线划定。规划展示馆建成启用。以“三铁三高三快速”为骨架的交通网络加速成型，地铁3个盾构双线区间实现贯通，春永线右幅通车，绕城西复线全线贯通，湖杭铁路、大盘山隧道、环金线整治（二期）动工建设，东洲、龙门互通改扩建工程建成投用，全年完成交通投资36.8亿元。重点板块建设加快。秦望“城市眼”全面启动建设。地铁沿线钢圈厂区块正在挂牌，湖塍村整村改造启动招商，阳陂湖生态工程、万达广场开工建设，宋家塘上盖物业预留工程完成招标。富春湾新城杭黄高铁城片区综合开发项目完成招投标，站前广场、富春湾大道一期等基础配套有序推进。4个亚运场馆加快建设。城市更新有序实施。桂花路精品街区、精品江景二期、两山两桥夜景工程、精品河道精彩亮相，打通断头路5条，改造提升公厕21个，既有住宅加装电梯29台，完成4个小区二次供水和7个老旧小区改造。新增（优化）公交线路25条，启用3个首末站。建立垃圾分类运输体系，投用6万方再生资源分拣中心，完成3个省示范村、20个市级示范小区创建，循环经济产业园开工建设。4694户农村C、D级危房得到解危。基本建成5个综合供能服务站。220千伏龙星变等12个输变电工程动工建设。

四、着力美环境兴产业，乡村振兴纵深推进。环境质量持续改善。坚决打好蓝天、碧水、净土、清废四大硬仗，部署开展“清洁家园·文明富阳”行动，扎实做好第一轮中央环保督察“回头看”工作。关停三星热电等燃煤锅炉11台，治理挥发性有机物企业61家，城区空气优良率达93.8%，成功创建“中国天然氧吧”。出台给排水三年行动计划，银湖水厂一期开工建设，完成440个农村污水处置点提升改造和19个“污水零直排”项目，富春江获评省级美丽河湖。完成26个重点污染区块土地状况调查，垃圾飞灰处置实现日产日清。持续加大矿山整治，成为全省唯一绿色矿业示范区。美丽乡村更具魅力。启动新时代美丽乡村建设，建成拥江精品村13个、特色村15个，成功创建省最美田园2个、省运休精品旅游线1条。“四好农村路”加快推进，完成农村公路提升改造182公里、维修87公里，新建城乡绿道67公里，打造美丽经济交通走廊115公里。美丽城镇更有品质。新登、场口开展首批美丽城镇建设试点，古城复兴工程、“微镇”项目全面启动，均创获省级森林城镇。推进小城镇环境综合整治长效管理，拆违118万方，“三改”77万方，完成大棚房和违建别墅整治，获省小城镇环境综合整治工作优秀区，3个乡镇成为省美丽乡村示范乡镇。美丽经济竞相绽放。完成高标准农田建设2.8万亩，粮食产量保持稳定，东洲成为省特色农业强镇。大安顶、大龙门和壶源溪、葛溪流域联动发展初具雏形，成功签约西岩温泉等美丽经济项目20个，黄公望隐居地景区创获省级生态旅游区。推出红色记忆、户外运动系列旅游线路29条，百花大会、江鲜大会、味道山乡成为特色品牌，龙鳞坝、牛八碗成为“网红经济”引爆点，全年乡村旅游接待游客1733万人次、收入10.6亿元，分别增长62%和59.7%。

五、着力保基本惠民生，群众福祉不断增进。区级财政用于民生支出达85.3亿元，占一般公共预算支出的80.8%。十个方面民生实事圆满完成。社会事业加快发展。全面推进“美好教育”，教育现代化发展水平进入全省第一方阵，新劳动教育全国推广。成立非遗传承学校，首批手工造纸技艺传承班开班。“护校安园”实现中小学、幼儿园全覆盖。富中改扩建、富春九小完成主体工程，10所中小学（幼儿园）建成投用，引进富春湾双语学校。深化“健康富阳”建设，省中医院新院区成功签约，成立3家医共体，重点人群家庭医生签约率达85%，创获国家级青春健康教育基地、省无偿献血先进区，区一院胸痛中心被认定为国家级中心。成功举办庆祝新中国成立70周年文艺晚会、全省第五届“我们的村晚”、区九运会等系列活动。修缮完成25处农村历史建筑，21所学校22处健身体育场地向社会开放，创获全省农村文化礼堂建设示范区。金健勇被评为“杭州道德模范”“最美杭州人”。富产电影《老师·好》获省市“五个一”工程奖。民族宗教、工青妇、关心下一代、残疾人、慈善、红十字等事业实现新发展，外事、统计、侨务、对台、档案、史志、科协、文联等工作取得新成绩。保障水平稳步提高。坚持就业优先，新增城镇就业1万人，帮助4827名城镇失业人员实现再就业，城镇登记失业率1.8%。下调灵活就业人员和个体工商户养老保险缴费基数，减征各类社保费4.6亿元，养老保险、医保综合参保率达98%和99%，为20余万退休人员等群体免费健康体检。新建示范型居家养老中心10家、床位568张。完成农村饮用水建设项目52个，解决10.6万人“喝好水”问题。安置房加快建设，15个项目进展顺利，13个项目开工建设。退役军人服务保障、国防、人防等工作有效提升。社会治理全面加强。纵深推进扫黑除恶专项斗争，圆满完成平安护航新中国成立70周年大会战等重大维稳安保工作。完善安全生产责任体系，强化监管执法，事故起数、死亡人数分别下降21.1%和21.6%。创建农村家宴放心厨房15家、放心农贸市场3家，全国食品安全加工小作坊治理工作现场会在我区召开。加强应急救援体系建设，全力防御超强台风“利奇马”等自然灾害。探索实践诉源治理新模式，建成社会治理综合服务中心，创建“一体两翼”示范区，持续完善“最多跑一地”矛盾纠纷多元化解联动机制。完成省重大决策风险评估试点。落实“四问四权”，完成紫云山庄综合整治，形成老旧小区微治理“富阳经验”。推行全科社工，设立社区综合服务接待岗，落实23个社区办公用房。完善渣土管理新办法，开发启用渣土监管平台，实现全过程监管。成功创建全省无欠薪区。夺得省平安创建“十四连冠”。精准脱贫更加有效。继续实施消薄十法，288个村（社）集体经济年收入达到50万元以上，经营性收入15万元以上，低收入农户人均可支配收入增长15.1%。扎实做好与锦屏、缙云、九台、黄山等地区东西部扶贫、山海协作和对口合作工作，加大产业、就业、人才、消费帮扶，启动实施缙云大厦、网营物联等项目12个。

六、*着力转作风提效能，政府建设全面深化。*政治建设有效加强。深入学习贯彻习近平新时代中国特色社会主义思想，切实增强“四个意识”，坚定“四个自信”，坚决做到“两个维护”，及时学习、传达和贯彻中央、省、市和区委决策部署，以各项工作的落实、落细、落地来检验主题教育成效。法治建设深入推进。自觉接受人大法律监督、政协民主监督，强化监察、司法、审计、舆论和社会监督。认真听取人大代表、政协委员、各民主党派、工商联、无党派人士和各人民团体意见建议，完成人大232件建议、政协180件提案办理。完善行政规范性文件合法性审查机制，开展全面清理，废止文件92个。严格执行重大行政决策法定程序，区政府常务会议学法、府院联席会议、行政负责人出庭应诉等制度全面落实。“七五”普法深入推进。完成新一轮政府机构改革。5个领域综合行政执法机构挂牌成立。“一巡多功能”实行全过程联合执法，现场整改率达81.6%。数字化建设不断加快。推进“移动办公之城”“移动办事之城”建设，区级可控事项跑零次、网上办、掌上办实现率和材料电子化率达100%，290个事项实现机关内部跑一次。深化城市大脑建设，数字驾驶舱上线运行，率先推出舒心就医板块，打造“停车先离场后付费”“宾馆30秒入住”“景区20秒入园”等应用场景。作风建设常抓不懈。严格落实中央八项规定精神，持之以恒抓好作风建设，加强财政预算、项目计划执行管理，强化企业拆迁审计，“三公”经费再下降3.5%，政府文件减少30%以上。聚焦群众反映强烈的突出问题，查处形式主义、官僚主义问题42起56人，整治“三不”问题105起138人。强化干事担当，为12名干部澄清正名，营造担当作为良好氛围。

各位代表，事非经过不知难。2019年，是战天斗地、奋发有为的一年，也是干部最忙、最累、最辛苦的一年，更是大家干得最欢、最畅、最有成就感的一年。我们用汗水浇灌收获，以实干笃定前行，从腾出万亩空间到开展滨富合作，从基本腾退造纸企业到落地百个高新项目，从启动“三支烟囱”拆除到处处“塔吊林立”，无不见证了富阳从“破”到“立”、从“蹲下去”到“跳起来”的坚定转型。这些成绩的取得，都饱含着社会各界的理解和支持，倾注着富阳儿女的心血和汗水，凝聚着全区上下的智慧和力量。在此，我谨代表区人民政府，向全区人民，向人大代表、政协委员和离退休老同志，向各民主党派、工商联、人民团体和社会各界人士，向各驻富单位，向关心、支持富阳发展的海内外各界朋友们，表示崇高的敬意和衷心的感谢！

各位代表，成绩令人鼓舞，但我们也清醒地看到，富阳的发展仍面临着不少问题和挑战。对照长三角都市区的标准，富阳城市能级不高，建设和管理的标准化、精细化程度还不够，城市功能品质仍有待提升，对人才、项目、科技等要素的吸引能力不足。对照经济高质量发展的要求，新旧动能转换任务仍然繁重，高新产业的招引、培育、壮大还不够快，近两年招引项目建成投产尚需时日，产业整体竞争力有待提升。对照治理体系和治理能力现代化的要求，发展环境、服务质量、治理水平还需要进一步提升。对照人民对美好生活的期盼，教育、医疗、养老等公共服务有待加强。对照“打铁还需自身硬”的要求，一些干部的理念、能力、担当、作风与一流的标准还存在较大的差距。面对这些问题，我们必须增强责任意识、忧患意识，下非常之功、破非常之难，认真加以解决。

2020年指导思想和总体任务

今年是高水平全面建成小康社会和“十三五”规划收官之年，是实现“第一个百年”奋斗目标的冲刺之年，也是富阳加快建设、加速转型的“全面起跳”之年。当今世界，正面临百年未有之大变局，我国正处在转变发展方式、优化经济结构、转换增长动力的攻关期，“三期叠加”影响持续深化，经济下行压力加大。同时，我国经济稳中向好、长期向好的基本趋势没有变。党的十九届四中全会开启了“中国之治”，省市全会分别提出了“省域治理现代化十招”和“善治六策”，为我们深化改革、加快发展、强化治理提供了强有力的制度支撑。站在新起点上，我们要坚持用辩证思维看待形势发展变化，保持转型定力，增强必胜信心，强化机遇意识、改革意识、斗争意识，担起新使命、展现新作为、奋斗新时代。

今年全区工作的指导思想是：高举习近平新时代中国特色社会主义思想伟大旗帜，深入学习贯彻党的十九届四中全会、省委十四届六次全会和市委十二届八次全会精神，坚持“三看四态促转型”和“拥抱富春江、拥抱大都市、拥抱新时代”不动摇，牢牢把握转型发展主基调，始终聚焦高新产业发展、高品质城市建设、高水平社会治理，久久为功、接续奋斗，奋力起跳、奋勇争先，全力加快向一流的大都市新型城区迈进。

建议2020年全区发展主要预期目标是：地区生产总

值增长6.5%；一般公共预算收入增长12.5%；城镇和农村居民人均可支配收入分别增长7.5%和8.5%；全社会研发经费（R&D）占GDP比重达到2.1%；万元GDP能耗、节能减排等指标完成省市下达目标。在具体工作中，要着重坚持和把握以下要求：

——必须始终聚焦都市一体化，抢抓重大战略机遇。举一纲而万目张，解一卷而众篇明。我们要放眼长三角一体化，深度融入全省“四个大”，备战亚运会、拥抱大都市、融入长三角，借船出海、借梯登高、借力发展，提升能级，推进城市都市化。下好规划先手棋，积极对接长三角一体化和杭州市国土空间规划，充分发挥富阳山水、人文、空间和产业基础优势，推动发展规划融入、基础设施接轨、社会事业共享。打造开放大通道，加快建成“三铁三高三快速”，以路引产、以产引人，有效导入都市高端产业、科技、人才等要素，推进县域经济向都市经济转化。建设城市主轴线，围绕“富春江”横轴和“地铁”纵轴，加快拥江发展和TOD开发，顺藤结瓜推进沿线重大板块建设。

——必须始终坚持高质量发展，打造高新产业强区。发展为纲，产业为要，质量为魂。高新产业是富阳发展的根基所在、方向所在、潜力所在，要着力推动制造业和数字经济两个引擎一起转，加快实现产业现代化。围绕“五优五新”主攻产业，大力实施新制造业计划，发挥政策撬动作用，深化创新驱动，壮大高新产业集群。顺应和抢抓万物互联时代的红利，深化数字赋能，实现传统制造业老树发新枝、新枝育新果。坚持“项目为王”“竣工为王”，按照工作项目化思路，着力推动产业项目出效益、城建项目出形象、民生项目出实惠、改革项目出实效。

——必须始终围绕一流营商环境，持续改善发展生态。政贵有恒，治须有常。我们要持之以恒把环境做优做美，建设现代版富春山居图最美示范区，成为幸福家园、投资首选、旅游目的地。要打造服务之美，始终牢记优质服务是最佳营商环境，以“最多跑一次”改革为牵引，深化政府数字化转型，强化法治保障，系统集成推进，出实招、解难题、破藩篱。要打造生态之美，持续做好污染防治的减法和生态文明的加法，推进乡村景区化，将绿水青山的生态优势转化为金山银山的发展优势。要打造人文之美，让孝善、文明成为行动自觉，让“最美”变为“都美”。

——必须始终践行以人民为中心，满足美好生活向往。民之所望，政之所向。要始终怀着强烈的为民、惠民之心，持续深化社会治理，打赢三大攻坚战，推动发展成果全民共享，确保小康路上一个不掉队。要坚持政府过紧日子，加大公共财政向困难群体倾斜力度，让群众的生活更有质感，让富阳的发展更有温度，不断提升老百姓的幸福感。要主动回应群众关切，办好群众牵肠挂肚的事情，加快推进农村饮用水、老旧小区改造等一批三年行动计划，不断提升老百姓的获得感。要紧盯痛点难点，打好风险防范攻坚战，筑牢安全防火墙，不断提升老百姓的安全感。

2020年工作安排

2020年，我们将锚定“三高”发展，聚焦“三个一流”，谋在前、干得实、落到底，以一流状态建设一流城市，加快把发展动能立起来，把发展轴线立起来，把发展环境立起来。

一、坚定不移推进高新发展，奋力打造产业转型样板区

增强产业竞争力。坚定“高新产业强区”，强化“六个一”重点产业推进机制，积极培育和发展高新制造、数字经济和都市经济，抢占产业发展制高点，着力构建现代产业体系。全面实施新制造业计划26条，推进光电激光、智能装备、智慧安防等产业强链、补链、拓链，打造高新制造产业集群。积极推进制造业数字化改造，实施10个市级智能制造攻关项目、40个工厂物联网项目，完成企业上云400项，规上企业数字化覆盖率达到85%。全面推进特种纸、竹纸、球拍等块状经济转型升级，启动大源门窗产业园建设，中国（上官）球拍产业园创成省级示范。推动高新制造业与现代服务业深度融合，大力发展总部、研发、文创、运休、信息服务等现代服务业，积极发展新零售、新消费，服务业增加值增长8%以上。

增强平台承载力。坚持产城人融合发展，持续激发平台活力。深入实施开发区一城一带“5100”计划，腾出3000亩产业净地，推进38个公建配套项目建设，引进“152”项目4个、高新产业项目20个以上，加快打造人工智能、新零售等新兴产业集群。银湖科技城核心区1平方公里重点推进10个企业总部建设，新增产业人口1万以上，打造都市工业带。推进高尔夫路沿线富通、中泰等项目建设，打造智能装备产业带。完善东洲、新登、场口基础设施配套，加快大华智联二期、中策清泉扩建、中南绿建等重大项目建设，打造先进制造业基地。推进金桥园区退二优二、退二进三，加快鹿山工业园区有机更新。实施杭州富春湾新城“一三五、百千亿”行动计划，完成造纸行业全面腾退，再腾出3000亩产业净地，落地“152”项目3个、高新产业项目28个以上，其中亿元以上项目15个，着力建设杭州高新制造业示范区。完善滨富特别合作区基础设施，提升公共服务保障，确保落地高新产业项目10个，开工建设5个以上，着力打造杭州新制造业计划先行区。全面推进小微企业创新园建设，创建省级小微园2家，入驻企业400家以上。积极推进药谷、硅谷等特色小镇建设，提升产业集聚能力。

增强企业发展力。持续落实减税降费措施，努力让企业轻装上阵。深入实施“凤凰”“雄鹰”“雏鹰”行动，新增上市企业1家、10亿级企业1家，完成小升规130家。做实“瞪羚”计划，建立企业培育库，重点培育一批高成长性企业，新增高新潜力企业15家。深化“亩均论英雄”改革，持续推进低效企业整治，规上工业企业亩均税收、亩均增加值增长10%以上。大力弘扬工匠精神，提高产品质量和附加值，新增“浙江制造”标准6项。启动企业家培育工程，提升经营管理人员素质，鼓励支

持民营企业坚守实业、做强主业、创新发展。优化“走亲连心三服务”长效机制，建立服务成效“好差评”制度，完善全覆盖、全过程、全天候的工作体系，使企业需要服务时找得到、用得上、靠得住。

增强创新驱动力。把创新作为引领发展的第一动力，着力构建“十联动”创业创新生态系统，激发双创活力。坚持企业创新主体地位，深化国高企培育三年行动计划，新增国高企60家、省科技型企业100家、市级以上企业研发机构15家、市级以上科技孵化器2家，有效发明专利拥有量增长5%。深化“三名工程”，加快中科院杭州光机所、银湖激光、春江研究院建设，再引进1—2家“双一流”大学科创载体。强化产学研合作，建立“政府搭台、企业出题、院所解题”长效机制，举办创新创业大赛、项目路演等活动，新增产学研合作项目10个以上。办好科技大市场，启动省级产业创新服务综合体建设，集聚一批技术交易、咨询评估、科技金融等中介服务机构，搭建技术研发、成果转化等六大服务体系。实施“人才倍增”计划，拓宽引才引智渠道，引育各类人才1.5万名以上，新增国家、省、市级领军型人才10人，硕士研究生等高层次人才1200人。充分用好职教资源，加大企业定向培养、订单培训力度，培育一批实用型高技能人才。

二、坚定不移推进能级提升，奋力打造宜居宜业品质区

优化城市功能布局。坚持世界眼光、国际标准，推动规划、建设与国际接轨，持续提升城市首位度和美誉度。有效发挥规划引领作用，全面对接杭州市国土空间规划，加快建成现状一张图、规划一张图和国土空间基础数据平台，完成50个试点乡镇、村国土空间规划编制。开展交通建设大会战，启动杭新景灵桥互通改迁，加快湖杭铁路及场站建设，地铁、春永线、绕城西复线、彩虹快速路延伸建成通车，都市化交通网络基本形成。推进环金线整治（二期）、大盘山隧道等骨干道路建设，加快形成“七纵九横”内环路网。做好杭淳开高速、杭州中环项目前期。银湖射击射箭馆、北支江水上运动中心项目等亚运场馆基本完工。实施南北渠等河道整治、截污纳管和景观提升，持续推进达夫路南段、北支江北岸等精品工程建设。系统谋划给排水体系，推进银湖水厂一期、江南水厂改建、新登污水三期等45个项目建设。完善5G基站、机房布点规划，争取省市5G基础设施建设重点倾斜。

打造城市发展轴线。坚持节点改造、轴线提升、板块推进相协调，着力打造富春江“碧玉带”和地铁“黄金带”。加快秦望“城市眼”建设，江北区块全面施工，基本建成秦望隧道江南工作井。稳步推进湖塍等整村自主改造试点。启动实施富春湾新城杭黄高铁城片区综合开发、省人民医院富阳院区、富春湾双语学校等重大项目，加快推进亭山路、新中线改建等一批主要道路建设，着力提升公建配套水平。推动以地铁为轴的TOD开发模式，开展金桥南（北）路沿线整治提升，启动钢圈厂区块建设，加快推进阳陂湖生态工程、万达广场、省中医院新院区等项目，强化地铁站点与商务办公、亚运场馆、总部经济、科研孵化等功能衔接，着力打造最美城市发展轴。

提高城市管理水平。以“绣花”功夫管理城市，完善长效机制，提升城市管理精细化、标准化水平。整合水电路气等市政公共设施信息，探索构建城市管理一张图，着力加强信息化管理水平。深化“一巡多功能”，做深做实乡镇二级平台，持续加强户外广告、市容环境、建筑工地和交通拥堵综合治理。完善施工管理体系，加强现场管理，切实提高市政基础设施工程质量和安全。强化渣土“两公开三统一”管理，新增1300万方渣土消纳容量。严格物业企业监管，探索建立以信用为核心的物业服务监管体制。

三、坚定不移推进三美建设，奋力打造富春山居示范区

大力建设美丽城乡。坚持“两山”理论，持续高标准打好污染防治攻坚战，争创国家级生态文明建设示范区。巩固深化河湖长制，实施4条河道综合整治和10个河湖库清淤项目，推进“污水零直排区”建设，稳定保持富春江干流Ⅱ类水质。深化“五气共治”，完成23台生物质锅炉改造、9家企业工业废气清洁排放改造，确保城区空气优良率达到93%，争创清新空气示范区。实施土壤污染修复工程，污染地块安全利用率达到90%。深化垃圾分类，全面推进撤桶并点和封闭式小区定时定点投放，循环经济产业园力争建成投用。高水平推进7个美丽城镇建设，新登、场口争创省级样板。持续改善农村人居环境，打造新时代美丽乡村60个以上，提升精品线路2条，全线贯通83公里拥江绿道，修缮农村历史建筑20处，争创省部共建乡村振兴示范区。

大力发展美丽经济。深化区域联动、串珠成链、品牌打造，推进美丽资源、美丽成果向美丽经济加快转化。编制全区旅游规划，以富春江为主轴，推进大安顶、大龙门和壶源溪、葛溪流域联动发展，开展洞桥省级旅游风情小镇创建，加快西岩温泉、富春小叠空等项目建设，融合“文化+”“旅游+”“体育+”，持续丰富“味道山乡”内涵和业态，让资源活起来、人气旺起来、群众富起来，实现游客、旅游收入增长15%以上。加强品牌培育，打响“现代版富春山居图最美示范区”主品牌，打造一批“富春江鲜”美食、“富春山居”农产品、“富春山房”民宿子品牌，丰富“富春山居实景游”线路，大力推广“乘高铁游富阳”，讲好富阳故事，提升影响力、竞争力和吸引力。持续跟踪稳定猪肉、蔬菜等生活必需品价格，启动实施省级现代农业园区建设，开展粮食生产绿色高产创建，有效保障“菜篮子”“米袋子”。推进“两进两回”，积极引导科技和人才进乡村、青年和乡贤回农村。

大力彰显美丽人文。深化文化强区建设，充分挖掘历史人文底蕴，提升文化软实力。培育践行社会主义核心价值观，全力推进新时代文明实践中心建设，深入开展“迎亚运·铸文明”行动，打造“孝道富阳”，推动形成文明有礼、崇德向善的社会新风尚。深化“文化兴盛”行动，大力推进钱塘江（富春江）诗路带建设，广泛举办“礼堂+”“我们的中国梦—文化进万家”文艺会演。启动郁达夫纪念馆建设，完成文化馆新馆改造，着力提升文化影响力。深入对接之江文化产业带，推进“春江

花月夜”文旅走廊建设，大力发展“富春影视制作组团”，持续办好“文博会”、双创大赛等活动，不断发展壮大文创产业。

四、坚定不移推进项目建设，奋力打造创新创业活力区

开展“招商引资提升年”行动。突出高新产业引育，着力招引高成长性、高科技含量、高附加值企业。加大敲门招商，深化以企引企、以商引商，补齐上下游，做强产业链，全年招引产业项目130个，其中亿元以上制造业项目35个、“152”项目7个以上。拓宽招商渠道，做实“留心留根”，吸引和鼓励更多本地企业“二次创业”。坚持引进来和走出去相结合，积极应对贸易摩擦，完善“订单＋清单”预判和管理制度，加强重点企业动态监测和跟踪指导，鼓励企业开拓“一带一路”沿线等新兴市场，培育外贸新增长点。

开展“项目推进攻坚年”行动。牢固树立“抓项目就是抓发展”“抓投资就是抓未来”理念，以大投入支撑大发展、增强大后劲。全年重点抓好173个产业项目和304个区级公共投资项目，确保按时开工率、竣工率达到85%以上，固定资产、工业、高新技术产业投资力争增长20%，确保民间投资、生态环境和公共设施投资增长10%，“152”项目落地开工率80%以上。全面开展项目建设“五比五学”大比武，锁定目标、挂图作战，用进度说话，用数据说话，用实绩说话，营造“比学赶超”浓厚氛围。注重投资绩效，努力实现规模扩大、结构优化、效益提高三大目标。强化工程质量，夺西湖杯，创钱江杯，争鲁班奖。

开展“要素保障服务年”行动。积极开拓渠道，提高资源利用绩效，提升要素保障能力。用好工业闲置厂房和闲置土地，盘活各类土地6500亩，完成全域土地综合整治项目10个、面积3000亩以上，垦造水田2000亩，消化村级留用地400亩以上。优化工业用地布局，确保工业用地出让占比达到40%以上，重点平台工业用地100%标准地出让。统筹地上地下空间开发利用，强化供地后续监管，切实优化土地配置。扎实开展融资畅通工程，完善政银企三方信息共享平台，鼓励金融机构加大对民营企业、小微企业贷款投放，扩大首贷和信用贷，增加制造业中长期融资，支持实体经济发展。设立5个以上政府主导型产业基金，用好区级风险池基金，引导更多社会资本投向高新产业和科技企业。大力推进15项重大电力设施建设，加快亭山变以东区块高压线迁改，为项目落地提供保障。

五、坚定不移推进重点改革，奋力打造区域治理引领区

深化关键领域改革。把“最多跑一次”改革蕴含的理念、方法、作风运用到各项改革中去。持续深化“最多跑一次”改革向公共领域延伸扩面，不断提升公共服务便利化水平。丰富全生命周期文章，强化系统集成、协同高效，一般企业投资项目开工前审批时间不超过50天，开办企业实现“一网、一窗、一次、一日”。深化乡镇（街道）便民服务中心规范化建设，提升一站式办事大厅服务质量。深化综合行政执法改革，优化执法力量配置，推动执法重心下沉。持续推进国有企业改革，提升资产管理、资本运作和项目建设能力，加快市场化转型。

创新社会治理方式。推广矛盾化解“最多跑一地”，强化诉源治理，用好“信访超市”，加快形成“防、化、控、和”四位一体格局，更好地在前端化解矛盾纠纷，积极创建无信访积案区。持续推进雪亮工程、数字派出所、中心警务站建设，积极创建“枫桥式派出所”。重拳打击盗抢骗、“黄赌毒”、“食药环”和新型电信网络诈骗等各类违法犯罪活动，打赢扫黑除恶专项斗争收官之战。深化城市大脑建设，推动应用场景落地贯通，把大数据、云计算、区块链等技术广泛应用于治理之中，实现即时在线提供全方位监测、分析和预警，打造点线面相结合、防管控相贯通的治理模式。加强专业社会工作人才培育，推进社会组织广泛参与基层治理。推广紫云山庄微治理经验，继续落实好“四问四权”，探索完善“街道、社区、业委会、物业、住户”五位一体的小区治理新模式，推动城市“小区之治”走深走实。

健全风险防范机制。全面落实安全生产和防灾减灾责任制，持续开展交通、危化等重点行业领域专项整治，确保不发生较大及以上安全事故，事故起数、死亡人数持续下降。建立健全应急救援体系，加强应急救援力量建设，编制应急指挥一张图，提升预警预测和防灾减灾水平。完善金融风险防控机制，坚持抓早抓苗头，严厉打击非法集资诈骗。深化实施信用体系“531X”工程，完善守信联合激励和失信联合惩戒机制，努力打造“最讲信用城区”。实施“放心消费在富阳”行动，强化农产品源头治理，完善食品药品监管体系，加大对学校、医院、企业等集中用餐场所监管，确保“舌尖上的安全”。

六、坚定不移推进共建共享，奋力打造全面小康先行区

完善社会保障。坚持保基本、兜底线，织密扎牢民生保障网。实施就业优先政策，开展就业援助、技能培训、援企稳岗专项行动，深化就业创业帮扶，确保零就业家庭动态清零，全年技能培训1.2万人，新增城镇就业8000人以上，城镇登记失业率稳控在3%以内。落实降低社保费率政策，同步推进长三角区域异地就医结算，大力开展医保反欺诈行动，养老、医保综合参保率走在全市前列。把安置房建设摆在更加重要的位置，强化统筹，紧盯开工、建设、竣工，提升品质、优化配套，确保群众回迁早、安置好。关心关爱老年人，加快养老机构、居家养老服务设施改造升级，提升养老服务水平。探索新时代协调劳动关系三方机制，加快建设“根治欠薪标杆区”。着力破解农村困难群众建房难问题，及时做好农村C、D级危房解危和改造补助。拓展“消薄”路径，扩大村企合作范围，所有村（社）经营性收入达到20万元以上。深入实施低收入农户高水平全面小康计划，低收入农户人均可支配收入增长10%以上，确保返贫人口和新发生贫困人口第一时间得到帮扶。积极开展东西部扶贫、山海协作、对口支援，扎实做好产业合作、消费扶贫、劳务协作，助力受援地打赢脱贫攻坚战，共同奔小康。

优化公共服务。持续推进“美好教育”，全力打造全省一流综合教育强区。突出扩容提质，启动富春十小、富春五幼建设，富中改扩建工程建成投用。深化名师名校名校长工程，选派一批城区骨干教师到乡村学校任教，下定决心引进一批名特优教师，建立50个省市区名师工作室，提升全区教育教学水平。推动青春健康教育常态化，中小学心理健康、青春健康教育实现全覆盖。深化“护校安园”专项行动，提升校园智慧安防水平。高水平建设“健康富阳”，启动区三院迁建、区妇保院扩建工程。巩固国家卫生城市复评成果，通过全国慢性病防控示范区复评。大力支持中医药发展，做强做大产业，打响富阳品牌。积极培育富春名医，继续深化医共体建设，完善医防协同和分级诊疗机制，让群众就近看得上病、看得好病。实施“全民健身·共享亚运”十大行动，完善体育设施，大力发展群众体育，广泛开展各类体育赛事活动，点亮市民精彩生活。

办好民生实事。各位代表，今年我们将继续按照“群众提、大家定、政府办”的方式，由大家在候选项目中投票选定今年实施的10件民生实事。一是持续开展农村饮用水提标改造。完成6个乡镇10个村自备供水工程，建设3个联村水厂；完成13个乡镇（街道）29个村市政供水工程建设。二是持续优化公交服务。新增和更新新能源车100辆，新增和优化线路10条，完善途中站配套150处；新增1000辆公共自行车和30处服务点位。三是持续推进老旧小区综合改造。完成9个区块综合提升改造工程，完善基础设施，优化居住环境，提升服务功能。四是持续开展“四好农村路”建设。农村公路提升改造75公里，路面维修60公里；创建美丽公路2条、美丽渡口3个。五是持续提升消防安全。完成20个社区微型消防站升级，实现所有社区微型站接入平台统一调度，新增电瓶车智能充电口500个，开展消防安全培训2万人次。六是持续推进垃圾分类。实现全区垃圾分类全覆盖，无害化处理率100%；创建20个示范小区、30个示范行政村、1个示范街道。七是深化“美好教育”行动。新建小学、幼儿园7所，建成投用小学、幼儿园9所，新增学位2070个；新增公办幼儿园、中小学普通教室空调600台以上，幼儿园、中小学教室空调覆盖率分别达到100%、65%。八是提升养老助残服务水平。新增养老机构床位200张，开展200户经济困难、高龄、失能、独居老人家庭适老化改造；实施300户困难残疾人家庭、200处生活小区、3个亚运场馆残疾人无障碍设施改造。九是提升健康服务水平。新增3家婴幼儿照护服务机构，新增托位90个，组织15场以上婴幼儿照护服务教育培训；筛查干预1万名脑中风高危对象。十是推进食品安全工程。创建名特优食品小作坊10家、农村家宴放心厨房10家，餐饮示范单位15家，改造阳光厨房60家，规范提升农贸市场10家。十一是优化交通出行环境。启动建设1座立体人行过街设施；新增公共停车位1000个，完成2个停车场（库）设施升级；完成9个路口单点式信号灯联网改造，升级13处道路智能化交通诱导。十二是深入推进智慧安防体系建设。完成剩余13个封闭式小区的智安建设，升级10个已建成的封闭式智安小区。对代表票选确定的10件民生实事，我们将强化责任分工，精心组织安排，全力抓实办好。

七、坚定不移推进自身建设，奋力打造行政效能领跑区

坚持党建引领。始终把政治建设放在政府自身建设首位，树牢“四个意识”，坚定“四个自信”，坚决做到“两个维护”，严格遵守政治纪律、政治规矩，在思想上政治上行动上同以习近平同志为核心的党中央始终保持高度一致。推动主题教育常态化、长效化，把“不忘初心、牢记使命”作为加强党的建设的永恒课题和全体党员、干部的终身课题。坚持用习近平新时代中国特色社会主义思想指导政府各项工作，把党的领导体现到政府工作各领域各方面各环节，确保党的路线方针政策、省市和区委决策部署落地生根见效。

强化法治建设。全面推进依法行政，提高运用法治思维和法治方式制定政策、解决问题的能力。坚持重大事项向人大报告、向政协通报，主动接受人大法律监督、工作监督和政协民主监督，自觉接受监察、司法、舆论和社会监督。高质量办好建议和提案，努力把大家的“金点子”变成施政的“金钥匙”。严格执行重大决策法定程序，做好重大决策风险评估，做到科学民主依法决策。完成“七五”普法。建立行政争议多元化解机制，成立区行政争议调解中心。严格落实行政负责人出庭应诉，全面施行行政执法“三项制度”。稳妥推进事业单位改革。主动回应社会关切，切实做好政务公开和重要事项新闻发布。

打造数字政府。统筹推进完善政务云、政务外网、数据共享平台等基础设施建设，深化“浙里办”和“浙政钉”应用，基本建成“移动办公之城”和“移动办事之城”。推进政务服务事项全流程“一网通办”，80%以上政务服务事项“移动可办”，打造“指尖上的行政服务中心”。深化数字集成应用，提升政府决策科学化、治理精准化、服务便捷化水平，在城市管理、交通治堵、医疗服务等领域打造一批数字化治理“最佳实践”。

深化作风建设。压实政府系统全面从严治党主体责任，时刻把纪律和规矩挺在前面，狠抓工作落实，以政府的“清廉指数”“效能指数”提升群众的“满意指数”。以更强的执行力、担当力、服务力抓好工作落实，全线发力，勇争一流，争取更多“富阳试点”，打造更多“富阳样板”。建立“区长破难”制度，把办公地点移到一线，把协调会开到一线，在一线解决问题，在一线破解难题。坚决向形式主义、官僚主义开刀，把更多精力用在为民办实事上，切实解决好人民群众的操心事、烦心事、揪心事。推进政府系统审计监督全覆盖，严肃查处项目建设转包分包、资金使用管理不善等行为，确保每一分钱都用在刀刃上。坚持厉行节约，严控“三公”经费，用政府的“紧日子”换取群众和企业的“好日子”。

各位代表，行至半山不停步，船到中流当奋楫。2020年，我们将全面进入“交通新时代”“拥江新时代”“亚运新时代”，富阳的明天充满想象，富阳的明天必将精彩！让我们更加紧密地团结在以习近平同志为核心的党中央周围，高举习近平新时代中国特色社会主义思想伟大旗帜，在区委的坚强领导下，紧紧依靠全区人民，众志成城、奋勇拼搏，只争朝夕、不负韶华，以实干践行承诺、用行动书写担当，为高水平全面建成小康社会、加快向一流的大都市新型城区迈进而努力奋斗！

名词解释

三看四态（P1）：“三看”即产业转型向东看、生态建设向西看、城市发展向南看，“四态”即产业业态、城乡形态、环境生态、党员干部精神状态。

三个拥抱（P1）：拥抱富春江、拥抱大都市、拥抱新时代。

三高（P1）：高新产业发展、高品质城市建设、高水平社会治理。

留心留根（P2）：按照去“高污染、高能耗、大空间、小产出”、留“企业总部、高科技、无污染、效益好、潜力大”的总体思路，通过区内异地安置、发展总部经济和创新型经济等方式，引导和鼓励搬（拆）迁工业企业提档提质和二次创业，促进产业业态和城市形态转型升级。

“152”项目（P2）：省领导每年要谋划、招引 1 个 100 亿元新项目，市领导每年要谋划、招引 1 个 50 亿元新项目，县（市、区）领导每年要谋划、招引 1 个 20 亿元新项目。

企业上云（P2）：企业以互联网为基础进行信息化基础设施、管理、业务等方面应用，并通过互联网与云计算手段连接社会化资源、共享服务及能力的过程。

工创谷（P3）：浙工大银湖创新创业研究院，成立于 2016 年 10 月，是浙江省首家采用“政府 + 高校 + 企业”共建，以法人实体运行，融合了“创业孵化与产业化支撑、成果转移与交易、公共科技创新和支撑、招才引智与人才服务”四大功能的新型双创公共服务平台。目前拥有众创空间、孵化器、创新中心、生产力促进中心等双创空间近 3 万平方米，被认定为省级众创空间、教育部科技成果转化基地、杭州市院士工作站等。

5110 标准（P3）：将常态化企业开办固化为“5110”标准，提交 5 份材料，1 个窗口办理，1 日办结，全部免费。

“1+X”产业政策扶持体系（P3）：“1”为 1 个普惠政策，即新制造业计划政策解释 43 条；“X”为若干个专项政策，目前已经出台的有制造业数字化改造、小微企业园、球拍、竹纸、永昌“三行业”等专项政策。

五优五新（P3）：数字经济为引领，光通信、高端装备制造业、医药及医疗器械、新能源新材料五大百亿产业和人工智能、节能环保、磁悬浮 +、集成电路、光电激光五大十亿产业。

永昌“三行业”（P3）：特种纸、胶鞋、食品。

走亲连心三服务（P3）：服务企业、服务群众、服务基层。

标准地（P4）：对非独立选址项目带着能耗、环境、建设、亩产等标准进行“招拍挂”，用市场来选择项目、引进项目，进一步倒逼转型。

三铁三高三快速（P4）：“三铁”即杭黄高铁、湖杭铁路、杭富城际铁路，“三高”即杭新景高速、杭州绕城西复线、杭淳开，“三快速”即彩虹快速路西延工程、春永快速路、杭州“中环”。

四好农村路（P5）：建好、管好、护好、运营好农村路。

三改（P5）：旧住宅区、旧厂区、城中村改造。

“五个一”工程奖（P6）：“五个一”指一部好的戏剧作品，一部好的电视剧（片）作品，一部好的电影作品，一部好的图书（限社会科学方面），一部好的理论文章（限社会科学方面）。

一体两翼（P7）：“一体”指乡镇（街道）是基层维护社会稳定的主体；“两翼”指维稳“防火”网和“灭火”网。

四问四权（P7）：“四问”即问需于民、问情于民、问计于民、问绩于民。“四权”即落实群众知情权、参与权、选择权、监督权。

全科社工（P7）：全科社区工作者的简称，指的是全面掌握各项社区工作职业技能的社区工作者，具有一人多岗、一专多能的优势，一人即可为有不同需求的市民办理各种业务。

四个意识（P8）：政治意识、大局意识、核心意识、看齐意识。

四个自信（P8）：中国特色社会主义道路自信、理论自信、制度自信、文化自信。

两个维护（P8）：坚决维护习近平总书记党中央的核心、全党的核心地位，坚决维护党中央权威和集中统一领导。

一巡多功能（P8）：整合城管、公安、住建、规自、交通、国土、农业农村等部门的部分日常检查、现场整改、工作督查等职能，破解部门职能交叉、权责不清、多头管理和监管缺位等问题，变“各自为战”为“协同作战”，变“事后执法”为“前端管理”，有效提升问题发现与处置的及时性和实效性。

“七五”普法（P8）：在公民中开展法治宣传教育的第七个五年规划（2016—2020 年）。

城市大脑（P8）：运用大数据、云计算分析整个城市运转，优化公共资源，通过数据驱动城市治理的创新，也是未来城市治理的前瞻性实践。

“三不”问题（P9）：“不担当、不作为、不落实”问题。

三支烟囱（P9）：这里专指三星热电 120 米高的“三支烟囱”。

三期叠加（P10）：增长速度换挡期、结构调整阵痛期和前期刺激政策消化期。

省域治理现代化十招（P10）：省委十四届六次全会科学谋划了在省域治理上干在实处、创新示范的十个方面，包括深化“最多跑一次”改革，完善治理制度体系；推进社会治理领域“最多跑一地”，有效化解矛盾纠纷；加强信用浙江建设，优化治理环境；防范化解重大风险，守住治理底线红线；加快数字浙江建设，提升治理效能；弘扬与时俱进的浙江精神，增强治理软实力；夯实基层基础，打通治理的“神经末梢”；常态化开展“三服务”活动，提升治理获得感；全面推进美丽建设，增强治理的绿色动能；强化对权力运行的制约和监督，激励党员干部在推进治理现代化中担当作为。

善治六策（P10）：杭州市委十二届八次全会提出的统筹之治、科技之治、良法之治、协商之治、人文之治、开放之治。

全省“四个大”（P11）：大湾区大通道大花园大都市区。

TOD（P11）：以公共交通为导向的发展模式。

三个一流（P13）：区委一届八次全会提出的一流的产业体系、一流的城市体系、一流的治理体系。

“六个一”重点产业推进机制（P13）：1个发展重点产业+1个牵头区领导+1个牵头区级部门+1个承载重点平台+1个专家队伍+1套发展组合拳。

一城一带“5100”（P13）：重点建设银湖科技城和高尔夫路智能装备产业带，5年培育、招引100个高新产业项目，积极培育企业上市。

一三五、百千亿（P14）：“一”即腾退一个传统产业；“三”，即打造三条特色产业链（光电激光产业链、机电装备产业链、数字创意产业链）；“五”，即建设五个特色产业园（信息技术产业园、光电激光产业园、留心留根产业园、文创文旅产业园、总部经济产业园）；“百千亿”，即招引落地产业项目100个以上，产业用地3000亩，达产税收12亿元、总投资额150亿元、产值200亿元。

十联动（P15）：把产业、学术界、科研、成果转化、金融、人才、政策、中介、环境、服务十方面因素融合提升，打造一个创新创业生态系统。

三名工程（P15）：“名校名院名所”建设工程，是杭州大院名校引进工作的“升级版”，主要为杭州增强创新驱动能力、加快城市国际化发展、建设独特韵味别样精彩世界名城提供有力支撑。

七纵九横（P16）：“七纵”即320国道、金秋大道—中埠大道、西环路—大盘山隧道—富阳大桥—望江路、金桥路—鹿山大道、秦望路—秦望南路、恩波大道—大桥路—富春江第一大桥—大桥南路、预留新沙通道—大源连接线，“九横”即高桥西路—高尔夫路、高教园路、公望街、文居街、横凉亭路—桂花路—江滨东大道、汤马线—新中线—富春湾大道、同登路、亭山路。

两公开三统一（P17）：即公开透明、公开公平竞争、统一管理、统一协调、统一标准。

五比五学（P19）：各产业平台、乡镇（街道）围绕落地项目数量质量、腾出发展空间比例、在建项目塔吊数量、高端人才引进数量和服务能力服务质量五个方面，分类分组开展比武竞赛活动，以互学互比促进发展提升。

信访超市（P20）：区社会治理综合服务中心，统筹整合政法力量，司法全人员入驻、法院全功能搭载，变“多中心”为“一中心”，让群众纠纷化解和信访“最多访一次”“最多跑一地”。

531X（P21）：“5”是指聚焦企业、自然人、社会组织、事业单位和政府机构5类主体；“3”是指构建公共信用评价、信用联合奖惩、信用综合监管3大体系；“1”是指完善全省统一的公共信用信息服务平台；“X”是指推动信用在若干领域的应用。

中国人民政治协商会议第九届杭州市富阳区委员会常务委员会工作报告

在政协第九届杭州市富阳区委员会第四次会议上

（2020年1月17日）

杭州市富阳区政协主席　陆洪勤

各位委员：

我代表政协第九届杭州市富阳区委员会常务委员会，向大会报告工作，请予审议，并请列席会议的同志提出意见。

一、2019年工作回顾

2019年，是人民政协事业发展具有重要历史意义的一年。在新中国和人民政协成立70周年之际，中共中央首次召开政协工作会议，习近平总书记发表重要讲话，明确提出了新时代加强和改进人民政协工作的总体要求和着力重点，科学回答了人民政协事业的一系列重大理论和实践问题，为人民政协事业发展提供了根本遵循。省、市、区委分别召开政协工作会议，深入部署推进人民政协工作。区委常委会专题研究政协工作3次，以区委名义印发政协工作文件6件；区委书记朱党其、区长吴玉凤等党政领导出席区政协重要会议（活动）32次，作出重要批示19次。

一年来，区政协及其常委会高举习近平新时代中国特色社会主义思想伟大旗帜，坚定贯彻习近平总书记关于加强和改进人民政协工作的重要思想，实干创新、笃定前行，争做推动人民政协制度更加成熟更加定型的实践者、排头兵：

——牢牢把握新时代人民政协的新方位新使命。精心组织习近平总书记关于加强和改进人民政协工作的重要思想研讨活动，引导政协各参加单位、全体政协委员深刻把握党的十八大以来以习近平同志为核心的党中央对人民政协工作的一系列新要求，明确新时代人民政协的新方位新使命，着力打牢增强“四个意识”、坚定“四个自信”、做到“两个维护”的思想根基。努力在推动人民政协制度更加成熟更加定型上体现富阳作为：加强理论研究，提炼6个经典案例，撰写2篇理论文章，总结近年来富阳政协履职一系列好做法好经验；强化制度建设，协助区委出台“请你来协商”平台建设和运行实施办法、加强和改进民主监督实施意见等4项制度，修订11项工作规则、考核办法，构建起更加系统、完善的制度体系；推动实践探索，发挥专门协商机构作用，把协商民主贯穿政治协商、民主监督、参政议政全过程，构建“6+24+X”协商体系，健全机制、丰富形式，提高协商活动科学化、规范化、程序化水平。把建言资政和凝聚共识“双向发力”作为政协履职的中心环节，出台实施意见，完善组织和工作体系。

——切实加强政协系统党的建设。认真落实中央、省、市委关于加强新时代政协系统党的建设部署要求，协助区委出台《关于加强新时代人民政协党的建设工作实施意见》，成立区政协党建工作领导小组，建立政协党组成员联系党员委员、党员委员联系党外委员制度，实现党的组织对党员委员的全覆盖、党的工作对政协委员的全覆盖，切实发挥好党员委员“先锋模范”和中共界别委员“关键少数”作用。

——从严从实加强队伍建设。从严从实加强政协班子建设，扎实推进“不忘初心、牢记使命”主题教育，落实“守初心、担使命，找差距、抓落实”总要求，坚定理想信念，提高政治站位，发挥好政治引领和示范表率作用。从严从实加强委员队伍建设，做精做深政协读书会、政协讲坛等载体，系统抓好学习培训，精心组织“新时代人民政协的新样子”专题讨论活动，开展主题宣讲13次，撰写“政协人新时代新风貌”笔谈21篇，对标“五个如何”，找差距、抓落实，全面提升履职本领，树立起政协委员的良好形象。从严从实加强机关队伍建设，弘扬一线精气神，展现一线作与为，努力打造“政治强、能力强、作风强”的政协机关干部队伍。

——推动政协工作高质量发展。坚持“数量适度、质量为要”的理念，努力推动政协工作从注重“做了什么”“做了多少”向“做得好不好”“做出了什么效果”转变。强化系统履职思维，总结完善“链式履职”模式，组合进攻、持续发力，串起履职链、工作链、成果链，实现各项履职工作有机融合、相互赋能、相得益彰。抓实调查研究基础，不断增强建言献策的前瞻性、针对性和可操作性，使更多有见解、有分量、有价值的意见建议转化为有高度、有深度、有力度的协商议政成果。着力打造履职品牌，“请你来协商”品牌初步打响，基层协商、民生小事、“精品文史”等品牌持续发力，形成整体品牌效应。

一年来，区政协及其常委会在中共富阳区委的坚强领导和上级政协的有力指导下，聚焦建设富裕阳光的大都市新型城区战略目标，坚定“三看四态促转型”“拥抱富春江、拥抱大都市、拥抱新时代”不动摇，围绕中心、服务大局，认真履职，倾情为民：

（一）聚焦“三高”发展，弹好协商主题曲

围绕“三高”发展的重点，畅通协商渠道，让社会各界“有事多商量、有事好商量、众人的事由众人商量”。

做精专题协商。选取为高新产业发展增动能、小城镇环境综合整治长效管理、公共文化设施运行绩效、完善城市社区配套建设等6项紧扣“三高”发展的协商议题，整合党派、团体、界别、专业机构力量，开展深入调研，广泛听取民意，形成6篇主报告和31篇子课题报告的扎实成果。召开专题协商会议，邀请区委、区政府领导9人次、相关部门负责人92人次、各界代表27人次，充分协商、共谋良策。协商成果得到高度肯定和充分落实，6次专题协商共形成意见建议83条，被党委政府吸收采纳56条。如，关于推进基础教育高质量发展的建议，区委、区政府基本采纳，同意调整小学管理体制，加大教师海外研修力度，制定“三名工程”行动计划，完善教师评价激励机制，新增高考质量奖、师均公用经费、专项奖励等5874万元。

深化基层协商。助力基层社会治理，继续在24个乡镇（街道）开展基层协商，收获群众实实在在的赞誉。如，富春街道政协工委选择老旧小区加装电梯这一民生实事开展协商，促成项目落地；春江街道、大源镇政协工委围绕杭州富春湾新城建设中出现的学校停车难、安置房建设等问题，走村入户，化解难题；万市镇、胥口镇政协工委开展民宿“结亲”服务管理协商，助力美丽经济规范发展；东洲街道、常安镇政协工委针对亚运场馆建设、中心幼儿园改扩建等重点工作，深入调查、统一思想，助推项目建设。

拓展其他协商。用好多种平台，拓展协商的广度、深度，努力为“三高”发展建言献策。唱好全会大戏，围绕党政重大决策，协商提出近百条意见和建议；聚焦中医骨伤科品牌建设、青少年近视防控、法律服务供给、优化金融环境等领域，发挥委组专业优势，开展对口协商、界别协商；组织“校园足球发展”等专题性提案办理协商。

（二）强化监督助推，展现一线新作为

紧盯党政重点难点工作认真践行“四个一线”要求，强化监督服务优势，充分发挥钉钉子抓落实重要一锤作用。

打好“监督组合拳”。向开发区等8家承担“三高”发展重点任务的单位委派30名政协委员担任民主监督员，寓服务于监督之中，走访单位（企业）20家次，听取收集意见27条，推动部门改进作风、提高效能。围绕“城乡生活垃圾分类处理”难题，开展第二轮专项集体民主监督，组建6个监督小组，围绕住户源头分类、回收点建设、资源化处置站房建设、循环经济产业园建设等五大重点开展明察暗访，提出意见建议20条，推动垃圾处理设施不断完善，市民分类习惯逐步养成。协助区委、区政府做好全国文明城市测评迎检、中央环保督察、“清洁城乡、文明富阳”专项行动督查，助推全区生态环境持续向好。

当好“政协智囊团”。选取培育发展光电产业、“城市大脑”建设、新时期旅游发展、保健品市场整治、法律服务供给等内容，全面深入调研，科学提出建议，全年共提交参政建言21篇，其中16篇获区委、区政府领导批示并被有关部门采纳落实。做精做实提案工作，完善提案选题、审查交办、会商办理等机制，不断提高提案撰写和办理质效；运用重点提案常委会议民主评议、集体提案专委会民主评议、分类集中督查会、相关专委会与提案承办大户会商等形式，对立案的180件提案实现督办“全覆盖”，提升提案办理质量。

做好“一线服务员”。高标准开展“走亲连心三服务”活动，区政协领导和专委会负责人联系结对村（社）、企业34家，累计帮助协调解决困难问题47个，推动“背街小巷”整治、“新时代美丽乡村”建设、老旧小区停车难等一批破难项目销号。以“干在一线”的担当作为，尽心竭力完成好区委交办的杭州富春湾新城产业发展指导、中科院上海光机所杭州分所专班推进、北支江综合整治及亚运场馆建设、阳陂湖生态修复工程、新登古城文化保护挖掘、峭山文旅综合体建设、壶源溪流域联动发展、永昌镇“三美”融合发展以及里山溪等5条河道“河长制”管理等工作任务。

（三）汇聚各界力量，画好最大同心圆

牢牢把握最广泛的爱国统一战线组织的性质定位，努力为富阳转型发展汇聚最大正能量。

广泛合作聚人心。邀请各民主党派、工商联、有关团体负责人参加政协的重要会议、大会发言、监督视察、调研活动20余次，丰富拓展合作形式。会同区委统战部精心筹划“庆祝新中国和人民政协成立70周年、中国共产党领导的多党合作和政治协商制度确定70周年”系列活动，充分展现富阳政协和多党合作制度的历史成就。认真贯彻民族宗教政策，维护和谐的民族宗教关系。协助举办“公望文化周”，充分发挥海峡两岸交流基地作用，增进与港澳台同胞、海外华人华侨的交流。

深入走亲汇力量。前往广东、江苏、云南等地拜会富商、高校院所和乡贤、乡友，走访企业25家、乡贤

60余人，召开推介、座谈会6次，积极推动中科院上海光机所杭州分所、银湖激光科技有限公司等优质项目、优秀人才落户富阳。协助区委统战部搭建异地乡友、乡贤统战联谊平台，积极承担全区乡贤工作领导小组安排的工作任务。

以文化人促交流。征编《难忘岁月——富阳三亲资料选辑（1949—1979）》，抢救挖掘新中国前三十年间奠定富阳发展基石的史料。助力达夫文学馆、灵峰精舍建设，开展四库全书迁移富阳秘藏地研究。协助省政协征编《70年70人》一书。举办“文为世范、行为士则——张堃先生专题展”。加强政协书画院对外交流，举办第四届“孙过庭奖”中小学师生书法比赛。

融媒思维抓宣传。以“互联网”“融媒体”思维抓好政协宣传工作，不断提升富阳政协的社会影响力。完善政协委员履职APP系统建设，打造智慧政协升级版。全年推送“富阳政协”微信公众号信息33期，在市级以上新闻媒体发表22篇。

（四）增进民生福祉，彰显政协为人民

始终秉持“以人民为中心”的理念，把汇聚民意、改善民生、促进和谐作为政协履职的根本。

重点民生全力抓。组织对事关民生难点、社会高度关注的两件大会建议案办理情况进行专项视察、督办协商，推动区政府高度重视、认真办理。针对小区物业管理，推动区政府制订《富阳区加强物业管理工作实施意见》及配套政策，建立健全业主自我管理工作体系，简化物业维修基金使用流程，实施物业小区管理工作考核评比和检查，有效提升了小区物业管理的水平；针对城乡安置用房建设，推动成立区城市有机更新领导小组，实现全区29个安置房项目建设领导挂帅，全力化解联合审批、政策处理和资金保障等难点，着力加快安置房建设步伐。

“民生小事”持续抓。坚持委员主导、媒体联动、群众参与、部门互动，助力破解“城区停车场利用”“城区公厕改造提升”等难题，不断提高人民群众的满意度和获得感。“困境儿童陪伴”以《“新爸爸妈妈”的爱心陪伴》为题获省政协“同心苑”微信公众号推送，引发社会良好反响；交通信号灯设置问题在富阳日报“e动直播”网络议政，得到广大市民的积极响应和有关部门落实。

社情民意助力抓。关注社会矛盾和群众呼声，及时反映社情民意，全年共报送信息12期35篇，得到领导批示6次，被部门采纳办理9件。与富阳日报合作开设“政协委员助力跑”专栏，通过委员发现问题、部门及时跟进，推动化解江滨西大道沙滩水龙头设置、预防心源心猝死、解除树木上的铁丝“紧箍咒”等问题。

丰富载体深入抓。召开委员工作室建设现场会，规范第一批13家委员工作室，打造联系服务群众的窗口、发挥主体作用的平台。鼓励委员积极参与“走进基层、走进群众”“七送服务下乡”“走亲连心三服务”等活动，集中开展各类公益活动17次，努力让人民群众觉得政协离自己很近，政协委员和自己很亲。

各位委员，区政协常委会过去一年交出的成绩单，源来于政协各参加单位、广大政协委员和政协工作者团结协作、苦干实干，靠的是区政府、区人大及社会各界热情帮助、鼎力支持，更离不开中共富阳区委高度重视、坚强领导。在此，我谨代表九届区政协常委会向大家致以最崇高的敬意和最衷心的感谢！

在肯定成绩的同时，我们更要看到，对照新时代的标准、区委的要求和人民群众的期待，常委会的工作还存在一些不足：比如，对新时代人民政协新使命的认识还不够深刻；发挥界别特色和委员主体作用还不够充分；专门协商机构的专精特优势还不够明显；双向发力机制还不够完善；政协机关服务保障能力还需进一步提升等。真诚希望广大委员和社会各界对常委会工作提出批评和建议，以利我们把今后的工作做得更好。

2020年工作任务

2020年是具有里程碑意义的一年，我们将全面建成小康社会，实现第一个百年奋斗目标；2020年，也是富阳全面加快转型、实现“三高”发展的关键之年。伟大的目标、美好的前景召唤着我们。为此，区政协提出新一年工作的总体要求是：高举习近平新时代中国特色社会主义思想伟大旗帜，深入学习贯彻党的十九大和十九届四中全会精神，全面贯彻落实中央、省、市、区委政协工作会议和区委一届八次全会精神，把握新时代人民政协的新使命新要求，聚焦专门协商机构主责主业，强化“双向发力”工作主旨，紧盯三个“一流”目标，全力助推高新产业发展、高品质城市建设、高水平社会治理，为富阳加快向一流的大都市新型城区迈进贡献政协智慧和力量。

（一）在强化思想政治建设上持续发力

牢牢把握坚持党的领导这一根本政治原则，认真落实好党对政协工作的各项要求，进一步加强思想政治建设。一是进一步筑牢团结奋斗的共同思想政治基础。把习近平新时代中国特色社会主义思想作为统领政协工作的总纲，巩固提升“不忘初心、牢记使命”主题教育和“新时代人民政协新样子”学习讨论成果，引导参加政协的各党派团体和各族各界人士进一步增强“四个意识”，坚定“四个自信”，做到“两个维护”，努力使政协成为坚持和加强党对各项工作领导的重要阵地、用党的创新理论团结教育引导各族各界代表人士的重要平台、在共同思想政治基础上化解矛盾和凝聚共识的重要渠道，不断夯实团结奋斗的共同思想政治基础。二是进一步坚持党对政协工作的全面领导。执行好重大决策、重要工作、重要事项向区委请示汇报制度，自觉将政协履职活动置于党委工作大局中谋划和推进，在旗帜、道路、方向、目标、制度等重大问题上，统一意志、统一步调、统一行动，在一些敏感点、风险点、关切点问题上守住底线、保持定力，确保政协工作与区委要求同频共振、协调一致。三是在进一步加强政协党建工作。把提高党组织在政协、各党派团体、各族各界人士中的政治引领力、影响力作为政协党建工作的鲜明特征，以党的建设引领新时代人民政协事业发展。进一步落实区政协党组成员联系党员委员、党员委员联系党外委员等工作机制，探索实施党员委员参加双重组织生活的办法，充分发挥区政协党组的领导核心作用和党员委员的先锋模范作用，推进政协党的组织和党的工作有效覆盖。

（二）在助力实现三个“一流”目标上持续发力

牢牢把握围绕中心、服务大局这一工作主线，紧扣区委区政府重大决策部署，谋划和组织好各项重点履职活动。一是聚焦聚力一流的产业体系构建。认真贯彻中央、省委经济工作会议精神，结合富阳实际，围绕“新制造业计划”实施、杭州富春湾新城高新制造业示范区创设、上海光机所杭州分所后续建设、强化创新驱动、优化人才安居政策等工作，深入调研，建言献策。加强和改进“政协走亲”活动，积极为全区经济发展和产业转型招引优秀人才和项目。扎实开展“走亲连心三服务”活动，深入联系企业和重大产业项目做好政策宣传、帮扶解难工作，支持民营经济转型升级、发展壮大。二是聚焦聚力一流的城市体系打造。选取城乡空间布局优化、内外交通体系有效衔接、存量闲置土地盘活、老旧区块改造瓶颈破解等课题，精深调研、精准建言。围绕持续实施乡村振兴战略、新时代美丽乡村建设、乡村景区化、乡村人文挖掘等工作，为助推美丽城乡、美丽经济、美丽人文发展建诤言、献良策。三是聚焦聚力完善一流的治理体系完善。围绕“平安富阳”建设、健全社区治理体系、做好基层社会事务、社会公益组织发展等新情况、新问题，充分发挥政协组织位置超脱、兼容并包、收集舆情、反映民意的优势，既深入基层、深入一线，形成科学专业的调查成果和意见建议，又做好释疑解惑、协调关系、化解矛盾等工作，助力打造共建共治共享的社会治理新格局。

（三）在充分释放专门协商机构潜能上持续发力

牢牢把握政协新方位新使命，进一步健全“请你来协商”平台体系，充分发挥专门协商机构的独特优势和重要作用。一是深化重点专题协商。确定经典民生产业的保护和发展、加快推进高新产业发展、封闭式老旧小区基础设施改造提升、加强基层社会治理治保调解能力建设、深化“三医”联动改革等议题，开展专题性重点协商。二是广泛开展常规协商。围绕科技型小微企业园区和科技孵化器建设、完善城市园林管理体制机制、公交线路优化、未成年人保护等热点议题，发挥各专委会、各界别小组、基层政协工委优势，组织开展对口协商、界别协商、基层协商、网络协商等活动。三是强化提案办理协商。不断完善提案办理协商工作机制，加强建议案、重点提案和集体提案协商督办，加大热点难点提案专题协商办理，探索民生类提案“请你来协商”，实现提案评议全覆盖，进一步提升提案办理满意率和落实率。

（四）在监督助推党政重大决策和民生事业上持续发力

聚焦党委政府决策部署的贯彻落实，抓住人民群众关心的热点难点，充分发挥政协民主监督优势，在凝聚合力中更好发挥钉钉子、抓落实的重要一锤作用。一是不断完善监督机制。认真贯彻区委《关于加强和改进人民政协民主监督工作的实施意见》，进一步完善监督机制、优化监督载体、强化监督保障，综合运用民主评议、委派监督、对口监督、专项视察等形式，加大民主监督力度。二是监督推动民生工程。围绕基础教育重点项目、城乡安置房建设、文化体育场馆等重大民生工程实施情况，组织开展政协常委会议视察监督等活动。选取医养结合养老服务等议题作为大会建议案，跟踪推动农村饮用水工程、封闭式小区物业管理等往年大会建议案、重点提案进一步办理落实。围绕医共体建设、住房保障、城中村安全隐患排查等涉及面广、关联度大的民生议题谋划和组织好监督、视察等履职活动。三是积极助解民生小事。鼓励和支持政协委员参与各类公益慈善和志愿服务活动，持续扩大政协委员“七送服务下乡”活动的覆盖面。继续推动政协委员助解民生小事活动，围绕公共停车设施收费机制、人行道基础设施修复、大型市场食品安全等群众关注的民生热点问题，全心全意帮助群众解决好身边的“关键小事”。四是畅通社情民意渠道。组织委员深入界别群众，真诚倾听群众呼声，及时反映社情民意，发挥专长助解难题，进一步畅通和拓宽各界群众利益诉求表达渠道。规范委员工作室建设运行，切实发挥其在服务基层、服务群众方面的作用价值。指导基层政协工委设立基层协商示范点，鼓励政协委员在参与社会治理、推进基层协商民主中发挥作用。

（五）在更好履行凝聚共识职能上持续发力

牢牢把握加强思想政治引领、广泛凝聚共识这一履职中心环节，持续提高建言资政和凝聚共识“双向发力”的水平，努力为富阳经济社会发展画好最大同心圆、汇聚最大正能量。一是完善工作程序机制。认真执行《区政协关于推进建言资政和凝聚共识双向发力的实施意见》，进一步完善民主党派、工商联、无党派人士参与政协活动的工作机制，在大会发言、课题调研、“请你来协商”、民主监督等工作中安排一定比例，引导各界代表人士通过政协平台积极建言资政、有序表达意见。创新拓展“基层民主议政会”“委员工作室”“委员宣讲团”等契合双向发力要求、形式多样的履职新平台，善于把党的主张转化为社会各界的共识，把党的决策部署和工作意图落实到各党派团体和各族各界人士。二是强化团结统战功能。通过定期走访、联络联谊、界别活动、座谈交流等方式，加强与各党派团体、各族各界人士的沟通联络，广泛听取意见，及时反映诉求，把各族各界群众紧密团结在党的周围，增进政治认同、思想认同、理论认同、情感认同，为改革发展减阻力、聚合力、添动力。协助党委政府做好民族、宗教、侨台等方面工作，不断发展壮大爱国统一战线。征编《名人与新城》《新登诗词选》等地方文史书籍，积极参与灵峰精舍复建、新登古城保护等地方文化工作，牵头举办第四届“黄公望奖”中小学师生美术比赛，发挥“存史、资政、育人”的重要作用。发挥好茶文化研究会、政协书画院、政协联谊会的作用，扩大对外交往，讲好富阳故事。

（六）在推动政协工作提质增效上持续发力

牢牢把握提质增效这一履职着力点，大力推动政协工作理念创新、实践创新、制度创新，进一步加强队伍建设，提高履职质效。一是加强政协队伍建设。完善全覆盖、多层次学习培训体系，用好各类学习培训载体，教育引导政协委员认真落实“懂政协、会协商、善议政，守纪律、讲规矩、重品行”的要求，提高履职本领，锤炼道德品行，更好在政协工作中履职尽责、在本职岗位上建功立业、在界别群众中示范引领。切实提高机关干部的理论素养和业务水平，努力建设“一线意识、一线标准、一线状态”的模范机关，不断提高服务保障能力。二是抓好体制机制创新。把建立健全制度机制作为提高履职能力和水平的重要环节来抓，协助区委制定出台《关于新时代加强和改进人民政协工作的实施意见》，修订完善各项规章制度，构建覆盖委员管理、会议组织、经常性工作、自身建设的科学制度体系。进一步完善“链式履职”模式，串珠成链、持续推进，推动政协各项职能融会贯通、相互叠加，发挥更大效应。完善政协履职的评价标准和评价方法，试点开展提案撰写质量和办理质量“双向”评价，落实本届政协未办结提案“销号”工作机制。探索建立政协委员分批次列席常委会议、主席会议和委员自主申报选题项目等制度，试点设立委员履职“菜单”，为委员有效参与政协履职活动提供更多机会。三是提高调查研究质量。把调查研究作为协商议政的基础性工作和前置条件，充分发挥政协人才、智力优势，整合资源，集中力量，广泛吸收委员参与调查研究活动，有效发挥区各民主党派、工商联、人民团体的积极性，邀请专家学者、党政部门负责人和一线干部群众参与调研，不断提升调查研究的专业化水平。四是做精履职工作品牌。强化精品意识、质量意识，对近几年行之有效的履职品牌，如专项监督、委派监督、民主评议、民生小事等，一钉一铆抓落实，步步为营抓深化，以此来引领品牌培育，带动提升调研、视察、提案、社情民意、文史、学习等经常性工作水平。五是扩大政协社会影响。热情拥抱互联网，把网络开放性、交互性特点和政协联系面广、代表性强优势结合起来，加强与新媒体、融媒体合作，大力推进政协履职“互联网 +”。加强与各级新闻媒体合作，高标准建设“富阳政协”微信公众号，精心策划宣传报道，向外界展现富阳政协的履职业绩和良好形象，持续扩大政协工作的社会影响力。

各位委员，我们都是追梦人，更当不负韶华、只争朝夕。让我们更加紧密地团结在以习近平同志为核心的中共中央周围，在中共杭州市富阳区委的坚强领导下，不忘初心、使命在肩，接续奋斗、奋勇争先，为开拓富阳政协事业新局面、描绘富阳发展新篇章做出新的更大贡献！

名词解释

四个意识（P2）：政治意识、大局意识、核心意识、看齐意识。

四个自信（P2）：中国特色社会主义道路自信、理论自信、制度自信、文化自信。

两个维护（P2）：坚决维护习近平总书记党中央的核心、全党的核心地位，坚决维护党中央权威和集中统一领导。

“6+24+X”协商体系（P2）：“6”即区政协每年举办 6 次左右重点专题协商活动，“24”即在全区 24 个乡镇（街道）全面开展基层协商活动，“X”即以区政协各专委会、界别小组为主体灵活开展若干次一般协商活动。

五个如何（P3）：如何把新时代人民政协的政治责任担当起来，如何把新时代人民政协的价值作用发挥出来，如何把新时代人民政协的履职能力提升起来，如何把新时代人民政协的为民情怀体现出来，如何把新时代人民政协的精神风貌焕发出来。

三看四态（P4）：“三看”即产业转型向东看、生态建设向西看、城市发展向南看，“四态”即产业业态、城乡形态、环境生态、党员干部精神状态。

三高（P4）：高新产业发展、高品质城市建设、高水平社会治理。

三名工程（P4）：“名校、名校长、名教师”工程。

走亲连心三服务（P6）：服务企业、服务群众、服务基层活动。

委员工作室（P9）：政协委员自发建立并对外开放的工作室，一般包括综合型工作室和专业型工作室两大类，是委员联系服务群众的窗口、反映社情民意的渠道、发挥主体作用的平台，面向公众免费提供服务。

七送服务下乡（P9）：组织政协委员开展送“文化、教育、卫生、体育、科技、法律、规划”下乡活动。

三个“一流”（P10）：区委一届八次全会提出的一流的产业体系、一流的城市体系、一流的治理体系。

“三医”联动改革（P12）：医保体制改革、卫生体制改革与药品流通体制改革联动。

基层民主议政会（P14）：基层政协工委围绕本地经济社会发展中的重大问题，在深入调查研究的基础上，通过议政会议的形式提出合理化的意见和建议，为党委政府科学决策提供参考。

2 年度聚焦
Highlights of the Year

"不忘初心，牢记使命"主题教育

根据中央和省杭州市委统一部署，2019年9月起，富阳启动第二批"不忘初心、牢记使命"主题教育，至11月底集中学习基本结束，每个单位集中教育时间不少于3个月。共涉及单位89家、区管及以上领导干部1069人、党员50231人。

主题教育期间，区委常委会和全体区领导率先垂范，高质量举办专题读书会、完成调研课题、开展领衔破难项目、上专题党课、检视发现问题，并按要求抓好整改，高标准开好专题民主生活会，为全区广大党员做好表率。

全区党员聚焦学习习近平新时代中国特色社会主义思想这一主线，通过个人自学和集中自学，读原著、悟原理，700余名党员领导干部集中接受党史和新中国史轮训，400余名单位"一把手"、支部书记、普通党员在区级媒体大讨论专栏中公开交流，在解放思想中凝聚共识。

全区累计开展集中学习交流4452场次，交流心得体会8万余人次；以固定主题党日为载体，在全区2500余个党支部创新开展"入党初心故事分享"活动4万余次；深挖富阳本地特色资源，首次推出红色研学线路7条，常态化组织党员开展"红色研学"；组织开展浙江省优秀共产党员金健勇先进事迹宣讲。全面深化"走亲连心三服务"工作，全区党员干部围绕区委"主攻产业、优化服务"重点，持续深化服务企业百日专项行动和企业服务、项目落地等"最多跑一次"改革，大力推进落后产能淘汰、落后企业关停和土地征迁，带着破解乡村振兴难题等五大重点任务深入走访，累计走访企业1.80万余家次，走访农户14.50万余户次，确定调研课题671个，领办克难攻坚项目710个，收集梳理问题意见3084条，办结3051条，已办结问题群众满意度100%；创新开展"百日解百难"专项行动，用100天的时间帮助社区群众解决生活垃圾分类、小区停车、污水管网、消防安全等民生小事142件。12月18日，《人民日报》刊登专题文章《"实"字着力，解决好群众最急最忧最盼问题（守初心 担使命 找差距 抓落实·深入开展"不忘初心、牢记使命"主题教育）》，为富阳区"百日解百难"工作点赞。

高新产业发展

【项目招引】 2019年全区实际利用外资1.76亿美元，新引进项目176个，总投资约202.62亿元，拟供地124.62公顷，其中高新项目127个，总投资143.41亿，拟供地86.70公顷，高新制造业77个，总投资95.44亿元，拟供地65.17公顷。美丽经济项目7个，总投资11.35亿元，拟供地5.57公顷。外资项目20个，总投资29951万美元；全区完成省市县长工程盯引5个、开工3个；市政府常务会议项目5个；产业链项目22个；制造业10亿元以上项目3个。

【杭州高新区（滨江）富阳特别合作区成立】 2019年8月28日，杭州高新区（滨江）富阳特别合作区在杭州富春湾新城正式挂牌，标志着高新区（滨江）和富阳区深度合作迈出了实质性步伐。此举旨在通过协调机制、管理机制、审批机制等创新，将"特别合作区"打造成为一项区域发展的系统性、标志性改革创新实践工程，以期服务于杭州市区域协调发展战略。

"特别合作区"选址杭州富春湾新城东部产业区块，面积约5.80平方千米。"特别合作区"以错位发展、特色发展、共享发展为目标，坚持合作共赢、优势互补、权责清晰、创新机制的原则，积极培育信息技术、生命健康、高端装备制造、人工智能、新能源、新材料等产业，合力建设成为区域合作发展示范区、自主创新拓展区、产业有序转移承载区。2019年，"特别合作区"签约重点项目3个，企业入驻1家，首个产业地块挂牌。

【中科院上海光机所杭州分所揭牌】 2019年1月5日，富阳与中科院上海光机所签约，双方共建中国科学院上海光学精密机械研究所杭州分所。9月21日上午，中科院上海光机所杭州分所（杭州光学精密机械研究所）在杭州富春湾新城正式揭牌。中科院上海光机所杭州分所为上海光机所直属机构，同时注册设立杭州光学精密机械研究所，实施“两块牌子、一套班子”的运作机制。选址春江街道，总投资12亿元，用地面积9公顷。其中一期项目用地2.17公顷，计划总建筑面积93495平方米，容积率2.66。项目重点引进光电功能材料、激光智能制造与智能传感、光电材料加工与检测技术，建设科研孵化大楼和光电激光特色产业园。5—10年后形成一个从材料、光纤到激光器及激光应用的产业集群，年产值10亿元以上。2019年，杭州分所已在春胜大楼进行临时办公，先期已有5个项目落户富阳。

【再获省“腾笼换鸟”考核先进】 2019年，富阳区紧紧围绕省市总体部署，创新实施各类举措，大力开展“腾笼换鸟”工作，提前超额完成省市下达任务，继2012年之后第二次获此荣誉。

“腾笼” 完成“低散乱”企业（作坊）整治219家，淘汰落后产能企业31家，处置“僵尸企业”26家，盘活存量土地320公顷，腾出用能49万吨标煤。高质量完成环境污染治理COD、NH3-N、SO_2、NOX等指标目标。完成机械铸造行业落后设备和工艺淘汰工作，关停铝壳中频炉41台。建立工业闲置厂房和闲置土地规范、盘活、倒逼、激励机制，累计盘活存量闲置厂房20余万平方米。基本完成杭州富春湾新城造纸及关联企业腾退，土地收储800公顷。

“换鸟” 2019年，全区高新技术产业增加值占规上工业比重53%，比2018年占比提高7.50个百分点；规上工业企业新产品产值率39.80%，比2018年占比提高4.40个百分点。战略性新兴产业和装备制造业增加值分别增长11.70%和8.90%，高新技术产业增加值占比达到53.04%，比2018年提高7.50个百分点。

深入实施“国高企”倍增计划，建立科技型企业基础数据库，新增“国高企”65家。招引投资亿元以上数字经济项目5个。出台全面实施“新制造业计划”26条和配套政策43条。出台小微企业创新园专项政策，研究制定富春湾新城和（银湖）两个一平方千米“人工智能产业园”，创建省级小微企业园7家。牵头5G基础设施项目建设，完成汇集机房229处、5G基站251个。出台制造业数字化改造实施意见，开展电子信息制造业等行业数字化改造诊断，组织实施市级数字化攻关项目14项、区级数字化改造推广项目143项，规上工业企业数字化改造覆盖率达到78.36%。开展工业百强榜企业月度效益竞赛，实施“鲲鹏计划”专项激励政策。修订出台新一轮高新潜力企业培育工作实施意见，分类精准实施“瞪羚”“雏鹰”专项扶持，新增省级科技型企业122家。建立“小微企业培育监测库”，重点监测、重点培育，新增“小升规”企业103家。

高品质城市建设

【融杭交通建设】 推进“三铁三高三快速”融杭重大交通项目建设，构建网络完善、干线清晰的大交通网络体系，无缝融合大都市，深度融入长三角的交通骨架。至2019年年底，总投资达304.90亿元的春永快速路、彩虹快速路、地铁6号线、绕城西复线及其两条连接线等6个重大项目累计完成投资140.08亿元，完成年度计划投资117%。地铁6号线富阳段9个车站已完成4个主体工程，8个盾构区间16台盾构机15台下井，其中4台已完成单线区间暗挖，隧道暗挖已累计掘进14392米（完成总长度55%）。大源和高桥互通连接线有序推进。2019年5月，东洲互通“4进6出”收费广场启用，9月龙门古镇互通通车。12月30日，大盘山隧道、环金线开工建设，绕城西复线路基贯通，春永线右幅通车。重大项目杭淳开高速、灵桥互通迁建以及地铁6号线延伸等前期规划研究进一步深化。

【拥江发展】 2019年，富阳区根据一规六带、一办五部、一江十溪总体要求，按照“发力拥江、主动有为、走在前列”要求，围绕亚运奋进、绿道攻坚、十镇百村、水质保护考核指标，突出生态文化活力主题，统筹推进富阳拥江发展行动，取得明显成效。

亚运奋进 高标准建设射击射箭现代五项馆、水上运动中心、体育馆等3个亚运场馆。

射击射箭现代五项馆，总投资67800万元，总用地面积275182平方米，新建总建筑面积约87939.32平方米，其中，射击综合馆建筑面积约46485.52平方米。建设内容包含综合馆、马术场地、射箭比赛场地、飞碟比赛场地及配套附属等。工期25个月，至2021年3月31日赛事功能验收完成。2019年完成投资32610万元（约占总投资48.10%）。

水上运动中心项目（赛艇、皮

北支江水上运动中心效果图

（区文广旅体局 供稿）

划艇和皮划艇激流回旋），总投资63700万元，规划用地面积128064平方米，总建筑面积62318平方米；地上建筑面积40551平方米，地下建筑面积21767平方米。建设内容包含场馆及配套设施、艇库、赛道等。工期25个月，至2021年3月31日赛事功能验收完成。2019年完成投资28411.80万元（约占总投资44.60%）。

体育馆项目（篮球），施工合同总价2851.55万元，用地面积24880平方米，建筑面积10426平方米，其中主馆体育馆改造8611平方米，竞技组配套用房改造840平方米，热身场地改造975平方米，以及设备维修更换、外立面整饰、室外附属工程等。工期15个月，至2021年3月31日赛事功能验收完成。2019年完成投资821.80万元（约占施工合同总价的28.82%）。

绿道攻坚　2019年，富阳区列入杭州市民生工程绿道项目12个，总长度66.86千米，总投资18亿元。其中提升改造类项目18.70千米，新建类35.16千米，增设类13千米。结合富阳“一江十溪”“八山半水分半田”的山水地理特点，研究制定《富阳区拥江绿道建设行动实施方案（2019—2021年）》，按照“2019贯通攻坚、2020配套提升、2021品质优化”三年目标任务，组织召开拥江绿道贯通攻坚行动大会，重点围绕富春江两岸主线全线贯通目标，部署绿道建设任务。

10月24日，在富阳召开2019年杭州市绿道建设现场推进会，实地考察精品江景二期工程，获杭州市副市长缪承潮肯定。参加浙江省第一届绿道健走大赛，在各区县市中总成绩排名第2，获“区县优秀组织奖”和“优秀队长奖”两项荣誉。组织开展富阳区第一届绿道健走大赛，总参与人数1000余人，省级个人获奖8名，团队获奖10队；市级个人获奖17名，团队获奖13队。

十镇百村　加快美丽城镇示范镇建设，确定新登镇、场口镇为第一批培育对象，完成前期规划；完成场口镇18个项目、新登镇4个项目开工建设。加快红旗村、张家村、木桥头村、渔山村、八一村、春渚村、小桐洲村、程浦村、俞家村、汤家埠村、新港村、赵欧村、洋沙村等13个拥江精品村建设，项目149个，总投资7790万元。

水质保护　加快“污水零直排区”建设，全年完成“污水零直排区”建设项目19个。印发《关于进一步做好各级河长巡查工作的通知》，强化河（湖）长责任落实，巡河率和问题处理率均达到100%。提升污水处理能力，新增、改造污水收集管网44.08千米，完成农村生活污水处理设施终端提标改造项目440个，建设省级标准化运维站点41个。深化河湖生态修复与岸线保护，完成河湖库塘清淤96.70万立方米，创建无违建河道141千米，河湖“清四乱”年度任务全面完成。加强涉水行业整治，巩固城市黑臭水体治理成果，完成涉水企业清洁化改造68家、“低散乱”块状行业整治提升152家，淘汰落后和严重过剩产能企业30家。推进饮用水源地污染治理，整治关停渔山区块污染企业9家，关停搬迁葛溪流域污染企业29家。加强船舶污水治理，成立水上搜救中心，完善船舶与港口水污染防治联合监管机制，实现监督检查常态化。建成码头船舶生活污水接收点4处，完成77艘100—400总吨内河货船生活污水存储装置安装。富春江干流水质稳定保持Ⅱ类，出境断面水质持续保持“优秀”；全区12个地表水监测断面（点位）、4个集中式饮用水源地水质达标率100%。

【阳陂湖生态修复治理项目开工】　2019年9月16日，富阳阳陂湖生态修复治理项目启动建设。项目位于富春街道皇天畈区域内，场地北至规划道路高教路，南靠规划道路北环路，西侧以现有鱼塘为界限，东侧为金桥北路。规划保留现状基本农田，将利用现有鱼塘恢复具有千年历史的阳陂湖湖景，实现区域的生态修复治理。项目一期工程总投资7.30亿元，用地面积217.80公顷，湖体面积为111.33公顷。建设内容主要以生态修复、防洪排涝为主，兼顾改善水环境和景观提升，工期为20个月。在规划设计上，项目设有一湖六园。“一湖”为阳陂湖，“六园”为荷香园、花漫园、农耕园、清水园、汀洲园、渔趣园。在配套设施上精准功能定位，集文化展示、生态修复、科研科普、城市休闲于一体。在建设改造上结合乡村振兴，通盘谋划、统筹推进，将城中村改造与生态修复有机结合，推进村庄景区化。

高水平社会治理

【启动新一轮党政机构改革】　2019年1月19日，富阳召开全区机构改革动员大会，标志着富阳机构改革进入全面实施阶段。

机构改革后，富阳区共设置党政机构37个：党委机构11个，其中纪检监察机关1个、工作机关10个。政府机构26个，其中办公室和工作部门24个；市级部门派出机构3个，其中市规划和自然资源局富阳分局、市医疗保障局富阳分局计入机构限额，市生态环境局富阳分局不计入机构限额。区委职能部门和区政府工作部门在机构设置和职能配置上，与中央和省市基本对应，同时适应富阳经济社会发展需要，在机构限额内因地制宜设置了部分机构，优化调整一些领域的机构职能。

富阳机构改革主要围绕使市场在资源配置中起决定作用、更好发挥政府作用，从加快推动政府职能转变、更好适应新时代政府高效履职的需要出发，调整完善机构职能。比如，组建规划和自然资源分局，通过职责整合融合，解决空间规划重叠等问题，实现由一个部门具体统一行使；为加快推动政府职能转变，落实以人民为中心的发展思想，进一步加强政府公共服务职能，组建应急管理局、退役军人事务局、卫生健康局、医疗保障分局等机构；在机构限额内，既坚持原则，又体现创新，根据富阳城市发展特点和功能定位，聚焦关键环节和重点领域，新组建了区政府金融工作办公室、区数据资源管理局等机构。

【社区大党委制建设】　2019年5月9日，富阳召开深化社区“大党委”

春南社区百日解百难专项行动

（区委组织部 供稿）

制暨党建引领高水平社会治理工作动员部署会，要求完善社区“大党委”制，支撑城市治理服务；推进党员干部进社区活动，保障城市治理服务；开展“百日解百难”专项行动，提升城市治理服务。

动员部署会后，富阳围绕建设“服务、有为、和谐”的新型社区工作目标，以社区“大党委”制为核心，创新开展“百日解百难”专项行动。以50个社区为核心，按照“1+1+1+X”的模式，组织34位区领导、68家区级机关单位、221个企事业单位和8456名机关事业单位党员干部进社区报到，组成50个社区共建工作组团，完成50个社区下属312个网格支部调整，做好57个业委会新建、换届工作，形成聚力共建、上下联动的社区“大党委”制新格局。

全年共召开“大党委”联席会议、居民代表座谈等会议240余次，走访群众3万余户，征集梳理小区停车、老年食堂、课后托管等社区治理热点难点问题142个。针对这些问题，富阳以区领导牵头、“社区+工作组团”推进为工作机制，社区、共建单位、社区党员发挥优势，各司其职，扎实推进办理。至11月底，142个难题全部办结，群众幸福感、获得感、满意度明显提升。

【“最多跑一次”改革创新】 2019年5月6日，富阳正式启动“人生一件事”改革，围绕个人全生命周期，包括出生、上学、就业、结婚生育、置业、就医、退休养老、殡葬9个阶段168个联办事项，通过事项梳理、流程再造、表单整合、系统开发、源头采集、痕迹管理，推进“人生一件事”信息集成化、办事便利化、流程标准化，实现一站式办理、一体化服务，一生一档案，一档享一生。

全年，相继推出“出生一件事”“入学一件事”“人才就业一件事”“军人退役一件事”“扶残助残一件事”“农民建房一件事”“退休养老一件事”“身后一件事”等一系列“人生一件事”改革事项，“最多跑一次”改革进一步向纵深推进，真正实现“数据跑”代替“群众跑”。

2019年，28个“一件事”已全面推行。改革覆盖全区近70万群众，年均直接受益19万余人，年均减少群众跑腿89.60万余次，年均精减材料393.72万余份，人均缩短办理周期累计367个工作日。至2019年12月底，总办理24万余人次。

【紫云山庄环境综合整治】 紫云山庄小区是20世纪90年代开发的商品住宅小区，至2019年有业主1425户，房屋1771套，其中多层公寓83幢1137多套、别墅（排屋）387幢，其他类别房屋（物管用房、车库、非住宅）247套。由于小区建成时间较早，没有物业维修基金，是杭州地区有名的“老大难”小区。20多年来小区积累了诸多问题：社区管理、物业管理长期缺失，道路、路灯等公共设施老化损坏严重，消防安全隐患严重、环境脏乱差，尤其是违法建筑十分突出。整个小区存在违建面积约5.20万平方米，其中小区多层公寓一楼违建面积约1.20万平方米；多层公寓顶楼涉及违建加层面积合计约1万平方米；别墅（排屋）涉及砖混结构改扩建面积约3万平方米。

多年来该小区相关举报投诉不断，群众反响强烈。富阳历届党委政府一直以来持续关注紫云山庄违建问题，曾经也进行过多次整治，但成效不大。为破解这个“老大难”小区诸多整治难题，特别是违建问题，2019年，富阳区城管局全力参与紫云山庄综合整治工作，坚持“四问四权”工作原则，对紫云山庄存量违建开展了全覆盖整治。

2019年3月，成立紫云山庄小区综合整治工作领导小组，由分管副区长任组长，下设“一办三组”，统筹负责协调推进紫云山庄综合治理工作。并在紫云山庄办公现场设立业主接待室，区城管局落实专人进行接待，共接待来访业主146批220人次，接听电话（含微信）16件。

6月，成立紫云山庄综合整治工作指挥部，由区委副书记徐林亮任指挥长，下设“一办五组”，并从各相关单位抽调人员开展集中办公，全面开展紫云山庄老旧小区综合整治改造提升工作。指挥部成立后，抽调银湖、常安、上官、新桐、湖源5个乡镇（街道）133名干部组成28个走访组，对小区1425户业主、1771套房屋开展入户走访调查工作。

全年，基本完成调查走访全覆盖，除因业主移居国（境）外、无有效联系信息等外，面见1378户、调查房屋1663套（幢），调查率分别为96.70%和93.90%；共计拆除违建2.40万余平方米；完成7条主路和65条支路“白改黑”58730平方米，铺设雨（污）水管道5320米，绿化提升4080平方米；完成主入口智能门禁系统、路灯及视频监控的布线，安装路灯260余盏；完成自来水泵站提升改造，以及管道改造割接、入口公园改造铺设等工程建设。优化调整山庄党支部设置，完成党群服务驿站建设，提升公共服务配套；重新选举产生新一届业委会，完成物业公司选聘和入驻，全面提升小区自我治理能力。

整治成功实现三个零——“零上访、零复议、零诉讼”，在处理存量违建和兼顾小区长远利益上达成了最大公约数，赢得了全体小区业主的积极配合，也为住宅小区存量违建的破题处置开展了有益的尝试，形成老旧小区微治理“富阳经验”。

富阳区委区政府主要领导高度重视紫云山庄综合整治工作，区委书记朱党其5次专题研究紫云山庄综合整治工作，其中3次赴紫云山庄实地开展督查指导；区长吴玉凤3次专题研究紫云山庄综合整治工作。

上级领导高度关注紫云山庄违建整治，10月29日，杭州市副市长缪承潮批示：“富阳区破解老旧小区整治难题，高质量做好紫云山庄综合整治，立足民生回应问政，取得了实效，值得充分肯定。”11月18日，《杭州日报》头版报道；12月23日，《浙江日报》头版头条报道。2020年1月2日，省委常委、杭州市委书记周江勇考察紫云山庄老旧小区综合改造工作，并给予高度肯定。

美丽乡村建设

【获评浙江省新时代美丽乡村示范区】 2019年，富阳区按照乡村振兴“土地有人耕种，房子有人居住，产业有人兴旺，三园有人美丽，文化有人传承，和谐有人构筑”目标，加快新时代美丽乡村创建，按照山美、水美、人美、庭院美、庄园美、田园美“六个美”的要求，全面实行路相、林相、湖相、坡相、村相、园相、田相、户相“八相联治”。对标新时代美丽乡村建设要求重点，开展13个精品村、12条精品线路、15个特色村、5个历史文化村、5个杭派民居及4个旧村改造、2个风情小镇建设，制定出台《关于推进新时代美丽乡村建设的实施意见》，启动第一批39个新时代美丽乡村创建工作，不断夯实现代版富春山居图最美示范区的美丽基础。富阳区被评为2019年度浙江省新时代美丽乡村示范县（区）。

【获“全省文化礼堂建设示范区”】 2019年，富阳区坚持“一手抓新建扩面提前全覆盖，一手抓长效机制建立提质增效”，精准谋划布局，因地制宜施策，扎实打好“建管用育融”组合拳，不断推动农村文化礼堂长效运行和持续发展，累计建成主题鲜明、风格不一的特色文化礼堂276个，在全省率先实现区域内行政村全覆盖，提前三年完成目标任务。培育省级新文化地标4个、五星级礼堂16个、四星级礼堂38个，在全省率先推出300人五大类宣讲团、21支礼堂轻骑兵文艺小分队、24个文化礼堂命运共同体、在校大学生、本村乡贤“回乡讲一课”等多个“富阳经验”，成为省市实践推广的“蓝本”。2019年2月2日，场口文化礼堂承办浙江省第五届农村文化礼堂“我们的村晚”活动，省委书记车俊等领导出席并予以高度评价。2019年4月25日，富阳区被评为首批浙江省农村文化礼堂建设示范区（县、市）。

【举办首届味道山乡大会】 2019杭州富阳“味道山乡大会”是区委、区政府为进一步推进富阳区“三美”新农村建设，以全域景区化标准提升乡村环境，促进农旅产业融合，培育美丽经济业态，推动葛溪流域沿线新登镇、万市镇、洞桥镇、胥口镇联动发展，打造乡村振兴富阳样板的重要举措和抓手。大会以山乡为媒，以旅游为切入口，突出乡土乡风乡情，设计了十大活动载体，分别是“我在富春山乡有个家”活动、味道山乡寻美评美活动、味道山乡摄影比赛活动、“骑游春天”活动、“登山寻宝”活动、“味道山乡游”活动、田园餐桌活动、山乡大戏活动、“淘山货大市”活动、投资洽谈会活动等，吸引游客走进富阳乡村看山戏淘山货，吃山珍住山房，登山道观山景，将吃、住、行、游、购、娱等要素融入活动之中，用好美丽资源、发展美丽经济、打造美丽品牌，借以提升农民在推进美丽经济发展过程中的发展理念，提高山乡发展质量。自2019年3月23日味道山乡大会启动，至2019年年底，共接待游客

味道山乡田园餐桌活动

（洞桥镇 供稿）

115万人次，创造旅游收入4270万元，引进美丽经济项目20个，投资总额约为62.50亿元。

新中国成立70周年庆祝活动

为隆重庆祝新中国成立70周年，2019年，全区广泛开展庆祝新中国成立70周年群众性主题宣传教育活动，通过理论阐释宣讲、主题庆祝晚会、主题作品巡展等多种形式，多角度展示富阳70年沧桑巨变，吸引群众广泛参与，抒发富阳人爱国、爱党、爱家乡的炽热情怀。

区委宣传部根据区委统一部署和要求，精心设计载体，采取有效形式，组织开展各类宣传活动。区史志办编印《奋斗与梦想——中国共产党富阳历史图集》，全面展现富阳民主革命、社会主义建设和改革开放时期的光辉历程，联合区文广旅体局、档案馆开展红色记忆——“奋斗与梦想”富阳历史图片展。

富阳区级媒体在重要版面、重要时段开设“壮丽70年 奋斗新时代”“爱国情 奋斗者”等新闻专栏，全面展示中华人民共和国成立70年来的光辉历程、伟大成就和宝贵经验，重点宣传中国特色社会主义建设的富阳成就。开展“寻找身边的建国和爱国”新闻寻访活动、共和国崛起的70个富阳记忆、讲述富阳70个创业创新故事、全城同唱“我和我的祖国”等系列采访报道。结合富阳区发展腾飞的历史，《富阳日报》推出《富春大地风云录》《我们都是追梦人》《老区新貌》等系列报道，富阳电视台推出《回眸七十年》《记者追寻红色印记》《与国旗同框》等系列报道及活动策划，广播电台推出“读经典名句，讲中国经验，共听一习话”“红色经典大传唱”专栏，区融媒体中心各新媒体端口推出“我和我的祖国”系列宣传，发布相关视频音频、图文推送等内容，全面展示了70年来富阳的辉煌成就和城乡面貌的巨大变化、人民群众生活的显著改善以及干部群众昂扬向上的精神风貌。

（区委党史研究室）

3 大事记

Chronicle of Major Events

1月

4日 区委一届五次全体会议传达学习由省委、省政府批准，市委办公厅、市政府办公厅印发的《杭州市富阳区机构改革方案》精神，研究部署下一阶段全区机构改革组织实施工作。

5日 富阳与中央财经大学、中科院上海光机所、杭州电子科技大学签约，在专业人才培养、示范基地建设、优势资源引进、科技成果转化推广等方面开展深度合作。

8日 由富阳区委主办、区委组织部承办的全区第五期村干部“擂台比武——党建工作擂台赛”比武大会在富阳区青少年宫举行。常安镇安禾村夺得“擂主村”称号。

9日 区委一届六次全体（扩大）会议举行。提出坚定“三看四态促转型”“拥抱富春江、拥抱大都市、拥抱新时代”不动摇，全面推进高新产业发展、高品质城市建设、高水平社会治理，加快实现与杭州大都市高质量一体化发展，为早日建成富裕阳光的大都市新型城区打下坚实基础，以优异成绩迎接中华人民共和国成立70周年。

10日 常安镇景山阻击战纪念公园正式开园。

14日 区行政服务中心新办事大厅正式启用，新址位于鹿山街道江连街27号、区文化中心北侧，同步整合区社保大厅、税务大厅和市民卡中心部分功能，实现群众到政府办事“只进一扇门”。

14日至17日 中国人民政治协商会议杭州市富阳区第九届委员会第三次会议举行。会议听取和审议《中国人民政治协商会议杭州市富阳区第九届委员会第三次会议提案（建议案）收集和初审情况报告》，通过大会建议案；审议通过《中国人民政治协商会议杭州市富阳区第九届委员会第三次会议决议》。

15日至18日 杭州市富阳区第十六届人民代表大会第三次会议举行。会议表决通过了关于杭州市富阳区人民政府工作报告、富阳区2018年国民经济和社会发展计划执行情况与2019年国民经济和社会发展计划、富阳区2018年财政预算执行情况和2019年财政预算的决议；通过了关于富阳区人大常委会工作报告、富阳区人民法院工作报告、富阳区人民检察院工作报告的决议。大会还通过了区十六届人大三次会议议案、建议处理意见的报告。

17日 浙江省城乡环境整治工作领导小组通报2018年度全省小城镇环境综合整治工作考核验收结果和2018年度第二批省级样板名单，富阳荣获“浙江省小城镇环境综合整治工作优秀区县”称号，提前一年高标准完成全区20个乡镇（街道）23个小城镇整治任务，实现三年任务两年完成。

19日 富阳召开全区机构改革动员大会。会议提出要提高政治站位，精心组织推进，确保高质量完成机构改革任务。

20日 2019年第2期全国电子信息青年科学家论坛暨“富阳大数据产业创新研究院”签约仪式在富阳举行。

是月 浙江省住房和城乡建设厅公布了2018年度“优质综合公园、绿化美化示范路、街容示范街”名单，富阳银湖公园入选浙江省优质综合公园，江滨东大道入选浙江省绿化美化示范路，达夫路入选浙江省街容示范街。

是月 省委宣传部公布2018年度浙江省文化创意街区名单，“春江花月夜”文化创意街区入选。

2月

1日 富阳规划展示馆正式启用。新馆位于鹿山新区新行政服务中心西南侧裙房，地上三层，总建筑面积约4256平方米。

3日 由省委宣传部等主办的农村文化礼堂“我们的村晚”在杭州市富阳区场口村举行。省市领导车俊、陈金彪、朱国贤、周江勇、戚哮虎、许明观看演出，和现场的800多位村民，体验年的味道，分享全省文化礼堂建设的丰硕成果。

19日 杭州市人大常委会主任于跃敏到富阳调研“城市大脑”卫健系统和街道人民议事会议制度推进情况。

25日 根据省委巡视工作领导小组的部署，省委第五巡视组向富阳反馈巡视情况。

是月 龙门镇获评第二批浙江

省旅游风情小镇。

是月 浙江省“千村示范万村整治”工作协调小组办公室公布2018年度浙江省美丽乡村示范乡镇名单，富阳洞桥镇、万市镇、新桐乡上榜；场口镇东梓关村、东洲街道黄公望村、洞桥镇查口村、湖源乡上臧村、银湖街道坑西村入选2018年度浙江美丽乡村特色精品村；万市镇白石村、春建乡咸康村、鹿山街道汤家埠村入选2018年度浙江省高标准农村生活垃圾分类示范村。

是月 商务部公布2018年国家级经济技术开发区综合发展水平考核评价。在219家国家级经济技术开发区中，富阳经济技术开发区位列第77名，比上一年度上升了58位。

3月

1日 富春江（富阳段）首次开始实施为期四个月的禁渔期，其间禁止除休闲垂钓以外的一切渔业捕捞行为。

6日 富阳召开全区“医共体”建设动员大会。会议提出将组建以区第一人民医院、区第二人民医院、区中医院为牵头医院，若干社区卫生服务中心（包括所辖服务站点）为成员单位的3家“医共体”。

14日 区纪委监委启动党员干部违规插手工程项目建设、公务接待违规饮酒和超标准问题、违规发放福利问题、违规兼职问题等4项重点问题专项治理行动。

21日 富阳区人民政府与财通证券股份有限公司签署战略合作协议。双方将在国有资产管理咨询服务、债权融资服务、股权融资服务、产业基金管理服务和财富管理服务五方面开展合作。

22日 富阳召开全区党建工作会议。区委书记朱党其强调，要按照新时代党的建设总要求，树牢“四个意识”、坚定“四个自信”、坚决做到“两个维护”，压紧压实管党治党责任，以高质量党建引领高质量转型，为持续深入推进“三高”发展、全力加快与杭州大都市高质量一体化发展凝聚更强力量。

22日 标识着“富阳·富春山居”高铁冠名的G7317次列车首发运行。

23日 新登镇半山村举办2019杭州富阳·味道山乡大会之“桃花朵朵开”活动，标志着贯穿全年的味道山乡大会正式启动。

26日 联合国开发计划署（UNDP）专家调研富阳口岸绿色物流项目。

28日 全区经济工作暨招商引资大会举行。区委书记朱党其强调，要高举习近平新时代中国特色社会主义思想伟大旗帜，全面落实中央和省委经济工作会议精神，坚定方向增强信心、腾好空间造优环境，全力支持民营经济壮大，全面书写高新产业发展新篇章，为建设大都市新型城区奠定坚实基础。

是月 富阳区获评市乡村振兴战略实绩考核优秀区县（市）。

是月 富阳区S23省道渌渚段获评2018年“省级精品示范道路（入城口）”，富阳成为自2016年省级精品示范道路（入城口）评选活动启动以来，全省唯一蝉联三届的区县（市）。

4月

3日 富阳召开全区农村工作会议暨实施乡村振兴战略推进会。区委书记朱党其强调，要坚持三美并举、振兴乡村、当好示范，对标先进示范，找准自身短板，瞄准发展方向，积极践行乡村振兴战略，全力打造现代版富春山居图最美示范区。

8日 富阳区人民政府与浙江中医药大学、浙江省中医院长期战略合作签约仪式举行。

10日至12日 区委书记朱党其带领富阳区党政代表团赴贵州省锦屏县开展对口帮扶工作，并召开富阳区·锦屏县东西部扶贫协作高层联席会议。

11日 富阳举行城市品质价值论坛暨招商引资大会，向来自国内外的80多家知名企业推介富阳投资环境，发布城市价值报告。

11日 省人大常委会副主任赵光君到富阳开展扫黑除恶专项斗争监督调研。

11日 缙云县委副书记、县长王正飞率领党政代表团到富阳考察，对接山海协作工作。

13日 富阳对外发布“新劳动教育”研学旅行方案，全面推进全区中小学生“新劳动教育”实践体验。

13日至14日 富阳迎来“乘着高铁游富春山居图原创地·实景地”千人团游客，这是杭黄高铁开通后首批以富阳为旅游目的地的大型游客团队。

18日 国家市场监督管理总局副局长孙梅君带领来自全国各地的食品生产监管干部，实地考察富阳土烧酒、红糖、油面筋、牛肉等特色小作坊，对富阳食品生产加工小作坊监管工作给予充分肯定。

22日 黄山区委书记方文辉带领黄山区党政代表团到富阳考察，并与富阳签订区域协同发展合作协议。

22日 富阳举行全区扩大有效投资暨重大项目集中开工活动。此次开工项目共计18个，总投资124.35亿元。其中，工业项目9个，服务业项目3个，政府投资项目6个。

22日 2019杭州·富阳文化旅游推介会在吉林省长春市举行，推介会邀请长春市文化广播电视和旅游局、杭州市文化旅游局、长春市九台区相关部门、长春市各大重点旅行社代表以及主流媒体代表参加。

22日 新时代中小学劳动教育高峰论坛暨新时代劳动教育研究院成立仪式在富春第七小学“阳光绿谷”举行。

23日 2019年庆祝“五一”国际劳动节暨全国五一劳动奖和全国工人先锋号表彰大会在北京人民大会堂举行。富阳国网浙江杭州市富阳区供电有限公司调控（供服）分中心副主任徐川子与浙江富春江通信集团有限公司生产车间负责人张文其荣获全国五一劳动奖章荣誉称号。

29日 全国人大华侨委员会委员，省十二届人大常委会党组书记、副主任王辉忠一行，到富阳走访侨资企业。

30日至5月4日 富阳举办第二届富阳龙门古镇百花大会，吸引游客10余万人。

是月 科技日报社、中国科技网、全国科技振兴城市经济研究会联合发布“中国区县专利与创新指数”，评选出中国创新百强县、区两大榜单，富阳成功入围中国创新百强区，位列第55位。

是月 富阳春建乡咸康村文化礼堂、新登镇半山村文化礼堂、湖源乡窈口村文化礼堂、常安镇安禾村文化礼堂和沧州村文化礼堂被评为浙江省五星级农村文化礼堂。

是月 富阳成功申报浙江省山水林田湖草生态保护修复试点区。

是月 中国林学会、国际竹藤组织联合主办的2019第三届中国（上海）国际竹产业博览会暨第二批“中国竹业特色之乡”评审会在上海举行。富阳大源镇获“中国传统竹纸之乡”称号。

5月

4日 杭州市富阳区森川红色历史藏品馆举行开馆暨富阳解放70周年首日封发行仪式。

6日 富阳区“最多跑一次”改革专题组办公室在区行政服务中心举行新闻发布会，率先启动“人生一件事”改革。

7日 区委书记、区委全面深化改革委员会主任朱党其主持召开区委全面深化改革委员会第一次会议。

9日 富阳召开深化社区“大党委”制暨党建引领高水平社会治理工作动员部署会，要求完善社区“大党委”制，支撑城市治理服务；推进党员干部进社区活动，保障城市治理服务；开展“百日解百难”专项行动，提升城市治理服务。

13日 富阳获评2018年度美丽浙江建设（生态文明示范创建行动计划）工作考核优秀区。

14日 东洲街道社区进驻集中揭牌仪式在公望社区小广场举行。华墅、公望、逸城3个社区的集中进驻，东洲街道告别无社区历史。

16日 区文联干部、书法家羊晓君荣获“全国自强模范”称号，受到中共中央总书记、国家主席、中央军委主席习近平接见。

18日 2019浙江省“中国体育彩票·南方机电杯”男子篮球超级联赛暨杭州市富阳区第13届富春江运动节在富阳开幕。

18日 富阳区技工学校建校40周年庆典暨第十一届“红五月”技能节开幕式举行。

19日 由中国文联电影艺术中心、中国电影评论学会、杭州市富阳区人民政府联合主办的中国（杭州）电影产业高峰论坛暨北影（杭州）电影产业基地企业落户签约仪式在富阳举行，37家企业（工作室）签约落户。

20日 北影（杭州）电影产业基地项目正式开工。

21日至22日 区委副书记、区长吴玉凤率队前往上海招商考察。

24日至25日 区委书记朱党其率富阳区党政代表团赴丽水市缙云县对接山海协作工作。

25日 “歌颂祖国、千旗共舞”——富阳区纪念新中国成立70周年广场活动在秦望广场举行，1000余名妇女献上旗袍秀。

28日 东洲街道华墅社区区域化党建联盟成立暨第一次联席会议召开，富阳成立首个社区区域化党建联盟。

29日 广东省中山市委书记陈旭东率党政代表团到富阳，考察东梓关美丽乡村建设工作。

30日 由区人民政府和浙江工业大学联合主办的2019杭州富阳首届科技成果展览与创新人才交流大会开幕。

31日 富阳召开全区综合考评总结部署暨“奋力争先、勇创一流”战斗动员大会，深入贯彻市委“干好一一六、当好排头兵”决策部署，总结分析2018年杭州市对富阳区综合考评成绩，部署七大擂台比武赛事。

是月 富阳东坞山豆腐皮、纸伞、竹纸制作技艺入选浙江省优秀非遗旅游商品。

是月 富阳推出《杭州市富阳区招引高学历人才到富阳工作三年行动计划》，为各层次的高校在校生、毕业生到富阳就业、创业提供政策。

6月

1日 杭州市台办和富阳区人民政府共同举办以“共享发展，共同圆梦”为主题的“2019年公望富春两岸文化周暨‘二十年·一幅画’富春江雅集20周年纪念活动”。

2日 由富阳区人民政府、中国新闻社浙江分社和浙江大学中国农村发展研究院共同主办的富春山居新时代乡村振兴论坛在洞桥镇举行。

2日 杭州市人大常委会党组书记、主任于跃敏一行到富阳，调研生活垃圾管理立法工作。

6日 区委常委会第98次会议决定追授金健勇为区优秀共产党员。

12日 富阳区融媒体中心正式挂牌成立，“富阳融媒·爱尚富阳”App同时正式上线运行。

14日 由中国电子学会主办，富阳区人民政府、中国电子学会VR/AR技术与产业分会、中国电子学会会员服务中心承办的2019国际VR/AR暨三维显示技术大会在富阳召开。

19日 富阳成立紫云山庄综合整治指挥部，抽调银湖、常安、上官、新桐、湖源5个乡镇（街道）133名干部，组成28个走访组开展紫云山庄环境综合整治工作。

21日 由富阳区政府、杭州科技职业技术学院共同推动的“乡村振兴学院”成立。

22日 富阳区领导干部“周末学习大讲堂”开班典礼在区委党校举行。

27日 富阳举办庆祝中国共产党建党98周年暨全区“入党初心故事分享”大会。

是月 富阳农村饮用水工程首批项目集中完工，渌渚镇岘口村、新登镇上旺村、场口镇上村村及胥口镇的灵苑村和佛鲁村，共1200余户村民用上自来水。

7月

2日 区委副书记、区长吴玉凤带队前往拱墅区考察老旧小区改造、背街小巷整治提升等工作。

11日 区委常委会召开会议，专题研究壶源溪流域联动发展工作。

17日 富阳区与黄山区两地全域旅游战略合作座谈会在富阳举行，签署两区《全域旅游战略合作框架协议》。

20日 富阳安顶山云雾小镇入选浙江省避暑气候胜地。

29日 富阳举行2019年“一府两院”工作报告会暨“民生福祉擂台大比武”。

31日 中共杭州市富阳区委发布关于巡视整改情况的通报。

是月 富阳荣获“中国天然氧吧”称号。

是月 富阳区湖源乡“龙鳞坝”成为网红打卡地，暑假期间，每日近万人前来游玩，掀起乡村旅游新热潮。

是月 富阳推出“人才就业一件事”改革，人才就业相关的19件事全流程网上办理，实现“跑零次”，着力打造全省乃至全国最便利的人才就业环境。

8月

14日 区委一届七次全体（扩大）会议召开，会议强调要主攻产业，强化服务，铆足干劲，加快富阳经济高质量发展。

19日 贵州省黔东南州凯里市委副书记、市长杨波率党政代表团到富阳考察“最多跑一次”改革工作。

20日 富阳区循环经济产业园开工建设，项目位于渌渚镇阆坞村，一期总投资13.76亿元，打造集焚烧发电、设备制造、技术研发、资源再生、交通运输、生态旅游、科普宣教于一体的绿色环保产业园区。

21日至23日 区委副书记、区长吴玉凤带队前往黄山、福州、厦门等地，实地考察乡村旅游开发、高新产业发展、精品街区打造等工作。

23日 富阳启动湖杭铁路富阳段征迁工作。

27日 区政协委员工作室建设和基层协商民主现场会召开，首批13个政协委员工作室授牌。

28日 杭州高新区（滨江）富阳特别合作区在杭州富春湾新城正式挂牌，标志着高新区（滨江）和富阳区深度合作迈出了实质性的一步。省委常委、市委书记周江勇出席活动并揭牌。

30日 富阳12个农村饮用水达标提标工程集中开工，涉及2.5万农村人口。

是月 省市场监管局、省工商联、省民营企业发展联合会公布“2019浙江省民营企业100强”榜单。富阳企业“富冶”“富通”“富春江”分列第26、28和61位，与上年榜单相比，上榜企业依然相同，而排名略有上升。

是月 富阳全面停止天然商品林商业性采伐。

是月 富阳推出“军人退役一件事”改革，只需在一个综合服务窗口，就能办理退役报到、职业技能教育培训报名等12项业务，减少材料13份。

9月

1日 黔东南州人大常委会副主任、锦屏县委书记毛有智率党政代表团到富阳考察。

1日 2019中国500强企业榜单发布，浙江富冶集团有限公司、富通集团有限公司分别以第400位和第425位跻身榜单，名次都比上一年度有大幅上升。

3日 富阳区庆祝新中国成立70周年大型诵读活动——“追梦富春•国旗下的诵读”在富春山馆举行。

4日 富阳经济技术开发区与浙工大银湖创新创业研究院签订合作协议，共同建设高层次人才创业园。

9日 富阳打响生活垃圾分类“百日攻坚战”。

11日 富阳召开“不忘初心、牢记使命”主题教育工作会议。区委书记朱党其强调要深入学习贯彻习近平总书记在“不忘初心、牢记使命”主题教育工作会议上的重要讲话精神，认真落实党中央和省市委部署要求，强化落实之功、执行之力，以强有力的组织领导、过硬的作风确保主题教育开局顺利、走深走实、取得更大成效，为加快与杭州大都市高质量一体化发展、建设富裕阳光的大都市新型城区作出贡献。

11日 富阳推出7条红色研学线路，组织全区党员开展“红色研学”。

12日 富阳召开全区招商引资攻坚行动动员部署会。

16日 富阳阳陂湖生态修复治理项目正式启动建设，项目总投资7.30亿元，设有“一湖六园”。

19日 从原先的杭新景高速中埠互通移建而来的龙门古镇互通正式通车。该互通为A型单喇叭互通，4进6出，设收费站和管理用房1处，匝道设计时速40千米。

21日 中科院上海光机所杭州分所（杭州光学精密机械研究所）在杭州富春湾新城正式揭牌。

30日 富阳举行浙江省中医院新院区项目签约仪式。

是月 区委组织部和区史志办命名富阳首批12处党史教育基地。

10月

国庆期间 富阳举办龙门庙会、黄公望景区木偶戏剧节、东梓关江鲜大会、杭州野生动物世界百兽狂欢等活动，共接待游客129.34万人次，同比增长0.55%；实现旅游收入9.85亿元，同比增长0.41%。

8日 2019年中国中小城市高质量发展指数研究成果发布，富阳位列2019年度全国综合实力百强区第51位，比上年上升了1位。

9日 山东省选举产生的部分全国人大代表到富阳调研美丽乡村建设。市人大常委会主任于跃敏陪同调研。

16日 桂花路30号天马大厦住宅楼加装电梯启用。这是富阳首台既有住宅加装的电梯。

18日 富阳区第九届全民运动会在区体育中心开幕。

21日 三星热电“三根烟囱”拆除工作全面启动。

24日 富阳经济技术开发区举行银湖新区项目集中开工仪式。总投资13.79亿元、总用地8.19公顷的九大项目正式开工，建成后预计年营收35亿元、亩均税收约230

万元。

24 日至 26 日 区委副书记、区长吴玉凤带领富阳区党政代表团赴贵州省锦屏县开展对口帮扶工作，实地考察对口帮扶项目，并召开两地东西部扶贫协作联席会议。

24 日 “红色记忆——‘奋斗与梦想’富阳历史图版展”在富春山馆地下临展厅开展。

28 日至 30 日 长春市九台区委书记李洪亮率党政代表团抵达富阳，对接两地对口合作工作。

11 月

1 日 场口镇场口村股份经济合作社法定代表人徐建中在区农业农村局拿到了农村集体经济组织登记证，这是富阳颁发的第一张农村集体经济组织登记证，也是富阳农村集体产权制度改革启动后的首证。

2 日 区委召开全区领导干部会议，传达学习中共十九届四中全会精神。

5 日 市人大常委会党组书记、主任于跃敏率调研组到富阳开展走访调研。

10 日 2019 杭州国际人才交流与项目合作大会分会场——“相约富春·2019 国际新材料秋季峰会”在富阳举行。

12 日 富阳社区“党建引领高水平社会治理大比武”暨“不忘初心、牢记使命”主题教育为民服务解难题成果汇报交流会举行，江滨社区“大党委”组团荣膺最佳案例。

13 日 杭州市政协主席潘家玮率政协监督组到富阳开展农村集体经济消薄增收专项集体民主监督活动。

13 日 全国小班化教育研讨会议在富阳开幕。

15 日 富阳举行重大项目集中开竣工活动，总投资达 379 亿元的 38 个项目开工，总投资达 15.80 亿元的 9 个项目竣工。

28 日 第一届长三角基础教育年度峰会暨中国长三角新劳动教育二十校联盟成立仪式在“新劳动教育”发源地富阳举行。

28 日 杭州宏华软件有限公司成为第一家入驻杭州高新区（滨江）富阳特别合作区的企业。

是月 全区项目建设擂台大比武——寻找“最强施工队”活动正式落下帷幕，中铁建设集团有限公司和杭州富春山居集团有限公司分别荣获施工单位组和平台公司组“最强施工队”擂主称号。

是月 在富阳工作的中国水稻研究所所长胡培松、副所长钱前分别当选为中国工程院院士、中国科学院院士。

是月 富阳出台《杭州市富阳区竹纸产业整治提升实施方案（2019—2021 年）》，加速竹纸产业整治提升。

12 月

8 日 那曲市色尼区委副书记、区长赤来塔吉到富阳看望在富就业的那曲籍少数民族高校毕业生。

8 日 浙江省盲人学校举行办学 30 周年成果展示活动。

10 日 杭州市“家门口的监委”建设现场会在富阳召开，现场交流乡镇（街道）监察办公室工作经验。

11 日 富阳召开全区美丽经济现场会，会上集中签约 9 个美丽经济项目，总投资约 19.08 亿元。

12 日 富阳区开展庆祝撤市设区 5 周年系列活动。

12 日 杭州富阳非物质文化遗产传承学校揭牌，为非遗保护传承提供“富阳方案”。

16 日 “中国金茂”以 67 亿元的总价竞得秦望“城市眼”项目（富春 73 号）地块，这一成交总价超过了以往富阳所有出让经营性土地的成交价格。

17 日 富阳举行杭州银湖激光科技有限公司与杭州富春湾新城签约仪式，银湖激光的高端激光设备制造项目正式落户富春湾新城。

18 日 富阳首例生态环境损害赔偿案达成磋商协议，杭州富阳天鸿通信器材有限公司赔偿生态环境损害费 242316.80 元，并承担生态环境损害鉴定评估费 5 万元。

20 日 杭州富春湾新城举行转型通报会暨项目集中签约活动，总投资 633 亿元、总授信 1250 亿元的 19 个项目集中签约。

21 日 杭州科技职业技术学院举办建校十周年庆祝大会。浙江省政协副主席陈小平、杭州市委副书记张仲灿、杭州市政协副主席周智林等参加活动。

23 日 渌渚镇被正式命名为“中国孝道文化之乡”。

24 日 “秋山春水”长三角地区水彩画联展在富阳公望美术馆隆重开幕，来自浙、沪、苏、皖四地近百名画家齐聚富春江畔，共襄艺术盛会。

25 日 中国（上官）球拍产业园正式开园，中国（上官）球拍产业园总投资约 1.50 亿元，占地 4.47 公顷，总建筑面积达 8.60 万平方米，系全国首个以球拍产业为主导的产业园。

30 日 富阳在富春街道秋丰村举行的大盘山隧道等交通项目开工暨绕城西复线杭绍段全线贯通活动。

31 日 富阳区消防救援大队正式挂牌。

31 日 精品江景二期和桂花路精品街正式开放。

31 日 中央农办、农业农村部、中央宣传部、民政部、司法部 5 部委发出通知，富阳区渌渚镇莲桥村被认定为全国乡村治理示范村。

31 日起 富阳全面实施垃圾分类“定时定点”投放，169 个封闭式小区按时完成“撤桶并点”。

是月 富阳推出“退休养老一件事”改革，退休相关办理事项环节由原来最多 16 个减少到 1 个，申请材料由原来的 10 多份压缩到 1 份，办理时限也从原来最多 30 个工作日压缩至即时办理。

是月 区档案馆被破格评定为浙江省省级示范档案馆。

是月 富阳授牌建立首批 35 个“微法庭”。

是月 富阳紫云山庄环境整治基本完成，共计涉及违建房屋 607 套（幢），拆除（整改）面积 11281 平方米；建设 7 条主路和 65 条支路“白改黑”58730 平方米，完成绿化提升 4080 平方米，环境综合整治提升工程达到既定目标；党建、社区、业委会及物业等工作逐渐规范、健全，在综合整治满意度测评中，小区业主满意率达93.66%，为推进社会治理现代化提供富阳样本。

是月 富阳首批小微企业创新园名单公布，场口百丈小微企业创新园等7家园区被认定为富阳区小微企业创新园，杭州富阳第二银湖创新中心小微企业创新园等4家园区被列入富阳区小微企业创新园创建单位名单。其中，7个园区经推荐认定为省级小微企业园。

是月 2019北京富商经济论坛在京举行。来自北京、富阳两地的近百位政界人士、专家学者、企业家和乡贤代表共聚一堂、共叙情谊、共话发展。

是月 富阳区第一人民医院胸痛中心成为富阳首家经国家级胸痛中心（标准版）认证的医院。

是年 富阳首次荣获杭州市区、县（市）综合考评“优秀”等次。

4 区情综览

Profile

自然状况

【概况】 富阳区位于浙江省西北部，富春江下游，属杭州市所辖。地理坐标为北纬29°44′—30°12′、东经119°25′—120°09′，东接杭州市萧山区，南连诸暨市，西倚桐庐县，北与杭州市临安区、杭州市余杭区接壤，东北与杭州市西湖区毗邻。最东端位于东洲街道五丰村境内，北纬30°06′、东经120°09′；最西端位于万市镇何务村境内，北纬30°06′、东经119°25′；最南端位于湖源乡石龙村境内，北纬29°44′、东经119°55′；最北端位于万市镇东叙村境内，北纬30°12′、东经119°34′。区域东西长69.70千米（东起东洲街道五丰村，西至万市镇何务村），南北宽49.70千米（南起湖源乡石龙村，北至银湖街道杜墓村），总面积1821.08平方千米。富春江自西向东斜贯中部，320国道由北而南穿越全境。区政府驻地富春街道桂花路25号，距杭州市政府所在地31.50千米（径距），水陆交通便利。

全区整体地貌以“两山夹江”为最大特征。天目山余脉绵亘西北，仙霞岭余脉蜿蜒东南，富春江西入东出，斜贯区境中部。地势由东南、西北向中部倾斜。依其地表水陆形态分，山地、丘陵面积1439.60平方千米，占区境总面积的78.61%；平原、盆地面积299.63平方千米，占16.36%；水域面积91.98平方千米，占5.02%，故有“八山半水分半田”之称。

西北天目山余脉分布区以高丘为主，其特点是丘体零乱，丘顶浑圆，丘坡平缓，脉络模糊，多数呈馒头形。坡度组合15°—25°，山丘间岗地众多，土层深厚，有利于发展粮、林和各种经济特产，为境内茶叶、蚕桑、板栗、银杏等主要产区。

东南仙霞岭余脉分布区以低山为主，其特点是山势挺拔，脉络清晰，重峦叠嶂，山重水复，海拔均在500米以上。主峰杏梅尖，海拔1065.80米，为全境最高峰。由于山体高大，气候、土壤适宜竹木生长，是境内木材、毛竹主要产区。境内富春江流长52千米，江宽700米—1000米，平均水深7米。两岸风光秀丽，1982年，经国务院批准，富春江—新安江—千岛湖“两江一湖”被列为国家级风景名胜区。

建制沿革

【概况】 富阳历史悠久，秦王政二十六年（前221）置县，县治即今富阳区区政府所在地。初置县时幅员辽阔，辖境含今桐庐、建德等地。三国吴黄武四年（225），析富春部分县地置建德、新昌（后改寿昌）、桐庐3县。次年（226），又析富春部分县地置新城（后改新登）县。富阳、新登两县建置以此而始。

富阳秦汉称富春。新莽始建国元年（9），改名诛岁。东汉建武元年（25），复名富春。东晋太元十九年（394），为避简文帝生母宣太后郑阿春讳，更名富阳，富阳之名始于此。五代梁开平二年（908）复改名富春，北宋太平兴国三年（978）又改为富阳县，此后富阳之名沿袭至今。新登初名新城，五代梁开平元年（907），太祖朱温为避其父朱诚讳，改名新登，新登之名始于此。

富春之地，春秋属吴越。战国时，楚国屡败越国，夺取浙江以西土地。周显王三十六年（前333），越亡，富阳归属楚国。秦汉以后，隶属多变。隋、唐直至宋、元、明、清，均归杭州府（临安府、杭州路）所辖。民国时期，初属钱塘道，民国16年（1927），废道直属于省。民国27年（1938）改属第一行政区，后又多次变更，至民国37年（1948），改隶第四行政区。中华人民共和国成立后，初属临安专署，1952年改为省直辖。1955年划归建德专署。1958年12月，改属杭州市至今。

富阳历史上曾两度撤并。隋开皇九年（589）并入钱唐（后改钱塘）县，大业三年（607）复置。新中国成立后，1960年8月并入桐庐县，1961年12月复置。新登历史上曾5次撤并。三国吴黄武五年（226）析富春部分县地置新城县，治所即今富阳区西南新登镇。黄武七年（228）并入桐庐县，西晋太康十年（289）复置；旋又废入富春县，东晋咸和九年（334）复置；隋开皇九年（589）并入钱塘县，大业十四年（618）复置；唐武德七年（624）并入富阳县，永淳元年（682）复置；五代梁开平元年（907）吴越改名新登县。北宋太平兴国四年（979）复为新城县。民国3年（1914），改名新登县。中华人民共和国成立后，1958年10月撤销，并入桐庐县；1961年12月又从桐庐县析出，划归富阳县。

1994年1月18日，经中华人民共和国国务院批准，撤销富阳县，设立富阳市，行政区域不变，隶属关系依旧。2月4日，浙江省人民政府发出《关于撤销富阳县设立富阳市的通知》。3月28日，富阳市举行撤县设市庆典活动。

2014年12月13日，国务院批复同意浙江省调整杭州市部分行政区划。具体为：同意撤销县级富阳市，设立杭州市富阳区，以原富阳市的行政区域为富阳区的行政区域，富阳区人民政府驻富春街道桂花路25号。

行政区划

【概况】 2019年，富阳区设乡、镇、街道24个，其中乡6个、镇13个、街道5个。年底，全区有行政村276个、村民小组4499个、居民区3个、社区50个（乡镇街道概况见表1）。

2019年富阳区乡镇街道概况表

表1

乡镇(街道)	面积(平方千米)	行政村(个)	村民小组(个)	居民区(个)	社区(个)
富春街道	105.45	12	186	—	35
春江街道	41.47	9	141	—	—
东洲街道	69.89	15	216	—	4
鹿山街道	63.31	9	110	—	2
银湖街道	158.24	22	429	—	5
春建乡	45.19	6	107	—	—
新桐乡	49.82	7	83	—	—
新登镇	179.37	28	590	—	4
胥口镇	68.82	13	217	—	—
渌渚镇	79.24	13	181	—	—
永昌镇	49.59	5	115	—	—
万市镇	155.37	15	293	1	—
洞桥镇	143.29	11	251	—	—
大源镇	105.23	15	199	1	—
灵桥镇	54.84	13	151	—	—
常绿镇	49.08	8	128	—	—
里山镇	25.46	5	71	—	—
渔山乡	36.76	4	80	—	—
上官乡	27.06	5	72	—	—
场口镇	58.05	24	323	1	—
常安镇	63.84	16	264	—	—
环山乡	38.52	7	113	—	—
龙门镇	27.30	4	72	—	—
湖源乡	125.87	10	107	—	—
总　计	1821.08	276	4499	3	50

人口变迁

【概况】 2019年底，全区总户数218125户，总人口688075人，平均每户3.15人，总人口比上年增加4621人。在总人口中，男性344408人，占总人口50.05%；女性343667人，占49.95%。男女性别比为100。全区乡村人口343841人，占总人口的49.97%；城镇人口344234人，占总人口的50.03%。

全区全年出生7173人（含2019年前出生而在本年申报户口的），比上年少出生321人；出生率10.50‰，比上年下降0.57‰；死亡3432人，比上年少死亡620人，死亡率5.02‰，比上年下降0.96‰；自然增长3741人，自然增长率5.47‰。

全区全年迁入2320人，其中省内迁入470人、省外迁入1850人；全年迁出868人，其中迁往省内280人、迁往省外588人。全区人口机械增长1452人。

（区委党史研究室）

国民经济和社会发展概况

【综合】 经济总量　全年全区实现生产总值820.5亿元，增长6.0%。其中：第一产业增加值49.3亿元，增长2.6%；第二产业增加值373.9亿元，增长3.9%；第三产业增加值397.2亿元，增长9.1%。三次产业增加值结构为6.0∶45.6∶48.4。按户籍人口计算人均生产总值119643元，按2019年平均汇率折算为17343.3美元。

数字经济。全区实现数字经济核心产业增加值（剔重）77.7亿元，增长20.3%。规上（限上）企业实现数字经济核心产业营业收入（剔重）331.7亿元，增长12.7%。其中，物联网实现营业收入66亿元，增长38.7%；软件与信息服务业实现营业收入207.6亿元，增长30%；电子信息产品制造业实现营业收入

323.9亿元，增长11.6%；电子商务业实现营业收入0.4亿元，下降15.7%。

财政收支　全年实现财政总收入131.3亿元，增长6.6%，其中一般公共预算收入80亿元，增长10%。全年一般公共预算支出105.5亿元，增长44.5%。

市场物价　全年居民消费价格总水平比上年上涨2.8%，服务项目价格上涨1.4%。从八大类商品和服务项目价格看，衣着类持平、交通和通信类上涨0.5%、生活用品及服务类上涨0.8%、教育文化和娱乐类上涨1%、居住类上涨1.1%、其他用品和服务类上涨4.1%、食品烟酒类上涨5.5%、医疗保健类上涨6.6%。农业生产资料价格上涨4.1%。

【农业、新农村建设】　农业生产。全年实现农林牧渔业总产值69.8亿元，增长9.1%；农业增加值49.6亿元，增长2.6%。猪牛羊禽等肉产量31906吨，禽蛋产量10187吨，蚕茧产量521吨。

农业产业化　成功签约美丽经济项目20个。完成高标准农田建设1867.7公顷，改造中低产田0.35万亩。年末全区农业龙头企业达137家，其中杭州市级以上53家，实现销售收入80.8亿元。实有各类农民专业合作社563家。各类名牌农产品65只，其中杭州市级以上33只。

农业生产条件　全年投入水利建设资金11.9亿元。年末全区拥有农业机械总动力27.7万千瓦。年末耕地有效灌溉面积22.7千公顷。全区各类水库150座，除险加固病险水库3座、山塘15座。

新农村建设　启动新时代美丽乡村建设，建成拥江精品村13个、特色村15个，成功创建省最美田园2个、省运休精品旅游线1条。年末全区共有民宿示范村3个，现代民宿示范点48个。全年投入“富春山居美丽乡村”建设资金3亿元，建成“富春山居美丽乡村”精品村35个。培训农民4658人。实施65个村的饮用水工程建设，各级投入资金27100万元，解决10.6万人的饮水问题。

【工业、建筑业】　工业经济　全年实现规模以上工业增加值231.7亿元，增长1.1%。其中，高新技术产业增加值130.7亿元，增长11.2%；战略性新兴产业增加值83.6亿元，增长11.7%；装备制造业增加值103.5亿元，增长8.9%。

亿元企业　年末全区工业总产值超亿元企业200家（按独立法人计算），其中超100亿元企业1家，50亿元以上100亿元以下1家，20亿元以上50亿元以下8家，10亿元以上20亿元以下9家。

企业效益　全区632家规模以上工业企业全年实现营业收入1476.7亿元，下降4.3%。实现利税116.3亿元，下降22.6%；实现利润57.2亿元，下降20.2%。

建筑业　全年实现建筑业增加值40.6亿元。全区有总承包和专业承包资格的建筑企业128家，实现建筑业产值108.4亿元。建筑企业房屋施工面积799.3万平方米，下降5%；房屋建筑竣工面积324.9万平方米，下降9.6%。

【固定资产投资、房地产业】　固定资产投资　全年固定资产投资增长22%。从投资结构看，工业投资增长26.9%，交通运输业投资增长58.9%，民间投资（不含房地产项目）增长11.5%，生态环境和公共设施投资增长12.8%，高新技术产业投资增长3%。

房地产业　全年房地产开发投资增长1%。房地产住宅施工面积454.6万平方米，增长26.1%。商品房销售面积131万平方米，增长1.1%，其中住宅销售113.7万平方米，增长2.5%；实现销售额244.7亿元，增长8.7%。

【商贸、旅游】　消费需求　全年社会消费品零售总额368.6亿元，增长8.8%。创建农村家宴放心厨房15家、放心农贸市场3家。

旅游业　黄公望隐居地景区创获省级生态旅游区。推出红色记忆、户外运动系列旅游线路29条，百花大会、江鲜大会、味道山乡成为特色品牌。年末全区有旅行社31家；星级饭店7家，其中五星级2家。A级景区7个，其中AAAA级景区4个。全年共接待国内游客1853.1万人，增长22.8%；实现国内旅游收入172.8亿元，增长24.5%。接待入境旅游者1.3万人，创旅游外汇收入377.4万美元。各主要旅游景点接待游客471万人次，增长8.5%；旅游景点门票收入17263万元，增长10.3%。全年实现乡村旅游收入105932万元，增长59.7%。

【对外经济】　内外资利用　成功招引高新产业项目127个，江丰新材料等5个“152”工程项目开工建设，33个“留心留根”项目落地建设。全年新批外商投资项目23个，实到外资31747万美元，增长9.8%。

进出口　全年完成货物进出口总额295.9亿元，增长6%。其中自营出口132.3亿元，增长2.9%；自营进口163.6亿元，增长8.6%。全年完成跨境电商进出口总额37086.2万美元，其中出口额26905.3万美元，进口额10181万美元。全年完成服务贸易出口30.1亿元。全年完成境外投资项目9个，总投资29464.4万美元。

【交通、邮电通信】　交通建设　以“三铁三高三快速”为骨架的交通网络加速成型，地铁3个盾构双线区间实现贯通，春永线右幅通车，绕城西复线全线贯通，湖杭铁路、大盘山隧道、环金线整治（二期）动工建设，东洲、龙门互通改扩建工程建成投用。完成农村公路提升改造182千米、维修87千米。年末全区公路通车里程1983.2千米，其中境内高速公路里程37.3千米。全年全社会货物运输量1830.4万吨，下降1.3%。其中公路运输1332万吨，下降3.5%；水路运输498.4万吨，增长5.1%。全年货物周转量210516.4万吨千米，下降9.6%。其中公路货物周转量139860万吨千米，下降18.2%；水路货物周转量70656.4万吨千米，增长14.6%。全年完成公路旅客运输量92.6万人次；公路旅客周转量10573万人千米。

邮电通信　全年邮电业务收

入120826万元，增长8.5%。邮政特快专递业务794.1万件。年末全区固定电话用户9.2万户，下降3.2%。年末全区移动电话用户105.2万户，增长3.6%。全区电话普及率166.3部/百人。全区(固定)互联网宽带接入用户31.2万户，下降8%；移动互联网用户92.8万户，增长8.4%。

【金融、保险】 金融 年末全区金融机构本外币存款余额1339.7亿元，增长22.1%；本外币贷款余额1490亿元，增长16.1%。人民币贷款中，短期贷款余额555.7亿元，增长6.4%；中长期贷款余额903.9亿元，增长21.7%，其中住户中长期贷款余额449.5亿元。

保险 全年保险费收入75622万元，各类保险赔款与给付支出28335万元。

【教育、科技】 教育 全面推进“美好教育”，教育现代化发展水平进入全省第一方阵，新劳动教育全国推广。“护校安园”实现中小学、幼儿园全覆盖。富中改扩建、富春九小完成主体工程，10所中小学（幼儿园）建成投用。年末全区有23个乡镇（街道）成为省和杭州市教育强乡镇，覆盖率达95.8%。全区学龄儿童入学率100%，初中入学率100%，初中升高中段比例99.9%，高等教育毛入学率71.6%。全区共有幼儿园76所，在园幼儿24817人；小学43所，在校学生44996人；普通中学24所，在校学生34371人。中等职业学校(机构)2所，在校学生6692人。民办学校在校学生7331人。全年普通中小学新增校舍0.93万平方米。年末拥有专任教师5663人，中小学校每位教师负担学生14人。

科技创新 中科院杭州光机所、杭电富阳研究院等正式落地，“工创谷”孵化项目17个。新增省级研究院5家、国家级高新技术企业65家。年末全区杭州市级以上高新技术企业研发中心164家，其中省级以上58家。年末全区累计被认定高新技术企业371家，其中国家级249家。年末全区拥有众创空间3家，入驻创业团队106个；科技企业孵化器3家，入驻企业158家。规模以上高新技术产业实现销售产值609.7亿元，增长8.9%。全年组织实施各类科技计划项目1441项，其中省级1389项。全年专利申请4934项，专利授权2744项，其中发明专利395项。技术合同交易（吸纳）350项，总金额21000万元。出台重点人才队伍建设三年行动计划，引进硕士研究生等高层次人才1052人。年末全区拥有“国千”人才22人次、“省千”人才21人次；拥有各类专业技术人员74674人，增长6.6%，其中具有中高级职称的18701人，增长8.2%。

【文化、卫生和体育】 文化、广播电视、新闻出版、档案。成功举办庆祝新中国成立70周年文艺晚会、全省第五届“我们的村晚”等系列活动。修缮完成25处农村历史建筑，创获全省农村文化礼堂建设示范区。全年越剧团国内演出141场次，观众28万人次。区广播电台每日播音17小时，区电视台每日播出18小时。数字电视用户19.90万户。《富阳日报》全年出版252期，日发行4.50万份。区图书馆藏书616千册（件），书刊外借117.10万册次。全区县级以上文物保护单位89处（群），其中省级以上8处（群）。年末馆藏全宗档案184个，案卷档案204420卷。开放馆藏全宗档案84个，案卷档案25724卷。

医疗卫生 深化“健康富阳”建设，省中医院新院区成功签约，成立3家医共体，重点人群家庭医生签约率达85%，创获省无偿献血先进区，区一院胸痛中心被认定为国家级中心。年末全区有各类医疗卫生机构594个，医疗床位4137张；其中公立医院、社区卫生服务中心31个，医疗床位2835张。拥有各类专业技术人员6282人，其中执业医师2570人，执业助理医师448人，注册护士2586人，药师（士）234人，检验师（士）187人。全年完成无偿献血14974人次，其中流动献血6575人次，献血总量299万毫升。全区儿童“五苗”接种率99%，“四苗”接种率99%，婴儿死亡率1.6‰。

体育 成功举办区第九届全民运动会。全年举办各类群众性体育比赛130场，参赛运动员6.9万人次。全区共有体育场馆22个，健身苑(点)648个。全年新建健身苑(点)17个、篮球场15个、乒乓球室26个。农村健身设施覆盖率达100%。体育设施达到省级标准行政村276个，体育强乡镇（街道）24个。全年全区共获得杭州市级以上各类奖牌88枚，其中金牌52枚、银牌21枚、铜牌15枚。

【人口、人民生活、社会保障、救济福利】 人口 年末全区户籍总人口68.8万人，增长6.8‰。出生人口7173人，出生率10.5‰；死亡人口3432人，死亡率5‰，自然增长率5.5‰。登记在册的流动人口数21.3万人，增长7.4%。

居民生活 全体居民人均可支配收入50833元，增长9.1%；城镇常住居民人均可支配收入60576元，增长8.2%；农村常住居民人均可支配收入35531元，增长9.5%。全区区内上牌的私人汽车拥有量121416辆，增长5.5%，全区每百户家庭拥有私人汽车64.8辆。

就业 年末全社会从业人员48.3万人，其中私营个体从业人员34.9万人。城镇新增就业人数10341个，全年就业安置人数4827人；帮扶4827名城镇失业人员实现再就业，帮扶5337名就业困难人员实现再就业。年末全区城镇登记失业人数5906人，城镇登记失业率1.8%。

社会保障 年末全区养老保险参保人数达544208人，机关事业单位、企业职工、城乡居民养老保险参保人数分别达28644人、472544人、43020人。工伤保险224809人，减少38026人。生育保险226344人，净增28312人。基本医疗保险376046人，净增17725人。城乡居民基本医疗保险318981人，参保率99.7%。失业保险222422人，净增9721人。年末全区住房公积金缴存登记单位4139户，年末建缴职工79248人。2019年公积金归集总额165257.9万元，发放公积金个人住房贷款3049户，贷款总额167593.1万元，支持职工购房面积35.2万平方米。

救济福利　全区最低生活保障人数11928人，其中城镇429人。2019年城乡低保平均标准为1041元。新建示范型居家养老中心10家、床位568张。年末全区拥有老年食堂238家，居家养老照料中心265家，养老床位5372张。年末全区五保供养服务中心12所，供养老人391人。福利院1所，床位186张，收养婴幼儿童16人，老人3人。共有特困人员586人，集中供养332人，集中供养率56.7%。全年区慈善总会共支出各项救助款4190.5万元。

【城市建设、资源灾害、环境保护和社会安全】　城市建设　桂花路精品街区、精品江景二期、两山两桥夜景工程、精品河道精彩亮相，打通断头路5条，改造提升公厕21个。既有住宅加装电梯29台，完成4个小区二次供水和7个老旧小区改造。完成紫云山庄综合整治，形成老旧小区微治理“富阳经验”。年末主城区建成区面积达29.55平方千米，市区道路长度273千米。全年全社会用电量79亿千瓦时，下降8.4%，其中城乡居民生活用电9.5亿千瓦时，增长6.6%。全年城区供水总量5033万立方米，市区管道煤气用户达13.8万户。市区营运公交车辆1158辆，客运总量6623.30万人次；新增（优化）公交线路27条；出租车294辆。年末实有公园28个，公园面积665.6公顷。年末市区园林绿地面积1298.5公顷，市区公共绿地面积665.6公顷，人均公共绿地面积14.2平方米，建成区绿化覆盖率42.1%。

资源灾害　全区总供用水量10698万立方米。耕地面积27733.3公顷，其中基本农田2.3万公顷。完成造林面积100公顷，其中人工造林100公顷。全区森林覆盖率65.5%。

城乡环境　推进小城镇环境综合整治长效管理，拆违118万平方米，“三改”77万平方米，完成大棚房和违建别墅整治，获省小城镇环境综合整治工作优秀区，3个乡镇成为省美丽乡村示范乡镇。建立垃圾分类运输体系，投用6万方再生资源分拣中心。完成440个农村污水处置点提升改造和19个“污水零直排”项目。完成26个重点污染区块土地状况调查，垃圾飞灰处置实现日产日清。持续加大矿山整治，成为全省唯一绿色矿业示范区。全年工业废水排放量5323万吨。城市污水集中处理率达到93.4%。全年空气优良天数336天，优良率达93.9%。主要水系监测断面三类以上比例100%。富春江获评省级美丽河湖。生活垃圾收集、无害化处理率100%。建成国家级生态乡镇（街道）18个，省级生态乡镇（街道）2个、杭州市级生态乡镇（街道）4个。

节能减排　淘汰落后企业257家，累计腾出用地空间166.7公顷。杭州富春湾新城基本完成造纸产业腾退，关停三星热电等燃煤锅炉11台，治理挥发性有机物企业61家。化学需氧量和二氧化硫排放分别降低13%和5%，氨氮、氮氧化物排放分别降低13%和10%。

安全生产　夺得省平安创建“十四连冠”。全区共发生各类安全生产事故17起，下降48.5%。死亡17人，其中交通运输事故死亡14人。直接经济损失430万元。

【主要指标解释】　地区生产总值（GDP）　地区生产总值（简称GDP）是一个国家或地区的所有常住单位在一定时期内生产的全部最终产品的价值总和，是反映经济总体状况最重要的指标。GDP是主要的宏观经济指标之一，可以反映一个国家或地区的经济发展规模，判断其经济总体实力和经济发展的快慢，是宏观经济决策不可或缺的依据，也是检验经济政策科学性和有效性的手段之一。

数字经济核心产业　根据《浙江省数字经济核心产业统计分类目录》，数字经济核心产业包括计算机通信和其他电子设备制造业、电子信息机电制造业、专用电子设备制造业、电信广播电视和卫星传输服务业、互联网及其相关服务业、软件和信息技术服务业、文化数字内容及其服务业等七大类内容。

居民消费价格指数（CPI）　居民消费价格指数（简称CPI），是度量一定时期内居民消费商品和服务价格水平变动的相对数，综合反映居民消费商品和服务价格水平的变动趋势和变动程度。该指数是中国价格统计指标体系的重要组成部分，是宏观经济分析和决策、价格总水平监测、计算货币购买力、宏观调控以及国民经济核算的重要指数。其按年度计算的变动率通常被用作反映通货膨胀（通货紧缩）的程度。

农业总产值　指以货币表现的农、林、牧、渔业全部产品的总量和农、林、牧、渔服务业的价值，它反映一定时期内农业生产总规模和总成果。

规模以上工业增加值　指年主营业务收入2000万元以上的工业企业在报告期内以货币形式表现的工业生产活动的最终成果。是企业全部生产活动的总成果扣除了在生产过程中消耗或转移的物质产品和劳务价值后的余额，是企业生产过程中新增加的价值。

固定资产投资额　固定资产投资是指建造和购置固定资产的经济活动，是社会增加固定资产、扩大生产规模、发展国民经济的重要手段，也是提高人民物质文化生活水平的条件。从事固定资产活动的主体包括各级政府和各有关部门、企事业单位、个人以及境外国家和地区的投资者等。固定资产投资额（又称固定资产投资完成额），是以货币形式表现的在一定时期内建造和购置固定资产的工作量以及与此有关的费用的总称。它反映的是运用各种资金完成的用价值体现的实物工作量。

现行国家统计制度规定，固定资产投资统计的范围包括500万元及以上建设项目投资和房地产开发投资。

社会消费品零售总额　社会消费品零售总额是指企业（单位、个体户）通过交易直接售给个人、社会集团非生产、非经营用的实物商品金额，以及提供住宿餐饮服务所取得的收入金额。该指标所涉及的商品包括售给个人用于生活消费的商品，也包括售给社会集团用于非生产、非经营的商品。但纳入社会消费品零售总额统计的商品不包括企业和个人经营户用于生产经营和固定资产投资所使用的原材料、燃料和其他消耗品的价值量，也不包括居民用于购买商品房的支出和农民用于购买农业生产资料的支出费用。

社会消费品零售总额是反映宏观经济运行状况的重要经济统计指标，主要是用于反映全社会实物商品的非生产方面消费情况。它是从商品流通的最终环节入手，观察进入城乡居民生活消费和社会集团公共消费的商品销售变化情况。

城镇（农村）常住居民人均可支配收入　居民收支数据来源于国家统计调查抽中的调查户的收支日记账。受城乡二元结构和工作模式的影响，2013年以前，中国城乡居民收入调查是城乡分别进行的，对城乡居民按可支配收入、对农村居民按纯收入调查，缺少全体居民收入数据，难以适应城乡统筹发展的需要。从2012年四季度起，国家统计局实施了城乡一体化住户调查改革，统一了城乡居民收入指标名称、分类和统计标准。在此基础上，计算了城乡可比的新口径全国居民人均可支配收入以及分城乡居民人均可支配收入，数据自2014年起正式发布。

居民人均可支配收入是指将家庭总收入扣除交纳的个人所得税和个人交纳的各项社会保障支出之后，按照居民家庭人口平均的收入水平。其中，家庭总收入是指该家庭中生活在一起的所有家庭人员从各种渠道得到的所有收入之和。居民人均可支配收入标志着居民的购买力，是衡量居民收入水平和生活水平的最重要和最常用的统计指标。

居民人均消费支出是指居民用于满足家庭日常生活消费需要的家庭人居支出，包括现金和食物消费支出，但不包括购房支出。根据用途不同，消费支出可划分为食品烟酒、衣着、居住、生活用品及服务、交通通信、教育文化娱乐、医疗保健、其他用品及服务八大类。

（区统计局）

气　象

【概况】　2019年，富阳总体气候特点是：年平均气温明显偏高，降水量偏多，雨（雪）日偏多，日照时数偏少；全年各月平均气温持续偏高，夏季高温天数少、极端最高气温不高，灾害性天气频发，灾害影响较重。四季气候特点为冬季（2018年12月至2019年2月）气温偏高、降水特多、日照特少；春季（3—5月）气温明显偏高、降水偏多、日照正常；夏季（6—8月）气温正常、降水偏多、日照偏少；秋季（9—11月）气温明显偏高、降水特少、日照偏多。综合各种气象因素，2019年气候属偏差年景。（各月气象要素见下表2）

【气温】　年平均气温17.80℃，比常年平均高1.10℃。全年有9个月平均气温在常年平均之上，偏高

2019年富阳区气象要素与2018年、常年对照表

表2

月份	平均气温（℃）			降水量（毫米）			降水日数（天）			日照时数（小时）		
	2019年	2018年	常年平均	2019年	2018年	常年平均	2019年	2018年	常年平均	2019年	2018年	常年平均
1	5.70	4.40	4.30	91.50	121.00	78.90	17	19	13	61.50	81.90	100.80
2	6.20	5.60	6.30	211.20	52.20	90.60	22	13	13	26.90	114.80	95.50
3	12.40	13.60	10.20	149.20	95.30	140.90	18	14	16	122.00	154.60	115.40
4	18.20	18.90	16.20	137.10	109.10	135.70	16	10	15	125.70	170.00	138.30
5	22.00	23.70	21.40	196.10	233.40	140.90	11	15	14	170.70	142.60	162.40
6	24.80	25.40	24.80	161.30	228.50	226.50	15	13	15	119.50	187.20	140.80
7	27.80	29.70	28.80	233.50	272.10	185.20	15	15	12	145.90	250.90	217.50
8	29.10	29.40	28.10	255.30	223.20	164.20	12	13	14	218.80	225.10	196.00
9	24.70	25.30	23.70	72.70	133.20	124.90	7	16	12	189.00	154.00	140.10
10	19.70	18.10	18.20	42.70	21.00	71.20	10	8	9	135.10	180.10	141.20
11	13.90	13.90	12.20	26.30	96.30	69.70	9	17	9	135.80	90.00	125.30
12	8.60	7.30	6.30	87.90	160.40	49.20	12	19	9	125.70	37.90	125.40
合计 平均	17.80	17.90	16.70	1664.80	1745.70	1477.90	164	172	151	1576.60	1789.10	1698.70

说明：数据记录地点位于城区镬子山的富阳区气象台

1.00℃或以上的月份有1月、3月、4月、8月、9月、10月、11月和12月，其中，12月为富阳本站有记录以来第3高；2月和7月平均气温在常年平均之下；6月平均气温与常年平均持平。

全年日最高气温≥35℃的高温天数为26天，比常年平均少3天，其中6月出现2天、7月出现12天、8月出现12天。全年日最高气温≥37℃的高温出现7天，其中，7月出现5天、8月出现2天。

连续三天日平均气温≤23℃的秋季低温出现在9月19日，比常年平均晚4天（常年为9月15日），连续三天日平均气温≤20℃的秋季低温出现在10月15日，比常年平均晚16天（常年为9月29日）。

年极端最低气温-1.90℃，出现在1月27日。

年极端最高气温37.80℃，出现在7月31日。

入春：日平均气温稳定通过>10℃的初日出现在3月6日，比常年平均早19天（常年3月25日）。

入夏：日平均气温稳定通过>22℃的初日出现在6月2日，比常年平均早9天（常年6月11日）。

入秋：日平均气温稳定通过≤22℃的初日出现在10月12日，比常年平均晚9天（常年10月3日）。

入冬：日平均气温稳定通过≤10℃的初日出现在12月18日，比常年平均晚13天（常年12月5日）。

终霜日为1月27日，比常年平均早40天（常年为3月8日）；初霜日为12月3日，比常年平均晚15天（常年为11月18日）；全年无霜期为309天。

【降水】 年降水量1664.80毫米，比常年平均多186.90毫米，多12.64%；降水量比常年平均偏多的月份有1月、2月、3月、4月、5月、7月、8月和12月；降水量比常年平均偏少的月份有6月、9月、10月和11月。

6月17日入梅，7月17日出梅，梅雨天数30天，梅雨期比常年平均多9天，富阳本站梅雨量343.00毫米，比常年平均多92.00毫米，多36.65%。区平均梅雨量408.60毫米，其中渌渚镇罗桥村站最大，达542.00毫米，其次胥口镇灵山站521.90毫米。2019年梅雨期天气特点：一是梅雨量显著偏多，属典型梅雨；二是降雨呈南部多、北部少的分布特征，降雨中心主要位于渌渚到湖源一带；三是强降雨过程多，其中7月12—13日出现区域性暴雨到大暴雨，全区面雨量达142.20毫米；四是呈冷黄梅特性，2019年梅雨期气温明显偏低，平均气温24.90℃，比常年平均(27.10℃)偏低2.20℃。

全年共出现5次暴雨，分别出现在4月21日、5月15日、7月13日、8月10日、8月29日。

年降水日数164天，比常年平均多13天。

【光照】 年日照时数1576.60小时，比常年平均少122.10小时，少7.19%；全年日照比常年平均偏多的月份有3月、5月、8月、9月、11月和12月；全年日照比常年平均偏少的月份有1月、2月、4月、6月、7月和10月，其中，2月为富阳本站有记录以来第一少，7月为富阳本站有记录以来第三少。

【灾害性天气】 全年灾害性天气主要为：年初连阴雨、超强台风“利奇马”、秋季干旱、1次强对流冰雹、5次暴雨、3次台风外围影响、7次大风。

年初连阴雨天气 2018年12月1日至2019年3月7日，降水日数63天，比常年平均（38天）多25天，为富阳本站有记录以来第一多。累计降水量499.70毫米，是常年平均（245.70毫米）的2倍，为富阳本站有记录以来第一多。日照时数为136.80小时，比常年平均（353.90小时）偏少6成，为富阳本站有记录以来第一少，日平均日照时数仅1.40小时。

低温日数创最少天数 2019年富阳极端最低气温比常年平均明显偏高，低温天数明显偏少。年内最低气温在0℃以下仅有5天，是富阳本站有记录以来低温天数最少的一年。极端最低气温-1.90℃，是富阳建站以来第一高值。

台风 2019年第9号台风“利奇马”于8月8日至10日影响富阳，前后持续影响时间长达50小时，富阳普遍出现暴雨和大风天气，区面雨量174.30毫米，60个站点中有17个站点（占比28.33%）在200毫米以上，有39个站点（占比65.00%）在150毫米以上，最大湖源乡上南坞站279.00毫米、其次环山乡环山站265.60毫米、城区153.40毫米。60个站点中有26个站点（43.33%）出现8级以上大风，最大里山镇安顶山站11级、城区9级。

2019年7月19日，富阳荣获中国天然氧吧称号

（区气象局 供稿）

除了“利奇马”以外，2019年还有3个台风影响富阳，分别是第13号台风“玲玲”、第17号台风“塔巴”和第18号台风“米娜”，比常年平均(1.50个)影响台风明显偏多。

秋季干旱 9月7日—11月23日，富阳雨日仅15天，为富阳本站有记录以来第二少；累计降水量47.90毫米，为富阳本站有记录以来第一少。连续的晴多雨少天气，导致气象干旱较为严重。大部分乡镇的气象干旱等级为轻旱到中旱，个别乡镇达重旱。

暴雨 4月21日暴雨：区面雨量20.90毫米，共有3个站出现50毫米以上降水，最大浮标站66.40毫米，城区59.80毫米。

5月15日暴雨：区面雨量56.30毫米，共有48个站出现50毫米以上降水，最大渌渚施家村站70.90毫米，城区53.30毫米。

7月13日暴雨：区面雨量132.20毫米，共有48个站出现100毫米以上降水，最大环山杭千中埠站186.60毫米，城区135.90毫米。

8月10日暴雨：区面雨量123.40毫米，共有45个站出现100毫米以上降水，最大银湖街道沈家坞站201.00毫米，城区110.00毫米。

8月29日暴雨：区面雨量49.90毫米，共有25个站出现50毫米以上降水，最大洞桥骆坞村站70.90毫米，城区52.30毫米。

强对流冰雹 8月18日受强对流云团影响，富阳出现短时暴雨和大风天气，常安镇出现局地冰雹。

大风 全年共出现7次大风，分别出现在3月20日、5月27日、6月6日、8月9日、8月10日、8月18日和9月21日，极大风速分别为17.30米/秒、18.30米/秒、20.30米/秒、17.50米/秒、21.80米/秒、19.10米/秒和17.00米/秒。

大雾 全年共出现58天大雾，比常年平均（27天）多31天。

霾 全年共出现5天霾，比常年平均（43天）少38天。（张日佳）

水文

【概况】 2019年没有发生大的洪水和大面积水情灾害，但台风影响6次，或10—12月干旱恶劣天气较多。主要反映在以下几个方面：降水集中，时空分配不均；汛前雨量较多；局部性短历时强降雨天气较多；梅雨期长，雨量较集中。4月18日，全区召开国家基本水文站及小Ⅰ型水库管理人员会议，会议传达杭州市水文站会议精神，落实任务并强调防汛的重要性。2019年，富阳站发水情电报433件、收报486件。

【雨情】 汛前降水量为较多。据富阳站资料统计（人工），1—3月降水量为473.50毫米，为历年同期降水量较多年月（历年同期平均为306.20毫米）。2月降水达222.00毫米，近30年同期单月最大月。

上半年4月至6月降水天数较多，雨量充沛；进入主汛期后，降水较集中、强度较大；梅雨期较长，梅雨量大。据富阳站资料统计，1—6月总降水量达971.00毫米（历年平均为780毫米），汛期4月15日至10月15日降水量为1033.20毫米(近20年平均为927.00毫米)。根据历年资料统计，富阳区多年平均入梅时间为6月14日，出梅时间为7月5日，梅雨期21.20天，梅雨期平均雨量241毫米。2019年，富阳区于6月17日入梅，7月17日出梅，梅雨期31天，梅雨期平均雨量406毫米（为多年平均值的162%）。与常年相比，2019年梅雨期呈典型梅雨特点，具有出梅时间晚、持续时间长、梅雨量大、分布均匀等特点。根据水文监测平台显示，2019年梅雨期全区降雨量最大站点为新登箬坑水库站（降雨量529毫米），第二大站点为渌渚窄溪雨量站（降雨量517毫米），富阳城区站336.50毫米。超过500毫米的站点有5个：胥口水坞水库站507毫米、渌渚石门坎水库站514.50毫米、湖源小樟村站509毫米、新登箬坑水库站529毫米、渌渚窄溪雨量站517毫米；超过400毫米以上的有新登西坞水库站等22个；其余24个站点均在300毫米以上，其中单站资料站最大日雨量为小樟村站，时间为7月13日，雨量为89.00毫米。

富阳站6月降雨量达158.50毫米，6月连续发生四次强降雨过程，分别是6月18日至19日、20日至21日，富阳站18日降雨量为20.00毫米，全区平均24.10毫米，富阳站19日降雨量为27.00毫米、全区平均35.00毫米，富阳站20日降雨量为32.50毫米、全区平均32.00毫米，21日富阳站降雨量为18.50毫米，全区平均28.30毫米。1—6月富阳站降水量达971.00毫米，与上年同期相比增加118.00毫米。虽然总体降雨比较均匀，但个别小流域地区还是出现了短时强降雨，其中资料站最大的一日降水量为小樟村站，6月19日降雨量为93.00毫米。月降水量最大为小樟村站降水达329.00毫米。

汛期4月15日至10月15日降水量达1033.20毫米与上年同期相比偏少150.00毫米。1月—10月降水量达1562.40毫米，与上年同期相比偏多57.40毫米。7—10月本站降水量达591.70毫米，与上年同期相比偏少59.80毫米。2019年由于厄尔尼诺现象较严重，个别乡镇出现泥石流，在7—10月台风期中，有6次台风经过。其中，8月9日至10日，第9号超强台风“利奇马”为富阳近年来经历的最强台风，2天降水最大站环山遥测站273.50毫米，直坞271.50毫米，全区平均降水达167.30毫米，200毫米以上有站点13个，单站资料站降水最大站小樟村站9日降水达168.50毫米，全区无人员伤亡。

【年降水】 全年全区平均降水量1672.00毫米，比上年同期多35.10毫米，降水日140天（平均各月降水量，降水日见表3），年降水量最多的盛村站为1901.00毫米，最少何务站为1497.50毫米。年蒸发量窄溪站为849.90毫米。8月18日蒸发量6.50毫米，为年最大日蒸发量，1月4日蒸发量0毫米，为年最小日蒸发量。徐畈站年蒸发量 754.00 毫米，7 月 31 日蒸发量 5.60 毫米，为年最大日蒸发量，1 月 4 日蒸发量 0 毫米，为年最小日蒸发量。

富阳站 1 月降水量为 101.50 毫米，比上年同期少 10.90 毫米；2 月降水量为 220.00 毫米，比上年同期多 167.50 毫米；3 月为 152.00 毫米，比上年同期多 52.50 毫米；4 月为 144.50 毫米，比上年同期多 34.50 毫米；5 月为 194.50 毫米，比上年同期少 52.00 毫米；6 月为 158.50 毫米，比上年同期少 74.50 毫米；7 月为 217.00 毫米，比上年同期少 49.00 毫米；8 月为 260.00 毫米，比上年同期多 27.00 毫米。9 月为 74.70 毫米，比上年同期少 47.80 毫米；10 月为 40.0 毫米，比上年同期多 13.00 毫米；11 月为 30.50 毫米，比上年同期少 63.50 毫米；12 月为 80.50 毫米，比上年同期少 79.50 毫米。全年降水达 1673.70 毫米，降水天数 137 天，与上年同期相比少 83.20 毫米。

2019 年富阳区平均各月降水量及降水日表

表 3

月 份	降水量（毫米）	降水日（天）
1	97.00	16
2	218.50	21
3	156.00	18
4	101.00	13
5	183.12	10
6	241.70	13
7	208.80	11
8	279.00	9
9	52.10	6
10	27.10	6
11	27.30	7
12	80.30	10
合 计	1672.00	140

【水情】 入梅以来，受强降雨影响全省面雨量 482.00 毫米，超过多年平均值，衢州、金华面雨量 486.00 毫米，杭州 471.00 毫米，开化、常山和衢州市区面雨量接近 488.00 毫米。钱塘江、浦阳江、其中兰溪、梅城、三河等三站超保证水位、全省 39 座大、中型水库超汛限水位，之江站实测最大流量 18000 立方米 / 秒，钱塘江、富春江水库三次大流量泄洪，可发生流域性大洪水、近 10 年来最大梅雨量，梅汛期梅雨呈典型特点。

7 月 13 日，受连续强降水富春江水位急剧上升，富春江电厂下泄最大流量 11000 立方米 / 秒，分水江电厂下泄最大流量为 800 立方米 / 秒，本富阳站洪峰水位达 10.52 米为年最高水位（吴淞基面，下同）；年最低水位发生在 10 月 10 日为 4.09 米（吴淞基面，下同），全年各月平均水位总体低于上年，与历年各月平均基本接近，属水位变化正常年份，没有大的起伏。

富阳站年最大潮差 1.62 米，全年平均水位 6.23 米。窄溪水位站断面最高水位 11.54 米，出现时间为 7 月 13 日；最低水位 4.06 米，出现时间为 10 月 10 日；年最大潮差 1.74 米。

徐畈站 2019 年测流共 73 次，其中精测法 0 次，施测大断面 3 次。全年最高水位 4.75 米（6 月 21 日）；相应流量 80.0 立方米 / 秒，最低水位 3.02 米（11 月 9 日），相应流量 0.45 立方米 / 秒。汛前测大断面 1 次。大水后 6 月 22 日测大断面 1 次，10 月 16 日汛后测大断面 1 次。

（邵 勇）

【编辑 刘 亮】

5 中国共产党杭州市富阳区委员会

Hangzhou Fuyang District Committee of the Communist Party of China

区委全委会

【区委一届五次全体会议】 2019年1月4日，中共杭州市富阳区委召开一届五次全体会议。会议以习近平新时代中国特色社会主义思想为指导，学习《杭州市富阳区机构改革方案》，研究部署下一阶段富阳区机构改革组织实施工作。全会指出，深化机构改革事关富阳全局和长远发展，全区上下要深入学习贯彻习近平总书记关于深化党和国家机构改革的重要论述，在市委的坚强领导下，高质量完成全区机构改革工作，为坚定不移地推进高新产业发展、高品质城市建设、高水平社会治理，加快建设富裕阳光的大都市新型城区提供坚强的组织保障，向省委、市委交上一份满意答卷。出席会议有区委委员34名，候补委员7名。区委常委会主持会议，区委书记朱党其讲话。

【区委一届六次全体会议】 1月9日，中共杭州市富阳区委召开一届六次全体（扩大）会议。会议高举习近平新时代中国特色社会主义思想伟大旗帜，全面贯彻落实中共十九大、中央和省委经济工作会议精神及市委“干好一一六、当好排头兵”部署要求，回顾总结2018年工作，研究部署2019年重点任务，团结带领全区党员干部群众，坚定“拥抱富春江、拥抱大都市、拥抱新时代”不动摇，全面推进高新产业发展、高品质城市建设、高水平社会治理，全力加快与杭州大都市高质量一体化发展，为早日建成富裕阳光的大都市新型城区打下坚实基础。区委书记朱党其代表区委常委会作报告。区委副书记、区长吴玉凤作会议小结并部署工作。会议还审议并举手表决通过区委第六次全会决议。区委委员、候补委员，区纪委委员，区人大、政府、政协班子领导，区法院院长、区检察院检察长，富阳经济技术开发区党工委书记、管委会主任，副区级领导，部分离退休老干部，区人武部部长，各乡镇（街道）党政正职，区级机关各单位正职和正处长级领导干部，区人大各专委副主任委员、区人大常委会机关各工委主任、区政协各专委主任，区委党建和乡村振兴指导组组长，区委巡察办（组）正职，各正处长级派驻纪检监察组组长参加会议。部分外地驻富单位负责人，区各民主党派基层组织负责人，部分区党代表、先进基层党组织负责人、异地富阳商会党组织负责人，部分重点企业负责人，部分新业态企业负责人列席会议。

【区委一届七次全体会议】 8月14日，中共杭州市富阳区委召开一届七次全体（扩大）会议。会议高举习近平新时代中国特色社会主义思想伟大旗帜，深入贯彻省委十四届五次全会和市委十二届七次全会精神，高效开展“不忘初心、牢记使命”主题教育，进一步团结带领全区广大党员干部群众，把“守初心、担使命，找差距、抓落实”全过程落实到围绕发展中心、加快追赶都市步伐中去，抢抓机遇，奋力争先，主攻产业，强化服务，铆足干劲，加快富阳经济高质量发展，为建设富裕阳光的大都市新型城区奠定坚实的产业基础。区委常委会主持会议。区委书记朱党其作报告。区委副书记、区长吴玉凤作会议小结并部署工作。会议还审议并举手表决通过区委第七次全会决议。区委委员、候补委员，区纪委委员，区人大、政府、政协班子领导，区法院院长、区检察院检察长，富阳经济技术开发区党工委书记、管委会主任，副区级领导，部分离退休老干部，区人武部部长，各乡镇（街道）党政正职，区级机关各单位正职和正处长级领导干部，区人大各专委副主任委员、区人大常委会机关各工委主任、区政协各专委主任，区委党建和乡村振兴指导组组长，区委巡察办（组）正职，各正处长级派驻纪检监察组组长参加会议。部分外地驻富单位负责人，区各民主党派基层组织负责人，部分区党代表、先进基层党组织负责人、异地富阳商会党组织负责人，部分重点企业负责人，部分新业态企业负责人列席会议。

区委重要会议

【区委常委会会议】 1月4日，一届区委常委会召开第80次会议，听取区人大、区政府、区政协和区法院、区检察院党组工作汇报；讨论研究区委办关于区委全会筹备、全会报告和文件起草有关情况，区人大常委会关于区十六届人大三次会议、区政协关于区政协九届三次全体会议筹备工作情况，区政府办关于2019年《政府工作报告》起草情况；传达中央领导近期关于政协工作重要讲话精神。

1月8日，一届区委常委会召开第81次会议，讨论研究区委组织部关于干部人事工作方案，区委组织部关于区第十六届人民代表大会第三次会议有关建议名单、选举办法、通过专委会主任委员办法（草案）情况；听取并研究区政协九届三次全体会议有关建议名单、选举办法（草案）情况，区发改局关于2019年度富阳区项目投资计划有关情况。

1月11日，一届区委常委会召开第82次会议，传达学习贯彻杭州市委十二届六次全体（扩大）会议精神。

1月19日，一届区委常委会召开第83次会议，讨论研究区委组织部关于机构改革有关人事工作方案、区委组织部关于2018年度区委常委会民主生活会建议方案。

1月25日，一届区委常委会召开第84次会议，讨论研究区农业农村局、市规划和自然资源局富阳分局关于“大棚房”问题排查和整治工作情况。

1月28日，一届区委常委会召开第85次会议，讨论研究区委组织部关于干部人事工作方案，区委组织部关于2019年干部教育培训计划，区纪委监委关于区管干部违纪违法处理情况；传达学习中央、省、市纪委全会精神，讨论研究区纪委一届四次全会筹备工作；传达学习全国宣传部长会议和全省宣传思想工作会议精神，传达学习中央政法工作会议精神，传达学习中央农村工作会议精神，传达学习习近平总书记在省部级主要领导干部坚持底线思维着力防范化解重大风险专题研讨班开班式上的重要讲话精神。

1月29日，一届区委常委会召开第86次会议，即2018年度富阳区委常委会民主生活会。

2月28日，一届区委常委会召开第87次会议，传达学习全国、全省统战部长会议和《社会主义学院工作条例》精神，讨论研究区委统战部关于2019年统战工作计划、区社会主义学校培训计划和政党专题协商计划有关情况，区卫生健康局关于富阳区政府与浙江中医药大学、浙江省中医院合作框架协议有关情况，区考评办关于2018年度乡镇（街道）综合考评结果，区委政法委关于富阳区“扫黑除恶”专项斗争工作和区委政法（信访）工作暨“扫黑除恶”专项斗争推进会筹备情况，区农业农村局关于2019年全区农村工作会议筹备情况，区委组织部关于干部人事工作方案。

3月8日，一届区委常委会召开第88次会议，研究区委常委分工；讨论研究区委组织部关于干部人事工作方案，传达学习全国和省市组织部长会议精神；讨论研究杭州市富阳区推进“三高发展”工作领导小组和制定“三高发展”三年行动计划有关情况，关于贯彻落实省人大常委会开展促进民营经济高质量发展专项监督工作方案，区纪委关于区委落实省委巡视组反馈意见整改方案有关情况。

3月19日，一届区委常委会召开第89次会议，讨论研究区纪委监委关于区管干部违纪违法问题处置工作情况，区委组织部关于干部人事工作方案，区政府党组关于调整区政府领导班子工作分工有关情况，区委编办关于机构编制有关事项，规划和自然资源富阳分局关于“大棚房”问题清理整治专项工作有关情况，区经信局关于全区经济工作会议暨招商引资大会筹备情况。

4月2日，一届区委常委会召开第90次会议，讨论研究区委办关于议事协调机构相关情况，市生态环境富阳分局关于《高标准打好污染防治攻坚战高质量建设现代版富春山居图最美示范区的实施意见》和《杭州市富阳区打赢蓝天保卫战实施方案》有关情况；传达学习省委办公厅《党风廉政建设党委（党组）主体责任和纪委（纪检组）监督责任清单》文件精神；讨论研究区纪委监委关于区纪委监委派驻（出）机构改革工作情况，区委政法委关于富阳区“扫黑除恶”专项斗争有关工作情况；传达学习市委组织部开展组织工作若干薄弱环节集中整治工作精神。

4月21日，一届区委常委会召开第91次会议，即区委常委会整改落实省委巡视反馈意见专题民主生活会。

4月21日，一届区委常委会召开第92次会议，讨论研究区委组织部关于干部人事工作方案，省委巡视反馈意见整改情况，区委办关于《中共杭州市富阳区委常委会关于规范“三重一大”事项集体决策制度的实施办法》起草情况的汇报。

4月28日，一届区委常委会召开第93次会议，传达省委十四届五次全体（扩大）会议精神；传达贯彻全国、省、市教育大会精神，听取并研究区教育局关于富阳区教育工作有关情况的汇报；传达贯彻习近平总书记重要指示精神和省市委常委会会议精神；讨论研究区应急管理局关于富阳区应急管理工作有关情况，区住建局关于富阳区拆迁安置房建设推进情况，江投集团关于杭州富春湾新城江南大道（富春湾大道）一期、亭山路（一期）项目有关情况，区财政局关于上市企业纾困有关情况，区外办、区台办、区侨办关于富阳区对外工作情况。

4月30日，一届区委常委会召开第94次会议，专题研究常绿镇工作。

5月10日，一届区委常委会召开第95次会议，讨论研究关于设立区人大社会建设委员会和区人大常委会社会建设工作委员会有关事宜；传达全省县（市、区）政协“请你来协商”平台建设工作推进会精神，讨论研究《富阳区政协“请你来协商”平台建设和运行实施办法》《关于加强新时代人民政协党的建设工作的实施意见》起草情况，全区下山异地搬迁信访工作情况，区考评办关于杭州市综合考评结果和杭州市2019年度综合考评实施方案有关情况，区考评办关于2018年度区级机关综合考评结果有关情况，区考评办关于2018年度“转型发展攻坚硬仗”先进集体和先进个人（担当作为好干部）评选工作。

5月23日，一届区委常委会召开第96次会议，讨论研究区委组织部关于干部人事工作方案和2018年度区管干部年度考核情况；传达贯彻习近平总书记在全国公安工作会议上的重要讲话精神；讨论研究2019年富阳区“奋力争先、勇创一流”擂台大比武竞赛活动方案、区人力社保局关于富阳区原机关事业养老保险统筹历史遗留问题、市规划和自然资源富阳分局关于东大道沿线在建高层项目调整方案有关情况。

5月31日，一届区委常委会召开第97次会议，讨论研究区委组织部关于干部人事工作方案，区考评办关于2019年度区级机关和乡镇（街道）综合考评办法修改情况。

6月6日，一届区委常委会召开第98次会议，讨论研究区委组织部关于追授金健勇为富阳区优秀共产党员事宜。

6月18日，一届区委常委会召开第99次会议，传达学习中央领导在杭州考察有关情况和讲话精神；传达学习中央、省、市“不忘初心、牢记使命”主题教育工作会议精神；讨论研究区委政法委关于富阳区近期维稳形势和扫黑除恶专项斗争工作情况。

7月4日，一届区委常委会召开第100次会议，讨论研究区发改局关于富阳区与高新（滨江）区合作有关情况，市生态环境富阳分局关于富阳饮用水取水口上移水源保护区优化调整方案有关情况，区委组织部关于《杭州市富阳区公务员职务与职级并行制度实施方案》有关情况，区纪委监委关于区管干部违纪违法问题处置工作情况，区委巡察办关于学习贯彻上级巡视巡察工作有关会议精神的汇报。

7月11日，一届区委常委会召开第101次会议，专题研究壶源溪流域联动发展工作。

7月12日，一届区委常委会召开第102次会议，讨论研究杭州富春湾新城管委会关于杭州富春湾新城体制机制调整有关情况，区委编办关于龙门镇体制机制调整有关情况，区财经局关于区属国有企业专业化重组整合实施方案有关情况。

7月26日，一届区委常委会召开第103次会议，讨论研究区委组织部关于干部人事工作方案；传达学习习近平总书记关于地方人大设立常委会40周年的重要指示和全国人大常委会纪念地方人大常委会设立40周年座谈会精神；讨论区委组织部关于市委“不忘初心、牢记使命”主题教育专项整治工作和富阳区主题教育准备工作有关情况，区政府党组关于半年度全区经济形势的汇报，市自然资源富阳分局关于全区违建别墅清查整治专项行动清查工作情况。

8月11日，一届区委常委会召开第104次会议，传达学习贯彻市委十二届七次全体（扩大）会议精神和近期随市委书记周江勇外出考察有关精神。

8月12日，一届区委常委会召开第105次会议，讨论研究区委办关于区委全会筹备、全会报告和文件起草有关情况，区委编办关于杭州富春湾新城管委会“三定”规定情况，区委统战部关于《杭州市富阳区侨联改革实施方案》《杭州市富阳区归国华侨联合会换届方案》起草情况。

8月13日，一届区委常委会召开第106次会议，传达贯彻省委常委会、市委常委会以及省、市第9号超强台风“利奇马”抢险救灾和灾后重建工作视频会议有关精神，研究部署富阳区超强台风防御和抗灾救灾工作；讨论研究区发改局关于富阳区与高新（滨江）区合作有关情况。

8月20日，一届区委常委会召开第107次会议，传达学习省委人大工作会议精神；讨论研究区委组织部关于后进基层党组织集中整顿方案有关情况，区科技局关于中科院上海光机所杭州分所理事会成员及所务班子成员有关情况，区农业农村局关于2019年乡村振兴系列政策文件制定等有关情况的汇报。

9月4日，一届区委常委会召开第108次会议，讨论研究区商务局关于2019年杭州市富阳区招商引资考核办法有关情况，区委组织部关于全区“不忘初心、牢记使命”主题教育实施方案和区委常委会“不忘初心、牢记使命”主题教育实施方案等有关情况，区教育局关于教育工作和全区教育大会暨教师节表彰会有关情况。

9月11日，一届区委常委会召开第109次会议，讨论研究区委组织部关于干部人事工作方案；传达贯彻全省美丽城镇建设工作会议精神和《市、县（市、区）党委巡察工作规程》；讨论研究区文联关于杭州市富阳区文联深化改革实施方案有关情况和区人力社保局关于富阳区推进更高质量和更充分就业三年行动计划（2019—2021年）有关情况。

9月23日，一届区委常委会召开第110次会议，传达贯彻中央政协工作会议暨庆祝中国人民政治协商会议成立70周年大会精神；讨论研究区政协关于区委政协工作会议筹备情况暨庆祝人民政协成立70周年活动和《区政协党组关于加强政协组织建设的建议》有关情况，区卫生健康局关于富阳区人民政府与浙江省中医院共建浙江省中医院新院区合作有关情况，秦望“城市眼”工程建设指挥部关于秦望“城市眼”项目招商及出让工作有关情况。

9月30日，一届区委常委会召开第111次会议，专题研究富春街道工作。

10月16日，一届区委常委会召开第112次会议，讨论研究区委组织部关于干部人事工作方案，区经信局关于《杭州市富阳区实施“新制造业计划”推进制造业高质量发展实施方案》有关情况。

10月22日，一届区委常委会召开第113次会议，听取区政府有关重大事项报告；讨论研究区委人大工作会议筹备情况，区委统战部关于宗教工作有关情况，市公安局富阳分局关于加强新时代富阳公安工作有关情况；传达省委政协工作会议精神。

11月5日，一届区委常委会召开第114次会议，讨论研究区人武部关于富阳区武装工作开展情况，区国防动员委员会、国防教育委员会、国防教育讲师团人员调整名单，调整征兵相关政策及部队驻军需要解决的问题；学习《关于新形势下党管武装工作的意见》《关于加强新形势下全省国防教育工作的若干意见》；讨论研究区委宣传部关于新时代文明实践中心建设工作有关情况，区财政局关于《中共杭州市富阳区委、杭州市富阳区人民政府关于全面落实预算绩效管理的实施意见》起草情况。

11月26日，一届区委常委会召开第115次会议，讨论研究区委组织部关于干部人事工作方案，区委组织部关于公务员职务职级晋升方案，秦望“城市眼”工程建设指挥部关于钱江海关驻富阳办事处搬迁方案；传达学习巡视巡察工作领导讲话和有关文件精神；学习贯彻《中国共产党党内法规制定条例》《中国共产党党内法规和规范性文件备案审查规定》《中国共产党党内法规执行责任制规定（试行）》3部党内法规、习近平总书记在中国国际进口博览会上的主旨演讲精神。

11月26日，一届区委常委会召开第116次会议，传达学习省委十四届六次全体（扩大）会议精神。

12月3日，一届区委常委会召开第117次会议，讨论研究区委组织部关于干部人事工作方案，区委宣传部关于2019年度落实意识形态工作责任制情况专项督查工作，区残联关于出台《杭州市富阳区残联改革实施方案》有关情况。

12月4日，一届区委常委会召开第118次会议，即2019年度富阳区委常委会民主生活会。

12月24日，一届区委常委会召开第119次会议，讨论研究区红十字会关于《杭州市富阳区红十字会改革实施方案》有关情况，区关工委关于《杭州市富阳区关工委改革实施方案》有关情况，区纪委监委关于区管干部违纪违法问题处置情况，区委办关于区委全会筹备、全会报告和文件起草有关情况；传达学习《中国共产党党校（行政学校）工作条例》并听取区委党校有关工作情况；讨论研究区市场监管局关于食品安全工作有关情况。

【村干部党建工作擂台赛】 1月8日，富阳区第五期村干部“擂台比武——党建工作擂台赛”在富阳区青少年宫举行。参加决赛的八强村书记介绍党建引领下村庄发展成果，“党建强、发展强”的综合成效。东洲街道鸡笼山村、新桐乡俞家村、永昌镇青何村、大源镇杨元坎村、上官乡剡溪村、常安镇安禾村、环山乡环一村、万市镇槎源坞村为第五期村干部“党建工作擂台赛八强村”，常安镇安禾村为“擂主村”。区委书记朱党其为“擂主村”安禾村授旗，区领导徐林亮、胡志明、仰中旻、夏芬、陈平为“党建工作擂台赛八强村”颁奖。

【全区机构改革动员大会】 1月19日，富阳召开全区机构改革动员大会。区委书记朱党其强调，深入学习贯彻习近平总书记关于深化党和国家机构改革的重要论述，深刻认识深化机构改革的重要性和紧迫性，牢固树立“四个意识”，坚决做到“两个维护”，切实把思想和行动统一到党中央和省市委的决策部署上来，把握政策标准，紧盯时间节点，抓住关键环节，周密安排、精心组织，有组织、有纪律、有步骤推进，确保高质量完成机构改革任务。会议由区委副书记、区长吴玉凤主持，汤金华等四套班子领导出席会议。

【统一战线迎新会】 1月26日，富阳召开2019统一战线迎新会暨“富春同心荟·最美统战人物”颁奖典礼。区领导朱党其、吴玉凤、徐林亮、夏芬、陈平、祝一君、孙洁、邵良、孙晓明、孙晓华，与来自社会各界人士代表欢聚一堂，共话情谊、共谋发展。区委书记朱党其，区委副书记、区长吴玉凤等区领导为15名“富春同心荟·最美统战人物”和4个“富春同心荟·最美统战团体”颁奖。区委常委、统战部部长陈平致辞。

【医共体建设动员大会】 3月6日，富阳召开全区“医共体”建设动员大会。区委书记朱党其强调，要坚持以人民为中心的发展理念，立足共建共享，强化改革担当，以“医共体”建设为契机，构建起方便、高效、优质、信用、普惠的医疗服务体系，全力推动富阳卫生健康事业走在全市前列。会议由区委副书记、区长吴玉凤主持，区领导汤金华、孙洁、方仁臻参加会议。

【“扫黑除恶”专项斗争推进会】 3月8日，富阳区委政法（信访）工作会议暨“扫黑除恶”专项斗争推进会召开。区委书记朱党其强调，认真学习贯彻中央和省市委政法工作会议精神，牢牢把握新时代政法工作新方向，努力开创富阳政法工作新局面，为全面推进“三高”发展，加快与杭州大都市高质量一体化发展提供坚强保障。区委副书记、区长吴玉凤主持会议。区委副书记徐林亮作工作报告。区领导张霖、陈鸿麟、赵志军、孙晓明及法院院长、检察院检察长参加会议。

【党建工作会议】 3月22日，富阳召开全区党建工作会议。区委书记朱党其强调，按照新时代党的建设总要求，树牢“四个意识”，坚定“四个自信”，坚决做到“两个维护”，压紧压实管党治党责任，以高质量党建引领高质量转型，为持续深入推进“三高”发展、全力加快与杭州大都市高质量一体化发展凝聚更强力量。区委副书记徐林亮主持会议，区委常委组织部部长仰中旻，区委常委宣传部部长夏芬，区委常委统战部部长陈平分别部署组织工作、宣传思想文化工作和统战工作。

【老干部助力“三高”宣扬“最美”大会】 4月17日，富阳召开全区老干部庆祝新中国成立70周年暨助力“三高”宣扬“最美”大会。区委书记朱党其强调，老干部是富阳转型发展的重要推动力量。全区各级各部门要围绕区委区政府中心大局，充分发挥老干部政治优势、作风优势和威望优势，做好服务、搭好平台、创造条件，为全面推进“三高”发展作出更大贡献。区领导仰中旻、赵玉龙、孙柏平，离退休老干部和老干部工作者800余名参加会议。

【经济工作会议】 3月28日，富阳召开全区经济工作暨招商引资大会。区委书记朱党其强调，要高举习近平新时代中国特色社会主义思想伟大旗帜，全面落实中央和省委经济工作会议精神，坚定方向增强信心、腾好空间造优环境，全力支持民营经济壮大，全面书写高新产业发展新篇章，为建设大都市新型城区奠定坚实基础。会议由区委副书记、区长吴玉凤主持。区领导汤金华、陆洪勤、丁永刚、仰中旻、喻乃群、许玉钧参加会议。

【农村工作会议】 4月3日，富阳召开全区农村工作会议暨实施乡村振兴战略推进会。区委书记朱党其强调，要坚持三美并举、振兴乡村、当好示范，对标先进示范，找准自身短板，瞄准发展方向，积极践行乡村振兴战略，全力打造现代版富春山居图最美示范区。会议由区委副书记、区长吴玉凤主持。区领导汤金华、陆洪勤、仰中旻、夏芬、张霖、钟永明，以及相关部门和乡镇（街道）主要负责人、144个行政村和股份经济合作社主要负责人等600余人参加会议。

【“奋力争先、勇创一流”战斗动员大会】 5月31日，富阳召开“奋力争先、勇创一流”战斗动员大会，是富阳全面开启转型发展以来第四次战斗动员大会，为转型各项工作明确“一流”标准。区委书记朱党其指出，主要目的是鼓舞士气、激发斗志，增强信心、奋争一流，加快向前步伐。区委副书记徐林亮部署“乡村振兴大比武”“民生福祉大比武”“项目建设大比武”“村社大党建比武”“高质量发展大比武”“改革攻坚大比武”“强基固本大比武”七大擂台比武赛事。富阳将用擂台比武这一“法宝”，厚植“一流”工作理念、落实“一流”工作标准。区委副书记、区长吴玉凤主持会议。汤金华、陆洪勤、徐林亮等区四套班子领导、法院院长检察院检察长、开发区管委会主任、副区级领导、区人武部部长，各乡镇（街道）党政正职、分管副书记，区级机关各单位主要负责人等参加。

【“不忘初心、牢记使命”主题教育工作会议】 9月11日，富阳召开“不忘初心、牢记使命”主题教育工作会议。区委书记朱党其主持会议并讲话，强调深入学习贯彻习近平总书记在“不忘初心、牢记使命”主题教育工作会议上的重要讲话精神，认真落实党中央和省市委部署要求，强化落实之功、执行之力，以强有力的组织领导、过硬的作风确保主题教育开局顺利、走深走实、取得更大成效，为加快与杭州大都市高质量一体化发展、建设富裕阳光的大都市新型城区作出贡献。市委第三巡回指导组副组长张义久讲话。吴玉凤、汤金华、陆洪勤等区四套班子领导、法院院长检察院检察长、开发区主任、副区级领导参加会议。

【区第二届人才群英大会】 9月19日，富阳召开第二届人才群英大会，表彰为富阳作出突出贡献的优秀人才，进一步激发全区人才创新创业激情，为推动富阳高质量转型凝聚合力。会上，十佳系列人才代表一起朗诵诗歌《和富阳共成长》，并向全区人才发出倡议，做理想初心的坚守者、做开拓创新的引领者、做甘于奉献的奋斗者，主动把自己的命运同富阳的发展紧密联系在一起，以奋斗者最美的姿态绘就“百里富春山居图”。大会在《我们众志成城》歌声中落幕。区领导朱党其、吴玉凤、汤金华、陆洪勤、徐林亮、仰中旻、夏芬、张霖、钟永明、孙洁、许玉钧出席并颁奖。

【全区高质量发展大比武暨乡镇工作交流会】 11月14日，富阳召开全区高质量发展大比武暨三季度经济形势分析会、乡镇（街道）党（工）委书记工作交流会。区委书记朱党其强调，坚定转型发展决心信念，紧盯高质量发展目标任务，干好当下谋好来年，以“冲刺全年红”姿态不断提升全区高质量发展水平。区领导吴玉凤、陆洪勤、徐林亮等参加会议。

【公安工作会议】 11月6日，全区公安工作会议召开。区委书记朱党其要求，自觉增强做好新时代公安工作的使命感、责任感，切实履行主责主业，抓好队伍建设，为富阳加快与杭州大都市高质量一体化发展提供坚强保障。区领导吴玉凤、徐林亮参加会议。

【“清洁家园 文明富阳”战斗动员大会】 12月6日，富阳召开“清洁家园、文明富阳”战斗动员大会。区委书记朱党其强调，树立更高标准要求，突出重点问题解决，落实更强责任，开展更严执法，凝聚更多力量，持之以恒打好“清洁家园、文明富阳”攻坚战。与会人员观看视频短片，区城管局、区交通运输局、交通集团、银湖街道、杭州绕城高速公路西复线杭绍段五标施工单位、富阳中学改扩建项目施工单位表态发言。区委副书记、区长吴玉凤主持会议，副区长王洪光布置相关工作，汤金华、徐林亮等区四套班子领导参加会议。

【美丽经济现场会】 12月11日，富阳在银湖街道召开全区美丽经济现场会。区委书记朱党其强调，提升发展理念、凝聚更强合力，努力打造现代版富春山居图的富阳样本。会上，5个美丽经济项目和4个“味道山乡”项目分批签约，银湖街道、洞桥镇、湖源乡、富春山居集团、乡贤代表、新登镇上山村作交流发言。吴玉凤、汤金华、陆洪勤、徐林亮等区四套班子领导参加会议。

【区委常委会（扩大）会议暨区四套班子务虚会】 12月16日，区委常委会（扩大）会议暨区四套班子务虚会召开，回顾总结2019年工作成效，研究谋划2020年思路举措。区委书记朱党其讲话，区委副书记、区长吴玉凤主持，汤金华、陆洪勤、徐林亮等区四套班子领导参加。

重要活动

【在京乡贤乘首趟直达富阳高铁回故乡】 1月5日，在北京发展的近30位富阳乡贤，满怀对家乡的热爱，“组团”搭乘首趟北京直达富阳的高铁列车回故乡，见证这一历史时刻。11 时整，“复兴号”高铁 G31 次列车从北京南站发车，下午 16 时 09 分抵达高铁富阳站，历时 5 小时 9 分钟，途中停靠济南西站、徐州东站、南京南站、杭州东站。

【富阳规划展示馆揭牌】 2 月 1 日，富阳规划展示馆正式启用。展馆以“拥江发展、都市新区”为展示主题，采用图文、模型、影片、声光电多媒体、互动体验等多种方式，展示富阳城市形象、山水人文特色、城垣变迁和发展历程等，以分层主题式重点展示富阳总体规划以及“拥江发展”“都市一体”“乡村振兴”三大发展战略系列规划，并设置产业展厅、服务招商引资，同时兼有阳光公示区、城市书吧、会议室等配套。区领导朱党其、吴玉凤、夏芬、王洪光揭牌。

【浙江省“我们的村晚”】 2 月 2 日，浙江省委宣传部等主办的农村文化礼堂“我们的村晚”在富阳区场口村举行。省、杭州市领导车俊、陈金彪、朱国贤、周江勇、戚哮虎、许明观看演出，和 800 多位村民一起，体验年的味道，分享全省文化礼堂建设的丰硕成果。演出结束后，车俊等省领导上台与农民演员合影，称赞“我们的村晚”很精彩、很接地气，充分反映我省文化礼堂建设的成果，也说明乡村文化振兴大有希望。富阳区领导朱党其、吴玉凤、徐林亮、仰中旻、夏芬、张霖、孙洁、赵志军陪同观看。

【中国工程院原常务副院长潘云鹤到富作专题报告】 3 月 26 日，区委举行理论学习中心组（扩大）学习会暨 2019 年度第一期“春江论坛”学习讲座。第十二届全国政协常委、中国工程院院士、中国工程院原常务副院长潘云鹤受邀作题为“人工智能 2.0 及数字经济”专题报告。作为人工智能 2.0 核心理念的重要推动者，潘云鹤院士通过大量数据和案例，高屋建瓴地从“数字经济与人工智能”“人工智能走向 2.0”“人工智能 2.0 技术已露端倪”“新一代人工智能技术的应用”等方面，详细介绍人工智能的发展历程和基本概念，深入浅出地分析了当前人工智能发展的趋势、规律与特点，以及新一代人工智能在经济发展、城市治理、保障改善民生等方面的重要作用。区委书记朱党其等区委理论中心组成员参加报告会，区委副书记、区长吴玉凤主持。

【区政府与浙江中医药大学、省中医院合作签约】 4 月 8 日，富阳举行区人民政府与浙江中医药大学、浙江省中医院长期战略合作签约仪式。富阳区委副书记、区长吴玉凤与浙江中医药大学校长方剑乔、浙江省中医院院长毛威代表三方签署合作框架协议。此次签约不仅对合作三方意义重大，也将助力于浙江省高等教育和中医药事业的发展。省人民政府副秘书长蔡晓春、省教育厅副厅长于永明、省卫健委副主任曹启峰、省中医药管理局局长徐伟伟，杭州市政府副秘书长詹国平、市卫健委党委委员项海青，浙江中医药大学党委书记孙秋华、副校长张光霁，浙江省中医院党委书记黄琦，富阳区领导朱党其、夏芬、张霖、孙洁、王洪光、许玉钧等参加。

【全区重大项目集中开工活动】 4 月 22 日，全区扩大有效投资暨重大项目集中开工活动在春江街道山建村裕丰区块浙江全至电子科技有限公司项目现场举行。全面进入“起步就是冲刺、开局就是决战”的火热建设阶段项目 18 个，既有改善民生福祉的安置房项目和城市基础设施项目，也有提升城市品位、完善城市功能的服务业项目，还有科技含量高、产业层次高、市场前景好的工业项目，将为全区经济社会发展和转型升级注入新活力。区领导朱党其、吴玉凤、丁永刚、张霖、王洪光、喻乃群、许玉钧参加。

【公望富春两岸文化周活动】 6 月 1 日，由杭州市台办和富阳区人民政府共同主办的“共享发展，共同圆梦”2019 年公望富春两岸文化周暨“二十年·一幅画”富春江雅集 20 周年纪念活动在公望美术馆开幕。中共中央台办、国务院台办原副主任王在希，中共中央台办、国务院台办交流局原局长、北京海峡两岸民间交流促进会会长戴肖峰，浙江省台办副主任章启忠，浙江省政府参事、省台办原主任、文化厅原厅长杨建新，杭州市政协副主席冯仁强，杭州市台办主任陆献德，富阳区领导朱党其、吴玉凤、汤金华、陆洪勤、徐林亮、夏芬、陈平、孙洁，以及来自海峡两岸的文艺界人士参加。

【“美丽城镇”“美丽乡村”大会比武】 7 月 26 日，全区乡村振兴擂台大比武的大会比武环节在区青少年宫举行。24 个乡镇（街道）党政主要领导汇报推进乡村振兴过程中所取得的成果。综合现场考察和大会比武两项评分结果，春江街道、富春街道、新登镇、渌渚镇、场口镇、银湖街道、大源镇、东洲街道获优秀档次。朱党其、吴玉凤、汤金华、陆洪勤、徐林亮等区四套班子领导参加。

【杭州高新区（滨江）富阳特别合作区挂牌】 8 月 28 日，杭州高新区（滨江）富阳特别合作区在杭州富春湾新城正式挂牌，标志着高新区（滨江）和富阳区深度合作迈出了实质性的一步。省委常委、市委书记周江勇出席活动并揭牌。杭州市领导许明、戴建平，詹敏、韩建中等高新区（滨江）四套班子领导，朱党其、吴玉凤、汤金华、陆洪勤、徐林亮等富阳区四套班子领导参加挂牌仪式。

【“追梦富春·国旗下的诵读”活动】 9 月 3 日，富阳区庆祝新中国成立 70 周年大型诵读活动——“追梦富春·国旗下的诵读”在富春山馆隆重举行。现场活动分为“追忆富春”“拥抱富春”“展望富春”三个篇章，表演嘉宾深情演绎《富春》《富阳赋》《如果我在富阳遇见你》等作品。最后全场观众和演职人员挥舞五星红旗，齐声高唱《歌唱祖国》。杭州市委宣传部副部长、市文明办主任钮俊，富阳区领导朱党其、吴玉凤、夏芬、赵玉龙、孙洁、王小丁出席。

【阳陂湖生态修复治理项目开工】 9月16日，杭州富阳阳陂湖生态修复治理项目开工。一期工程总投资7.30亿元，用地面积217.80公顷，湖体面积111.33公顷，以生态修复、防洪排涝为主，兼顾改善水环境和景观提升，工期为20个月。中国水稻研究所党委副书记方向、富阳区领导朱党其、徐林亮、钟永明、祝一君、王洪光、王小丁参加。

【项目建设大比武】 7月，区发改局联合区融媒体中心、区住建局、区城管局、市规划和自然资源富阳分局、区交通局、区总工会等单位开展项目建设擂台大比武——寻找“最强施工队”活动。通过强化项目平台公司、施工单位的责任意识、担当意识、服务意识，比进度、比投资、比质量。9月下旬，中铁建设集团有限公司和杭州富春山居集团有限公司获施工单位组和平台公司组“最强施工队”擂主称号。

【庆祝中华人民共和国成立70周年文艺晚会】 9月29日，富阳区庆祝中华人民共和国成立70周年文艺晚会在富阳影剧院举行。晚会在与会人员合唱国歌声中开幕，播放洪磊、蔡荣根等富阳乡贤代表祝福视频。晚会由区文广旅体局、富春街道主办，区文化馆承办。区领导夏芬、孙洁、王小丁等与区社会各界代表和各级各类先进人物观看演出。

【全区项目集中开竣工活动】 11月15日，富阳举行2019年重大项目集中开竣工活动。参加活动有总投资379亿元开工项目38个，总投资15.80亿元竣工项目9个。区领导朱党其、吴玉凤、丁永刚、张霖、裘富水、喻乃群、邵良参加。

上级领导到富调研

【杭州市人大常委会党组书记、主任于跃敏到富阳调研】 2月19日，杭州市人大常委会党组书记、主任于跃敏到富阳调研“城市大脑”卫健系统和街道人民议事会议制度推进情况，市人大常委会副主任罗卫红参加。于跃敏一行实地调研富阳区第一人民医院“城市大脑”卫健系统，与就诊群众和门诊医生深入交流，观看“城市大脑”卫健系统流程演示，详细了解富阳在破解群众“看病难、看病繁”方面的特色做法，并听取富阳区街道人民议事会议制度工作情况汇报。于跃敏充分肯定富阳“城市大脑”卫健系统工作所取得的成效，强调要总结推广舒心就医经验及做法，有序推进街道人大工作。富阳区领导朱党其、汤金华、赵玉龙、华之江、孙洁陪同。

6月5日，杭州市人大常委会党组书记、主任于跃敏一行到富阳调研生活垃圾管理立法工作。于跃敏为企业在垃圾资源化、减量化、无害化方面所做出的贡献点赞，对企业积极探索市场化的再生资源回收、高效处置工作所取得的成绩给予高度评价。指出垃圾分类是一项民生工程，更是一场“持久战”，是打造美丽杭州、文明杭州的一大重举，希望杭州富伦生态科技有限公司进一步提升工艺技术，提升垃圾减量化、无害化处理能力，为推动杭州生活垃圾分类做出更大的贡献。市人大常委会副主任陈红英、副市长缪承潮参加调研，富阳区领导朱党其、汤金华陪同。

常规性工作

【政策研究】 2019年，组织起草全区性重要会议、重要活动、重大工作的讲话材料、汇报材料等360余篇，其中区委全会报告2个，区委“意见”“决定”8个，省市重要会议、省市领导调研汇报材料60余篇，富阳通报21期，区委常委会纪要43期。办好区委刊物，全年编发出刊《美丽富阳》6期、《富阳政研》19期。开展美丽乡村建设、人生一件事改革、乡贤工作、城市旅游建设等课题调研，全年完成课题报告24篇。

【深化改革】 坚决落实中央、省市委改革决策部署，建立区委全面深化改革委员会（简称改革委），完善改革委下属“一办六组”机构设置，结合区委推进高新产业发展、高品质城市建设、高水平社会治理要求，以“最多跑一次”改革为突破口，统筹推进上级改革试点任务和落实区级6大领域39项重点改革任务。富阳区改革经验在省级改革刊物《竞跑者》发稿6次，中央电视台、新华社及《中国改革报》《浙江日报》《杭州日报》等主流新闻媒体发稿25篇。其中，央视《壮丽70年奋斗新时代——共和国发展成就巡礼勇立潮头看浙江》栏目特别报道富阳“人生一件事”改革举措。个人全生命周期“一件事”改革项目获浙江省改革创新优秀实践案例，推进高新区（滨江）与富阳特别合作区建设获杭州市改革创新最佳实践案例。2019年度，富阳区全面深化改革考核成绩获全省优秀等次。

【督查工作】 全年围绕高新产业发展、高品质城市建设、高水平社会治理的发展要求，制定“3+X”督查重点，开展各项督查工作。组织开展“大棚房”问题专项清理整治工作、城区闲置地块美化情况、全区收储土地“拔钉清零”情况、全区“三服务”开展情况、杭州市第一季度文明指数测评失分情况、全区农村饮用水提标达标工作、重点产业项目推进工作、全区农村水站整治进展情况、省、市城市文明程度指数测评迎检工作、全区垦造水田工作等各类专项督查活动180余次，向区委、区政府主要领导上报督查专报160余件，编发全区性文件8件、通报14期。分阶段专项跟踪督查永昌镇“三美融合发展”、春建乡“茶艺小镇”打造、渔山乡“山乡渔镇”打造、场口镇现代田园小城市建设、富春街道相关工作、经典民生产业建设、困难企业相关问题办理等相关任务推进情况。每月跟踪督查全区重大项目建设进度进展情况；每周督查新登镇上旺养殖场清栏腾退工作的进展情况进行跟进制；牵头抓方家井村村庄发展各项工作，每月督查各责任部门相关工作推进情况。重点做好省级《今日聚焦》、市级《今日关注》栏目曝光案件整改反馈和抽查核验，累计完成整改6期。做好市区两级领导批示交办，办理形成闭环式管理，全年办理反馈上级党委领导批示交办文件37件；转办区委主要领导批示件1368件，调研或会议督办334件。持续做好《聚焦一线》舆论监督栏目，督查被曝光单位限期落实整改，全年累计播放34期，向区委区政府主要领导报送督查整改专报34期。全面抓好全区“三服务”工作落实。制发全区性指导文件6件、督查通报3期，召开现场答疑会2场。启用并落实推广省“三服务”协同办理电子化平台应用，全区收集服务群众类、服务基层类、服务企业类问题4027个，办结率100%。

【考评工作】 强化杭州市对区、县（市）综合考评结果运用，从综合考评得分、综合考评荣誉、综合考评奖金三个方面充分调动全区干部比学赶超、勇创一流。2019年度，富阳区综合考评成绩位居全市区、县（市）前列，首次获评“优秀”等次。紧盯民生民意诉求，开展社会评价工作，收集社会评价意见1157条，压实部门和乡镇（街道）责任，制定整改目标593项，针对其中141项重点整改目标进度及整改完成情况，年中年末两次在《富阳日报》上公示，接受社会公众监督，整改完成率达100%。

【保密工作】 组织全区各单位参加保密教育培训班，学习典型失窃密案例和周边地区的泄密处分通报，引导学员吸取经验教训。国家安全日在秦望广场开展有奖问答保密宣传活动。新建2套系统、新安装2个软件，增强保密技防力度。对区直单位和乡镇（街道）94家展开为期两个月的覆盖式保密检查，发现的问题登记造册，检查结果应用于考核，20余家单位被扣分。

【信息工作】 全年编发《富阳信息通报》（专报）29期，获区委书记朱党其批示17个。上报各类党委信息2015篇，被中央办公厅录用问题建议信息18篇；浙江省委办公厅录用41篇（单篇35篇、综合6篇），其中正面亮点信息8篇；杭州市委办公厅单篇录用25篇，其中专报3篇，获市委书记周江勇批示2篇。

【富阳、台湾两地交流】 加大中央、省、市惠台政策的宣传和落实力度，做好涉台服务工作。富阳“海峡两岸交流基地”全年接待台湾南投市龙泉里社区发展协会、南投市民宿协会、南投市三兴里、南投市营北里、南投市千秋里、南投县人民聘雇业职业工会、南投市军功里、南投市康寿社区、南投市漳兴小学、南投市炎峰小学及南投市教育会教师代表等基层交流代表团、中国国民党基层党员代表团及台湾书画文化界人士等500余人参访交流。4月，区政协副主席方仁臻带队的基层文化交流团组赴台为期7天的参访交流，受到南投市公所及市民的热情款待。6月1日至5日，富阳区策划举办“二十年·一幅画”富春江雅集20周年纪念活动，来自台湾的书画艺术家、台北爱乐妇女合唱团、南投青少年和民宿业者代表、岛内媒体记者等近150位嘉宾参加。中央省市台办、省市区领导和来自北京、西安、杭州的书画艺术家的大力支持并出席。6月3日，场口镇东梓关举办第一届两岸民宿论坛。12月，富阳和台湾南投农业整合行销协会共同在富春街道达夫路举办“中华颂两岸情”台湾农特精品年货展销会，为期7天，摊位200个，人流量30万人次，销售额2500万元。

（蒋宇鸿）

组织工作

【党组织和党员基本情况】 2019年底，全区设党工委9个，党组44个，党委221个；党总支部242个，基层党支部2622个。党员50977名，其中女党员14994名，少数民族党员95名；流动党员1086名，其中外出流动党员208名，接收流动党员878名。

【开展蹲点调研工作】 以全面深化“走亲连心三服务”工作为契机，完善区领导联系服务基层工作制度，35名区领导带头联系重点企业140家、高新潜力企业59家，常态化开展大学习大走访大调研大抓落实工作；围绕全区“主攻产业、强化服务”工作重点，健全覆盖全区工业企业5539家的服务体系，向规上企业646家选派具备金融、贸易等知识党员干部159名担任服务专员，点对点精准服务。全区党员干部走访企业14万余家次，确定调研课题674个，领办克难攻坚项目710个；走访农户12.60万余家，收集梳理问题意见1889条，办结1784条，已办结问题的群众满意度98%以上。

【树立实绩实干用人导向】 坚持“鼓励肯干、提拔好干、鞭策少干、整治不干、拔除倒干”用人导向，全年提拔重用关键时刻冲得上、顶得住、打得赢干部89名到主要岗位、重要岗位，选树担当作为好干部106名，其中省级1名、市级5名、区级100名。重点打通干部“下”的渠道，探索实行末位一票否优和相关限制性措施，强化考核结果运用，提振干部“精气神”。全年通过调整岗位、免去领导职务等组织处理不适宜担任现职的区管干部25名，其中降职改任一级主任科员4名。评选富阳区优秀公务员677名、杭州市十佳公务员1名。

【实施年轻干部“五级梯队”培养选拔】 2019年，坚持拓宽视野多渠道选拔优秀年轻干部，面向“双一流”名校招引优秀紧缺高专人才47名；通过职务与职级适当分离方式，选拔优秀年轻干部12名担任乡镇（街道）团（工）委书记；招引硕士研究生及以上学历毕业生772名，同比增长70%。组织开展市、区两级优秀年轻干部综合比选（竞岗交流）工作，探索打通体制外选人渠道，选拔交流优秀处级干部8名、中层干部7名，优化年轻干部培养路径，为年轻干部成长搭建平台。

【创新实施8小时外干部培训】 针对城市国际化推进过程中干部专业化能力不强、素养不高等难题，挖掘8小时外业余时间，为区管正职领导干部116名创设学制1年“领导干部周末大讲堂”、优秀年轻干部107名开设学制2年“三高”（高新产业发展、高品质城市建设、高

2019年10月，秦望社区召开党建共建联席会议，商讨文教西苑小区消防整改提升方案
（区委组织部 供稿）

水平社会治理）系列周末进修班，以及在全区区级机关及乡镇街道开展机关干部“每月讲坛”大学习活动，破解工学矛盾，提升干部培训的精准性、实效性。

【完善人才政策】 区委组织部出台《“育雏引凤”三年行动计划（2019—2021年）》和《重点人才队伍服务“三高”发展三年行动计划》，形成“1+6”政策体系，统筹推进全区人才队伍建设。制定《杭州市富阳区招引高学历人才到富阳工作三年行动计划》，加大力度招引硕士研究生等高学历人才。

【稳步集聚“双创”人才】 开展“2019杭州（富阳）科技成果展览和创新人才交流大会”等3场区级高规格人才活动，吸引“两院”院士、国内外专家等1000余人到富阳参会。邀请富阳籍知名高校学子54名参加首届“青年学子看家乡”活动。创新加强平台建设，分别与浙江海邦创智、杭州赛圣谷孵化器等社会化投资机构开展共建合作，成立半孵化器半研究院性质平台。成立浙工大研究生院富阳分院，联合企业落实培养研究生80余名。完成杭州•银湖高层次人才创业园建设，探索政府租赁、企业管理的人才项目集聚服务新模式。开展“5110”计划项目评审，全年资助项目17个，资助金额4400万元。有序推进高层次人才引育，选聘高专人才41名到36家单位任职。

【强化人才保障】 2019年分配教育卫健系统青年人才公寓50套，发放高层次人才购（租）房补贴583万元，启动2000套人才租赁住房建设。牵线浙商银行合作推出领军型人才项目金融服务，累计发放无抵押授信贷款5000余万元；与浙工大银湖创新创业研究院达成1亿元授信贷款。会同公安、人社等部门打造“人才就业一件事”服务平台，实现就业事项最多跑“零”次。

【探索实施党建联盟助力乡村振兴机制】 创新推行“党建联盟”载体，以江鲜大会、百花大会等乡村节庆赛事为依托，成立“味道山乡”“湖源溪流域”等党建联盟。细化党建工作互促、党员干部互动、党建载体互补、结对帮扶互助、发展成果互惠等五个方面联盟成员单位职责，充分发挥实质作用。围绕区委“三高”发展要求，持续深化“擂台比武”模式，聚焦乡村振兴、民生福祉、项目建设、村社大党建、高质量发展、改革攻坚、强基固本7个主题，全年开展区镇村三级擂台比武70余场次，全面营造“奋力争先、勇创一流”的比学赶超浓厚氛围。

【整治组织工作的薄弱环节】 实行领导班子议事决策机制，集中整治选人用人等组织工作的若干薄弱环节，责令检查、通报批评存在违规行为干部10余名，按规处理漏报、瞒报人员，取消考察对象1人，诫勉7人。指导全区65家区级机关和24个乡镇（街道）废除修改订立议事决策机制、出国（境）管理等制度，集中整治专项检查组织工作薄弱环节3轮，发现问题124个。

（叶伟韬）

宣传工作

【理论武装工作】 区委理论学习中心组集中学习15次，举办“春江论坛”6期，开展各类主题宣讲900余场次，直接受众8万余人。组织开展“我和我的祖国”微宣讲系列活动，举办微宣讲视频40期。成立“富阳故事”宣讲团，进基层巡回宣讲3次。1名宣讲员入选浙江微型党课宣讲团并巡回宣讲《富阳践行两山理论之路》。推广应用中共中央宣传部“学习强国”学习平台，构建党员、党外并联的多层次学习组织构架，建立“1+24+21”（“1”为区供稿中心，“24”为乡镇街道，“21”为区级机关特色内容供稿单位）供稿队伍，总学员数突破10万人。开展“2019社科普及活动周”“富春少年人文社科之旅”及“董邦达、董诰全国学术研讨会”等一系列人文社科教育宣传活动和学术研讨活动，9月富阳区社科联获“全国大中城市先进社科组织”称号。

【舆论宣传】 围绕高新产业、重大项目、“三美”建设、“最多跑一次”改革等主题，开展“聚焦三高 服务发展”新闻大行动。组织开展“富阳区庆祝新中国成立70周年升旗仪式”“庆祝富阳区撤市建区五周年”等主题活动28个，持续推进富阳电视台《聚焦一线》品牌栏目建设。“富阳发布”创新运用社交媒体思维，深化打造政务发布主流叙事“网红”，推出阅读量“10万+”文章28篇。富阳区融媒体中心挂牌运营，融媒客户端《爱尚富阳》APP正式上线。

【对外宣传】 2019年各级媒体刊发富阳报道9.71万篇，其中杭州市级以上媒体报道1.63万篇，中级媒体报道2370余篇。全媒体报道富阳“味道山乡”等“美丽大会”系列活动和“富春山居乡村振兴论坛”等重点活动3156条，互动平台阅读量超1700万人次，全网曝光量超5000万人次。组织召开“辉煌70年”等主题新闻发布会12场，推出《如果我在富阳遇见你》《Love the City 富阳》等城市品牌外宣片。

【舆情管理】 制定下发《中共杭州市富阳区委网络安全和信息化委员会工作规则》《“平安护航”70周年网络安全工作实施方案》等文件，编发《网络舆情周报》48期、《网络舆情专报》16期，处置社会热点敏感问题10余个。持续打造“春江时评”网评阵地，推出文章127篇，观点集萃47个，新挂牌“银骥笔谭”工作室1个。持续推进“清朗”专项行动，督促属地网站清除处置违规账号3个。实地检查重要系统和网站单位34家，新增备案网站4家。开展“国家网络安全宣传周”宣传，组织开展网络安全进社区、进校园等活动，覆盖人群1万余人。

【精神文明建设】 区领导分片包干文明创建，分解全国、省、市三级测评任务，完善宣传、督查、通报机制，高标准通过三级城市文明指数测评。季度测评乡镇文明指数，创建区级文明村镇（单位）、区级及以上文明村创成率90%，区级机关创建率100%。新建社区文化家园17家，其中新增杭州市四星级2家、三星级3家，新建孝心车位26个。推进新时代文明实践中心建设，完善群众需求清单、资源清单和项目清单，尝试实体化运作文明实践智慧云平台。开展文明出行、文明餐桌、文明养犬、垃圾分类等主题实践行动，组织机关党员干部、公益组织开展文明劝导志愿服务活动，累计参与3万余人次。开展歌颂祖国 千旗共舞、巾帼助“三高”文明“合家行”、歌唱祖国 匠心筑梦等庆祝新中国成立70周年群众性主题活动，参与家庭近5000户、2万余人次。

【推荐身边好人选树文明家庭】 2019年推荐身边好人49人，金健勇、蒋臻、羊晓君、胡小燕等被评为“杭州市道德模范”和“最美杭州人”。开展评选文明家庭，选树镇街级“星级文明家庭”300余户，其中推荐为区级第二届“文明家庭”候选家庭89户。

【开展第二课堂教育实践活动】 2019年，开展“节气+”“节日+”系列活动100余场。新认定区级第二课堂11家，开展“春泥计划”活动4141次。深化“扣好人生第一粒扣子”，推出“研学旅行”计划，培育洞桥、万市、里山、常绿等一批新劳动教育体验点，参与体验学生近2万人次。

【文化礼堂行政村、乡镇两个“全覆盖”】 富阳区在全省率先实现文化礼堂区域内行政村和高星级礼堂乡镇（街道）两个“全覆盖”，创新推出五大类宣讲服务团成员300人、红色研学路线7条、市级创新案例8个，组建礼堂轻骑兵小分队21支，梳理成员单位服务项目68个，持续推进“扫黄打非”、健康素养、反邪禁毒、党性教育等进礼堂活动，举办各类礼堂活动1.60万场。承办全省第五届“我们的村晚”活动。2019年4月，富阳区被评为首批浙江省农村文化礼堂建设示范区（县、市）。

【开展农村群众性文化活动】 牵头开展“味道山乡”大会等“美丽大会”，持续优化“家在富春江上”文化品牌，开展新中国成立70周年系列纪念活动、读书节、音乐节、非遗展等群众性文化活动和展览338场，举办“欢歌祖国·悦动富阳”庆祝新中国成立70周年乡镇文艺会演PK赛。杭州市第十三届西湖读书节，富阳区获杭州市全民阅读先进单位称号，富阳区公望社区获杭州市“十大书香社区”称号，申屠雨田、蒋国平、孙奎郎、余淑瞻、潘益祥获杭州市“十大书香人家”称号。

【放映农村公益电影】 全年放映农村公益电影3444场。富阳区选送的电影《老师·好》被评为省、市“五个一”工程，越剧《苍生》被评为杭州市“五个一”工程，电影《乌拉》《为了我们的祖国》被评为杭州市文化精品工程项目。

【“扫黄打非”行动】 梳理新闻出版行政权力事项153项。成立区“扫黄打非”领导小组和出版物鉴定小组，组织开展“扫黄打非”五大专项行动、“绿书签”行动和打击网络侵权盗版“剑网”专项行动，全年查处“扫黄打非”案件13起，提前实现全区“扫黄打非”基层站点全覆盖。

【电影产业基地】 制定《富阳区文化产业发展财政专项扶持资金管理办法》，利用之江文化产业带核心区各项利好，扶持培育产业集聚、跨界融合等项目21个。5月20日，北京电影制片厂（杭州）电影产业基地项目正式开工，37家企业与基地签约。文创企业73家入驻省级“春江花月夜”文创街区，其中2家入选第四批浙江省成长型文化企业。7—9月，举办全国艺术院校大学生创新创业大赛系列活动，落地全国大学生创新创业实践基地。11月11日至15日，举办中国（杭州）电影产业高峰论坛和浙江国际青年电影周创投单元活动，落地浙江国际青年电影周创投实践基地，持续打造影视产业高地。

【思想文化队伍建设】 区委宣传部出台《关于进一步加强对论坛、讲坛、讲座、年会、报告会、讨论会等阵地管理的暂行办法》《富阳区党委（党组）意识形态工作责任制清单》等文件，开展由区委常委带队的意识形态工作责任制落实专项督查，组织“微讲堂”“四力学堂”等夜学活动，开展“走亲连心三服务”活动，举办全区新闻发言人（助

2019年11月15日，浙江省国际青年电影周创投实践基地揭牌

（区委宣传部　供稿）

理）培训班。组织“不忘初心、牢记使命”主题集体学习21次，专题研讨会4次。开展“文化兴盛行动”克难攻坚专项破题行动，整改问题8个、调研课题7个和克难攻坚项目8个。

（陆迪军）

统战工作

【构建统战工作新格局】　富阳区委召开统战工作领导小组（扩大）会议1次，审议《区委统战工作领导小组2019年重点工作任务》《2019年度乡镇（街道）、区级机关统战工作考核办法》《关于进一步规范区级机关统一战线工作的通知》以及《乡贤工作有关职责制度》等文件，召开宗教工作、新的社会阶层人士工作等议事协调机构会议5次。结合“走亲连心三服务”以及主题教育活动，区领导参与统一战线各类重要活动30余次，走访联系党外人士300余人次，“三个带头、四个纳入”导向更加突显。

【党外代表人士队伍建设】　结合新中国成立70周年，组织民主党派、无党派人士开展“不忘合作初心、继续携手前进”主题教育活动，组织全区各界人士举办庆祝“新中国成立70周年、人民政协成立70周年、多党合作制度确立70周年”晚会，组织党外代表人士西柏坡培训、主题朗诵会、主题征文等相关活动7次，举办“同心大讲堂”等党外人士专题讲座3期。组织非公有制经济人士开展理想信念教育实践活动，举办红旗渠精神主题教育、企业创新培训等各类专题培训班6期。组织党外人士学习中共十九届四中全会、省市全会以及区委一届六次、七次全会精神6次。

【乡镇（街道）统战工作规范化建设】　细化基层统战工作目标标准，调整完善统战工作考核细则，全面完成乡镇（街道）统战工作，创建统战工作示范点36个，其中综合性示范项目24个、民主党派工作示范点2处、非公经济领域工作示范点2处、党外知识分子工作示范点1处、新的社会阶层人士工作示范点1处、民族工作示范点2处、宗教工作示范点2处、港澳台工作示范点2处。

【民主党派基层组织规范化建设】　8月，下发民主党派自身建设规范化指导意见《纪要》，明确民主党派基层组织理论中心组学习、领导班子议事、民主生活会等3项制度以及成员发展规范。区委统战部把好“选人关、用人关”，完成农工党富阳区基层委员会、民盟富阳区基层委员会两个基层委下属支部的换届，提升民主党派组织的战斗力和凝聚力。

【区级机关统战工作规范化建设】　下发《关于进一步规范区级机关统战工作的通知》，明确机关统战的主要任务、工作主体、工作对象、工作内容和基本方法，特别明确机关统战工作涉及的体制机制、方法举措、重点领域以及相应的支持保障。梳理制定统战工作履职清单，逐条逐项提出区级机关各单位

2019年9月25日，富阳区举行“同心同行七十年，凝心聚力新时代”主题庆祝活动

（区委统战部　供稿）

统战工作重点任务，为构建大统战工作格局提供保障。区公安局、教育局、卫健局、行政服务中心等单位在宗教反渗透、党外代表人士培养、行业乡贤统战工作以及机关统战阵地建设等方面探索与实践。

【“凝心聚力共建新城”主题活动】 组织区各民主党派、统战团体围绕全区“三高”发展确定调研重点课题13个，撰写调研报告15篇，通过“请你来协商”、民主议政会、建言直通车等形式向区委区政府专题反馈。开展以“打造最优营商环境”为主题专项民主监督，着眼部门单位办事效率提升、人才引育留用、企业融资难、科技创新支持等内容，组织各类民主监督活动10余次。组织各方面力量参与社会服务，农工党富阳区基层委急救公益项目、民盟富阳区基层委“垃圾分类进校园”社会教育活动、民建富阳区支部“同在蓝天下”帮扶结对、同心公益牵头“同心村”项目等，全年开展各类社会服务活动70余次，受益群众1.3万余人。由工商联发起“对口帮扶献爱心，凝心聚力助脱贫”活动，17家骨干企业一次性捐助资金1600余万元，400余家会员企业订购消费大礼包11224份。由富阳区新的社会阶层人士联谊会牵头实施“山海协作同心圆梦微心愿行动”、“圆梦课桌”活动，为进一步深化富阳与缙云、锦屏的帮扶结对工作提供有效支撑。

【搭建党外人士成长成才平台】 出台《杭州市富阳区党外代表人士队伍建设实施方案（试行）》，制定党外代表人士“123”梯队培养计划，包括重点代表人士100名、党外代表人士200名和后备人选300名，通过细化发现储备、教育培训、评价管理、安排使用等环节要求，为提升全区党外代表人士队伍规范化建设水平提供有效支撑。借助侨联、民主党派基层组织、知联会、新企联换届以及政协委员调整的契机，扩大选人视野，将统一战线各领域优秀党外人才放到党派团体中任职锻炼，进一步提升能力、发挥作用。

【经济领域统战工作】 进一步完善《富阳区异地商会工作经费奖励办法》，提升异地商会在“双招双引”（招商引资、招才引智）中的积极作用。全年走访在外富商近100人、企业30余家，召开座谈会3次，帮助做好项目对接、政策指导、部门协调等工作。调查研究民营经济领域，撰写《关于“留心留根”工程实施情况调研报告》《关于富阳区实施“亲商卡”制度的调研报告》等文章，提供民营经济营商环境、转型发展、企业建设等方面情况。指导诚信担保审批程序提速，审批时间由20个工作日压缩至10个，全年为39家企业担保3900余万元。抓好新生代企业家联谊会自身建设，组织学习培训、经验分享、联络联谊等各类活动20余次。

【民族宗教工作】 做好佛教协会换届工作。举办“中国佛教讲经交流会”、2019年“多彩浙江·民间民俗——周雄孝文化节”活动，打造“畲族文化广场”，举办第六届“三月三”民族文化节，挖掘双江村“畲族文化”底蕴。春江街道、大源镇育才小学、区教育局、华达新材料等7个单位创建“少数民族之家”。杭州日月电器股份有限公司新疆籍少数民族务工人员的管理服务工作得到中央新疆工作协调小组办公室肯定。

【海外统战工作】 7月，“侨家大院”和“海外交流中心”挂牌启用。启动以新侨风采展示、活动联谊、创业创新等为核心内容的“银湖新侨港”建设。承办杭州市侨联“庆祝新中国成立70周年——翰墨富春江书画作品邀请展”活动。举办2019“青芒计划”之留学生交流互动分享会。11月，召开区第六次归侨侨眷代表大会。全年走访涉侨企业30余家、涉侨人士200余人，接待海外侨胞、高层次人才到富阳交流考察23批次276人。

【乡贤统战工作】 出台富委办〔2019〕1号文件《关于加强新时代乡贤工作的实施意见》，明确新时代乡贤工作总体要求和“5个100”工作目标，成立由区委书记任组长的乡贤工作领导小组，设立乡贤办公室，调配专职工作人员4名。打造“六有六化”（有机制、有组织、有保障、有载体、有特色、有作用；工作系统化、资源序列化、参与社会化、履职多元化、品牌层次化、价值中心化）乡贤工作体系，全区范围内摸排乡贤人士2852名，重点人士200余人，实现24个乡镇（街道）乡贤联谊会、乡贤阵地“全覆盖”，90余个村（社区）成立联谊会组织。通过联谊会平台，广大乡贤积极参与产业发展、乡村振兴、民生改善、社会治理等方面工作，全年经乡贤牵线，引进或意向引进项目64个，涉及总投资127.97亿元，乡贤参与各类强村富民活动101次，受益群众49973人，帮助化解矛盾纠纷1020件。

【统战宣传】 发挥“一网一刊一微信一电视专栏一报纸专刊”宣传阵地宣传统战工作。在《杭州日报》《富阳日报》和富阳电视台等主流媒体发表各类统战宣传稿件60余篇；富阳电视台《同心同行》栏目制播统战宣传12期；“富阳统战”官方微信平台发布宣传稿件300余条，其中被中央、省、市统战部录用工作信息20余篇。“杭州统一战线”微信平台录用27条，富阳区委统战部获杭州市统战宣传工作二等奖。 （楼宗熠）

巡察工作

【概况】 2019年，富阳区委巡察机构聚焦“六个围绕、一个加强”（围绕党的政治建设、思想建设、组织建设、作风建设、纪律建设和夺取反腐败斗争压倒性胜利等情况，进行全面政治体检，加强对上届巡视整改情况的监督检查），突出政治建设，聚焦政治责任，强化政治监督，深化政治巡察。巡察乡镇（街道）党（工）委8个、机关部门党组织11个、国有企业党组织5个、村（居）党组织121个、重点项目10个。发现问题3873个，移交问题线索225件，推动立案85件，采取留置措施2件，移送司法机关5人，党纪政务处分69人，组织处理212人，提醒谈话3248人次，建立和完善制度626个，收缴(退回)资金20050万元。

【优化制度建设】 出台《杭州市富阳区政治巡察主要内容及问题表现》，梳理出监督重点及表现形式70项398条。以“制度树”建设为总目标，整合完善6个综合指导类文件制度，制定17个工作程序类制度，修订15个内部管理类制度，建立12个协作配合类机制。建立巡察与纪检监察、组织、宣传、信访、编办、财政、审计、人社、司法、公安、法院、检察院等12个部门的协作配合机制。巡察前突出信息沟通，用好已有监督成果；巡察中突出监督手段支持，加强对问题的深入了解；巡察后突出整改日常监督，综合用好巡察成果。

【巡察全覆盖】 2019年，开展区委巡察。采用“常规巡+联动巡+回访巡”的方式开展巡察，巡察24家单位党组织，发现问题917个，移交问题线索67件。实现乡镇（街道）党（工）委巡察全覆盖。开展专项巡察。组建10个专项巡察组，采取“点穴巡+联动巡+竞争巡”的方式，巡察重点项目10个，发现问题156个，移交问题线索70件。开展村(社)延伸巡察。统筹乡镇(街道）力量，组建24个巡察组，采取“交叉巡+分类巡+机动巡”的方式，实现村（社）延伸巡察“全覆盖”，巡察村（社）党组织121个，发现问题2768个，移交问题线索118件。开展人防系统腐败问题上下联动专项巡察，发现问题20个，移交问题线索1件。全年，区委书记组织召开书记专题会议3次，作出批示5次，约谈被巡察单位党组织书记及班子成员4次58人次。区委巡察工作领导小组召开巡察中期汇报会3次，移送重要问题线索19条，召开领导小组会议3次。

【巡察方法创新】 巡察工作建立“三专”。抓总有“专员”，指定党组织副书记作为巡察整改的总牵头，统一指挥、统一调度；协调有“专班”，抽调专职人员成立问题整改“专班”，统筹协调推进整改工作；落实有“专人”，每个问题都有专人负责，按照时间节点，保质保量完成整改。建立“六账”。根据区委书记专题会议审定结果，分类移交反馈，进行“建账”“分账”；对被巡察党组织报告的整改情况，及时进行“对账”“核账”；整改结束后，以“回访检查”的形式对整改情况进行“查账”“销账”。开展“六督”。区委书记对书记专题会议上点到的重点人、重点事、重点问题“亲自督”，纪委、组织部对被巡察党组织问题整改情况开展“日常督”，巡察办以“一周一督一通报”的形式开展“周周督”，巡察组不定期开展“回头督”，组织大起底“年年督”和全公开“社会督”，采取多层次、全过程的督查，形成头尾相接、环环相扣的整改闭环。

2019年1月2日，区委第二巡察组巡察区水利水电局党委工作动员会召开

（区巡察办 供稿）

【巡察工作公开】 加大宣传力度。拍摄巡察工作专题片，在富阳电视台播出；制作动画《巡察告知》，进驻期间在被巡察单位公共场所滚动播放；《富阳日报》开辟“书记谈巡察”专栏，邀请被巡察单位党组织书记“谈认识、谈变化、谈打算”；撰写“巡察体会、巡察案例、巡察故事”，编成小册子下发。畅通信访渠道。张贴巡察公告，设立举报信箱，及时公开巡察组地址、电子邮箱、举报电话等；利用信息化手段，设立“码上举报”信访平台，“扫一扫”二维码就可随时反映问题；发现的问题及整改的结果在《富阳日报》公开。2019年，纪检监察机关受理群众信访量同比下降36.70%，群众对巡察工作和整改工作的总满意率分别为95.69%和96.26%。

（蒋琳琳）

机构编制工作

【完成党政机构改革】 2019年1月，印发《杭州市富阳区机构改革方案》，召开全区“三定”（定职能配置、定内设机构、定人员编制）工作培训会，通过“三上三下”审核程序，及时协调解决各类意见，3月完成39家部门和24个乡镇(街道)的“三定”印发，统筹做好办公用房调配、印章刻制启用、新机构挂牌、干部配备、人员转隶等工作，4月份配套推进机关事业单位地理信息更新、统一社会信用代码变更、档案交接、资产交接、权力清单调整、职责边界梳理等后续工作，全面完成改革任务。改革后，全区设置党政机构37个。其中党委机构11个，含纪检监察机关1个和工作机关10个；政府机构26个，含办公室和工作部门24个、市级部门派出机构3个（其中市规划和自然资源局富阳分局、市医疗保障局富阳分局计入

2019年1月22日，富阳区机构改革人员转隶和"三定"工作动员培训会召开
（区委编办　供稿）

机构限额，市生态环境局富阳分局不计机构限额）。在教育文化、卫生健康、医疗保障、退役军人服务、应急管理、市场监督等领域组建了新机构。

【推进其他领域改革】　10月，完成3家生产经营类事业单位改革、五大领域综合行政执法改革实施方案和机构组建挂牌，53家承担行政职能的事业单位实现还政予政，明确25项职责；国有企业重组，印发5家国有企业"三定"，将国企机构调整、编制使用纳入编办日常管理，人员管理实行实名制；优化富春湾新城管委会、龙门景区管委会机构职能编制配置。

【乡镇（街道）属地清单】　梳理乡镇（街道）法定职权67项、区乡联动事项59项、"一票否优"及责任书（状）事项27项，重新定位乡镇（街道）8项主要职能，形成富阳区乡镇（街道）属地清单，助力减轻基层负担。被杭州市考评办公室采用，并向全市推广。

【牵头推进机关内部"最多跑一次"改革】　牵头38家单位258个事项以及21项联办事项的流程图编制，梳理办事指南，推进网上应用的开发、优化、整合。实现248个事项最多跑一次，申请材料压缩32.83%，办结时限压减49.42%，均超省市标准。

【规范机构编制管理持续加强】　召开区机构编制委员会会议2次，办理各类机构编制事项15项。严格用编计划，下达用编计划892名，统筹教育系统未来三年退休人数用于招录高层次人才。提升实名制管理水平，建立实名制系统与养老金系统、工资系统的常态化比对机制。开展机构改革、事业单位法人治理、网站挂标等专项检查，配合巡察、审计等做好专项检查。

（姜伟锋）

信访工作

【领导重视信访】　2019年，区委常委会专题研究部署下山异地搬迁、"最多访一次"等信访问题。区委、区政府领导亲力亲为，亲自阅批群众来信，区委书记402件，区委副书记、区长179件，区主要领导批示重要访情32件；区领导批示包案化解信访142件。每月召开区信访联席例会，带头落实信访值班，区领导参加信访值守174人次，接待群众266批957人次；跟踪督办解决问题，交办266件，已办结化解266件。按照《杭州市富阳区信访工作责任制实施细则》，从严查处信访工作责任不落实、不到位现象，纪委问责信访工作中信息不灵、措施不力、落实不严、管理不善造成不良后果的区管干部5名。

【推进初次信访程序改革】　4月25日始，在富春街道、鹿山街道、湖源乡开展初次信访"最多访一次"试点，7月全区全面推进。明确"两降两升"（新增积案率下降、越级访人员下降，办理质量上升、网络信访占比上升）工作目标，提出"一访六办"（初次信访；属地代办、首接首办、部门联办、接访领办、重点跟办、考核督办）工作机制，持续发力推动初访事项化解。建立日清周研月结机制，持续跟踪督促初访事项办理情况，提升化解效率，确保"事事有回音，件件有着落"。对初次越级上访事项，经综合研判，对其合理诉求部分，以《重要信访摘报》等形式呈报相关区领导阅批，提升初访化解效率。

【依法维护信访秩序】　在《富阳日报》、微信平台和电子屏幕上，开展主题为"依法逐级上访、打击违法信访行为"的宣传，报纸有版面、电视有画面、新媒体有消息。通过乡镇（街道）、部门向信访重点人发放宣传资料、每日接访大厅滚动播放依法信访宣传片等，营造依法信访、理性维权氛围。对初次越级上行、扬言越级上行等人员，会同公安、属地和相关部门，开展联合接待，依法教育、告诫。对重复越级上行人员，落实最高人民法院、最高人民检察院、公安部《关于依法处理信访活动中违法犯罪行为的指导意见》，配合公安部门进行依法处理。

【实现无信访积案区】　持续推进"无信访积案区"创建活动，统筹推进信访积案化解工作，消存量、控增量。2019年，国家级积案9件全部办结，无省级交办积案，重点人员全部输入省统一政务平台和区大维稳平台，分类分级逐案落实稳控力量和责任人；新增积案25件，化解率93.95%，新增积案率0.66%。富阳区再次被省信访工作领导小组命名为"无信访积案"县（市、区）和"零进京扰序"县（市、区）。

富阳区人民来访联合接待中心

（区信访局 供稿）

【统一平台高效运转】 2019年，开展现场督查58次，电话督查4300余件，向承办单位主要领导发出督办函50个。《富阳日报》刊登《区长在线》栏目36期，《富阳日报》上每月公告承办单位效能指数排名。在区政府领导接听、局长接听日基础上，推出“乡（镇）长、街道办主任接听日”活动。全年区级机关一把手21位、乡镇（街道）长（主任）24位接听群众来电584件。富阳区信访室获杭州市“工匠杯”政务热线技能大赛团队二等奖、杭州市先进团支部、富阳区级巾帼文明岗。

【启用“信访超市”】 2019年10月14日，区级“信访超市”投入使用，采取“5+X”模式入驻单位，整合人民来访联合接待中心、公共法律服务中心、社会治理综合指挥中心（简称综治中心）、“12345”统一政务咨询投诉举报平台等线上线下平台，实现衔接基层“四个平台”、“110”与“12345”统一政务咨询投诉举报平台有关业务，并在“12345”统一政务咨询投诉举报平台中心设立工作专席，打造一窗受理，所有来访事项均前台受理、后台代办，做到一条龙服务，全链条解决。至年底，接待群众2186批4698人，批次、人次分别比上年同期下降2.50%和2.40%。（钱 生）

党校教育

【学习贯彻习近平新时代中国特色社会主义思想】 富阳区委党校把学习贯彻习近平新时代中国特色社会主义思想和中共十九届四中全会会议精神作为重大政治任务，全校上下以学懂、弄通、做实为根本，精心打磨，力求实效，推出《党的十九届四中全会精神解读》《提升党员修养》《经济宏观形势分析》《全面改革开放》《乡村振兴》等新课程，为全区党员干部开展培训宣讲。

【“不忘初心、牢记使命”主题教育】 区委党校在区委第五巡回指导组的指导和监督下，按照“守初心、担使命，找差距、抓落实”总要求，整体谋划、全面部署、上下联动、扎扎实实，全校开展“不忘初心、牢记使命”主题教育，校领导班子集中学习研讨10场43人次，领导班子上党课3次，支部书记上党课1次；普通党员学习交流16场360人次。领导班子和全体党员开展思想大讨论2场27人次；检视查摆问题6个，整改6个；完成调研课题3个，领办克难攻坚项目3个。主题教育期间，区委党校设立“不忘初心，牢记使命”主题备课组3个，打造一节供全区学习宣讲的主题教育课，在全区宣讲39场次，受众2500余人次。校领导班子带领全校教职工前往环山乡诸佳坞村开展“三服务”活动，深入群众、深入基层，帮助解决实际困难和问题。

【基层教学调研联系点】 党校针对基层党员需求，建立送课下村、定期调研机制，解决基层党员干部培训覆盖面窄、针对性不强、教师接地气不够等问题。出台《现场教学基地管理办法》《富阳区委党校基层教学调研联系点教师工作量考核办法》等制度，把50个基层教学调研联系点建设工作纳入全区党建与党校教师工作量考核，建立双向考核机制。2019年，校领导和15位老师分赴点上调研163次，联系点授课83场次，参训基层党员6500余人。

【接待外地到富阳培训】 2019年，区委党校推出对外培训线路2条，即“美丽乡村”培训线路和“最多跑一次改革”与“三服务”培训线路。“美丽乡村”培训把东梓关村、龙门和洞桥文村串连起来，介绍富阳总体做法和成功经验；“最多跑一次改革”与“三服务”培训把行政服务中心和村、企业连接起来，宣传富阳在营商环境建设和服务企业、服务基层、服务群众方面的扎实举措和成效。2019年，富阳区委党校接待外地到富阳培训25个班次，学员1106人；接待外地到富阳现场教学87场次，培训学员6145人，其中，省委党校28个班次1647名省内外领导干部到富阳开展现场教学，大部分是处级干部和省市中青班学员，推动富阳特色亮点工作的传播度与美誉度。

【“三高”专题培训班】 干部教育培训中立足区情与干部队伍思想状态，培训内容突出针对性和实效性。围绕全区中心工作，推动区委“三高”发展战略部署落地，2019年重点举办针对性较强的“领导干部周末学习大讲堂”、年轻干部“三高”发展专题进修班、领导干部“三高”发展高级研修班，参加学员313人。

2019年6月22日，富阳区领导干部"周末学习大讲堂"开班

（区委党校　供稿）

【干部培训】 根据区委《富阳区2019年度干部教育培训计划》，党校发挥主渠道作用，全年举办各类培训班128期，培训学员20740人次；开展社会宣讲234场，受众29044人次。

【教学科研咨政】 2019年，区委党校编撰《领导参阅》5期；报送营商环境打造、激活市场主体、美丽乡村建设、壶源溪流域联动发展、三江汇流区域等主题的咨政报告5篇，获得区委书记朱党其、区长吴玉凤等主要领导重要批示；咨政报告《激活更多市场主体　打造更优营商环境》《握指成拳　聚力乡村振兴可持续发展——关于推动壶源溪流域（富阳段）联动发展的调查与思考》分别获2019年全省党校系统决策咨询评比一、二等奖。科研论文获省委党校理论研讨会二等奖1项、三等奖5项；在省级重要期刊《观察与思考》《杭州蓝皮书》等发表文章4篇。杭州市党校系统微课比赛中，教师徐梦怡和程成分别获第一名和第五名。富阳区委党校作为省委党校教学基地首次授牌。

（张琦迪）

党史　地方志工作

【完成《中国共产党富阳历史第三卷》（1978—2002）初稿编写】 在2018年编写基础上，2019年继续推进富阳地方党史第三卷编写工作。至12月底，完成初稿编写，全书共五编约60万字。

【继续推进新四军两渡富春江纪念馆史料征集工作】 在上年工作基础上，1月起，征集组对布展文案进一步修改细化，同时赴安徽、北京、许昌及临海、义乌、桐庐、黄山等地（市）征集史料及实物，对布展文案进行补充完善。5月底完成布展方案送审稿，报送省、杭州市党史专家审阅。11月底，完成布展方案定稿。

【开展红色资源普查】 5月，根据杭州市委党史研究室的统一部署，制定工作计划发动全区各乡镇街道及有关部门，对全区红色资源进行普查。共获得相关红色资源线索共251处（个），后期梳理整合并报请杭州市委党史研究室批准后正式认定红色资源42处。

【推出首批7条红色研学路线】 9月11日，结合"不忘初心、牢记使命"主题教育，区委组织部、区委宣传部、区史志办、区文广旅体局、有关乡镇（街道）共同推出7条红色研学线路，组织全区党员开展"红色研学"。首批推出的7条红色研学线路以富阳自然资源、红色资源、文化资源和"三美"建设成果为依托，突出富阳本地特色。同时，发挥"红色研学"的辐射带动作用，推动偏远乡村的农家乐、民宿等新经济、新业态发展，助力乡村振兴。

【命名首批党史教育基地】 9月27日，富阳首批12处党史教育基地授牌仪式在区文化中心举行，区委常委、组织部部长仰中旻参加。为深入贯彻习近平总书记关于加强党史、新中国史教育的重要讲话精神，进一步发挥党史资政育人作用，加强对革命历史文化遗产的保护和

2019年10月24日，红色记忆——"奋斗与梦想"富阳历史图版展开展

（区委党史研究室　供稿）

利用，结合“不忘初心、牢记使命”主题教育，对全区红色资源进行梳理，命名富阳革命烈士纪念碑等12处红色场馆（遗址）为富阳首批党史教育基地。命名区县级党史教育基地，为杭州地区首创。

【编印《奋斗与梦想——中国共产党富阳历史图集》】 9月27日，《奋斗与梦想——中国共产党富阳历史图集》编印出版，该书为纪念富阳解放70周年而成，时间上限始于1921年7月，下限至2019年8月，按“时经事纬”编排，内容紧扣富阳地方党组织创建、壮大及富阳人民进行革命斗争、社会主义建设和改革开放这条主线，以中共党史为背景，分为“浴血奋斗，千年古城迎解放”“艰辛探索，社会主义建设在曲折中发展”“春江潮涌，描绘富春山居新画卷”“富阳红色胜迹（场馆）”四个部分，共收录图片380余幅。

【新中国成立70周年系列纪念活动】 4月30日，联合富阳日报社推出《听亲历者讲述那段烽火岁月》专栏，采访了四位富阳、新登解放亲历者，引领读者回忆当年的峥嵘岁月。5月配合富阳电视台做好《壮丽70年奋斗新时代》栏目，展现富阳70年奋斗史。6-7月，在富阳日报推出《老区新貌》专栏，确定了银湖街道唐家坞村、鹿山街道陆家村、龙门镇、常绿镇、湖源乡、场口镇下图山村、常安镇小剡村、灵桥镇等8个革命老区镇（村），党史专家陪同报社记者进村采访镇（村）发展变化，从革命老区的发展来体现富阳的发展变化。11月，联合区文广旅体局、档案馆开展红色记忆——“奋斗与梦想”富阳历史图版展，全面展示富阳新民主主义革命、社会主义建设和改革开放时期的光辉历程。

【入围全国地方志工作先进典型推荐对象】 围绕“党史姓党、存史资政、厚植人文、彰显特色”的工作要求，继承创新、积极有为，切实做好党史地方志征编、研究、宣传、教育工作，深入挖掘、整理地方党史和地情资源，着力提升富阳文化竞争力和发展软实力，为建设富裕阳光的大都市新型城区提供历史经验和智力支持。2019年，入围全国地方志工作先进典型推荐对象（杭州各区县市唯一）。

【指导地情文献编纂和成果应用】 加大对富阳区各机关、乡镇街道、行政村编纂地情文献指导力度，配合完成《富阳市人民代表大会志》《湘溪志》公开出版，指导完成《富阳移民志》送审稿、《渌渚镇镇志》初稿，启动场口镇《东梓关村村志》编纂工作。加大地方志研究成果应用，为富阳城市文化陈设规划、新登古城文化开发、精品街改造等提出积极意见和建议。

【《富阳年鉴（2019）》出版发行】 12月，《富阳年鉴（2019）》由方志出版社正式出版发行。全书共73.1万字，集资料、信息、知识于一体，以文字记述为主要形式，采用分类编纂法，由卷首、百科、卷尾3个基本部分组成，以类目、分目、条目3个层次为框架结构。全书设33个类目，223个分目，1560个条目。全面、客观地反映了2018年富阳区政治、经济、文化、社会、生态文明和党的建设中取得的新成就、新经验和新问题。是富阳历史上第24部综合年鉴。

（汪校良　刘亮）

档案工作

【综合档案馆业务评价】 区档案馆通过“示范”级浙江省市县级国家综合档案馆业务评价。摸清馆藏家底，至年底，馆藏档案94966卷、111603件。规范全宗卷管理，编制全宗介绍和《档案馆全宗指南（初稿）》。重新整理和编目各门类零散档案资料，整理图书期刊1292册、光盘1355张、宗谱155册、实物67件、书画206件、人物档案185件、会计2996卷、敌伪档案1556卷、干部销毁资料4526卷。有序开展档案鉴定开放工作，鉴定划控开放档案50个全宗20余万条。

【省级数字档案馆评估】 区档案馆通过省级数字档案馆评估。推进信息化软硬件平台建设，完善馆内信息化平台应用，通过馆藏新系统的日常使用、赋权自助查档及个性化的需求试用意见反馈，逐步完善系统功能。增加堡垒机、入侵防御等网络安全设备，提升档案数据安全性。2019年，部署实施馆（室）一体化系统、档案数据长久保全系统2个项目，完善软件平台架构。

【档案利用服务】 深化推行长三角区域民生档案“异地查档、便民服务”合作，区档案馆通过浙江省档案服务网受理网上查档169例，受理省际间查档4例。全年接待档案利用者4068人次，利用档案90808卷次11283件次，复制档案29044页。

【档案接收】 区档案馆对区婚姻登记处、区妇联等8家单位档案的电子目录核对、原文数据核检、成果修正补充，接收文书档案44578卷、1100件；电子影像90万多页、容量1235.50GB。开展“杭黄高铁”实时征集活动，策划“杭黄高铁我见证”“陪乡贤回家，留档案永存”征集工作方案，征集照片633张、实物18件、车票47张。征集《富春直塘俞氏宗谱》等宗谱10部38册。征集富阳籍院士蔡荣根照片、珍贵合影3幅；蒋金乐捐赠《富春山水图实景摄影卷》（仿真件）1件；收录《在龙门读中国》等文献资料6册、富阳日报合订本12本；接收娄永根捐赠藏品匾额2幅、楹联7幅；东吴公园书法作品41幅、光盘2张。

【档案库房智能化管理】 在安装库房智能密集架软件系统基础上，与馆藏数字档案馆系统、RFID电子标签管理系统的两轮对接和调试，进一步提高档案馆库房智能化水平，大大提升管理效率。制定《富阳区档案馆消防安全应急预案》，自查自纠档案安全风险隐患，同时结合消防应急演练，开展档案馆消防设施安全大检查，提升档案馆应急处置能力，筑牢档案安全防线。

2019年9月22日，“家是最小国，国是千万家”——庆祝新中国成立70周年家书分享会举办　（区档案馆　供稿）

【馆藏档案数字化】　按照“存量档案数字化”和“增量档案电子化”要求，数据上传、成果核查馆藏52个全宗、6000余卷件、13000余条目录，压缩挂接原文数据92万余页。馆藏纸质档案数字化率达到90%，完成音视频的数字转换。启动目录数据和影像数据二轮质检工作，校对、补扫和修改档案2600余卷、3.90万余件；出入库清点上架档案103个全宗1.60万余卷1.60万余件、质检档案23个全宗4527卷；录入民国人物卡片信息4239张。

【继续推进“最多跑一次”改革】　拆分及调整浙江政务服务网权力事项和公共服务事项；颗粒化优化确认高频事项；使用推行电子证照共享平台；做好民生事项“一证通办”“就近办”工作等。通过局域网设置和专线铺设，馆内外同步启用馆藏新系统，提高数据协同性，新登、龙羊、场口三地群众可就近同步查阅相关民生类档案，真正实现“数据多跑路，群众少跑腿”。

【提供档案文化服务】　以主题教育活动为契机，区档案馆与区史志办、区文广旅体局等单位联合主办“红色记忆——奋斗与梦想”富阳历史图片展，彰显红色基因，传承红色文化，接待党员干部党性教育23批次5000余人次。庆祝新中国成立70周年，联合举办“追梦富春·国旗下的诵读”“家是最小国，国是千万家——家书分享会”“公益故事会”“我和祖国共成长”“郁达夫杯——让祖国富强”青少年现场创意写作大赛等系列活动，参加活动及受教育人数达3万余人次。

【培育档案文化品牌】　培育档案记忆品牌，编撰《富阳古今地图集》《富阳历史上的今天》等编研成果，印制清代“春江八景”明信片，举办“馆藏人物档案展”。组织开展“如果档案会说话——寻访富阳名人足迹”系列活动8期，受到家长及青少年欢迎。以“古今富春——富阳区档案史料展”为依托，做好展厅接待来访、团队讲解工作，接待团队51批，参观人次3000余人。8月12日，获杭州市富阳区第二课堂基地称号。　（陈　明）

老干部工作

【概况】　至2019年年底，全区离休干部87人，其中副县职以上离休干部2人，杭州市属代管2人，易地安置离休干部12人。退休干部7280人，其中副县级以上退休干部29人，机关单位退休干部2011人，事业单位退休干部5269人。

【服务保障】　贯彻落实中央、省、市关于保障离退休干部“两项待遇”的实施意见，保障老干部政治、生活待遇。政治待遇方面：每年定期召开全区及各基层单位政情通报会，通报有关情况，听取意见建议；组织老干部开展“走、看、促”活动，实地考察开发区、街道社区治理、富春湾新城等地，亲身感受富阳经济社会发展变化，提出的意见建议得到区主要领导的批示和肯定。生活待遇方面：落实老干部服务“五必访”（生病必访、去世必访、家中发生重大事件必访、情绪有较大波动必访、重大节日必访）制度，做细走访、做精慰问、做优体检、做好调研。精准服务离休干部，做到“一人一策”。在广泛走访听取95名离休干部意见建议基础上，10月开始探索实施离休干部居家养老第三方服务。

【打造机关党建品牌】　开展老干部党支部“一支部一品牌”活动，创建“心系三农、服务三农”“心系学生、关爱明天”等党建特色品牌85个，提升离退休干部支部活力，发挥离退休党员干部在乡村振兴、基层治理、城市品质提升等方面作用。开展“争做最美老干部、人人增添正能量”“寻找最美现象”主题活动，评选最美老干部团队、最美离退休党支部、最美老干部支部书记、最美老干部80个。10月，全区机关党建推进会上作经验交流发言，“老党员驿站”作为考察现场接受参观。

【设立老党员驿站】　5月，在老干部活动中心设立“老党员驿站”，接待单位党组织58家、老党员1458名。开展重温一次党的光辉历程、举行一次入党宣誓、发放一张政治生日卡、开展一次特色主题活动、分享一句“微感言”的“五个一”规范化党内组织活动。11月，杭州市离退休党支部书记及老干部工作者参观“老党员驿站”。

2019年3月8日，富阳区老年大学400余名学员围绕庆祝中华人民共和国成立70周年，拍摄《我和我的祖国》《国歌》快闪

（区老干部局 供稿）

【品牌工作室建设】 2019年，全区离退休党员干部1800余名参与“进社区、亮身份、献余热”活动，到社区15个公益岗位服务，打造社区工作品牌。共有“解忧工作室”“春江心语工作室”“银发天使工作室”“银骥笔谭”舆情工作室等特色品牌工作室4个。其中“解忧工作室”在富春街道城西社区和后亭子社区2个点，主要参与居民纠纷调解、心理疏导等工作，入选“2018年度杭州市老干部工作十件实事”之一。

【区老年大学建设】 区老年大学改善课程设置、教学内容，开好各类主题班会，打造精品课程；优化招生管理办法，提高教育资源利用率，缓解老年大学教育资源紧张与广大老年人学习需求强烈的矛盾；探索毕业制，在部分课程中开展学员学制管理办法试点，解决部分优势课程报名紧张问题；探索开展送学进社区活动，出台《富阳区老年大学学员参加社会活动试行办法》，以“服务富阳四态转型”“建和富裕阳光大都市新型城区”等主题，规范以老年大学名义参加的各类活动行为，学以致用，发挥骨干作用，主动走进社区课堂，向更多的老人传播积极上进的思想理念和科学文化知识，向社会传递社会主义核心价值观。组织老年大学400余名学员围绕庆祝中华人民共和国成立70周年，拍摄《我和我的祖国》《国歌》快闪征集“我和我的祖国”主题征文数篇，被中央、省市媒体“学习强国”栏目录用，“富阳发布”微信公众号展播“最美”系列累计点赞量5万+，“富阳老干部局”微信公众号被评为“全省老干部系统十大微信号”。

【老年志愿服务队】 加强对老干部协会组织的管理，采取活动经费项目化管理，确保协会活动政治方向准、正能量发挥明显。突出特长优势发挥充分，组建志愿服务队，积极创设平台，组织老干部，挖掘9个老干部协会和老年大学资源，利用各协会（队）的特长，组建建言献策、网络传播、社会治理、红色讲师、科技指导、河长助理、文艺宣传、美丽摄影、韵墨惠民等“银骥助力”富阳老干部银色人才志愿服务团队9个，志愿者约350人，定期开展形式多样的志愿活动，服务中心、服务社会。 （朱夏玲）

关心下一代工作

【传承红色基因教育】 开展“传承红色基因，争做时代新人”红色传承活动，挖掘本地红色基因，发挥档案馆、博物馆、纪念馆等革命传统教育基地作用，注重实践体验，组织青少年走进爱国主义教育基地，亲身感受红色基因的强大魅力。每个乡镇街道推出红色基因展示，加强对青少年的教育。2019年年底，富阳区有抗日战争胜利浙江受降纪念馆、富阳党史教育基地、灵桥镇新华村红色展览馆等青少年红色教育基地12个，全年参与活动青少年2.63万余人，“五老”（老干部、老战士、老专家、老教师、老模范）人员128人。

【假日爱心学校】 2019年，全区共创办“假日爱心学校”138所，班级188个，招收学生5079人。其中全日制45所、村主办43所、村校联办18所、企业主办23所、社区主办28所、珍琦公司冠名15所。富春街道创办28所招收817人，23个乡镇街道创办4所及以上，21个乡镇街道招收百人以上。7月3日至8月26日，平均上课时间22天。“假日爱心学校”的师资团队强大，全区参与教学与管理志愿者2247名，其中“五老”人员263名、在职教师志愿者1174名、回乡大学生299名，社会各界爱心人士511名。内有党员1162名、班主任250名。开展第五届假日好声音比赛、“假日爱心学校”主题征文活动、爱心游泳班等活动。11月1日，中国关工委常务副主任张玉台对《富阳区2019年“假日爱心学校”很有“料”》的上报材料作重要批示：“杭州市富阳区关工委创办‘假日爱心学校’很有特色，课程设置合理、办法机制有效、取得成效明显，希望能不断总结经验，长期坚持把‘假日爱心学校’越办越好。”

【创办爱心游泳基地】 2019年，区关工委联合富中青少年体育俱乐部，继续创办“爱心游泳基地”，建立培训点7个，举办公益免费“爱心游泳培训班”8个，参与青少年700名。2012—2019年共八届，免费培训学生近3700名，帮助困难民工子女、“留守儿童”掌握游泳技能及溺水施救技能，减少溺水事故的发生。

【非公企业关工委组织建设】 2010年始，探索在非公有制企业（简称非公企业）中建立关工委组织，至2019年，全区建立非公企业关工委93家，通过抓思想道德教育、抓法制宣传、抓技能培训、抓企业文化、抓助学帮困，合力促进企业发展。各非公企业关工委开展新员工培训、知识竞赛、“3·5”学雷锋、慰问敬老院、清明节祭扫革命烈士墓、“五四”职工运动会、“七一”党建文艺晚会等活动累计726场次，进行思想道德、法律法规和爱岗敬业教育，宣扬先进，表扬好人好事，引导青年员工好学上进，提高员工的整体思想素质。

【宣传报道】 2019年，区关工委向各类媒体投稿，被各大报刊、杂志、网站、电视、广播录用稿件726篇，其中《中国火炬杂志》、中国火炬杂志网录用521篇。在《中国火炬杂志》、中国火炬杂志网、浙江教育新闻网、浙江在线新闻网、《浙江日报》、《杭州日报》、《浙江关工委网站简报》及富阳的新闻媒体深入报道富阳区关工委品牌工作。7月9日，《浙江日报》、浙江电视台记者到富阳实地采访“假日爱心学校”办学情况，后《浙江教育报》《浙江工人报》《浙江老年报》《都市快报》《钱江晚报》等记者相继到富阳实地采访。同时，通过“全球V直播”平台网络视频直播“假日爱心学校”启动仪式、第五届“假日好声音”、暑期爱心游泳班开班仪式等多个活动。直播浙江、富阳论坛、富阳在线三个平台关注人数达14多万人。其中“假日爱心学校”启动仪式4.74万人，假日好声音比赛6.79万人，爱心游泳培训班开班仪式3.58万人。

11月，抗日战争胜利浙江受降纪念馆被杭州市关工委例入市关心下一代教育基地。区关工委获该年度浙江省关心下一代工作先进集体，骆金木获浙江省关心下一代工作先进个人。（骆金木）

【编　辑　沈绍坤】

6 杭州市富阳区人民代表大会

Hangzhou Fuyang District People's Congress

重要会议

【区十六届人大三次会议】 2019年1月15—18日举行，出席会议代表249名，列席会议人员305名。会议听取和审查区人民政府工作报告、区人大常委会工作报告、区人民法院工作报告、区人民检察院工作报告，批准上述报告。审查和批准富阳区2018年国民经济和社会发展计划执行情况的报告及2019年国民经济和社会发展计划，审查和批准富阳区2018年财政预算执行情况的报告和2019年财政预算。会议投票表决2019年政府民生实事项目，依法表决通过裘富水为区十六届人大财政经济委员会主任委员（兼），依法选举裘富水为区十六届人大常委会副主任；方炳林、张生良、钟怡媛为区十六届人大常委会委员。

1月15日下午，召开预备会议，选举产生大会主席团成员48名，选举赵玉龙任大会秘书长，通过大会议程。会议期间，举行全体会议4次、主席团会议5次。

本次大会收到代表议案和建议242件，涉及民生保障26件、工业经济15件、农业经济29件、现代服务业7件、城乡基础建设71件、资源管理14件、社会事业发展58件、其他12件，不予立案10件。其中，“提升农村人居环境，打造小城镇整治升级版，实现乡村振兴”“优化营商环境，加大扶持力度，推进民营经济健康地高质量发展”2件列为大会议案，由区人大常委会主任会议集体督办，区人民政府区长牵头办理，其余均作建议处理，交相关部门处理。建议中反映高品质城市建设、基层医卫保障能力提升、城市交通整治疏导、小区物业管理、垃圾分类管理、农村饮用水保障等建议，代表们反映比较集中，呼应群众的迫切愿望，比较客观、准确地反映富阳区产业发展、城市建设和社会治理等方面的问题。会后，区人大常委会将这些建议优先确定为重点建议进行督办。

【区十六届人大常委会第十八至第二十七次会议】 2019年，区十六届人大常委会举行会议10次，听取和审议专项工作报告14个，发出审议意见书7份，作出决议、决定16项。

区十六届人大常委会第十八次会议于1月10日召开。主要议题：（1）审议并表决杭州市第十三届人大代表补选有关事项，通过关于接受林国蛟辞去杭州市第十三届人大代表职务的请求报告和补选裘建平为杭州市第十三届人大代表的报告；（2）初审区2018年国民经济和社会发展计划执行情况与2019年国民经济和社会发展计划草案的报告；（3）初审区2018年财政预算执行情况和2019年财政预算草案的报告；（4）初审区2018年环境状况和环境保护目标完成情况报告；（5）初审区人大常委会工作报告（草案），表决通过区人大常委会2018年工作要点（草案）；（6）征求对区人民政府工作报告（征求意见稿）、区人民法院工作报告（征求意见稿）、区人民检察院工作报告（征求意见稿）的意见；（7）初审2018年政府民生实事项目投票表决办法（草案）；（8）初审2019年区政府民生实事候选项目；（9）听取区十六届人大三次会议筹备工作情况的报告；（10）审议并表决通过区十六届人大三次会议日程（草案）、有关名单（草案）和选举办法（草案）、《关于通过杭州市富阳区第十六届人民代表大会财政经济委员会主任委员人选的办法（草案）》以及区十六届人大三次会议关于代表提交议案截止时间的决定（草案）等；（11）听取并审议区十六届人大代表资格审查委员会关于代表资格审查的报告。

第十九次会议于1月14日召开。主要议题：审议并表决代表有关事项，表决通过关于接受孙柏平辞去杭州市富阳区第十六届人民代表大会代表职务的议案，听取并审议区十六届人大代表资格审查委员会关于代表资格审查的报告。

第二十次会议于1月19日召开。主要议题：听取区政府关于机构改革情况的说明，审议并表决有关人事任免事项。

第二十一次会议于6月14日召开。主要议题：（1）听取和审议区政府贯彻实施大气污染防治“一法一条例一规定”工作情况的报告和区人大常委会执法检查情况的报告，表决通过《关于进一步加强大气污染防治“一法一条例一规定”贯彻实施工作的审议意见》；（2）审议并表决通过《杭州市富阳区人民代表大会代表议案和建议处理办法（修改稿）》；（3）审议并表决有关人事、代表事项，决定接受侯明平辞去杭州市富阳区人民政府副区长职务，决定接受庞洪涛、毛超彦辞去杭州市富阳区第十六届人民代表大会常务委员会委员职务，免去包杰峰杭州市富阳区人大常委会东洲街道工作委员会主任职务、叶建华杭州市富阳区人大常委会办公室副主任职务、俞培永杭州市富阳区人大常委会银湖街道工作委员会副主任职务，任命李云峰为杭州市富阳区人大常委会东洲街道工作委员会主任、凌忠良为杭州市富阳区人大常委会银湖街道工作委员会副主任。

第二十二次会议于7月24日召开。主要议题：（1）审议并表决通过《关于批准杭州市富阳区2018年财政决算的决议》以及《关于批准杭州市富阳区新增地方政府债券预算调整的决议》；（2）书面审议区政府关于杭州市富阳区2017年度预算执行情况和其他财政收支情况审计意见落实情况的报告；（3）听取和审议区政府关于杭州市富阳区2018年度预算执行情况和其他财政收支情况审计工作报告，表决通过对区政府《关于杭州市富阳区2018年财政决算草案和2019年上半年财政预算执行情况的报告》和《关于杭州市富阳区2018年度财政预算执行和其他财政收支情况的审计工作报告》的审议意见；（4）听取区政府关于政府民生实事项目进展情况报告。

第二十三次会议于9月29日召开。主要议题：（1）听取和审议区政府关于美丽经济发展情况的报告和区人大常委会关于富阳区美丽经济发展情况的调查报告，表决通过《关于对美丽经济发展工作报告的审议意见》；（2）听取和审议区政府贯彻实施促进科技成果转化“一法一条例”工作情况的报告和区人大常委会执法检查情况的报告，表决通过《关于检查促进科技成果转化“一法一条例”执行情况的审议意见》；（3）听取和审议区检察院公益诉讼工作情况的报告和区人大常委会关于对区检察院公益诉讼工作的调查报告，书面审议两名检察官履职情况报告和区人大常委会关于两名检察官履职情况的调查报告，表决通过《关于区检察院公益诉讼工作情况报告的审议意见》；（4）听取和审议区政府关于杭州市富阳区2019年1—8月国民经济和社会发展计划执行情况与政府投资项目计划调整草案的报告以及区人大常委会关于富阳区2019年1—8月国民经济和社会发展计划执行情况与政府投资项目计划调整草案的审查报告，通过《关于杭州市富阳区2019年1—8月国民经济和社会发展计划执行情况与政府投资项目计划调整草案的审议意见》；（5）听取和审议区政府关于2018年度全区国有资产管理情况的综合报告，书面审议富阳区2018年度企业国有资产、行政事业性国有资产和国有自然资源资产管理情况三个专项报告，听取和审议区人大常委会关于2018年度全区国有资产管理情况的综合报告和三个专项报告的审查报告，表决通过《关于杭州市富阳区2018年度国有资产管理情况的综合报告和三个专项报告的审议意见》；（6）审议并表决人事任免和代表工作有关事项，决定接受黄玉林辞去杭州市富阳区第十六届人民代表大会常务委员会委员职务，任命赵胤哲为杭州市富阳区人大常委会办公室副主任。

第二十四次会议于11月29日召开。主要议题：（1）听取和审议2019年区政府民生实事项目完成情况报告；（2）听取和审议区政府关于2019年财政收支预算第二次调整的报告和区人大常委会关于2019年财政收支预算第二次调整方案（草案）的审查报告，表决通过《杭州市富阳区人大常委会关于批准2019年财政收支预算第二次调整的决议》；（3）审议并表决人事任免和代表工作有关事项。

第二十五次会议于12月12日召开。主要议题：（1）听取和审议杭州市富阳区第十六届人民代表大会第四次会议议程、日期（草案）；（2）听取和审议关于召开杭州市富阳区第十六届人民代表大会第四次会议的决定（草案），表决通过《关于召开杭州市富阳区第十六届人民代表大会第四次会议的决定》；（3）审议并表决人事任免有关事项，免去谢芳杭州市富阳区人大常委会农业和农村工作委员会副主任职务，任命谢芳为杭州市富阳区人大常委会办公室副主任、马灵根为杭州市富阳区人大常委会农业和农村工作委员会副主任。

第二十六次会议于12月27日召开。主要议题：（1）听取和审议杭州市富阳区人民政府关于区十六届人民代表大会第三次会议代表议案建议办理情况的报告；（2）听取和审议杭州市富阳区人大常委会各街道工作委员会工作报告；（3）审议并表决通过《杭州市富阳区人大常委会理论研究委员会和工作委员会调整名单》；（4）审议并表决人事任免有关事项。

第二十七次会议于12月31日召开。主要议题：审议并表决代表工作有关事项。

常委会监督工作

【法律监督】 6月，执法检查大气污染防治“一法一条例一规定”贯彻实施情况。针对能源结构不够合理、治理系统性不够强、治理标准不够明确等问题，建议推进大气污染防治法律法规宣传经常化，加快推进工业生产清洁化、扬尘治理规范化、车船尾气控制和油烟治理精细化、农业废气治理科学化、监督管理系统化。

是月，专题调研全区扫黑除恶专项斗争工作情况。针对宣传成效不够明显、线索排摸不够深入、责任落实不够到位、机制建设不够重视等问题，建议进一步统一思想，提高政治站位；进一步宣传发动，提高工作实效；进一步统一标准，坚持依法办案；进一步聚力攻坚，深化“打伞破网”；进一步夯实责任，强化源头治理。

是月，监督检查《中华人民共和国文物保护法》《浙江省文物保护管理条例》贯彻实施情况。针对文物保护管理工作尚未在区级层面统筹起来、文物保护整体实力不强、文物保护区划的公布及文物考古勘探工作难以及时到位、文物保护与社会经济发展矛盾相对突出等问题，建议进一步加强领导，积极提供组织保障；进一步强化措施，夯实文保工作基础；进一步突出工作重点，着力提高文保水平；进一步加强合理利用，深入开发文物价值。

9月，执法检查促进科技成果转化"一法一条例"贯彻实施情况。针对思想认识局限、体制机制约束、产学研结合不够紧密、创新环境有待优化等问题，建议加大政策法规宣传力度，进一步营造科技成果转化的良好氛围；继续完善政策体系，推动法律法规落地生根；强化高校院所和创新平台建设，提高科技成果供给质量；统筹安排创新资源，引导全社会加大研发投入力度。

是月，专题调研区检察院公益诉讼工作情况。针对机制建设有待完善、认知度有待提高、工作保障有待加强等问题，建议增强责任感，将公益诉讼工作作为围绕中心、服务大局的重要举措；加大宣传力度，提高公益诉讼制度的社会知晓度；健全完善协作机制，调动检察院内部、区级行政机关和社会力量各方工作积极性；注重通过办理典型案件，提升工作质效；加强队伍建设，根据工作需要配足配强人员。

【工作监督】 4—6月，专题调研区供销总社"三位一体"建设情况。针对改革的合力有待进一步增强、为农服务平台建设有待进一步加强、为农服务能力有待进一步提升等问题，建议加强组织领导，凝聚工作合力；坚持问题导向，提升服务能力；创新服务模式，助推乡村振兴。

7月，听取和审议区政府关于杭州市富阳区2018年度预算执行情况和其他财政收支情况审计工作报告。建议区政府注重审计结果运用，加大对审计查出问题的整改力度，完善政策制度，对审计问题的整改情况实施跟踪监督。

7—9月，专题调研美丽经济发展情况。针对美丽经济缺乏整体规划、要素保障不足、品牌缺乏竞争力等问题，建议科学规划，合理布局；融合发展，提质增效；完善机制，强化保障。

7—9月，专项监督全区国有资产管理情况。针对管理不够重视、责任意识淡薄、制度体系不够健全、国有资产管理基础不够夯实、国有资产管理绩效不够理想等问题，建议持续强化国有资产管理责任，提高国有资产管理重要性的认识；努力夯实国有资产管理基础，实现全区国有资产动态化管理；建立科学规范的国有资产监管机制，统一规范全区国有资产配置、使用、处置、收益等一系列监管制度；切实增强国有资产运行绩效，完善国有资产收益管理制度。

7—9月，专题调研富阳区安置房建设工作情况。针对项目建设滞后、配套设施不全、质量监管有待加强等问题，建议进一步统一思想，加快安置房建设进度；加强统筹谋划，做深做实安置房建设前期工作；加强安置房管理力度，提高安置小区居住环境质量；加大资金保障力度，提高安置房资金管理使用绩效；进一步调整完善安置政策，减轻政府负担

11月，听取和审议2019年区政府民生实事项目完成情况报告。建议区政府及相关部门继续高度重视民生实事办理工作，对已完成的项目做好巩固提升；对未完成的项目要倒排工期，抓住最后一个月时间，在保证质量的前提下，加快施工，确保在人代会上向全体人大代表交出一份满意的答卷。

重大事项决定

【常委会决定】 7月，听取和审议区政府关于杭州市富阳区2018年财政决算和2019年上半年预算执行情况及新增地方政府债券预算调整的报告。针对财政资金管理不够有力、政府专项整合不够到位、绩效评价体系不够完善、部门预算执行不够规范等问题，建议进一步加强财政预算管理，进一步保障财政平稳运行，进一步发挥财政资金效用。会议通过《关于批准杭州市富阳区2018年财政决算的决议》以及《关于批准杭州市富阳区新增地方政府债券预算调整的决议》。

9月29日，区第十六届人大常委会第二十三次会议听取和审议区政府关于杭州市富阳区2019年1—8月国民经济和社会发展计划执行情况与政府投资项目计划调整草案的报告。会议同意区政府提出的部分政府投资项目计划调整方案。针对经济发展下行压力加大、产业结构调整任务艰巨、项目前期不够充分等问题和困难，建议加快转型升级，增强发展后劲；完善决策机制，提升项目实效；落实部门职责，强化项目监管。会议通过《关于杭州市富阳区2019年1—8月国民经济和社会发展计划执行情况与政府投资项目计划调整草案的审议意见》。

11月29日，区第十六届人大常委会第二十四次会议听取和审议区政府关于2019年财政收支预算第二次调整的报告。会议决定批准区政府提出的《关于杭州市富阳区2019年财政收支预算第二次调整的报告》和2019年财政收支预算第二次调整方案。会议通过《杭州市富阳区人大常委会关于批准2019年财政收支预算第二次调整的决议》。

人事任免

【任免干部】 区人大常委会坚持党管干部原则和人大依法任免干部相统一的原则，全年依法任免国家机关工作人员78人次，其中接受辞职4人。

1月19日，区第十六届人大常委会第二十次会议表决通过，任免21人次；6月14日，区第十六届人大常委会第二十一次会议表决通过，任免31人次，其中接受辞职3人；9月29日，区第十六届人大常委会第二十三次会议表决通过，任命1人，其中接受辞职1人；11月29日，区第十六届人大常委会第二十四次会议表决通过，任免17人次；12月12日，区第十六届人大常委会第二十五次会议表决通过，任免6人次。12月27日，区十六届人大常委会第二十六次会议表决通过，任免2人。

代表工作

【代表活动】 做好民生实事项目监督。组织代表积极服务民生改善，开展区政府民生实事项目监督工作，切实发挥人大代表在监督政府工作中的重要作用。出台《关于对2019年区政府民生实事项目开展专项监督的通知》，明确总体要求、具体安排和监督事项。由区人大常委会各委办牵头，组建监督工作组10个、监督小组29个，按照“一事一方案，一项多小组，一季一督查，半年一报告，一年一测评”工作法，将“一府两院”工作报告会与“民生福祉擂台大比武”相结合，政府民生实事项目责任单位负责人上台陈述，人大代表和市民代表现场提问，并对民生实事项目满意度进行测评，当场公布测评结果。比武全程现场直播，点击量超过10万人次，在线观看3万余人次，网民留言1200余条，民生实事项目赢得更多关注，进一步扩大社会监督面。

做优代表履职服务。坚持做好代表履职培训，组织区十六届人大全体代表赴安吉集中履职培训，组织2018年度代表履职积极分子赴闽西赣南原中央苏区所在地进行履职能力提升培训，进一步增强代表的履职信心。加强常委会与代表的联系，主任会议成员全年集中走访联系代表450余人次，常态化组织代表列席常委会会议、执法检查、调研视察等活动。在区融媒体和“富阳人大”微信公众号等平台，开设“代表风采”专栏专版，宣传报道代表履职事迹，不断激发代表履职热情。

做实代表联络站建设。始终把代表联络站建设作为人大密切联系群众的主平台、主抓手，提出“站在一线”的建设标准，坚持“站点设置在一线、代表履职在一线、解决问题在一线”。以杭州“最美人大代表联络站”建设为契机，推进全区24个乡镇（街道）74个代表联络站规范化建设。围绕高质量转型发展，指导新登镇在城市有机更新一线建立联络站、场口镇在叶盛村整村搬迁指挥部建立联络站、灵桥镇在“杭州高新区（滨江）富阳特别合作区”建立联络站等，实现代表联络站由覆盖“全域化”向功能“实效化”转变。

【指导乡镇（街道）人大工作】 指导乡镇人大结合实际，创新工作方式方法，有效形成“人大一盘棋，全面树品牌”的工作格局。新桐乡建立“年轻代表主题发言”制度；渌渚镇成立“阿德哥”“小娘舅”代表调解室；永昌镇实行民生实事项目“代表验收签字”制度；大源镇构建“定单、派单、跟单、晒单”民生实事监督体系；常安镇在各行政村设立“代表工作室”；龙门镇推行“政府重大项目代表参与方案论证”制度等。

修订完善《乡镇（街道）人大信息宣传工作考核办法》，建立健全信息宣传联系制度。改版升级“富阳人大”微信公众号，全方位、广视角、多层次反映人大工作动态。一年来，春江街道“小队会”、胥口镇“代表包干制”、大源镇“代表联络卡”等工作多次在全国及省市媒体上报道，有效提升人大信息宣传工作的影响力。在“杭州市第二十八届人大好新闻”评选中，富阳日报《议案建议改变我们的生活》荣获二等奖、富阳电视台《人大代表周五坐班制，服务选民零距离》荣获三等奖。

2019年7月29日，富阳区一府两院工作报告会暨民生福祉擂台大比武举行
（区人大办　供稿）

议案建议

【议案建议办理】 修订完善《代表议案和建议处理办法》，对议案建议的提出、交办、领办、跟踪督查、结果评价等各环节提出更高要求，明确各承办单位在建议办理工作答复后，做好“再协调、再落实”工作，并将办理结果按规范报送。常委会主任会议成员牵头对大会议案2件和重点建议2件开展督办，专门召开议案建议办理工作评议会，推动议案建议办理取得实质性成效。

区十六届人大三次会议收到代表建议232件，交由46个单位办理，所有建议全部在规定期限内办理完毕并答复代表。其中《关于把“富阳样板”的小城镇综合整治经验向一般行政村延伸的建议》等11件建议合并为大会1号议案，《关于解决中小企业“融资难、融资贵”问题重在落实的建议》等21件建议合并为大会2号议案。《关于要求综合考虑、合理安排背街小巷整治项目的建议》《关于加强公共体育运动场所建设的建议》等26件建议合并为2件重点建议。

区十六届人大三次会议代表建议解决率为84%。代表提出的建议，已经解决或基本解决的（A类）103件，占44.40%；正在解决或列入规划逐步解决的（B类）93件，占40%；因目前条件所限暂时难以解决或留作参考的（C类）31件，占13.40%；与法律法规、政策不符的（D类）5件，占2.20%。代表对办理态度的满意率为100%；对办理结果表示满意的231

2019年7月29日，区人大代表视察2019年区政府民生实事项目进展情况
（区人大办 供稿）

件，表示基本满意的1件，满意和基本满意率为100%。

【大会议案】 1号议案《提升农村人居环境，打造小城镇整治升级版，实现乡村振兴》：一是高起点谋划，出台《关于推进新时代美丽乡村建设的实施意见》，实施三年行动计划，进一步规范美丽乡村创建项目及资金管理办法、规划设计导则、项目设计单位准入要求；二是高品质建设，开展环境整治，打造精品项目，培育美丽产业，引入美丽经济项目20个；三是高标准服务，落实美丽城镇创建“一镇一规划、一镇一方案”、美丽经济建设“一镇一业”。

2号议案《优化营商环境，加大扶持力度，推进民营经济高质量发展》：一是深化简政放权，着力激发市场活力，以“最多跑一次改革”为牵引，不断深化商事登记制度改革，推进“互联网+政务服务”，打造企业开办“全生命周期”服务；二是落实减税降费，切实增强企业获得感，及时有效落实中央和省市大规模减税降费政策，先后出台五大产业（工业、服务业、开放型经济、金融和农业）政策、“留心留根”、富阳“新制造业计划”26条以及上官球拍、永昌“三行业”整治系列专项政策，并加快政策兑现；三是回应企业关切，聚力提供优质服务，深入开展“走亲连心”三服务，加大产业供地保障，深入推进融资畅通工程，加大人才的引育和扶持力度；四是提升园区建设，聚力增强基础配套，加强产业平台公共服务配套，加快“三铁三高三快速”等重大骨干交通建设，制定出台《关于印发杭州市富阳区加快推进小微企业创新园建设的实施意见（试行）的通知》，从园区面积、产业定位、功能配套、运营管理等方面着手，理清每个园区的优势与短板。

（刘 哲）

【编 辑 沈绍坤】

7 杭州市富阳区人民政府
Hangzhou Fuyang District People's Government

重要会议

【区政府全体会议】 2019年2月21日下午，区政府召开第五次全体（扩大）会议，深入学习贯彻中共十九大和十九届二中三中全会、中央经济工作会议精神和习近平总书记系列重要讲话，以及省、市委全会、省市“两会”和区委一届六次全会、区“两会”精神，围绕政府工作报告确定的各项工作，聚焦重点，抓好落实，确保全年经济社会发展目标任务顺利完成。

8月26日上午，区政府召开第六次全体（扩大）会议，以习近平新时代中国特色社会主义思想为指导，深入学习贯彻中共十九大和十九届二中、三中全会精神，全面落实全省政府数字化转型大会和区委一届七次全会要求，以政府数字化转型为抓手，全力推进政府职能转变，切实优化政务服务，打造一流营商环境，推动高新产业发展，加快建设富裕阳光的大都市新型城区。

【区政府常务会议】 全年召开区政府常务会议21次，讨论研究事关全区经济和社会事业发展的重大问题和重要事项。

1月3日下午，区政府召开第39次常务会议。会议审议2019年政府工作报告、2018年预算执行情况和2019年预算草案。

1月7日上午，区政府召开第40次常务会议。会议审议《富阳区医疗卫生服务共同体建设实施方案》《杭州市富阳区2018年环境状况和环境保护目标完成情况》《富阳区人民政府与浙江省石油股份有限公司合作框架协议》《钢圈厂路企业搬迁相关政策》。

2月2日上午，区政府召开第41次常务会议。会议审议区政府与浙江中医药大学和浙江省中医院战略合作框架协议、杭州抱团科技有限公司等4家企业要求给予政策扶持的相关事宜。

3月4日下午，区政府召开第42次常务会议。会议审议人才公寓（人才限价房）上市交易政策，并讨论研究干部人事工作。

3月21日下午，区政府召开第43次常务会议。会议审议《招引高学历人才到富阳工作三年行动计划》《富阳区人民政府与财通证券战略合作协议》《富阳区机械行业落后设备及工艺核查处置实施方案》《杭州富春湾新城热力规划调整、污水调配调价方案》，以及关于给予工商银行富阳支行、国家开发银行浙江省分行和富阳农商银行社保基金存款定向支持的建议。

4月12日下午，区政府召开第44次常务会议。会议审议《富阳区打赢蓝天保卫战行动计划》《杭州富春湾新城2019年农居征迁计划》《富阳区推进更高水平气象现代化和亚运会气象服务能力提升实施方案》《富阳区政府投资项目前期生成决策机制实施办法》《富阳区政府投资项目估算控制指标体系》《富阳区关于应对贸易摩擦保持出口稳定增长的补充意见》《“金固股份”大股东纾困扶持计划建议方案》，以及富阳区政府与中国电建集团华东勘测设计研究院有限公司签署战略合作框架协议事项。

5月15日上午，区政府召开第45次常务会议。会议审议《杭州市富阳区“小微企业三年成长计划”（2018—2020年）实施方案》《关于鼓励球拍企业入园提升发展的若干意见》，以及桂花路精品街区实施方案。会议还学习国务院《政府投资条例》和《重大行政决策程序》，并讨论研究干部人事有关工作。

6月4日上午，区政府召开第46次常务会议。会议审议《富阳区原机关事业单位养老保险统筹参保人员养老保险关系衔接实施方案》。

6月19日下午，区政府召开第47次常务会议。会议听取关于开展富阳区违建别墅问题清查整治专项工作的情况汇报，讨论研究银湖36号地块出让条件有关事宜、生态墓地建设规划、循环经济产业园生活垃圾焚烧PPP项目相关工作、关于加快制造业数字化改造的实施意见和干部人事有关工作。

7月10日下午，区政府召开第48次常务会议。会议听取减税降费政策对富阳区财政收支影响的分析汇报、东大道阳光城翡丽海岸项目调整方案有关情况汇报，讨论研究“富阳双创产业研究院”及“富春湾伯乐国际人才科技创新研究院”

相关合作事宜、建立科技型中小企业贷款风险池基金相关工作，审议《杭州市富阳区关于加快推进小微企业创新园建设的实施意见(试行)》《杭州市富阳区村级小型工程项目实施管理办法》。

7月31日下午，区政府召开第49次常务会议。会议审议杭州市富阳区皇天畈水系综合规划局部调整报告、2019年富阳区第一期高层次创新创业人才“5110”计划A类项目、《富阳区永昌镇“三行业”整治提升实施方案》，讨论研究2019年政府投资项目调整计划。

8月9日下午，区政府召开第50次常务会议。会议听取《杭州市富阳区2019年上半年法治政府工作报告》，审议杭州市富阳区行政规范性文件清理结果、《杭州市富阳区2019年度重大行政决策事项目录》《杭州市富阳区2019年法治政府建设工作要点》《杭州市富阳区饮用水水源取水口上移“钱塘187” 水功能区水环境功能区划分优化调整初步方案》《杭州市富阳区深化“最多跑一次”改革推进政府数字化转型实施方案》《浙江三星热电有限公司腾退补偿方案》。与会人员还集中学习国务院新修订的《政府信息公开条例》。

8月20日下午，区政府召开第51次常务会议。会议审议《富阳区关于深化农村家宴放心厨房创建提升的实施意见》《杭州高新区(滨江)与富阳合作框架协议》《大盘山隧道区域综合开发实施方案》。

9月2日下午，区政府召开第52次常务会议。会议审议《杭州市富阳区高新潜力企业培育工作实施意见》《关于农村饮用水区级统管工作的实施意见》《关于推进新时代美丽乡村建设的实施意见》。

9月20日上午，区政府召开第53次常务会议。会议听取关于生猪增产保供工作、贯彻落实全国禁毒示范城市创建推进会议精神及强化富阳区禁毒工作、上海光机所杭州分所2019年运营经费及近期重点任务的情况汇报，审议《关于促进和保障新沙岛绿色发展的若干意见》《富阳区鼓励社会力量投资公共停车场（库）实施意见》《富春街道湖塍村城中村自主改造方案》。

9月30日下午，区政府召开第54次常务会议。会议审议《杭州富春湾新城2019年工业企业拆迁计划》《杭黄高铁片区一平方公里综合开发项目实施方案》和2018年度富阳区工业企业亩产效益综合评价工作结果。

10月15日下午，区政府召开第55次常务会议。会议审议《杭新景高速公路灵桥互通迁建工程项目合作备忘录》《杭州市富阳区秦望通道工程特许经营权项目实施方案》《杭州市富阳区委 富阳区人民政府关于全面落实预算绩效管理的实施意见》，讨论研究杭富城际铁路附属配套工程（彩虹快速路西延）和宋家塘车辆段上盖物业预留工程委托代建事宜，学习《地方党政领导干部食品安全责任制规定》及中央、省市相关文件、会议精神。会议还听取全区市场监管（食品安全）工作情况汇报。

10月30日上午，区政府召开第56次常务会议。会议审议《〈杭州市富阳区人民政府关于实施“新制造业计划”推进制造业高质量发展的实施意见〉具体政策解释说明》《杭州市富阳区竹纸产业整治提升实施方案（2019—2021年）》，讨论研究进一步给予浙江金固股份有限公司纾困支持的相关事宜。会议还学习《中华人民共和国土地管理法（2019年修正版）》，并讨论研究干部人事有关工作。

11月25日上午，区政府召开第57次常务会议。会议学习《中华人民共和国统计法》《关于深化统计管理体制改革提高统计数据真实性的意见》《统计违纪违法责任人处分处理建议办法》《防范和惩治统计造假弄虚作假督察工作规定》，讨论研究杭州宏华数码科技有限公司项目有关政策和钱江海关驻富阳办事处搬迁方案，审议《富阳区推进更高质量和更充分就业三年行动计划（2019—2021年）》《关于杭州市富阳区2019年财政收支预算调整的报告》《关于加强全区应急救援力量建设的实施意见》。

12月12日下午，区政府召开第58次常务会议。会议审议杭州银湖激光科技有限公司项目合同有关事项、富通新一代信息技术产业园项目“一企一策”政策及《杭州市富阳区促进建筑业发展实施意见》《关于加强物业综合管理工作的实施办法》《关于进一步推进政府数字化转型加强政府投资信息化项目管理的办法（试行）》，并听取关于调整富阳区经济适用住房市场评估价格有关情况。

12月19日上午，区政府召开第59次常务会议。会议听取法治政府建设工作汇报，审议富阳区循环经济产业园餐厨垃圾处置PPP项目实施方案及《富阳区政府和社会资本合作项目管理办法》《关于调整完善小学教育和成人教育管理体制实施意见》《青鸟控股集团有限公司杭州富春湾双语学校项目框架协议》《富阳区扶持影视产业发展若干意见（试行）》。

【区长办公会议】 全年召开区长办公会议12次，会议内容一般为回顾总结上月政府工作，研究部署当月政府工作重点。

【区政府专题会议】 全年召开区政府专题会议100余次，主要研究和讨论事关全区经济和社会各项事业发展的专项问题。

【其他重要会议】 区政府全年主持召开其他重要会议：区政府第五次全体（扩大）会议、2019年全区安全生产暨消费安全工作会议、城市大脑工作推进会、全区农村饮用水达标提标工作推进会、2019年民生实事大比武暨政情通报会协调会、全区道路交通安全综合治理行动半年度推进会、2019年法治政府建设工作会议暨府院联席会议、区政府第六次全体（扩大）会议、富阳区迎接第二轮中央生态环保督察工作部署大会、区政府党组“不忘初心、牢记使命”主题教育专题民主生活会征求意见座谈会、杭州市富阳区垃圾分类工作推进会、相约富春•2019国际新材料秋季峰会、区政府与区总工会第十次联席会议、全国小城镇试点工作现场会。

重要政事

【新设立非常设机构】 区政府根据工作需要新设一批非常设机构，主要有杭州市富阳区人民政府办公室机构改革领导小组、富阳区产业创新服务综合体建设工作领导小组、富阳区城区环境综合整治工作领导小组、富阳区打击非法捕捞工作协调小组、富阳区高标准基本农田建设工作领导小组、富阳区绿道建设推进领导小组、富阳区农贸市场建设提升工作领导小组、富阳区清理整治不规范地名工作领导小组、富阳区实施“护校安园”行动区级工作专班、富阳区渣土消纳审批工作领导小组、富阳区治理车辆超限超载工作领导小组、富阳区紫云山庄小区综合整治工作领导小组、富阳区综合供能服务站建设领导小组、杭州富春湾新城造纸配套企业腾退工作专班、杭州市富阳区农村生活污水治理设施提升改造工作领导小组、杭州银湖科技城环境综合整治工作领导小组、浙江省人民医院富阳院区项目建设工作领导小组、浙江省中医院富阳院区项目建设工作领导小组、杭州绕城西复线富阳茶园综合体项目推进工作专班、富阳区矿地综合开发利用工作领导小组、富阳区省级山水林田湖草生态保护修复试点建设工作领导小组。

【调整非常设机构】 区政府根据工作需要调整一批非常设机构，主要有：北支江综合整治工程及水上运动中心项目推进指挥部、富阳区城市有机更新领导小组、富阳区打击走私综合治理领导小组、富阳区农业水价综合改革工作领导小组、富阳区食品安全委员会、富阳区医疗卫生服务共同体管理委员会、富阳区治理城市交通拥堵工作领导小组、杭州市富阳区道路交通安全工作领导小组、杭州市富阳区治理固体废弃物工作领导小组、富阳区循环经济产业园项目推进工作领导小组办公室、富阳区农村饮用水安全提升保障工作领导小组、杭州市富阳区大气和土壤污染防治工作领导小组、杭州市富阳区产业发展引导基金管理委员会、杭州市富阳区人民政府防汛防台抗旱指挥部、杭州市富阳区政府数字化转型（智慧电子政务建设）工作领导小组、杭州市富阳区机关事业单位养老保险制度改革工作领导小组。

政务工作

【外事工作】 制定《富阳区委外事工作委员会工作规则》和《富阳区委外办工作细则》，重新修编完善《领导干部因公出国（境）管理规定》，建立《富阳公民境外安全保障联动机制》。全年共组织出国团组4个，教师培训团组1个，丰富外事交流形式和内容。上线2个机关内部“最多跑一次”外事工作平台，企业邀请外国人来华审核、因公出国（境）报批等业务均可实现线上办理。全面强化涉外管理，全年共审核邀请外国人到富阳133批147人次，未发生一起涉外维稳事件。累计摸排公共外语标识3万余处，整改6125处。成功举办富阳群山文化学堂，并组织优秀学员赴群山开展文化体验。

【督办工作】 对《政府工作报告》涉及的目标任务、重要工作和民生实事工程细化分解，通过“一单位一任务书”的形式进行集中交办。通过办公室协同办公网，每月督查民生实事项目、重点工作的节点进度完成情况。组织民生实事擂台比武，扎实推进省、市、区三级民生实事项目。围绕“三高”建设、安置房建设、重点项目建设等年度中心工作，落实线上、线下督查，每月现场督查重点工作，形成督查专报28期。建立区领导批示闭环办理机制，实现区领导批示无纸化交办，落实领导批示每周反馈梳理，每月办理汇总，每季度回头看，跟踪督办销号管理，全年办结率达98%。

【“两会”议案建议和提案办理】 全年共办理区级人大代表建议232件、政协委员提案180件；按时办结率100%，人大代表满意率100%，政协提案满意率100%。

【政务信息】 进一步加强信息员队伍、数字化采编、调查研究机制三大建设，围绕中心工作，高质量上报富阳区特色亮点工作和政策落实情况，为上级政府提供决策参考。全年被省市录用上报专报信息45篇，获得省市领导批示49个。新劳动教育、人生一件事等9项工作获省市领导肯定，“富阳模式”向全省或全市推广。在省、市政务信息考核中分列第9名和第3名。

【公文处理】 区两办联合印发《关于整治形式主义突出问题切实减轻基层负担的若干意见》，防止“文来文往”现象复燃抬头。坚持发文依据可靠、发文程序合规、发文主体规范的标准，严控发文数量与质量，特别是纯表彰性文件和重点精简的三类文件。2019年，政府下发三类文件33个，占全年可发文总数82%；各部门下发三类文件168个，占全年可发文总数84%；除三类文件外，政府全年发文264个，同比减少30%。全年接收各类公文和资料4648件，实现接收零疏漏，办理零差错。 （莫徐曼）

行政服务

【办理行政服务事项总量】 2019年，进驻区行政服务中心（含新登、场口分中心）的部门（单位）36个，派驻工作人员360人，设置服务窗口145个，共办理行政审批服务事项133万余件，办结率100%。

列入“最多跑一次”事项611项，其中实现“简化办”事项447项、“就近办”事项339项、“网上办”事项2224个子项、“移动办”常用事项276项、自助办事项271项，实现率100%。

集中审批服务事项731项，其中行政许可事项199项、行政确认事项61项、行政给付事项29项、裁决3项、征收7项、奖励1项、公共服务35项、其他便民服务事项248项；水电气等9家单位公共服务148项。

办理各类交易事项988项，交易总量额429.82亿元。其中建设工程交易项目324项，交易金额

2019年1月14日，区领导为新行政服务中心揭牌

（区行政服务中心　供稿）

201.34亿元，节约资金20.98亿元，节约率9.44%；政府采购项目56次，采购金额4.09亿元，节约财政资金4891.81万元，节约率11.96%；国有土地使用权出让103宗，交易额221.90亿元；各类产权交易515项，增加收入2.49亿元。完成小额交易3054项，交易金额17.29亿元，节约资金3.16亿元，节约率18.26%。

【率先群众办事最多跑一次】　杭州市富阳区“最多跑一次”改革专题组办公室（简称区跑改办）和杭州市公安局富阳分局为牵头单位，成立专门班子集中力量攻坚。在颗粒化事项梳理基础上，按“一件事”要求梳理流程，进而串联成全生命周期，极大便利群众办事。通过源头受理、再造流程、数据共享，实现“人生一件事”9个阶段、28个“一件事”168个联办事项的“一站式办理”。年直接受益19万余人，减少群众跑腿89.60万余次。富阳改革“人生一件事”受到《新华每日电讯》《中国改革报》《法制日报》等国内主流媒体40余家关注，8月17日和9月24日中央电视台《壮丽70年奋斗新时代——共和国发展成就巡礼勇立潮头看浙江》和《我们走在大路上》栏目播放，2020年3月获浙江省“最多跑一次”改革创新优秀实践案例。

【深化办事“最多跑一次”企业改革】　开设常态化企业开办专窗，企业开办审批时间由原来2.5天压缩至4个小时，材料由13件压缩至6件。并梳理高频企业申请事项，形成三十大类行业“一次审批可经营开业”套餐，洗车等三大行业实现一日“申请、开办、许可、开业”。全年办理三大行业经营性开业申请2736件，减少申请材料33份，减少率69%；平均减少办理环节6个，减少率85%；审批时间从最长26个工作日压缩至1个工作日内。

【推进“项目审批一件事”改革】　按照前期参与研判、事中加快审批、事后跟踪督查的工作思路，开展政府投资项目审批改革，通过召开政府投资平台、中介机构和审批部门多层级座谈会，查找问题，分析原因，提出建议；创新开发“投资项目全过程管理系统”，项目前期决策、审批监管、项目推进、绩效评价四大主要功能全部上线，一般投资项目审批60天完成。全年审批政府投资项目156个。

【推进政务服务标准化建设】　区跑改办牵头调整机构改革事项，按照统一要求重新梳理事项，形成标准化规范化办事事项及办事指南，并动态调整政务服务网事项清单。数据指标的“网上办实现率”“掌上办实现率”“跑零次比率”“即办事项比率”“承诺时间压缩比”“材料电子化率”“一证通办率”七大数据指标基本达到考核目标要求。

【推进机关内部“最多跑一次”改革】　区委编办牵头、区跑改办协调，按计划方案要求，成立工作专门班子，梳理和汇总各机关单位事项，制订高频办理事项的流程和梳理办事指南，召集各相关单位人员业务培训2次。编制目录，内部公布办事事项目录，应用小程序在浙政钉上线，进一步优化完善，提高网上办事实现率。

【改革向公共服务领域延伸】　深化完善“人生一件事”“企业一件事”等47个“一件事”联办工作，推进教育、卫生、公安、民政、人社、交通等公共服务领域改革，构建完善全生命周期服务链条。改革向公共场所延伸的试点单位富阳区第一人民医院，从优化交通组织、提升服务功能、改善就医环境、增强群众就诊便利性等方面入手，落实公交线路、盘活停车位、增加就医导诊指引、强化内部管理、深化智慧医疗系统开发应用等10项措施，全面提升医疗服务品质，构建温馨和谐优质便捷环境，为广大群众提供“舒心就医”服务。

【改革向乡镇（街道）延伸】　8月下旬开始，区跑改办分片区到各乡镇（街道）走访，实地踏看了解便民服务中心场地、设施、人员情况。全面推开延伸工作，依托一窗平台，因地制宜下放事项，明确标准，按示范型、标准型、基础型的分类要求，加快便民服务中心建设。组织乡镇（街道）综合受理人员126名进行业务和操作系统培训。同时，加快银行、邮政网点代办便民事项业务的延伸布点，全力打造“15分钟办事圈”。

【工程建设领域监督】　区政府制定出台《富阳区工程建设领域实施“黑名单”管理的有关规定（试行）》，加强监督管理富阳区工程建设领域市场交易行为，规范市场秩序，逐步形成以道德为基础、制度为保障、技术为支撑，行业自律、社会诚信、信息互通的发展环境，构建“一处失信，处处受限”的工程建设领域诚信体系。强化综合治理，开展工程招投标领域扫黑除恶专项斗争，成立专项工作领导小组，明确职责分工，制定印发具体工作方案，建立联席会议制度，监督工程建设领域市场交易行为 324 项，处理违规行为 7 次。

【政府采购电子交易新举措】 富阳区政府采云交易平台自 2019 年 3 月上线运行以来，围绕全省一张网开展工作，辅助供应商从原有的网上超市协议向全省一张网协议的转换。审查本区网上超市供应商上架、动态监测交易价格，依据监测报告处理违规行为。全省一张网后，政府电子采购交易采购物资的网超交易额 2.03 亿元，总计监测价格违规供应商 70 家、商品 104 个，其中扣除供应商诚信分 18 家，暂停供应商网超协议 1—3 个月 49 家，强制供应商退出市场 3 家。

【国有产权出租交易新平台】 区公共资源交易中心联合区财政局建设开发国有产权在线竞价系统，实现富阳区各行政事业单位、国有企业的国有资产出租交易网上竞价，充分发挥市场配置资源的基础性作用，确保国有产权交易公开、公正、公平。 （陈 颖）

住房公积金管理

【住房公积金归集】 2019 年，富阳区机关事业单位和企业住房公积金缴存比例，单位和个人分别按工资总额 12% 缴存，缴存基数最低为 2010 元 / 月，最高为 25950 元 / 月。住房公积金建制扩面工作继续列入乡镇街道考核目标。全区新开户单位 653 家、职工 14342 人，同比下降 12%；净增实缴职工 6004 人，完成计划 120.08%，同比下降 40.94%；全区缴存额 16.53 亿元，完成计划 113.97%，全区提取额 12.24 亿元，完成计划 102%，同比下降 2.40%。杭州住房公积金管理中心富阳分中心（简称富阳分中心）开放窗口由 4 个扩充至 6 个，2019 年 2 月增加权证交接、综合政策咨询 2 个服务窗口，3 月新登分中心增加综合服务窗口 1 个；24 个乡镇街道增设 24 小时自助服务机。

【住房公积金支取】 2019 年，分中心两个网点及网上渠道办理提取 22 万笔，提取金额 12.87 亿元，提取办结率 100%。至年底，住房公积金余额为 332442.11 万元，其中一般公积金 327266.58 万元，公积金补贴 3917.77 万元，一次性住房补贴 1257.76 亿元。

【住房公积金贷款】 2019 年，占用杭州中心资金 13.90 亿元；通过杭州中心贷款做存量公转商借入 2 亿元；通过杭州中心用本分中心贷款做存量公转商借入 7.07 亿元，确保应贷尽贷。全年发放个人贷款 3049 户，同比增长 56.20%，贷款发放额 16.76 亿元，完成计划 192.64%，同比增长 53.51%，至年底全区个人住房公积金贷款率 148.39%，贷款逾期率 0.04‰。权证窗口开设后，纯公积金贷款客户到公积金窗口领取结清手续，缩短客户领取期限，方便贷款客户办证；与 17 家委贷银行建立委贷关系，加强贷后管理，设立专岗贷款催收制。全年法院起诉住房公积金贷款案件 3 件，收回逾期贷款 31.40 万元。公积金贷款整体办理时间 10 个工作日左右，比优化前再压缩 5—7 个工作日，公积金贷款整体办事效率提升 50% 以上。

【住房公积金财务情况】 富阳分中心全年实现住房公积金业务收入 15361.11 万元，其中委贷利息收入 14866.51 万元，住房公积金利息收入 1.27 万元，增值收益利息收入 493.17 万元，其他收入 0.16 万元。全年业务支出 9607.72 万元，其中用于结付个人住房公积金利息支出 4670.77 万元，委托贷款手续费支出 743.36 万元，内部占用资金利息支出 2720.95，其他支出 1472.64 万元。全年收支相抵实现增值收益 5753.39 万元。提取风险准备金 3940.76 万元，风险准备金充足率 5%。

【住房公积金“最多跑一次”改革】 通过共享“商事登记”信息和“互联网 + 可信身份认证”，联网核实新设立单位相关信息和办事人员身份，自动完成单位缴存登记开户，后续单位办事人员可“刷脸认证”登录网厅办理业务，在省内率先实现新设立单位开户登记“跑零次”。公积金全部 34 个办事服务事项中，即办事项比例、跑零次实现率、承诺期限压缩比、网上办实现率、掌上办实现率、材料电子化比例、一证通办实现率均达到 100%，分中心公共服务能力实现质的提升。 （宋弘毅）

公积金办理窗口

（公积金富阳分中心 供稿）

人才人事工作

【人才招聘活动】 2019年，区人力社保局组织开展春夏季人才交流大会及高校毕业生就业洽谈会、综合性招聘会、固定招聘日、专场招聘会、校园招聘会、赴外地外省招聘等各类招聘活动68场，参会企业1507家次，累计提供岗位6690个，达成就业意向4433人次。

【引进优秀高校毕业生】 出台《杭州市富阳区招引高学历人才到富阳工作三年行动计划》，通过以会引才、高校招才、校企联合育才、校地合作聚才、教育卫生吸才等招才举措，招引高学历人才到富阳就业创业。组织企业前往长春、武汉、南京、成都、西安、南昌等8地45所高校开展校招活动，全年引进硕士研究生等高层次人才1052人、本科生3063人，其中“双一流”及省重点建设高校本科生855名。

【人才培养开发】 推选省市各类杰出领军人才30人，认定E类以上杭州市高层次人才338名、选聘“富春特聘专家”10人、“富春特支人才”21名，柔性引进国家级、省级海外高层次人才和青年长江学者等人选10名，引进博士后2名。组织“135”人才248名参加研修培训，评审中高级职称1413人。全区取得初级、中高级专业技术资格3166人和1413人，培养高技能人才2034名。新认定区级技能大师工作室7家，评选富阳区十佳金蓝领10人。

【海外引才引智】 组织参加国际人才交流与合作大会、“创客天下大赛”、“相约富春·创在杭州”2019年国际新材料秋季峰会，签约项目12个，签约资金1.22亿元。引进海内外高端人才120余名，其中国家级省级海外高层次人才、杭州“521”人才10名。11月，在银湖街道中国智谷富春园区创办浙工大研究生院富阳分院，联合企业招录培养硕士研究生92名。

【扶持大学生创业】 富阳区与杭州科技职业技术学院（简称：科职院）签订全面合作战略协议，扩建科职院创业园1500平方米。向创业大学生发放创业补贴204万元。组织大学生创业大赛和创新创业成果展，选拔优秀创业项目73个资助138.50万元。

【人才服务】 推出“人才就业一件事”改革，开发“人才政策一站式导航平台”，实现人才就业事项全流程网上一站式办理。开展“服务企业、服务人才”百日专项行动，走访企业、人才410家（人）次，答复解决问题843个。全年区领导与高层次人才70名结对联系，参加健康体检的人才98名，拨付高层次人才291名购租房补助资金583万元，发放硕士及以上研究生433名人才生活补贴871.40万元，提供人才项目金融授信5000万元。

【个人档案管理】 全年办理普通高校毕业生就业协议1566人，接收应届高校毕业生档案4283份。为企事业单位和个人办理档案管理4910人次，新增存放档案4910份。

【事业单位岗位管理】 区人力社保局组织公开招聘事业单位工作人员141人，指导区教育局、区卫健局公开招考教师209名、医卫人员250名。全区统筹调动教育、医卫系统专业技术人员，交流调动269人。推进事业单位岗位设置和聘任管理工作，全年办理岗位设置调整220家3228人次。 （舒 清）

应急管理

【应急管理机构建立】 2019年1月20日，杭州市富阳区应急管理局正式挂牌。内设办公室、政策法规科（行政许可科）、应急救援指挥中心、综合协调科、减灾救灾科（火灾防治管理科）、危化与矿山安全监管科、安全生产基础科等7个科室，下属富阳区安全生产监察大队和富阳区人民政府防汛抗旱指挥部办公室2个事业单位，编制46人，主要担负安全生产和自然灾害的应急管理、综合防灾和减灾救灾职责。

【主要洪涝灾害】 2019年6月17—21日，富阳区平均面雨量163.20毫米。19日14时30分杭州市富阳区人民政府防汛抗旱指挥部（简称区防）启动四级应急响应，22日10时取消Ⅳ级应急响应。全区直接经济损失800多万元。7月12日8时至13日19时，富阳区平均面雨量142.00毫米，7月13日平均面雨量135.90毫米，为有气象记录以来第13位，达到五年一遇强降雨标准。是日7时30分区防指启动Ⅳ级应急响应，是日13时15分启动Ⅲ级应急响应。14日16时取消Ⅲ级应急响应。全区受灾乡（镇、街道）21个，受损溪堤5.77千米，损坏农村道路5.80千米，受淹农田2933.34公顷，小面积塌方146处，新登柴家山塘库区右侧较大山体滑坡，老旧房损

2019年2月18日，富阳区春季大型人力资源交流大会暨高校毕业生就业洽谈会在区体育馆举行

（区人力社保局 供稿）

毁53处。全区转移受灾人员451人，直接经济损失6000多万元。

【抗击台风“利奇马”】 8月8日夜间，2019年第9号超强台风“利奇马”开始影响富阳区。是日17时区防指启动Ⅳ级应急响应，9日15时启动防台Ⅱ级应急响应，9日20时启动防台Ⅰ级应急响应。10日1时45分在浙江省温岭市城南镇登陆，登陆时风力为16级（52米/秒），是日22时减弱为热带风暴，从湖州吴兴区离开浙江省，11日16时45分解除防台应急响应。防御抗击第9号台风“利奇马”期间，全区检查人员18821人次，检查各类场所 1562处、点位4690个、设施设备32820个；派出各类工程应急抢险队伍16支，出动抢险人员1000余人次，抢险车辆360余辆，提前消除电网隐患58处，修复道路塌方3处，清理断枝或倒伏树木680处，处理城区积水点43处，处置地质灾害险情4起，修复电力线路21条；397处建筑工地全部暂停施工，4000余间危旧房腾空，富春江上980艘船舶全部回港避风，水域全面封航，渡口全部封渡，8个景区（景点）、12家矿山企业全部休业，8个地质灾害隐患点人员全部撤离并做好警戒警示工作。8月9日至11日，全区分批次有秩序转移安置各类人员13660人，其中转移民工12729人、危旧房群众566人、船员和渔民347人、地质灾害隐患点群众18人。就近安置转移群众8196人，其余自行安置。全区启用避灾安置场所306处（其中教育部门安排学校作为临时安置8处2165人），发放被子8196套，同时配发毛巾、脸盆等生活物品。9月11日下午全区道路交通、船运、供电供水供气恢复正常，工地恢复施工，景区（景点）、矿山企业恢复运营，“利奇马”台风没有给富阳造成重大灾害损失。

【避灾场所建设】 2019年，全区开展避灾场所调查摸底，全面了解掌握现有避灾场所建筑面积、功能分区、设施配置、管理人员等基本情况，做到“情况明、底数清”。编制《杭州市富阳区避灾安置场所规范化建设指南》，在满足避灾安置场所地方标准的基础上，探索更加符合富阳特点的避灾场所建设标准。全区实行分类管理的避灾安置点322个，按规范化建设要求再提升的避灾点119个。

【物资储备】 2019年，区应急管理局测算区、乡、村三级救灾应急物资，按需、按时、按批次、分级补充更新各类应急物资。至年底，区级主要储备草包8万只、编织袋2万只、麻袋12万条、土工布6000平方米、救灾帐篷100顶、折叠床100张、棉被300床、卫星电话8部等防汛救灾应急物资。

【安全生产责任体系建设】 2019年，细化、完善各部门安全生产监管职责，将安全生产职责纳入区经信局、商务局、住建局等14个部门的“三定”（定职责、定人员、定机构）规定，明晰滑翔伞、皮划艇、LNG、餐饮住宿、宾馆民宿等新业态的安全管理部门。制定《富阳区落实安全生产责任制工作意见》，细化问责，全区24个乡镇（街道）均实行委托执法，探索完善安全生产1人亡事故行刑衔接。

【隐患排查治理】 2019年，全区开展4期60日隐患整改闭环工作法，开展常态化安全生产大检查，检查生产经营单位98447家次，排查并整改一般事故隐患61330条、重大事故隐患85项，其中列入省级挂牌督办3项、市级挂牌督办30项、区级挂牌督办62项。

【安全培训】 2019年，全区举办生产经营单位主要负责人证书、安全管理人员证书、特种作业人员操作证书取证等培训班106期，参加培训生产经营单位主要负责人987人、安全管理人员1187人、特种作业人员3947人。培训重点岗位员工12000名，提升安全技能和应急处置能力。

【安全生产月活动】 2019年6月，区应急管理局在全区范围内集中开展以“防风险、除隐患、遏事故”为主题的“安全生产月”活动，组织“安康杯”知识竞赛、安全生产事故警示教育等12项宣传活动，发放宣传资料1.30万余份，开设安全科普专栏99个，播放公益广告1265条次。

【安全生产执法】 2019年，区应急管理局确定1097个执法日（按个人计算的，如两个人同时执法一天，就是两个执法日）的工作目标，全员执法、委托执法，全年立案非事故处罚案件187件，罚款261.09万元。

2019年1月20日，杭州市富阳区应急管理局揭牌

（区应急管理局 供稿）

【违法企业曝光】 2019年，区安全生产委员会办公室每月在《富阳日报》刊登非事故处罚案件信息，公开企业名称、违法行为、处罚条款及罚金。全区曝光企业违法行为12期，曝光企业164家。通过富阳区公共信用信息系统，曝光事故类行政处罚和5万元及以上经济处罚的非事故类行政处罚信息，共曝光相关企业和个人信息51条。

【生产安全事故比上年下降】 2019年，全区发生工矿商贸、道路交通两类生产安全事故17起，死亡17人。其中工矿商贸企业生产安全事故3起，死亡3人；道路交通事故14起，死亡14人。生产安全事故次数、死亡数均比上年下降。 （李华锋）

【消防安全管理】 全年全区共接警942起，其中火灾接警512起，成灾火灾117起，出动车辆1228辆，出动警力7988人，抢救被困人员132人，疏散被困人员42人，抢救财产价值88.90万元。全年共监督检查单位8442次，发现火灾隐患或违法行为3864处，督促整改火灾隐患或违法行为3790处，下发责令改正通知书1796份、行政处罚决定书192份、临时查封决定书59份，责令“三停”（停产停业、停止使用、停止施工）单位66家，拘留136人。升级完善重点社区微型消防站10个，新建鹿山街道专职消防队1支；新建电动车集中充放点1084处、电动车充电口11500个；安装独立式火灾探测报警器3533个，区智慧消防项目安装无线火灾探测报警器7700个。

（黄淑娅）

数据资源管理

【区数据资源管理局建立】 2019年1月，富阳区数据资源管理局成立，内设办公室、数据资源科、应用推进科3个科室，行政编制7人。负责全面实施数据资源共享应用、政府数字化转型、城市大脑建设等重点改革任务，建立组织体系，完善顶层设计，实践数据资源跨领域城市治理新路径，探索杭州打造“数字治理第一城”的富阳样板。

【政府数字化转型】 7月，富阳区人民政府成立政府数字化转型工作领导小组，区长任组长，常务副区长任副组长。区数据资源管理局负责领导小组办公室日常工作，牵头编制《杭州市富阳区深化“最多跑一次”改革推进政府数字化转型实施方案》和《2019年度杭州市富阳区政府数字化转型工作任务书》。提前完成核心指标，“互联网+政务服务”各项核心指标，除人民银行、税务、民政等省级管控的事项外，区级可控事项的“跑零次实现率”“网上办实现率”“掌上办实现率”“材料电子化比率”均达到100%，提前完成核心指标提升的阶段性任务目标。加快推动“互联网+监管”应用实施，全区执法部门账号开通率为100%，掌上执法使用率为92.60%，全区掌上执法2次以上人员占比100%，掌上执法人均使用次数25.70次。统筹推进机关内部“最多跑一次”改革，实现“浙政钉”平台与协同办公系统（OA）、机构编制实名制系统、机关后勤服务系统的打通，开发完成机关内部“最多跑一次”主框架、子模块、公共资源交易平台，完成对全区38个部门268个事项上线试运行操作培训。持续推广“互联网+协同办公”，全区“浙政钉”激活率和信息完整率均达到100%，日均活跃率为85%左右，居杭州各区、县（市）前三。

【城市大脑建设】 牵头推进“城市大脑”数字驾驶舱建设，梳理出全区第一批重点指标98项，9月30日发布试运行富阳区“城市大脑”数字驾驶舱的首个版本。深化“先看病后付费”服务内涵，在全区公立医疗机构自助机新增刷脸就医、一码就医服务，实现刷脸认证技术在挂号、诊疗、付费等环节应用。加快“先离场后付费”停车系统建设和应用推广的工作进度，加大对医院、商场、综合体的“先离场后付费”工作推进力度，24个停车场库18258个泊位实现数据接入，其中7个公共停车场3699个泊位实现“先离场后付费”。扩展“多游一小时”旅游系统应用，开通3条“数字旅游公交专线”，协调7家酒店开通“30秒自助入住”功能，智慧文旅大数据平台建设基本完成，已通过项目初验并投入试运行。推动数据在部门间互联互通，构建起联办共享平台，实现“人生一件事”上线。会同区投资项目联动推进中心建设投资项目全流程管理系统，将投资项目从招商到竣工验收的全流程作为一件事打造，全力服务企业，优化营商环境。

【电子政务基础建设】 2019年，富阳区电子政务外网已构建上联省、市，下联部门和乡镇电子政务外网并统一的互联网出口，为全区党政部门日常办公、业务处理和协同办公提供网络保障。政务外网的资源共享网部署电信1G、移动1G、联通200M互联网出口，公众专网部署电信200M互联网出口。整合全区各行政单位机房建设，托管机房部署17个行政单位的各类服务器、网络设备及安全设备共384台，980U，达到国家B级机房标准，其中配电系统、综合布线系统、供电系统的主要性能需标达到国A级要求。为提高资源利用率、节约财政资金，进一步整合全区的服务器资源，区数据资源局构建政务云平台，免费向各部门提供系统虚拟服务器应用，至年底为34个部门部署220台应用虚拟服务器。

【政府投资信息化项目全流程统筹管理】 为更好地解决政府投资信息化项目重复建设、数据无法共享、资金绩效低、作用发挥不明显等问题，结合区发展和改革局、区财政局等部门的项目管理办法，制定《关于进一步推进政府数字化转型加强政府投资信息化项目管理的实施意见（试行）》，并经区政府常务会议审议通过。意见旨在建立全区统一的政府投资信息化项目管理体系，明确政府投资信息化项目的建设标准和管理规范。全区所有涉及政府投资信息化的项目管理、资金安排、维护服务等都由区数据资源局进行统筹，并牵头负责资金管理和建设绩效的综合考评。通过全面推进数据归集共享工作，支撑政务服

区领导调研城市大脑建设

（区数据资源管理局 供稿）

务流程再造，推进信息互认共享、办事材料复用等数据归集，在为市民日常服务、行政审批等方面走在全国前列。（李 楠）

红十字会

【博爱帮困】 2019年，全区红十字会开展农商之爱、博爱超市、博爱送光明、圆红十字梦行动、同在蓝天下、双千结对等救助项目，筹集各项救灾救助资金385.30万元，发放救灾救助资金452.87万元，救助对象13955人。其中“农商之爱”博爱救助金救助白血病和器官移植病人35名发放救助金50万元；“富春小天使”博爱救助金救助白血病患者2名发放救助款1万元。乡镇（街道）、村级博爱救助金定向救助317人发放救助款44.97万元；博爱超市对24个乡镇（街道）困难持证家庭11123户发放救助物资224.46万元；博爱送光明项目救助1360人发放救助款物114.97万元。突出救急救困，救急救困496户发放日常救助款物55.99万元。2月，富阳区获2018年度浙江省红十字工作先进县（市、区）。10月，在全省红十字工作会议上交流经验。12月，富阳区红十字会获杭州市红十字系统先进集体。

【救护培训】 围绕富阳区大健康建设行动和应急救护培训“提质扩面”工程，全年应急救护普及培训27934人，救护员培训2674人。7月，举办高中学校红十字应急救护师资培训班，全区高中教师43名接受二级师资培训。10月，首次举办全区100名美丽经济妇女代表（民宿女主人）应急救护培训班；举办2019年全区青少年红十字应急救护知识和技能竞赛。7月，2019年杭州市应急救护大赛中，富阳区红十字会获团体三等奖。

【造血干细胞、器官捐献】 2019年中国造血干细胞捐献者资料库富阳区新增623人，全区累计登记入库3955人，造血干细胞捐献者无反悔情况出现。富阳中医院集团渔山分院赵玉柱、富阳援疆教师罗生强、杭州富阳远洋化工有限公司何富良、武警士官学校学生沈靖成功捐献造血干细胞，成为富阳区第19、20、21、22例捐献者。做好人体器官捐献宣传动员和服务工作，加强捐献前的联系沟通和捐献后的随访工作，为捐献者提供优质放心服务。全年完成捐献器官2例、眼组织2例，全区累计捐献器官（遗体、眼组织）40例。及时回访遗体、器官捐献者家属，慰问困难家属。

【志愿服务】 以群众需求为导向，拓展志愿服务领域。富阳区红十字狼群应急救援队全年参与各项救援30余次，开展应急救护培训、假日爱心学校、平安巡防等志愿服务280余次，5月全国首届社会应急力量技能竞赛中获“拼搏奖”。富阳区红十字心理救援队全年接待咨询服务2815人。富阳区红十字水上救援志愿服务队在场口镇东梓关、湖源“龙鳞坝”、贤明溪等22处网红景点或人流较密集处的山塘水库及河道溪边，增设水上救生器材柜，内放置救生衣、游泳圈等救生设备。各级红十字会组织志愿者深入家庭、社区和养老机构，重点对农村孤寡、空巢、高龄、失能等老人开展义务诊疗、敬老祝寿、心理慰藉、情感关怀、文艺演出、康复指导等综合性特色服务。区红十字会向社会招募爱心志愿者30余名组成富阳区红十字精神进文化礼堂志愿服务队。

【红十字精神宣传】 5月，富阳区红十字会承办杭州市纪念第72个世界红十字日暨推进红十字文化进乡村活动，组织全区红十字组织开展“五八”世界红十字日纪念活动。9月，庆祝新中国成立70周年之际，承办浙江省纪念第20个世界急救日活动。完善红十字微信服务平台，通过微信平台向社会宣传公益捐赠、救护培训、工作动态、志愿服务等，以“一报两台”（富阳日报、富阳电视台、富阳广播台）宣传红十字精神和“三救三献”（救灾、救助、救护，献血液、献造血干细胞、献人体器官组织）业务知识、先进事迹、社会正能量等。全年在“一报两台”发布红十字信息40余篇；《人民日报市场报》刊登赵玉柱造血干细胞捐献事迹，阅读点击量89万余人次；微信公众号发布动态信息36条；与富阳发布合作发布红十字信息4条。

【区委书记朱党其调研红十字狼群应急救援队】 9月2日，富阳区委书记朱党其调研区红十字狼群应急救援队，号召全社会学习“狼群”大爱无疆的精神。2016年5月，富阳区红十字狼群应急救援队成立，2019年有队员147名，其中骨干队员80名，拥有专业救援资质证书300余本。2017年8月成立党支部。2019年被评为富阳区级、杭州市级“最强支部”。救援队累计开展免费灾难救援、水上救援、户外救援、大型群体活动医疗、安全保障等志愿服务活动1.30万余人次，受益群众5万余人次，帮助群众脱险150人次，累计服务7.90万余小时。

（屠丽敏）

【编 辑 沈绍坤】

8 中国人民政治协商会议杭州市富阳区委员会

Hangzhou Fuyang District Committee of the Chinese People's Political Consultative Confrtence

重要会议

【政协九届三次会议】 区政协九届三次会议于2019年1月14日至17日在富春街道举行。全区22个界别政协委员245名和列席人员100名参加会议。会议听取并审议通过区政协主席陆洪勤代表区政协第九届常务委员会所作的工作报告、政协副主席孙晓明受区政协第九届常务委员会委托所作的提案工作报告，表彰2018年度先进界别小组和优秀提案。与会人员列席区第十六届人大第三次会议，听取并讨论政府工作报告和会议的其他报告。会议审议、通过政协富阳区第九届委员会第三次会议决议。会议期间，收到全区各民主党派、工商联、无党派人士、有关人民团体和政协委员以提案形式提出的意见建议213件。

【政协常委会会议】 2019年1月10日，区政协召开九届常委会第九次会议，协商讨论区政协九届二次会议以来提案办理情况报告，2019年政府工作报告（征求意见稿），计划、财政、环境报告和法、检两院工作报告等征求意见稿；协商通过区政协九届三次会议常委会工作报告和提案工作报告、大会建议案（草案）、2019年重点履职工作计划、大会议程和日程等有关会议筹备事项，审议《杭州市富阳区政协全体会议工作规则（草案）》和《杭州市富阳区政协常委会议工作规则（草案）》。

1月17日，区政协召开九届常委会第十次会议，听取区政协九届三次会议各学习讨论小组讨论情况汇报，协商确定区政协九届委员会增补副主席、常委候选人名单及选举办法（草案）、总监票人、监票人建议名单，审议区政协九届三次会议提案（建议案）收集和初审情况报告（草案）、区政协第九届委员会第三次会议决议（草案）。

7月3日，区政协召开九届常委会第十一次会议，专题视察秦望区块搬迁安置工程建设情况，监督关于推进城乡安置用房建设的大会建议案办理情况，协商通过《杭州市富阳区政协委员履职工作规则》和《杭州市富阳区政协九届三次提案审查报告》。

8月23日，区政协召开九届常委会第十二次会议，听取区委常委、常务副区长张霖关于区政协九届三次会议以来提案办理情况通报，协商区政府半年度政府工作报告、全区上半年计划、财政执行情况报告、生态环保报告和区法院、区检察院上半年工作情况，审议通过《杭州市富阳区政协2019年上半年工作总结和下半年工作思路》。

11月18日，区政协召开九届常委会第十三次会议，民主评议优化富阳区营商环境等12件区政协九届三次会议重点提案办理情况，通过承办部门汇报、常委和提案人点评打分、当场公布评议结果，提升提案办理绩效。

政治协商

【请你来协商】 在省政协统一部署下，为突出专门协商机构作用，出台《杭州市富阳区政协“请你来协商”平台建设和运行实施办法》，构建以每年举办重点协商6项、乡镇（街道）基层协商24项、专题性对口协商、界别协商、网络协商若干项为内容的“6+24+X”“请你来协商”平台体系。

4月至10月，选取为高新产业发展增动能、小城镇环境综合整治长效管理、公共文化设施运行绩效、完善城市社区配套建设等协商议题6项，整合党派、团体、界别、专业机构力量，开展调研，听取民意，形成主报告6篇和子课题报告31篇。召开专题协商会议6次，邀请区委、区政府领导9人次、相关部门负责人92人次、各界代表27人次，形成协商意见建议83条，被党委政府吸收采纳56条。如，针对关于推进基础教育高质量发展的建议，区委、区政府调整小学管理体制，加大教师海外研修力度，制定“三名工程”行动计划，完善教师评价激励机制，新增高考质量奖、师均公用经费、专项奖励等5874万元。各专委会围绕聚焦中医骨伤科品牌建设、青少年近视防控、法律服务供给、优化金融环境等领域开展对口协商、界别协商，组织协商“校园足球发展”等专题性提案办理。

【基层协商】 区政协选择三美建设、基层治理等24个紧贴基层实际需求的议题，在全区24个乡镇（街道）开展基层协商民主，维护群众权益，促进经济发展，提升基层治理能力。其中，富春街道政协工委选择老旧小区加装电梯这一民生实事开展协商，促成项目落地；春江街道、大源镇政协工委围绕杭州富春湾新城建设中出现的学校停车难、安置房建设等问题，走村入户，化解难题；万市镇、胥口镇政协工委开展民宿“结亲”服务管理协商，助力美丽经济规范发展；东洲街道、常安镇政协工委针对亚运场馆建设、中心幼儿园改扩建等重点工作，深入调查、统一思想，助推项目建设。

民主监督

【专项集体民主监督】 围绕“城乡生活垃圾分类处理”难题，开展省、市、区政协三级联动第二轮专项集体民主监督，组建监督小组6个，围绕住户源头分类、回收点建设、资源化处置站房建设、循环经济产业园建设等5项重点内容开展明察暗访，实地调研部门、基层和企业55家次，提出意见建议20条，推动垃圾处理设施不断完善，市民分类习惯逐步养成。

【委派民主监督员】 区政协组织政协委员30名组建监督小组6个，开展“助推‘三高’发展，贡献委员力量”暨委派民主监督员活动。5—10月，各监督小组通过上门走访、座谈交流、实地调查，对开发区等6个职能部门攻坚硬仗情况开展监督活动20次，参与人员100余人次，提出意见建议27条，推动部门改进作风、提高效能。

【社情民意信息】 区政协畅通民意反映渠道，将人民群众和社会各界人士的意见、呼声，及时反映至区委、区政府及相关部门，督促办理落实。全年收到社情民意信息287篇，上报杭州市政协23篇，编发《富阳政协·普刊》1期、《富阳政协·参政建言》14期、《富阳政协·社情民意》12期35篇。其中，“保留郁达夫旅游码头为富春江水上旅游开发留住黄金宝地”“关于优化调整游12公交线路的建议”等建议被采纳落实。

参政议政

【提案工作】 政协九届三次会议以来，区政协收到以提案形式提出的意见建议223件，立案180件，立案率80.70%，至年底均已办复，其中采纳落实提案151件。确定《联动共治 综合施策 全力提升居民小区物业管理质量》《多措并举 提升效率 全力推进城乡安置用房建设》2件提案为政协全体会议建议案，《关于完善“四个平台”和全科网格机制，打造高水平社会治理体系的建议》等12件提案为重点提案。2月21日，在区政府第五次全体（扩大）会议上集中交办所有提案。3月，召开全区提案业务培训会，建立提案办理钉钉群，搭建沟通交流平台。全年走访提案承办重点单位8家，督办提案87件。根据“B类提案三年销号”原则，集中销号2017年B类提案81件，其中50件转为A类，2018年2019年B类提案66件转为A类。评选区政协2019年度优秀提案20件。

【专题调研】 区政协聚焦区委“三个拥抱”中心工作，选取培育发展光电产业、“城市大脑”建设、新时期旅游发展、保健品市场整治、法律服务供给等课题内容开展调研，全年提交调研报告21篇，其中获区委、区政府领导批示并被有关部门采纳落实16篇。

【助解民生小事】 以委员主导、媒体联动、群众参与、部门互动的形式，组织界别小组开展助解“民生小事”系列履职活动，助力破解城区停车场利用、餐饮行业泔水处理、公共场所母婴室配置全覆盖、城区公厕改造提升、困难儿童帮扶机制建设、城区交通信号灯设置等难题。其中，困难儿童长效陪伴项目以《“新爸爸妈妈”的爱心陪伴》为题获省政协“同心苑”微信公众号推送，引发社会良好反响；交通信号灯设置问题在富阳日报“e动直播”网络议政，得到广大市民响应和有关部门落实。《富阳日报》合作开设“政协委员助力跑”专栏，通过委员发现问题，部门及时跟进，推动解决江滨西大道沙滩水龙头设置、预防心源性猝死、解除树木上的铁丝“紧箍咒”等问题。

经常性工作

【理论研究】 制定《杭州市富阳区政协2019年度理论研究工作计划》，明确全年理论研究任务。全年撰写《新时代基层协商民主推动基层社会治理的实践与探索》《新时代人民政协新使命新方位背景下加强政协提案工作实效性的实践与思考》理论研究文章2篇。

【主题教育】 开展区政协党组、机关党组“不忘初心、牢记使命”主题教育，抓好学习教育、调查研究、检视问题、整改落实等重点环节，高质量开好民主生活会，抓好整改落实。其中，区政协党组征求意见38条，完成即知即改工作17项；机关党组征求意见32条，完成即知即改工作15项。

开展“新时代人民政协的新样子”学习研讨，全体机关干部和政协委员围绕“学习新思想、树立新样子”，对标“五个如何”开展专题讨论。活动期间，组织集中学习10次，主题宣讲13次，撰写“政协人新时代新风貌”笔谈21篇，“新样子·金点子”17条，提出问题建议13条。

【培训讲座】 5月，组织优秀政协委员20名赴河北西柏坡、正定、雄安新区等地开展坚定理想信念、新时期城市规划和建设履职培训活动。举办政协读书会1期。8月20日，邀请区委副书记、区长吴玉凤作全区半年度经济社会发展情况通报和省政协副秘书长、办公厅主任帅燮琅作《新时代人民政协的新样子》专题讲座。举办政协讲坛2期。5月20日，邀请中共杭州市委党校教授沈小勇作《坚定文化自信 铸就文化辉煌》讲座，10月22日，邀请浙江大学教授王玮作《5G技术驱动的产业革命》讲座。

【文史工作】　征编《难忘岁月——富阳三亲资料选辑（1949—1979）》，抢救挖掘中华人民共和国成立至改革开放前三十年间的史料。助力达夫文学馆、灵峰精舍建设，开展四库全书迁移富阳秘藏地研究。协助省政协征编《70年70人》一书。举办“文为世范、行为士则——张堃先生专题展”。加强政协书画院对外交流，举办第四届“孙过庭奖”中小学师生书法比赛。

【团结联谊】　全年邀请各民主党派、工商联、有关团体负责人参加政协重要会议、监督视察、大会发言、联合调研等活动20余次，巩固扩大团结合作基础。组织开展“庆祝新中国人民政协成立70周年、中国共产党领导的多党合作和政治协商制度确定70周年”系列活动，会同区委统战部举办大型情景剧演出，展现富阳政协和多党合作制度的历史成就。协助举办“公望文化周活动”，发挥海峡两岸交流基地作用。

【政协走亲活动】　4—10月，开展“政协走亲”活动，前往广东、江苏、云南等地拜会富商、高校院所和乡贤、乡友，走访企业25家、乡贤60余人，召开推介、座谈会6次，推动中科院上海光机所杭州分所、银湖激光科技有限公司等优质项目、优秀人才落户富阳。协助区委统战部搭建异地乡友、乡贤统战联谊平台。

【服务基层群众】　开展“走亲连心三服务”活动，全体机关干部联系走访结对村（社）、企业34家，帮助协调解决困难问题47个，推动“背街小巷”整治、“新时代美丽乡村”建设、老旧小区停车难等一批破难项目销号。开展政协委员送文化、教育、科技、规划、卫生、体育、法律“七下乡”活动，组织参加各类公益活动17次。召开“基层政协委员工作室”现场会，规范第一批13家“委员工作室”建设。

重点提案

【全体会议建议案】　区政协九届三次会议提出全体会议建议案2件。

建议案《联动共治　综合施策　全力提升居民小区物业管理质量》提出，富阳区当前小区物业管理存在管理水平参差不齐、监管处置手段不足、业主共治意识不强、物业欠费情况普遍、遗留问题加重矛盾等问题，建议理顺管理体制，构建共治格局；加强制度建设，完善考核机制；采取有力措施，保障良性循环，实现“有人干事、有章理事、有钱办事”。区政府针对建议，制定《富阳区加强物业管理工作实施意见》及配套政策，建立健全业主自我管理工作体系，简化物业维修基金使用流程，实施物业小区管理工作考核评比和检查。

建议案《多措并举　提升效率　全力推进城乡安置用房建设》提出，富阳区安置房建设存在前期工作不到位、施工进度偏慢、部分项目设计规划缺乏前瞻性、融资压力大、部门衔接不畅等问题，建议强化组织保障，由区领导挂帅，强化土地、资金要素保障，强化机制保障，优化安置方式。区政协成立区城市有机更新领导小组，实现全区29个安置房项目建设领导挂帅，全力化解联合审批、政策处理和资金保障等难点，加快安置房建设步伐。

【完善“四个平台”和全科网格机制的建议】　区政协特邀二组调研发现，富阳区在推进“四个平台”（综治工作平台、市场监管平台、综合执法平台、便民服务平台）和全科网格体系中存在机制构建不完善，条块融合不顺畅；信息系统未打通，平台优越性未能体现；网格排查不深入，作用发挥不充分等问题。建议因地制宜，完善机制，实现条块资源整合最大化；夯实基础，落实保障，实现基层治理专业化；探索创新，智慧应用，实现共治共享新格局。承办单位政法委拟定《关于进一步深化富阳区全科网格建设的实施意见》由区委办（富委办〔2019〕6号）下发，招录充实网格员队伍，建立网格工作月度考核、专职网格员“评星定级”、通报等制度，提升工作成效，但信息化工作仍需整合。

【鹿山新城新建综合市场的建议】　区政协委员袁锡平提出，大型商业设施的缺乏影响鹿山区块人民群众的购物、娱乐等生活质量，使无证摊贩找到空间，形成监管盲区，影响人民群众的健康安全和城市面貌，建议科学规划、合理布局、尽早建设鹿山新城综合市场，同时

2019年8月29日，区政协提升富阳公共文化设施运营绩效请你来协商会议

（区政协办　供稿）

2019年11月27日，秋忆小隐文艺沙龙举行

（区政协办　供稿）

要加强监管，落实责任。承办单位鹿山新区指挥部通过规划布局、招商引资等方式，正在兴建鹿山时代项目，招引世纪联华入驻1处，规划大型商业用地2处。

【优化营商环境的对策建议】　区政协工业组调研提出，对标滨江区，富阳区营商环境中项目审批时间过长、产业政策兑现迟缓、供电等要素保障不够稳定、人才聚集效应不足、高技术人才难招、教文卫体娱综合配套不足、服务效能不高等短板突出。建议提高认识、摆正态度，转型升级政府服务；再造流程、优化机制，打造营商服务铁军；保障要素、完善配套，全面提升营商环境。承办单位区政府办公室实施降本减负、缓解民营企业融资难融资贵、扶持创新、强化人才引留和保障等措施，通过深化“联审联批”制度、简化优化工程建设项目审批程序，提升服务水平。

【完善农事节庆活动的建议】　区政协特邀一组提出，富阳区农事节庆活动整体统筹不够，部门各自为政，品牌特色不明，活动趋于同质化，参与体验感不强，经济效益不高，配套设施滞后。建议建立全区农事节庆活动领导小组，确定分级承办体系，打造活动品牌，拓宽传播营销渠道，提高组织经营水平，完善公共配套设施。承办单位区委宣传部统筹四镇、四局力量，举办2019杭州·富阳“味道山乡”大会，挖掘“二十四节气”乡村新韵味，开展“我在富春山乡有个家”“寻美评美”“骑游春天”“登山寻宝”和“田园餐桌”等十余项子活动，拓展农产品营销。

【公园绿地网络的建议】　区政协环境资源组提出，富阳区公园绿地网络主要集中于老城区富春江沿岸，景观及生态作用不够大，河渠资源利用率不高，缺乏核心支撑点，无法串点成线。建议合理规划，增加点位布局；挖掘资源，建设文化绿地；立足长远，打造阳陂湖湿地公园、泗洲造纸遗址公园等生态、文化核心区块。承办单位市规划和自然资源局富阳分局联合相关部门启动编制《主城区公园绿地建设三年行动计划》《城市文化陈设规划》，规划大型公园、带状公园、社区公园组成的绿地体系，区城建集团开展沿渠带状公园建设，区农业农村局启动阳陂湖生态湿地项目前期工作。

【创客教育提速发展的建议】　区政协科技组提出，创客教育是培养跨学科解决问题能力、团队协作能力和创新能力的一种素质教育，但富阳区青少年创客教育联盟工作开展不够顺利。建议加强宣传，扩大联盟的知名度和专业度，提升创客教育热度，建设一批有规模有特色的校内创客教育实验室；建设区青少年宫创客中心，打造一个综合实践课程孵化与推广基地，形成“创客中心＋学校”双平台机制，推动青少年创客教育提速发展。承办单位区团委和教育局在创客教育课程体系建设、举办科技节、场地建设等方面作了尝试。

【加强网络订餐安全监管的建议】　区政协民族宗教组调研发现，富阳区网上订餐安全存在食品安全隐患大、违法行为难发现、管辖权难确定、调查取证难、查处取缔难、欠缺相关完备配套支持等问题，建议开展线上餐饮行业专项整治活动，摸清从事网络订餐从业店情况，提高行业准入门槛，严格资格准入，强化日常监管，多部门联动加大执法力度，提高防范意识，维护消费者权益。承办单位区市场监管局通过“美团”“饿了么”两个外卖平台线上梳理出富阳区入网餐饮经营户1843家，线下走访排查监督1296家，要求平台严格审查食品生产经营者资质，并在网站经营主页面公示。开展大学城、城中村专项检查行动50多人次，查出停业商家18家、不规范商家26家，通报给平台整改。

【助推生活垃圾源头分类的建议】　区政协交通旅游组提出，富阳区垃圾分类源头减量的“居民最先一投”“收集最后一米”等重点环节存在的问题还未得到有效解决，市民参与意识淡薄，垃圾准确投放率偏低，物业管理责任没有明晰，建议城乡统筹，继续推动流程再造；党建引领，提升垃圾分类质量；教育引导，提高市民文明素养；发挥合力，构建社会共治体系；刚柔并济，完善长效管理机制。承办单位区城管局通过宣传发动、垃圾房改造、社会共治、细化分类标准、规范考核督查和示范评比等措施，提升前端分类质量，推行市场化分类收集、运输，完善后端监管，提升末端处置能力。

【推动基础教育国际化的建议】 区政协教育组提出，推动基础教育国际化是顺应城市国际化和提升人才国际化的需要，建议以国际化视野推动富阳打造全省一流综合教育强区，推动学校、教师的国际交流，政策扶持，积极引进，加快建设国际学校。承办单位区教育局以“杭州国际日”、中澳“富春情”校长论坛等活动为抓手，开阔师生国际化视野，出台规范政策，让更多的优秀校长、骨干教师随团出访研修。全年 22 名教师参加省市对外交流团组，并加强与境外学校结对。

【规范政府购买服务的建议】 区政协委员沈荣祥提出，富阳区政府购买服务存在购买服务的范围不明确、选聘的方式不规范、操作缺乏相应依据、服务评价绩效考核机制不健全等问题，建议尽快研究制定政府购买服务清单，规范政府购买服务操作流程，建立多元化的监督评估机制。承办单位区财政局补充完善《政府向社会力量购买服务指导性目录》，厘清政府购买服务界限，搭建政府购买服务信息平台，实行网上发布采购、动态监管，规范项目采购程序和合同签订，建立全过程绩效管理机制。

【提升精准就业服务能力的建议】 区政协社保法纪组调研发现，富阳区就业形势受产业转型、城市有机更新等影响不容乐观，劳动力结构性矛盾日益突出，新型职业技能人才培养任重道远。建议加快线上公共就业服务平台建设，开展用工需求和劳力资源调查摸底，强化优化职业技能培训，深化校企合作。承办单位区人力社保局制订区人力资源管理信息系统开发方案，调查全区劳动力资源，开展培训、人才交流、技能比武等活动。

【家庭医生签约服务中提升中医药服务的建议】 区政协医卫组提出，开展家庭医生签约服务以来，中医药在健康教育、重点人群的医疗干预、保健康复等方面发挥重要作用，但也存在未能与家庭医生签约服务有机融合、中医药服务人才资源不足、中医药服务项目缺乏统一的标准和规范等问题。建议细化家庭医生签约服务中医药服务项目内容，加强家庭医生中医药服务能力建设，出台中医药融入家庭医生服务的相关政策。承办单位区卫生健康局制定家庭医生签约服务规范，在基本医疗服务包中推广中医药适宜技术，为家庭病床建床居民提供中医药治疗服务，统一配备开展中医适宜技术的相关设备，举办“西学中”培训班 14 期和中医适宜技术班培训 3 期，加强中医药适宜技术服务工作考核，提升中医药服务水平。

（陆勤波）

【编　辑　沈绍坤】

9 纪律检查·监察

Discipline Inspection and Supervision

上级领导调研

【市纪委书记到新登镇调研】 2019年6月12日，杭州市委常委、市纪委书记、市监委主任陈擎苍一行到新登镇调研“家门口的监委”即乡镇（街道）监察办公室履职情况。富阳区委常委、纪委书记、监委主任胡志明作工作汇报。

重要会议

【区纪委一届四次全会】 2月15日，富阳区纪委一届四次全体（扩大）会议召开，回顾总结2018年纪检监察工作，部署2019年任务，审议通过胡志明代表区纪委常委会所作《坚持问题导向、坚持稳中求进，全面推进纪检监察工作高质量发展》工作报告。富阳区委书记朱党其出席全会并讲话。

【巡察向村社延伸动员会】 3月20日，召开2019年富阳区委巡察向村社延伸工作动员会。富阳区委常委、纪委书记、监委主任胡志明

2019年12月10日，杭州市“家门口的监委”建设现场会举行

（区纪委　供稿）

总结2018年工作情况，部署2019年区委巡察向村社延伸工作。区委书记朱党其出席并讲话。

【杭州市“家门口的监委”建设现场会】 12月10日，杭州市“家门口的监委”建设现场会在富阳国贸大酒店召开。浙江省监委委员郑志兵、省纪委监委第六监督检查室主任张友宝到会指导，杭州市委常委、市纪委书记、市监委主任陈擎苍讲话，富阳区委书记朱党其、区长吴玉凤、全市190个乡镇（街道）监察办公室主任出席会议。与会人员实地参观富阳区监委派出富春街道监察办公室的硬件建设及运行情况，现场观看《打造“家门口的监委”——杭州市富阳区乡镇（街道）监察办公室规范化建设探索实践》纪录片，富阳区、西湖区、余杭区、桐庐县、建德市纪委监委及萧山区河上镇监察办公室等6家单位作交流发言。

监察体制改革

【派驻机构改革】 完成区级层面派驻机构改革工作，派驻机构由原来17家统筹调整到12家，实行“委领导直接分管派驻机构”机制，强化对派驻机构的直接领导和统一管理。出台《派驻机构工作办法》《问题线索处置和审查调查工作操作办法》《派驻监督工作操作办法》3项制度，规范派驻机构运行。

【乡镇（街道）监察办公室规范化建设】 强化派出乡镇（街道）监察办公室规范化建设，实现阵地标准化、管理网格化，运用“三重点”双报告、信息化监督等手段，双动态管理监察对象、廉情档案，提高监督精准度。

执纪审查和监察调查

【信访举报工作】 建立批示督办机制、信访对账机制、约谈提醒机制，推进信访问题源头治理，2019年全年受理群众纪检监察信访475件次，同比下降13.30%，减存量、遏增量效果显现。制定《富阳区处置诬告陷害信访举报和为干部澄清正名实施办法》，分类分级澄清正名，全年为澄清正名党员干部12名，追究信访违法刑事责任8名。

【审查处置】 2019年各级纪检监察组织处置问题线索1274件，立案335件，党纪政务处分319人，分别同比增长19.62%、10.56%、5.63%，其中区管干部10人、科级干部8人、村干部53人；移送司法机关12人，挽回经济损失2344.11万元。查处富春街道原党工委副书记、办事处主任杨华锋等严重违纪违法案件。

作风建设

【落实中央“八项规定”】 聚焦少数党员干部不收敛、不收手、不知止现象，全年查处违反中央八项规定精神问题20起27人，党员干部主动退缴581廉政账户款物458.50万元。开展专项治理违规发放福利问题、公务接待违规饮酒和超标准问题，发现和整改问题185个，清退资金68.55万元。修订完善公务接待、商务接待标准，有效解决基层执行难题。

【四风问题整治】 聚焦群众反映强烈的突出问题，严肃查处服务企业、服务群众、服务基层中的形式主义、官僚主义问题42起，问责56人；聚焦行政审批、工程项目监管等重点领域，对照“三高”发展要求，查处“不担当、不作为、不落实”问题105个，问责138人。

【专项治理】 开展专项治理领导干部违规借贷、违规房产交易、违规享受集体所有土地征迁安置政策等，处置问题线索9条，立案1人，效能问责2人，纠正违规享受征迁安置政策248户，清退住房补贴及补缴市场差价288.65万元；开展清理违规兼职，清退在企业、社团兼职领取报酬的干部31名、经费711.51万元；专项治理工程建设领域，查处党员干部违规插手工程项目问题32起，处理36人，追究刑事责任7人，党纪政务处分11人，督促行业主管部门查处串标围标、转包分包相关违法案件22起。

【扫黑除恶“打伞破网”】 推进扫黑除恶“打网破伞”行动，受理涉黑涉恶腐败和“保护伞”问题线索228件，立案20人，其中查处“保护伞”案件10件10人，党纪政务处分19人，组织处理10人，留置调查9人，移送司法机关8人，有力提升群众安全感。根据市监委指定管辖，采取留置措施查处涉黑犯罪首要分子鲍小渊在内的6人，查办淳安县委巡察办原主任胡晓明等4人腐败和“保护伞”案件，移送问题线索76件。

党风廉政建设

【四责协同】 坚持主体责任、第一责任人责任、一岗双责、监督责任“四责协同”一体推进，2019年区委常委会专题研究党风廉政建设工作5次，区委“五人小组”研究巡察情况4次。压紧区级班子成员“一岗双责”，运用巡察和专项监督成果，向区委书记抄告13位区领导分管领域21个问题，向分管区领导抄告问题117个，通过批示督办、督促整改、“一案双查”等方式，在全区形成责任落实闭环。

【主题教育正风肃纪检查】 开展“不忘初心、牢记使命”主题教育正风肃纪检查，推动扶贫、民生领域不正之风和侵害群众利益问题等九大专项整治，通报各类问题167个，问责4人。

【巡察工作】 区委巡察机构会同12个部门，建立协作配合机制，全年完成24家单位党组织的常规巡察，发现问题917个，移交问题线索67件，退回（收缴）各类资金20050万元。延伸巡察全区121个村居，发现问题2768个，移交问题线索118件，在杭州地区率先实现村居巡察全覆盖。专项巡察扶贫救助、市政建设、政府采购等重点领域10个，发现问题156个，移交问题线索70件。全年通过巡察，整改问题3718个，立案85起，党纪政务处分 69 人，组织处理 212 人。

【廉政风险排查防控】 开展廉政风险排查防控工作，通过试点先行，以点带面，全区各单位共梳理行政权力 6380 条、“人财物”管理等其他权力 1646 条，责任清单 4315 条，风险清单 4496 条，工作流程图 2139 张。

【廉政文化建设】 开展富阳站“清廉杭州 你我同行”廉戏下乡活动、春江街道二董纪念馆清廉文化周活动，指导建成龙门镇正道馆、上官乡盛鸿廉文化园等廉政文化基地建设。联合区团委、区文联，组织开展“廉洁好家风”等廉政文化微作品征集活动，征集好家风抖音微视频 29 个，清廉微电影 3 部，清廉漫画海报 33 篇。

【警示教育】 编发《悔过书》《执纪者说》等警示读本，组织各级干部旁听职务犯罪庭审 1000 余人次。开展集中警示教育系列活动，举办“村干部违纪违法典型案例”巡回图板展，覆盖全区乡镇（街道）和村（居）；组织党员干部观看廉戏巡演 1600 余人次。强化“以案促改”，查办孙某某案件后，开展专项治理医药卫生领域收受回扣，累计退还“红包”、回扣 455 人次，退缴 161 万元。

【清廉富阳建设】 加强清廉村居建设，培育富春街道宵井村、鹿山街道山水社区等清廉村居示范点，健全非公企业清廉建设领导机制，出台企业负面行为清单和“黑名单”管理办法，建立各相关职能部门协作网络，构建政商定期交流机制。创建清廉示范学校 10 所，探索学校德育与清廉教育有机融合。创新规划清廉医共体建设的“富阳路径”，推动出台省内首个县区级《杭州市富阳区清廉医院建设标准》。

（闻　倩）

【编　辑　沈绍坤】

10 民主党派·社会团体

Democratic Parties and Social Organization

中国民主同盟杭州市富阳区基层委员会

【概况】 2019年民盟杭州市富阳区基层委员会盟员66名，其中杭州市政协委员2名，富阳区政协委员11名，下辖文化、教育、科技、综合4个支部。2019年，共组织各类形式的活动62次，其中，学习讨论活动11次，组织调研协商活动25次，民主监督活动8次，各类社会服务活动15次，接待黄山市民盟、绩溪县民盟和萧山区民盟到富阳考察。发展新盟员8人。基层委员会被民盟杭州市委会评为2019年度宣传工作和社情民意工作先进集体，陆勤波，杨犄，戚建英被评为民盟杭州市委会“2019年度优秀盟员”，史平霞等12人被评为民盟富阳区基层委员会“2019年度优秀盟员”。

【自身建设】 5月，开展换届工作。7月5日，召开换届选举大会，选举产生第二届基层委员会委员，孙晓华当选主委，周仁富、卢立平、董旭萍当选副主委。10月，经区委统战部和民盟杭州市委会批准，增设科技支部。10月20日，召开支部换届会议，选举产生新一届委员会委员。

7月，组织5名盟员参加区委统战部举办的区党外代表人士西柏坡专题培训班。9月，组织盟员观看区委统战部举办的“同心同行七十年，凝心聚力新时代”庆祝中华人民共和国成立70周年活动。12月4日，承办抗日战争胜利浙江受降纪念馆“杭州市盟员传统教育基地”挂牌仪式，开展国家公祭日活动，并组织盟员参观纪念馆和教育基地，接受爱国主义教育。结合相应活动，拍摄富阳民盟贺新春、富阳民盟履职回顾、庆祝新中国成立七十周年等短视频。

10—12月，以“四新”“三好”为总要求，开展“不忘合作初心、继续携手前进”主题教育活动。10月20日，组织全体盟员集中学习《习近平新时代中国特色社会主义思想学习纲要》《同心之路》等书籍。11月16日，组织全体盟员参观杭州革命烈士纪念馆、杭州解放纪念碑，开展现场教学，并学习传达中共十九届四中全会精神。主题教育活动期间，文化支部赴陶行知纪念馆、华林纪念馆等传统教育基地开展学习活动；科技支部参观富阳城市规划展示馆，并与中共富阳区行政服务中心社会事务综合受理区支部开展共建活动；教育支部和综合支部集中学习盟章盟史活动。12月25日，召开基层委员会班子民主生活会，开展批评与自我批评。发展方君紫、楼春耕、张胜、袁新跃、吕梦霞、赵涵文、戴巨平、蒋立桦等8位新盟员，其中区政协常委1名，搭建入盟发展后备库，入库培养对象11人。重阳节和春节前，看望慰问5名老盟员。

【参政议政】 区政协九届三次会议期间，10位担任政协委员的盟员，围绕经济发展、城市建设和改善人民生活等方面提交提案10篇，基层委提交《加强泗洲造纸遗址保护加快推进古造纸文化园建设》等2件集体提案。共提交社情民意信息26篇，其中18篇被民盟市委会录用，3篇被民盟省委会录用。课题《关于优化城市大脑卫健部分，推广舒心就医方式的建议》被列入民盟市委会2019年招标立项课题，提交民盟市委会。课题《明确主体责任、强化社会参与，提升城区公共文化设施运营绩效》得到区委领导批示，并被区政府及相关部门采纳落实。论文《关于杭州市农村小规模学校教育振兴行动实施策略调研》，被评为民盟省委会第五届“盟声议政”教育论坛优秀论文。课题《优化政策服务、激发创新活力，为高新产业发展增动能》通过区政协“请你来协商”平台向区政府及相关部门提出意见建议，得到有效回应。《保留郁达夫旅游码头，为开发富春江水上旅游留住黄金宝地》的建议通过区委统战部提交区政府采纳，码头被保留。

【监督协商】 5月，参加民盟杭州市委会组织的“建设国际一流营商环境建设”研讨会活动。3—9月，开展统一战线“同心河”建设工作，共组织各支部赴葛溪万市段开展河道巡查3次，反映发现问题12个，并监督整改落实。6—8月，开展“打造最优营商环境之人才建设”专项民主监督，与同心公益赴区人社局和相关企业开展监督调研，提出意见建议4条。7—9月，与区文广新局就城市文化建设、文化人才发展等议题召开对口联系座谈会。11月，与区教育局就教育人才培育、教师队伍建议等议题召开对口联系会议，增进互相了解，交流意见建议。

【社会服务】 1月11日，与春晖社区举办“共度民俗品腊八、迎新送福送春联”社区共建活动，送出200多碗腊八粥、400多个福字和300多副对联。3—8月，开展“垃圾分类进校园”系列活动，组织小学生参观体验再生纸生产车间，与富春二小联合举办垃圾分类环保创作展，开展“再生纸笔记本封面设计”比赛，评选出9幅优秀绘面作品，印制成再生纸笔记本封面，调研富伦生态科技公司环保体验基地，开展垃圾分类现场教学等一系列活动。

4月7日，3名医卫界盟员在世界卫生日期间到上官乡送医下乡，为基层群众免费义诊。6月，组织8名教育界盟员赴大源镇育才学校开展“烛光支教”活动，帮助提升山区教育水平。7月15日，组织6名盟员赴场口镇小学本部、东图校区、王洲校区和常安镇小等学校开展以“垃圾分你我同行”为主题的暑期送教活动。8月14至17日，委派周建忠盟员参加民盟中央组织的甘肃省积石山县支教活动。8月18日，与富阳明珠公益赴场口镇瓜桥埠村开展慰问抗战老兵活动，看望3位超过85岁高龄的抗战老兵。

（周国平）

中国民主建国会富阳区支部

【概况】 2019年，民建富阳区支部发展新会员3人，转入会员1人，会员42人。支部在民建杭州市委会进行的支部考评中获“2019年度民建杭州市优秀支部”的称号。会员孙丙华获得民建中央扶贫工作先进个人称号，会员陆炜强获团中央农村农业带头人陈浩；会员单旭艇获得民建浙江省委会参政议政先进个人。

【参政议政】 杭州市富阳区政协第九届三次会议上，提交集体提案3篇，个人提案9件。全年共提交提案27篇，其中15篇被杭州民建市委会录用，6篇被民建浙江省委会录用，2篇被民建中央录用，1篇被全国政协录用。

【组织建设】 全年共组织各类形式的活动31次，其中，调研活动2次，学习讨论8次，各类社会服务6次。

【学习生活】 3月18日，组织学习全国“两会”精神；4月13日—5月20日，会员陈振纲参加杭州市民主党派骨干培训班并获得优秀学员；7月8至13日，会员孙丙华、单旭艇等5名会员赴西柏坡参加区民主党派培训班。

【社会服务】 6月5日，联合杭州民建企业家协会赴春江民工子弟学校，举行“同在蓝天下共筑成长梦”活动，并捐赠大米0.50吨，现金两万多元。继续开展民建“思源送光明”活动，累计为老人做免费视力筛查1万余名，为贫困老人做免费白内障手术109名。

（单旭艇）

中国农工民主党杭州市富阳区基层委员会

【概况】 中国农工民主党杭州市富阳区基层委员会下辖五个支部，分别是人民医院支部、医卫综合支部、联合支部、教育支部、新登支部。2019年，共有党员103人，其中浙江省政协委员、杭州市人大代表、富阳区人大代表各1人，区政协副主席1人，区政协委员13人。基层委被农工党浙江省委会、杭州市委会分别授予“社会服务工作先进集体”和“先进基层组织”荣誉称号。基层委选送的《履职为民 实现新作为—农工党富阳区基层委这五年》荣获农工党杭州市2019年“不忘合作初心，继续携手前进”微视频大赛二等奖。下属五个支部顺利通过杭州市委会星级支部考核验收并获得“先进支部”荣誉称号，其中人民医院、医卫综合、联合、教育等四个支部获评四星级支部，新登支部获评三星级支部。孙晓明、汪春良2名党员分别被农工党浙江省委会评为“优秀党务工作者”和“社会服务工作先进个人”；马敏俊、唐焕庆、韩舞群、商玲、方永红等5名党员被农工党市委会评为2018—2019年度“优秀党员”；蒋旭波、邵锦晖、孙建强、柳元、沈吕诚、邵悦萍等6位党员被评为农工党市委会“优秀党务工作者”。党员柳元获评农工党市委会2019年“不忘合作初心，继续携手前进”主题教育活动先进个人以及杭州市社会主义学院第31期市各民主党派中青年骨干培训班“学习积极分子”。党员何丹被农工党市委会授予“我为‘三服务’献计献策”先进个人称号。

【自身建设】 全年举办各类专题学习会、理论中心组学习会、读书培训班11次，组织参加市委会、区政协、区委统战部举办的各类学习座谈会9次。3月，组织9名基层委、支部班子成员参加农工党杭州市委会2019年基层组织工作暨负责人培训会议；5月，组织15名党员参加全区统一战线“同心·大讲堂”活动；6月，举办“不忘合作初心，继续携手前进”主题教育培训，70余名党员参加；7月，组织8名支部班子成员和骨干党员参加富阳区党外代表人士西柏坡专题培训班；8月，组织12名基层委及支部班子成员参加农工党杭州市委会2019年暑期读书会；组织25名中青年骨干党员参加农工党杭州市委会庆祝新中国成立、多党合作制确立70周年文艺会演活动，党员宋翔霞参加演出；9月，组织35名党员参加富阳区各界人士庆祝中华人民共和国成立70周年、人民政协成立70周年、中国共产党领导的多党合作和政治协商制度确立70周年活动，李学正参加访谈，宋翔霞参加演出；10月，组织7名党员参加农工党市委会2019新党员培训；12月，开展“不忘合作初心，继续携手前进”主题教育（武汉）培训班，基层委、各支部班子及骨干党员共计20人参加。各支部70周岁以下党员撰写并提交学习心得体会65篇。基层委在《杭州农工》《富阳日报》以及浙江农工党、杭州农工党、富阳政协、富阳统战等网站和微信公众平台上发布宣传报道、党员文章共计40余篇次。

6月22日，基层委召开支部换届选举大会，会议选举产生下属五个支部新一届支部委员会共15人，其中汪春良、沈吕诚、张利琴、方永红、商玲分别当选为各支部主任委员。

根据农工党市委会《支部工作考核内容》和“富春·同心荟”示范组织创建评选办法，指导各支部开展创建工作，五个支部顺利通过市委会星级支部考核验收并获得“先进支部”荣誉称号。

【参政议政】 全年参加各类民主议政会、座谈会、情况通报会、提案协商会共34人次，报送调研报告5个。2019年区“两会”期间，共提交提案议案17件，其中《关于尽快打造富阳区中药材产学研基地，助推乡村振兴建设的建议》《关于完善“四个平台”和全科网格机制打造高水平社会治理体系的建议》等集体提案2件。农工党、特邀二组集体提案《关于完善“四个平台”和全科网格机制，打造高水平社会治理体系的建议》被评为优秀提案；医卫组集体提案《关于发挥中医药特色和优势，促进家庭医生签约服务提质增效的建议》被评为区政协九届三次会议以来优秀提案。杭州市人大代表陈瑶《关于将更年期妇女健康问题综合防治纳入公共卫生体系建设的建议》被评为2019年度市人大代表优秀建议。是年，基层委向上级部门及区政协报送社情民意信息63条，其中《关于利用个税专项附加扣除政策激励生育意愿的建议》《统筹社会资源大力发展医养护一体化养老产业》等2条信息被农工党浙江省委会录用，《关于加强政府法律顾问绩效管理的建议》《关于规范电梯广告投放的建议》《关于治理车载小黄鸭，保障道路行车安全的建议》等3条信息被富阳区政协录用。

【民主监督】 根据区委统战部、区政协的统一安排，联合区新联会组成民主监督一组，赴区市场监管局、行政服务中心窗口开展视察和民主监督，针对观念转变、技术支撑、创新服务、提升办事效率等提出书面和口头建议20余条。每季度组织农工党党员赴新登镇对同心河“葛溪”新登段开展民主监督，向当地政府反馈意见建议8条。

【对口联系】 与对口联系部门区卫健局、区环保局常态化沟通对接，形成民主党派和对口联系部门的日常联系、建言献策、民主监督、情况互通、人才培养等五大机制。分别就推进县域医共体建设和加强生态环境监测体系等重点工作积极建言献策。

【社会服务】 启动“健康富阳，为生命护航”急救公益项目。人民医院支部与中共富阳区第一人民医院内科第一、二支部结成共建支部，成立区首个同心共建急救培训社会服务基地。全年共开展急救培训16次，培训1500余人次。人民医院支部被农工党浙江省委会评为省级社会服务先进支部，汪春良同志被评为省级社会服务先进个人。

通过集智建言、特色服务、氛围营造三大块内容推动与金秋社区共建工作的持续开展。通过民情恳谈会、走访调研发现社区存在的封闭式小区管理矛盾凸显、富阳高铁站附近路面下陷明显、小区消防安全通道被占用存隐患、社区工作者队伍不稳定、晋升不通畅、保障不到位等困难和问题，以提案、建议案、社情民意及建言直通车等形式向有关部门反映，为金秋社区工作争取支持；为社区居民提供每月15日的专家义诊、暑期爱心班支教、弱势群体帮扶等社会服务工作，并为居住在金秋社区的退伍老兵、患重病在上海住院的困难党员孙乃德送去节前慰问。 （柳　元）

致公党富阳支部

【概况】 2019年，致公党富阳支部发展新党员3名，转入党员1名，党员16名。

支部获致公党浙江省委会2019年度“组织工作先进集体”，致公党杭州市委会2019年度“对外联络先进集体”“参政议政先进集体”。

【参政议政】 开展“打造最优营商环境”专项民主监督活动，先后组织召开相关部门座谈会3次，邀请杭州市双创联盟专家授课1次，走访区内孵化器、众创空间、产学研载体10批次，赴西湖区、滨江区学习考察2次，梳理问题建议7条移交各有关部门。完成调研课题2篇：《关于高推进“四好农村路”建设的思考与建议》《关于采用集装箱模式进行渣土消纳的思考与建议》。开展其他参政议政、民主监督、“三服务”等活动8次；提交提案10篇，各类社情民意8篇，其中《高举高打、乘胜追击，全面推动富阳区高新产业发展》和《培养习惯成素养，层层助推全民生活垃圾源头分类》在区政协九届次会议上进行大会发言，《关于层层助推全民生活垃圾分类的建议》《关于积极推进富阳餐厨泔水处置工作的建议》《关于优化富阳区营商环境的对策和建议》被评为区政协优秀提案，提交的《关于规范美术考试培训、促进行业健康发展的建议》也被列为区政协重点提案。全年完成通讯报道15篇，关于“开展别开生面的议政日活动”通讯被中央统战部网站采用。支部党员蒋向群被推荐致公党省委会参政议政智库人才。

【自身建设】 9月6日启动主题教育活动以来，参加市委会、统战部、支部层面集中学习8次、红色基地现场教学2次、参与48人次。召开领导班子民主生活会2次，收集意见建议6条，检视剖析自身问题4个方面。

【海外联谊】 承办“那些年我们一起来创业——百年大变局下之企业创新之道”致公党杭州市委会致公明志论坛。

【社会服务】 “富春江水上救援队”巡逻救援等社会服务活动累计540人次；赴重庆酉阳开展精准扶贫活动，捐赠1万册图书；

主办“留学生”看香港公益讲座1次；拓展阵地1个：在卡特兰酒店揭牌“致公之家”，成为富阳支部服务侨海关系的又一阵地。

（蒋向群）

富阳区工商业联合会

【概况】 2019年，区工商联新增会员87家，至年底，会员总数1287家。对26家商会在党的组织建设、党员队伍建设等方面进行了摸底调查。指导场口商会换届选举至年底，全区所属商（协）会29家。其中，乡镇、街道商会23家，行业商（协）会2家。富阳异地商会1家（富阳莲都商会）。异地富阳商会6家（广东、深圳、北京、上海、新疆、杭州）。区工商联分别被全国工商联、浙江省工商联授予“全国‘五好’工商联”“2019年度省级‘五优’县级工商联”荣誉称号；荣获杭州市工商联综合先进称号。

【强化思想引领】 全年区工商联通过网站、杂志、微博微信等自媒体平台和执常会、基层商会负责人会议等多种渠道进行宣传贯彻学习习近平新时代中国特色社会主义思想和总书记关于民营经济发展的重要讲话精神；持续开展理想信念教育实践活动，5月6日至11日，组织34名非公经济人士赴红色革命根据地遵义开展“不忘初心，牢记使命”主题教育；8月5日至9日，组织51名非公经济人士赴河南林州开展“弘扬红旗渠精神”主题教育活动，坚定非公人士爱党、爱国，艰苦创业的决心，努力实现企业的高质量发展；10月12日至16日，6名非公人士参加杭州市工商联“红色基因”研修班。十届五次执委会上，向全区非公企业发出推进“清廉企业”“新时代劳动关系”“平安企业”等倡议，选树富通集团、富春江通信集团、金鑫集团为标杆，积极探索非公党建、新时代劳动关系、清廉建设，助力企业健康发展。按照区“两新”工委部署，联合大同建设公司开展两新党建组团竞赛，展示“支部建在项目里，党旗飘在工地上”的民营企业精神动力。全年在《富阳日报》、富阳新闻网上宣传非公企业20次，机关工作动态10次。全年编印《富商》杂志四期，刊登16名非公经济人士经营故事，弘扬“富商”精神，提升“富商”形象。向全国、省、市级工商联报送富阳民营经济发展信息75篇，在省、市工商联网站、杂志录用信息60篇，被全国工商联和中华工商时报评为民营企业宣传工作先进单位。

【注重能力建设】 3月31日至4月4日，在武汉大学组织为期5天的以提升管理创新能力为主要内容的培训，50名非公经济人士和14名来自全区乡镇（街道）的基层商会秘书长参加。9月24日至28日，组织41名非公经济人士在深圳大学以提升“企业创新管理”能力为主题的为期5天的培训班一期，提升非公经济人士理论素养和管理水平。10月28—11月1日，组织4家工商联执委企业的负责人参加由杭州市工商联和厦门大学联合举办的“品质杭商”研修班的培训学习。7月31日，组织50名基层商会负责人到杭州温州商会、余杭良渚商会进行学习交流，邀请省工商联组织建设部部长兰东华解读中共中央《关于促进工商联所属商会改革和发展的实施意见》文件精神，在新形势下创新商会工作机制，更好地发挥好商会的作用，助力经济社会的发展。

【积极建言献策】 区工商联主席、浙江春江轻纺集团总经理孙伯勇向大会提交《关于合理规划机动车道路人行横道的建议》；区工商联副主席、杭州富春江通信集团有限公司总经理孙臻提交《关于充分发挥本地企业优势，着力打造循环经济产业园的建议》；区工商联副主席、金富春周文峰提交《关于提高两新组织党务、工会工作者待遇的提议》议案；区工商联执委、杭州富阳多宝电子有限公司陈深海提交《关于减轻企业负担、促进实体经济发展的建议》议案；工商联集体提案《关于优化我区营商环境的对策建议》等等一批提案、议案，代表广大非公人士的呼声。“两会”期间，共撰写提交提案、建议46件，团体提案2件，社情民意3条。

【开展企业调研】 3月，对25家2018年产值超5亿元的民营企业进行调研，营业收入总额、税后净利等指标逐个整理核实后汇总上报。8月22日，全国工商联公布2019年度全国上规模民营企业排序结果，富阳区3家民营企业列入排名：浙江富冶集团有限公司以430.01亿元位列第179位，上升33位；富通集团有限公司以401.35亿元位列第196位上升19位；浙江富春江通信集团有限公司以200.49亿元位列第457位上升28位。2019中国民营制造业500强入围门槛为年营业收入85.63亿元，富冶集团位列102位上升21位；富通集团位列115位，上升5位；富春江通信集团位列270位上升8位。9月1日，中国企业家协会、中国企业联合会在济南举办2018中国企业500强峰会，发布“2018年中国企业500强”等榜单，浙江富冶集团有限公司、富通集团有限公司分别以第400名和425名跻身“2018中国企业500强”。

配合全国、省、市工商联关于民营经济营商环境、转型发展、产业业态、文化建设、精准扶贫、助推乡村振兴、劳动关系监测、社会责任及民营企业运行情况、民企参与金融机构等方面调研10余次。11月15日，富阳区工商联民营企业网上调研荣获全国工商联通报表彰。

【招商安商引商】 2月2日，联合广东省浙江富阳商会举办2019“相聚富春再踏征程”异地富阳商会新春联谊会为主题，杭州、北京、上海、深圳、乌鲁木齐等异地富阳商会代表分享关于富阳城市建设、行业经验及从商经营理念的看法，为家乡的经济社会发展贡献力量。北京富阳商会举办“致敬改革开放40周年”系列活动；上海富阳商会党支部组织会员赴锦屏结对帮扶，捐资捐款；广东省浙江富阳商会赴缙云开展山海协作；深圳富阳商会积极参与富春江畔爱心帮扶活动；乌鲁木齐富阳商会积极参与“民族团结、爱心

2019年10月17日，区领导调研金富春丝绸品展厅

（区工商联　供稿）

帮扶”活动等。继续积极走亲新疆、广东、深圳、上海等地富商，积极推介富阳、宣传富阳，引导富商回归创业。全年走访在外富商近百人，企业30余家，召开座谈会3次，鼓励富商回乡创业，帮助富商做好项目对接、政策指导、部门协调等，接待在外富商50余人，招引杭州岩土科技有限公司和杭州华用通信技术有限公司2家高新企业。

【优化营商环境】　2月，会同区法院、司法局开展“法律服务进企业”活动，走访30余家企业，分片召开4个座谈会，征询民营企业对法律的需求，为民营企业提供精准司法保障；印刷政策汇编1000册，送法律、送政策到300多家企业、27家基层商会。在《富商》杂志上，宣传企业应关注交易不可忽视的风险法律政策等热点问题，《关于支持民营经济高质量发展的若干意见》的解读反响强烈。以探索企业家出行、办事、商务、生活等方面提供便利为切入口，走访30余家骨干执委企业，对接10余个部门，召开座谈交流会3次，多部门协调会议1次，起草完成《关于富阳区实施“亲商卡”制度的调研报告》提交区委区政府供参考。12月，工商联在区纪委召开的全区非公企业清廉建设及新型政商关系推进会中作典型发言。

【走亲连心三服务】　9月，结合“不忘初心，牢记使命”主题教育活动，走访会员企业、基层商会，召开拆迁企业“留心留根”座谈会和高新企业营商环境座谈会等，收集梳理3条问题意见，提出建议3条，形成《关于“留心留根”工程实施情况》调研报告；针对毛竹资源利用难、增收难问题，联合相关企业、多所科研院校，通过请进来、走出去开展深度调研，完成《关于富阳区竹资源保护和工业化开发利用的可行性报告》，为全区3.93万公顷毛竹资源找到一条可行性的工业化全域开发新路子和农民增收新路子。围绕创新基层商会工作路径，撰写完成《关于杭州市富阳区创建平安商会（协会）的调研报告》。

【基层商会活动】　坚持商会工作例会制度，指导各基层商会在商会换届、示范点创建、年检年审等方面进行工作指导；富春商会、东洲商会、环山商会等商会在对口帮扶、山海协作等活动捐款、购农产品100余万元；东洲商会组织企业90余家（次）参加企业项目管理系统、创新券使用等相关政策培训和产学研对接活动8次；新桐商会向新桐“二董”教育基金捐款近100万元，胥口镇商会组织18名会员赴厦门进行商务考察交流；里山商会走访企业60余家次，收集企业问题9件，完成率100%，历时多年的锅炉补助政策得以兑现。大源商会组织会员单位参加在上海举办的第二届中国国际进口博览会；灵桥商会在征地拆迁中，与相关部门协商解决留心留根企业用地、用水、用电以及员工子女就学、就医等问题。渔山商会成立由大有建材、昌顺家私等企业共同成立渔山乡两新企业联合党支部，共吸收中共正式党员3名。

【履行社会责任】　4月6日，深圳市富阳商会开展“富春江畔爱心伴行”活动，向民政局捐款5万元补助富阳贫困儿童；5月31日，区企业发展联合会向湖源中心小学捐赠7000多册图书价值10多万元，11月29日，向常绿镇中心小学捐赠图书3510册及捐款共计15万元；8月29日，工商联十届五次执委会向全区所有企业发出“对口帮扶献爱心，凝心聚力助脱贫”的倡议，全区有5家企业与贵州省锦屏县开展东西部扶贫结对；富冶集团、金鑫钢构集团、富春江通信集团、富通集团、中泰钢业集团等17家骨干企业一次性捐助资金达1600余万元，400余家民营企业订购了11224份消费大礼包，为脱贫攻坚贡献“富阳力量”。广州、深圳、新疆、北京的异地富阳商会在乡村振兴、消薄扶贫、山海协作、教育基金等方面捐款捐物捐项目2000余万元。10月16日，杭州市工商联、市对口办认定浙江富冶集团、浙江金鑫集团为“热心参与东西部扶贫民营企业”，浙江富春江通信集团为“热心跨地域消薄民营企业”；杭州市人社局、市对口办认定杭州日月电器有限公司为“杭州市就业扶贫爱心企业”。　（朱欢英）

富阳区总工会

【概况】　2019年，区总工会全力推进基层工会组建，实现应建未建会企业全面“清零”，新建基层工会303家，新发展会员37815人，实名制工会1380家，会员总数14.70万人。组织开展基层工会规范化创建，落实“六有”“五个一”

要求，深化AAAAA级工会建设工作；开展“强基层、补短板、增活力”行动，全区有140个基层工会陆续开展“双亮”（亮身份、亮牌子）工作，引导基层工会发挥作用。

【“中国梦·劳动美”庆“五一”主题活动】 4月28日，举办“中国梦·劳动美”庆“五一”主题活动，表彰首届区级劳模38人、模范集体20个，认定发布“第二届”富阳工匠10名，表彰奖励各行各业建功标兵100名。

【“不忘初心、牢记使命”主题教育活动】 9月，按照“守初心、担使命，找差距、抓落实”的总要求，开展集中学习研讨、到基层党组织上党课、实施工会组织服务“三高”发展课题调研、组织力量攻坚破难等活动。支部党员开展专题读书会，举行研讨交流夜学活动。主题教育期间，党员干部走进基层工会、车间工地，向劳模工匠、工会干部和职工群众征求意见建议、查找工作短板、提升工作实效，推动工会工作服务大局、服务职工、服务企业。

【服务高新产业发展“五百”项目进企业】 以“企业订单、工会买单”“传统产业+高新产业”“技能比武+技能晋级”模式开展百场技能培训和百场技能比武进企业活动，惠及企业700余家、职工3万余名，完成300名职工晋升中、高级工和技师的目标。实施“百位名师带高徒”工程，99位名师“传帮带”297名高徒，实行“徒弟的成就、师傅同步奖”，开展“十佳名师”评选活动；实施百名高技能人才奖励工程，面向高新产业奖励职工技能等级晋升；实施“百万突出贡献奖”，奖励职工技术攻关、技术革新、发明创造。

【“三送、四化、五爱”服务高品质城市建设】 以送文化、送保障、送健康进工地为载体，向12个项目工地送电影、文艺节目，向2500余名建设工地职工送“医疗互助”“意外伤害保障”，高温慰问8个重点工程项目工地、600余名职工；免费为1020名建筑工人健康体检。在规上企业开展绿化、洁化、序化、美化——“美丽厂区”创建活动，评选表彰15家“最美厂区”，以点带面推进企业生产经营形象提升。以争做“最美职工”为载体，推动爱富阳、爱学习、爱岗位、爱创新、爱生活“五爱”精神融入企业文化建设，开展“最美职工”评选表彰活动，营造新时代产业工人的良好形象。

【民主管理】 在非公企业推广“厂务公开、职代会、工资集体协商、职工合理化建议”等企业民主管理工作制度，落实职工在企业中的知情、参与、表达、监督权。全区非公企业厂务公开、职代会建制率95%，职工工资集体协商制度覆盖2231家企业、6个行业，规上企业普遍实施职工合理化建议、总经理信箱工作载体，企业职工与企业行政的互动机制进一步建立健全。

2019年4月28日，“中国梦·劳动美”庆“五一”主题活动举行
（区总工会　供稿）

【职工服务】 全年救助困难职工404人次，发放救助金52万余元；医疗互助参与企（事）业单位1599家，互助人数达140750人，补助职工3874人次，发放补助金518余万元；向职工提供咨询、诉讼等免费法律服务117人次；参与职工劳资纠纷调解92件，调解成功率98%；为2000名到富阳务工者提供报销返乡车票和包车服务，帮助外来务工人员“平安返乡”。

【“三对口两协作”结对扶贫】 与11家乡镇（街道）总工会集资，援助锦屏第二期50万元“返乡农民工创业贷款贴息帮扶基金”。组织党政机关事业单位6867人跨省疗休养，其中127个单位3395人赴贵州黔东南，137个单位3472人赴湖北恩施。实施企业一线职工赴缙云疗休养三年行动计划，共3419名企业一线职工赴缙云疗休养，区、乡镇（街道）两级工会给予经费补助134.40万元。组织350名5A级企业优秀员工赴黔东南锦屏疗休养活动，给予经费补助35万元。发动125家企业工会采购11264份“扶贫礼包”，涉及金额117.95余万元。

【爱心驿站建设】 开展“爱心驿站”建设公益活动，在全区建立11个驿站，配备卫生间、桌椅、冰箱、空调、微波炉、饮水机、应急药箱等基本设施设备，向游客、市民和环卫工人、交警、城管、快递员等户外工作者提供服务和短暂休息所。

【工会干部培训】 9月11日，全区工会干部培训班在区文化中心举行，乡镇、企业、社区工会主席（干部）120人参加培训。

【经费使用管理】 全区工会经费使用向基层倾斜，向基层加大投入。是年，税务代征工会经费3277.46万元，上缴上级工会1213.49万元，回拨乡镇（街道）工会工作经费

825.48万元。（盛泉军）

共青团富阳区委

【概况】 2019年，全区有各类团组织1149个，建团率100%，其中直属团组织83个，团工委8个，团总支56个，团支部1002个。全区14—35周岁青年26.46万人，其中团员3.03万人，团青比例11.50%。全年发展新团员2014人。

【区新企联二届一次理事大会暨青商会三届一次会员大会】 1月7日，区新生代企业家联谊会二届一次理事大会暨青年商会三届一次会员大会召开。团市委副书记陈龙宁，区领导丁永刚、陈平出席，区工商联主席孙伯勇和杭州市青企协会长孙锋峰作为特邀嘉宾到场祝贺，88名区新企联（青商会）理事（会员）参加。

【“快递从业青年服务月”关爱活动】 1月26日，在富春街道开展“快递从业青年服务月”关爱活动，全区部分学校的红领巾志愿者、阳光公益小天使、市民代表以及170余名“快递小哥”参加活动。

【第五届“品质公益·志愿同行”公益项目对接会】 3月5日，联合区志愿服务工作委员会、区民政局、区志愿者协会举办第五届“品质公益·志愿同行”公益项目对接会，完成4个部门项目领办和7个志愿服务项目对接，累计筹集爱心资助金额15.65万元。全区部门、爱心企业、志愿服务组织的代表和区志工委成员单位联络员共计300余人参加活动。

【共青团杭州市富阳区委二十一届三次全体（扩大）会议】 3月29日，召开共青团杭州市富阳区委二十一届三次全体（扩大）会议，回顾2018年工作，部署2019年工作。二十一届团区委委员、候补委员，乡镇（街道）团（工）委书记，编内副书记，局（公司）、学校及重点联系企业团组织书记，团区委机关全体干部，下属事业单位班子成员等120余人参加会议。会议表彰了2018年度杭州市先进团委、先进团支部、优秀团干部和优秀团员，授牌命名2018年度富阳区级青年文明号。团区委副书记何力挺作《学习新思想　当好生力军　建功新时代　全力以赴为加快实现与杭州大都市高质量一体化发展贡献青春力量》工作报告。

【“青春心向党·建功新时代”特别主题团日】 4月15日，在塔山烈士陵园开展“青春心向党·建功新时代”特别主题团日活动，团区委全体干部、区志愿者协会党支部和区青少年宫党支部全体党员以及新登镇中学师生共计60余人参与本次活动。活动通过“富阳青年”微博进行全程直播。

【纪念“五四”运动100周年青年座谈会】 4月30日，在东洲街道举行凝聚青春力量　建功“三高”发展富阳区纪念“五四”运动100周年青年座谈会。区委书记朱党其寄语广大富阳青年：要立足岗位、练好本领，切实担负起富阳发展顶梁柱的重托，在推动产业发展、城市建设、社会和谐过程中，练好奉献本领，争当行业权威，充分发挥青年一代的作用，为全力推动“三高”发展，为大都市新型城区尽绵薄之力，坚持不懈做好正确的事情，让更多的人享受奋斗成果。

【“青春心向党·建功新时代”红色团日活动】 5月14日，在抗日战争胜利浙江受降纪念馆开展“青春心向党·建功新时代”主题团日活动，团区委机关干部职工、银湖中学师生共计40余人参加。

【党员志愿服务活动】 6月29日，区委组织部、团区委以“不忘初心、牢记使命”为主题，在恩波广场开展党员志愿服务活动。各“机关党建联盟”成员单位党员、社区党员、公益组织志愿者、雷锋角志愿服务队等100余位志愿者参加服务活动。

【青年学子看家乡主题活动】 8月16日，举办“聚才引智谋发展　青春建功新时代”青年学子看家乡主题活动。区委常委、组织部部长仰中旻，区委人才办、团区委、人社局、教育局等部门负责人，创业就业青年代表以及来自北京大学、浙江大学、北京师范大学等高校的50余名富阳籍学子参加。

【志愿服务实务知识培训会】 8月23日，由团区委主办的志愿服务实务培训在文化中心进行，共有乡镇街道、机关单位、学校、重点联系企业团组织以及公益组织负责人160余人参加。

【社区青少年俱乐部工作推进会】 8月29日，召开区社区青

2019年4月30日，“唱响时代旋律·奋斗青春梦想”“五四”青春分享会举办
（团区委　供稿）

少年俱乐部工作推进会，相关乡镇街道团（工）委书记、社区青少年俱乐部负责人及未建立社区青少年俱乐部团支部负责人共55人参加会议。

【“青春建功新时代 我与祖国共成长”荧光夜跑活动】 8月30日，联合区财政局举行富阳区青年荧光夜跑活动。活动以“青春建功新时代 我与祖国共成长”为主题，吸引团干部、青联委员、高校学子、新疆青年等各界青年120余人参加。

【志愿服务活动】 9月21日，举行“志愿迎国庆·礼赞新时代”富阳区志愿服务系列活动启动仪式，全区26家公益组织的志愿者及富春街道党员志愿者、红领巾志愿者共700余人参加活动。

【“培育青年创客，助力乡村振兴”主题培训班】 10月16日，“培育青年创客，助力乡村振兴”主题培训班活动在杭州科技职业技术学院大学生创业园成功举行，全区50余名青年创客参加本次活动。

【“不忘初心·建功新城”主题演讲比赛】 10月17日，团区委举办的“不忘初心·建功新城”青年主题演讲比赛决赛在富阳区青少年宫落幕。杭州团市委党组书记、书记马利阳，区领导徐林亮、夏芬、华之江、孙晓明出席活动。各乡镇（街道）、参赛部门分管领导，组团单位领导，第五纪检监察组、区委第五巡回指导组、区委主题教育办领导，以及来自全区80余家团组织青年团员代表，共计400余人参加活动。省盲人学校团总支吴世威，富阳经济技术开发区团工委周羽荣获一等奖。

【“不忘初心、牢记使命”党团知识竞赛】 10月22日，团区委主办的“不忘初心、牢记使命”党团知识竞赛在富阳区职业教育中心举行，来自全区80家直属团组织的160余名团干、团员代表参加此次竞赛。本次竞赛采取闭卷答题，分单选、多选和简答三种题型，内容涵盖《习近平新时代中国特色社会主义思想学习纲要》、《习近平关于“不忘初心、牢记使命”论述摘编》、党内重要法规、党史、新中国史、团的十八大、习近平总书记关于青年工作的重要思想、最新团务团史等内容。

【首届青少年创客大赛】 11月9日，富阳区首届青少年创客大赛开幕式在区青少年宫举行。大赛由区教育局、区科技局、区科技协会、团区委、区文广旅体局主办，区青少年宫、区青少年科技辅导员协会承办，共有来自全区34所中小学校107支队伍141名青少年参加。大赛围绕“科技与灾害”主题，分为创客大赛（作品展示评选）和STEAM项目挑战赛（现场竞技）两种形式，要求参赛选手以特定技术手段中的一种或多种创作作品，实现竞赛主题。

【行政村(社区)团干部培训班】 11月8日，团区委在杭州科技职业技术学院举办了2019年度全区各行政村（社区）团干部培训班。全区各乡镇(街道)团组织负责人、各村(社区）团组织负责人等共计300余人参加。

【在富高校团工作座谈会】 11月14日，团区委在杭州科技职业技术学院组织开展首次在富高校团工作座谈会，为下一步搭建“富阳区团建联盟”奠定基础。浙江中医药大学富春校区、杭州科技职业技术学院、武警士官学院、浙江建设技师学院、富阳职教中心五所学校团工作负责老师、团区委机关干部代表参加会议。

【基层组织力提升比武大会】 12月18日，团区委召开2019年度共青团基层组织力提升比武大会，杭州团市委党组成员、副书记李莲萍出席会议，团区委领导及机关全体干部、全区各直属团组织负责人、部分基层团支部负责人等100余人参会，大会评选出优秀重点领办项目10个和优秀团支部实事10件。

（潘晓晨）

富阳区妇女联合会

【概况】 2019年，全区有基层妇女组织2200个，其中，乡镇（街道）妇联24个、机关和事业单位妇女委员会（妇女工作委员会）35个；村（社）妇联326个，机关事业单位妇代会81个，“两新”（新经济组织和新社会组织）妇女组织1734个。妇女团体会员32个，其中，区女企业家知识分子联谊会1个、区工会女职委1个、乡镇（街道）农家女能手协会24个。区妇联下属事业单位区妇女活动中心。全区有专职妇联干部35名，其中，区妇联11名，乡镇（街道）妇联24名。

【思想政治引领】 开展“巾帼心向党、礼赞新中国”“巾帼助三高、文明合家行”等主题活动，打造区级“富春巾帼讲堂”，全年共开展各类宣讲活动300余场次，覆盖妇女群众十万余人次。

【两规实施】 2019年，提前完成区妇女儿童发展 “十三五”规划指标236项，完成实事项目6件。“五险”参保享受人数逐年上升，妇女基本医疗保险参保率99%；通过评估验收并投入使用母婴设施建设76个，其中市级10个、区级66个。

【“最美庭院”大比武活动】 突出整治全覆盖目标，创新比武模式，打破比武地域、区块、评委单一性限制，扩大比武范围、参与度和宣传度。全年，共开展区级比武8次、“回头看”2次，评出“美丽庭院”优胜村97个；通过富阳电视台展播“美丽庭院”374户；荣获浙江省“最美庭院”2户。

【垃圾分类】 10月，开展“我爱我家·垃圾分家”主题活动，将生活垃圾分类情况纳入“最美庭院”大比武和“最美家庭”建设内容。共组建巾帼志愿队396支，开展垃圾分类培训1175场次，参训妇女11.60万人次。

【双学双比·巾帼建功】 3月7日，

开展“创业创新巾帼风采”女性创业项目路演以及设立女性“创业苗圃”等活动。3月8日，联合区人社局、区总工会举办“服务企业、服务群众、服务基层”人力资源交流大会。全年组织民宿女主人培训班5次、召开民宿女主人专题座谈会2次、举办来料加工工作推进会（招聘会）2次，助力“美丽经济”发展。推荐3名传统女手工美食达人参加省“妈妈的味道民间美食巧女秀”，获最佳人气奖1人、优胜奖2人。推进“巾帼文明岗”创建活动，荣获“全国巾帼建功”先进集体1个，杭州市“巾帼文明岗”6个、巾帼建功标兵3个；创建富阳区“巾帼文明岗”15个。

【“我在富春山乡有个家”活动】 1月，依托“味道山乡”牵头举办“我在富春山乡有个家”活动，挖掘富春山乡的生态资源和人文资源，以家庭为纽带，让民俗出乡、生态出乡、产品出乡，引知识入乡、人才入乡、技术入乡、投资入乡。通过晒家，吸引2000多户家庭踊跃参与，筛选代言家庭560户；通过寻家、乐家活动，实现 560户家庭与城市2233户家庭结亲，接待40716人次，农户收益551.45余万元。

【家庭文明建设】 举办“我给妈妈写一封信”“我和祖国母亲同岁”等系列好家风家训展示活动。全年共推荐区级“最美家庭”192户，其中荣获省市“最美家庭”2户；杭州市“绿色家庭”18户。

【“好家庭”信用贷】 4月，与建行富阳分行签订战略合作协议，全年累计发放“好家庭”信用贷、文明贷2212万元，帮助种养殖、民宿、来料加工等行业的88名女性及家庭创业。

【家庭教育】 全年共举办家庭教育讲座、咨询和亲子阅读等实践活动80余场次，参与家长1.30万余人次。开展示范家长学校创建工作，通过省示范家长学校评审学校1所、社区1个。

【妇女维权】 4月，组建“富春娘家人”维权工作站，招募心理咨询师、律师、调解员等30名，全年接待来访妇女60名，化解纠纷52起。7月11日至12日，举办全区基层初级家事调解员培训，120余名妇联干部、镇村调解员参加培训。在富春街道、春江街道试点建立“反家暴警情”联动处置机制；3—6月，与区科协联合举办“我和我的祖国·悦动无邪”反邪教广场舞大赛，全区妇女近5000名、广场舞队100余支报名参赛；组建“富春平安花”文艺宣传志愿团队，吸纳全区近千名文艺骨干担任平安建设的宣传员、传播员和示范员，组织公益晚会4场。探索妇女参与基层社会治理的有效模式，成立“和胥嫂”家事调解室、“万市好商量”工作室。

【关心关爱行动】 牵头开展区四套班子领导“六一”慰问活动，共走访慰问小学、幼儿园11所；7月18日，与杭州市妇联联合举办“同在蓝天下 我们共成长”2019年暑期留守儿童关爱行暨夏令营主题活动走进湖源乡，组织女性社会组织和巾帼志愿者开展爱心帮扶。为13名“两癌”困难妇女申请杭州市“春风行动”医疗救助，1名“两癌”困难妇女获全国“农村贫困母亲两癌救助专项基金”救助，走访慰问困难妇女51名，慰问金额9.98万元。

【妇女组织全覆盖”】 在已建党组织的两新组织中实现妇女组织全覆盖，在楼宇商圈、产业园区、特色小镇、专业市场中实现妇女组织全覆盖。全年，共有各类“两新”妇女组织1734个，其中新建妇女组织800余个；建妇女之家、妇女微家350个。 （施一丹）

杭州市富阳区科学技术协会

【概况】 2019年，区科协有区级学（协）会20个、民非企业2家，企业科协12个，院士工作站5家；乡镇、街道科协24个；社区科协分会49个；下属事业单位1个。区科协被中国科协办公厅评为2019年科普中国信息员队伍建设区县级科协优秀组织单位（共150个）且排名第三位，被杭州市科协评为2019年度“科普中国”优秀组织单位。

【领衔破难见实效】 依托“走亲连心三服务、党员干部进社区、组团联村、百日解百难”等载体，针对工作实际和领衔破难项目，深入基层开展调查研究，帮助结对村解决实际困难和问题18个，对新建27个社区建立科协组织予以指导和督促，全面推进全区科学技术普及，有效提升全民科学素质，巩固阵地建设。

【十届八、九次常委会和十届六次全委会】 4月18日，召开十届八次常委会，审议调整部分区科协班子成员，审议区科协十届六次全委（扩大）会议工作报告，讨论区科协十届六次全委（扩大）会议议程。4月25日，召开区科协十届六次全委（扩大）会议暨2018年度“科普中国·百千万行动”表彰大会，传达学习省、杭州市科协全委会精神；审议并通过《落实改革举措，履行科协职能，服务“三高”发展》工作报告。场口镇科协、富春第四小学、富阳区医学会以及杭州富春江水电设备有限公司科协作先进典型交流发言；对2018年度“科普中国·百千万行动”中的34个先进集体、35名先进工作者、百佳优秀科普员进行表彰。12月5日，召开区科协十届九次常委会，审议通过区科协第十一次代表大会工作报告草案及有关情况说明，讨论推选区科协第十一届常委候选人及会议议程。

【第十一次代表大会和十一届一次全委会】 12月12日，召开区科协第十一次代表大会，杭州市科协主席郑健波，富阳区领导朱党其、丁永刚、王小丁等出席。大会正式代表223名，代表平均年龄43周岁，其中45周岁以下青年科技工作者代表130名，占代表总数58%；企业、学校、医院、农村等基层一线代表195名，占代表总数87%，占常委会委员59%；高级职称代表36名，占代表总数16%；大学及以上学历代表178名，占代表总数80%；民主党派和无党派人士代表20名，占代

2019年12月12日，区科协十一次代表大会召开

（区科协　供稿）

表总数 9%；女代表 92 名，占代表总数 41% 大会审议通过区科协第十届委员会《履行科协职能 服务“三高”发展 为建设富裕阳光的大都市新型城区作出新贡献》工作报告。选举产生区科协第十一届委员会委员 49 名。同日，第十一届委员会召开第一次全体会议，选举产生第十一届委员会常务委员 19 名，选举产生主席 1 名，副主席 2 名，副主席兼秘书长 1 名，挂职副主席 1 名、兼职副主席 1 名。

【区科协系统改革】 根据《杭州市富阳区科协系统深化改革实施方案》，结合乡镇（街道）科协换届，“三长”（医院院长、学校校长、农技站长）全部吸纳到乡镇（街道）科协组织内，发挥“三长”专业特长带动乡镇（街道）医疗卫生、教育、农业发展。

【建言献策】 撰写调研文章 4 篇，其中《关于尽快启动“院士之家”建设的建议》得到区委书记批示肯定，并在区政协《富阳政协》全文刊登。区老科技工作者协会针对热点民生问题组织会员开展调查研究，撰写的《富阳区“四好农村路”建设存在的问题与建议》调研报告得到区委区政府主要领导的肯定和批示。

【重大科普活动】 9 月 14 日至 20 日，举办 2019 年全国科普日暨杭州市富阳区第 32 届科普宣传周活动，围绕“礼赞共和国、智慧新生活”主题，策划和设计贴近实际、贴近生活、贴近群众的科普活动进机关、进社区、进农村、进学校、进企业，积极倡导讲科学、爱科学、学科学、用科学的良好社会风尚，动员全社会和全民共同参与创新，形成创新引领时代，礼赞共和国智慧点亮生活的生动局面。联合全区旅游景点、科研院所、农业龙头企业、高新企业、科普基地等 32 家单位开展 2019 年“科普自由行”活动，共同开放科普资源，组织青少年和家长开展活动 8 场次，并实施线上科普知识竞赛，参与人数累计超过 21 万人次，线下接待约 1500 人次。

【科普大讲堂活动】 依托农函大科普讲师团，按照“先富帮后富、实现共同富裕”的基本理念和“选准一个专业、培训一项技术、做强一项产业、致富一方群众”的培训思路，紧扣“能力培训、孵化创业和带动增收”三大环节，采取课堂授课、现场教学、跟踪服务的教学形式，开展新型农民职业培训，特色种养加技术培训等工作。全年完成培训 141 场，受训人员 6917 人次。

【拓展科普宣传阵地建设】 推进科普小折页进社区、进医院、进文化礼堂、进人员密集的公共场所，为40个文化礼堂、26个社区及医院、图书馆、行政中心、文化中心的 94 只科普折页架配送科普小折页 12 期，每个折页架每月补充 10 种科普小折页 70 份，计补充小折页 78.96 万份。配送科普挂图 6 期，发放科普挂图 11736 张。

【开展“科技下乡、科普进文化礼堂”活动】 组织科技专家 763 人次，到东洲街道张家村、渔山乡渔山村、灵桥镇山基村、大源镇新关村、新桐乡江洲村、银湖街道银湖村、场口镇赵欧村等 7 个文化礼堂，富春街道执中亭村草莓科技长廊、胥口镇胥口村亲水平台开展大型科技下乡、科普进文化礼堂活动 9 次，为农民群众带去水果、竹笋、蔬菜、茶叶、畜牧等方面的种养技术和信息，提供义诊、健康保健知识和文明礼仪教育服务，发放科技资料 41 种 37500 份，接待市民 4000 余人次。

【科普工作信息化】 “科普中国”落地应用实现全覆盖，至年底，全区注册宣传员 22749 人，转发科普文章 1340069 篇，平均每 100 人中有近 3.50 名注册科普宣传员，率先完成杭州市科协提出的“到 2020 年实现平均每 100 人中有 1 位注册科普宣传员”目标。全国区县城市注册宣传员人数排名第三，传播活跃指数全国第一。网站年访问量 15 万人次，“公众科普”微信平台年阅读量 30 余万次，发文 1400 余篇，关注粉丝 3.70 万人。

【开展科普电影大篷车巡回放映和科普电影进校园活动】 5 月，委托杭州富阳时尚影艺文化发展有限公司开展科普电影大篷车巡回放映活动，公益放映科普电影 650 场。9 月 20 日—10 月 31 日，联合教育局在 30 所中小学开展科普电影专场活动，放映火海逃生、校园安全及事故应对办法、食品安全常识等科普影片 52 部次，提升中小学生科学素质和安全防范能力。

【青少年科普教育基地】 新增杭州市富春江水电设备有限公司—水电科普馆、杭州市富阳区第二中学—STEAM 科创中心、杭州明睿眼科门诊部—视觉健康·近视防控科普馆、杭州富阳懿飞犬业有限公司、杭州乾方户外运动有限公司5家单位为杭州市富阳区青少年科普教育基地，共有杭州市富阳区青少年科普教育基地28家。

【全国科技工作者日活动】 第三个“5·30”全国科技工作者日活动期间，结合“六个一”联系制度，走访慰问企业、院士专家工作站和一线优秀科技人才部分代表，征求意见和建议，体现和发挥科协“科技工作者之家”的使命和作用。5月30日，组织部分企事业单位科技工作者代表100余人赴安顶山开展健步登山活动，促进科技工作者身心健康。

【工商联开展反邪宣传警示教育】 6月5日，举办“我和我的祖国·悦动无邪”富阳区反邪教广场舞决赛暨2019杭州市富阳区防范邪教宣传月启动仪式，万市镇、湖源乡等10支参赛队伍会师决赛，赛事以“科普健身，全民反邪”为宗旨，通过广场舞这种普及面广、参与度高的舞蹈形式，提高广大群众抵御邪教侵蚀的免疫力，最大限度地打压邪教组织的生存空间。（李成钢）

富阳区文学艺术界联合会

【概况】 2019年，区文联有所属协（学）会13个，会员1512名，其中国家级会员67名，省级会员204名，地（市）级会员341名。会员在地（市）级以上发表、展出、入选、播映、演出的文艺作品和理论文章共340余件。全年出刊《富春江》正刊4期。

【志愿者服务】 2月，区文联志愿者服务团荣获中宣部、中央文明办等16部委主办的全国学雷锋志愿服务“最佳志愿服务组织”称号，是全国唯一获此殊荣的区（县）文联。

【麦家“童年与故乡”《人生海海》创作分享会】 7月24日，麦家在富春山馆举办《人生海海》创作分享会。杭州市作协秘书长陈曼冬主持，特邀长江学者、苏州大学学术委员会主任王尧，苏州大学教授、唐文治书院常务副院长季进，本土作家方格子、草木、蒋金乐、巴克，以及现场读者与麦家进行了交流分享。

【“送欢乐、下基层”暨“诗画富春山居”写生采风创作活动】 11月6日至11日，来自中国美协和富阳本土的艺术家走进黄公望隐居地、东梓关、天钟山等地采风创作。11月7日，在东洲中心小学举行启动仪式，区委常委、宣传部部长夏芬出席启动仪式并致辞。

【文艺帮扶】 7月26日，联合杭州市文联、市援疆指挥部、区政协、区教育局在富春山馆举办“翰墨飘香·筑梦未来”援疆书画志愿服务活动。区美协、区书协的书画家以及少儿书画爱好者现场创作近300幅作品捐赠给杭州援建的阿克苏市天杭实验学校和明德幼儿园。6月，举办富阳锦屏摄影帮扶结对、摄影助推脱贫攻坚作品展，百余幅摄影作品先后在杭州市图书馆、公望美术馆展出，从不同层面展示中央扶贫政策和精准扶贫的战略决策，提高社会各界对锦屏的关注度。

【增强“四力”服务“三高”发展座谈会】 5月22日，召开全区文艺工作者增强“四力”服务“三高”发展座谈会，10余名文艺工作者结合日常文艺志愿服务作了交流发言并向全区文艺工作者发出倡议书，区委常委、宣传部部长夏芬参加会议。

【公望美术馆2019年展览】 2019年先后举办“对话富春江”富阳区书画摄影作品展、“浩水千山”郑浩千彩墨画展、“拥江发展两岸齐飞”庆祝中华人民共和国成立七十周年三江两岸女美术家作品邀请展、“旧貌变新颜”杭州美丽乡村中国画展（富阳站）、富阳·锦屏“摄影帮扶结对、摄影助推脱贫攻坚”摄影作品展、杭州市侨联纪念中华人民共和国成立七十周年“翰墨富春江”书画作品邀请展、富阳籍著名画家朱瑚先生作品（藏品）展、“文心依然”“元四家”故里书画作品邀请展、杭州市富阳区第二届蓝立方国际艺术节美术作品展、“文心蔚然”文蔚书画展全国巡回展（富阳展）、“富春山居”书画作品展、“丹青墨香”富阳·浦东·泰兴书画作品交流展、“秋山春水”长三角地区水彩画联展。

【三江两岸女画家富阳采风活动】 组织三江两岸（钱塘江、富春江、新安江）100余名女画家赴杭州富春湾新城、桐洲岛、东梓关采风，从创作的200余幅作品中精选6幅赠送给杭州富春湾新城，共绘“拥江发展梦”。

【实施文艺家进校园支教】 全年共有114位文艺家在全区55所中、

2019年7月24日，麦家《人生海海》创作分享会举办

（区文联 供稿）

小学开设写作、美术、书法、摄影、声乐、舞蹈、乡土文化、篆刻、主持、朗诵等15多个艺术门类课程，3600多课时。指导帮助形成“一校一品”艺术品牌。

【组建文艺轻骑兵礼堂小分队】 6月28日，在场口镇召开全区农村文化礼堂建设工作现场会，组建21支文艺轻骑兵小分队，分赴区24个乡镇（街道）农村文化礼堂，弥补农村文化礼堂人才队伍不专业、内容服务质量不高、文化产品供给机制不完善等短板，助力文化礼堂“门常开、人常来、活动常新”。

【“味道山乡”摄影活动】 先后组织长三角地区、全省中青年摄影人才和本土摄影家，分别在万市、新登、洞桥、万市、胥口沿线开展采风活动5场，共收到摄影作品400余张，视频60个，宣传富阳山乡味道和山乡美景。

【文艺惠民活动】 春节期间，在村、社区、行政服务中心、富阳高铁站等开展新春文艺志愿服务32场，送出春联、书画、手工艺作品5000余件，深受群众喜爱。

【对外文艺交流】 10月20日，在宿迁市宿城区文艺中心举办“骆马湖与富春山”富阳宿迁书法作品交流展。12月6日，“江河之约”富阳亳州书法交流展在亳州市文化馆开幕，区书协骨干会员等参加开幕式并作交流。亳州市文联、阿克苏文联、江苏江阴文联、缙云文联先后到富阳交流学习，作家方格子受邀赴西藏自治区文联参加平措扎西作品研讨会。

【基层调研】 8月，区文联全体干部职工深入24个乡镇（街道）调研，形成调研报告1篇，探讨和研究乡镇（街道）文联在高水平社会治理中如何发挥作用。

【重要创作成果】 扶持蒋增福《读画有伴：文坛师友书画集》、王建潮小说集《帽子不见了》、徐建华摄影作品集《中国·富阳古法造纸》出版。区戏剧曲艺家协会夏富笙、王利琴、张妍斐、钟秀娟4名文艺家加入国家级协会。羊晓君被授予“全国自强模范”“最美杭州人”称号；区书协唐青青荣获“2019浙江省书法家协会个人年度奖”；区戏剧曲艺家协会冯轶辉被列入杭州市文联第9批青年文艺人才；区摄影家协会徐建华参加中国摄协举办的全国摄协新媒体研修班并代表浙江省作交流发言。联合文创办实施全区作品扶持人才培养奖励政策，叶萍的小说《湖神三部曲》《魏薇薇》分别获得区政府原创作品扶持补助资金，全区文艺界有20位文艺工作者获得区委区政府“关心关爱本土文化人士”奖励。

作家协会方格子撰写的以富春江为背景的小说《我有一条江》被浙江省作协、杭州市文联分别列入重点创作项目；叶萍儿童小说《北纬30度王梓》作为教育部向全国中小学生图书馆推荐书目，《亲亲马尚》在《岭南少年报》连载；盛忠民散文《父亲、竹林和大雪》获得2019年度中国散文二等奖。

美术家协会孙雯国画《归鹤图》、郑谅水粉画《老伙计》分别入选第十三届全国美术作品展；孙雯国画《归鹤图》获省第十四届美展铜奖，方杭美国画《谁家芭蕉秋梦里》，姜健林、林可同国画《将翱将翔 佩玉将将》，姜晓明油画《枫林禅音》分别入展；阳桂芳国画《江南烟雨》入展“新时代新意象”2019首届中国山水画双年展，国画《南天圣地》入展2019“大美观音山”首届全国中国画山水作品展，国画《太行山上》入展“万年浦江”全国中国画（写意）作品展。

书法家协会羊晓君“家在富春山”——羊晓君隶书展获2018年度中国书法风云榜“书法展览”，其作品《隶书条幅》入展盛世中国庆祝中华人民共和国成立70周年全国书法大展；唐青青《杨万里诗一首》入展全国第十二届书法篆刻展览；唐一峰《行书条幅》、金如《题官使赵枢密独往亭》分别入展“浙江书法奖·沙孟海奖”第十届全浙书法篆刻大展；羊晓君《郁达夫诗》、唐一峰《行书条幅》入展“江山多娇：庆祝新中国成立七十周年——浙江书法篆刻刻字系列大展”；李爱芳《道德经》、周杏茗作品《薛瑄诗一首》、金如《篆书条幅》、赵阳《行书条幅》入展“卫夫人杯”全国妇女书法展；邬陈映竹《致方志敏》入展“可爱的中国”全国书法大赛入展。

摄影家协会陈正林《暮归》香港第九届全国摄影展入展，徐昌平《制陶》（组照）“煤山美丽乡镇故事”全国摄影大展入展。

音乐舞蹈家协会叶哈娜邢幼幼创编的歌舞《桥的归途》获2019省农村文化礼堂优秀群文作品展演金奖；张法娣创编的舞蹈《蹴石乐》获省首届少数民族舞蹈展演优秀作品奖；叶哈娜在何占豪筝乐作品音乐会演奏《梁祝》《西楚霸王》等作品。

戏剧曲艺家协会潘琴芳越剧表演《红楼梦·哭灵》获省第十届十大城市戏曲演唱联赛金奖；俞云霞、李敏霞睦剧表演《南山种麦》获省第十届十大城市戏曲演唱联赛折子戏专场铜奖。

民间文艺家协会周国华陶瓷作品《青花描金环颈天球》获2019中国（大连）国际文化旅游产业交易博览会“金牡丹杯”文化创意大赛银奖，陶瓷作品《荷花金鱼瓶》获2019中国（杭州）工艺美术精品博览会“神工杯”创意设计制作大赛银奖；朱剑星故事《兄弟》获省第十三届新故事作品征文大赛二等奖，许文培故事《请帮工》获省第八届故事征文优秀奖，陈志荣故事《建祠挖蛀虫》获全国范仲淹故事征文二等奖。

郁达夫研究学会郁峻峰主编《郁达夫年谱》被列入省第二批文化精品工程。（沈小惠）

【编 辑 汪校良】

11 法治

Rule of Law

“平安富阳”建设

【概况】 2019年，区委政法委以保障新中国成立70周年和服务“三高”发展为主线，以争当全省平安创建排头兵和争做杭州市域社会治理示范区为目标，聚焦高水平社会治理能力建设，坚持群众最恨、群众最怨、群众最烦、群众最需“四大”导向，提升社会平安防控、风险防范化解、基层社会治理、政法铁军担当四大能力，全力创造安全的治安环境、稳定的社会环境、优质的服务环境、公正的法治环境，不断提升人民群众的安全感、获得感和幸福感，“平安富阳”实现十五连冠，荣获平安建设一星金鼎，平安创建各项工作走在省市前列。

【深化大平安工作机制】 出台平安考核评审分工、机关（乡镇）分类考核、平安维稳问责办法4个主要文件，实行部门季度、乡镇月度考核排名，压实平安创建主体责任，设定平安考核不达标的单位在区综合考评中“否优降档”；组建平安工作专班，每周确定主题开展暗访督查，提升发现问题、解决问题的能力；常态开展报刊有文、电视有影、广播有声、手机有信、网络有载、双微有讯、竞答有奖平安宣传，落实平安宣传组织发动、入户宣传、媒体宣传三个全覆盖，为平安创建提供强大的精神动力。

紧盯交通、消防、安全生产领域平安创建短板弱项，开展专项攻坚，全年交通死亡事故同比下降21.70%，电瓶车戴头盔率城区92%以上、农村80%以上，152个封闭式小区楼道堆物、电瓶车乱充电、消防通道堵塞、消防设施配备“四大”隐患；全年移送安全事故追刑责5起，非事故处罚曝光12期。

持续推进扫黑除恶专项斗争，侦办涉黑犯罪集团案件1个、涉恶犯罪集团案件8个，涉恶刑事案件146起，冻结涉案资产1.90亿余元。全区各类警情总体平稳，命案连续14年全破，人民群众安全感满意率持续提升。

【构建大维稳工作格局】 圆满完成各级“两会”、中非高峰论坛、世界园艺博览会、亚洲文明对话大会、“双创周”活动、平安护航新中国成立70周年大会战等一系列维稳安保工作任务，全区实现重大敏感时段“零滋事”工作目标。打造基层社会治理“一体两翼”工作体系示范区，扎实推进省级重大决策社会稳定风险评估工作，建成实战实用的信息化大维稳平台。全年排查确定重大涉稳问题22件全部化解，妥善处置三峡移民非正常死亡、渌渚镇循环经济工业园征地拆迁、涉众型经济案事件等多起突发（敏感）事件，成功劝阻65批96人次进京异动事件，未发生因处置不当激化升级事件。摸清全区387名涉邪在册人员底数，创新帮教方式，多次赴监狱了解涉邪人员服刑情况，与监狱共同做好帮教转化工作，并创新宣传模式，与宣传部、文广旅体局、科协、妇联共同组织反邪教广场舞大赛，参加群众5000多人。

【聚焦高水平社会治理】 出台高水平社会治理大平安四个能力建设、全科网格建设等实施意见，重新招聘专职网格员、建立网格评星定级、诫勉谈话、业务培训等制度，每月组织开展网格比武、“我当一天网格员”等网格主题活动，实现“全科网格”工作目标、工作内容、工作方法、信息处理全面升级。全年科网格队伍共走访重点人员44112人次、走访重点场所4872场次，排查单位总数34814家，发现问题86512个，上报治安（安全）隐患类、矛盾纠纷类等各类事件241728件，问题解决率99.93%。以“紫云山庄”综合整治为突破口，探索建立“四权四问”老旧小区综合治理模式，创新“小队会”微治理，集中解决了一批社会治理领域中的“热点、难点”问题。

以交通、物流、出租房等领域安全隐患整治为重点，确定4个区级和若干个镇级地区作为重点整治地区；深入推进“零发案小区”和“控案先进小区”创建，创新物业公司“黑白”名单定期公布制；组建专班，牵头推进“智安小区”建设，全区152个智安小区建设工作全面铺开。通过“人防、物防、技防、心防”建设，全面提升群众的幸福感。

10月，建成区社会矛盾纠纷调

处化解中心并投入使用，政法委、信访局、司法局全部进驻中心办公，实现为群众解纷解忧“最多跑一地”；以基层治理“四平台”（综治工作平台、市场监管平台、综合执法平台、便民服务平台）建设为抓手，建成标准化镇级综治中心24个；按照示范、标准、基础三个类型建设村级综治中心，建成示范型中心39个，标准型中心67个，基础型中心93个，夯实基层基础。（钟益林）

公　安

【概述】　2019年，杭州市公安局富阳区分局（以下简称分局）围绕新中国成立70周年大庆安保工作主线，稳步推进各项工作，保证辖区政治稳定和治安平稳。牵头实施“人生一件事”，受到杭州市委书记周江勇批示肯定，并在全省推广，入围浙江省改革创新最佳实践案例；人维稳工作机制受到中央、省、市政法委领导高度评价；数字派出所建设、巡特警“金名片”建设得到浙江省副省长、公安厅长王双全高度肯定；“民族团结一家亲”做法受到国家反恐办、公安部、中央统战部、省公安厅等领导肯定，并作为“浙江经验”在全国新疆少数民族集中务工人员管理工作会议上展示。全年，全区各类警情总体平稳，治安警情、举报警情、求助警情、火灾警情分别下降1.01%、5.79%、4.86%、17.49%，“两抢”案件发案下降80%。命案连续14年实现全破，“两抢”、强奸等五类案件破案率100%，交通事故死亡数同比下降21.74%。创新重大活动社会稳定“1+9风险评估法”，受到省委政法委的高度肯定，高质量完成70周年大庆、各级“两会”、“我们的村晚”、味道山乡大会等活动安保任务90余起。实现重点人员、重大安保节点“零进京扰序”。分局连续十年获评全省公安机关执法质量优秀单位，连续五年获评全省公安机关信访工作考核优秀单位；区看守所连续九年被评为“全国一级看守所”。金健勇获评2019年杭州市劳动模范，杭州市委、浙江省委分别追授其杭州市优秀共产党员、省优秀共产党员称号。

【石小忠到分局调研】　3月6日，省公安厅党委委员、副厅长石小忠到富阳调研指导新疆籍人员服务管理工作。

【王双全、金志到分局督导全国“两会”维稳安保】　3月14日，副省长、省公安厅长王双全，公安厅副厅长、杭州市委常委、公安局局长金志，到富阳督导全国“两会”维稳安保并调研指导全区公安工作，要求分局做好全国“两会”维稳安保工作，以“党政认可、人民满意、民警幸福”标准，扎实推进“枫桥式派出所”创建。

【金伯中到分局调研】　3月27日，省公安厅党委委员、副厅长金伯中，赴城东派出所、巡特警大队调研，认为城东派出所在矛盾纠纷化解、服务群众工作上有举措有亮点，巡特警基地硬件标准高、力量建设强，“枫桥式派出所”创建工作思路清晰。

【史占彪到分局调研】　4月4日，中国科学院心理研究所心理健康重点实验室教授史占彪，到分局专题调研民警心理健康工作。

【汪勇到分局考察】　4月12日，中国人民公安大学党委委员、副校长汪勇，到分局考察调研实习生实践教学工作。

【金志到分局专案基地调研】　5月5日，省公安厅副厅长、杭州市委常委、公安局局长金志，到分局专案基地专题研究市局“3·28”涉黑专案侦办工作。金志肯定前期专案侦办工作扎实高效、推进有序、成效明显，认为该案是全市扫黑除恶专项斗争中又一起标杆性案件。

【金志到富阳联系基层人大代表和人民群众】　5月29日，省公安厅副厅长、杭州市委常委、公安局局长金志，到富春街道第一代表联络站联系基层人大代表和人民群众，肯定“智安小区”试点、富阳“人生一件事”最多跑一次改革工作，并就完善推广提出指导意见。

【许强到富阳指导反恐怖工作】　6月21日，国家反恐办副主任、公安部反恐怖局副局长许强，到富阳检查指导反恐怖工作。

【刘威华到分局调研】　7月24日，中国前卫体协副主席兼秘书长刘威华，到分局调研指导警体工作，参观分局训练场馆、功能用房和值班备勤用房，体验警官之家，并高度评价分局警察运动会和兴趣小组活动。

【朱党其出席公安工作会议】　2月27日，区委书记朱党其出席2019年全区公安工作会议，肯定富阳公安践行“党政有呼、公安必应”，为全区持续打好高质量发展组合拳、实现全面破题战斗任务贡献公安力量。

【维稳安保体系】　实行战时化维稳安保体系，保障新中国成立70周年大庆等重点安保维稳任务，在敏感节点及时启动等级响应210天，成立区、分局联合联勤指挥部。搜集研判预警情报信息，向区委、区政府及相关职能部门报送各类信息专报17期；上报各类情报信息620条，其中被杭州市公安局录用364条，被省公安厅录用303条，被公安部录用114条，赢得预防和处置各类不稳定因素主动权。启动战时情报会商，依托人力情报网、人像布控网、常规临控网、手段支撑网，全方位立体织密维稳安保体系，做到重大异动有支撑、重大内幕有预警，确保完成新中国成立70周年大庆等重大安保任务。

【涉稳风险处置】　在“党委政府主导、职能部门参与”大维稳格局下，依托大维稳平台及问题通报等机制，压实政府部门尤其是乡镇（街道）主体责任，形成稳控合力，侦办维稳专案13起，对象51人。研判中心平台支撑全局维稳及其他领域打击整治工作，接受研判请求279条，下达指令53条。发挥情报导稳作用，开展日常情报会商300余次，专题会商敏感节点及特殊时期重大涉稳案事件50余次。实时对接区委政法委，实现乡镇街道与派出所同步维稳；建立专班，常态化开展情报会商，分析研判重点预警人员，动态掌握重点人员动向，实时评估，服务领导决策。迅速高效处置涉稳异动风险，劝阻进京异动人员，确保大庆安保期间富阳重点人员“零进京扰乱”。专案经营重点群体，结合面上管控和信息研判，跟踪涉稳群体动态，刻画各群体特点，其中紫云山庄维稳专案得到区委区政府肯定。

【治安隐患整治】 开展各类专项集中统一行动33次，组织发动各类力量10万余人次，清除治安乱点、热点问题，有效净化治安环境。

【大型活动监管】 制定《杭州市富阳区重大活动社会稳定风险评估暂行办法》，得到省政法委肯定。审批各类大型活动15起，制订各类安保工作方案80余个，牵头参与全区各级“两会”、“我们的村晚”、味道山乡大会等各类活动安保工作90余次，组织警力赴杭增援安保工作6次，确保所有活动均安全顺利举行。

【重点场所管理】 根据省公安厅、分局“云上公安、智能防控”第一战略部署要求，依托分局“互联网+”理念，整合资源深化数据应用。截至10月22日，全区旅馆业694家安装“人证合一”系统，实行“五个一律”（一律安装人证合一系统、一律开展签字背书工作、一律落实责任告知工作、一律强化日常监管、一律从严从重处罚）管理。寄递业推行“萤石云+公安+快递”视频监管平台，实行严管措施。

【涉恐行业管理】 规范推进水电油气行业建设。每季度上门检查全区108家水电油气行业，落实安防措施，发放防范建议书或整改通知书19家次。指导全区二级以上医院建立警务室6家，排查化解各类医患纠纷20余起。安全评估金融单位30家、营业网点173个，评估率100%，评估中发现安全隐患503个，整改321个。组织银行柜员1300余人参加防范通信网络诈骗培训，年内银行员工劝阻诈骗案件7起，挽回损失16.70万余元。

【中心工作护航】 成立工作专班，摸排、警示、告诫、化解并处置不安定因素675起。结合扫黑除恶专项斗争，打击工程领域涉黑恶犯罪，采取强制措施58人。推进亚运场馆、秦望区块城市眼、富春湾新城、银湖街道地铁沿线整体搬迁、渌渚阆坞区块循环经济产业园建设等重大项目建设。

【重大活动社会风险评估法】 为规范全区各类大型群众性活动，调查、识别、分析、预防可能存在的社会稳定风险因素，压实活动主办方及承办方的安全主体责任，确保重大活动绝对安全，6月，制定《富阳区重大活动社会风险评估办法（试行）》。评估办法实行“1+9”评估法，“1”即原则预判重大活动合法、合规、合理、可行和可控性；“9”即在“1”通过的基础上，细化评估重大活动的人员、活动、场地、住地、交通、消防、外围、应急处置、组织指挥等项目。风险等级分低、中低、中、中高、高。

【“走亲连心三服务”活动】 4月11日，印发《杭州市公安局富阳区分局“走亲连心三服务”活动实施方案》，成立领导小组、建立联系点制度，通过“联乡结村”“百千警进万家”等活动，突出“精准”帮扶项目，带头深入企业、基层，到群众中办实事、解难题、除隐患，服务全区“三高”（高新产业发展、高品质城市建设、高水平社会治理）建设，帮助企业、基层解决小区停车难、物业管理乱、企业员工安全培训等实际问题432个。

【民族团结一家亲】 提炼总结新疆籍青年务工人员的管理和服务工作，开发“亚克西”APP和“维吾尔族之家”平台，利用信息化大数据优势，创新管理日月电器新疆籍维族务工人员98人在富阳生活、工作和学习情况，就树立法制、爱国、民族团结意识，开展在内地就业就学服务。省委书记车俊对此项工作批示：富阳区全力做好新疆籍青年务工人员的管理和服务工作的做法很好，值得肯定和其他地方借鉴。7月21日，富阳经验作为浙江省代表在山东青岛召开的全国新疆籍务工人员服务管理工作现场会议上交流发言。

【扫黑除恶】 排查核查线索，铲除辖区黑恶违法犯罪，破获案件139起，侦办黑社会性质组织犯罪1个，打处恶势力犯罪集团8个，涉黑涉恶犯罪采取强制措施382人，逮捕208人，移诉325人，查封扣押冻结涉案资产1.92亿余元。尤其是高质量侦办市公安局交办的“3·28”涉黑专案，受到省公安厅副厅长、市委常委、公安局局长金志的肯定。

【重大案事件侦破】 依托刑事研判中心、反诈中心，落实打击专业化机制，快侦快破命案等重大恶性案件，命案及“两抢”、强奸等五类案件全破。侦破管辖刑事案件809起，抓获犯罪嫌疑人1006人；四类侵财犯罪刑拘521人，取保候审94人，移诉461人。紧盯民生案件，历时10个月侦查，破获富春江“铜精矿粉”盗窃案，采取强制措施83人，查明涉案船只45条，涉案价值1161万余元；昼夜奋战19天，抓获流窜作案10余年的“江洋大盗”徐某，侦破公安部督办“川渝甘浙苏皖闽”特大跨省系列入室盗窃案，案值1500余万元；侦破全国公安机关首起以网络电商平台刷单方式进行非法集资的案件；破获微信交友诈骗等多个电信网络案件，遏制网络诈骗案件高发趋势。

【打击黄赌犯罪】 全年，打处黄赌团伙25个，其中涉黄团伙1个、涉赌团伙24个，办理黄赌省督团伙案件3起。打处网络赌博团伙5个，“4·26”“5·16”网络赌博案件，抓获涉赌犯罪人员55人，移诉52人，实现全链条打击，固化打击网络赌博的工作机制。

【打击民生领域犯罪】 发挥职能优势，强化部门联动，指导办理环食药类案件23起，采取刑事强制措施82人，移诉42人，维护全区环境、食品、药品领域正常秩序。办理全省第一起妨害动植物防疫检疫案，列为省公安厅督办案件。结合“富阳无欠薪”行动，参与处置“欠薪”30案件余起，处置28起，办理拒不支付劳动报酬犯罪案件8件，抓捕恶意欠薪责任人6人，刑拘在逃1人。

【反恐执法】 4月30日，制定下发《2019年反恐怖工作要点》等系列方案，着力发挥区反恐办作用，压实各单位工作职责。全年，督导检查46次，发现问题隐患80余个，发放现场整改通知书38份，问题隐患抄告28份。全年依法处置或排除上级线索4条。落实市级反恐怖重点目标单位试点无人机反恐防控工作。

【涉毒执法】 在前期侦查与调查基础上，抓捕以李某军为首的贩毒团伙和以唐某莲为首的涉毒团伙2个，净化全区涉毒环境。全年移诉涉毒犯罪嫌疑人42人，查处吸毒违法嫌疑人112人，强制隔离戒毒37人。

【经侦执法】 全年受理各类经济案件161起，立案64起，破案58起，涉案总价值3.56亿元，直接经济损失3.11亿元。抓获各类犯罪嫌疑人138人，其中刑拘113人次，取保候审53人次，逮捕75人次，移送起诉45起121人，侦查终结48起，追回经济损失1.50亿余元，追赃率48.40%。

【非法集资案件查处】 分卷起诉“能量铜”“和仙谷”“佳航金服”涉案嫌疑人65人，侦破“华灿金融”等影响较大的非法集资案，余某锋等人淘宝店“刷单炒信”为名非吸案。全年，立案涉众型案件19起，采取强制措施人员42人。网贷案件侦结率100%，缉捕追逃率100%、网贷案件追赃挽损率29.85%。

【“蓝剑2019”专项行动】 响应上级公安机关打击侵犯知识产权犯罪，护航企业发展，维护市场公平竞争环境，开展“蓝剑2019”专项行动。立案侦办侵犯知识产权类案件和假冒伪劣产品案件14起，采取刑事措施人员22人。侦破销售假冒“永通”牌电缆线案件3起、破获串通投标案1起；侦破保护“浙商”跨区域案件1起。严厉打击职务侵占、挪用资金等损害企业利益的犯罪活动，追赃挽损，维护民营企业合法权益，侦办挪用、职务侵占案件12起，采取强制措施14人，追回赃款赃物4000余万元。完善企业联系制度，每位民警联系重点企业5家，警企间实行专人“点对点”联系，建立微信群平台，通报预警、风险防控、送教上门。走访企业46家，其中易受侵害品牌的企业16家。

【开展“猎狐行动”】 成立追逃专班，完善“一逃一档”。抓获逃犯24人，抓获率82.80%，其中抓获往年逃犯5人，抓获率55.60%；抓获当年逃犯19人，抓获率95%，抓获猎狐新增逃犯2人。

【基地建立】 根据扫黑除恶专项斗争及其他重大案件侦办工作需要，4月，在巡特警大队开辟专门区域，建成含办公区、会商区、指挥区、休息区等功能的专案基地；6月，在看守所建立含审讯指挥室、谈心谈话室等功能的狱侦基地；提升服务打击实战能力。

【“雪亮工程”建设】 新建治安监控点位500个、人脸抓拍监控点位500个、杭黄高铁治安监控点位250个，联网接入教育局、卫健局、行政服务中心、农村农业局等各类社会视频监控2400个。完成智能交通项目52个和验收交通安全设施项目32个，设计出图及预算编制道路22条，审查确认18条道路图纸设计，审计12条道路项目。

【“智安小区”建设】 搭建“富春智联”综合治理一体化平台，打造新时代“6G”智慧安防新样板试点小区，将春江等5个试点小区串点成片，筑起共建共治共享的基层社会治理示范样板。全区封闭式小区152个，开工建设144个，其中安装调试智慧安防建设前端感知设备132个，小区房屋、人员基本信息平台导入56个，（人、车、房）上级考核指定平台数据推送小区29个。结合区委区政府综合治理紫云山庄小区，主动推进该小区智慧安防设施建设，先后安装道闸、人脸、智能门禁、视频监控等设施，以智能化、信息化手段，破解小区设施老旧、人员复杂、管理薄弱等顽疾，使该小区从“乱”到“治”、从“投诉多”到“点赞多”的转变，成为基层社会治理的示范样板。

【重点创建并重】 采取配备专职巡防力量、安装视频监控、增设物防设施等举措，整治富春街道治安复杂、问题突出的重点区域3个，并通过验收。会同区政法委开展“两小区（零发案、控案先进）”创建活动，全区参赛小区85个，实现“零发案”69个，占总数的81.20%，实现“降发案”4个，占总数4.70%，“两小区”创建率85.90%。

【警民共建共治】 3月，出台安全隐患通报工作操作手册、职责任务清单和目标任务指导数，并编发安全隐患通报工作专项督导通报2期。全年，抄告安全隐患53起。运用网格员队伍考核权，年内考核网格员157人次扣分674分，涉及网格员工资10万余元，督促网格员在基础管理中积极作为，同步纳入各乡镇街道平安考核。警务新模式新机制精彩纷呈，“中心警务站”“警社融合”“警企联盟”“农村交通安全管理村民自治”等日趋成熟；平安巡防队伍和其他平安公益组织壮大，万市派出所龙羊猎人救援队等社会公益组织作用明显。

【基层基础建设】 紧盯“人口管理、治安防控、重点管控”三项基本任务，定期召开座谈会、交流会、总结会，采用实地观摩、经验介绍等形式，走访调研派出所13个参与社会治理工作。以基础管控3.0平台试点应用为契机，梳理“人、事、物、阵地、行业”等基础要素，系统化管理社区民警日常工作。全年，采集更新人员信息115.04万余条，房屋信息16.80万余条，单位信息2.01万余条，新建常规任务40项。

【数字化派出所建设】 抽调业务骨干16人组成专班，拓展市公安局“8个化”要求，形成“12个化”数字派出所建设任务及第一批具体建设项目52个，将新时代“枫桥经验”内涵全要素融入“数字派出所”建设。经8个月努力，11月，上线试运行微信+、认证合一、智能门禁、人像基础应用、多维感知应用等数字应用模块10个。自主研发“信鸽平台”，统一管理全区五大类微信群400余个，成员3万余人，日均收集线索信息100余条，推送防范宣传、案例通报等400余条，受益群众1200万人次。

【“枫桥式派出所”创建】 建立集接处警、巡防、基础管控、办案、窗口服务为一体的秋丰村、百合社区中心警务站2个，将实有人口管理、化解矛盾纠纷、服务辖区群众等派出所工作向社区纵深延伸，打通派出所和群众之间的“最后一公里”，惠及社区6个、行政村5个，实现“民意领跑警务，警务保障民生”。

【综合指挥室建设】 坚持“实战、实用、实效”原则，分类推进“小脑+手脚”派出所勤务机制改革。至9月底，除水上派出所外，其余派出所均按要求建成综合指挥室，提升派出所小脑“可视指挥、合成分析、精准布防、指导基础、内部管理”等工作效能。分局层面及时督导派出所综合指挥室落实值守制度、警情指挥调度、勤务运行模式等制度落地情况，每日通报存在问题，督促各派出所综合指挥室机制落地，确保运行成效。

【危险物品管理】 开展民爆行业安全隐患集中排查整治行动，检查相关爆破单位、项目950余家次，整改安全隐患75处，行政处罚4家，罚款50万元，确保全区储存仓库和临时爆破项目施工有序。以公安部《易制爆危险化学品治安管理办法》等法律贯彻实施为契机，完善“危险物品管控平台”数据，改进监管与检查模式，跟踪督办，检查发现问题实行闭环整改，处罚追责。全年，检查危险物品单位2500家次，整改各类安全隐患98处，行政处罚53家。

【“护校安园”行动】 5月14日，制定下发《“护校安园”专项行动工作实施方案》，每天落实专门护学警力230余人次，护学高峰时段。排查校园安全隐患，指导督促全区中小学幼儿园建立“一校一表”和应急处置“一校一方案”。4月、6月，联合区教育局、富春四小、富春街道先后主办“安全出行，少年交警在行动”、全区中小学幼儿园“防暴力入侵”联动演练主题活动。组织安保参加各项考试20余场次。全年，在高校开展各类防范电信网络新型违法犯罪“扫雷行动”主题式“五项宣传”活动10余场，阻止学生被诈骗案件10余起。

【公共交通管理】 加强全区4个汽车客运站和高铁站的人证票核验机制和安检工作，排查发现各类管制刀具等危险物品6000余件，协助抓获各类违法犯罪嫌疑人16人，接受各类明察暗访检查任务40余次。12月20日，地方与铁路警务融合，建成高铁富阳站警务区。

【交通隐患治理】 挂图标注排查发现的道路交通隐患点段，实行挂图作战，逐个消除隐患，累计投入资金1.30亿元，逐个整治消除隐患点300余处；封闭非法路口39个。全年，发生交通事故5.48万起，同比上升2.13%，全口径亡人交通事故发生69起死亡69人，死亡人数同比分别下降25%。

【交通违法整治】 推进全区道路交通安全综合治理工作，落实全警联动、交治合一机制，打好源头治理、路面整治、素质提升“组合拳”，完善“交企联合”“警民共治”的“大交管”模式。开展电动自行车、涉酒驾驶交通违法、每月“逢五”“逢十”专项整治行动。全年，查处各类交通违法90万余起，同比上升38.84%，其中现场查处14.36万余起，非现场查处74.70万余起；醉酒驾驶300起、饮酒后驾驶1260起、无证驾驶1517起、超速7.10万余起、超载3530起、电动车违法9.47万余起。

【围剿技战法】 借鉴“刑侦工作思维”，探索试行“五个一”重点违法打击、“一二四”毒驾清剿模式等工作技战法，高精度围剿高违法、毒驾、失驾等突出违法行为。年内，查处高违法车辆264辆、无证驾驶25辆、故意遮挡号牌30起，假牌套牌12起、毒驾6起。

【交通违法防控】 鼓励企业从“大安全”角度出发参与交通管理。以春江街道53家规模企业为试点，将员工交通违法列入违反厂纪厂规行为，纳入员工考核奖惩机制。以万市、洞桥镇为试点，聘请村支两委干部、村民组长、党员、治保积极分子、老年协会会长等社会力量为兼职交通安全劝导员，分片包干交通安全管理责任，压实属地交通安全管理责任。

【流动人口管理】 全区登记在册流动人口230616人，同比上升8.54%，其中新增352301人；登记在册居住出租房屋27929户，同比上升4.38%，其中新增5192户；发现并处罚违规房东690家，同比下降30.90%。

【保安行业监管】 全区保安服务公司8家，安排专人复核保安监管信息系统内持证保安从业人员4379人信息，重点复查碰撞违法犯罪等前科信息。全年，组织从业人员培训、资格考试、发放上岗证1484人次，同比上升41.60%。

【精神病人管控】 全区列管精神病人185人，其中列管重性精神病人152人，自行列管精神病人32人，列管病人均逐一建档，落实监护、监管责任，确保责任到人，管控率100%；公安收治肇事肇祸精神病人23人，配合家属收治易肇事肇祸精神病人41人。

【"智慧"监管升级】 按照省公安厅加强版要求，投入资金150万元整合"智慧监管"，更新监室终端，完善全方位视频监控、监区门禁、防误放系统、自助办案系统、警务实战平台、讯问指挥等技防系统建设；实现一体化办公、信息共享，在押人员管理由"人盯眼看"转变为"智能数控"，降低监管民警工作风险，提升警务工作效率。

【在押人员服务保障】 保障在押人员"分餐制"和监室内直供水供应。实时跟踪在押人员日常生活、食品物品供应，做到可记录、可量化、可回溯。改善律师会见难现象。与区司法局、检察院、律师协会沟通，以新增律师会见室、网上预约和设立快速会见的方式，确保会见室不少于在押人员10%的要求。

【司法实战服务】 落实在押人员认罪认罚从宽处理制度。区检察院和区法院根据犯罪嫌疑人、被告人羁押期间不同等级的认罪认罚表现，分别提出不同级别的从宽幅度，在判决书中确认认罪认罚情节，有效保障犯罪嫌疑人的合法权益，年内等级鉴定在押人员羁押期间认罪认罚情节230人次。发挥监所职能开辟"第二战场"，经管教感化教育提供线索55条，其中涉枪线索3条，涉毒线索7条，涉黑涉恶线索34条，其他案件11条，通过线索突破零口供4人次，破获赌博案件1起，刑事拘留4人。"挖隐"行动中，超额完成任务获满分。

【在押人员管理】 建立在押人员心理干预机制，聘请区第一人民医院专家为在押人员讲课，把心理干预融入看守所日常管理，结合风险评估、心理测评及日常谈话情况，对言行异常的在押人员开展心理咨询、干预，及时、准确掌握其羁押期的心理轨迹、个性特点。定期开展在押人员行为养成训练、广播体操和内务卫生竞赛；以新监室改造为契机，规范监室内务设置，规定监室"四清洁""四条线"标准，改观监室面貌。监所秩序严格正规，无发生在押人员不服从管理、打架斗殴等严重违规现象。

【打造巡特警"金名片"】 突出"基础、队伍、机制、装备"四项建设内容，提升巡特警队伍战斗力，综合支撑全局工作保障作用。接待刚果（金）警察观摩团及天津、安吉、温州、新昌、海宁等多地特警负责人参观考察。7月21日，邀请历任巡特警领导、民警50余人"回家"参观特警新营房，为打造金名片献计献策。

【警务保障】 投入5400余万元，装修完成民警公寓房31套，改造城东、万市、常安派出所用房，建成水上公务艇专用码头；稳步推进公安业务大楼、大源、东洲派出所（交警东洲中队）等业务技术用房建设及看守所监区改造、银湖派出所改建、城西派出所改造等项目。投资近700万元，更新、新增一线单位车辆15辆及特警专业器材、核酸提取仪、超宽光谱生态相机等装备设备。

【档案史志】 持续推进档案数字化，4月30日，分局档案数字化二期项目开工，主要加工派出所户籍档案，至年底，完成总量61%。归档年度机关文书、专业、实物档案2526卷（件），接待109人（次），查阅各类档案483卷（件册）；10月，更新分局档案库房密集架22组44列，重新下架上架排序档案59274卷（件）。按时间节点编写、上报区史志办、市公安局交办的公安年鉴工作；《富阳公安志（1991—2015）》编纂工作接近尾声，9月10日，邀请省市公安机关领导、专家召开评稿会。

【"一局一品"创建】 主动申报市公安局重点法制工作——执法规范化建设"一局一品"创建活动，经市局综合评审，分局执法办案管理中心、讯问询问笔录语音转换、执法管理辅助平台、执法管理中心功能拓展等四个项目，被市公安局确定为执法规范化建设"一局一品"创建活动建设项目。其中，12月20日，讯问询问笔录语音转换、执法管理辅助平台通过市公安局验收。

【执法制度建设】 5月8日，制定出台《关于进一步规范接处警工作的通知》《中层领导案件审核指导积分办法》；6月28日，制定《执法办案积分办法》等执法制度。为加强执法制度落地，专项督导检查接处警、执法效率、执法过程管理、重点案件办理等民警执法行为。

【执法管理辅助平台建设】 拓展执法信息化辅助管理手段，推进执法管理辅助平台建设，该平台具有全方位指导办案过程、全过程提醒办案期限、全要素统计办案情况、智能化分析执法状况、全流程可视接处警、一站式存储音视频、信息化管理涉案财物、便利化调取判决书及党员违法犯罪统计等"8+X"功能，从接处警源头开始打造执法全流程管理、全过程监督、全环节留痕、全时段提醒的执法封闭管理圈，提升执法管理信息化、智能化水平。

【执法问题整治】 瞄准"群众报案受不受理、处警简单粗暴、办案拖拉"等具体问题15项，以"零容忍"态度落实问题整治工作；开展"人人都是法制员""教科书式"执法创新活动，执法水平明显提高，行政复议、行政诉讼案件同比下降28.57%。

【"最多跑一次"改革】 以富阳区级重点项目"人生一件事"改革统筹推进分局最多跑一次改革工作。至年底，已推行"人生一件事"从出生、上学、就业、结婚，到置业、救助、看病、养老、去世，涵盖人生9个阶段28件事168个事项的"一站式办理"，覆盖全区群众近70万人，年均直接受益19万余人，年均减少群众跑腿89.80万余次，年均精减材料394.70万余份，人均缩短办理周期累计工作日367个。杭州市委书记周江勇专门批示："确认实际运营良好的前提下，将这一改革举措和成效印发各地学习、借鉴。做得好。"杭州市长徐立毅批示："富阳这一做法，群众获得感强，有意义，值得肯定。市审管办要总结，可确定'几件事'在全市推广这种好的做法。"11月27日，省改革案例

2019年9月12日，富阳区“践行新使命、忠诚保大庆”誓师大会暨平安大巡防启动仪式在巡特警大队举行 （公安局富阳区分局 供稿）

评选组到富阳实地调研“人生一件事”改革，并入选浙江省改革创新实践优秀案例，在全省推广。11月28日，中央电视台新闻联播栏目播出“人生一件事”改革。

【特种行业许可审批承诺制】 特种行业许可审批承诺制是指在主要材料齐全、次要材料缺失的情况下，市民通过填写特种行业许可审批承诺书，可以先办证件、后补材料。该制度主要针对旅馆业特种行业，全年，全区民宿通过该方式取得特种行业许可证180家。

【窗口服务】 推进“互联网＋可信身份认证”工作，在城东、城西、新登、万市、灵桥、常安6个派出所窗口增设交警、出入境等业务，新增“警医邮”网点15个，便捷群众办事。全年，区行政服务中心、派出所、交警等窗口，办理身份证、护照、车驾管、特种行业许可证等各类事项102.50万件。创新出台《疑难户口解决机制》，“点对点”破解难题，解决“黑户”等历史疑难问题125件／个，开展上门办证、上门送证服务326件。

【从严治警】 以每周重点工作清单为基础，采用听汇报、查台账资料、实地检查、现场提问等形式，有针对性督导从严治警整治工作开展情况。发现思想认识不够到位、教育管理不够严格、规定动作不够到位的支部24个，存在共性、个性问题16个，现场提出整改意见和要求。中华人民共和国成立70周年大庆安保期间，监督队伍执纪、现场督察社会面基础管控18轮次，出动督察警力260余人次；发布督察通报13期、督察警示8期；发现整改各类问题300余个，督促基层所队自查自纠问题280余个，实施提醒纠正86人次，提出督察建议44条，筑牢队伍管理“防火墙”。运用监督执纪“四种形态”，查找、处置、整改苗头性、倾向性问题，做到防微杜渐。全年依照《局规》记149人次166分，纳入综合绩效考评扣分单位98个（次），全年党政纪立案6起。

【素质强警】 邀请中科院心理研究所教授、中科院首批督导心理教练等心理学领域一流学者8人组成专家团队，举办为期半年分三个阶段实施的SFBC高效焦点解决教练与培训，使队伍在繁重的工作压力下掌握高效沟通深度减压技能，激发队伍内在潜力和正能量。8月5—9日，因材施教开设课程，分层分类开展专题教练授课，举办为期一周的中层干部培训班，从党建业务、队伍管理、领导力修炼、思政能力等方面培训提升干部队伍履职能力，并被市公安局以简报形式介绍和肯定。紧贴实战开展专题培训班9个、专项大类19个项目61个；民警晋升准入考核和集训14期141人；公务用枪实弹射击训练、警务技能训练等200余次，受训人员1500余人次。根据年度教育训练总体计划，4月24日，举办第三届警察运动会和兴趣小组活动，分业务技能、体育竞技两大类运动项目21个，体育类和文化类兴趣小组13个有序推开，大练兵氛围浓厚。加强化辅警优化提升，全年新招录辅警191人，转聘在职辅警502人，开展在职辅警培训3期，新招辅警岗前培训3期，受训辅警700余人。

【从优待警】 分局把爱警惠警置于队伍建设战略地位，全年党委会研究从优待警有关工作11次。11月6日，区委书记朱党其在全区公安工作会议上，部署新时代富阳公安工作，要求迅速贯彻全国和省市公安工作会议精神，重视公安干部培养和选配，落实从优待警举措，真正做到政治上关心、工作上支持、待遇上保障，切实增强做好新时代富阳公安工作和队伍建设。是日，富阳区委专门印发《关于加强新时代富阳公安工作的实施意见》。组织民警、协辅警健康体检，民警集中疗休养、工会医疗互助等常规活动，连续第5年举办暑期托管班，解决民警、辅警子女托管难题，受惠家庭100余个；关爱慰问因困难、患病住院民警、辅警551人，金额160余万元，享受工会医疗互助保障补助71人次31万余元。建成基层所队健康服务站点25个，完善医疗救治“绿色通道”、执法维权等爱警工作机制。全年查处妨害公务（阻碍执行职务）案件57起，维权慰问民警19人、辅警29人，督察正名不实举报被投诉民警3人。

【宣传工作】 依托“富阳公安”微信、微博公众号平台，与社会主流报刊媒体合作，推送宣传报道1036篇，其中国家级62篇、省级165篇、市级106篇，区级703篇。推出“争创枫桥经验式派出所”“最美浙警”等系列报道，打造巡特警大队“金名片”、城西派出所“枫桥式派出所”、城东派出所“和文化”纠纷化解等特色品牌，特色做法在《平安时报》《人民公安报》等权威媒体刊载。《新华内参》刊发“人生一件事”报道，《人民公安报》和省公安厅交管局刊发“五个一”战法精准打击严重交通违法报道。10月25日，协同杭州市公安局举办金健勇先进事迹报告会，唱响英雄赞歌。今日头条、网易新闻、杭州之家APP、央视新闻移动网等多家媒体同步网络直播，在线观看、点赞20余万人次。

【双聘工作】 优化干部队伍结构，首次通过民主推荐提拔晋升中层正职干部38人、中层副职干部45人，中层干部平均年龄从42.30岁下降到39岁，岗位优化调整147人，干部调整幅度83.52%。

【首次警察职务晋升】 贯彻落实司法体制、公安改革的决策部署，制定晋升管理办法，将晋升和绩效考核挂钩，按照规定的职务层次、职数比例和标准条件拓展警察职业发展空间。全年，晋升四级高级警长等以上职务52人，晋升一级警长等以下职务374人，享受到改革政策红利600余人。

【立功创模】 挖掘培养和表彰先进典型，将奖励名额向基层实战单位倾斜，全年立功嘉奖集体10个、民警103人，执法执勤单位分别占88.30%、77.80%。举办“我最喜爱的人民警察”“优秀辅警”等评选活动，以局领导上门送奖、重要会议集中授奖等形式，增强民警职业荣誉感。

【实践教学】 发挥公安大学实践教学基地优势，开展实习生教学实践工作。全年，公安大学、铁道警察学院、南京森林警察学院实习生4批次89人到分局参加实践教学。4月26日，举办“倾听青年声音·凝聚四方力量”公安大学研究生实习调研报告会，检验实习生实践教育工作成效，倾听公安大学青年学生对分局的调研思路和意见建议。

（徐晓红）

检　察

【概况】 2019年，富阳区人民检察院荣获全国检察宣传先进单位等集体荣誉11项，获最高检精品案件、个人二等功、全省检察理论研究人才等荣誉称号38项。

【维护大局稳定】 全年共受理提请批准逮捕案件648件1035人，审查后批准逮捕517件814人；受理审查起诉案件1294件1814人，审查后提起公诉1165件1567人。

【推进扫黑除恶专项斗争】 全年批准逮捕黑恶势力犯罪嫌疑人52人，提起公诉77人，一批涉及工程建设、代驾、“套路贷”的涉黑恶组织、团伙受到严惩。在公安机关侦办鲍小渊等黑社会性质组织案时，第一时间成立专案组，同步引导取证。对未达到黑恶势力认定标准的3起案件，降为普通刑事犯罪提起公诉。逮捕“保护伞”4人，向区监委移送“保护伞”线索6条。

【严惩侵害群众利益犯罪】 起诉“能量钢”等利用网络平台实施的集资诈骗、非法吸收公众存款案，办理一批涉及支付宝、微信等第三方支付平台的侵财案件。起诉专门针对中老年群体、以高额理财回报为诱饵的“和仙谷”系列专案。起诉房产、装修等领域侵犯公民个人信息案32件40人，涉及个人信息46000余条。起诉拒不支付劳动报酬案6件6人，合力解决工资给付后续问题。

2019年10月25日，金健勇先进事迹报告会在杭州举行
（公安局富阳区分局　供稿）

【协同推进反腐败工作】 受理区监委移送国家工作人员职务犯罪案件10件11人，经审查决定逮捕10人，取保候审1人；已提起公诉8件8人，审查起诉富春街道原党工委副书记、办事处主任杨华锋受贿案。强化与区监委的配合制约，坚持每案提前介入，积极开展司法工作人员职务犯罪线索排摸。

2019年1月24日，出庭支持公诉富阳首例黑社会性质组织犯罪案件

（区检察院 供稿）

【打造法治营商环境】 起诉强迫交易、合同诈骗、串通投标等侵犯企业合法权益案件20件53人，开展涉民营企业案件立案监督工作和以服务民营经济为导向的羁押必要性审查，依法保护民营企业和民营企业家人身、财产的合法权益。组织民企人大代表座谈会、送法进企业等活动，畅通检企联系渠道。

【优化刑事诉讼监督】 全年共向公安机关发出《要求说明不立案理由通知书》12份，已立案或采取刑事强制措施27人，发出纠正违法通知书13份；发出检察建议31份，追诉漏犯24人。依法提起抗诉2件，被采纳并改判1件。强化看守所和社区矫正各环节法律监督，发出检察建议2份，督促收监矫正人员5人。通过羁押必要性审查变更强制措施87人。办理法院提请暂予监外执行案件38件。

【加强民事诉讼监督】 办理法院民事生效裁判监督案件57件。对认为确有错误的民事判决、裁定、调解书，发出再审检察建议34份，涉及虚假诉讼31份；提请抗诉1件，杭州中院已裁定发回重审；向公安机关移送虚假诉讼犯罪线索3条。对民事执行存在不当情形的向法院发出检察建议11份，法院通过恢复执行等方式均予以纠正、执行到位。对2起司法确认调解协议存在错误的案件发出检察建议，法院均已裁定撤销原裁定。

【行政诉讼监督】 办理行政非诉执行监督案件13件。对未及时移送执行等情形，向法院发出检察建议3份，建议启动强制执行程序；对乡镇街道未及时执行法院裁定的，向6个乡镇街道发出检察建议10份，督促其拆除各类违法建筑物及设施2913平方米，退还非法占用土地19184平方米。推进行政争议实质性化解，妥善办理骆某某不服信息公开行政申诉案，该案被评为全省行政检察优秀案例。

【检察公益诉讼】 办理行政公益诉讼案件84件，发出诉前检察建议10份。整治施工工地扬尘污染5处，督促修缮英烈纪念设施26座。推动追回到期未付国有租赁建设用地年租金56万余元；及时督促纠正违规向32名服刑人员发放养老金，追回流失养老金20余万元。对2起滥伐林木案的被告人，提起刑事附带民事公益诉讼，要求承担2.13公顷林地的修复责任，获法院判决支持。与生态环境富阳分局联合出台有关生态环境损害的赔偿磋商制度，支持达成24万余元生态损害赔偿的协议。

【参与社会治理】 探索诉前会议制度，由检察官居中听取涉案各方对案件相关程序性、实体性事项意见，将争议焦点协调在诉前、疑难问题沟通在诉前，已适用案件55件85人。对拟不起诉案件在检委会作出决定前，邀请人大代表、政协委员、群众代表参与听证，听取对案件的处理意见。促成刑事和解8件8人，适用认罪认罚从宽案件615件768人，量刑建议采纳率100%，有效促进被告人自愿认罪服法。

【守护“舌尖上的安全”】 联合区市场监管局开展专项行动，起诉生产销售假药、生产销售伪劣产品案5件5人；办理食药领域公益诉讼案18件，督促13个农贸市场规范食品安全管理。向区市场监管局发出诉前检察建议，促进校园周边文具店食品安全隐患排查与治理。向区农业农村局发出检察建议，推动生猪运输屠宰管理规范化。

【未成年人司法保护】 与公安机关建立性侵未成年人犯罪案件专项

提前介入机制，突出打击虐待、拐卖、暴力伤害未成年人等恶性案件。以“启明星”未成年人帮教基地为依托，对25名涉罪未成年人开展帮教考察活动，组织召开帮教座谈会、不起诉宣告训诫会40次，作出不起诉决定5人。深入学校、村社开展法治宣讲13次，制发《法治防火墙》《法治保护伞》宣传册2000余册，受教育学生4000余人次。探索开展未成年人保护公益诉讼，推动校园安全治理。

【深化检察服务职能】 推进检察环节最多跑一次改革，完善12309检察服务中心建设，提供律师阅卷、信息查询等“一站式”服务，设置“12309”检察热线专人接听岗。受理来信来访455件，接待群众来访60批119人，成功化解蒋某某集资诈骗案引发的集体访，获评全省控告申诉优秀案件。办理司法救助案件15件，发放救助金14.80万元。开展“走亲连心三服务”和结对帮扶活动，深入村企30余次，提供帮扶资金20万元。

【作风建设】 深入学习贯彻习近平新时代中国特色社会主义思想与中共十九届四中全会精神，推动“不忘初心、牢记使命”主题教育走深走实，强化意识形态工作责任。压实党风廉政建设责任制，开展警示教育与廉政风险排查防控，出台《检务督察工作方案》。开展“每月一学”和“富检论坛·一案一席谈”活动，完成中层干部竞争上岗和司法雇员招录工作。

【推动创新提质效】 完成内设机构改革，实行捕诉一体办案新机制，构建以员额检察官为核心、检察业务需求为导向的专业化办案新模式。落实领导干部带头办案、检察长列席审委会制度，院领导办案345件，检察长列席审委会5次。牵头做好政法一体化办案系统提质拓面工作，实现网上协同办案1681件。探索检察技术支持办案153件，开展远程提审200余次，远程庭审300余次，以“钉钉+检务”全面提升管理绩效和无纸化办公水平。

【接受监督提公信】 配合区人大常委会开展检察公益诉讼专题审议和检察官履职评议，邀请代表委员参加案件庭审观摩、检察开放日等活动50余人次。检察长带队走访律师事务所，邀请律师为检察官授课。发布案件信息1780条，公开法律文书1158份，通过“两微一端”等新媒体平台宣传检察工作。（傅杨丽）

审　判

【概况】 2019年，区人民法院主动服务中心大局，展现新时代法院新担当，各项工作取得新进展。全年共新收各类案件20772件，同比下降11.69%，诉源治理成效明显。

【优化法治营商环境】 进一步发挥破产审判服务供给侧结构性改革作用，妥善推动61家企业依法、有序退出市场。通过重整帮助5家企业恢复正常生产经营，累计盘活存量资产17.58亿元，释放土地资源87.73公顷。加强涉金融案件合规性审查，审结金融纠纷案件491件，标的额11.84亿元。全力保障“滨富特别合作区”深化发展，出台司法保障和服务实施意见，营造平安和谐的投资环境。审结集资诈骗、非法吸收公众存款、涉“套路贷”等涉众型经济犯罪案件25件61人。蒋莲英集资诈骗案中为210名被害人追回经济损失1336万元。

【服务平安富阳创建】 扎实开展扫黑除恶专项斗争，审结涉黑涉恶案件16件70人，审理区首起涉黑恶组织犯罪案件，判处首要分子颜云龙有期徒刑18年。严惩危害公共安全、食品药品安全，故意伤害、“两抢一盗”、涉毒品犯罪活动，判处3年以上有期徒刑68人。严厉打击新型涉网络犯罪，审结网络诈骗、涉P2P集资、网络赌博、侵犯公民信息等涉众型犯罪93件139人。配合监察体制改革，建立与监察机关相衔接的审判机制，判决杨华锋受贿罪等职务犯罪案件8件9人。坚持反腐和“打伞破网”相结合，依法审结许时新受贿罪、强迫交易罪等一案。继续深化认罪认罚从宽举措，适用案件服判息诉率95.10%。

【参与社会综合治理】 深化矛盾纠纷化解“最多跑一地”联动机制，对接综治组织、群众团体、行业协会、网格单元，构建矛盾纠纷分阶段递进化解的诉源治理大格局，助推高水平社会治理。组织精干力量集中入驻区社会治理综合服务中心，完善中心诉调对接机制，推动涉访

2019年4月9日，组织开展“天网一号”专项大执行
（区法院　供稿）

涉诉问题的依法分类处理。探索推进“拆执破”衔接机制，通过全区企业搬迁转型与个人、企业债务化解同步有序推进，实现近万笔债权债务在诉前得到高效清理。深化民间借贷协同治理工作机制，向公安、银监等部门报送职业放贷人名录3批110人。落实与区税务局达成的《关于建立税费征缴协作机制的纪要》，形成共同打击非法民间借贷的高压态势，全年受理民间借贷案件同比减少1219件。健全物业服务纠纷多元化解机制，提前介入纠正物业服务问题，畅通业主诉求表达渠道，源头化解物业纠纷479起。

【助推法治政府建设】 加强与钢圈厂路沿线搬迁、紫云山庄整治改造等重点工程项目的沟通对接，提前研判法律风险，提出防控建议。贯彻落实行政诉讼异地集中管辖，推动行政机关负责人出庭应诉，提升行政审判公信力，行政机关负责人出庭应诉率98.39%。深化行政争议调解中心功能发挥，行政诉讼案件调解撤诉23件，调撤率25.27%。延伸审判职能，发布行政审判白皮书，发送司法建议4份，开展行政审判“旁听百场庭审”活动，组织行政机关工作人员旁听庭审150余人次，促进行政机关不断改进行政管理和执法工作。

【深化诉讼司法服务】 整合诉讼服务中心功能，为当事人提供事务咨询、材料转接、保全鉴定等40余项一站式、全方位、标准化服务。实现执行服务专区改造升级，专人负责终本案件接待与反馈，确保对申请人“有求必有应”。努力践行“最多跑一次”改革，规范落实立案登记制，积极推进网上立案、跨域立案，网上立案率90%以上。推广完善“在线矛盾纠纷多元化解平台”、道路交通事故案件“网上数据一体化处理”等矛盾纠纷解决方式，8136件案件当事人通过网上调解或庭审解决矛盾纠纷。完善司法救助工作机制，全年减、免、缓交诉讼费652.66万元。

【提升案件质量效率】 以开展“三个建设年”（思想建设年、质量建设年、作风建设年活动）活动为载体，紧盯评估指标、剖析薄弱环节、制定整改方案，扎实推进审判执行质效提升。持续推进清理长期未结案专项行动，建立审判质效数据分析通报和长期未结案督办制度，超12个月以上未结案同比下降92.86%，切实解决群众反映强烈的案件长期未结、效率不高等问题。强化案件质量评查，严格执行案件评查通报制度和瑕疵案件倒查问责机制。动态规范管理执行工作，运用执法记录仪，实现执行活动全程留痕。完善繁简分流机制，快速清结简易案件，一审适用简易程序结案7896件，适用率88.82%。

【强化案件强制执行】 优化执行资源配置，组建执行“机动团队”，开展终本案件“地毯式”清扫，为55件旧案当事人执行到位财产289万元。设立“刑财团队”，负责刑事案件财产刑的落地执行，最大程度挽回被害人损失。依托网络查控实现对债务人主要财产“能查尽查、能控尽控”，全年提起财产查询86335次，冻结资金9434.27万元。坚持强制优先，全年开展“天网行动”等专项大执行4次，布控被执行人1387人次，纳入失信黑名单7631人次，罚款1870人次，罚款金额332万元，拘留515人次，移送追究刑事责任20件22人次。加大对弱势群体的司法人文关怀，执行到位工资款项1181.98万元，发放司法救助59.50万元。

【“智慧法院”建设】 加快“移动微法院”应用推广，成功立案8180件，送达各类文书71360件次，证据交换559次，通过手机微端不断优化当事人的诉讼体验，享受“指尖诉讼”带来的便利。依托高清数字法庭、智能语音识别系统推进庭审记录改革，实现99.97%的案件庭审记录数字化，提升办案效率。强化信息技术在卷宗管理方面的应用，推进电子卷宗随案同步生成，基本实现诉讼档案全库扫描，方便当事人远程查阅。启用“一人一案一账号”案款管理系统，实现42851笔结退款项点击实时到账，当事人缴退费更加便捷、高效。依托政法一体化办案平台办理刑事案件1113件，实现公检法办案数据交互共享。

（王泽烽）

司法行政

【概况】 2019年，区司法局落实法治建设统筹、协调、督促、检查、推动职责，挂区行政复议局牌子，增设区委全面依法治区委员会办公室，被杭州市司法局评为“年度区、县（市）司法局工作综合考评良好单位”。

【法治富阳建设】 2019年6月12日，召开全面依法治区委员会第一次会议，深入开展调查研究，落实法治杭州、“法治守和”考核。8月15日，区政府专题召开法治政府建设推进会暨府院联席会议，研究部署新形势下法治政府建设具体任务。紧抓领导干部“关键少数”，举办年度法治政府建设（依法行政）工作培训班。完善执法制度，在全区范围内推进行政执法责任制工作，组建五大领域综合行政执法队，进入实体运行新阶段。加强执法人员资格管理，积极开展行政执法案卷评查，全区持证率创历史新高。加强行政规范性文件管理，严格文件制发程序，健全备案审查制度。加强重大行政决策能力提升，实行目录化管理，开展第三方评估。1—12月，共出具合法性审查意见82份，做好重大行政合同19份，提供有效建议87条，开展公平竞争审查等专项清理4次，实现行政规范性文件和重大行政决策合法性审查100%。加快融合复议体制改革，至年底，区行政复议局共收到行政复议案件115件，其中正式受理106件，经案前调解撤回3件，作出复议决定109件。区法院受理新发行政诉讼案件82件，审结89件，其中败诉案件共计24件，败诉率达26.97%。诉讼争议的焦点主要集中在房屋征迁（补偿）、城建行政强制拆除、行政处罚、行政赔偿等方面。全年区政府各乡镇（街道）、各部门负责人出庭应诉率为98.39%，同

2019年11月28日，承办全省2019年“国家宪法日”暨“国家宪法宣传周”流动大舞台演出（区司法局　供稿）

比上涨15.50%，第三季度出庭应诉率达100%；区政府层面行政机关负责人出庭率为81.58%，“告官不见官”以及“出庭不出声”的现象得到根本好转。

【社区矫正和安置帮教】　至12月底，全区在册社区矫正对象529人，无重新犯罪、脱漏管。在重点时段开展“大走访、大排查、大整治”及国庆百日安保专项活动，推进“精准矫正”。制定分类教育活动计划表，结合“一所一课一案例”技能比武，联动东吴文化研究院建立课堂化、制度化、常态化分类教育学习机制，推进“社会矫正”。开展社区矫正队建制改革试点工作，探索和总结社区矫正“三分模式”，即分层管理、分类教育和分级处遇，建立“特色矫正”。规范中心工作人员岗位职责和执法教育工作运行流程，指定专人负责开展信息化核查处置、请销假审批等执法工作，实行“智慧矫正”。与各乡镇（街道）协调安置帮教相关工作，落实“必接必送”，重点帮教对象衔接率100%。

【大调解和基层基础】　2019年，全区各级调解组织调处矛盾纠纷6138起，成功率99.61%，涉及金额3.37亿元，其中调处成功的疑难复杂矛盾纠纷138起。“四化合力”提升纠纷化解水平。建立多元化纠纷调解机制，成立区行政争议调解中心，起草《富阳区行政争议多元调解机制工作办法》《富阳区行政争议调解中心工作规则》，通过建立信访、行政复议、行政诉讼一体化调解联动机制，以信访超市、行政争议调解中心为平台，充分发挥行政机关在化解行政争议中的重要作用，保障公民权利救济途径与救济效率。夯实调解队伍和基层司法行政基础，成立10余个民间调解组织，联合富阳日报社开展优秀人民调解员评选活动。新登、富春、春江、大源、场口、万市、渌渚七个司法所被命名为杭州市级“文明规范公正”司法所。

【法治宣传】　落实“谁执法谁普法”责任制，把法治宣传教育与“最强支部”“清廉村社”创建相结合，最大限度促进法治精神传播。在富阳日报开设《法治经纬》专栏。提升普法教育实体建设水平，对银湖街道梓树村法治文化苑等13个新建普法实体补助23.30万元，完成区级法治文化公园立项。开展普法宣传教育系列活动，局微信公众号累计推送以案释法100余篇，阅读量达10万人次。全区公务员和市管干部网上学法考试100%完成，“宪法进万家”活动扎实开展，全年共有各类专项法治宣传活动20余场，累计发放资料4万余份。加强基层依法治理工作，完成全区村规民约调研工作，指导东洲街道黄公望村和大源镇蒋家村成功创建“省级民主法治村”。精心创作法治文创作品，拍摄全省首部宪法宣传快闪视频，在学习强国平台、司法部微信公众号等媒体转载。继续举办青少年普法教育品牌栏目《我当普法朗读者（第三季）》，以及“巾帼献礼70年•平安花开绽富春”法治宣传走基层公益晚会等活动，深化“法律六进”。

【公共法律服务】　全面建成三级公共法律服务网，下放法律援助受理、初审权，加大电子数据共享力度。继续推进刑事辩护法律援助全覆盖，扩充法律帮助志愿团，把认罪认罚从宽工作拓展到法院审判阶段。加快平台融合。推行“线上+线下”工作机制，依托微信平台实现法律解答、情景咨询24小时在线，6台智能法律服务机投放乡镇，最大限度方便百姓获取法律服务。统一规范法律援助的申报材料、审批流程、承诺时限等信息，开展“容缺受理”、证照快递送达等服务。加快部门联合。区司法局搬迁至区综治中心，区公共法律服务中心、区人民调解中心、区法律援助中心均入驻富阳区人民来访联合接待中心，实现法律问题“一站式接待、一揽子调处、一条龙服务”。2019年，“12348”法律咨询专线及法律服务中心共受理来电来访6864次，承办法律援助案件1051件，提供法律帮助1268件，挽回经济损失410万元。全年开展无欠薪专项行动，共受理涉及农民工来访933人次，涉及职工601人。

【法律服务行业管理】　履行法律服务行业监管职能，指导各律所建立和完善管理制度，建立健全执业风险防火墙，2019年7月，在区委党校召开全区律师行业职业道德执业纪律培训班，按季度召开主任例会，提升监督管理效果。开展打击“司法黄牛”专项行动，与区公安分局、法院、人保公司等部门联合整治，在交调中心开设法律服务窗口，印制发放警示宣传册，前置法律服务关口，积极打造良好营商环境。有力推动公证事业稳步发展，积极拓展公证业务新领域，助力新农村建设和城市有机更新，开设“易公正”电子数据存证平台，首创存量房转移登记“不见面”审批。提供减免费用、网上办理、预约办理等业务，全年共为企业办理公证案件6000余件。公证处于7月中旬正式搬迁至区行政服务中心，在省内率先入驻中心，实现一站式办公。2019年，全区法律服务行业收入上亿元，较上年同期增长15%；协调律师、法工参加区信访局、法院、交通法庭、“12345”区长公开电话、司法局法律服务中心等值班1884人次，累计解答法律咨询6085件；指派律师担任机关、企事业单位法律顾问514家，担任村（社区）法律顾问326家，上门服务率98%以上。 （来 肖）

案例选录

【侦破“3·28”黑恶犯罪团伙案件】 2018年年底，省、市两级公安机关先后接到群众举报，称淳安籍人员鲍某某在淳安、拱墅等地实施黑恶犯罪。2019年3月28日，由杭州市公安局刑侦支队牵头分局成立专案组。经侦查，以鲍某某为首的黑恶犯罪团伙豢养打手，以暴力手段强抢工程、强讨债务，非法攫取高额利益，涉嫌强迫交易、敲诈勒索、寻衅滋事、故意伤害等违法犯罪。4月10日至11日，分局集结警力，辗转江西、福建、安徽、四川等省及浙江杭州、东阳等5个省8个市开展集中收网行动，抓获以鲍某某为首的犯罪嫌疑人26人，缴获管制刀具、有价证券、手机等涉案物品，查封、扣押房产、汽车等涉案资产9000余万元。

【侦破“铜精矿粉”系列盗窃案件】 1月9日，分局刑侦大队接杭州市三阳航运有限公司负责人周某玉报案称：自2018年10月杭州市富阳区富春江冶炼厂委托运送的铜精矿粉，过磅发现误差明显超出正常值，损失物品价值上百万元。接警后，分局成立7人专案组展开调查取证，经研判分析，厘清掌握嫌疑人身份和犯罪事实后，4月24日，侦查员赶赴河北、安徽、上海及浙江嘉善、富阳等地抓获谢某斌等涉案嫌疑人71人，其中刑事拘留14人，逮捕32人，取保候审25人。查明谢某斌盗窃团伙作案70余次，涉及船只30余艘，涉案价值近500万元，冻结涉案资金400余万元，查封非法所得房产2套，扣押作案船舶8艘，追回赃款50余万元。

【侦破网络诈骗团伙案件】 3月18日23时43分，三山派出所接盛某报警称：其投资140.60万元到“东亚新华”平台，对方以高额投资收益为诱饵，诱使其先以较小金额尝试投资，在获利并成功提现后，盛某将140万元分多次汇入对方指定账户，随后发现该平台无法正常登陆，投资金额无法取回。分局反诈中心经分析后，认定本案系以网络投资为幌子的诈骗案件。嫌疑人具有一定反侦查意识，网上痕迹少之又少，经层层资金追踪，发现一张涉案银行卡在湖南省娄底市冷水江市有取款记录。侦查员紧盯取款线索，4月16日，明确嫌疑人使用车辆及取款嫌疑人身份。27日凌晨，实施冲击抓捕，抓获该团伙嫌疑人14人，其中刑拘11人，冻结资金26万余元，扣押涉案车辆2台，银行卡及手机一批。

【侦破徐某特大跨省系列盗窃案件】 8月2日，银湖街道某山庄发生一起入室盗窃案件，被盗手表、金器、现金等，案值40余万元。经现场勘查，发现该案与前期省公安厅刑侦总队牵头主侦的跨四川、江苏和省内杭州、宁波、绍兴等地的特大系列盗窃别墅（公司财务室）专案可并案侦查。该系列案件经串并，2012年以来三省的盗窃别墅、公司财务室案件15起，涉案价值1000万元；2016年期间，嫌疑人在江苏作案多起；2017年、2018年嫌疑人在宁波、绍兴、余杭作案多起，损失价值500余万元，后该系列案件由浙江省公安厅刑侦总队牵头成立专案组开展侦查。省、市、区三级公安机关对此案高度重视，分局组建专案组，抽调精干警力30余人，投入侦破工作。专案组特别注重省厅“云上公安、智能防控”警务大数据平台中海量数据的研判分析，经多维数据排查，海量信息碰撞，8月16日，发现徐某（男，汉族，40岁，四川省南充市南部县人）有重大作案嫌疑。当晚，省公安厅、市公安局技术力量与分局专案组联合开展分析研判，发现嫌疑人落脚点。8月17日，省、市、区联合追捕组赶赴厦门。19日中午，将嫌疑人徐某抓获归案。至此作案时间长达8年，横跨三省七地的江洋大盗束手就擒。

【侦破持刀入室抢案件】 1月1日，分局接到报警，富春街道恩波大道某小区内发生一起入室持刀抢劫案。分局立即启动重特大案件快速反应机制，技术部门同步上案。侦查员克服事主延时10小时报警等不利因素干扰，扎实推进各项工作，发现嫌疑人前夜23时40分许，窜至某银行背后小区围墙边，利用该小区栅栏与居民楼紧贴的便利条件，从阳台爬窗入室，持刀抢走事主400余元现金后逃离。1月2日上午，搜索组在距现场200米处渠边发现可疑黑色鸭舌帽和黑色口罩。16时许，技术员比中一前科人员胡某（男，33岁，四川自贡人）。侦查员迅速查明胡某落脚点，并发现胡某在案前网购蓝色冲锋衣、黑色鸭舌帽、黑色口罩、刀等物。18时许，侦查员在巨利村赵家埠1XX号XXX室将胡某抓获归案。

【侦破微信交友诈骗案件】 1月30日，万市派出所接村民洪某报警，称其在微信“摇一摇”添加一名自称“杨菲飞”的“女子好友”，确立“男女朋友”关系后，嫌疑人以“手机没钱、奶奶生病需要医药费、手机破损”等理由由骗取受害人包括手机在内4000余元的财物。这是一起典型微信交友为手段的网络诈骗案件。侦查员经侦查发现一云南籍嫌疑人杨某飞，走访受害人发现其手机邮寄地为江西九江中海大酒店。网络数据分析并初步认定一盘踞在九江的云南籍诈骗犯罪团伙，涉案人员30人以上。据此，分局组建“1·30”网络交友诈骗专案组。2月下旬，专案组派出第一波警力前往九江实地侦查，确定云南宣威籍男子杨某文系涉案银行卡实际取款人；经走访当地数个派出所后发现，该案极可能是盘踞九江多时的传销组织所为；传销窝点无法确定。随着案件的进展，专案组发现嫌疑人杨某飞可能潜回云南曲靖，经侦查验证这一研判的正确性。3月16日，专案组赶赴云南曲靖，抓获嫌疑人杨某飞。杨某飞交代被入传销组织后因无钱缴纳“会费”，在杨某文等人教唆下使用微信诈骗他人钱财的犯罪事实。由此明确杨某文(4月25日归案）等人为“主任”、徐某旭(4月27日归案)等人为“主管”、王某秋等人为“业务员”的犯罪团伙。5月21日，分局在九江公安机关配合下，一举端掉诈骗窝点4个，抓获嫌疑人69人，其中刑拘45人，破案50余起，案值25万元。

【侦破全国首起以网络电商平台刷单方式进行非法吸收公众存款案件】 3月6日，根据省公安厅经侦总队传递线索反映：阿里巴巴平台发现，天猫女装店铺“嘉是唯旗舰店”“木邻萱旗舰店”“格米熙旗舰店”存在大金额交易，并从支付宝返款，行为异常。经核实，3家店铺实际为同一伙人控制，疑似利用天猫平台进行非法吸收公众存款。分局收到线索后，迅速成立专组，确定专人进行研判。经查，自2018年1月至2019年4月，嫌疑人余某锋伙同王某宇、彭某贵等人，采用虚构网络购物买单和付款的方式，许诺月息3—4分不等的高利为诱饵，向社会不特定人员借款、吸收公众存款，累计借款总额1.67亿元。至2019年11月，涉案未兑付金额约4000余万元，未兑付投资人426余人，涉及上海、江苏、浙江、安徽等20余个省、直辖市。摸清该新型集资犯罪团伙的组织架构，掌握“刷单”店铺的具体运作模式。4月23日，专案组集中收网，抓获嫌疑人余某锋（男，34岁，江西省鄱阳县人）、王某宇（男，24岁，江西省永修县人），冻结支付宝账户33个、银行账户14个，冻结资金175万元；追赃15万元；查扣宝马740L轿车1辆、库存服装、包装盒及电脑、手机等涉案物品。5月6日，嫌疑人彭某贵（男，32岁，江西省鄱阳县人）、钟某敏（女，29岁，湖南省平江县人）、李某（女，21岁，湖南省平江县人）被分局刑拘上网追逃。6月4日，钟某敏被抓获归案。6月28日，李某投案自首。

【利用“城市大脑”平台查获马路杀手】 1月16日，交警大队通过“城市大脑平台”大数据排查和信息研判发现一辆逾期未检验的浙F牌照小轿车。交警和巡特警骑警在富春街道文教路与华庭路岔口将该车拦截。核查发现，该车存在超速、闯红灯、违法停车、违反禁止标线等严重交通违法行为55起，记分超过100分，是个名副其实的“马路杀手”。交警依据相关法律取消该车主驾驶资格，被记24分，并缴纳相应罚款。

（徐晓红）

【以检察公益诉讼守护英烈荣光】 2019年年初，区检察院在开展英烈保护检察公益诉讼专项监督活动中发现，鹳山烈士墓等26座英雄烈士纪念设施存在不同程度破损或管理不规范的现象。4月4日，区检察院向区退役军人事务局发出行政公益诉讼诉前检察建议，督促其依法履职，采取措施对相关英雄烈士纪念设施进行修复和保护，并开展系统排查工作。区退役军人事务局收到检察建议后，高度重视，召开全区退役军人事务工作会议，组织全区乡镇街道排查辖区内英雄烈士纪念设施情况，对存在问题的设施统一登记造册，限期整改；对破损严重的部分设施，短期内无法修复的，制定计划上报方案，待与区财政局联合审核后开展修复工作。5月15日，26座英雄烈士纪念设施已完成信息核对与整治修复工作。

【蒋某英非法集资案】 2019年，区检察院加大对“套路贷”及涉众型、团伙类经济犯罪打击力度，坚持案件审查与追赃挽损并重，办理互联网领域针对中老年群体、以高额理财回报为诱饵的蒋某英案，联合区公安分局、区法院帮助被害人挽回损失900余万元。

2017年1月至11月，被告人蒋某英先后以“澳门永利皇宫网站平台”“罗斯福国际网站平台”虚构互联网众筹项目，通过微信群等发布信息，以高额收益为诱饵，从2210名被害人处骗得款项合计人民币2590余万元，造成损失合计人民币2190余万元。2017年12月12日，区公安分局以蒋某英涉嫌组织、领导传销活动罪向区检察院提请批准逮捕，区检察院在查明案件事实的基础上，一方面对蒋某英以集资诈骗罪提起公诉，另一方面认为该案中还有刘某某等7人已涉嫌犯罪，依法建议公安机关继续侦查，最终区法院以集资诈骗罪判处蒋某英有期徒刑13年，并处罚金35万元，依法处置了蒋某英及其儿子名下的涉案财产共计900余万元，用于退赔被害人的损失。（傅杨丽）

【编　辑　汪校良】

12 军 事
Military Affairs

综 述

【概况】 2019年是国防动员体系建设完善深化之年，是人武部争创一流发展接续奋斗之年。区委、区政府始终高度关注党管武装工作，区人武部以习近平强军思想为根本指导，按照省军区和杭州警备区党委扩大会议决策部署，旗帜鲜明讲政治，聚焦打赢做准备，改革创新求作为，振奋精神抓落实，不断推进富阳国防动员和后备力量建设守正创新。

【富阳区常委议军会议】 11月5日，富阳区委常委会召开议军会，听取区委常委、区人武部部长吴国灿关于全区武装工作开展情况汇报，学习省委、省政府、省军区《关于加强新形势下党管武装工作的意见》《关于加强新形势下全省国防教育工作的若干意见》，讨论研究全区国防运动员委员会、国防教育委员会、国防教育讲师团人员调整名单和调整征兵相关政策及部队驻军需要解决的问题。

民兵与预备役

【民兵组织整顿】 2019年，富阳区民兵整组工作分筹划部署、组织实施、检查验收三个步骤组织实施。4月1—17日，按照一把尺子、统一标准、综合评定的原则，由区人武部首长带队，各科对口参加，采取“听、查、问、拉、考、抽”等形式，对各乡镇、街道武装部落实民兵整组工作情况进行了全面检查考评。

【民兵连长集训】 6月17日，富阳区人武部组织全区民兵连长在省人武学院集训，集训分3个阶段，共12天，全区民兵连长参训。主要突出理论基础、基本技能训练和部分业务工作课目训练。组织国防动员理论、军兵种知识等军事理论学习；组织共同科目等技能训练；组织基层建设、兵役工作等业务训练。集训取得较好的成效，提升全区民兵连长队伍的履职能力，加强村级民兵连建设。

兵役工作

【“最多跑一次”改革】 退役军人只需在综合服务窗口，就能办理退役报到、教育培训报名、党（团）员组织关系转接、户口登记、参保登记、社保关系接续等12项业务，减少材料13分，全流程办理时间由19个工作日压缩到3个工作日，极大地方便了退役军人，把党和国家对退役军人的关心关爱落到实处。

【退伍老兵欢迎仪式暨就业推进会】 10月23日，联合富阳区委、区政府、区人社局在富阳区委党校组织召开富阳区退伍老兵欢迎仪式，全区2019年度退伍老兵，专武干部，

组织民兵训练

（区人武部　供稿）

区国教委相关单位领导、30余家用人企业出席活动。区人武部政委丁一作欢送辞，老兵代表和用人企业代表分别发言。为每一名退伍老兵制作发放《退伍老兵手册》等就业宣传品。活动期间，有多名退伍老兵与用人企业达成用工协议。

【为老战士代表颁发庆祝中华人民共和国成立70周年纪念章】 9月26日，富阳区委常委、区人武部部长吴国灿代表区委区政府走访慰问解放战争时期在革命战线上为国家做出突出贡献的老战士代表，为他们佩戴上了由中共中央、国务院、中央军委颁发的庆祝中华人民共和国成立70周年纪念章。

国防教育

【抓好国防教育】 落实国防建设理论学习列入地方党委中心组学习计划，邀请军事专家罗援开展国防理论授课讲座，及时调整国防教育委员会成员，落实国防教育讲师团，开展多种形式的国防教育，区人武部政委丁一到区委党校给中青班开展专题国防讲座，政工科长多次到社区、中小学校上国防教育课。抓好“家乡以你荣耀”宣传片制作，深化“八一”光荣榜、军人荣誉墙、军属大走访，退役士兵欢迎仪式暨招聘会活动。全年妥善处理涉军维权事件11起，制作各类电视新闻7条，报刊新闻5条，网络新闻29条。

【开展国防动员潜力调查】 2—12月，区分筹划部署、统计调查、实践运用、总结评比4个阶段。采取条块结合，以条为主、自下而上、逐级汇总的方法组织实施。确保国防动员潜力数据“全”“准”“实”为战时动员提供可靠的数据支撑。

军民共建

【增强群众性活动教育实效】 结合征兵宣传、军民共建以及重大节日、纪念活动等，组织开展读书演讲、知识竞赛、主题征文、政策咨询、专题展览、文艺下乡、红色短信创作等丰富多彩的国防教育活动。利用各种文学艺术形式，积极创作国防和军事题材的影视、音乐、戏曲、美术、图书、动漫、游戏。分层次分区域、有计划有步骤地组织开展全民国防教育日、国防教育宣传周等活动，真正形成社会声势、扩大影响面。 （任帅鹏）

【编 辑 何开城】

13 经济管理

Economic Management

综合经济管理

【概况】 2019年，区发改局以中共十九大精神及习近平总书记系列重要讲话精神为指导，深入开展“不忘初心、牢记使命”主题教育，认真贯彻落实区委一届六、七次全会精神，围绕“三高发展”，主攻产业、强化服务，立足谋大事、议要事、干实事，狠抓各项发展和改革工作的落实，取得了明显成效，全区实现地区生产总值820.47亿元，增长6.00%。

【聚焦规划计划统筹】 完成《2019年杭州市富阳区大计划》，明确年度投资项目计划、投资节点计划、社会发展指标分解计划和专项计划。完成2019年国民经济和社会发展计划草案的报告，明确年度经济社会发展目标。牵头高质量发展考核工作，制定全区乡镇（街道）高质量考核细则。启动“十四五”规划编制，开展专项规划征集、编制方案确定、重大问题研究等前期工作。

【聚焦重大课题及战略对接谋划】 加强重大课题调研。完成《以产业优化推动富阳区高品质城市建设的对策建议》《龙门、环山、常安联动发展思路》《关于推进壶源溪流域联动发展的思路研究》等课题研究。深入谋划区区协作。围绕富阳区滨江高新区协同发展，拟订两区战略合作框架协议，推动成立杭州高新区（滨江）富阳特别合作区，完成特别合作区全面解读。对接重大战略，沟通对接参与全省“四大”建设、“诗路文化带”建设规划、城市国际化等重大战略布局，组织参与全球浙商大会、“一带一路”建设大会等大型论坛活动，完成各类战略规划重点项目申报。

2019年11月15日，杭州市富阳区重大项目集中开竣工活动举行

（区发改局　供稿）

【扩大有效投资】 按照杭州市固定资产投资“五大结构考核”新模式，牵头做好全区固定资产投资工作，科学分解投资任务，有效助推投资拉动。2019年，共安排政府投资计划项目总数372个，年度计划投资270.80亿元。全年完成固定资产投资315.50亿元，同比增长22.00%。9个省重点项目完成投资34.40亿元，完成年度计划的173.60%。31个杭州市重点项目完成投资85亿元，完成年度计划的133.60%。4月22日组织开展全区重大项目集中开工活动，参加活动项目18个，总投资124亿元。11月15日组织开展全区重大项目集中开竣工活动，参加活动的开工项目38个，总投资379亿元，竣工项目9个，总投资15.80亿元。组织开展项目建设擂台大比武活动——寻找最强施工队，评选出2支最强施工队，分别为富春山居集团和中铁建设集团。

【推进产业发展】 结合富阳实际，对接杭州修编《产业导向目录与空间布局指引》，科学编制2019年度区重点工业和服务业投资项目计划及节点计划，编制2019年新增工业和服务业项目年度用地计划。培育新兴产业。坚持数字经济一号工程，瞄准培育八大未来产业目标，在项目招引和项目技改过程中，率先在杭州地区实施战略性新兴产业项目认定工作，2019年认定2018年度战略性新兴产业项目12个。推进梯度培育。实施企业梯度化培育管理，制定服务业“小升规”（除批零住餐）年度计划，切实加强目标任务督查和考核管理，全年新增“小升规”企业61家，其中高技术服务业19家。助力提档升级。进一步深化供给侧结构性改革，打造全区现代化服务业产业体系，加强基础数据调查和研究，启动对规模以上服务业企业开展“亩产效益”综合评价工作。

【项目申报和资金争取】 全年新增大盘山隧道工程、北支江水上运动中心项目和银湖水厂一期工程等6个项目为省重点建设项目。北影、南方水泥、中策橡胶、江丰钢业等5个项目列入省市区书记区长工程（“152”项目）。积极做好省重大产业项目申报工作，中南绿建和大华智联两个项目入选省2019年第一批重大产业项目名单。加强政策扶持资金申报和审核，及时兑现2018年杭州市现代服务业资金引导资金和现代物流业财政专项资金179万元，区服务业财政扶持资金250万。

【信用工作】 做好信用信息归集工作，依托杭州市公共信用信息平台，进一步扩大信用信息归集范围，实现自然人、法人组织、社会组织、事业单位和政府机构五类信用主体的全覆盖。依托信用平台，指导各部门查询企业和自然人信息记录，将不良信用记录作为企业和法人在政府采购、招投标、行政审批、市场准入、资质审核、评优评先、财政专项资金申报等行政管理事项中的重要参考依据。实现全区公共资源交易系统和不动产业务登记系统全面接入省级信用平台。

【能源“双控”】 有序推进节能工作，全社会用电量和工业用电量降幅进一步加大，2019年全社会用电量78.78亿千瓦时，下降8.26%。其中，第一、二、三产业和城乡居民生活用电本年累计分别为0.25亿千瓦时、60.52亿千瓦时、8.49亿千瓦时和9.52亿千瓦时，同比增长-2.59%、-12.90%、17.70%和6.65%，其中工业用电量58.64亿千瓦时，同比下降13.95%。规上用能量降幅进一步加大，规模工业能耗量同比下降16.05%；规模工业原煤消费合计215.20万吨，同比下降18%。全年实现GDP能耗同比下降12.73%。

【锅炉淘汰和综合功能站建设】 出台《杭州市富阳区2019年度污染防治攻坚战任务计划》，下达2019年全区35蒸吨以下锅炉淘汰任务，落实淘汰责任，明确淘汰时间节点。开展杭州特种纸业有限公司、杭州海通管桩有限公司、浙江奔乐生物科技股份有限公司3家公司的锅炉淘汰。加快建设5个综合功能站点，对银湖中石化加油站、华东中石油加油站进行综合供能改造。

【机关节能工作】 规范全区350家公共机构和区政府机关大院各单位能源资源消耗数据的管理工作，对能耗数据超定额及本月数据有异常的单位，通过排查和分析找出具体原因，进行整改。规范公共机构节能宣传工作，印发《关于开展2019年全区区级公共机构节能宣传周活动的通知》，组织开展一次节水型示范单位创建指导工作，完成一次目标责任书的签订，一次节能图版巡展活动，一次节能宣传普及活动，一次专题报道。联合开展全区性夏季空调节能督查，采取随机抽查的方式，现场检测各单位的办公区域室内温度和湿度。全年完成11家公共机构一级单位创建成节水型示范单位目标。

【监测和经济形势分析】 做好全区经济运行分析和企业监测工作，按季度对全区工业企业和服务业企业进行监测，并形成监测预测报告，根据每个季度的热点话题，形成专题报告。加强宏观环境和经济形势判断，每季召开全区经济形势分析会议，及时掌握全区经济运行情况，围绕当前经济结构、产业结构、投资结构等问题，提出针对性的政策建议。

【推进投资项目制度改革】 全力推动项目审批制度改革。一般企业投资项目开工前审批最多“100天”实现率100%，平均办结时间55天。全力推进投资项目“全生命周期”改革。区投资项目“联审联批中心”为框架，在原项目办基础上新组建“区投资项目联动推进中心”，实施投资项目事前、事中、事后全流程管理，实现投资项目“全生命周期”管理。升级已有的项目管理信息系统，建设投资项目“全过程”管理系统，投资项目从赋码到施工许可证办理、竣工验收平均审批用时3.70天和11.80天，远快于全省平均水平。继续深化标准地改革工作，2019年，全区完成标准地出让72宗，面积116.07公顷，其中省级以上平台完成出让47宗，面积81.07公顷，出让宗数和面积均实现100%。全面开展区域评估工作，其中区域能评已实现全覆盖，区域环评、区域水保等区域评估事项全面推开。

【打造国际一流营商环境】 根据省市统一部署，全面启动富阳区打造国际一流营商环境工作，建立以区委书记担任组长的建设国际一流营商环境工作领导小组，以“提标准、加速度、求实效”为目标，制定《2019年富阳区优化营商环境改革要点》，明确优化营商环境18个方面的改革任务。

【推进小城市培育试点】 进一步推进新登、场口省级小城市培育试点工作。围绕“以人为本、产城融合、城乡统筹、特色发展”小城市发展目标，推动场口镇获全省小城市培育考核良好单位。推动新登镇、场口镇深化投融资体制改革，多渠道吸引社会资本参与小城市开发建设。

【打造特色小镇】 完善特色小镇培育规划，形成梯度推进格局，进一步明确富春硅谷、富春药谷、黄公望金融等三大小镇的开发策略与保障机制，加大招商推进力度。牵头开展药谷小镇创建工作，协调创建工作中存在的问题、难题。2019年，硅谷小镇完成有效投资4.40亿元，实际入驻企业456家，完成税收收入 6.02 亿元，药谷小镇完成固定资产投资 5.05 亿元，小镇共有企业 65 家，税收 2.34 亿元。（胡　婷）

国有资产监督管理

【国有资产概况】　杭州市富阳区国有资产监督管理委员会直接监管区属国有企业 6 个，分别为城建集团、交通集团、富春山居集团、开发区集团、富春湾集团和杭州富阳投资发展有限公司。2019 年，富阳区区属企业实现营业收入 121.63 亿元，同比增长 80.92%；利润总额 40.84 亿元，同比增长 268.93%；国有净利润 40.19 亿元，同比增长 268.04%；上缴税费 1.52 亿元。至 2019 年年底，区属企业资产总额 2385.12 亿元，同比增长 61.20%；所有者权益 874.99 亿元，同比增长 68.84%。富阳区政府资产 981.76 亿元，其中：行政事业单位 106.77 亿元、国有及国有控股企业 874.99 亿元。

【推进国企专业化重组】　完成国企重组整合。按照“资产同质、经营同类、产业关联”原则划转各集团公司，区属国有企业由 8 个变为 6 个；并以集团主业为导向，将分散在各集团公司相同的业务向有主业优势的企业集中，完成 12 个下属二、三级企业的产权划转，新设 5 个下属二、三级企业。编制核定“三定”方案，明确国企职责、人员等事项。完成国企工资改革。制定《改革区属国有企业工资决定机制实施办法（暂行）》，将国有企业划分为功能类企业和竞争类企业，实行分类管理。实现国企市场化运营。推进区属国有集团公司市场化转型，实行公益性项目市场化运营，建立区财政和区属国企市场化结算机制，厘清政企边界。

【强化国有资本运营】　提升投融资水平。提高区属企业信用等级，增强企业融资能力，全年完成项目融资 499.16 亿元，平均融资成本控制在 6.35%。同比下降 0.52%；规范开展短期闲置资金的投资理财业务，全年实现理财收益 9040.61 万元。积极化解政府债务。成立地方政府性债务管理领导小组，出台《地方政府性债务风险应急处置预案》和《加强地方政府性债务风险管控的实施意见》两个文件，明确债务风险管控要求。深化“一化责任、二消债务”化债举措，全年隐性债务累计化解率 46.30%，在杭州 13 个区县中位列第 2 名。“一化责任”：通过国企改革和财政扶持政策，政府平台实现性质和职能的转变，通过资金、资产、资源注入国企，实现政府隐性债务向企业经营性债务的转化。“二消债务”：以国企市场化运营为主，逐年消化企业经营性债务，降低资产负债率。

【加强国企管理监管】　改进国企监管方式。建立“1+N”制度监管体系，厘清区国资办与区属集团公司监管责任，实行分级管理、分级落实责任。“1+N”：制定《区属国有企业重大事项管理办法》作为统领性文件，配套制定《关于加强和改进企业国有资产监督管理的意见》《企业监事组履职清单》《企业内部审计管理办法》等 N 个文件，形成完整的国资监管制度体系。加强国有资产管理。开展资产清查，完成区属国有企业国有资产专项情况报告。完善监管平台，实现国有资产全面监管。国企资产实现网上竞价拍租，全年网上拍租 7 起，溢价率 67.20%，为竞价者节约佣金支出 3.21 万元。加强国企财务管理。制定《富阳区区属国有企业内部审计暂行管理办法》，强化国企内部审计；加强国企账户管理，规范账户开设、变更、撤销等办法；开展国企财务专项检查，规范管理支出。

【规范国有企业党建】　完善党建制度。制定《2019 年度区属国有企业党建工作考评标准》《区属国有企业党支部建设规范操作指导手册》，明确党建目标、细化考核指标。抓实党组织运行。成立区属国企党建指导组（监事组），加强指导基层党组织党建工作。2019 年，富阳区属国有企业共有党支部 49 个，党员 815 人。举报党务培训 6 期，确定入党积极分子 48 人、预备党员 31 人，预备党员转正 10 人。全年共组织督查 4 次，对督查结果进行通报，督查问题要求反馈整改结果。开展党建活动。扎实开展“不忘初心、牢记使命”主题教育，积极参与“党建双强”创建工作，以“党建 +”为载体，开展党建进工地等活动，推动项目建设与党建工作互动发展。2019 年，城投集团机关党支部获得富阳区“最强党支部”称号，杭州富阳交达公路养护党支部书记获富阳区“最强领头雁”。（邬婉燕）

财　政

【概况】　2019 年，杭州市富阳区实现地区生产总值 820.47 亿元，增长 6%。其中：第一产业增加值 49.31 亿元，增长 2.60%；第二产业增加值 373.92 亿元，增长 3.90%；第三产业增加值 397.24 亿元，增长 9.10%。三次产业结构比 6.0 ∶ 45.6 ∶ 48.4。按户籍人口计算，人均生产总值 119643 元。全区实现财政总收入 131.26 亿元，增长 6.60%，一般公共预算收入 80.00 亿元，增长 10%。一般公共预算支出 105.50 亿元，同比增长 44.50%。全年预算收支情况良好，财政收支平衡。

【组织财政收入】　优化收入结构。全年一般公共预算收入占财政总收入比重为 60.90%，占 GDP 的比重为 9.80%。其中，税收收入 72.10 亿元，占一般公共预算收入比重为 90.10%。强化收入分析。与税务部门建立工作互动机制，制定组织收入预案，实施动态调整，把握组织收入主动权。研究经济走势、征管体制改革对财政收入的影响，提升收入分析质量。加强非税征管。盘活土地资源，加大土地出让和处置力度。全年征收非税收入 300.77 亿元，增长 55.30%，其中，土地出让收入 287.52 亿元，增长 60.20%；纳入一般公共预算收入管理的非税收入 7.90 亿元，增长 18.10%。

【支持经济发展】　优化营商环境。落实减税降费政策，全区减税降费 26.23 亿元，其中减税 21.24 亿元、

富阳区 2019 年财政收入执行情况表

表 4

项　目	年度预算（万元）	累计收入情况			
		累计收入（万元）	上年同期（万元）	为上年（%）	为预算（%）
财政总收入	1300000	1312560	1231750	106.60	101.00
一．一般公共预算收入	800000	800008	727000	110.00	100.00
（一）税收收入	718800	721045	660127	109.20	100.30
1. 增值税（50%）	171200	189511	213854	88.60	110.70
2. 改征增值税（50%）	107300	88004	107629	81.80	82.00
3. 企业所得税（40%）	112200	119306	85416	139.70	106.30
4. 个人所得税（40%）	34800	36717	36199	101.40	105.50
5. 城市维护建设税	45700	46589	55909	83.30	101.90
6. 契税和耕地占用税	99000	102055	52988	192.60	103.10
7. 其他地方各税	148600	138863	108132	128.40	93.40
（二）非税收入	81200	78963	66873	118.10	97.20
1. 教附、地方教附	35000	35703	39903	89.50	102.00
2. 残保金	5000	4881	4641	105.20	97.60
3. 其他专项收入	9200	447	3572	12.50	4.90
4. 行政性收费收入	11000	9176	7169	128.00	83.40
5. 罚没收入	17000	15959	11855	134.6	93.90
6. 其他收入	9000	17797	2733	651.20	197.70
7. 国有企业计划亏损补贴	-5000	-5000	-3000	166.70	100.00
二．上划中央收入	500000	512552	504750	101.50	102.50
1. 增值税（50%）	171200	189511	213854	88.60	110.70
2. 改征增值税（50%）	107300	88004	107629	81.80	82.00
3. 消费税（100%）	1000	1002	844	118.70	100.20
4. 企业所得税（60%）	168300	178959	128124	139.70	106.30
5. 个人所得税（60%）	52200	55076	54299	101.40	105.50

富阳区 2019 年财政支出执行情况表

表 5

项　目	年度预算（万元）	累计支出（万元）	上年同期（万元）	为上年（%）	为预算（%）
一般公共预算支出	1050000	1055038	729998	144.50	100.50
一、一般公共服务	98500	96061	85310	112.60	97.50
二、公共安全	52000	50704	48721	104.10	97.50
三、教育	239000	218846	200409	109.20	91.60
四、科学技术	55000	56338	38710	145.50	102.40
五、文化旅游体育与传媒	17100	17870	16979	105.20	104.50
六、社会保障和就业	37000	36790	36028	102.10	99.40
七、卫生健康	63000	57003	56702	100.50	90.50
八、节能环保	48900	58139	35227	165.00	118.90
九、城乡社区	68000	87772	45292	193.80	129.10
十、农林水	91100	79358	83068	95.50	87.10
十一、交通运输	196000	201856	16410	1230.10	103.00
十二、资源勘探信息等	8700	13623	9500	143.40	156.60
十三、商业服务业等	9100	6688	2226	300.40	73.50
十四、援助其他地区	7400	7293	5775	126.30	98.60
十五、自然资源海洋气象等	7300	10837	7230	149.90	148.50
十六、住房保障	19500	21102	12916	163.40	108.20
十七、粮油物资储备	—	40	—	—	—
十八、预备费	—	—	—	—	—
十九、其他支出	100	3367	67	5025.40	3367.00
二十、债务付息支出	32300	31351	29428	106.50	97.10

减征社保费4.99亿元。组建服务企业调研小组，为企业设立服务专员，走访企业215家。实施精准产业扶持。出台高新产业强区、数字经济、机器换人等产业政策，投入财政资金16.60亿元。推进政府产业引导基金运作，设立总规模2亿元的科技投资引导基金，禧筠朝旭、starVC等2个子基金项目落地富阳。建立预兑现财政奖补机制，对符合条件的企业，简化流程，及时兑现，全年预兑现资金1.76亿元。助推乡村振兴，以消除薄弱村为重点，实施农村综合改革项目81个，奖补资金6987万元，增加村集体经济收入，全区288个村（社）集体经济年收入达到50万元以上。安排资金1.18亿元用于村企合作项目和金融转贷专款，撬动商业银行为经营收入10万元以下的经济薄弱村办理免息转贷5.93亿元。

【保障民生支出】 全年民生支出85.26亿元，占一般公共预算支出的80.80%。落实各项民生工程，办好十件民生实事、社保提标等工作。支持教育事业发展。全年教育支出21.88亿元，增长9.20%。建成10所中小学、幼儿园，加大护校安园经费投入，实现中小学、幼儿园全覆盖。设立“新劳动教育”实践专项资金300万元，支持中小学生实践体验活动。支持卫生健康事业发展，全年卫生健康支出5.70亿元。深化“健康富阳”建设，推进3家区级医院与省市级医院合作成立医共体，重点人群家庭医生签约率达到85%，为全区20余万人免费健康体检。支持社会保障事业发展，全年社会保障和就业支出3.68亿元，增长2.10%。城乡居民养老、医保综合参保率达98%、99%以上，帮助4827名城镇失业人员实现再就业。支持交通运输建设。全年交通运输支出20.19亿元，增长11.30%。投入资金18亿元用于杭州绕城西复线建设。优化城乡公交服务，新增和更新新能源公交车100辆；新增公交线路4条，优化4条；提升公交途中站配套设施100处。

【深化财政改革】 实施全面预算绩效改革。建立集中财力办大事政策体系，统筹四本预算资金，提高财政资金使用绩效。部门整体绩效预算改革列入杭州市改革攻坚项目，修订区级部门（单位）财政管理绩效考核办法，完善考核指标，对部门预算管理涉及的基础工作、预算管理、预算执行、财政监督和创新创优五大方面19项工作进行考核，将考核结果与部门预算安排及考核奖励挂钩。建立部门预算草案“三审”制，加强预算审查、监督。推进“最多跑一次”改革。政采云平台上线农业（扶贫馆），交易规模382.96万元。上线政府采购电子化交易系统，完成交易项目1个，涉及金额85万元。深化统一公共支付平台建设，非税执收项目全部接入平台，办理电子缴款91.15万笔、金额157.73亿元，公共支付网上缴款率达95%、移动支付率达92.60%。推进医疗电子票据改革，全区6家公立医院完成改革，累计开票32万张，金额达2.36亿元。开展“走亲连心三服务”和“上门服务至少一次”活动，组建5支服务队伍，走访预算单位294家，到预算部门驻点办公23次，开展集中培训37次，发放政策汇编资料1200余册。落实机构改革。完成财政地税人员编制划分工作，68名原地税编制干部留财政使用。编制“三定”方案，明确机构设置、职责、人员等事项。

2019年2月18日，召开2019年度全区财政工作暨党风廉政建设工作会议

（区财政局 供稿）

【强化财政监管】 强化财政监督检查。完成22个水库移民专项资金扶持项目、6家代理记账机构、16个单位公款竞争性存放专项检查，发现问题23个，全部督促整改到位。深化“巡察监督与财政监督联动”（简称“巡财联动”）机制，通过“巡财联动”完成24家单位财务检查工作，发现的问题数约占总问题数的65%。加强政府采购监管。完善政府采购评审专家、代理机构评价考核办法，建立供应商诚信体系和失信惩戒制度，实行代理机构末位淘汰制，抓实违法违规案件查处，全年清退评审专家29人，行政处罚供应商6家、代理机构5家，网上超市清退供应商2家、责令整改27家。加强支出监管力度。从严从紧编制部门预算，全区一般性支出压减5.30%，“三公”经费压减6.30%。完善公款存放管理，出台《杭州市富阳区财政局关于进一步规范区级行政事业单位公款竞争性存放管理的通知》，开展社保资金竞争性存放3期，涉及资金30亿元。防范化解债务风险。成立地方政府性

债务管理领导小组，出台《地方政府性债务风险应急处置预案》和《加强地方政府性债务风险管控的实施意见》两个文件，明确债务风险管控要求。深化“一化责任、二消债务”两步走的化债举措，全年隐性债务累计化解率46.30%，在杭州13个区县中位列第2名。

（邹婉燕）

税　务

【概况】　2019年，区税务局不忘初心、牢记使命，聚焦税收“主题、主业、主线”，以“基础年、规范年、融合年”建设为抓手，突出重点工作任务，以新作为展现新气象、以新担当开创新局面，齐心协力、奋勇拼搏，推进税收事业高质量发展。被省、杭州市税务局主要领导、区委区政府主要领导肯定

2019年富阳税收情况表

表6　　单位：万元

项　　目	2019年	2018年	同比增减	增长%
一、税收收入合计	1265178	1176276	88902	7.56
1. 增值税收入	570942	653076	-82134	-12.58
2. 消费税收入	1002	844	158	18.77
3. 企业所得税	284552	194953	89599	45.96
4. 个人所得税	91792	90498	1294	1.43
5. 资源税	7508	6216	1291	20.77
6. 城市维护建设税	46591	55909	-9318	-16.67
7. 房产税	17026	30044	-13018	-43.33
8. 印花税	12392	12178	215	1.76
9. 城镇土地使用税	15851	25353	-9502	-37.48
10. 土地增值税	79829	27844	51985	186.70
11. 车船税	5598	6017	-419	-6.96
12. 车辆购置税	28912	18959	9953	52.50
13. 耕地占用税	16674	2465	14210	576.57
14. 契税	85381	50523	34858	68.99
15. 环境保护税	957	725	232	32.05
16. 其他税收	170	672	-502	-74.66
二、出口退税合计	-111253	-138752	27499	-19.82
三、社会保险基金收入合计	544193	469087	75105	16.01
1. 企业职工基本养老保险基金收入	315092	240036	75056	31.27
2. 失业保险基金收入	9943	8883	1060	11.93
3. 职工基本医疗保险基金收入	146353	127541	18812	14.75
4. 工伤保险基金收入	5031	7948	-2917	-36.70
5. 生育保险基金收入	10208	9870	339	3.43
6. 城乡居民基本养老保险基金收入	324	0	324	0.00
7. 机关事业单位基本养老保险基金收入	45516	51545	-6029	-11.70
8. 城乡居民基本医疗保险基金收入	11726	0	11726	0.00
9. 其他社会保险基金收入	0	23265	-23265	-100.00
四、非税收入合计	46054	50905	-4850	-9.53
1. 教育费附加收入	23810	26582	-2772	-10.43
2. 地方教育附加	15860	17754	-1894	-10.67
3. 文化事业建设费收入	397	766	-369	-48.19
4. 税务部门罚没收入	26	45	-19	-41.83
5. 残疾人就业保障金收入	5742	5460	282	5.16
6. 废弃电器电子产品处理基金收入	209	297	-88	-29.56
7. 地方水利建设基金(防洪工程维护费)	10	0	10	
五、其他收入合计	21263	3189	18074	566.72
1. 工会经费收入	3277	3105	172	5.54
2. 职业年金	21263	84	21179	25286.41

区税务局在办税服务场所设立减税降费专区，为纳税人提供涉税业务

（区税务局　供稿）

性批示7次。年度考核继续保持“双优”序列，分别在区政府目标考核中获得满意单位；在全市税务系统绩效考核中获得优秀单位。第一税务所（办税大厅）被评为全国青年文明号，并获全区首家杭州市“最美办事窗口”称号。

【落实减税降费】　制定减税降费工作任务清单，组织力量成立专班，对标对表渐次推进减税降费“四场主攻战”。全覆盖与点对点相结合，抓紧抓实“开好票”“报好税”“算好账”关键环节，确保制造企业税负稳步下降。完成小微企业多缴税费追溯性退还，将11000余户纳税人退税款退到纳税人的账户中，实现了“一户也不漏，一分也不少，确保100%退税”的目标。推动个人所得税自然人税收管理系统（ITS）平稳运行，全力做好综合所得汇算清缴准备工作。按要求调整个体工商户和灵活就业人员社保缴费基数、行政事业单位养老保险缴费比例等，落实省政府三大行业阶段性降费。全年累计减税降费24.74亿元，其中税收减免21.24亿元，社保费减免3.50亿元。

【组织税费收入】　2019年，全区组织税收收入126.52亿元，同比增长7.56%，创历史新高。其中，组织地方级收入74.72亿元，同比增长9.20%，占全区一般公共预算收入比重达到93.02%，创历史新高。积极做好社会保险费和残疾人就业保障金、教育费附加和地方教育附加等非税收入征管工作，2019年，全区入库社会保险费和非税收入59.02亿元，增幅18.66%。

【夯实税收管理】　加强申报管理与数据分析工作，实行征期自动推送纳税申报提醒办法，在杭州市推广。全面推行税源专业化管理，出台《关于统一全区税收征管方式的指导意见》，管事制管理模式分两批于6月、9月基本推行到位。出台《税收风险管理实施办法（试行）》《数据应用管理办法》《涉税数据共享交换管理办法（试行）》。落实增值税发票风险管理，重点加大防控虚开管理，完成增值税发票2.0版上线工作。部署社保费征管职责划转后的首个征缴工作，上线运行全省集中版城乡居民两费征缴系统，采取“现金改卡”缴纳模式，完成29.99万人次的征缴工作，征缴率实现100%。

【推进依法治税】　组织领导干部和公务员学法用法考试，参考率、合格率均达到100%。深入开展“七五”普法宣传，举办“普法基地开讲了——税企共话减税降费”主题活动。统筹开展减税降费工作落实情况阶段性自查、全面督察自查、个人所得税改革专项督察调研等。丰富和健全税务法院征缴协作常态化机制，探索职业放贷人税费征收协作。全年累计协作征缴入库税费77户1.71亿元。该做法在全省税务系统法规工作会议上作经验交流，并被评为“2019年度全市税务系统优秀创新项目”。推行重大事项法制审核、行政执法公示、行政执法全过程记录等“三项制度”。

【优化纳税服务】　实施“企业一件事”改革，对涉及企业开办、变更、注销全生命周期，进一步优化整合流程，开设“企业一件事”专区，实现商事登记领域全流程“一站式”“一条龙”联办服务。依托互联网大数据优势，创新税企沟通模式，上线税企沟通交流平台。大力推广电子税务局，明确网上办税事项清单，推动“最多跑一次”向“跑零次”转变，140项清单事项实现100%“网上办”，“跑零次”事项达95%。加大自助服务区建设，新增个服中心办税服务区，增加大源、场口、万市、新登等基层所自助设备。首次启用“24小时文件交换柜”，实现涉税事项“离厅式”服务。落实省局17项《办税服务厅基本制度》，提升办税体验。推出“双语服务团队”，提供个性化服务。深化“线上税银互动”合作机制，扩大纳税信用社会化应用。全年累计发放“信用贷款”235笔，金额5009.42万元。

（许杭锋）

土地资源管理

【概况】　2019年，全区规划和自然资源工作围绕“三看四态促转型”不动摇，着力开展“强履职　重担当　争先进”深化作风建设年专项活动，成立六大战斗行动队，全力做好“强引领、保发展、护青山、盘存量、快出让、守红线”工作。重点开展用地报批、盘活存量、土地整治、土地收储、执法监察、矿政管理、不动产登记服务等工作。发挥土地储备机制作用，推动土地出让金创新高；推进绿色矿业示范发展区建设，优化矿山布局结构；加快全域土地综合整治和生态修复工作，助推乡村振兴；持续深化“最多跑一次”改革，提升办事水平和营商环境；进一步深化地质灾害防治工作，连续18年实现“零伤亡”。

市规划资源局富阳分局获杭州规划资源系统2019年度考核优秀；多举措降低企业用地成本等工作先后获得杭州市副市长缪承潮和区领导朱党其、吴玉凤的批示肯定；行业党建成效显著，作为党建示范点多次接受市级、区级考察，机关党委当选杭州市级“最强党支部”；在区改革攻坚擂台大比武活动中获得“竞跑先锋队”称号；被富阳区委、区政府评为2019年度招商引资先进单位和优秀服务奖、2019年度服务企业先进单位。

【完成机构改革】 2019年1月，杭州市规划和自然资源局富阳分局挂牌成立，实现原规划和原国土部门的合并。原规划分局39人整体划入，水利1人划入，完成原规划分局办公场所搬迁，短时间内实现人员集中办公，并实现固定资产和财务全面融合。紧紧围绕自然资源的“两统一”要求，按照上下对应、链式管理、职责融合要求，科学制定单位主要职责，设立12个内设科室，与省厅、市局职能对应（含一对多），确保工作顺畅。

【深化“最多跑一次”改革工作】 实现不动产登记领域无差别受理，个人类全业务60分钟内领证；颁发富阳首本地下空间不动产权证，实现地下空间登记的零突破；推出存量房转移登记“不见面”审批，将存量房转移登记的受理流程前置，买卖双方只需要在中介公司就能完成多个环节的受理，由“跑一次”变为“跑零次”；实现企业办事“4211”加速度，即办结时限一般登记4个工作日、抵押登记2个工作日、“标准地”首次登记1个工作日、一般商品房登记1个工作日。2019年，总办件量232672件（次）。借机构改革契机，进一步加强基层所属地服务管理能力，将服务端口前移，通过规划审批下放、推行“多规合一”管理和构建多级联动机制实现串联审批到并联审批转变，完成审批业务2908件。

【率先成为杭州地区实行“权调承诺制”的县（市、区）】 2019年，富阳在全市首创不动产权籍调查承诺制，即取消大宗地权调审核前置环节。除在建工程抵押等少数情况以外，在企业承诺提供的权调成果真实有效的前提下，原则上采用书面审核方式进行审查，权调承诺时间由原来的7个工作日压缩为3个工作日。同时，为保证登记权调资料的真实性，对企业承诺的资料通过现场核查的方式进行事后抽查，抽查比例不少于10%，抽查结果上报相关单位、纳入企业信用记录。该项工作的推行帮助企业办理业务提速六成。

2019年1月21日，杭州市规划和自然资源局富阳分局揭牌
（市规划和自然资源局富阳分局　供稿）

【规划资源法律法规宣传教育】 制定《2019年富阳区规划和自然资源宣传思想教育工作要点》，深入落实法治宣传教育实践活动。组织开展“4·22”世界地球日、“6·25”全国土地日、“8·29”全国测绘法宣传日等主题宣传活动5次；组织开展“亮灯之夜”、“规划资源大讲堂”学习活动，采取知识沙龙、专题培训、交流讨论等方式培养“专科+全科”全方位发展的干部队伍，全年共开展12堂课、825余人（次）参加，撰写体会文章60篇；推送微信364条，微博352条；被各级各类刊物录用信息175篇；编发局内部刊物《富阳规划和自然资源动态》24期；编印规划资源宣传册3.5万册；编印《2018年度规划和自然资源文件汇编》400套；编印《规划资源行政复议（诉讼）月报》12期。

【保障发展用地】 2019年，市规划资源局富阳分局通过土地利用空间梳理，报请省厅批准跨乡镇规划新增预留指标调整，全区提留乡级规划预留指标55.96公顷，完成亚运水上运动中心、春永线、秦望路、钢圈厂路2个有机更新项目、亚运场馆（激流回旋）、循环经济产业园项目等重点项目规划局调和用地报批，向上争取空间指标81公顷，新增建设用地153.40公顷。

【探索节约集约利用土地新模式】 探索降低企业用地成本、优化民营经济发展的新模式，开启小微企业组团供地、弹性化出让、“标准地”出让全覆盖模式并行时代。全年盘活土地708公顷，完成率136.20%。其中：批而未供土地188.07公顷，供而未用378.47公顷，低效用地再开发141.47公顷。打开发展空间，保障全区项目用地，实现工业用地出让115.20公顷，“标准地”出让率100%。完成2个中小企业组团供地项目挂牌出让；完成东洲建华村集体建设用地建设租赁

2019年3月22日，规划资源富阳分局“克难攻坚促转型，锻造一流施工队”战斗动员大会召开 （市规划和自然资源局富阳分局 供稿）

住房项目（部级试点）开工建设。消化村级留用地指标约28公顷。

【土地供应出让】 重点抢抓轨道交通、快速路等建设机遇，结合城市有机更新、旧城改造等工作，扩大收储范围。根据出让规模和市场形势，合理安排经营性土地出让节奏，按照“三个计划＋精准招商”模式加快做地收储进度。借机构改革契机，进行做地平台整合优化，由原有的“6＋1”做地主体模式升级到“5+1”做地主体模式，加强区土地储备中心对各做地平台的委托、指导、督促、统筹、协调、考核，明确职责分工及流程；实行一定比例的净收益返还，极大调动平台做地积极性，有效提高做地速度。全年出让经营性用地31宗，面积117.03公顷，出让金总额214.60亿元，创历史新高；完成土地收储45宗，收储面积约198公顷。

【土地综合整治和生态修复】 2019年，市规划资源局富阳分局加大土地整治力度，完成土地整治项目验收面积306.67公顷，完成水田验收240公顷。开展全域土地综合整治与生态修复工程项目20个。其中，根据富阳“八山半水分半田”的地理特征，结合废弃矿山和坡地较多的生态现状，以及村庄经济发展不平衡的发展实情，积极探索五种具有富阳特色的“全域整治+”模式：以“变废为宝”为引领打造“全域整治+矿地综合利用”模式；以“休闲娱乐”为风尚打造“全域整治+旅游景点打造”模式；以“新型农业”为导向打造“全域整治+生态农田建设”模式；以“城乡环境改善”为手段打造“全域整治+城镇环境改造”模式；以“文化宜居”为要义打造“全域整治+杭派民居建设”模式。

【强化执法监察】 严格按照《国土资源违法行为查处工作规程》办理涉土涉矿类违法案件，下发《责令停止违法行为通知书》100件，移送公安6起，申请法院强制执行案件48宗遏制违法用地不良风气。开展“大棚房”问题专项整治、违建别墅问题清查整治、扫黑除恶、历史遗留问题整改、2018年度土地变更调查与遥感监测工作等，大棚房整治到位105个，违建别墅整治到位16个，违法用地立案190起，移交涉黑涉恶线索8起。建立局领导接访制和信访办理情况季度通报制。

【深化农民审批建房工作】 2019年，上线“农民建房一件事”审批系统，规范并统一富阳全区农民建房审批从申请到确权发证的10个标准流程。设置初审环节，线上完成申请资格和选址区域是否符合的认证；一窗受理建设用地规划许可证、《建设用地批准书》、建设工程规划许可证，实现三证同时审批、同时完成、一窗出件，建房申请人从提出申请到取得建房资格，从原先至少60个工作日减少到30个工作日内完成；引入富阳区纪委监委实时在线监督检查机制，通过向区纪委监委开放检查端口，加强对审批责任单位的监管。在全区276个行政村设立“就近办”服务点，由村委配合代理业务公司上门收集相关证件和资料，实现村民不出村即可完成农民建房的申请和拿证。

【富阳区首次实现1∶2000基础地理信息全覆盖】 2019年，富阳区数字城市1∶2000 3D产品数字航测成图与建库项目通过验收，标志着全区首次实现了1∶2000基础地理信息的全覆盖。该项目基础测绘成果包括全区1831平方千米的1∶2000数字线划图（DLG）、1∶2000数字高程模型（DEM）、1∶2000数字正射影像图（DOM）。为促进基础测绘成果在全区建设发展中的应用，全区所有非涉密基础测绘成果无偿向社会提供使用。

地矿管理

【矿山专项整治】 2019年，根据富阳区矿山专项整治方案，进一步优化矿山布局结构，按照“控点、做大、做强”的思路，通过市场、法律和行政手段，整合现有矿业权有序退出。全年关停矿山2家，保留提升的2家石灰石矿山完成深部资源采矿权协议出让工作。全区共有有效期内持证矿山14家，其中普通建筑石料矿山5家，石灰石矿山5家，铅锌、银等金属矿山3家，萤石（普通）矿1家，形成以石灰岩、普通建筑石料为主兼顾银铅锌、萤石的矿产开发格局。

【废弃矿山综合治理】 2019年，开展废弃矿山综合治理工作。对原企业主无法完成治理已关停的废弃矿山，没收治理备用金，通过招投标委托有资质治理企业进行治理；对于部分施工难度大、工程量大的废弃矿山，由区交通集团负责治理，治理产生的资源供应给道路建设等政府投资项目，保障政府工程建设。全年废弃矿山综合治理项目累计开工 108 个，其中已完成 98 个，其余 10 个开展治理。

【绿色矿业发展示范区建设】 围绕“全区域、优布局、园区化、产业化”的工作目标，全面建设绿色矿山，积极打造美丽矿山，整体推动绿色矿业发展示范区建设，富阳成为全省唯一通过批准并开展实施的县级绿色矿业发展示范区。通过提升矿容矿貌，延长矿业产业链，探索创新机制等改革创新手段，以 4 家绿色矿山（其中 3 家为露天矿山，1 家为地下矿山）提升为主要抓手，打造绿色矿山建设升级版。

【地热资源勘查】 坑西地区具有较理想的热储层和地热地质条件，该区块地热资源勘查探矿权于 2019 年底完成挂牌出让，标志着富阳区在地热资源勘查领域有了质的突破。在 2018 年启动的坑西村文化旅游景区项目中添加“温泉”元素提升坑西村文化旅游景区建设品质和内涵，并带动整个富阳地区的旅游业。

【矿产资源开发管理】 2019 年，开展矿山自然生态环境治理备用金和土地复垦费用退还、转存基金工作，累计清理备用金和土地复垦费用合计 22627 万元。2019 年度，矿业权出让收益合计 86399 万元。

【矿政管理】 规划资源、生态环境、应急管理、公安、水利等部门联合开展矿山专项整治检查活动，在此基础上，采取由基层国土所定期巡查、矿管所不定期检查、聘请矿政管理技术支撑单位协助参与矿产资源开发利用的监督管理、矿山储量动态监测、监察大队及时查处等手段，形成全面打击非法开采的氛围，盗采盗挖势头得到有效控制。

【地质灾害防治】 2019 年，出台《富阳区 2019 年度地质灾害防治方案》，明确全区地质灾害的重点防范期、防范区域、防治措施，提高地质灾害预防和应急处置能力。通过筑牢政策管理、做好资金保障、搭建技术网络等措施打赢“除险安居”攻坚战；强化地质灾害防治科普宣传，全年组织开展宣传培训活动 20 余次。出动地质灾害应急处置 200 次，对 76 起处置点进行立项整治，累计完成不稳定斜坡、遗留项目、应急治理等各类整治项目 119 处，使 500 余人脱离地质灾害的威胁，没有发生地质灾害人员伤亡事故。49 个地质灾害隐患点完成核销“清零”工作。（冯　颖）

市场监督管理

【概况】 2019 年，全区实有各类市场主体 88228 户，同比增长 13.08%；其中内资各类市场主体 87909 户，同比增长 13.09%，外资企业 319 家，同比增长 11.15%。全区一年内新设各类市场主体 15750 户，同比增长 15.96%；其中内资各类市场主体户 15720 户、同比增长 15.95%（其中内资企业 5199 家、农民专业合作社 19 家、个体工商户 10502 户）；外资企业 30 家、同比减少 11.11%。全区共有内资各类市场主体 87909 户、同比增长 13.09%，注册资本 74321416.24 万元，同比增长 9.25%。至年底，全区新设外资企业 30 家（含港澳台投资企业 9 家）。投资总额 174989.67 万美元，注册资本 71673.89 万美元，外方认缴注册资本 29854.33 万美元，分别较上年增长 652.38%、211.61%、54.47%。

全区共有规模以上农产品生产经营主体 475 家、食品生产企业 149 家、流通企业 7627 家、小作坊 372 家、食品相关产品生产企业 28 家、餐饮服务单位 7092 家（其中核发食品经营许可证 3890 家，小餐饮登记证 2997 家、小摊贩登记证 205 家），餐饮具消毒企业 5 家，定点屠宰企业 7 家。

全区有药品生产企业 17 家，其中，原料药生产企业 1 家，制剂生产企业 5 家（其中 3 家有注射剂类产品，1 家生物制品），中药饮片生产企业 3 家，医用氧生产企业 2 家，药包材生产企业 3 家，医疗机构制剂室 2 家，另有厂外车间 1 家（含注射剂类产品）；医疗器械生产企业 26 家；药品批发企业 12 家，其中 4 家为中药饮片专营批发企业；零售连锁企业 4 家，药品零售企业 309 家（其中零售连锁总部 4 家，连锁门店 103 家，单体药店 192 家，乙类非处方药店 10 家）；医疗器械经营企业 552 家（其中三类医疗器械经营企业 97 家，二类备案企业 455 家）；医疗机构 569 家（其中市级医疗机构 6 家，乡镇（街道）社区卫生服务中心 25 家，其他医疗机构 538 家）。

2019 年 10 月 24 日，杭州市富阳区市场监管综合行政执法队揭牌
（区市场监管局　供稿）

全区注册登记在用的特种设备总数17710台，其中在用锅炉334台、压力容器4769台、电梯5810台、起重机械4682台、游乐设施18台、厂（场）内机动车辆2097台。另外登记在用各类车用气瓶867只、工业气瓶11万只、民用液化石油气气瓶23万只，压力管道600千米。

【全方位“最多跑一次”改革】 完善“就近办”服务举措，实施“G60长三角一体化登记”“同城通办”“全区通办”等注册登记服务体制机制，实现了半小时服务圈；大力推行网上办，2019年全区有2432家企业采用全流程网上登记取得营业执照，同比增加602.89%，实现了由“面对面”变为“键对键”，由“跑多次”变为“跑零次”；简化个体户登记，实施“口述登记”，当场即办；设立企业一件事专区，联合税务、烟草、卫计等高频事项的办事人员和后台业务骨干，明确事项和标准，形成多部门联合叫号，通过“一件事”改革，实现企业和群众办事“一事一窗一次”；深化互联网+应用，推动网上跨部门协同审批。

至年底，企业和群众到政府办事事项共44大类143个小项已实现三个全部（即全部实现网上办、“跑零次”、电子化）。

【压缩企业开办时间】 对标国际先进标准，进一步巩固“压缩企业开办时间”改革成果，深化“证照分离”“多证合一”改革落实，探索开业事项从“常态化”向“经营性”拓展，解决企业准入不准营问题，推行个性化套餐服务，深化当场办结改革，提高企业的获得感。2019年全区共有3217家新设企业受惠“一日办”带来的便利，免费送章3128套。内部压缩工商、食药事项全面实施“审核合一”，无现场踏勘环节的办理事项全部压缩为即办。部门联办压缩，常态化企业开业四部门3.50个工作日升级为开办企业服务专区一日办结“四个一”办理模式；试行的“一次审批可经营开业”审批时间从最长26个工作日压缩至1个工作日内，牵头进行的30个高频行业“企业一件事”有现场核查压缩至5个工作日，无现场核查环节全部压缩至即办。

【清理企业开办、注销门槛】 审管分离厘清职责，取消对房屋用途、土地性质的审查；深化食品经营许可改革，实施告知承诺制，推行“最多核一次”；下放登记权限和现场踏勘权限；取消防伪技术产品、摩擦材料等12类产品的工业生产许可证。取消名称申报、企业注销清算组备案、报纸遗失公告等环节；通过“企业经营一件事”，推出“一次审批可经营开业”套餐，实现“开业即开办、准入即准营”，平均减少办理环节6个，减少85%；将简易注销公告时间从45天压缩至20天；实现企业注销“一网”服务，同步办理市场监管、税务、商务、人社、海关等注销业务；整合注销环节，实现注销网上公示，免去登报费用。

2019年4月18日，全国食品生产加工小作坊治理工作现场会在富阳举行

（区市场监管局 供稿）

【食品小作坊三年提升计划】 结合本地区传统特色食品和产业聚集情况，通过政策扶持、点对点指导等措施，主动帮助小作坊规范操作流程，建立日常管理规范和操作规范，硬件设施和管理水平得到显著提升，开创食品小作坊整治提升的富阳经验，为全国打造名特优精品小作坊提供新样板。至年底，全区食品生产加工小作坊340家领证照齐全，建档率、登记率均达到100%，建成“名特优”小作坊共计26家，位列杭州各区县之首；全年完成整治提升小作坊共计44家。

【全国食品生产加工小作坊治理工作现场会】 4月18日，全国食品生产加工小作坊治理工作现场会观摩点设在富阳区；国家市场监督管理总局副局长孙梅君和参加全国食品生产加工小作坊监管工作现场会的100多名代表走访杭州市富阳区，现场观摩当地食品生产加工小作坊监管情况，交流小作坊监管经验，探讨进一步加强小作坊监管的路径。现场会后，接待全国市场监管业务线参观调研学习30余次。

【农村家宴三年创建计划】 以“文化礼堂＋家宴中心”“拆迁安置小区＋家宴中心”“居家养老服务＋家宴中心”三种模式，因地制宜，协调镇街联动推进，全年完成创建验收24家，超额完成杭州市下达的11家创建任务。制定出台《关于深化农村家宴放心厨房创建提升的实施意见》，加大经费补助力度，由2万元／家提高至5万元／家。制定《农村集体聚餐管理实施规范》《农村家宴厨师服务操作规范》《农村家宴中心管理规范》，进一步规范农村家宴食品安全管理。以实施

“两证一照一保险”为抓手，实行乡村厨师持“两证”（食品安全知识培训合格证、健康证）管理制度，鼓励引导乡村厨师办理家宴服务营业执照130多户，其中16户已投保食品安全责任险。

【杭州市农村家宴中心厨房创建提质扩面工作现场会】 8月29日，杭州市农村家宴中心厨房创建提质扩面工作现场会在富阳区东洲街道紫铜村家宴中心召开。杭州市各区（县、市）市场监管局、富阳区各乡镇（街道）食安办、市场监管所相关负责人员参加会议，同时邀请了富阳区人大代表、区政协委员以及区委宣传部、民政、住建等部门相关人员参加。农村家宴中心“富阳样板”得到大家好评。

【开展食品安全监督执法】 推进主体责任行政约谈工作规范，约谈食品经营单位723家、递交整改报告59份，食品生产经营者主体责任告知率、自查承诺率大幅提升；实施“双随机、一公开”监督检查，集中整治打击社会关注、群众反响强烈的农药残留、网售食品等突出问题和违法添加等行业“潜规则”，全年共立案查处食品安全违法行为409起，处罚没款331.53余万元，移送公安2起；完善监督网络体系，开展食品安全“你点我检”活动12次。推进食品安全金融征信试点，录入不良信息510条，对11500家生产经营单位进行了信用评价，惩戒不良信用企业2家。

【推进热点难点的有效解决】 加强非洲猪瘟防控。多次与农业部门对接，规范分销凭证开具方式，最终确定在动物检疫合格证明或分销凭证上载明非洲猪瘟病毒检测结果及检测方法、报告号码（日期）的开具方式；加大监督检查力度，重点对大市场、商场超市、学校配送企业、主城区临街猪肉销售店监督检查，对检查中发现问题发出通报，要求商家落实整改；召开集体约谈，召集主城区大型农贸市场、学校食堂配送公司负责人召开约谈会，进一步督促落实企业主体责任。扎实开展“护校安园”行动。严查学校及幼儿园食品安全主体责任不落实和食品安全问题。至年底，富阳区小学校园内没有食品店，中学校园品牌超市100%覆盖，且经营范围实行“白名单”制度。全年共出动执法人员175人次，检查校园周边食品店495家次，监督抽检校园食品37批次，全部合格。推进品质超市创建。对照《杭州市品质食品示范超市验收标准》，指导超市做到展柜布局合理、专区专卖，宣传到位、索证索票真实有效并公示、台账建立完整、标签标注规范化，通过验收超市2家。开展保健品乱象整治工作。成立保健品乱象整治工作专班，定期召开工作研讨会。积极开展“五进”宣传工作，全年，开展科普活动86次，展出宣传展板874版次，发放各类宣传材料7170次，其中，进社区和乡村48次，活动直接接触的居民3745人次；进校园14家，直接接触的学生人数703人次；参与网络科普活动的网络平台14个（包括网站、电商平台、APP等）；进大型商超8家，直接接触的消费者人数1014人次；立案144起，结案139起，共处罚没款348.59万元，移送公安3起。

【网络餐饮食品安全整治工作】 采取线上排查、线下核查双管齐下，网格员日常巡防和执法人员集中整治的模式，开展线下实体店走访排查共计2402家，整改规范问题638条次。利用大数据、云计算、图像识别等“爬虫”科技手段实现智慧监管，共抓取可疑订餐单位143家。加大力度对网络餐饮主要食品原料、调味料、菜肴包、餐饮具以及外卖盒进行抽检，共抽检286批次，不合格79批次，不合格处置率100%，立案23起，罚没款15.75万元。与“美团”“饿了么”等订餐平台建立沟通协调、违法通报、联动查处等工作机制。以大学城周边区块、金桥区块等外卖集中区域为重点，开展网络餐饮集中整治规范，集体约谈网络订餐单位，问题单位抄送平台下线65家。

【智慧监管全面上线】 全省率先开展食品安全网上培训教育。富阳区先试点开发智慧餐饮监管网上培训课程，通过“众食安”APP在全省率先推出“互联网+食品安全教育”，通过减负担、减成本、增效率、增效果的“两减两增”，解决食品安全知识现场培训困难及继续教育难等问题。6月27日，杭州智慧餐饮监管网上培训工作推进现场会在富阳区召开。推进食安天眼阳光厨房建设对接城市大脑。按照杭州市城市大脑建设要求，通过接入餐饮智慧监管平台，构建食安天眼并融入杭州城市大脑建设。大型以上餐饮单位、三类重点食堂（幼儿园、养老机构、县级及以上医院）阳光厨房建设率达100%，2019年完成新建101家；阳光厨房对接城市大脑建设达到212家，其中学校食堂（包括幼儿园）127家，社会餐饮及其他餐饮服务单位85家。推进阳光餐饮智慧监管平台应用。督促餐饮单位通过手机下载“众食安”企业端APP应用后，建立日常食品安全管理电子台账，强化日常内部管理，落实主体责任。执法人员通过“众食安”监管端可在线巡查企业管理工作电子台账，提升监管工作效能。全区在平台导入餐饮主体信息7203家。

【推动乡村菜场规范提升】 乡村菜场因历史原因，建设手续不齐全，房屋、消防安全有隐患，无法办理市场名称登记证，一直以“黑户”身份存在。针对这一问题，经过乡镇整治，部门会诊后，全区25家乡村菜场按照“四个一批”方式分类处置，予以办理市场名称登记证16家，认定为农副产品交易点2家，临时过渡4家，关停3家。

【广告执法工作】 组织开展保健品广告、互联网金融广告、新中国成立70周年广告等专项整治、强化打防结合，科队所配合，查处一批广告大案要案，形成有力震慑，至9月底，全局共查处违法广告案件33件，罚没款102.48万元，其中万元案件16件；积极开展广告抽查，先后开展三大类广告项目的双随机检查，279家广告经营单位、

12家广告经营单位、2家传统媒体广告单位被列入抽查名单；开展地名广告的清理。对全区25个在售房地产项目的户外广告进行不规范地名地址信息专项整治，清理不规范房地产户外广告100多条，净化地名环境；借助国家、省、市市场监管局三大广告监测中心系统为平台，严格落实属地监测监管职责，加大电视、广播、报纸三大传统媒体和网络平台的广告监测力度，重点监测医疗、药品、保健食品、投资理财广告等重点领域广告，加强分析研判，发现问题，迅速依法处置。至9月底，共监测媒体广告729条次，责令改正23条次。

【“浙江制造”品牌培育】 全年新增申报“浙江制造”团体标准28项，获批发布12项，8家企业获得10张“品字标”认证证书。富阳区企业共主导申报“浙江制造”标准67个，发布31个。全年有15家企业获得“品字标制造”证书19张。

【“双百示范”培育工程】 启动省级“双百示范”培育工程，促进产业发展和效益“双提升”。重点培育控制阀、上官球拍2个产业和瀚晖制药、星帅尔等8家企业分别开展“百个质量提升示范特色产业”“百个先进质量管理方法示范单位”创建活动。向省局申报先进质量管理方法示范单位1家，向市局申报先进质量管理方法示范单位7家。质量服务综合体（站）建设成效明显。全区已建立阀门、特种纸、球拍产业质量服务综合体（站），为三大行业提供随时随地、即用即有、可靠便捷的线上线下“一站式”精准质量服务，助力“品字标”培育。9月，富阳区阀门产业质量提升服务综合体被市局评选为“2019年杭州市优秀质量服务综合体”。

【商品质量安全监管】 根据产品质量安全隐患排查治理要求，做好许可证企业“一企一证”改革，加强许可证事中事后监管，特别是根据安全生产工作的相关要求，对取证企业做到100%全覆盖检查，高于市局30%的检查要求，重点加强对全区4家危化品、2家危化品包装物、容器生产许可证取证企业和1家烟花爆竹定点批发企业的产品质量监管，做到巡查工作全覆盖，防患于未然。在省、市、区各级针对生产企业监督抽查中，共抽查全区纺织、轻工、化工、建材、冶金、机械六大行业108种受检383批次、合格366批次、不合格7批次、待提高10批次，批次合格率95.56%；同时，针对流通领域，全年共抽检玩具、童车、箱包、学生用品、安全帽、卫生巾、纸尿裤、配装眼镜、油漆、涂料、小家电、电动车等商品235批次，其中，合格194批次，不合格41批次，受检单位139家单位。

【认证认可产品专项检查】 全区共有130家CCC生产企业1195张证书，已完成对28家CCC企业生产、主要原材料管理、产品检测、标签标志使用和管理等的检查。开展生产流通环节儿童玩具专项检查，辖区5家CCC玩具生产企业检查覆盖率100%；抽查辖区大润发、沃尔玛、物美、联华等16家商场超市和2家其他销售企业，在售玩具企业CCC标志基本齐全。开展有机产品认证检查。辖区有机生产企业7家，检查完成4家，未发现获证企业在未获得有机产品认证的产品上违法标注“有机”“ORGANIC”等字样。

【标准化建设】 推行农业标准化生产，加强农业地方标准制（修）订工作，完成区本级农业标准化示范建设项目8个。结合“浙江制造”标准制定和实施推广，鼓励企业参与国家、行业标准制定，推动企业以自我声明方式实施“浙江制造”标准。2019年，研制浙江制造标准28项，其中发布12项，立项8项，通过答辩及待答辩8项。结合“浙江制造”标准工作任务，鼓励企业积极参与国家标准、行业标准的制（修）订，并瞄准国际、国外先进技术水平，共指导和帮助企业参与制定国家、行业标准等共6项。征集杭州市技术标准资助项目27个，获得上级资助资金108.10万元。

【“千家民企计量帮扶”活动】 充分发挥市场监管职能优势，选调素质高、业务强的专业技术人员，注重发挥党员先锋模范作用，通过组建“计量惠民”“计量入企”等多种形式开展活动。提高全社会对计量促进企业提质增效作用的认识，展示市场监管服务经济社会发展的良好形象。帮扶企业数达25家，出动帮扶企业计量专家30人次，向企业开放计量实验室2次，涉及企业7家；为企业提供计量咨询服务193次，涉及企业106家。本级监测中心受理实施强制检定量为8000台件，免收136.90万余元；转呈上级机构检定的强制检定计量器具数量为341台件，金额达14.30万余元。

【助力企业强化知识产权工作】 2019年全区专利申请量4928件，同比增长21.40%，授权量2739件，同比增长21.50%，其中发明专利申请量1467件，同比增长9.50%，授权量395件，同比增长5.10%，全年PCT国际专利申请12件，至年底，全区有效发明专利拥有量达1585件；全年新增注册商标3217件，超额完成1000件的指标任务，新申请注册商标3630件，全区有效商标拥有量15269件。全年成功推荐认定2家浙江省商标示范企业和1个浙江省商标示范乡镇（街道），国家知识产权优势企业2家，市级专利示范企业24家，34家单位通过企业知识产权管理规范体系认证。全年10家企业完成专利质押融资登记金额2.80亿元，贷款额1.47亿元，办理商标质押融资贷款备案登记2件，质押金额3450万元，贷款额3450万元。

【打击知识产权侵权行为】 全年共办理商标侵权案件62起，其中涉外侵权案件8起，涉及既是驰名商标又是地理标志证明商标案件29起，涉及驰名商标案件2起，罚没款1万元以上案件13起，罚没款5万元以上案件4起，罚没款金额共70.34万元。开展地理标志使用专项整治，通过排查梳理辖区内地理标志数量及使用情况，前往各个地理标志证明商标的主要产区及城区集中销售商品的区域进行重点检查，共出动执法人员 106 人 / 次，检查市场主体 107 个，暂未发现侵犯本地区地理标志商标情况。重拳整肃茶叶市场，在全区范围内开展茶叶市场综合执法行动，共出动执法 180 余人次，检查生产销售单位、商标印刷单位共 75 家，抽检茶叶 18 批次，查获涉嫌侵犯注册商标 35 家，查扣涉嫌侵犯注册商标的包装盒 1900 余盒，茶叶罐 900 余罐，包装袋 1 万余个。

【推进市场主体转型升级】 制定《杭州市富阳区“小微企业三年成长计划”（2018—2020 年）实施方案》，全年新增小微企业 3570 家，完成率 133.15%；新增八大万亿企业 1552 家，完成率 146.13%，新办“个转企”346 家，完成率 168.78%，均提前完成杭州市下达的年度目标任务。

【清理异常经营企业】 全年对 889 家长期未经营市场主体开展全面调查摸底，逐一核实每一家企业的实际情况，新增 203 家通过登记的住所或经营场所无法取得联系的企业列入经营异常名录，同时依据《中华人民共和国公司法》等相关规定，对 180 家查无下落企业（公司）作出吊销处理。开展依职权注销个体工商户工作，对连续两年未年报的 1113 家个体工商户催告名单，逐一进行实地核实，并结合国税、地税取证，依职权注销个体工商户 272 户，有效净化市场环境。全年开展列入异常经营名录工作，对 2407 家企业、131 家农民专业合作社、2753 家个体工商户未按规定报送年度报告的经营户列入经营异常名录。

【信用信息公示】 至 6 月 30 日，全区 2018 年度应报企业 29586 家，已报年报企业 27328 家，年报率为 92.37%；企业、个体工商户自然年报率与上年相比分别增长 0.38%、1.01%，均在杭州地区名列前茅。组织 10 家企业申报 2019 年市级信用管理示范企业，其中申报杭州市级用管理示范企业的数量连续两年突破两位数。

【开展“双随机、一公开”工作】 依托省行政执法监管平台，全区共开展双随机抽查 431 次，其中跨部门联合检查 27 次，共涉及检查对象 6172 家 / 个，发现各类问题 992 起，发现问题待后续处理 498 起，检查执法工作高效开展。成立富阳区推进省行政执法监管平台应用工作领导小组及专班，建立省行政执法监管平台工作群，并出台《杭州市富阳区全面推广应用浙江省行政执法监管平台实施方案》，提出具体工作目标，要求在日常监管、双随机抽查、专项重点检查等执法活动中开展掌上执法应用。明确各单位行政执法监管平台的负责人与具体操作人，钉钉账号管理员和浙江政务服务网管理员，确保责任到人。组织全区相关执法部门召开政府数字化转型业务培训会议，通过电话、钉钉群方式，不断加强沟通指导，共同推进工作开展。发布工作通报 3 期，对账号开通率和激活率、人均检查数、双随机问题检出率等指标进行晾晒，要求各单位对照自查，抓住薄弱点和关键点，实现工作质效全面提升。

【聚焦重点领域执法】 加大对区域重点集聚产业内假冒伪劣和侵犯知识产权违法行为查处打击力度，共查办假冒伪劣和侵犯知识产权案件立案 195 起，罚没款 268.85 万元；多领域开展打私工作，在某仓储公司内查获一批无中文标签的进口化妆品、食品，共计 3900 余件，系适用《浙江省反走私综合治理规定》颁布以来适用该法的第一案；始终保持打击传销高压态势，查办的环猫科技传销案件被国家市场监管总局评为 2018 年度打击传销十大优秀案例。全力推进保健品市场百日整治，“南极磷虾油”一案因及时准确上报市局案件线索，全市一举打击同类店铺 17 家；深入打击侵害个人信息违法行为，检查相关企业 30 余家；开展“不忘初心，牢记使命”整治食品安全问题联合行动，围绕群众关切问题，开展集中排查；开展房地产领域专项检查，对全区在售楼盘进行全面排查。全年共办结案件共办结各类案件 904 件，罚没款 1299 万元，其中万元以上大要案 215 件，移送公安案件及线索共 14 件，立案 8 件。

【特种设备安全大检查】 2019 年，特种设备领域安全生产大检查共检查企业（单位）1084 次，发现主要隐患 264 条，整改 241 条，下发《特种设备安全监察指令书》190 份，立案查处 20 起，罚款 80.50 万元。开展涉危险化学品企业相关特种设备安全专项检查，对全区危险化学品企业进行梳理，对正常生产经营的 29 家单位开展现场检查，共检查设备 450 余台，对发现的问题严肃督促企业限期整改；部署小微企业安全生产和消防安全综合整治工作，共出动执法人数 1022 人次，检查小微企业 416 家，其中 157 家为特种设备使用单位，发现特种设备隐患 32 条、无照经营企业 4 家；注重服务富春湾新城建设及产业转型发展，抓好江南区块造纸及化工行业企业拆迁过程中的特种设备管理工作，重点关注相关企业在关停期间超期未检设备的安全监管，全年已累计办理停用注销特种设备 3000 余台。

【民生电梯安全】 按计划完成 52 台 15 年以上老旧电梯的安全评估，并根据评估结果督促使用单位和电梯维保单位抓好隐患的整治，至 12 月，完成 9 个项目 50 余台电梯的联合审查，完成验收投用 3 台；落实好新安置房小区交付前电梯安全的跟踪确认工作；在 2018 年安装并投用 550 台电梯智慧监管装置的基础上，利用社会化的形式，新增 150 台，全区近 700 台装置全年运转正常。

【送药上山进岛便民服务点】 “送药上山进岛便民服务点”建设是 2019 年浙江省十大民生实事项目，全年全区建成新沙岛、桐州岛、安顶山、东梓关、龙门 5 个点，推行大型医药连锁企业配送 +24 小时自动售药机的模式，打造了“便民、安全、长效”的送药便民服务点。

【助力医疗器械企业健康发展】 通过对全区 21 家器械生产企业的基本情况调查和分析，撰写专题调研报告，分析产业特点、优势及发展面临的困难等，获区委书记、区长的肯定批示；区委副书记、区长吴玉凤亲自带队，走访辖区3家医疗器械生产企业，现场详细了解企业运营情况及发展规划，要求相关部门和街道主动上门送好减税降负的“政策套餐”，强化服务保障，加快新项目落地。区委常委丁永刚与医疗器械企业家面对面座谈，深入了解全区民营医疗器械生产企业发展现状，梳理存在的困难和问题，研究促进企业更好发展的对策和措施。

【药械安全检查】 全年检查药品生产企业28家次，药品经营企业333家次，器械生产企业31家次，化妆品生产企业1家次，器械经营企业128家次，医疗机构579家次，查处药品案件20起，其中1起移送公安，罚没款12.20万元，医疗器械案件10起，罚没款48.30万元，化妆品案件8起，罚没款1万元。对药品生产、批发、连锁、无菌植入类器械经营等重点单位开展风险排查，检查发现问题全部上报杭州市局并公示。开展监督抽检，针对基本药物、中药饮片，冷敷贴类器械、网售器械、婴幼儿用及美白祛痘类化妆品等高风险产品，开展定向抽样，全年共抽取药品173批次，医疗器械23批次，化妆品26批次，未收到不合格报告。

【开展药械“热点”专项整治】 开展执业药师虚挂兼职专项整治、中药饮片专项整治、保健市场乱象整治、免费体验类医疗器械专项整治、冷敷贴类专项整治、清网行动及无菌、植入类医疗器械专项整治，及时应对热点问题，切实解决存在风险，执业药师虚挂注销1人，下架冷敷贴产品3批次，医疗器械经营单位责令改正4家。

【“降总量、提质量”改革】 加大对职业举报的处理力度，区市场监管局信访全年总量为5754件，上年同期为5881件，减少127件，下降2.16%，为近年首次实现下降，2019年度受理职业举报646件，同比下降46.48%。

【成立消费者权益保护中心】 2019年12月18日，富阳区消费者权益保护中心正式挂牌成立。消费者权益保护中心的成立，可以加强消费维权，依法惩处侵害消费者合法权益的行为，规范和维护市场秩序，营造安全放心的消费环境。

【消费者权益保护工作】 全年共受理消费投诉3539件，其中通过智慧“3·15”平台和电话投诉自主处理274件，为消费者挽回经济损失92.65万元。开展放心消费年主题宣传活动13次，围绕消费热点开展消费调查体验15次，放心示范单位消费体验99家，发布消费警示（提示）13条，开展消费维权约谈5次，新增消费维权联络站2家。编印《投诉工作手册》发放各类宣传资料2350余册，展出宣传图板123次。

（刘芸琪）

统　计

【概况】 2019年，区统计局以“统计服务深化年”和统计专业技能“大讨论、大学习、大比武”活动为抓手，为富阳加快与杭州大都市高质量一体化发展提供更加精准的统计服务。紧扣全区经济发展工作，加强经济形势预警预判，围绕经济热点、难点以及“三高”发展等区委区政府重点中心工作，开展三美建设、制造业发展等专题研究，为党政领导把脉经济和科学决策提供依据。

【统计服务】 围绕高质量发展考核目标任务，完成农业、工业、服务业、信息经济、特色小镇等20余项统计调查业务。建立重点企业监测制度，按月进行跟踪监测，把握发展趋势，及早提出预警和建议。全年累计撰写各类统计分析调研报告19篇，区委区政府主要领导批示17篇。优化《统计快报》《统计月报》《富阳概览》《统计公报》等传统产品，编印《富阳固定资产投资动态专报》等新产品。在《富阳日报》全文刊登《富阳新中国成立70周年经济社会发展成就报告》，全面反映70年到富阳经济社会发展变化。组织编写《统计基础知识百问百答》一书，选取统计工作中最常见的百余个知识点，以问答的形式进行解读。加大新媒体开发力度，把统计微信打造成数据发布的平台、统计“科普”的平台、工作宣传的平台。结合统计服务深化年、三服务等工作，打破专业科室独立走访机制，成立由不同专业联合的5个走访小分队，对重点企业、培育上市企业、基础薄弱企业、新上规企业开展走访调研服务，与企业（住户）进行面对面交流。全年共走访企业203家，记账户200多户，解决50余个统计问题。

【大型国情国力调查】 完成第四

2019年9月21日，参加杭州市统计调查系统职工运动会

（区统计局　供稿）

次经济普查现场入户登记、数据集中会审、数据质量抽查等工作。局班子领导带队，分片督查入户登记进度、填报数据质量，在此基础上及时总结经验、抓好入户登记质量。在全区1000余名普查工作人员的共同努力下，完成富阳区第四次经济普查入户登记，全区共登记非一套表法人单位23190家，产业活动单位1842家。

【社情民意调查】 先后开展"三美"新农村建设、群众安全感等10余项民意调查，重点做好涉及区（县、市）考核评价的全面深化改革获得感、营商环境、城市文明测评、平安三率等民意调查，加强部门沟通协调，助推各类调查满意度全面提升。围绕经济热点、难点以及"三高"发展等区委区政府重点中心工作，完成《富阳区近十年制造业发展历程、现状和企业》《富阳区亿元商品交易市场发展现状分析》《富阳区居民消费趋势研究》等11个课题报告，为全区民生建设提供统计支撑。

【统计基础建设】 推进乡镇（街道）、村（社区）统计规范化建设，做好规范化验收考核。加强日常督查、抽查，做到规范化验收考核。充分发挥考核指挥棒作用，对乡镇（街道）统计工作精简梳理成8项考核内容，强化过程、动态考核，每月进行考核打分。实行年中乡镇（街道）统计员"一站式"集中培训模式，解决专业培训时间分散、乡镇（街道）统计员多头参训的痛点。强化对新上任基层统计员、重点行业重点企业统计员的业务培训，重点抓好新入库投资项目、拟上市企业统计员业务培训，进一步提高基层统计员的业务水平。全年共培训1000余人次。

【统计法治建设】 全年共对71家单位进行统计执法检查核查，其中实施6次"双随机"抽取稽查单位21家。共立案查处12家，其中，1家单位予以书面警告，11家单位予以警告并经济罚款。9月完成对里山镇、春建乡、鹿山街道等3个乡镇的统计工作巡查。

（孙依娃）

审计

【概况】 2019年，区审计局在杭州市13个县（市、区）审计机关工作考核中连续第6年荣获第1名，并被省审计厅评为综合考评优秀单位。全年完成审计项目（不含竣工结决算审计项目）19个，查出主要问题金额6.01亿元，向区纪委等有关部门移送案件线索27起，编发审计信息（专报）85期。审计报告、审计信息（专报）被区委、区政府领导批示58篇（次），被上级审计机关采用68 篇（次），在《中国审计报》等报刊杂志上刊登31篇。获评省表彰优秀审计项目1个、市级优秀审计项目3个。

【预算执行审计】 开展富阳区2018年度财政预算执行情况审计，同步开展公务用车定点加油、民办教育补助资金运作、执法单位涉案财物处置等3个专题审计，揭露公车加油卡私用等一批微腐败问题，并促成清缴各类财政借款或结余资金2亿余元。

【投资项目审计】 全年组织实施公共投资项目竣工结算审计3419个（送审金额97.60亿元），完成1950个（送审金额40.05亿元），核减4.09亿元，净核减率10.21%。组织实施竣工财务决算审计项目228个（送审金额38.44亿元），完成142个（送审金额24.25亿元）。

【经济责任审计】 全年对10个单位（5个乡镇、4个部门、1个国有企业）共计29名区管领导干部开展经济责任审计，并对安排经责审计的5个镇街全部开展自然资源资产责任审计。加大经责审计结果评价力度，对2019年开展审计的29名领导干部，评出了6个优秀、22个较好，另有1名因已离职不作评价。

【专项审计调查】 对企业拆迁政策执行、民营经济财政扶持政策落实、新农村建设资金绩效、背街小巷建设管理、社会救助政策落实等进行专项审计调查或跟踪审计。其中：通过企业拆迁政策执行情况跟踪审计，完成62家企业拆迁评估情况审计，核减拆迁补偿资金3152.41万元，有力地促进全区企业拆迁评估的逐步规范；通过

2019年9月20日，区审计局实地考察新登镇亲水平台各处节点打造和环境整治情况
（区审计局　供稿）

民营经济财政扶持政策落实情况审计调查，促进区经信局、区科技局、区发改局、区财政局等相关部门建立健全制度优化营商环境，为民营经济高质量发展提供服务保障；通过新农村建设资金绩效情况审计调查，促成相关单位收回多付工程资金41.11万元，向纪检系统移送一批问题线索，并出台一系列完善工程管理等方面的制度机制；通过背街小巷建设管理情况审计调查，较好地解决公共立体车库管理混乱等一批历史遗留问题，同时还促成相关单位加大对施工单位、监理单位等违规违约行为的处理处罚力度；通过社会救助政策落实情况审计调查，推动各项惠民政策更好落地，并促使有关部门收回违规救助资金81.35万元。

【内部审计指导】 全年组织内审人员参加省、市举办的培训班19期181人次。推荐上报优秀内审成果，其中：内审项目获省优1个、市优1个；内审论文获省三等奖3篇、市二等奖2篇、市三等奖5篇；内审案例获市三等奖1篇、市优秀奖4篇。2019年，区审计局在杭州市13个县（市、区）内部审计业务指导和监督工作考核中连续第二年荣获第一名，连续第四年被杭州市审计局评为特等奖，并被省审计厅评为县级内部审计业务指导和监督工作优胜单位。（王　凯）

物价管理

【概况】 2019年，区发改局持续推进涉企降费减负，做好民生商品价格监测。居民消费价格总水平（CPI）累计上涨2.80%，处于温和可控区间。

【保持价格总水平基本稳定】 开展居民消费价格指数（CPI）监测，完成月度及节假日市场价格监测与分析工作。开展重要民生商品保供稳价工作，签订重要商品储备管理责任书，确保储备商品的质量和应急供应到位。完善重要农产品价格政策，明确全区稻谷、小麦最低收购价政策。做好农产品成本调查工作，及时报送茶叶、油菜籽、生猪和芦笋等农产品成本调查数据。

【降费减负工作】 规范经营服务性收费，开展"六清理三公开"工作，清理规范服务收费，公开政府定价管理的经营服务性目录清单。降低一般工商业电价，2019年降低企业用户用电成本约5200万元。完善天然气价格机制，下调非居民用天然气最高销售价格，减轻企业用户负担约2000万元，其中落实煤改气企业优惠政策，减轻负担约900万元。

【深化价格成本监审工作】 深入推进绿色价格政策落实，调整富阳区生活垃圾焚烧飞灰处理项目收费标准。健全用水价格形成机制，完成城市供水成本定期监审工作。严格落实黄公望景区降价政策。开展门票价格成本监审工作，做好龙门古镇和富春桃源景区门票价格调整工作。

【深入推进重点价格政策落实】 完善教育领域收费管理，指导艺术类培训机构做好非学历教育收费备案工作，配合做好富阳区幼儿园等级评估工作。做好全区人才公寓（人才限价房）市场和经济适用住房市场评估价格公布工作。核定状元坞公墓墓穴使用费标准，清理公墓服务和殡仪服务收费项目，明确公墓和殡仪基本服务项目收费标准。

【区市场监管局价监分局成立】 富阳区机构改革后，公平竞争审查工作联席会议办公室从发改局划转市场监管局。区市场监管局及时调整机构设置，引入第三方评估，牵头审查区政府及其下属行政机关的规范性文件23份，为营造公平竞争的制度环境打好基础。

【价格监管领域执法】 10月，对区中医院和区第三人民医院2家公立医院开展医疗价格检查，查获自立名目收费、超过标准收费、重复收费等多项违规行为，涉案金额13余万元，罚没款27.72万元。全年受理价格类投诉举报58件，内容涉及停车场收费、电价、商品房买卖等价费纠纷，区市场监管局约谈房地产、物业负责人9人次，查处大学城某物业公司电费加价案1起、房地产公司未明码标价案2起，责令退款3.46万元，罚没款3.76万元。

【涉企收费专项检查】 根据杭州统一部署，区市场监管局对17家行政事业单位、行业协会的涉企收费行为进行了专项检查，共查获违规收费单位5家（含下属事业单位），涉案金额2005万元。主动退款129万元，责令退款1828万元，余款48万元全部没收上缴国库。

（胡　婷　刘芸琪）

【编　辑　何开城】

14 农业·新农村

Agriculture and New Countryside

综 述

【概况】 2019年，全区实现农林牧渔业总产值69.80亿元，增长9.10%；完成农业增加值49.60亿元，增长2.60%。农村常住居民人均可支配收入35531元，增长9.50%。

【农业产业】 2019年，全区有农业龙头企业133家，其中省级农业龙头企业6家，杭州市级农业龙头企业61家。全年农业龙头企业产值89.50亿元，销售86.10亿元，实现税收2.53亿元，利润25.60亿元。至2019年底，经工商注册登记农业经营主体有1289家（农民专业合作社563家，家庭农场726家）。其中国家级示范性合作社3家、省级示范性合作社20家、杭州市级示范性合作社（规范化）38家、富阳区级规范化合作社95家，省级示范性家庭农场30家、杭州市级示范性家庭农场42家、富阳区级示范性家庭农场70家。全区累计共有“富春山居农夫乐园”农业产业综合休闲园区24家。

【民宿经济】 2019年，累计成功培育打造龙门驿事、尚古小筑、常绿山居、荷月居等33个农村现代民宿示范点，东洲街道黄公望村、新桐乡江洲村、龙门镇龙门一村等3个民宿示范村。龙门驿事、水源雅居、尚古小筑民宿分别被评为杭州市首批精品民宿、特色民宿和标准民宿，溪湘记民宿被评为杭州市级银宿称号。至2019年年底，全区有一般民宿经营户和民宿示范点（户）418家，床位4436张。

【新时代美丽乡村】 2019年，重点开展13个精品村、12条精品线路、15个特色村、5个历史文化村、5个杭派民居及4个旧村改造、2个风情小镇建设，制定出台《关于推进新时代美丽乡村建设的实施意见》，启动第一批39个新时代美丽乡村创建工作，加快推进2019年度省市区各项工作目标任务，不断夯实现代版富春山居图最美示范区的美丽基础。

【精准扶贫】 开展联乡结村，湖源乡为杭州市级联乡结村帮扶乡镇，财政帮扶资金到位220万元。农村清洁能源（光伏发电）投资300万元，全面完成3个集体经济薄弱村扶贫项目组建安装工作，实现并网发电。完成2019年低收入农户（低保和低保边缘）摸底调查，共有低收入农户10191户16587人。推进衢江区帮扶工作，两年来出资200万元为双溪村购买衢江区新农都生活广场店面1处，每年确保增加村集体收入约11.60万元。推进桐庐县区县协作帮扶，出资2000万元帮扶资金，各协作组合完成产业协同资金4亿元。做好贵州锦屏县帮扶，组织高级技术人员赴锦屏开展技术培训，共培训农户100人次。杭州碧沼生态农业开发有限公司与锦屏县固本

2019年1月20日，富阳区农业农村局揭牌

（区农业和农村局 供稿）

乡八一村签订合作协议，种植上万株桃苗，发展产业项目。做好缙云县乡村振兴示范点帮扶，确定五云街道周村村为乡村振兴示范点，完成规划设计并开工。

【农民素质提升工程】 全区全年完成培训任务8000余人次。共向杭州市申报农培项目9个，其中农村新型业态培训项目6个、农村致富带头人培训项目2个、农村社会服务培训项目1个。

农村经济管理

【扶持薄弱村】 2019年，全区288个村（社）集体经济年收入8.63亿元，增幅达37.20%，经营性收入6.22亿元，增幅达44.8%。集体经济年收入50万元以上、经营性收入15万元以上均达100%，经营性收入达20万元以上有278个村，占比97%。96个“村企合作”项目全部落地，由区财政扶持50万元/村+村级自筹100万元/村的1.44亿元全部到位，每村实现15万元/年固定经营性收入。设立“乡村振兴专项资金”2.50亿元，以基准利率提供109个薄弱村各类贷款136笔金额1.41亿元。设立免息“转贷专户”5000万元，累计为农村集体经济组织、小微企业、个体工商户、农户专业提供免费转贷330笔，金额7.17亿元。设立薄弱村金融便民服务点109个，农商银行每年向各薄弱村支付服务点租金10万元，累计支付租金2180万元。消薄专项项目31个（37个村）顺利推进，其中18个已通过验收，完成资金拨付1859.60万元，每村最高扶持100万元，均可实现年收益10%以上。

【农村集体“三资”管理】 深化“三资”（农村资产、农村资源、农村资金）大比武检查，开展专项督查3期检查72村，发放通报3期，下发整改通知书47份。研发启用村级财务支出网上审批系统，采用“线下+线上”模式创新财务审批模式，138个村完成安装使用，审批资金共计6669笔2.68亿元。全面完成244个农村集体经济组织信用赋码登记工作。全面开展村级报账员队伍集中专项治理，制定出台《杭州市富阳区村级报账员管理办法》，组织开展专题培训2期共计500余人，组织闭卷测试3期共计124人，组织村级财会人员公开招聘2期调整35人。

【土地“三权分置”改革】 全面开展“土地确权”回头看工作，年度累计修订确权错误信息1900余户，补发权证1586本，接待调处解决土地矛盾纠纷160余件，其中现场答复100余件、实地走访60余件、开展调解30余起，已办理土地纠纷仲裁案8起。有序推进土地适度规模流转，指导各乡镇（街道）做好土地流转合同规范化管理，全年全区土地流转率可达65.30%以上，累计流转面积1.07万公顷。

种植养殖业

【粮油生产】 2019年，全区粮食生产总面积1.51万公顷，总产9.69万吨。

【救灾种子储备】 救灾种子储备63.59吨，其中杂交稻种子4吨、晚稻种子55吨、早稻种子2.50吨、玉米种子1吨、大豆种子1吨、蔬菜种子0.09吨；6月，发放救灾种子0.10吨；10月，完成63.49吨到期储备种子的转商工作。

【茶叶生产】 茶叶种植面积4473公顷，其中采摘面积3866.67公顷，总产量为2374.49吨，比上年增产4.38%，实现生产总值为58911.17万元，增值7.25%。其中，名优茶产量为1762.80吨，比上年增产5.50%，产值为56571.59万元，增值6.55%。

【蚕桑生产】 桑园面积123公顷，饲养蚕种1260张，生产蚕茧64.50吨，蚕桑产值266.40万元，分别比上年减少4.40%、21.70%、110%、21%。

【水果生产】 水果种植面积4493.13公顷，其中园林木本水果3379.13公顷，草莓、西甜瓜1114公顷，总面积比上年增长52.64公顷，增长1.19%；水果总产量69234吨，总产值41924万元，分别比上年增长5.10%和4.10%。

【中药材】 中药材面积209.93公顷，产量230.26吨，产值5762万元。

【蔬菜生产】 蔬菜面积10511公顷，产量39.54万吨，产值97120万元，其中，食用菌产量905吨，产值2363万元。

【畜牧生产】 生猪存栏继续呈下降趋势，生猪存栏5.92万头，同比下降34.21%，生猪出栏19.22万头，同比下降11.13%。家禽存栏有所减少，家禽存栏123.43万羽，同比减少9.74%，家禽出栏216.3万羽，同比增加2.97%。禽肉产量2892吨，同比增长2.78%，禽蛋产量5383吨，同比减少41.91%。草食性畜方面，羊存栏2.02万只，出栏4.63万只；兔存栏1.56万只，出栏12.55万只。

【渔业生产】 淡水养殖面积为2497公顷，与上年保持不变。全年水产品总产量17780吨，较上年增幅12.90%。其中淡水养殖产量16860吨，增幅12.95%；淡水捕捞产量920吨，增幅12.06%。渔业经济总产出46412万元，增幅9.32%。其中，渔业总产出39761万元（淡水养殖总产出36847万元，淡水捕捞总产出2532万元，水产苗种总产出382万元），增幅9.91%；涉渔工业和建筑业1638万元（渔药制造），增幅2.18%；涉渔流通和服务业5013万元（其中水产流通2210万元、休闲渔业2803万元），增幅7.21%。全区渔业养殖结构渐趋合理，科学养鱼水平进一步提高，渔业生产产量稳中有升，渔民收入明显增加。

【竹产业】 竹材产量达901万株，年产值6530万元左右，与上年同期下降20%。鲜笋产量13.50万吨，比上年同期增12%；竹产业一产产值6.80亿元；竹产业综合产值15.20亿元，较上年增10.10%以上。

【木本油料】 新增香榧面积67公

顷，全区香榧总面积 2733 公顷，投产面积达 600 公顷，干籽产量 300 吨，产值 6500 万元，同比增长 13%；山核桃投产面积 500 公顷，干籽产量 200 吨，产值 2200 万元，同比增长 12%；油茶总面积 333.33 公顷，主要集中在常安、新登等乡镇，干籽产量 80 吨，同比增长 20%；新增“太秋”新品种甜柿 20 公顷，改造 50 公顷，预计亩产效益可达 2 万元以上。

【花卉苗木】 花卉苗木实有面积 2466.7 公顷，精准把握花卉苗木市场需求形势，积极指导苗农调结构、做精品、强规模，苗木价格日趋合理稳定，苗木销售稳中有升，花卉苗木销售和工程值达 4.13 亿元。

农业产业化

【市级“菜篮子”工程建设】 2019 年完成杭州市“菜篮子”工程建设项目 8 个，其中水产 4 个、蔬菜 4 个。

【市级畜禽屠宰行业发展项目】 全年完成杭州市级畜禽屠宰行业发展项目 3 个。

【省级美丽农业项目】 2019 年，完成省级美丽牧场 2 个。

【区本级农林项目】 2019 年，完成区级农林项目 188 个，其中农林产业发展项目 113 个，农林基础设施建设项目 8 个，农林生态项目 67 个。

【农林项目网上申报】 为加强农林项目信息化管理，通过“富阳区支农项目库”录入项目 288 个，其中农林产业发展项目 128 个，农林基础设施建设项目 17 个，农林生态项目 143 个。

【粮食生产功能区】 开展杭州市级粮食生产功能区项目建设 2 个，区本级粮食生产功能区项目 14 个，共计建设项目 16 个，已拨付补助资金 320.78 万元。完成 533.33 公顷粮食生产功能区提标改造任务指标。

【中央农业支持保护补贴（耕地地力保护）】 2019 年，对全区 15719.47 公顷耕地进行每公顷 1257.15 元的补助，共惠及 11.07 万户农户，补助资金 1976.17 万元。

【规模种粮（油）大户】 2019 年，全区规模种粮（油）大户为 143 个，大小麦种植面积 187.63 公顷，单季稻种植面积为 1617.12 公顷，油菜种植面积为 171.86 公顷，“三园套种”面积为 48.40 公顷，共计拨付补助资金为 669.35 万元。

【粮食高产示范】 2019 年，全区建设省级水稻高产千亩示范方 5 个，省级旱粮高产百亩示范方 2 个，建设杭州市级水稻高产百亩方 2 个，建设区本级水稻高产示范方 4 个。亩产均到达创建标准，渔山乡省超级稻千公斤攻关百亩片，经省农技推广中心专家测定，平均亩产达到 933.95 千克，高产攻关田亩产达 990.10 千克，均创造了富阳区水稻高产创建以来的最高纪录，共计拨付补助资金 95 万元。

【蔬菜之王】 2019 年 9 月 19 日，杭州市富阳区场口镇场口村滕雁鸣种植的冬瓜，长 153 厘米、宽 72 厘米、腰围 197 厘米，达到 223.90 千克，打破上年创下的 195.40 千克纪录。

【省级标准农田地力提升】 2019 年，继续实施 2015 年浙江省标准农田地力培育项目，面积 346.91 公顷，涉及富春街道、新登镇和新桐乡的 9 个示范点，经四年实施，项目区达到标准农田一等田要求并通过省级验收。项目区累计完成绿肥种植 371 公顷次，秸秆还田 2403.50 公顷次，推广使用商品有机肥 5209 吨，应用面积 1878.70 公顷次，推广测土配方施肥技术，覆盖率 100%；应用配方肥 1802.60 吨，应用面积 15114.80 公顷次。

【杭州市农田质量提升工程】 2019 年，完成 2018 年度渌渚镇新浦村等 5 村杭州市农田提升工程项目，面积 233.30 公顷，新建排渠 0.51 千米，灌渠 0.75 千米，机耕路 0.43 千米，灌溉机埠 5 座，跨渠便桥 85 处，下田道 51 处。项目总投资 723.47 万元，财政补助 700 万元，其中杭州市级补助 350 万，区级补助 350 万元。

【垦造耕地后续管护】 2019 年，完成新垦耕地商品有机肥配送项目 76 个，面积 287.69 公顷，增施商品有机肥 2282.67 吨，补助 325.91 万元；完成“永昌长盘桥雅生态新垦耕地后续管护示范项目”等 9 个杭州市新垦耕地后续管护示范项目，面积 66.67 公顷，经三年实施，综合地力指数为 0.73，较实施前提升 0.18，地力等级提升为二等 3 级，通过杭州市级验收

【打造精品渔业基地】 全年实施省高品质绿色科技示范基地 1 个，省级水产健康养殖示范场创建 5 家，杭州市级水产“菜篮子”基地 4 个，本级产业化项目 18 个，农业科技项目 2 个。通过省、市、县级现代渔业项目建设，新建池塘循环水养殖槽 11 条，配备水质监测设备 2 套和水产品质量追溯体系设备 6 套，进一步夯实了渔业基础设施，完善了养殖塘渔业生态环境，加快了渔业转型升级，形成了一批基础设施较好、设施设备完善、养殖经济效益显著的渔业精品园（基地）。

林　业

【造林抚育】 推进生态文明、“两美浙江”建设，彰显“绿水青山就是金山银山”理念，通过森林抚育，珍贵树种发展、彩色健康森林建设，全面提高富阳区森林的资源价值、景观价值和生态功能，采用卫生伐、割灌除草、抚育加补植、人工造林等措施，完成森林抚育 670.70 公顷，完成彩色健康森林建设 66.70 公顷；珍贵树种基地建设 40 公顷，并完成了对前两年的珍贵树种 104.30 公顷基地的抚育。

【林区基础设施提升】 积极开展全区林道通行安全隐患排查整治工作，按照“宜留则留、宜修则修、宜改则改、宜封则封”的原则，全年排查完成林区道路 912 条，总长

度1650千米。其中路面硬化149条，修复整改后可以通车50条，已经改变道路性质5条（包括林道提升为村道或造地征用等），可以通车但坡陡岸深或沿线有库区存在较大安全隐患，需加强整治的有52条。全年完成林区道路硬化提升15条10万平方米，登山道路挖掘提升工程13条。

【一村万树】　全省“一村万树”行动自2018年开始实施，富阳区以“一村万树”三年行动为抓手，全域提升乡村绿化美化水平，为推进美丽乡村和“大花园”建设提供有力的生态支撑。2019年，共创建“一村万树”示范村7个、推进村50个。

【一亩山万元钱新模式】　2019年度共计承担中央、省及区本级林业科技推广项目15个，大力推广实施“一亩山万元钱”高效林业新模式，重点发展林下种养殖循环发展立体林业、新品种引种和高效栽培新技术应用等，努力建设一批亩产超万元的林下经济示范基地，不断提高林地综合利用率和产出率。全区完成“一亩山万元钱”创新示范任务共计2060公顷，其中新建培育360公顷，辐射推广700公顷，巩固提升1000公顷。实现产值1.30亿元，其中增加值0.52亿元。

【乡村绿化】　持续推进村庄绿化景观工程项目实施，2019年完成村庄绿化景观示范工程15个，涉及10个乡镇（街道），新增村庄绿化10万平方米，极大地改善了乡村环境，为乡村振兴增添强劲活力。

【美丽林相】　在主城区周边、富春江两岸区域、杭千高速、320国道、江滨东大道、23省道两侧、精品线路两侧及重要景区或景观培育区，确定“美丽林相”改造点，选择适合富阳发展的珍贵彩色树种，将部分代表性林相打造成“结构优、健康好、景观美、功能强、价值高”的珍贵彩色森林，为建设美丽富阳服务。至2019年年底，共建设21个项目。

【森林生态文化】　积极弘扬森林生态文化，通过珍贵树种进社区、进乡镇，省调控苗发放，区四套班子领导义务植树活动和各乡镇（街道）义务植树认建认养活动等一系列平台和载体，不断丰富义务植树尽责形式。全区参加植树人数达26.40万人次，种植珍贵树种37.20万株。常安镇杏梅坞村、新登镇潘堰村、新登镇湘溪村、胥口镇佛鲁村、永昌镇唐昌村获国家森林乡村，场口镇、新登镇获浙江森林城镇，洞桥镇获省级康养小镇，洞桥镇大溪村大坞自然村获省级森林人家称号。

【战略合作工程】　2019年是区政府和亚林所战略合作工程的重要推进年，通过战略合作的政策支撑和科技支撑，新登昌东的茶花特色村、万市杨家银杏特色村、常安杏梅坞柿子特色村、永昌长盘珍稀竹特色村、新沙岛薄壳山核桃基地以及新登九儿特色种苗繁育基地全部顺利建成，建成甜柿新品种示范、竹林下食用菌轮作和林下套种三叶青、铁皮石斛、黄精、鸢尾等“一亩山万元钱”林作创新示范点22个，培养县乡两级林业管理人才50人次，基层一线实用人才300人次，“所地合作”硕果累累。

【义乌森博会】　第十二届义乌国际森林产品博览会于2019年11月1日至4日在义乌国际博览中心举行，共组织10家本地企业参加，参展展位30个，展示产品包含家具、盆景、纸业、炒货、木雕等众多种类，产品质量优良，深受消费者欢迎。其中杭州凯艺家具、杭州望月竹制品有限公司、富阳龙羊盆景专业合作社等4家企业获得森博会金奖。

【国际竹产业博览会】　组织企业和大源镇参加在上海举办的2019第三届中国（上海）国际竹产业博览会，其中杭州富阳望月竹制品有限公司庭园竹篱笆产品获得银奖，大源被授予全国“中国竹纸特色之乡”称号。

农业机械

【农业机械监督管理】　全年公告注销报废拖拉机443台；申请和受理补助高耗能农业机械806台，报废更新补助282万元，补助农机报废回收网点78.52万元，解体农机860台套。免费实地检验农业机械582台，检验上道路拖拉机1128台；开展农机安全生产检查97次，出动执法人员295人次，检查农机企业175家，排查安全隐患9起；创建杭州市级“平安农机”合作社1家；发放农田新牌证16副，拖拉机驾驶员换证297本，注销驾驶证261本；开展拖拉机驾驶人理科考试1期12名，通过考核12名；举办各类农机

深化服务我担当，不忘初心再出发——成立10支乡村振兴农技服务队
（区农业农村局　供稿）

操作安全教育培训班13期，培训632人次。

【农机具推广】 2019年发放中央、省、市、区农机购置补贴总资金668.88万元（其中中央补贴556.73万元、省级补贴27.76万元、杭州市补贴60.15万元、富阳区配套24.24万元）。通过购机补贴政策购买各类农机具2856台套，秧盘7000只，受益农户（经营组织）1915户。

【实施农业“机器换人”示范工程】 2019年，完成创建省级示范基地2个、农机合作社示范社1个。

农业生态环境与安全

【动物尸体无害化处理】 建设完成新登镇、胥口镇、场口镇共3个公共收集点、24个生猪保留场和屠宰企业病死畜禽无害化暂存库、17个畜禽无害化收集冷柜暂存点共计43个病死动物收集、暂存设施，建立了覆盖饲养、屠宰等各环节的病死畜禽无害化处理收集体系，并实现冷链系统全连接，死亡动物统一收集并委托无害化处理中心处理。养殖环节共无害化处理病死猪3423头，犬、鸭等1468千克，屠宰环节无害化处理病死动物及病害、不合格产品病死猪378头，病害猪肉和不合格猪肉44吨。

【粮油病虫害总体发生情况及防治】 2019年，农作物病虫总体发生较轻，其中虫害重于病害，草害继续成为粮油作物稳产高产的主要障碍。全区粮油作物病虫草鼠害发生面积78673.33公顷次，其中虫害45366.67公顷次、病害16106.67公顷次、草害17200公顷次、鼠害1万公顷次。综合防治面积112706.67公顷次，其中虫害52733.33公顷次、病害28640公顷次、草害21333.33公顷次、鼠害1万公顷次，挽回粮食1.68万吨、油料0.20万吨，损失粮食0.20万吨、油料0.03万吨。

【草地贪夜蛾】 2019年5月26日，新登镇南津村首次监测发现草地贪夜蛾，全年草地贪夜蛾为害面积560公顷，主要危害作物为玉米，其他作物该虫为害较少。

【省农作物病虫监测网富阳区域站建设】 2019年，原省农作物病虫监测网富阳区域站病虫测报站迁建新桐乡新桐村黄金畈。发布《病虫情报》15期，情报准确率达到95%以上，防治信息通过“农民信箱”实时传送，确保其时效性和辐射普及面均达到100%，全年未出现技术性责任事故。

【化肥零增长】 2019年，实施万家主体免费测土配方施肥活动，为154家生产主体开展免费服务。全年推广使用水稻缓控释肥616.60吨，施用面积1235公顷，建设省级水稻化肥减量增效示范区2个53.30公顷；推广新型水溶性肥20吨，水肥一体化集成示范26公顷，建设省级水肥一体化示范区2个5.30公顷；推广政府补助配方肥1500吨，使用面积2000公顷。

【农药零增长】 强化绿色防控技术集成应用，注重典型示范和面上辐射相结合，建立绿色防控示范区28个，全年完成农作物病虫害绿色防控应用面积7100公顷。建立水稻统防统治示范区13个，示范区333.33公顷，参与统防统治的农民专业合作社49家，6.67公顷以上大户103户，担架式喷雾器210台，背负式迷雾喷雾器370台，机手人数835人，服务农户0.75万户。

【农药废弃包装物回收处置】 2019年，设立农药废弃包装物回收点89个，回收42.70吨，回收率93.40%，处置35.50吨，无害化处置率97.13%。

【氮磷生态拦截沟渠建设】 2019年，完成渔山乡、鹿山街道、东洲街道3条氮磷生态拦截沟渠建设项目，项目总投资200万元，并通过省级第三方评估。

【沼气安全生产】 2019年，加强对沼气工程的日常巡查，全年落实检查185人次，检查沼气设施52处，排除安全隐患17处，开展沼气安全生产培训80余人次。完成全区农村沼气工程建档工作，绘制全区农村沼气工程分布图。

【农作物秸秆禁烧和综合利用】 2019年，秸秆禁烧监管纳入网格化环境监管体系，开展三级巡查，落实网格化巡查1900余人次。通过农民信箱发送禁烧短信提醒35万条；分发秸秆利用和禁烧告知书3.20万份。引导农民推广秸秆还田、稻草大田栽培食用菌、桑（果）枝条栽培食用菌等生产技信，开展秸秆生产生物质颗粒燃料、有机肥等资源化利用，扶持建设年均消纳农业废弃物2000吨以上的生物质颗粒燃料企业4家，年均消纳秸秆2500吨的有机肥生产加工企业3家，食用菌生产基地和旱笋种植基地14家。

【农村统一灭鼠】 2019年，开展春季农村统一灭鼠工作，6月15日开始至6月22日结束，购置毒饵母液150千克，配置饵料15000千克，累计投放面积1.66万公顷。

【富阳区土壤肥料检测中心】 2019年，采集土壤样本470个、植株样本230个，完成化验5036项次，其中土壤容重51项次、土壤速效钾428项次、土壤阳离子460项次、土壤水溶性盐1270项次、土壤有机质448项次、土壤有效磷481项次、土壤全氮446项次、植物全氮417项次、植物全磷303项次、植物全钾292项次、土壤pH441项次。

【耕地质量监测】 2019年，继续开展耕地质量监测，完成1个国家级地力监测点，8个省标准农田长期地力监测点的土壤剖面的取样和评价工作；继续开展8个农业面源污染监测点工作；完成101个省级动态监测点的取样和分析工作；继续开展全区10个农田土壤污染常规监测点和9个农田土壤污染综合监测点监测工作。开展耕地土壤质量评价，编制完成《富阳区耕地质量报告》。

【中轻度污染农田安全利用示范】 2019年，建设常安镇土壤重金属污染修复治理示范区（0.44公顷）、新桐乡省级中轻度污染安全利用示范区（0.44公顷）和环山乡中轻度污染安全利用示范区（0.44公顷），分别代表镀锌污染、炼铜污染和灌溉水污染3种不同污染源引起的土壤污染。继续与中科院南京土壤研究所、中国水稻所、浙江大学、浙江科技学院、浙江省农业科学院等科研院校开展农田土壤污染综合防控试验区建设，继续开展常安农田土壤污染综合防控试验站（2014年建成），新建环山乡和新桐乡2个农田土壤污染生物质炭修复试验站。

【渔业生态保护】 2019年，积极落实省委省政府《全面实施乡村振兴战略高水平推进农业农村现代化行动计划（2018—2022）》和区委提出“三高”发展决策部署，积极开展省级水产健康养殖示范场创建、池塘生态化改造、养殖尾水治理示范点建设、污染防控技术示范推广等工作。完成省级水产健康养殖示范场创建5家，池塘生态化改造面积100余公顷，养殖尾水治理示范点5家，污染防控技术示范推广面积266.67公顷。有效地减少渔药、饲料、化肥的使用量，实现COD、总磷、总氮的排放达标，对周围水域环境零污染。

【农产品质量安全检测】 全年共完成定量检测1340批次（其中种植业888批次、水产品106批次、畜产品346批次）合格率99.62%，完成定性检测33420批次，合格率99.93%。

【“三品”基地建设】 2019年，全区新申报绿色产品9个，拥有有效期内的无公害农产品118个、绿色食品23个、有机农产品17个。

【古树名木保护】 2019年，根据古树名木资源普查情况，与区住房和城乡建设局联合下文，向社会公布古树名木目录，全区共计3876棵，同时开展古树名木挂牌工作。完成79棵古树保护工程，对另外31棵古树进行枯死枝清理和灾后应急处理，共投入资金126.78万元。为全区古树名木保护单位提供技术指导，在病虫害防治、保护方案等方面提供技术支持，全年开展技术指导30余次。

【湿地公园建设】 根据《全区湿地保护规划》，继续做好湿地保护管理工作，确保湿地面积不下降，湿地功能不减退，湿地生物多样性不减少。2019年2月2日，在时代广场开展了以“湿地——应对气候变化”为主题的世界湿地日宣传活动，通过图版、资料、标语、横幅等形式向市民宣传湿地的功能、湿地资源的现状、保护湿地的意义等。加强对湿地资源特别是咕噜咕噜岛湿地公园的监管力度，下达2019年咕噜咕噜岛省级湿地公园修复项目计划，项目计划投资额83.50万元，补助资金50万元。

【野生动植物保护管理】 4月12日在杭州野生动物世界举办2019杭州市野生动植物保护宣传月“爱鸟周”活动。通过趣味生动的科普展板，新《中华人民共和国野生动物保护法》漫画宣传册和《野鸟救助指南》折页发放，野生动物知识现场科普互动，让市民了解到生态环境保护、野生动物保护的重要性。宣传月期间，区野保站和区森林公安局重点对辖区内野生动物药用（医院、药店、医药公司、中成药生产企业等单位）、餐饮及农贸市场等领域的执法检查。检查农贸市场5个，宾馆饭店115家，候鸟迁飞停歇地和迁飞通道5处，共清网16张，收缴放归鸟类11只。

【野生动物救护】 做好野生动物的救护工作，全年共救护野生动物29只，其中国家级保护野生动物6只，全部移送浙江省野生动物繁育救护中心进行救护。

【森林公安、森林消防安全】 组织开展林区禁种铲毒、2019雷霆行动、打击破坏野生动物资源违法犯罪等专项行动，对春节、“两会”、新中国成立70周年大庆等重点时期涉林矛盾纠纷开展了大排查，全年共受理各类案事件127起，办结林业行政案件50起，处罚52人次，罚款52万余元；侦办刑事案件7起，贯彻“预防为主、积极消灭”的方针，围绕责任落实、宣传教育、火源管控、队伍建设、应急处置等关键环节，进一步落实长效管理措施和机制，综合防控能力得到加强，有效遏制森林火灾发生态势。2019年，全区共接到森林火险报警电话15起，其中确认为森林火情的8起，应急措施到位，组织扑救及时。林区治安及森林消防形势平稳，工作成效明显，区森林公安局被评为杭州市劳模集体，记集体二等功1次。富阳区森林消防代表队参加杭州市森林消防实战演练蝉联第1名。

【渔业管理】 全年检查水产养殖和苗种单位95余家次，抽检102批次，分期开展全区规模以上养殖户的培训60人次。累计登临检查渔船125艘次，查处各类行政处罚案件15起，罚款21900元，移送公安机关2起，1个案卷被评为省级优秀案卷，查获电捕鱼船等三无船只11艘。放流三角鲂、鲢鱼、鳙鱼、黄尾密鲴、花鱼骨、长吻鮠、光唇鱼等鱼苗，冬片515万尾、夏花310万尾，在乡镇河道放流石斑鱼种26.70万尾。完成退捕鱼船13艘，落实柴油补贴及政策性保险工作，对全区186艘渔船发放油价补贴92万资金。25支群众性护渔组织，分二次集中上交收缴的电捕工具成套171套，发放奖励资金6.29万元，经考核确定等次后发放补助资金91万元。完成浙江省、杭州市两级“平安渔业示范县”创建工作。

【禁渔期管理】 2019年3月1日0时至6月30日24时止，富春江富阳段首次实施为期4个月的禁渔期制度。

【重大动物疫病防控】 免疫生猪猪瘟、猪口蹄疫、禽流感疫苗446.71万头（羽）次，发放猪口蹄疫、猪瘟病、禽流感疫苗370.71万毫升；实施产地检疫生猪、家禽、羊等195.32万头（羽）；屠宰检疫生猪、家禽、牛等343.78万头（羽），采集各类监测样本7325份（套）。2019年全年未发生非洲猪瘟等重大疫情，获得省级非洲猪瘟防控优秀单位。

【森林病虫害防治】 2019年度共计完成除治面积1499.60公顷，其中松材线虫病发病面积319.93公顷，不明原因致死的面积1179.67公顷。采伐疫木约10077.75余吨，投入资金455.14万元，依托区级松材线虫病监测点设置天牛诱捕器150套，注射药剂5000瓶，通过开展综合防治降低虫口密度，确保下年发病面积、死亡株数双下降。全年开展森林医生工作，对20余株古树名木，200多公顷经济林进行义诊，发布虫情通报4期。

【产地检疫与调运检疫】 发产地检疫合格证8份，其中水稻种子3份，82公顷88250千克；茶苗1份，2公顷，60万株；草莓苗1份，0.47公顷，50万株；紫云英1份，10公顷，5000千克；蔬菜苗1份，0.20公顷30万株；水果苗1份，0.53公顷，64000株。发放调运检疫证51份，其中水稻种子30份，47721千克；茶苗6份，406000株；水果苗15份，11290株。签发森林植物检疫证书3757份，其中省内509份（苗木198份，木材类114份，电缆盘等其他类197份），省外3248份（苗木368份，木材类412份，电缆盘等其他类2468份）。

【检疫监管】 组织开展春季种苗检疫执法专项行动。累计出动79余人（次），出动车辆30台次，检查富阳区主城区、新登农贸市场等种子市场2个，大小种子企业、个人门店、种植基地和疫情监测点50家。检查基地面积85.60公顷，种子88250千克，种苗10万株。开展中药材市场执法检查，共检查医院、药店、企业15家。查办违法使用疫木案件3起，罚款6000元，没收疫木22.90吨。

科技宣传

【农业科技下乡】 开展“五联、五送”服务活动，发放科普书籍资料12020余册，展出宣传图版282块，服务农户9815人次。结合“不忘初心，牢记使命”主题教育活动启动“深化服务我担当，不忘初心再出发”农技服务活动，成立“米袋子”“菜篮子”等10支服务团队深入田间地头，上门入户，为农业企业、基地、农户，送服务、送技术、送政策，开展各类服务160余次，参与服务480余人次，服务企业、基地300余家，接受咨询300余人次，培训农户600余人次，发放资料、物品600余件，检查基地、工程等570余处，组织观摩会、座谈会6次，推广新品种、新技术9项，引进新机具84台（套），检修机具100余台（套），帮助企业、农户解决问题130余个。

【农业科技】 推荐《加速发展生物氮肥绿肥，推进有机替代减肥增效》《芦笋可持续生产高效生态关键技术研究与推广》等项目分别获省农业丰收奖二等奖、三等奖。为加强全区农业技术推广工作，促进农业科技成果和先进实用技术应用于农业生产，推动全区美丽农村、美丽经济联动发展，组织编辑《杭州市富阳农业科技成果论文选编》论文集，收录农业科技论文40篇。推荐徐君获省农业技术推广员贡献奖。完成试验研究、示范推广和成果转化三大类的农林科技推广项目35个。

【农作制度创新】 2019年，建成幼龄果园套种蔬菜、水稻套养小龙虾、田间蔬果套种等5种创新农作制度示范模式，实施面积12.33公顷。常安镇（2017—2019年）创新农作制度示范乡镇创建工作整体验收通过。

【农技推广体系建设】 全区以首席专家制度建立为突破口，着力破解农技推广体系建设的难点和堵点。2019年全年共建立新品种、新成果、新模式的集成农林产业示范点、示范基地130余家，创建省级农业科技示范基地3个，建立农民学习示范的田间学校22家，完成科技攻关项目38项，取得农业科技成果48项，引进农技推广高端人才2个，培育农创客50人，新型职业农民284人。

2019年12月11日，富阳区美丽经济现场会召开

（区农业和农村局　供稿）

【新品种、新技术推广】 围绕2019年富阳区种植业、养殖业主导品种和主推技术及农业机械主推技术为核心进行项目遴选和立项，择优立项36个科技推广项目、3个省级高品质绿色发展示范基地。以粮食、蔬菜、水果、茶叶、水产等主导产业为主，共培育科技示范主体280余户。

农业人才培训

【农广校学历教育】 2019年，全年在读中专生有8个班337名。其中2017级4个班159名〔种植专业（水果）2个班89人、畜牧兽医专业1个班35人，花卉生产专业1个班35人〕；2018级2个班103人〔种植专业（果树）1个班51人、种植专业（花卉）1个班52人〕；2019级2个班75人〔种植专业（果树）1个班45人、种植专业（花卉）1个班30人〕，上半年2017级学员修完教学计划规定全部课程，经考核鉴定成绩合格，149人顺利毕业。

【新型职业农民培育】 2019年，富阳区承担新型职业农民培训任务270人，开设培训班4期，实际完成培训人数284人，其中生产经营型122人，专业服务型162人；云尚智农APP农民评价参与率在98.90%；输送到省市参加青年农场主、合作社负责人等高层次培训188名；开展新型职业农民继续教育培训470人；开展新型职业农民认定3次，参加认定人员128人，合格121人。其中，认定为初级新型职业农民40人，认定为中级新型职业农民81人。

【农技人员继续教育培训】 2019年，分2期对局本级160名具有初级以上专业技术职称的农林专业技术人员，进行了为期3天的继续教育培训；组织乡镇基层农技人员参加继续教育培训5期，培训人数78人次。推荐5名高级职称专业技术人员参加市农广校举办的为期5天的高级人才知识更新研修班。

【职业技能鉴定】 2019年，共开展农业职业技能鉴定4期，参加鉴定人员249人，241人考取了国家职业资格证书。其中社会生2期146人，合格145人；在校生2期103人，合格96人。

【农业实用技术培训】 全年共举办农业实用技术培训班62期，培训各类学员3005人。

【实训基地、田间学校】 申报创建1家杭州市级农业推广应用基地（富阳茂华家庭农场），1家杭州市级农业培训实训基地（杭州碧烽生态农业开发有限公司）。

防汛防台抗旱

【主要灾害】 受第9号超强台风“利奇马”连续强降雨和上游大流量泄洪影响，全区受灾乡镇21个，溪堤受损1770米。新桐乡新店溪100米堤防堤脚被冲空；新登镇一处塘坝大坝右侧山体出险塌方；大源溪灵桥镇董家桥段一处防洪堤出险漏水险情。

2019年气候汛前阴雨寡照，梅雨期雨水丰富，伏旱期持续高温，台汛期台风明显，但总体气候相对平稳。汛期全区降雨量为1043.60毫米，比常年954.20毫米增加10%，汛期内大强度降雨主要出现在6月下旬、7月上中旬的梅雨期和8月上旬的台风影响期间。据区气象台统计，2019年汛期内各站日平均降雨量超过大雨级别有15天，其中达暴雨级别5次，大暴雨级别有2次，1小时降雨量最大为东洲站59.10毫米（9月5日18时—19时），3小时降雨量最大为湖源站97.70毫米（6月19日7时—10时），日降雨量最大出现在银湖街道的沈家坞站180.20毫米（8月10日）。据区水文站统计，汛期富春江水位最高8.68米（7月13日），最低水位2.16米（10月10日），岩石岭水库水位最高54.06米（7月13日），最低49.83米（10月11日），皇天畈内河水位最高6.64米（7月13日）。出梅后出现持续高温天气，汛期内超过35℃有26天，其中最高气温37.8℃（7月31日，富阳本站），汛期内没有出现明显旱情。全年台风影响主要为9号台风“利奇马”、18号台风“米娜”，其中9号台风“利奇马”影响较大。

【防汛检查】 2月底至3月中旬，全区开展防汛大检查，对中型水库1座、小（1）型水库7座、小（2）型水库143座、万方以上塘坝工程642座（其中重点临村塘坝135座），防洪堤292.30千米，渠道360余千米，溪堤500余千米，灌溉机埠325座，排涝泵站92座，涵闸167座，水电站25座，堰坝645条，水文测站58处等进行全面检查，共出动1658人次，检查各类水利工程3569处，发现安全隐患135处。督促乡镇（街道）对存在隐患限期整改、严格落实度汛方案。并于3月中下旬进行“回头看”检查，向整改不到位的乡镇（街道）下发督办通知、督办整改。

【保障措施】 完成皇天畈排涝站双回路供电改造项目。完成岩石岭水库控制运用计划的编制报批及皇天畈闸站空运计划的编制报批。

【基层防汛防台体系建设】 完善基层防汛防台网格化管理工作。更新网格员（专职网格员）和防汛防台形势图内容，调整浙江省基层防汛防台管理系统人员名单；全区各乡镇（街道）按照网格化管理的内容重新制订应急预案、抢险救援、运行保障等措施并开展演练，开展网格责任人的培训，提高防汛知识水平和应急处置能力。

水利建设和管理

【概况】 根据“五水共治”省、杭州市水利投资考核任务，完成年度任务11亿元，投资完成率122%。围绕提升城镇重点区域排涝能力、山塘水库综合防洪能力、城乡水环境面貌、农村饮水达标提标、农业综合生产能力等五大方面，全年实施常规水利项目530处（其中，新建项目131处），总投资4.03亿元，财政补助3.55亿元。

【水利规划】 完成《富阳区皇天畈水系综合规划（富阳主城区防洪排涝规划）局部调整》编制。

【富春江治理工程】 富春江治理工程是省重点水利项目，2019年完成年度投资1亿元。2014年开工以来，至2019年年底已累计完成场口堤、中柏堤、港东堤、程坟堤、浦西堤、赵家堤、黄金畈堤、包家淇堤、东洲堤、春江堤、三山堤、灵桥堤12段堤防（37.90千米）加固35千米。

【北支江综合整治工程】 北支江综合整治工程是"百项千亿 防洪排涝"工程重点水利项目，以有效解决北支江水生态功能，进一步提升富春江防洪能力，助推杭州亚运会水上运动赛事，打造世界级水上运动中心。至2019年年底完成北支江配水泵站、上游水闸船闸基础工程、下游水闸船闸围堰工程、启动北支江清淤工程。

【河湖清淤工程】 完成富阳区河湖库塘清淤轮疏长效机制建设方案编制。以"绝不把污泥、浊水带入全面小康社会"为工作目标，扎实做好河湖清淤各项工作，力争全面剿灭劣Ⅴ类水体。至2019年底，完成清淤97万方，完成率107%。

【水利工程管理】 严格按照《富阳区水利工程建设管理办法》《富阳区小型水利工程建设管理办法》《杭州市富阳区水利建设项目资金管理办法（试行）》等规范性制度进行管理。开展在建重点水利工程标后管理、文明工地和"清洁家园 文明富阳"专项整治行动，通报检查情况、下发整改通知单。加强施工现场考核，督促业主单位履行建设管理职责。建立企业和项目班子不良信用行为动态管理制度，与招投标市场管理进行联动，对不合格企业做出取消在富登记、暂停市场行为的处理。

【水资源管理】 落实最严格水资源管理制度，推进节水型社会建设。做好重要水源地保护工作，编制完成富春江富阳饮用水源地安全保障达标建设实施方案。抓好水资源费计量征收工作，全年征收水资源费2224万元。规范取用水行政许可管理，全年新批取水户7家，延续1家，变更2家。

【水土保持】 2019年，共安排水土保持综合治理专项资金200万元，实施万市小流域水土保持综合治理工程及2018年续建项目5处，通过小流域结合茶园、山核林等其他经果林通过封禁封育治理、基本农田改造、种植林草、坡面径流调控等水保措施进行治理。累计开展在建生产建设项目水保监督检查200余次。完成水利部生产建设项目遥感图斑复核386处，共送达整改通知书21份。

【水域保护与管理】 2019年，共发生19处水域变化，其中水域增加5处，增加面积为442200平方米，水域占用14处，减少面积为28863平方米。

【生态调水】 鹿山翻水站加大生态调水量，全年累计运行8160小时，调水1.76亿立方米，基本满足农业灌溉、城市景观用水的需要。太平浦泵站调水350万方，通过科学调度，城区河道水体更换频率明显加快，特别是太平浦，通过加大调水量，水质改善明显。

【河道保洁】 2019年，实施富春江富阳城区段河道保洁，从富春江中埠大桥至新沙岛下嘴口，长15.80千米，保洁面积15.30平方千米，委托浙江省钱塘江海塘物业管理有限公司负责保洁。全年共出动保洁人员12572人次，打捞塑料泡沫、杂树、杂草等漂浮垃圾约767.50吨，打捞动物尸体20具。

【美丽河湖创建】 完成富阳区美丽河湖创建实施方案（2019—2022）编制。以"绿水青山就是金山银山"的绿色发展理念为导向，创建富春江（富阳段）为省级美丽河道，创建春建溪、剡溪（环山段）、常绿溪、渔山溪等4条河道为杭州市乡村美丽河道。

【水利工程标准化管理】 2019年度，共安排经费500万元，完成全区96处山塘水库等水利工程的标准化管理创建工作。

【农村小水电管理】 落实农村小水电站主体责任，逐级签订责任状，将安全生产责任层层落实。于4月初开展农村水电站安全生产和安全度汛大检查，检查已建小水电站21座，发现安全隐患11处，全部完成整改。根据小水电清理整改工作要求，2019年完成4座退出类电站销号任务。

【岩石岭水库运行管理】 2019年，全年累计发电量877万千瓦时度，产值446万元。一级电站三台机累计运行时间7913小时，二级电站三台机累计运行时间4118小时。葛溪累计配水天数317天，累计配水量19940万立方米。

【皇天畈排涝站运行管理】 2019年皇天畈排涝站共计运行29台次173小时，共计排涝约1200万立方米。运行正常，确保洪涝期能发挥效益。

【"3·22"世界水日】 2019年3月22是第27届"世界水日"，3月22日至28日是第32届"中国水周"。3月22日上午，区水政监察大队组织人员在富春街道秦望广场开展了以"坚持节水优先，强化水资源管理"为主题的"世界水日"宣传活动，活动内容包括水法律法规政策咨询、主题宣传图板展示、分发水法规资料、赠送主题宣传纪念品等，现场发放各类水法律法规小册子、宣传彩页、主题海报等各类宣传资料1500余份、纪念品500余份、展出宣传图板25块，富阳人民广播电台直播车在现场循环播放水法规和节水宣传音频。

依法行政

【法治监督】 推进农林水依法行政制度融合，修改完善依法行政制度11项。合并梳理权力清单830项，制作8类行政权力流程图，梳理各科室、单位责任清单217项。开展行政规范性文件清理，清理规范性文件15个，继续有效11个，废止1个，拟废止1个，拟修改1个，宣布失效1个。制定出台规范性文件5个（其中区政府办公室发布2个），按照《浙江省行政规范性文件管理办法》实行合法性审查。开展2019年行政执法案卷和执法检查纪录评查，评查行政处罚案卷64件、行政许可案卷44件、行政执法检查记录本10本。法制审核局名义承办的行政处罚案件11件、动物诊疗行政许可案2件。执法人员参加行政诉讼案庭审旁听1次。调解申请撤回行政复议案件2起，办理行政诉讼案1起，行政负责人出庭参加诉讼1起。全局订立各类生效合同27个，无争议合同。法律顾问起草文件或法律意见书6个，审改文件17个，提供法律咨询、合同审查等非讼业务19次，办理行政诉讼（行政复议）4次。申领浙江省行政执法证8人，新制发行政执法辅助人员工作证29人，集中公示行政执法辅助人员82人。推进“互联网+政务”掌上执法，双随机监管系统执法人员入库53名，通过浙政钉APP掌上执法检查1251次，各执法机构立案查处违法案件88件，处以罚没款为70.89万元，涉嫌犯罪移送司法机关4件。

【行政执法能力建设】 组织召开全区农资监管工作暨农资从业人员业务培训班，参加人员150人，发放农药实名制购买提示牌129块，宣传资料600余份，签订农资质量安全责任书150份，签订限用农药退市承诺书129份；开展放心农资下乡进村法律知识宣传活动，发放宣传资料300余份，接受现场咨询70余人次；规范执法程序，倡导文明执法，全年共出动执法人员421人次，检查各类农资生产，经营单位365家次。受理查处各类案件6起，罚没款51138元；协调解决大小农资纠纷投诉6起。

【农资市场监管】 2019年，区农业行政执法大队共对61家主要农资生产、经营单位进行了抽样检查，抽取农业投入品样品122个。

【水政执法】 2019年，共开展乡镇河溪道水政巡查96次450人次，现场纠违12次，制作和送达《责令停止违法行为通知书》和《责令改正违法行为通知书》10份，立案查处涉水违法案件5起，共处罚款112514.08元，没收违法所得69557.37元。及时受理和调处群众举报，全年调处12345区长公开电话和解决群众涉水来信来访案件11起。协助做好相关违法事项的调查处理工作，全年行政处罚案件均无行政复议和行政诉讼。

【行政审批】 围绕“最多跑一次”改革中心任务，在日常行政审批、改革等工作中加大依法行政力度，提升行政服务效能和规范性，完成各项行政许可、改革任务，着力推进涉农涉林涉水审批事前服务制度，群众、企业办事可全面实现跑零次、网上办。至2019年年底，完成执业兽医注册、乡村兽医登记、动物防疫条件合格证核发、农业植物调运检疫、渔业捕捞许可等涉农事项审批3700余件；完成林木采伐许可、占用林地许可、森林植物检疫许可、木材运输许可证等涉林事项审批4000余件；完成水土保持方案、涉河涉堤方案、防洪影响评价等涉水事项审批300余件，共征收水土保持补偿费约154万元，占用水域补偿费约832万元，森林植被恢复费约960万元。

（于　璇）

【编　辑　何开城】

15 工 业 Industry

综 述

【主要经济指标】 2019年，全区完成规上工业增加值255亿元，同比增长1.10%，位列全市第11位；完成工业投资46.40亿元，同比增长17%，增幅位列全市第3位；完成时尚产业增加值14.40亿元，同比增长49.20%，位列全市第1位；完成高端装备制造业增加值52.90亿元，同比增长4.80%，位列全市第7位；完成数字经济核心产业增加值67.80亿元，同比增长20.30%，位列全市第4位；完成规上工业销售产值1317.20亿元，同比下降3.68%，不纳入全市排位；新增“小升规”企业108家，在全市名列前茅。

【4家富阳企业入选“2019浙商全国500强”】 6月，在“第16届浙商投融资大会暨2019·5G+峰会”举办期间，“浙商银行涌金票据池·2019浙商全国500强”榜单正式发布，富阳上榜企业4家。浙江富冶集团以430亿元营收位列榜单第40名，富通集团以401.50亿元位列第43名，浙江富春江通信集团有限公司以200.50亿元位列第86名，浙江金固股份有限公司以27.10亿元位列第319名。2019年榜单的入围门槛为9.50亿元。

【3家富阳企业入围“2019中国民营企业500强”】 8月22日，全国工商联与青海省人民政府在西宁共同主办“2019中国民营企业500强峰会”系列活动。会上发布了“2019中国民营企业500强”“2019中国制造业500强”“2019中国民营服务业100强”榜单和《2019中国民营企业500强调研分析报告》。浙江富冶集团、富通集团、浙江富春江通信集团等3家富阳企业入围“2019中国民营企业500强”榜单，同时入围“2019中国民营制造业500强”。据2019年的榜单显示，入围2019中国民营企业500强的“门槛”为年营业收入185.86亿元，比上年增加29.02亿元。有85家为新进入榜单的企业。富阳企业与上年相比排位明显上升，浙江富冶集团有限公司以430.01亿元位列第179位（上年212位），富通集团有限公司以401.35亿元位列第196位（上年207位），浙江富春江通信集团有限公司以200.49亿元位列第457位（上年485位）。2019中国民营制造业500强入围“门槛”为年营业收入85.63亿元，富冶集团位列第102位（上年123位），富通集团位列第115位（上年120位），富春江通信集团位列第270位（上年278位）。

【3家富阳企业入围2019浙江省民营企业百强】 8月，省市场监管局、省工商联、省民营企业发展联合会公布“2019浙江省民营企业100强”榜单。富冶、富通、富春江等3家富阳企业分列第26、28和61位，与上年相比，上榜企业相同，而排名略有上升。本次榜单以企业2018年度营业收入（销售总额）为基本标准，由企业自愿申报为主，参考其当年净资产、纳税额、净利润等指标，结合企业信用信息公示系统年报及相关数据进行排序而编制。

【3家富阳企业入选杭州重点拟上市企业名单】 5月9日，杭州市重点拟上市企业名单对外发布，共有上榜企业115家，其中浙江同兴技术股份有限公司、浙江华达新型材料股份有限公司、浙江德宝通讯科技股份有限公司等3家富阳企业入选。富阳共有上市企业4家、新三板挂牌企业15家、本级上市培育资源库企业25家。

【富阳区工业企业百强榜出炉】 7月，2019年度富阳区工业企业百强榜公布，上榜企业100家，涵盖数字经济、装备制造、生物医药等领域。评选范围为工商注册、纳税关系在富阳的工业企业，并剔除电厂（电网）、燃气、给排水、垃圾焚烧、污水处理等公益性企业和拆除、关停企业（含江南区块、地铁沿线等纳入拆除、关停计划企业）。浙江大华智联有限公司从上年的第14名，攀升至第4名，首度荣膺榜单前十。高新企业大幅度进位前移：杭州鑫璐实业有限公司从上年的第98名，攀升至第47名，成为2019年榜单的最大黑马；杭州龙盛工贸有限公司从上年的第89名，攀升至第65名；杭州大立过滤设备有限公司从上年的第 82 名，攀升至第 53 名；浙江三方集团有限公司从上年的第 78 名，攀升至第 44 名；杭州华日家电有限公司从上年第 75 名，攀升至第 39 名；杭州奥克光电设备有限公司从上年的第 72 名，攀升至第 38 名；杭州开兰重工机械有限公司从上年的第74名，攀升至第48名；浙江永盛科技股份有限公司从上年的 55 名，攀升至 29 名；杭州星帅尔电器股份有限公司从上年的第 49 名，攀升至第 30 名。

【富阳 5 个“152”工程项目开工】 2019 年，富阳区共申报开工“152”项目 5 个，预计总投资 87.2 亿元，其中 20 亿元以上项目 2 个，15 亿元以上项目 3 个（“152”工程，又称省市县书记、县长工程，主要指省、市、县各级领导谋划招引一批 100 亿元、50 亿元、20 亿元产业大项目好项目落地开工）。

北影（杭州）国家级电影产业基地项目总投资约 22 亿元，总用地面积约 26.67 公顷，项目一期用地约 8.33 公顷，建设地址在杭州富春湾新城。一期项目主要为美国传奇 3D 公司（拍摄动漫电影；动漫影视制作人员培训及颁奖；动漫及 3D 电影转换；虚拟现实内容创作）。青年电影制片厂拍摄基地（拟建 5 个摄影棚、制片车间等）。奇观影像文化体验中心（拟建 3 个体验馆和 3 个公益馆。其中，体验馆分别是虚拟海洋馆、数字演艺馆和奇观影像馆；公益馆分别为地方文化馆、智能生活馆和 UNDP 公益宣传馆）；二期项目主要为影视制作中心、国际电影节场馆、文化交易所、大师工作坊。预计产业园正式运营一年后，年税收达 2 亿元。

江丰股份新上特钢及电梯导轨项目总投资约 15 亿元，总用地约 13.33 公顷（一期 7.27 公顷，二期 6.07 公顷），建设地址在开发区新登新区。规划年产 80 万吨机械类优特钢（包括汽车用钢 40 万吨、弹簧钢 10 万吨、易切削钢 10 万吨、碳工钢 10 万吨及其他钢种 10 万吨）和年产 10 万吨电梯导轨、2 万吨电梯配件。预期达产后优特钢项目年产值 44.50 亿元，税收约 4.10 亿元；导轨项目年产值 7 亿元，税收约 3000 万元。

杭州中策清泉实业有限公司年产 250 万套全钢子午线载重轮胎项目总投资约 20 亿元，建设地址在开发区新登新区。该项目分两部分，其中新增用地约 4.60 公顷、利用现有厂区绿化用地约 2 公顷改建生产车间。项目建成后中策清泉总产能将达到 750 万套，年产值达 22 亿元，税收 1.80 亿元。

中国建材水泥技术研发中心及产业园项目总投资约 15.20 亿元，主要建设内容为水泥技术研发中心，进行新技术研究和新产品开发。产业园以原杭州山亚南方水泥有限公司为基础，新建一条 5000 吨 / 天全能水泥熟料生产线，配套 200 万吨 / 年粉磨系统和余热发电等。

金蒂鞍杭州科技有限公司科技研发中心及新型轻量化车轮制造项目，由浙江金固集团股份有限公司、德国蒂森克虏伯集团、辽宁鞍山钢铁集团股份有限公司共同投资，预计总投资 15 亿元，用地规模 6.67 公顷以上（待定），主要从事钢制车轮轻量化的研发及生产，产品主要应用于乘用车、农用车和卡车。预计全部达产后，可实现年销售收入 10 亿—13 亿元，预期年利润 1.78 亿元，税收 5000 万元左右。

【3 名富阳企业家入围“品质杭商”候选名单】 10 月，第六届“品质杭商”及第三届“杭商品牌案例”评选活动候选名单公布，杭州富阳中荷电子有限公司创始人许献忠、浙江金固股份有限公司董事长孙锋峰、浙江同兴技术股份有限公司董事长孙军文入围“品质杭商”候选名单，杭州富阳中荷电子有限公司入围“杭商品牌案例”候选名单。

企业培育

【龙头企业】 2019 年，将工业百强企业培育作为稳增长最重要对象，评选表彰十大工业功勋企业、十大工业优秀企业，开展工业百强榜企业月度效益竞赛，实施“鲲鹏计划”专项激励政策，华达集团等 4 家“鲲鹏计划”企业获专项奖励 2000 万元，富冶、富通、富春江集团入选 2019 年中国民营企业和民营制造业 500 强和省“雄鹰行动”培育企业。

【成长企业】 修订出台新一轮高新潜力企业培育工作实施意见，在 58 家高新潜力企业的基础上，开展第二批区高新潜力企业申报认定工作。开展高成长性企业培育梯队和机制研究，建立企业培育库，分类精准实施“瞪羚”“雏鹰”专项扶持，新增省级科技型企业 122 家，兑现高新潜力企业扶持资金 1000 余万元。

【小微企业】 建立“小微企业培育监测库”，实行销售收入 500 万—2000 万元的在库企业动态管理，按超过计划数 1.5 倍比例，筛选纳入省监测平台申报“小升规”报表企业 70 家，作为“小升规企业培育监测库”重点培育对象，进行重点监测、重点培育。将小升规工作纳入对乡镇街道专项考核，新增“小升规”企业 108 家。

产业转型

【高新产业发展】 10 月，出台全面实施“新制造业计划”26 条和配套政策 43 条，区财政每年安排资金 15 亿元，推进数字经济和制造业加快发展，进一步明晰“653”专项计划，力争通过 6 年时间，全力构建产业、企业、创新、要素、服务五大体系，到 2025 年全区工业产值达到 3000 亿元。2019 年，全区战略性新兴产业和装备制造业增加值分别增长 11% 和 8.50%，高新技术产业增加值占比提高 6.30 个百分点，达到 49.80%。

【优势产业提升】 基本完成杭州富春湾新城造纸及关联企业腾退，完成土地收储 800 公顷，打造万亩千亿平台。申能固废、惠迪森药业迁扩建项目建成投产，山亚南方、中策清泉、江丰新材料、富通“5G 产业园”等 4 个“152”项目开工建设。完成 2018 年度亩产综合评价，实施差别化城镇土地使用税、土地保障、重点工业项目扶持政策，减免城镇土地使用税4675万元。推进绿色制造，完成市级节水型企业创建15家和企业清洁生产审核23家，成功申报2020年工业和信息化工业节能和绿色制造重点领域。

【民生产业改造】 以规范发展、传承发展为方向，出台球拍、永昌镇“三行业”、竹纸等块状民生产业改造提升方案，开展永昌胶鞋、食品、特种纸等“三行业”整治，全面推进竹纸整治，中国（上官）球拍产业园建成开园。配合编制大源金属门窗产业小微园区规划。完成机械铸造行业落后设备和工艺淘汰工作，关停铝壳中频炉41台。淘汰落后产能企业31家，完成“低散乱”企业治理182家。

数字经济

【概况】 2019年数字经济核心规上（限上）企业增加值77.70亿元，增长20.30%，主营业务收入331.70亿元，增幅12.70%，GDP占比9.40%。电子商务业实现主营业务收入0.40亿元，增长-15.70%；软件与信息服务业实现主营业务收入207.60亿元，增长30%，物联网业实现主营业务收入66亿元，增长38.70%；数字内容业实现主营业务收入11.80亿元，增长62.40%。

【企业引育夯实产业基础】 深入实施“国高企”倍增计划，建立科技型企业基础数据库，新增“国高企”65家。落地富通集团新一代信息技术产业园项目、中科院上海光机所杭州分所、新润丰氢发动机项目、东信产业园项目、贝麦拓（BMT）数字零售创新中心总部项目等投资亿元以上数字经济项目14个，计划总投资47.38亿元。加快20个数字经济产业项目建设，完成投资7亿元。

【平台建设推动产业集聚】 2019年，出台小微企业创新园专项政策，研究制定富春湾新城、银湖2个一平方公里“人工智能产业园”，创建省级小微企业园7家。建设硅谷小镇数字经济特色园区，提升产业、数字化、配套、景观等4个方面，建成开业“味来银湖”等配套项目9个。正式落地中科院上海光机所杭州分所、杭电富阳研究院、“工创谷”等产业化项目近40个。

【数字赋能引导产业升级】 推动5G基础设施项目建设，全年完成汇集机房229处、5G基站251个。出台制造业数字化改造实施意见，开展电子信息制造业等行业数字化改造诊断，完成9家企业数字化改造项目方案制定。建立区级数字化改造项目库，组织实施市级数字化攻关项目14项、区级推广项目152项，富生电器、大华智联、惠迪森药业等3家企业被认定为省级智能工厂，新增“企业上云”550项，规上工业企业数字化改造覆盖率达到78.60%。

有色金属冶炼和压延加工业

【概况】 2019年，有色金属冶炼和压延加工业实现规上工业销售产值283亿元，占全区规上工业比重的21.60%，缴纳税金3.20亿元，位列全区工业行业第1位。主要企业有富冶集团、昭和线缆、和鼎铜业（为富冶集团控股子公司）等。

【富冶集团入围浙江省第一批“雄鹰行动”培育企业名单】 10月，浙江省工业转型升级领导小组发布《关于公布第一批“雄鹰行动”培育企业名单的通知》，浙江富冶集团有限公司以行业龙头企业身份入选，全省共入选企业68家。

2019年5月9日，杭州市委副书记、市长徐立毅（右二）、富阳区委书记朱党其（右一）走访金鑫集团 （区经信局 供稿）

【富通昭和线缆（杭州）有限公司入围2018年铜导体线材加工企业十强名单】 2019年8月，SMM（上海有色金属机构）举行了“2018年铜导体线材加工企业十强”评选活动。经过3个月的资料收集整理及评审团全面评估打分，富通昭和线缆（杭州）有限公司成功入围十强名单。昭和线缆于2011年12月成立，主要从事DIP无氧铜杆、光伏电缆、电子线、VVF电线、LAN电缆、铝电线、各种铜线材等产品，并集研发、生产、销售于一体的综合线缆专业生产企业。

电气机械和器材制造业

【概况】 2019年，电气机械和器材制造业（主要电缆光纤光缆）实现规上工业销售产值211.30亿元，占规上工业比重的16%，缴纳税金5.50亿元，位列全区工业行业第2位。主要代表企业有新恒力电机、富生电器、新际电子、富通、富春江光电、金色能源、华日家电、鸿世电器等。

【富通集团等2家企业入围2019年电子信息百强企业榜】 7月18日，2019年（第33届）电子信息百强企业发布会暨产业发展高峰论坛在天津召开，会上发布了电子信息百强企业榜单。富通集团有限公司和浙江富春江通信集团有限公司上榜。目前全区电子信息（数字经济核心产业）现有规上（限上）企业93家，主要包括光通信、数字安防、信息机电等。

【富通集团等4家企业入选2019年中国电子元件百强企业】 7月，2019年（第32届）中国电子元件百强企业发布，富通集团有限公司、浙江富春江通信集团有限公司、杭州富生电器有限公司、杭州日月电器股份有限公司等4家富阳企业上榜，分别排名第4、17、35和51位。

【富通集团、富春江集团上榜中国光通信最具竞争力企业十强】 11月，由中国通信学会光通信委员会和亚太光通信委员会联合主办的第十三届中国光通信发展与竞争力论坛在上海举行。会议期间，发布"中国光通信最具竞争力企业10强"，富通集团、富春江集团再次上榜。本次评选活动覆盖全球光纤光缆、全球光传输与网络接入设备、全球光器件与辅助设备、中国光纤光缆、中国光传输与网络接入设备、中国光器件与辅助设备、中国光通信等多个领域。富通集团入选"2019年全球光纤光缆最具竞争力企业10强"；富通集团、富春江集团入选"2019年中国光通信最具综合竞争力企业10强"；富通集团入选"2019年中国光纤光缆最具竞争力企业10强"。"中国光通信最具竞争力企业10强"评选活动自2007年起首次举办，至今已有13年。

【富通集团获"高质量发展"领军企业】 11月，世界浙商大会在杭州国际博览中心举行，2700余名嘉宾代表参会，大会每2年举办1次。富通集团荣获"高质量发展"领军企业称号，同时接受表彰的还有阿里巴巴、娃哈哈、吉利控股等知名浙商企业14家。

【富通集团积极布局"5G+万物互联"新时代】 2019年，富通集团围绕5G及下一代通信技术发展实施新一轮产业升级和产品研发，研发出"骨干网超低损耗、大有效面积G.654E光纤，热敏光纤以及物联网领域的光纤传感器用传感光纤"等多种适应未来5G应用场景网络传输的"超高速、低时延和超大连接"特种光纤技术。除此之外，基于5G网络建设的创新需求，富通集团建成集光纤预制棒、光纤、光缆及原辅配套材料一体化的光通信全产业链工厂。

【杭电股份500千伏电缆系统在国网中标】 2019年，杭州电缆股份有限公司在参与国家电网输变电项目2019年第5次变电设备（含电缆）招标采购中，成功中标国网新源控股有限公司蟠龙抽水蓄能电站基建项目500千伏电力电缆及附件，成为500千伏超高压电缆产品中标国家电网重点建设项目的少数国内厂家之一，为富阳光通信产业走高质量发展之路迈出坚实的一步。

【富春江集团顺利通过工信部两化融合体系贯标】 2019年，富春江集团申报的两化融合体系贯标通过国家工信部评定，成为富阳区首家通过两化融合管理体系贯标企业。自2018年4月富春江集团启动贯标工作以来，联合项目组协调集团总部及富春环保参与贯标工作10余个部门和员工20余人，充分评估集团两化融合现状，结合实际情况，明确以固废物热能发电全过程管控能力为主线的管理活动进行申报，召开培训、座谈会议20余场，先后整理收集、查漏补缺完善各类文档350余份，通过工信部专家组一、二阶段的审核评定。

【富通集团荣获"5G创新企业"】 10月30日，由工业和信息化部指导，中国通信企业协会主办，中国电信、中国移动、中国联通、中国铁塔、中国广电协办，人民邮电报社承办的2019中国信息通信业发展高层论坛在北京举行。论坛以"5G赋能产业变革"为主题，富通集团荣获"5G创新企业"称号。

造纸及纸制品业

【概况】 2019年，造纸行业完成销售产值133.80亿元，位列全区工业行业第3位。全年加快工业产业转型升级，共拆迁高污染高能耗企业120家，其中造纸29家，削减造纸产215万吨，整治"低散乱"企业219家，2020年将完成全部造纸企业腾退工作，逐步告别靠山靠水、靠天靠地的环境污染型、资源消耗型"四靠经济"。深入实施"留心留根"工程，落地鸿昊集团等项目20个。

【春江街道加快造纸企业腾退】 作为产业转型的主战场，春江街道平稳完成永正集团破产清算，拆除永泰热电120米高烟囱，拆除永泰煤场沙场码头、三星煤场码头等重点区域建筑构筑。2017年以来，完成企业拆除签约222家，腾出用地空间358.61公顷。通过"限产减排"、企业拆迁等减少热电厂燃煤61.80万吨，污水厂污水3680.60万吨，削减产能368.06万吨。

【道勤纸业转型升级】 浙江道勤纸业有限公司原为春江街道一家年产30万吨的大型造纸企业，2019年，企业积极响应杭州富春湾新城建设，转型升级。与国内售电行业巨头——中商全联售电集团合作，建立中商全联售电富阳运营有限公司；响应区委区政府"留心留根"、转型升级、二次创业的号召，继续扎根富阳；实现总部经济，谋求现有的造纸产能外移，将生产基地转移到外地，富阳总部则负责研发与销售。

【马来西亚新胜大绿色造纸产业园项目签约落地】 4月25日，首届“一带一路”企业家大会在北京举行。会上，浙江新胜大控股集团有限公司与马来西亚吉打州政府签约，共同推进马来西亚新胜大绿色造纸产业园项目落地。马来西亚新胜大绿色造纸产业园位于马来西亚北马吉打州，由富阳造纸企业浙江新胜大控股集团有限公司投资，规划新建210万吨绿色环保产业园。项目预计将于2020年9月正式投产，一期年产能达70万吨，年产值约30亿元，可解决周边1300人以上的就业问题。三期项目总投资约9亿美元。该项目是富阳迄今为止单笔金额最大的境外投资项目。届时，80%的产品将返销国内，依托“留根富阳、海外布局”的战略部署，新胜大集团将以另一种形式为富阳创收，继续为富阳经济发展贡献力量。

金属制品业

【概况】 2019年，金属制品业（主要金属表面热处理加工）实现规上工业销售产值117亿元，占规上工业比重的8.90%、缴纳税金2.50亿元，位列全区工业行业第4位。主要企业华达新型材料、新永丰、张小泉、浙锚科技等。

【杭黄高铁“张小泉”品牌专列首发】 1月5日，杭黄高铁“张小泉”品牌专列在杭州东站举行首发仪式。此次张小泉携手铁路局，达成品牌层面的战略合作，张小泉的“中国刀剪名片”得以在高铁这张“中国交通名片”的高速运行中，将扎根于心、匠心传承的力量传递至全国各地。

【老字号品牌张小泉转型提升】 2019年，张小泉加大生产自动化、管理信息化等方面投入，突破机器人生产自动化工艺方面业内空白，共有试验试用3台机器人。建立全新的剪刀自动落料生产线、注塑机械手和国内五金刀剪业少有的数控加工中心、理化实验室。践行“制造业＋互联网”的新思维，电商渠道销售快速增长，占整体销售近40%。

【杭州新永丰钢业有限公司实现在线检测技术】 3月，杭州新永丰钢业有限公司利用第三方力量（富阳科技大市场），结合浙江大学资源，经过9个月的研发，正式投入使用在线检测设备。该在线检测设备装在生产线的末端，主体由高精度高清图像传感设备和计算机组成。设备对大于等于0.20毫米的缺陷自动报警，同时通过计算机数据分析、处理，监视器上可查到缺陷归类、周期位置等信息，数据可循环保存30天，节省人工成本和减少成本浪费。国内用于家电的热镀锌板生产企业，基本是依靠检测人员肉眼观察来检测产品缺陷，该在线检测设备为全国首创。

计算机通信和其他电子设备制造业

【概况】 2019年，计算机通信和其他电子设备制造业实现规上工业销售产值84.40亿元，同比增长32.80%，占规上工业比重的6.40%，缴纳税金2.80亿元，首次超过通用设备制造业位列全区工业行业第五位。主要代表企业有雄迈信息、奥克光电、德宝通讯、华宏通信、大华智联、星帅尔、日月电器、吉众机电、凯龙医疗器械等5G产业相关企业。

【杭州雄迈信息技术有限公司被评为“杭州市专利试点企业”】 1月，杭州市科学技术委员会、杭州市知识产权局联合发文，公布认定2018年市级专利试点企业名单，杭州雄迈信息技术有限公司位列其中。

【杭州雄迈信息技术有限公司荣获“浙江名牌产品”称号】 4月，杭州雄迈信息技术有限公司荣获“浙江名牌产品”称号。“浙江名牌产品”是由浙江省质量技术监督局授权、浙江省名牌战略推进委员会评选并表彰的重要荣誉称号，在企业自主申报和各地审核推荐基础上，需经组织初审评价、部门核查、行业评议，并经浙江省名牌战略推进委员会全体会议审议及社会公示后才能通过。

【大华智联创建科技化服务化仓储管理体系】 2019年，大华智联引入唯智信息WMS仓储管理系统，打造涵盖出入库、库存管理、托盘管理、发运管理等的全新智能化仓储。通过与唯智信息的合作，旨在满足并支撑未来多业态发展，新业务动作可配置实施、作业流程标准化、全流程系统化，从而实现透明化管理，快速响应客户需求，提高企业核心竞争力。

【大华智联等3家企业入选浙江“聪明工厂”】 2019年，浙江省数字化车间／智能工厂名单出炉，大华智联、富生电器、惠迪森等3家富阳企业入选。省级数字化车间／智能工厂的认定，是以智能制造为主攻方向，加快企业向数字化、网络化和智能化转型，进而推动浙江制造业高质量发展。此次上榜的114个项目均经过企业申报、各地推荐、专家评审和公示等环节，具有技术先进、市场潜力大、示范带动作用强等特征。

【星帅尔取得2项商标注册证书】 2019年，星帅尔获国家知识产权局颁发的2项商标注册证书。此次商标注册证书的取得，有利于公司发挥自主知识产权优势，加强对公司自主产品品牌的保护，提高公司品牌知名度，防止有关商标侵权事件的发生，提升公司核心竞争力。

通用设备制造业

【概况】 2019年，通用设备制造业实现规上工业销售产值80.50亿元，占规上工业比重的6.10%，缴纳税金4.20亿元，位列全区工业行业第六位。主要代表企业江丰股份、三方集团、永盛科技、中控流体、通力机械、美科斯叉车、中泰深冷、

2019年5月27日，富阳区委书记朱党其（左一）走访调研金火机床数字化改造
（区经信局 供稿）

维彬科技、金火机床等。该行业最大企业为江丰股份系列的电梯自动扶梯及升降机制造，2019年实现销售产值31亿元，缴纳税金1.40亿元。

【2019年度富阳区职业技能大赛启动】 5月26日上午，2019年度富阳区职业技能大赛启动仪式暨“三方杯”制造业（车工）技能大赛在浙江三方集团厂区内举行。本次制造业（车工）技能竞赛吸引全区各乡镇（街道）的职工40余名参加。竞赛项目涉及12大类，其中区级一类职业技能竞赛项目26个、区级二类职业技能竞赛项目49个。在区级一类各工种决赛中获得前三名的选手将被授予“杭州市富阳区技术能手”称号，获得4—8名的选手，授予“杭州市富阳区经济技术创新能手”称号，并给予相应的物质奖励。二类竞赛则根据比赛难易程度，取得前三名的选手可以获得破格晋升为中级工的资格。

【浙江江丰新材料有限公司金属材料深加工项目落户新登新区】 2019年，浙江江丰新材料有限公司金属材料深加工项目落户新登新区，一期用地面积8.27公顷，总建筑面积99744平方米。项目建成后将拥有年产90万吨金属加工制品的能力，包括特种机械设备金属加工产品20万吨、各种型号履带板20万吨、圆钢加工轴25万吨等。预计年创产值51.50亿元、创税收3亿元。

【永盛科技LNG低温阀通过鉴定】 浙江永盛科技股份有限公司研发的LNG接收站关键设备国产化低温阀门通过专家组（由中国通用机械工业协会、合肥通用研究院、中国石化工程公司、中国寰球工程公司、昆仑能源深圳公司、昆仑能源江苏公司、中石化广州工程公司、兰州理工大学的专家共同组成）鉴定。此次通过鉴定的LNG低温阀产品为NPS 3-CL1500低温高压调节阀、NPS 8-CL600低温高压调节阀、NPS 24-CL150深冷蝶阀。

【中泰深冷、富春江环保各一项产品被认定为省内首台（套）产品】 2019年12月，浙江省经信厅发布了2020年度浙江省装备制造业重点领域首台（套）产品名单。富阳区杭州中泰深冷技术股份有限公司的“基于核心冷箱自主化MRC液化工艺平台研发的大型液化天然气成套装备”和浙江富春江环保科技研究有限公司的“焚烧烟气中二噁英在线监测系统”两个产品被认定为2020年浙江省装备制造业重点领域省内首台（套）产品。全区累计被认定为首台（套）企业产品12项。

非金属矿物制品业

【概况】 2019年，富阳区非金属矿物制品业实现规上工业销售产值72.30亿元，位列全区工业行业第7位，主要细分行业为水泥和水泥制品，代表企业为山亚南方水泥。

【山亚南方水泥减量优化技术升级】 2019年，山亚南方水泥积极推动优化升级工作，力求通过减量置换、技术升级和绿色转型，进一步压减产能、优化布局和配置资源，改善地区供给结构，化解产能过剩，实现资源高效利用、节能减排和地区水泥行业的转型升级与高质量发展。南方水泥将把胥口南方和富阳南方合并搬迁至山亚南方，探索开展夏秋季O3污染专项治理，以遏制O3污染为目标，制订实施夏秋季涉O3污染行业错峰生产方案。

【山亚南方水泥5000吨/天生产线项目审批成功】 6月，杭州山亚南方水泥有限公司日产5000吨熟料水泥生产线技改工程项目成功审批，该项目位于渌渚镇山亚村，总投资约10.20亿元，占地面积40.77公顷，预计2020年9月投入使用，预期可实现销售产值6.50亿元。

医药制造业

【概况】 2019年，富阳区医药制造业实现规上工业销售产值38亿元，缴纳税金2.10亿元，位列全区工业行业第8位，是重点支持的战略性新兴产业。主要企业包括海正药业、瀚晖制药、惠迪森药业、中医药大学饮片、华威医疗。最大的海正系（含瀚晖制药、海正动物药）、惠迪森药业2家企业合计实现销售产值32亿元，占该行业的84.50%。

【惠迪森药业完成项目迁建】 惠迪森药业位于富春街道，是一家专业从事抗生素制剂研发、生产与销售为一体的制药企业。2017年，为配富阳区公园西路延伸段工程项目推进，惠迪森开始实施项目迁扩建，2017年9月开工打桩，2018年11月建设竣工，2019年1月首条智能化粉针剂生产线通过GMP认证，达到年产5000万瓶的设定产能，6月20日完成项目竣工并复核验收，将原本需要36个月以上的工期缩短至21个月。

【海正药业入选2018年度中国医药工业百强榜】 2019年8月25日，由中国医药工业信息中心主办的2019年（第36届）全国医药工业信息年会暨2018年度中国医药工业百强榜单发布会在江苏省连云港市召开，约3000位医药行业相关代表参加。会上公布了2018年度中国医药工业百强榜，海正药业位列第48位，并荣获“2019年中国医药研发产品线最佳工业企业”奖。根据中国医药工业信息中心的统计和分析，2018年度百强榜上榜企业主营业务收入规模达到8395.50亿元，增速达11.80%。

【瀚晖制药有限公司获2018年度杭州市政府质量奖】 12月，位于富阳胥口镇的瀚晖制药有限公司荣获2018年度杭州市政府质量奖，为富阳首家获此殊荣的企业。杭州市政府质量奖由杭州市政府设立，是全市最高质量奖励，也是国际通行的提升产业质量水平和国际竞争力的做法。该奖项是对实施卓越绩效管理并取得显著经济效益和社会效益的产品生产、工程建设、服务提供、环境保护企业或其他组织的最高质量奖励，获奖企业由市政府表彰，并通过新闻媒体向社会公布。2019年发布的《杭州市人民政府质量奖评审管理办法》将市政府质量奖获奖组织的一次性奖励金额从50万元提高至100万元，并将给市政府质量奖提名奖的获奖组织一次性奖励30万元也纳入其中。

【富阳3家企业7个项目入选杭州市生物医药产业发展资助项目】 10月，瀚晖制药有限公司的“盐酸米诺环素胶囊”和“辛伐他汀片”被列入仿制药质量和疗效一致性评价项目，杭州富阳精锐医疗科技有限公司的“一次性使用高频活检钳产品注册及产业化项目”被列入首次获得国家医疗器械注册证书项目，海正药业（杭州）有限公司的“替米沙坦片”“普伐他汀钠片”“洛沙坦钾片”“替格瑞洛片”被列入美国FDA制剂认证项目等富阳3家医药企业7个项目入选杭州市生物医药产业发展资助项目。此次入选项目经过企业申报、区县推荐、专家评审、征求市级相关部门意见、市经信局党组会研究、网上公示等多个环节。

化学原料和化学制品制造业

【概况】 2019年，富阳区化学原料和化学制品制造业实现规上工业销售产值45.20亿元，位列全区工业行业第9位，主要代表企业为中策清泉。

【中策清泉挂牌“锦屏劳务输出就业基地”】 6月，富阳区·锦屏县东西部扶贫协作联席会暨劳务输出就业基地授牌仪式在区人社局举行，中策清泉、飞鹰船艇等10家企业被授牌为“锦屏县劳务输出就业基地”。

橡胶和塑料制品业

【概况】 2019年，富阳区橡胶和塑料制品业实现规上工业销售产值36.80亿元，位列全区工业行业第10位，主要代表企业为联通管业等各类塑管制造企业。

废弃资源综合利用业

【概况】 2019年，富阳区废弃资源综合利用业实现规上工业销售产值34.80亿元，位列全区工业行业第11位，主要代表企业为申能固废、抱团科技、立昇资源等。

汽车制造业

【概况】 2019年，富阳区汽车制造业实现规上工业销售产值23.30亿元，位列全区工业行业第12位，主要代表企业为金固股份、润德车轮、广安汽车等。

【汽车超人上榜杭州独角兽企业榜单】 3月12日，杭州市召开第三届万物生长大会，发布两份重要榜单——杭州独角兽企业榜单和杭州一亿美金以上公司(准独角兽)榜单。金固股份旗下新零售连锁品牌“汽车超人”成功上榜。

【金固股份汽车超人顺利召开2019年战略沟通会】 3月25日，以“拥抱新零售，赋能新未来”为主题的金固股份汽车超人2019年战略沟通会在上海举行。在沟通会上，汽车超人与来自广东、广西、福建、山东、浙江等地的10家优质区域连锁品牌签订合作意向协议。此次参与签约的区域连锁门店有近300家，经营面积达到18万平方米。

【金固股份、贝斯特气体联合进军氢能源领域】 6月17日，金固股份通过投资者互动平台确认成立新的氢能源公司——特维轮氢能科技（杭州）有限公司，进军氢能源领域。特维轮氢能科技（杭州）有限公司是金固股份汽车超人和杭州贝斯特气体有限公司联合成立，注册资本1亿元，致力于研究试验汽车加氢业务建设的合资公司。

【金固股份项目总部项目开工】 10月，金固股份银湖新区总部项目开工，项目总投资5亿元，用地面积2.33公顷，建成后将成为金固高端制造及汽车后服务板块的办公、研发中心，预计可实现营收20亿元、税收1.50亿元。

（陈品男）

供 电

【概况】 2019年，公司完成固定资产投资3.41亿元，其中电网投资3.33亿元；实现售电量59.69亿千瓦时。绩效综合得分位居杭州供电公司第3，社会评价排名位列富阳单列参评单位前茅，荣获杭州供电公司精神文明建设先进单位、富阳区满意单位等荣誉，获浙江省电力公司对标“示范单位”和“进步单位”称号。共获杭州公司级及以上集体和个人荣誉90余个，奖项成果18项，杭州市、富阳区领导批示肯定14次。

【电网规划】 坚持规划引领，深度对接富阳新一轮国土空间规划，完成富阳电网“十四五”发展规划编制，有序推进“十四五”电力设施布局规划编制。主动开展滨富特别合作区电力规划研究，完成秦望区块等17个供电网格规划修编，完成东洲新区主动配电网“源网荷”协同规划。

供电服务进基层

（区供电局 供稿）

【电网建设】 开工建设220千伏变电容量48万千伏安、线路95千米。开工110千伏后周变、梓树变等8项工程，涉及容量45万千伏安、线路89千米。有序推进220千伏湘主变、110千伏渌渚变等8项工程前期工作。完成14项主网技改大修工程，有力提升设备健康水平，挖潜主网容量3.70万千伏安。加快农配网补强，累计新建改造10千伏及以下线路151千米，新增配网容量3.15万千伏安。

【智慧电网建设】 开展东洲双“xin”能源大脑建设，有序推进11个典型示范场景的试点与应用。实施智慧商业综合体管理平台项目，完成花坞南路试点，启动上官球拍工业园改造。持续推进营配数据贯

2019年全社会用电量及用电性质构成表

表7

用电分类	2019年用电量（万千瓦时）	构成比例（%）	2018年用电量（万千瓦时）	增长率（%）
全社会用电量	787838.97	100.00	858785.36	-8.26
全行业用电量	692639.08	87.92	769518.23	-9.99
其中：农、林、牧、渔业	3622.38	0.46	3605.67	0.46
工业	586414.33	74.43	681454.13	-13.95
建筑业	18764.15	2.38	13331.24	40.75
交通运输、仓储、邮政业	7077.30	0.90	3200.93	121.10
信息传输、计算机服务和软件业	9278.71	1.18	5766.78	60.90
批发和零售业	18333.72	2.33	17530.46	4.58
住宿和餐饮业	5622.86	0.71	5425.16	3.64
金融业	1220.13	0.15	1143.50	6.70
房地产业	8657.93	1.10	6192.83	39.81
租赁和商务服务业	3761.96	0.48	3811.00	-1.29
公共服务及管理组织	29885.62	3.79	28056.54	6.52
城乡居民生活用电量	95199.89	12.08	89267.13	6.65
其中：城镇	38856.40	4.93	36443.32	6.62
乡村	56343.49	7.15	52823.81	6.66

通，稳步推进供售同期，深化同期线损管理，全面消除负损，公司连续9个月入选国网“线损百强县”。推进配网自动化建设应用和巡视、监理、主动抢修等移动APP开发应用，加速配网智慧指挥系统落地。

【持续优化营商环境】 联动政府出台用电报装便利化行动方案，与浙江政务服务网公共数据互联，实施办电手续“四免”和“一证通办”，实现5项复杂业务“最多跑一次”、16项简单业务“一次都不跑”。实施办电流程“串改并”、供电方案快速答复、典型设计，高、低压客户办电时间分别减至35.11个、3.86个工作日。全域放宽低压接入容量至160千瓦，对低压客户投资延伸至表箱，进一步压缩办电成本。落实一般工商业调价等政策，全年为企业节省电费支出1.03亿元。全面推广临时用电设备租赁服务，累计为客户减少一次性投入185万元。公司获区改革攻坚擂台大比武“竞跑先锋队”称号，7次获行政审批服务效能指数第1名，相关做法入选区“最多跑一次”改革十大亮点。

【供电服务建设】 大力推进电能替代，完成2个全电景区创建，加快全电农场、绿色校园、乡村振兴示范区建设，大力推广智慧电务综合服务，加快推进小区等充换电设施电力配套。大力推广“掌上电力”“浙里办”APP等电子渠道，推进用电业务“移动办”，全年受理线上业务3.23万件。打造新登“新零售”综合示范营业厅，新建光明营业厅，升级富春、九龙等营业厅。实施投诉“1+5”专项治理行动，全面提升前端服务质量，投诉工单总量同比下降65%。

（孙俊超）

【编　辑　刘　亮】

16 商贸流通

Commerce and Circulation

综　述

【概述】　2019年，面对复杂多变的国内外经济形势，富阳区认真贯彻落实上级部门的各项决策部署，丰富完善“1234”商务工作新机制、新格局、新要求，破解发展难题，增强发展动力，克难攻坚，狠抓落实，实现全区商务经济工作健康平稳发展。

招商引资

【概述】　2019年富阳区招商引资各项工作圆满完成杭州市各项考核任务，综合考评位列小组第1，全市第4名。全区引进项目176个，总投资202.62亿元，其中高新产业项目127个；实际利用外资3亿美元；开工“152”项目5个。

【招商体制】　4月，建立区委书记、区长双组长的招商引资委员会，创新机构设置，实行“1+2”招商体制，即1个办公室（招委会办公室）和两个小组（产业链招商组和项目评估组）。建立招商引资委员会月度例会制度，每月召开一次由区委书记、区长两位“一把手”亲自参加的重大产业项目专题研究会议。建立区四副班子领导联系项目制度，以区领导为责任人的专项小组负责项目盯引、洽谈、协调、推进直至落地开工，实行“一杆到底”负责制和“一条龙”服务制。

2020年1月12日，区领导赴深圳招商

（区商务局　供稿）

【招商项目】　坚持以符合“九高九新”为导向的高新产业、战略性新兴产业、先进制造业、服务业项目为招商主方向。强化产业链项目招引，梳理相关联的上下游企业，精准对接，盯引产业链头部企业，招引一家，带动一批。立足杭州着眼北上广深及中部的武汉、西安、成都等重点城市。紧盯杭州本地优质企业，选择性承接核心区项目溢出。紧密与重点城市的联系，拓宽信息渠道，加强信息沟通。先后引进中国科学院上海光机所项目、富通新一代信息技术产业园项目、中国金茂秦望商业综合体项目、青鸟富春湾双语学校项目等一批重大产业项目。

【引进高新企业】　依托本地民营企业优势，积极开展以企引企，鼓励有规模、有技术、有市场的高新企业利用自身的优势，吸引上下游关联的相关高新企业到富阳投资创业，积极培育产业生态。如海斯特耶鲁集团并购美科斯叉车、英特格并购安诺过滤器材等跨国并购项目不断增多。

【利用外资】　利用外资呈回暖趋势，2019年新设外资企业23家，增资企业6家。富阳区开放度进一步提升，外商投资者国别新增印度、孟加拉国、乌兹别克斯坦、厄瓜多尔等“一带一路”沿线国家。利用外资领域拓宽，全区利用外资从制造业向科研技术服务、餐饮批发零售和商务服务等三产行业延伸。制造业利用外资提升明显，制造业企业合计实到外资8020万美元，占比25.26%，远超近三年制造业利用外资平均数（4594万美元，占比14.95%）3426万美元，占比提高10.31个百分点。利用外资方式转变从绿地招商向并购招商转变初现端倪。

商贸流通

【概述】 全区实现社会消费品零售总额368.62亿元，同比增长8.80%，增幅列杭州13个县市区第6，高质量列第10。

【商贸活市】 鼓励和引导商贸流通企业策划组织特色促销活动，包括周年店庆、工厂直销、年货展、网销融合等扩消措施，举办休闲购物节活动，拉动全区零售额增长。“十一”黄金周期间，17家重点流通样本监测企业在实现零售额10505.03万元，同比增长15.06%。

【再生资源工作】 再生资源回收体系进一步完善，共落实6万方分拣中心，两年提前完成三年布点工作任务，共建设固定站房111个，智能回收设备点位84个，建设完成再生资源回收网点139个，全年实现回收量19.02万吨，完成目标任务的158.50%。

【商贸项目】 至年底，完成城北农贸市场建设，进入装修阶段，鹿山时代项目正在实施阶段，预计将于2020年招商运营。

【行业管理】 落实生猪、食盐、尿素、复合肥等重要商品储备，完善市场应急保供体系。验收真佳溪加油站迁建项目、组织相关部门进行春江加油站选址论证会、完成梓树加油站综合验收，指导99家加油站点实施地下油罐更新或进行防渗处理。开展报废汽车拆解日常巡查，二手车市场交易量7950辆，报废汽车回收3396辆、拆解2719辆。建立商贸行业隐患排查整改闭环工作机制，组织商贸领域安全检查55次，检查企业342家次，发现和整改安全隐患351个，整改率100%，全年无挂牌督办隐患和安全事故。

对外贸易

【概述】 全年累计出口132.30亿元，同比增长2.90%，出口增幅列杭州13个县市区第9；进口163.60亿元，同比增长8.60%。

【加工贸易】 2019年，全区加工贸易出口23.50亿元，同比增长77.10%。其中和鼎铜业作为省内首家有资质开展铜精矿加工贸易业务企业，2019年加工贸易出口达到13.80亿元，同比增长249.40%。

【进口贸易】 2019年，推动浙江大华科技有限公司运用富阳口岸保税仓库平台开展集成电路等进口商品“分批出库、集中申报”保税物流模式，实现了浙江第一家保税仓库普通货物新模式的先例。

【“一带一路”拓市场】 近百家企业与米奥兰特、远大等会展公司签订合作协议，通过各种境外展会形式获取订单。富阳区企业对“一带一路”沿线出口比重不断提高，尤其是彩钢板企业，在东南亚国家已占据较大市场份额。

【出口品牌建设】 富阳区注重培育企业多元化创牌意识和出口品牌可持续发展，2019年新认定杭州市出口名牌3家。共有省出口名牌企业8家，市出口名牌企业21家，品牌企业出口量占全区总额的25.20%。

【外贸风险防控】 围绕中美贸易争端，富阳区开展外贸企业专项服务，对全区600多家外贸企业进行全面排查。联合相关部门及专业机构开展国际贸易风险防控专题宣讲培训12次，尤其是针对中美贸易争端中如征税目录、汇率风险、转口贸易以及政策扶持等方面进行解读，面对面为企业答疑解惑。

【境外投资】 全区完成境外投资项目7个，累计中方投资6260.5万美元。

【服务贸易】 全区累计完成服务贸易4.37亿美元，新发展入库企业22家。合计进入商务部业务统计系统并正常申报数字的服务贸易企业58家。

电子商务

【概述】 全年累计完成网络零售额135.20亿元，同比增长23.60%，绝对值在杭州地区列第9位，增速列第3位。

【电商培训】 组织电商企业15家前往义乌观展中国国际电子商务博览会；联合字节跳动旗下抖音团队、东南亚电商平台shopee团队、阿里巴巴富阳服务中心等优质资源，面

2019年12月26日，举办电商培训

（区商务局 供稿）

向企业举办跨境电商、新媒体新零售等电商公益培训7场，累计培训500人次。

【电博会富阳馆】 10月18日至20日中国（杭州）国际电子商务博览会富阳馆在杭州国际博览中心展示展览，展馆以代表富春江的圆弧立体造型搭配富春山居全景图展现富阳之美，馆内分五大区域展示富阳区优质社交电商服务类企业、新锐销售类企业良好面貌，以及高新制造业内的电商标杆企业。富阳馆在展示期内吸引客流量超5000人次，达成意向订单近70个，对接电商产业链企业30余家。

【农村电商】 2019年，指导富春街道秋丰村申报省电子商务示范村项目，秋丰村成为全区首个省级电子商务示范村。联合全区24个乡镇（街道），特别是富春街道、春建乡的茶叶产业和上官乡球拍产业带，举办农村电商专题培训2场，培训企业和创业人员80余名。

【电商扶贫】 开展对口地区电商扶贫工作，促成富阳电商平台“朵朵严选”与锦屏签订战略合作协议；在电博会富阳特色馆内特设锦屏展示空间，邀请锦屏电商企业和特色产品参展，助力“锦货出山、电商上行”。

粮食安全

【储备管理】 推进粮食仓储信息化管理，完成中心粮库一期仓库信息化改造提升，推动保粮手段科学化，全年绿色储粮比例达到95.65%。轮出储备粮全部通过省内粮网拍卖销售，临时储备销售按有关规定进行，确保在阳光下操作。中心粮库继续保持省“四星级”粮库和市规范化管理优秀单位荣誉称号。杭州市粮油仓储工作年度考核得分99.11分，位列第三。在杭州市第三届粮食行业职业技能竞赛中，获得检验项目团体第三名、保管项目团体第四名。

【流通安全】 开展2019年度全社会粮油供需情况调查，全区粮食消费总量30.94万吨，粮食总产量9.69万吨，产需缺口21.25万吨；各类食用植物油消费总量1.54万吨，自产0.37万吨，产需缺口1.17万吨；根据产需现状，科学拟定2019年度粮油供需平衡计划。加强粮食市场信息的监测预警工作，建立健全粮食流通监管联动机制，建立“双随机”抽查事项清单和名录库，开展粮食市场联合执法检查，检查企业30家，抽检粮食7个批次。修订《富阳区粮食安全应急预案》，落实粮食应急供应点36个，日粮食应急加工能力490吨，日运输能力300吨的应急运输企业1家，组织开展应急管理培训，提高应对粮食安全风险能力。

【产销合作】 开展“订单粮食”工作，与本地106家种粮单位签订晚稻订单数量100122吨，粮食订单面积1583.40公顷。抓好粮食收购收储，落实收购库点2个、收购仓容6750吨，协调农发行落实收购资金4950万元。运用“智慧粮库”信息管理系统开展粮食收购“一站式”服务，政府奖补资金以“一卡通”形式直接发放到种粮农户手中。支持粮食经营企业与主产区粮食企业建立长期稳定的购销关系，支持粮食收储企业把“订单粮食”向省外粮食基地延伸，2019年与省外基地大户签订早稻订单合同4550吨，委托代收代储晚籼稻谷4000吨，既确保了储备粮的补库粮源，又促进了省外粮食生产基地的健康发展。

（张瑜琳）

经济合作

【持续推进对口帮扶工作】 加强与锦屏县高层互访交流，升格建立由区党政主要领导挂帅的对口和山海协作工作领导小组。加强资金支持，2019年落实政府援助资金5850万元。加强产业合作，引导企业实际新增投资14318万元，企业带动贫困人口数1270人，援建锦屏县扶贫车间20个，吸纳建档立卡贫困户就业290人。加强劳务协作，向锦屏县提供扶贫就业岗位10次，参与企业131家，输送岗位5757个，帮助贫困人口就近就业数924人，帮助黔东南州、恩施州贫困人口到杭州就业数127人。组织10家富阳区优质企业建立锦屏县·富阳区东西部扶贫协作劳务输出就业基地，优先聘用锦屏到富阳务工人员。加强消费帮扶，出台《关于深入开展消费帮扶助力对口地区脱贫攻坚实施方案》，全年利用职工福利累计购买“扶贫礼包”超18000份，总价超550万元；发动民营企业采购“扶贫礼包”11000份，累计金额117万元；组织机关单位食堂通过线上积极订购锦屏产品累计采购金额301.40万元；组织“富阳人游黔东南”活动，全年组织体制内职工赴锦屏疗休养3395人。

2019年4月15日，富阳锦屏东西部扶贫协作联席会议召开

（区发改局 供稿）

【全面落实山海协作】 落实丽水市缙云县援助资金300万元，其中用于安排援建项目5个172.50万元，用于启动乡村振兴示范点建设127.50万元。落实到位缙云县产业扶持资金1000万元，用于支持缙云发展“乡愁富民”产业，助力缙云县大力发展生态旅游、缙云烧饼等乡愁产业，打响“缙云味道”品牌。加快推进缙云—富阳山海协作生态旅游文化产业园建设，成功推动富阳籍企业家—富春控股集团在缙云投资10亿元网营物联智慧供应链产业园项目。全力抓好缙云大厦项目落地工作，强化“消薄飞地”建设。双方通过强化结对关系、推动消费扶贫、推动赴缙云职工疗休养等不断加强社会事业合作范围。

【其他对口工作】 区领导分别赴新疆阿克苏、长春九台区、黄山市黄山区、恩施高新区及重庆涪陵区敦仁街道进行考察交流。在新疆阿克苏方面，拨付新疆阿克苏市援建资金3170万元，拨付新疆生产建设兵团第一师八团500万元援建3000平方米幼儿园1座（两年共计1000万元），强化富阳中医骨伤医院与阿克苏市人民医院合作；在长春九台区方面，签订两地在职工疗休养、就业合作等方面合作协议；在黄山市黄山区方面，两地编办、经信、文广旅体等14家单位和部门进行了沟通对接，并推动人员培训、招商引资等方面合作；在恩施高新区方面，富阳区杭州华威药业、富阳辰睿农副产品已在恩施高新区注册公司3家，其中已实质性开展经营企业1家；在山海协作衢江区、淳安县等方面，为衢江区扶贫办争取省级统筹资金350万元，并拨付衢江100万元，淳安县汾口镇龙门村、石林镇双西村援建资金各150万元；在区县协作桐庐县方面，拨付协作资金2000万元。 （胡 婷）

供销合作商业

【概况】 全社系统实现总经营收入49.55亿元，同比增长7%，其中商品销售总额41.17亿元，同比增长9.75%；营业收入6.67亿元，利润总额3657万元，同比增加4.49%；所有者权益5.69亿元，上缴税收总额4633万元，再创全国百强县级供销社，获全市供销社系统综合业绩考核特等奖和全省供销社系统综合业绩考评优秀单位。

【扩大区农合联组织基础】 6月，召开一届三次区农合联理监事会，建立农合联会员进出机制，新增农合联会员单位48家，清理退出5家，累计共有农合联会员157家。成立粮油、蔬菜、茶叶等3家产业农合联。建设大源、场口、万市等农服务综合体3个，实现片区农合联为农服务中心建设全覆盖。

【优化农资生产服务】 完成政府1500吨水稻配方肥推广和尿素2000吨、复合肥1500吨、农药49吨农资淡季储备任务。无偿赠送92家农合联会员农资50余万元。在全区89家农资网点开展农药废弃包装物回收处置工作，共回收农药包装袋265.7余万只、农药包装瓶107.8余万只、针剂3138只、特殊规格（按重量计）2843600克。开展农技培训5次、520人次，推广绿色防控技术、农药减量控害技术和高效、低毒、低残留农药。与35家种粮大户签订飞防协议，实现统防统治、飞防作业812.93公顷，为农户节省每公顷20%飞防成本。

【畅通供销合作体系】 免费为农合联会员单位提供富阳区大自然农批市场近500平方米交易场地，增加农合联会员年销售约30万元。在市场停车场区域建造大棚，解决自产自销农户销售场地问题。与“富春田翁”微店合作，建立“市场+电商平台+专业合作社+基地”的运行模式，提供优质的生鲜农产品配送服务。搭建农产品直销平台，畅通销售渠道。在大自然农批市场开辟锦屏、缙云扶贫销售区域，做好扶贫礼包发放工作。牵头公望酒业公司与东洲葡萄种植农户签订收购合同，兜底收购东洲街道农户滞销葡萄1000吨。

【深化信用支农力度】 继续开展免保证金、免反担保、降低担保费率、降低转贷费用的“两免两降”服务，解决“三难一繁”（担保难、贷款难、转贷难、手续繁）问题，实现农合联会员贷款“最多跑一次”，得到杭州市委常委、副市长姚峰批示肯定。全年新增担保业务669笔、担保金额1.68亿元，转贷16笔、转贷资金1627万元，其中为农合联会员担保30笔、担保金额2355万元，转贷业务10笔、转贷资金1123万元，实现期末在保余额662笔、担保金额1.52亿元，其中农合联会员在保30户，在保余额2355万元。会同区科技局、农商银行共建风险池基金，对富阳区国家、省、市级科技型企业贷款提供担保服务，解决处于初创期和成长期的富阳科技型企业融资难问题。

【推广农业政策性保险覆盖面】 分别在5个片区农合联召开政策性农

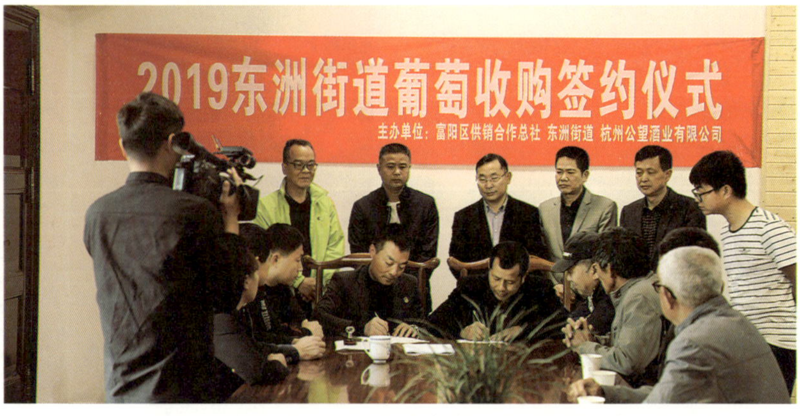

2019年4月10日，东洲街道葡萄收购签约仪式举行
（区供销社 供稿）

业保险的推进会，打通农业政策宣导的“最后一公里”。做好“利奇马”台风受损的参保农合联会员单位的赔付工作，对9家农合联会员单位赔付44.03万元，加强对受灾农合联会员的信贷服务支持，通过“两免两降”服务解决灾后恢复生产资金。

【夯实供销组织体系】 按照“清理整顿一批、规范改造一批、提升壮大一批”目标，在全面开展摸底排查、建立问题台账基础上进行“空壳社”清理整顿工作，共计整理空壳社名单33家，完成富民苗木、东魁杨梅、富阳竹笋等空壳社30家注销工作。新建项朵果蔬、元富农机服务等专业合作社2家。大源供销社被评为全国供销合作社系统基层社标杆社，丰硕果蔬专业合作社被评为全国供销合作社系统农民专业合作社示范社。

【深化党建联盟机制】 与富阳农商银行签订《党建共建战略合作协议》，通过党建共建、机制联动、惠民服务、资源共享等实际举措，充分发挥政策、渠道、资金等资源，在全区范围内建成集日用品销售、农资销售、金融服务、快递收发、保险办理、缴费充值、农村电商于一体的村级综合服务站48家。

【“万亩土地托管”工程】 以基层供销社为服务主体，以专业合作社为托管纽带，联合农业龙头企业、种田大户，对农民零散田地、山林进行统一托管，在不改变土地承包权和收益权的前提下，为农业生产提供“全环节保姆式”、“单环节菜单式”、“多环节套餐式”托管服务，通过集约化、规模化运作管理，降低生产管理成本，实现土地增效、农民增收、村集体增益、供销社得发展的多方共赢局面。全年完成土地托管917.89公顷，其中林地447.37公顷、耕地470.51公顷。

【提升社有企业实力】 大自然农批市场通过“省放心农贸市场”复评验收，成功创建省级城乡商贸综合服务中心、市级农业龙头企业。百合市场成功创建省“一星级文明规范市场”。百合医药公司通过引进湖南楚济堂入股，提升公司实力，实现销售536万元，同比增长16%。投入120万元，实施杭富罐头食品公司竹笋精深加工提升项目，进一步扩大企业生产规模，优化企业产品结构，提升企业环保达标处理水平。投入300余万元，对东洲何埭村闲置资产进行拆建改造，增加公望酒业厂房1800多平方米，同时投入1000余万元增加酿酒设备，实现缓解葡萄滞销、企业扩大生产的“双赢”局面。 （董银玲）

烟草专卖

【概况】 全年共销量卷烟3.63万箱，同比增长6.78%；实现销售额18.67亿元，同比增长5.90%；单箱销售额5.14万元；市场状态保持良好，年末零售可销天数15.75天，同比下降1.24天。

【业务经营】 2019年，提前完成二星以上终端硬件建设492家、铺设双屏机385台，“香溢通”系统客户覆盖面达91%，实现“香溢家”积累会员15万个，建设“香溢坊”自律小组229个；依托移动平台应用，“5+1”工作模块贯穿拜访全程。全年共推送终端画像2500余份、经营建议书1000余份，为客户提供经营数据支撑；试点集中送货模式，优化线路降成本，在县级局（分公司）率先启动“集中配送+固定线路”模式，确定送货区域5个、固定线路8条，精简送货线路1条，实现降本增效。

【市场监管】 加快对接“互联网+专卖”管理新模式，保持市场净化高压态势，不断提高辖区管控力，确保卷烟市场干净有序。2019年，共查获各类违法案件332起，同比增加35.80%，查获各类违法卷烟3.46万余条，同比增加26.40%。其中假私烟案件134起，占总案件数的40.30%，查获假私烟4346条。同时，进一步强化售假售私重点监管，共成功办理国标网络案3起，共抓获犯罪嫌疑人11名，其中依法判处实刑5人，成功侦破并申报加热不燃烧新型烟草制品国标网络案1起。

【QC创新】 共完成QC课题2个，《提高辖区卷烟查扣量》课题获得省局（公司）二等奖、市局（公司）一等奖，《提高辖区卷烟零售支付宝结算活跃度》课题获得省局（公司）三等奖、市局（公司）二等奖。

（方洪潇）

【编 辑 刘 亮】

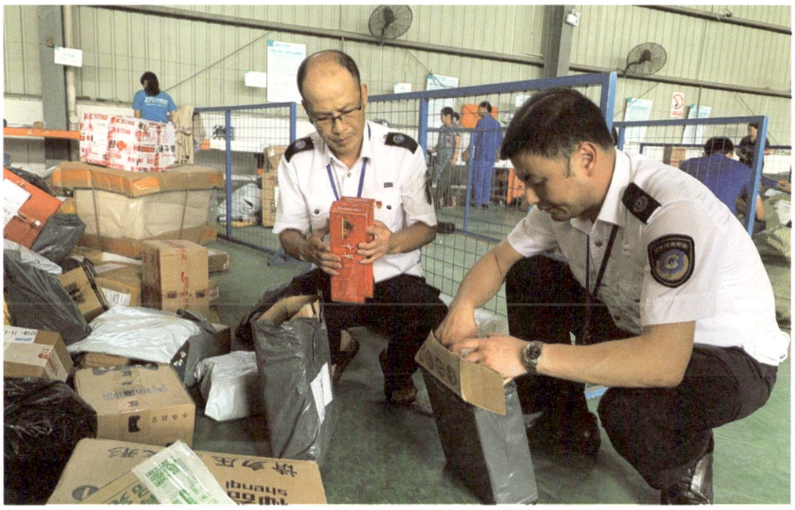

严厉打击物流寄递环节涉烟违法活动

（区烟草专卖局 供稿）

17 金融 Finance

综述

【概况】 2019年，全区共有银行类金融机构31家，营业网点161家，从业人员2569人。

至年底，全区金融机构本外币各项存款余额1339.68亿元，比年初增加242.49亿元，增长22.10%；本外币各项贷款余额1489.99亿元，比年初增加207亿元，增长16.13%，贷款增量创历史同期新高；表外融资持续增长，表外业务余额390.91亿元，比年初增加66.78亿元，增长20%，其中银行承兑汇票余额97.73亿元，比年初增加15.81亿元，信用证余额41.89亿元，比年初增加3.79亿元，委托贷款余额89.54亿元，比年初增加12.98亿元。全年累计发行债务融资工具63亿元，余额81亿元；小额贷款公司贷款余额14.30亿元；涉外融资稳步发展，全年全区金融机构共办理外债登记借入资金1.78亿美元、内保外贷业务4.15亿美元。

至年底，全区民营企业贷款余额497.76亿元，比年初增加14.94亿元；表外融资135.08亿元，比年初增加24亿元，民营企业融资呈恢复性增长，扭转了前2年持续下降态势。小微企业融资较快增长，至年底，全区小微企业贷款余额559.96亿元，比年初增加73.21

2019年年末富阳区银行类金融机构人员情况表

表8 单位：人

项目＼名称		人行	银保监组	工行	农行	中行	建行	交行	农发行	中信银行	杭州银行	农村商业银行	邮政储蓄	招商银行	兴业银行	民泰银行	泰隆银行	浦发银行	浙商银行	民生银行	南浔银行	恒丰银行	北京银行	平安银行	稠州银行	恒通村镇	光大银行	华夏银行	宁波银行	江苏银行	台州银行	南京银行	合计
金融机构数（家）		1	1	8	10	7	9	3	1	3	3	76	3	1	4	2	4	2	1	3	2	2	1	2	1	4	1	1	1	1	2	1	161
其中	市级机构	1	1	1	1	1	1	1	1	1	1	1	1	1	1	1	1	1	1	1	1	1	1	1	1	1	1	1	1	1	1	1	31
	二级支行			7	9	6	8	2		1	2	22	2			1	3									3					1		67
	分理处											52									1												53
	储蓄所											1																					1
	社区支行									1					3			1		2		1		1									9
从业人数（人）		27	4	166	187	132	159	45	17	79	68	906	75	28	46	90	87	33	42	22	36	31	26	14	25	42	22	23	47	18	43	29	2569

2019年富阳区金融机构本外币存贷款余额表

表9 单位：亿元

栏目 机构名称	年末余额	比年初增减		栏目 机构名称	年末余额	比年初增减	
		2019年	上年			2019年	上年
金融机构存款合计	1339.68	242.49	109.84	金融机构贷款合计	1.489.99	207.00	143.81
人民银行存款	12.46	1.72	-0.60	人民银行贷款	—	—	—
工商银行存款	94.33	17.89	-6.73	工商银行贷款	95.40	11.15	-1.21
农业银行存款	87.07	8.42	9.42	农业银行贷款	89.12	24.06	18.59
中国银行存款	50.70	6.41	2.53	中国银行贷款	58.50	-3.64	0.93
建设银行存款	71.16	9.01	-7.64	建设银行贷款	67.67	10.09	-2.81
交通银行存款	27.89	2.74	0.86	交通银行贷款	32.95	4.64	-0.45
农业发展银行存款	1.38	0.13	0.11	农业发展银行贷款	8.65	-2.14	-1.71
中信银行存款	101.85	24.44	16.87	中信银行贷款	116.44	17.02	28.09
杭州银行存款	49.08	6.68	1.77	杭州银行贷款	54.91	8.84	-5.77
农村商业银行存款	426.94	74.12	39.99	农村商业银行贷款	284.81	30.17	26.05
邮政储蓄银行存款	39.14	7.70	2.09	邮政储蓄银行贷款	39.12	9.48	5.76
招商银行存款	26.28	7.20	6.56	招商银行贷款	77.58	10.40	18.37
兴业银行存款	46.55	17.35	8.44	兴业银行贷款	81.90	18.47	0.72
民泰银行存款	14.39	2.05	1.89	民泰银行贷款	12.93	-1.97	-2.48
泰隆银行存款	8.09	2.33	1.02	泰隆银行贷款	15.65	4.83	3.46
浦发银行存款	26.76	-2.52	4.43	浦发银行贷款	60.79	0.17	8.27
浙商银行存款	25.62	-3.24	9.28	浙商银行贷款	54.47	18.75	4.77
民生银行存款	28.63	7.77	3.82	民生银行贷款	52.61	18.46	4.70
南浔银行存款	4.78	-0.66	0.01	南浔银行贷款	11.02	0.20	-0.64
恒丰银行存款	28.56	2.74	4.14	恒丰银行贷款	25.86	0.27	-8.49
北京银行存款	11.97	1.81	-1.02	北京银行贷款	43.92	3.99	7.08
平安银行存款	8.71	6.62	-4.24	平安银行贷款	1.59	-0.56	-4.55
稠州银行存款	8.83	4.23	-0.90	稠州银行贷款	3.95	-0.76	-0.86
恒通村镇银行存款	12.05	3.26	2.93	恒通村镇银行贷款	14.69	-0.50	2.55
光大银行存款	23.34	4.01	4.21	光大银行贷款	50.56	2.38	4.53
华夏银行存款	15.35	3.76	3.67	华夏银行贷款	20.92	0.41	6.80
宁波银行存款	39.61	11.85	-3.66	宁波银行贷款	50.98	18.22	9.66
台州银行存款	3.25	1.05	0.42	台州银行贷款	5.19	1.83	0.46
江苏银行存款	4.61	-2.40	4.20	江苏银行贷款	8.60	-4.78	-3.12
南京银行存款	38.94	15.39	5.66	南京银行贷款	49.21	7.53	25.10

亿元，同比多增23.34亿元；余额同比增长15.04%，比上年同期提高7.28个百分点；小微企业贷款户数持续增加，达56160户，比年初新增5494户。制造业贷款降幅收窄，受产业腾退、地铁沿线和钢圈厂路等企业拆迁、不良贷款处置等影响，制造业贷款呈下降趋势，但降势趋缓。至年底，制造业贷款余额356.38亿元，比年初减少7.32亿元，同比少减46.69亿元，其中，铜行业新增1.54亿元，纺织业新增2亿元，化工行业新增1.33亿元，造纸业、通信电缆业和建材业分别减少34.45亿元、2.58亿元和3.72亿元。重大建设项目贷款快速增长，至年底，全区政府类项目相关贷款余额403.88亿元，比年初增加107.76亿元，增长36.39%。房地产企业贷款基本平稳，余额32.4亿元，比年初减少0.84亿元。个人贷款平稳增长，至年底，个人贷款余额560.62亿元，比年初增加77.33亿元，增长16%，同比多增2.69亿元，其中个人购房贷款比年初增加46.26亿元，增长18.06%。短期、中长期贷款呈“双增”态势，至年底，全区短期贷款余额556.95亿元，比年初增加32.28亿元，增长6.15%；中长期贷款余额903.93亿元，比年初增加159.08亿元，增长21.36%。

全区金融机构加大金融风险防控处置力度，有效化解金融风险，不良贷款持续“双降”，处历史较低水平。至年底，全区金融机构不良贷款余额9.46亿元，比年初减少5.89亿元；不良贷款率0.63%，比年初下降0.57个百分点；新发生风险有所缓解，全年累计新发生不良贷款13.68亿元，同比减少10.8亿元；不良贷款处置力度加大，全年全区金融机构通过清收、核销、资产转让、担保代偿等方式累计处置不良贷款19.57亿元；潜在信用风险水平降低，关注类贷款持续“双降”，至年底，余额43.57亿元，比年初减少13.98亿元，占全部贷款的比重为2.92%，比年初下降

1.57个百分点。

全区金融机构积极参加"优化外汇金融服务，助推浙江外贸高质量发展"系列活动，支持企业有效应对中美经贸摩擦；组织开展"服务实体经济，促进贸易投资便利化"活动，扎实推进货物贸易外汇收支便利化和资本项目便利化等改革试点工作，服务涉外经济能力显著提升。辖内外汇指定银行全年完成跨境收支统计间接申报41938笔，金额45.65亿美元，同比增长5.24%。其中，涉外收入申报33795笔，金额24.20亿美元，同比增长16.87%；受造纸业整体腾退政策影响，全区进口支出明显下降，涉外支出申报8143笔，金额21.45亿美元，同比下降5.38%；国际收支顺差2.74亿美元。落实跨国公司跨境资金集中运营管理政策，跨境人民币业务合规有序发展，全年共发生跨境人民币业务26.84亿元。

全区金融机构严格落实LPR形成机制改革政策及浙江省市场利率定价自律机制，维护存款市场竞争平稳有序，全年未发生违背自律机制的情况。银行间市场资金融资进一步发展，富阳农商银行发行大额存单15.60亿元、同业存单10亿元、二级资本债3亿元。恒通村镇银行成为全国市场利率机制基础成员。支付环境不断改善，持续推进"移动支付便民工程"，实现移动支付在政务、交通、医疗、教育、景区等便民行业全覆盖，智慧医疗"先看病后付费"项目创新开展。深化"放管服"改革，取消企业银行账户许可试点工作平稳推进；优化信贷管理方式，辖内银行机构缩减信贷办理环节，缩短办理时限，精简申请材料，达到"最多跑一次"目标，营商环境进一步改善；实现企业名录登记等外汇业务网上办理。征信服务水平稳步提升，推广个人信用报告自助查询，广泛开展"征信服务小微和民营企业""信用记录关爱日"等活动，推进社会信用体系建设。扎实落实金融消费权益保护工作，组织开展"金融消费者权益日""金融知识普及月"等活动，妥善处理金融消费者投诉。

【中国人民银行富阳支行】 2019年，制定《2019年富阳区货币信贷工作指导意见》，充分运用稳健中性的货币政策、信贷政策、宏观审慎政策等，加强逆周期调节和结构引导。至年底，全区金融机构本外币各项存款余额1339.68亿元，比年初增加242.49亿元，增长22.10%；本外币各项贷款余额1489.99亿元，比年初增加207亿元，增长16.13%；指导优质企业发行债务融资工具，新增企业1家，全年累计发行63亿元，余额81亿元。

深入实施融资畅通工程，提高金融服务实体经济质效。充分运用货币政策定向支持工具，向中国人民银行杭州中心支行申请支小再贷款6亿元、支农再贷款9000万元，分别对恒通村镇银行和富阳农商银行定向降准1.50个和5个百分点，释放资金近20亿元；加大对民营和小微企业金融支持，组织开展民营和小微企业服务年活动，推进金融服务民营和小微企业"闭环行动""百名行长进民企""万家民企评银行""三服务"等载体活动，落实"五项工作机制"。至年底，小微企业贷款余额560亿元，全年新增73.20亿元；四季度利率6.55%，比上年同期下降0.44个百分点；民营企业贷款余额497.80亿元，比年初增加14.90亿元。强化"三农"金融支持，开展金融机构服务乡村振兴和"三农"信贷政策导向2项评估，至年底，涉农贷款余额256.24亿元，比年初增加45.70亿元，增长21.70%。

加强重点领域金融风险监测预警，动化解部分互保企业先行拆除、金融诉讼可能引发的"两链"风险；推动5家企业完成破产重整。至年末，不良贷款余额9.46亿元，比年初减少5.89亿元；不良贷款率0.63%，比年初下降0.57个百分点。引导金融机构稳健经营，做好法人金融机构存款保险各项工作；开展央行金融机构评级、综合评价及综合执法检查，督促金融机构依法合规经营；督促金融机构做好重大事项报告；组织开展金融知识宣传，加强金融消费权益保护。深化金融市场管理和整治，加强利率管理，推动LPR形成机制改革政策落地，开展存款创新产品清理；落实债券投资季度监测制度，指导富阳农商银行发行大额存单、同业存单30亿元、二级资本债3亿元；推动非法集资诈骗案4名涉案人员洗钱罪宣判，配合公安机关侦办涉黑案，联合打击虚开发票、骗取退税违法行为；开展互联网金融专项整治，构建常治长效机制。

推进"移动支付便民工程"，创建"移动支付应用示范商圈"，推动实现移动支行在便民行业全覆盖，智慧医疗"先看病后付费"项

2019年金融机构负责人会议召开

（中国人民银行富阳支行 供稿）

目向全省推广；推进取消企业银行账户许可试点工作，有效落实事中事后监管；加强存量房交易资金监管，规范农民工工资支付专户开立和使用，有序规范ETC业务推广；构建警银合作长效机制，防范和打击电信网络新型违法犯罪。深化国库、人民币和征信管理服务，以落实重大改革为突破口，抓好小微企业减税降费退库工作；加强财政专户资金监测管理，全年办理预算收入508.38亿元，预算支出477.32亿元，预算收入退付32.15亿元；抓好新版人民币发行和现金服务示范区创建和拒收现金整治和反假货币、反宣币治理，规范普通纪念币公开发行兑换；加强征信安全管理，落实征信查询日核查机制，深化征信服务示范点创建，推进浙江省保证贷款登记系统应用。

深化外汇金融服务，推进企业名录登记等业务网上办理；开展“优化外汇金融服务，助推浙江外贸高质量发展”系列活动，大力宣传汇率避险等政策。聚焦贸易投资便利化，推进货物贸易外汇收支便利化和资本项目便利化等改革试点工作；落实跨国公司跨境资金集中运营管理政策调整，指导富通集团完成申报、备案；落实跨境融资宏观审慎管理，办理外债登记借入资金1.78亿美元、内保外贷业务4.15亿美元。开展外商投资企业存量权益登记；开展“服务实体经济，促进贸易投资便利化”活动，推动跨境人民币业务合规有序发展，发生跨境人民币业务26.84亿元。强化外汇业务监管，加强经常项目和资本项目外汇管理，开展货物贸易重点监测库企业随机抽查、服务贸易现场核查和专项核查及企业境外发债情况调查；加强银行国际收支间接申报管理；开展外汇业务合规性检查、结售汇与银行卡外汇交易专项核查等，打击虚假外汇交易等违规行为。

创办《金融工作专报件》，诸多意见建议被区委区政府关注和采纳。协同做好金融支持地方经济发展考核评价及小贷公司考核。配合做好政府性存款竞争性存放招投标评标、村级集体经济组织银行账户管理、建筑领域“无欠薪”行动、二手房交易资金监管、不动产交易“预转现”手续办理等工作。组织开展防范非法集资宣传月活动。组织动员金融机构参加“春风行动”，募集捐款近90万元。

【中国工商银行富阳支行】 以“奋斗+落实”姿态，深入推进客户发展战略，提升金融服务质效，优化普惠金融工作，推进高质量、可持续发展。荣获杭州市安全集体先进单位、工商银行杭州分行工银卓越奖章、富阳区服务企业先进单位。至年底，本外币各项存款余额94.33亿元，比年初增加17.89亿元，增长23.4%；各项贷款余额95.4亿元，比年初增加11.15亿元，增长13.23%；另有表外贷款49.8亿元，银团贷款37.07亿元；普惠贷款余额5.1亿元，比年初增加3.17亿元；不良贷款率0.05%；实现中间业务收入1.97亿元；全年实现净利润4.21亿元。

【中国农业银行富阳支行】 坚持党建与业务融合发展，全面优化普惠金融工作，助力区域经济发展，全年实现平安经营、飞跃式发展。至年底，本外币各项存款余额87.07亿元，比年初增加8.42亿元，增长10.69%；各项贷款余额89.12亿元，比年初增加24.06亿元，增长36.98%；不良贷款率0.05%，比年初下降0.10个百分点；实现中间业务收入2.82亿元，同比增长327.3%；全年实现净利润3.25亿元，同比增长116.70%。

【中国银行富阳支行】 围绕总行“一个目标（建设新时代全球一流银行）、一条主线（高质量发展）、八大战役”工作思路，坚持科技引领、创新驱动、转型求实、变革图强。至年底，本外币各项存款余额50.70亿元，比年初增加6.41亿元，增长14.47%；各项贷款余额58.50亿元；不良贷款率2.08%，比年初下降0.9个百分点；实现中间业务收入0.47亿元；全年实现净利润2.25亿元，同比增长71.98%。

【中国建设银行富阳支行】 坚持党建引领，深化落实“三大战略”，做大做强零售业务；强化项目储备，提升机构业务市场份额；加强公私联动，探索供应链融资业务发展新路径；以G端连接、B端赋能、C端突围加快创新发展。至年底，本外币各项存款余额71.16亿元，比年初增加9.01亿元，增长14.50%；各项贷款余额67.67亿元，比年初增加10.09亿元，增长17.52%；不良贷款率0.15%，比年初下降1.86个百分点；实现中间业务收入0.26亿元；全年实现净利润1.53亿元。

【中国交通银行富阳支行】 坚定“两化一行”战略方向，坚持服务实体经济，严守风险合规底线，强化内部队伍建设，积极拓展经营业务，各项工作和业务指标稳步推进。至年底，本外币各项存款余额27.89亿元，比年初增加2.74亿元，增长10.89%；各项贷款余额32.95亿元，比年初增加4.64亿元，增长16.39%；不良贷款率0.09%；全年实现净利润0.75亿元。

【中信银行杭州富阳支行】 坚持党建和业务融合发展，深入推进“两个领先、两个关键点”战略和两个“412”策略，综合运用多元化产品和渠道支持实体经济，推动高质量发展、全面发展。至年底，本外币各项存款余额101.85亿元，比年初增加24.44亿元，增长31.57%；各项贷款余额116.44亿元，比年初增加17.02亿元，增长17.12%；不良贷款率0.36%，比年初下降0.15个百分点；票据直贴量34亿元；国际结算业务量8.65亿美元；实现中间业务收入0.21亿元；全年实现净利润4.37亿元，同比增长46.15%。被评为浙江省财贸系统“工人先锋号”、中信银行先进基层党组织、中信银行战略客户经营管理优秀团队、富阳区服务民营和小微企业先进单位。

【杭州银行富阳支行】 坚持“稳中求进”总基调，稳增长、稳息差、稳风险、调结构、提能力，把发展和风险防范放在首位，集中力量做好转型发展、内控风险等管理工作。至年底，本外币各项存款余额49.08亿元，比年初增加6.68亿元，增长15.75%；各项贷款余额54.91亿元，比年初增加8.84亿元，增长19.19%；不良贷款率0.34%，比年初下降0.8个百分点；全年实现净利润1.23亿元。

【富阳农村商业银行】 围绕富阳区"三高"发展战略，强化党建引领，积极投身乡村振兴战略和"最多跑一次"改革，扎实推进零售银行和数字化转型建设，做深做实以人为核心的全方位普惠金融，各项业务实现稳健发展。至年底，各项存款余额426.94亿元，比年初增加74.12亿元，增长21.01%，存款市场份额31.87%；各项贷款余额284.81亿元，比年初增加30.17亿元，增长11.85%，贷款市场份额19.11%；不良贷款率1.1%，比年初下降0.51个百分点；实现中间业务收入0.72亿元；实现净利润4.43亿元，同比增长19.09%，上缴税收3亿元。被评为新时代中国经济创新企业、浙江农信综合实力十强银行、浙江省民企最满意银行、富阳区实施乡村振兴战略先进单位、富阳区最强党组织、富阳区级机关优秀单位、富阳服务民营和小微企业先进单位等。

【邮政储蓄银行富阳支行】 以党建为引领，以"夯基础、利长远"为原则，坚持依法合规、稳健经营，实施客户发展战略，积极应对宏观经济金融形势变化，推进结构转型和业务发展，着力探索大公司业务发展，实现全年较快发展。至年底，本外币各项存款余额39.14亿元，比年初增加7.7亿元，增长24.49%；各项贷款余额39.12亿元，比年初增加9.48亿元，增长31.98%；不良贷款率0.12%，比年初下降0.10个百分点；实现中间业务收入0.13亿元；全年实现净利润1.01亿元，同比增长21.69%。

【招商银行杭州富阳支行】 秉承"因您而变"经营理念，创新金融服务模式，坚持业务发展、合规经营"两手抓"，积极支持地方经济发展，全年营业收入和净利润创历史新高。至年底，本外币各项存款余额26.28亿元，比年初增加7.20亿元，增长37.74%；各项贷款余额77.58亿元，比年初增加10.4亿元，增长15.48%；不良贷款率1.4%；全年实现净利润2.61亿元，同比增长146.23%。

【兴业银行杭州富阳支行】 继续做强做精主业，各项资产业务平稳增长，整体资产结构优化，经营发展稳中有升。至年底，本外币各项存款余额46.55亿元，比年初增加17.35亿元，增长59.42%；各项贷款余额81.90亿元，比年初增加18.47亿元，增长29.12%，其中民营企业贷款余额27.78亿元，比年初增加4.98亿元；不良贷款率1.31%，比年初下降0.39个百分点；实现中间业务收入0.12亿元；全年实现净利润2.12亿元。

【浙江民泰商业银行杭州富阳支行】 坚持"服务地方经济，服务中小企业，服务城乡居民"市场定位，为小微企业提供便捷、高效、灵活的金融服务。至年底，本外币各项存款余额14.39亿元，比年初增加2.05亿元，增长16.61%；各项贷款余额12.93亿元，比年初减少1.97亿元；不良贷款率3.14%，比年初下降1.58个百分点；全年实现净利润3837.85万元。

【浙江泰隆商业银行杭州富阳支行】 围绕总行"八大体系"建设总要求，贯彻"内涵式、高质量"新发展理念和"好银行"目标，推动各项业务平稳快速发展。至年末，本外币各项存款余额8.09亿元，比年初增加2.33亿元，增长40.45%；各项贷款余额15.65亿元，比年初增加4.83亿元，增长44.64%；不良贷款率1.58%，比年初下降0.16个百分点；全年实现净利润0.84亿元，同比增长115.38%。

【上海浦东发展银行杭州富阳支行】 围绕"调结构、稳增长、提质量、优管理、提地位"经营主线，以"客户、存款、营收、风险"为管理核心，推动各项业务平稳发展。2019年8月，完成整体搬迁。至年底，本外币各项存款余额26.76亿元，比年初减少2.52亿元；各项贷款余额60.79亿元，其中，民营企业贷款占46.82%，制造业贷款占33.15%，制造企业授信投放比例位居前列；不良贷款率0.52%，比年初下降0.12个百分点；全年实现净利润2.33亿元，同比增长45.63%。被评为富阳区金融服务民营小微企业先进单位。

【浙商银行杭州富阳支行】 按照"两最"总目标和"全资产经营"战略目标，坚持艰苦奋斗谋求业务发展，实现业务发展稳定增长、内部管理持续改善，客户基础不断夯实，资产质量包袱基本卸下。至年底，本外币各项存款余额25.62亿元，比年初下降3.24亿元；各项贷款余额54.47亿元，比年初增加18.75亿元，增长52.49%；不良贷款率0.05%，比年初下降3.18个百分点；全年实现净利润2.60亿元。

【中国民生银行杭州富阳支行】 以客户价值为中心，聚焦"六大战役"，推动一体化管理，加快改革落地，决胜改革转型和三年规划，取得改革转型阶段性成效。至年底，本外币各项存款余额28.63亿元，比年初增加7.77亿元，增长37.25%；各项贷款余额52.61亿元，比年初增加18.46亿元，增长54.06%；不良贷款率0.12%，比年初下降0.77个百分点；全年实现净利润2.10亿元，增长103.88%。

【南浔银行富阳支行】 坚持支农支小支实发展定位，贯彻"社区金融、便捷服务"经营理念，以新零售战略转型为核心主线，以提升服务力为强行之本，以提高发展质量和效益为目标，加快零售金融、小微金融、社区金融业务发展。至年底，本外币各项存款余额4.78亿元，比年初减少0.66亿元；各项贷款余额11.02亿元，比年初增加0.20亿元；不良贷款率1.50%，比年初下降3.07个百分点；全年实现净利润0.23亿元。

【恒丰银行杭州富阳支行】 围绕“建设用心倾听的敏捷银行”为目标，践行“真诚、守规、勤俭、奉献、执行、奋进”恒丰文化，以价值服务、创新服务、高效服务为特色，倾力支持地方实体经济发展。至年底，本外币各项存款余额28.56亿元，比年初减少2.74亿元，增长15.87%；各项贷款余额25.86亿元，比年初增加0.27亿元；不良贷款率0.14%，比年初下降1.61个百分点；全年实现净利润0.53亿元。

【北京银行杭州富阳支行】 围绕“稳中求进、变革创新、传承发展、拼搏奋斗”工作思路，强化党建引领，夯实业务基础，严格内控管理，优化队伍结构，坚持服务实体经济。至年底，本外币各项存款余额11.97亿元，比年初增加1.81亿元，增长17.81%；各项贷款余额43.92亿元，比年初增加3.99亿元，增长9.99%；不良贷款率为零，比年初下降0.1个百分点；全年实现净利润0.4亿元。

【平安银行杭州富阳支行】 坚持零售转型战略，升级综合金融、科技赋能核心能力，发展“基础零售、私行财富、消费金融”业务模块，通过智能OMO服务体系提供一体化、无缝化、便捷化的服务体验，推动各项业务稳健发展。至年底，本外币各项存款余额8.71亿元，比年初增加6.62亿元，增长316.75%；各项贷款余额1.59亿元，比年初减少0.56亿元；不良贷款率为零，比年初下降3.49个百分点；全年实现净利润247万元，增长349.49%。

【稠州银行杭州富阳支行】 坚定市场定位，严守风险底线，深扎根基，创新驱动，赋能转型，各位业务平稳发展。至年底，本外币各项存款余额8.83亿元，比年初增加4.23亿元，增长91.96%；各项贷款余额3.95亿元，比年初减少0.76亿元；不良贷款率为2.01%，比年初下降1.48个百分点；全年实现净利润0.51亿元，增长359.1%。

【富阳恒通村镇银行】 坚持“支农支小，服务三农”经营方针，贯彻“做实、做小、做散”经营理念，强化内部管理，严格把控风险，稳步推进各项工作。至年底，本外币各项存款余额12.05亿元，比年初增加3.26亿元，增长37.09%；各项贷款余额14.69亿元，比年初减少0.50亿元；不良贷款率为1.73%；全年实现净利润0.26亿元。

【光大银行杭州富阳支行】 围绕“稳中有进、内涵发展”工作方针，坚持“适当、科学、公平”原则，加强内部控制机制建设，稳健合规经营，实现各项业务平稳发展。至年底，本外币各项存款余额23.34亿元，比年初增加4.01亿元，增长20.74%；各项贷款余额50.56亿元，比年初增加2.38亿元；不良贷款率为零；全年实现净利润1.32亿元，同比增长14.78%。

【华夏银行杭州富阳支行】 坚定“中小企业金融服务商”战略定位，坚持“贴着政府、贴近市场、融入主流、服务实体”营销策略，推动各项业务平稳发展。至年底，本外币各项存款余额15.35亿元，比年初增加3.76亿元，增长32.44%；各项贷款余额20.92亿元，比年初增加0.41亿元；不良贷款率为零，比年初下降0.32个百分点；全年实现净利润0.80亿元，同比增长31.15%。

【宁波银行杭州富阳支行】 坚持“专注主业、回归本源、服务实体”要求，坚守“与中小企业共成长”目标，践行普惠金融和审慎经营理念，推动各项业务发展。至年底，本外币各项存款余额39.61亿元，比年初增加11.85亿元，增长42.69%；各项贷款余额50.98亿元，比年初增加18.22亿元，增长55.62%；不良贷款率为0.02%；全年实现净利润1.12亿元，同比增长53.42%。

【台州银行杭州富阳支行】 坚持“中小企业伙伴银行”市场定位，秉承“简单、方便、快捷”服务理念，立足服务小微、服务“三农”，优化信贷产品结构，强化“党建+金融”，业务发展稳健，风险整体可控。至年底，本外币各项存款余额3.25亿元，比年初增加1.05亿元，增长47.73%；各项贷款余额5.19亿元，比年初增加1.83亿元，增长54.46%；不良贷款率为0.68%；全年实现净利润0.31亿元，同比增长19.23%。

【江苏银行杭州富阳支行】 围绕服务实体经济的宗旨，优化普惠金融服务，创新科技金融业务特色产品，增强服务实体经济能力。至年底，本外币各项存款余额4.61亿元，比年初减少2.40亿元；各项贷款余额8.60亿元，比年初减少4.78亿元，其中小微企业贷款余额1.74亿元；不良贷款率为0.17%；全年净利润为零。

【南京银行杭州富阳支行】 围绕“1+3”行动计划，坚持“交易银行”战略，拓展政府项目及快捷贷、鑫转贷等普惠金融业务，完善风险防控机制，严守风险底线。至年底，本外币各项存款余额38.94亿元，比年初增加15.39亿元，增长65.35%；各项贷款余额49.21亿元，比年初增加7.53亿元，增长18.07%；不良贷款率为0.01%；全年实现净利润1.30亿元。

政策性银行

【中国农业发展银行富阳支行】 以党建为统领，立足服务保障粮食安全和服务乡村振兴战略，把握稳中求进工作要求，突出加强党建、风险防控、提质增效等工作，促进业务稳健发展。至年底，本外币各项存款余额1.38亿元，比年初增加0.13亿元；各项贷款余额8.65亿元，比年初减少2.14元；累计投放县级储备粮贷款6269万元、地方调控粮食收购贷款2045万元、购销企业粮油收购贷款177万元，粮油贷款实现封闭运行；支持小微企业1家并发放农业小企业贷款110万元。不良贷款率为4.66%，比年初下降0.74个百分点；全年实现净利润0.83亿元。（章森松）

银行监管

【概述】 2019年，浙江银保监局富阳监管组紧扣金融服务实体经济的工作大局，深化金融服务激发民营企业发展新活力，防范化解金融风险，推动发挥银行业保险业在社会治理能力现代化和服务保障民生中的作用，全力助推富阳城市转型发展。全年，支持民营企业高质量发展和平安金融创建两项工作得到区委区政府主要领导肯定批示；获评富阳区2019年度招商引资工作优秀服务奖。

精细服务民营经济。推进融资畅通。引导金融机构充分认识民营企业是经济发展的活水源头，持续加大实体经济支持力度，强信心、稳预期，抓住春节和年中等关键节点，运用纾困基金缓释企业资金流动性，组团上门为新纳入扶强名单的企业提供贴身金融服务，以高效优先资源配置稳定8家扶强企业融资和对外担保规模近400亿元。开展累计超百家制造业企业参与的融资调研，现场答疑引导企业意向，推动银行主动送服务。优化供给深化减负惠企。鼓励科学匹配信贷期限与企业生产经营周期，在日常工作沟通中积极为在富机构争取上级行的联动支持，向1313户企业发放中长期流贷65.13亿元，缓释“短贷长用”风险。指导2家法人机构开发无还本续贷产品，为278户省去转贷成本约110万元。指导机构合理民营企业贷款利率定价，2家法人机构普惠型小微企业贷款利率同比下降0.71个百分点，节约企业利息支出约6900万元。持续跟进后续服务破首贷难题，为16家企业发放首笔银行贷款7710万元。广泛宣讲融资管理新理念。开展企业家金融政策和风险教育宣讲，覆盖经济技术开发区、银湖创新中心创业园和24个乡镇街道，共宣讲43场、参与企业1599家。

推进法治金融长效机制建设。建立与法院常态化联席机制。提升案件审理效能，统一金融债权申报资料，讨论完善规范化诉讼模板使用，明确规范送达确认书的内容和签订要求。梳理辖内银行业涉诉债权执行难清单线索，助力法院“百日执行攻坚”大行动，实现2019年涉金融诉讼案件结案824件、到位标的超60亿元。提高金融机构法律专业素养。组织召开富阳银行业合规大讲堂，邀请法院专家对贷前调查、合同签订、合同履行、诉讼四个环节21个风险点进行讲解，及时普及新出台的法律法规和司法解释解读，以案件警示教育银行从业人员知敬畏、存戒惧、守底线，依法合规展业。

稳定区域信用环境。推进富春湾新城“腾笼换凤”。提前集中研判风险，指导召开第二批拆迁企业债权银行会议，成立6家企业债委会，畅通银政、银企、银银信息，有序推动拆迁企业债权清偿。监管加压夯实机构风险防控主体责任。通报每月不良排名，细化贷款“三查”要求，做实资产分类，推动逾期90天以上贷款与不良贷款比率降至48.53%，全年共处置不良贷款21.23亿元，实现不良“双降”，不良贷款率降至0.64%，低于全省和杭州市的不良平均水平。

推动监管单位合规常态发展。巩固乱象治理成果。配合开展农村中小金融机构现场检查，督查民泰银行等机构面谈面签情况，对恒丰银行、太平洋财险、永安财险和太平洋人寿等四家银行保险机构进行监管政策落地专项督导，推动机构从经营目标、合规文化建设、体制机制改革落实治乱象整改长效机制建设。派员参加省局巩固治乱象成果、房地产业务等银行和保险机构专项现场检查。投入83人次•天，配合全省网贷平台整治。夯实平安金融建设。从物防、技防和人防着手，联合公安完成176家银行网点金融安保评估，进一步提升银行业安全防范水平。开展“3•15”宣传和普及金融知识万里行活动，点面结合，引导百姓合理选择使用金融产品和服务，提升防范意识和维权能力。组织辖内银行业保险业以网点为主阵地开展“扫黑除恶”宣传活动，正向引导凝聚群众反黑反恶的共同力量，为平安富阳建设添砖加瓦。以新中国成立70周年为契机，牵头组织推出“辉煌70载 与国同庆”富阳金融系统为新中国庆生系列报道活动，通过在《富阳日报》上连续刊文展示富阳金融业峥嵘巨变和接地气、务民生、促发展的金融服务举措，呈现良好行业形象。

创新现代化社会治理格局。着力提升保险服务社会民生水平。提高理赔质效，推动辖内财险公司先于杭州主城区将交通出险调解的误工费赔付标准按照司法诉讼标准同步提高，由130元/天提高至150元/天，在充分维护老百姓合法权益的前提下提高交通出险诉前调解成功率。提升交通安全治理水平。试点“警保联动”工作，在新登建设实施 “两站两员”，开展安全出行劝导、交通安全宣传、事故快处引导工作，力促降低事故发生率。护航新时代“三农”发展。为15余万户农户农房和室内财产提供保险保障，实现杂交水稻制种保险、蔬菜价格指数保险、现代农业生产主体种植业保险、能繁母猪养殖扩展保险金额保险等推广破零，“利奇马”台风期间快速认真做好理赔工作，落实受灾群众风险保障，全年，农业保险赔付支出523.76万元。

【机构改革】 为落实金融监管体制改革，根据《中共中央办公厅国务院办公厅关于印发〈中国银行保险监督管理委员会职能配置、内设机构和人员编制规定〉的通知》（厅字〔2018〕74号）和《中央编办关于印发〈中国银行保险监督管理委员会派出机构整合方案〉的通知》（中央编办发〔2019〕21号）文件精神，按照浙江银保监局统一部署，成立于2004年的中国银行业监督管理委员会浙江监管局富阳办事处更名为浙江银保监局富阳监管组，主要职能未变，并于2019年5月10日揭牌。（俞一洁）

证券 期货

【概况】 2019年，富阳区有证券营业机构7家，与上年持平。全年交易额1396.98亿元，比上年增长53.81%，从业人员100余人，与上年持平，至年底，累计开户数8500余户，比上年增长6.30%。有期货营业机构2家，与上年持平。全年交易额1456亿元，比上年增长50.88%，从业人员10余人，与上年持平。 （赵雪红）

【财通证券股份有限公司杭州江滨西大道营业部】 财通证券股份有限公司是一家总部在杭州的特色型综合性证券集团，前身为创立于1993年的浙江财政证券公司，2003年6月改制成立财通证券经纪有限公司，2007年6月提升为省直属国有企业，2017年10月在上海证券交易所上市，股票代码601108。公司为全国性的综合型券商，旗下有永安期货股份有限公司、财通证券资产管理有限公司、财通基金管理有限公司、财通证券（香港）有限公司、浙江财通资本投资有限公司、财通创新投资有限公司等6家公司，参股浙江省浙商资产管理有限公司以及浙江股权服务集团等公司。

财通证券股份有限公司杭州江滨西大道营业部，2019年证券交易总量518亿元，新增客户996户，至年底，累计开户41636户。

（倪建军）

【浙商证券富阳江滨西大道营业部】 浙商证券富阳江滨西大道营业部于2010年4月成立，位于富阳区江滨西大道15-11号，浙商证券是主板上市公司，总市值超过300亿。2019年，营业部员工数20名，交易量超过190亿元，至年底，累计开户13600多户。 （沈建农）

【中信证券杭州桂花西路证券营业部】 中信证券杭州桂花西路证券营业部于2010年5月成立，位于富阳区桂花西路82号6楼。2019年，营业部有员工17人，全年交易量276.67亿元，新增开户数1023户。 （潘慧敏）

【中国银河证券杭州江滨西大道证券营业部】 中国银河证券杭州江滨西大道证券营业部于2014年6月成立，位于富阳区江滨西大道16号。2019年，营业部共有员工10人，经纪人4人，全年交易量154.08亿元，比2018年增长56.71%，新增开户1097户，至年底，累计开户9915户。 （刘明昆）

2019年5月10日，浙江银保监局富阳监管组揭牌

（浙江银保监局富阳监管组 供稿）

【安信证券股份有限公司杭州富阳富春街证券营业部】 安信证券股份有限公司杭州富阳富春街证券营业部位于富阳区富春街道富春街124号工商银行9楼，于2017年10月成立。2019年，营业部有员工6人，全年交易量54.50亿元，至年底，累计开户2171户。

（徐金炜）

【国元证券股份有限公司杭州江滨西大道证券营业部】 国元证券股份有限公司杭州江滨西大道证券营业部于2017年7月成立，位于富阳区江滨西大道39-40号，国元证券是主板上市公司，市值310亿元。2019年，营业部员工数16名，全年A股交易量52亿元，至年底，累计开户1275户。 （李增平）

【华福证券有限责任公司富阳江滨西大道证券营业部】 华福证券有限责任公司富阳江滨西大道证券营业部于2017年3月成立，位于富阳区江滨西大道证券28号。2019年，营业部共有员工9人，经纪人4人，全年交易量151.73亿元，至年底，累计开户2976户。 （宁小川）

【信达期货有限公司富阳营业部】 信达期货有限公司富阳营业部于2008年7月成立，位于江滨西大道57号国贸写字楼10楼1002室。为富阳地区成立最早的期货营业部，结合富阳地区产业特点，营业部开展特色服务有：针对铜、锌、螺纹、PVC等产业链的各个环节出具可行性套保方案；对冲套利产品，提供商品的跨期、跨品种、跨市套利对冲服务。2019年，营业部有执业人员8名，驾驶员1名，开户60户，全年成交金额977亿元。 （田新成）

【美尔雅期货有限公司富阳营业部】 美尔雅期货有限公司富阳营业部于2017年7月成立，位于江滨西大道10号开发大厦13楼。营业部倡导理性投资，深入开展投资者教育，以客户的资金保值增值为目标，依托总部强大的研发及技术支持，提供专业化精细化全方位期货投资服务。2019年，营业部根据富阳地区产业特点，在产业服务为主的基础上，建立线上个性化服务体系，全年成交金额479余亿元。

（蒋 梦）

保险业

【概况】 2019年，有20家财产保险公司在富阳地区开展业务，与上年持平。有16家人身保险公司在富阳地区开展业务，与上年持平。

（赵雪红）

【中国人民财产保险股份有限公司富阳支公司】 中国人民财产保险股份有限公司富阳支公司主营车辆险、企财险、工程险、家财险以及责任险、意外险等财产保险业务。2019年，实现保费收入3.22亿元，支付赔款2.04亿元。

公司机构网点布局广，在富阳城区、大源、新登、场口、万市、银湖等设有多个分支机构；人员配备充足，有员工及代理人员160余人；服务优势显著，有覆盖全国、管理完善的理赔监督、调动体系，提供一系列主动、迅速、高效、优质的理赔服务。

2019年，开办并发生业务的政策性农业保险险种共计17个，处理政策性农业保险各类赔案900余件，共计赔付金额650.82万元，为保障富阳经济、稳定社会提供了强大的保险保障。

【中国平安财产保险股份有限公司富阳支公司】 2019年，中国平安财产保险股份有限公司富阳支公司实现保费收入10096万元。支公司积极实施商业险电子保单，降低社会资源损耗，提升社会生产效率。持续升级车险服务，公司通过平安好车主APP线上化平台，打造移动车主生态圈，至年底，平安好车主客户迁移率77.80%，服务使用率65.30%。全力配合实施“警保联动”服务模式，与交警部门共同致力于优化缓解中心城区交通拥堵状况、改善人民群众出行条件、提高城市交通治理水平。8月，公司快速响应全面启动大灾预案，开启理赔绿色通道，简化手续，快速高效完成案件处理，派出理赔骨干8人次支援重灾区，与灾区同仁一起不畏风雨全力抗击“利奇马”。

【中国人寿财产保险股份有限公司杭州市富阳区支公司】 中国人寿财产保险股份有限公司杭州市富阳区支公司自2008年5月成立以来，认真贯彻执行党和国家关于保险业改革发展的决策部署，充分依托中国人寿集团化综合经营优势，主动适应富阳经济发展“新常态”，积极抢抓财产保险行业机遇，深入实施创新驱动发展战略，着力打造具有自身特色的一流财险公司，稳步成长为具有较强竞争力和影响力的财产保险公司。

支公司位于富阳区富春街道康月路53号，设有互动、车行、银保、营销、重客和个代六大业务渠道和经理室、综合、理赔客服三个部门，下设新登营销服务部。2019年，公司有正式在编员工25人，劳务派遣员工22人，个人代理人32人。全年实现保费收入8383万元，同比增长22%，高于行业增幅20.62个百分点，市场份额突破9.62个百分点，较上年提升了1.63个百分点，市场排名第3位；各类赔付支出6729.58万元。

【中国太平洋财产保险股份有限公司富阳支公司】 中国太平洋财产保险股份有限公司富阳支公司成立于2003年5月29日，营业地址为浙江省杭州市富阳区富春街道龙浦街84号，辖内设有新登营销服务部，位于新登镇登城南路3-3号。2019年，有在册员工30余人。

富阳支公司长期专注于为客户提供全面的财产保险产品和服务，向社会各界提供机动车辆保险、财产保险、责任保险、农业保险、意外伤害保险、短期健康保险等中国保监会批准的各类保险业务，服务范围覆盖航空航天、电力能源、石油化工、船舶航运、纺织烟草、机械设备、电子通讯、金融贸易、科技创新、基础建设、农林牧渔等各行业和领域，业务规模一直稳居前列。2019年度，承保了浙江浙能集团、华润燃气、金桥北路地铁管廊、城际铁路附属配套工程、春永长兴至泰顺综合整治工程、南方建材集团等重大项目。

【中国大地财产保险股份有限公司富阳支公司】 中国大地财产保险股份有限公司于2003年10月15日在上海成立，是经国务院同意，中国保监会批准成立的全国性财产保险公司。富阳支公司成立于2005年，2019年，有员工32人，营销员50人，全年保费收入5889万元。

2019年，富阳支公司在创新科技的驱动下，上线“筋斗云”核心系统，提高业务服务能力；推进客户服务线上化，完善客户服务体系；推行大地“礼”赔品牌服务，提升客户服务体验。全年为富阳地区共提供235亿元保险保障。先后为杭富城际铁路、G235等政府工程项目、区政府公务用车、区安全生产等提供专项保险方案，提供个人保险服务超1万人次。

【阳光财产保险股份有限公司富阳支公司】 阳光保险集团股份有限公司于2005年7月28日正式成立，总部设在北京，为中国500强，服务业100强企业。公司不断践行“一身四翼”战略，在做大做强保险主业的基础上，推动“数据阳光、金融阳光、健康阳光、海外阳光”四个阳光的发展。

阳光财产保险股份有限公司富阳支公司成立于2007年5月24日，位于富阳区公望街563、565号。下设新登镇营销服务部，大源镇门店，拥有员工30名。

【太平财产保险有限公司杭州富阳营销服务部】 2019年，太平财产保险有限公司杭州富阳营销服务部积极参与区卫健局2019年老年人意外保险项目。结合区政府安全生产管理工作实际，在杭州市应急管理局的统一要求下，针对不同企业，制定切合企业安全生产实际需求保险产品。全年，财产损失赔付方面超千万，人伤事故赔付超千万，企业赔付超百万；参与人伤调解和保险事故纠纷近500起，妥善处理死亡案件3起、伤残案件47起。

【安诚财产保险股份有限公司富阳支公司】 安诚财产保险股份有限公司于2006年12月成立，总部位于重庆，是西南地区首家全国性财产保险公司，注册资本金40.76亿元人民币。安诚保险股东主要为地方国有大型企业、民营企业及世界著名金融企业韩国DB损害保险公司等。公司专业经营各类财产保险业务，同时具有农业保险、大病医疗保险等政策性保险经营资质；是中国农业保险再保险共同体成员单位、中国卫星发射承保单位之一、中国核保险共同体成员单位之一；与劳合社、瑞再等世界著名再保险公司建立了稳定的合作关系。

安诚财产保险股份有限公司富阳支公司位于杭州市富阳区富春街道金桥北路196，198号，至2019年底，公司有在编人员13人，各类销售人员近70人。

【浙商财产保险股份有限公司富阳支公司】 浙商财产保险股份有限公司富阳支公司成立于2010年3月19日，注册资本30亿元，是国内唯一一家总部设在浙江的全国性财产保险公司。公司成立以来坚持“创业、创新、诚信、成功”的核心价值观，业务规模稳步增长，2019年实收保费1800万元，比前一年增加了434万元。

【华安财产保险股份有限公司浙江分公司富阳支公司】 华安财产保险股份有限公司是于1996年10月18日正式创立的一家专业财产保险公司，总部设于深圳，注册资本21亿元，主要经营各种财产险、责任险、信用保证险、农业险、意外伤害险、短期健康险和再保险业务。经过二十余年的发展，华安保险已经成长成为资产质量优良、员工队伍蓬勃、创新能力突出的全国性金融机构。

华安财产保险股份有限公司富阳支公司位于杭州市富阳区银湖街道高桥西路49-5，49-6号商铺，公司设有财产险、责任险、意外伤害险、短期健康险业务，下设营业网点为富阳。2019年，公司有在编员工6人。

【天安财产保险股份有限公司富阳支公司】 天安保险股份有限公司是中国首家由企业出资组建的股份制商业保险公司，成立于1994年10月，总部设在上海。注册资金43.45亿元。

天安保险富阳支公司成立于2000年5月，公司地址为富阳市秦望路222号城市花园5号楼（文教路88号）4楼。2019年，围绕公司“做强”战略，进行险种结构调整及员工队伍的整合，业务发展态势良好，有员工11名，承保了320国道富阳大桥连接线、杭富地铁7标段、春永线、“富阳四好农村路”、金桥北路管廊工程等建工团意险项目。全年签单保险收入1176余万元；已决案件1044余件，已决赔款867万元。

【英大泰和财产保险股份有限公司富阳支公司】 英大泰和财产保险股份有限公司富阳支公司成立于2016年9月27日，位于富阳区金桥北路161-17号，下设业务拓展，出单，理赔，综合等岗位。2019年，公司有员工6人，获得国网英大集团英大泰和财产保险股份有限公司浙江分公司先进集体。

【国任财产保险股份有限公司杭州市富阳支公司】 国任财产保险股份有限公司杭州市富阳支公司（曾用名信达财产保险股份有限公司杭州市富阳支公司）成立于2015年7月，办公地点位于浙江省杭州市富阳区金桥北路161-1号，经营范围主要是机动车辆保险，财产损失保险，短期健康保险以及意外保险等。2019年，有员工10人。

【中华联合财产保险股份有限公司富阳支公司】 2019年，公司通过学习贯彻中央精神，落实年初全国保险工作会议和全国保险工作座谈会精神，“坚持狠抓管理 、夯实基础、效益为先、稳健发展”的经营方针，加强管理，开拓市场改善服务，取得了良好的经营业绩。

2019年，支公司共实现全年保费收入835万元，完成年保费计划的64.01%，其中车险保费收入798万元；非车险保费收入36万元；赔款同比情况，综合赔付率上年度63.29%；本期赔付率63.08%，同比下降0.21%，赔款支出539万元。

【长安责任保险股份有限公司富阳支公司】 长安责任保险股份有限公司于2007年9月29日开业，注册资本为人民币32.50亿元。

长安责任保险公司富阳支公司成立于2009年7月27日，位于浙江省杭州市富阳区富春街道桂花西路6号燃料大楼6楼，主要经营责任保险、法定责任保险、财产损失保险、信用保险和保证保险、短期健康保险和意外伤害保险等保险产品。长安责任保险富阳支公司为各类企业及个人客户提供有关机动车辆保险、财产保险、工程保险、责任保险、意外伤害保险、短期健康保险、保证保险及货运船舶保险等丰富的保险产品以及专业的理赔服务。2019年，富阳支公司有11名在编员工以及14名营销员。

【都邦财产保险股份有限公司富阳支公司】 都邦财产保险于2005年10月19日成立，总部位于北京。

都邦财产保险股份有限公司富阳支公司于2006年10月19日开业，办公地址在杭州市富阳区富春街道江滨西大道10号开发大厦9楼。2019年，当年结案率为71.91%，历年结案率为103.69%。

【大家财产保险股份有限公司浙江分公司富阳区营销服务部】 2019年，富阳安邦保险营销服务部，因总公司资产、负债、保险业务受让大家财产保险公司，更名为大家财产保险股份有限公司浙江分公司富阳区营销服务部，人员精减至3人。

【永安财产保险股份有限公司富阳支公司】 永安保险创立于1996年，总部位于陕西省西安市。公司注册资本金26.63亿元，在全国18个省、市、自治区设有各类营业机构778

个，其中分公司22个，拥有1.5万余名员工，总资产逾百亿元。

永安财产保险股份有限公司富阳支公司位于金桥北路161-5号，公司设有个险、团险等业务渠道和综合、客服职场部门。2019年，公司有在编人员15人。

【中银保险有限公司浙江分公司富阳营销服务部】 2019年，中银保险有限公司浙江分公司富阳营销服务部有员工3人，实现签单保费358万元，同比增长44%，综合赔付率为20.66%。

【泰山财产保险股份有限公司杭州市富阳支公司】 泰山财产保险股份有限公司是注册地在山东的全国性保险法人机构，是山东省国资委履行出资人职责直接管理的省管企业，股东为山东高速集团等12家省管国有企业，注册资本20.30亿元，2011年1月18日挂牌开业。

泰山财产保险股份有限公司杭州市富阳支公司位于浙江省杭州市富阳区富春街道体育馆路584，公司设有销售团队1个，经营财产险、责任险、信用保证保险、意外险等业务。

【中国人寿保险股份有限公司杭州市富阳支公司】 中国人寿保险股份有限公司是首家分别在纽约、香港、上海三地上市的金融保险企业，为广大客户提供个人和团体人寿保险、年金保险、意外险和健康险业务。寿险公司以悠久的历史、雄厚的实力、专业领先的竞争优势及世界知名的品牌赢得了社会广大客户的信赖，始终占据中国寿险市场主导地位，被誉为中国保险业的“中流砥柱”。连续17年入选《财富》杂志“世界500强”，2019年位列第51位。

中国人寿保险股份有限公司杭州市富阳支公司位于富阳区龙浦街200号2楼，公司设有大个险、团险、银保3大业务渠道和综合、客服、教培三个职能部门，下设新登、场口、万市、大源等营业网点。2019年，公司有正式在编员工36人，劳务派遣员工2人，各类销售人员2000余人。实现保费收入43419.87万元，其中新单保费14391.77万元，市场份额25.49%，各类赔付支出3019.27万元，上缴国家各类税收345余万元。

2019年，富阳支公司坚持高目标引领，高强度推进，高效率落实，实现业务和队伍的稳步增长，被总公司评为“双百强”县支公司荣誉称号。

【中国平安人寿股份有限公司浙江分公司富阳营销服务部】 2019年，中国平安位于《财富》500强排名第29位，福布斯位列第7位，全球保险集团市值第1。金融科技专利申请数位于全球第1，荣获47个国际科技奖项冠军。至年底，连续18年获得“中国最受尊重企业”的称号。

平安人寿保险有限公司富阳营销服务部成立于2000年4月，现办公地址位于富阳区金桥南路29号。2019年，拥有保险从业人员以及员工659人。寿险保费收入39995.91万元，理赔金额4161.88万元。

【中国太平洋人寿保险股份有限公司杭州市富阳支公司】 2019年，中国太平洋人寿保险股份有限公司富阳支公司在总公司转型2.0要求的指引下，坚持“聚焦价值、聚焦队伍、聚焦赋能”，打造队伍升级、服务增值、科技赋能三大新动能，坚定不移地走高质量发展道路，取得了非常明显的效果。公司下辖新登、万市2个营销服务网点，员工17人，政保合作项目员工25人，营销人力突破600人。

【中国人民人寿保险股份有限公司杭州市富阳支公司】 中国人民人寿保险股份有限公司拥有健全的分销渠道和服务网络，34个省市自治区、275个地市、1642个县市区都设有面向客户的销售和服务机构。

中国人民人寿保险股份有限公司杭州市富阳支公司位于富阳区桂花西路187号4楼。公司设有大个险、团险、银保、互动四大业务渠道和其他后援部门。2019年，公司有正式员工6人，各类销售人员450余人。全年理赔金额213.95万元，其中死伤医疗给付131.64万元，满期金给付98.04万，年金险给付29.33万。

【太平人寿保险有限公司杭州中心支公司富阳营销服务部】 2019年，太平人寿保险有限公司富阳营销服务部积极服务富阳经济发展与民生保障，主动承担企业社会责任。积极投身救灾帮困，面对台风“利奇马”造成浙江多地受灾的现状，积极推动内外勤捐款。推进全民健康检测。多次在富阳区域内为老百姓做免费的“手握健康”检测，帮助老百姓了解自己身体健康状况。积极宣传健康知识。2019年，多次举办大中型健康主题讲座。

【富德生命人寿保险股份有限公司杭州中心支公司富阳区营销服务部】 富德生命人寿保险股份有限公司是一家全国性的专业寿险公司，2002年成立，现注册资本117.52亿元，是国内资本实力较强的寿险公司之一。2019年年底，公司总资产已经突破4600亿元。

2019年，富阳营销服务部全年实现个险综合标保534万元，较2018年正增长4.50%。全年保费收入2447万元，赔付支出225万元，其中赔款支出11.50万元，死伤医疗给付79.50万元，满期给付134万元。

【阳光人寿股份有限公司富阳支公司】 阳光人寿保险股份有限公司富阳支公司成立于2014年3月，地址位于浙江省杭州市富阳区富春街道孙权路231号。2019年，阳光人寿重疾&医疗优秀案例被选为“中国保险业服务创新案例暨影响力赔案”。荣膺中国基金会评价榜第四届“金桔奖”“最佳理赔服务”奖项。

【民生人寿保险股份有限公司浙江分公司富阳营销服务部】 民生人寿保险股份有限公司（简称民生保险），2003年成立，注册资本金60亿元，目前在北京、上海成立双总部。民生保险践行“以用户为中心”的经营理念，建立了覆盖全国重点省市区域的机构服务网点，拥有25家省级分公司、近700个服务网点。民生保险始终追求“创造受人尊敬的公司”为企业愿景，牢记对社会的责任和使命，公司在成立公益基金会后，每年将年度税前利润的12%捐赠基金会，用于回馈社会。

民生保险富阳营销服务部位于富阳区江滨西大道10号，开发大厦9楼，设立营销、收展两个条线。2019年，积极组织参加无偿献血、探望孤寡老人、捐款捐物等各类公益活动。实现保费收入1891.47万，其中新单保费253.1万元，同比增长55.60%。重视服务，年累计13个月继续率达到97.70%，年累计赔付支出205.94万。

【华泰人寿保险股份有限公司浙江分公司富阳营销服务部】 华泰人寿保险股份有限公司是一家全国性寿险公司，2005年正式开始，总部设立在北京。

华泰人寿富阳营销服务部位于富阳区富春街道519号财富中心A座20楼，公司设有个险、综合、客服三个职能部门。富阳营销服务部为1200多户家庭提供专业保障，2019年，理赔客户16人，理赔金额12.30万元。积极组织员工参加各类公益活动，下乡为群众提供视网膜检测、AI检测等。

【泰康人寿保险有限责任公司浙江杭州富阳第一营销服务部】 泰康人寿保险有限责任公司（简称泰康人寿）是泰康保险集团股份有限公司（简称泰康保险集团）的子公司。泰康人寿始终坚持“市场化、专业化、规范化”的企业价值观，坚持稳健经营、开拓创新的经营理念，致力于为日益成长的工薪白领人群提供专业化、高品质的人寿保险服务。泰康人寿在全国设有36家分公司，覆盖中国大陆所有省级行政单位。

泰康人寿浙江分公司富阳第一营销服务部成立于2002年9月28日，现办公地址位于恩波大道519号财富中心A座603，保险从业人员以及公司员工188人。

【中国人民健康保险股份有限公司富阳营销服务部】 中国人民健康保险富阳营销服务部成立于2007年11月，地址位于浙江省杭州市富阳区富春街道桂花路33号6楼A区。至2019年年底，富阳营销服务部在册代理制销售人员5人。

【长生人寿保险有限公司浙江分公司富阳营销服务部】 长生人寿保险公司是长城资产旗下唯一一家专业寿险公司，总部设在上海，为广大客户提专业的个人和团体人寿保险、年金险、意外险和健康险业务。

长生人寿保险公司富阳营销服务部位于富阳区文创大厦15楼，2019年，富阳营销服务部在编营销员151人，内勤3人。

【中意人寿保险有限公司浙江分公司富阳营销服务部】 中意人寿保险有限公司成立于2002年，由中国石油天然气集团有限公司和意大利忠利保险有限公司合资组建，是中国加入世界贸易组织后首家获准成立的中外合资保险公司。

中意人寿浙江省分公司富阳营销服务部于2018年1月19日正式开业，公司位于富阳区体育馆路文创大厦7楼。2019年，公司有3个内勤，22个外勤，平均年龄33岁。全年保费收入101.60万。

【信泰人寿保险股份有限公司浙江分公司富阳营销服务部】 信泰保险股份有限公司成立于2007年5月18日，为首家总部设于杭州的全国性寿险公司。2019年5月，信泰人寿保险浙江分公司被杭州市人民政府授予“2018年度在杭保险机构支持我市政治经济发展三等奖”。2019年11月，第十四届中国保险创新大奖公布名单，信泰人寿荣获2019年文化与品牌奖（2019年度最具成长性保险品牌）。

信泰保险股份有限公司浙江分公司富阳营销服务部设立于2016年12月27日，地址位于富阳区孙权路231号春城大厦二单元1903室。主要经营人寿保险、健康保险、意外伤害保险等各类人身保险业务。

【国华人寿股份有限公司富阳支公司】 国华人寿保险股份有限公司富阳支公司位于富阳区富春街道复城国际7楼。主要经营人寿保险、健康保险、意外伤害保险等各类人身保险业务。根据总公司个险转制发展的总体思路，个险全部转制到国华全资控股的子公司华瑞保险销售有限公司，从2019年底开始，公司主营渠道为银保。2019年，国华人寿富阳支公司实现保费收入1019万元，赔付支出为263万元。支公司机构内勤人员为2人，外勤人力8人，主要经营工、农、中、建、双邮渠道。

【新华人寿保险股份有限公司杭州中心支公司富阳区营销服务部】 2019年，新华人寿保险股份有限公司杭州中心支公司富阳区营销服务部服务个人客户11000余人。从销售前端和客服后端均在合规的前提下，以服务客户为导向，以客户满意的宗旨，通过服务维系客户，从而推动业务健康、稳定、持续发展。（俞一洁）

小额贷款

【概况】 2019年，富阳区共有小贷公司6家，与上年持平，分别是杭州富阳浙丰小额贷款有限公司、杭州富阳永通小额贷款有限公司、杭州荣泰小额贷款有限公司、富阳市海通小额贷款有限公司、杭州富阳富仑小额贷款有限公司、杭州富阳金富春先进小额贷款有限公司，注册资本总额11亿元。

富阳区小额贷款公司严格按照《中华人民共和国公司法》的相关规定及《浙江省小额贷款公司试点暂行管理办法》等要求，设立股东会、董事会、监事会。建立有效的监督制衡机制，包括《股东会决策运行制度》《董事会决策运行制度》等。各小贷公司按规定制定《贷款风险管理办法》《内部风险控制制度》《贷款损失追偿制度》《高管人员风险责任追究制度》等规章制度。2019年，全区6家小贷公司累计贷款金额108544.50万元，贷款余额145637.90万元。全年实现营业收入7206.80万元，缴纳税收993.70万元。

2019年5月，根据省区政府统一安排，富阳区融资担保行业监管

小贷公司 2019 年发放贷款情况表

表 10 单位：万元

公司名称	注册资本	所有者权益	本年累计贷款金额	贷款余额
浙丰小额贷款公司	10000	17454.70	9003.00	18959.00
永通小额贷款公司	25000	32685.50	12694.80	25176.50
荣泰小额贷款公司	25000	36948.60	68935.60	47376.70
海通小额贷款公司	20000	7172.50	50.00	18427.00
富仑小额贷款公司	20000	25714.20	12411.10	25530.40
先进小额贷款公司	10000	14120.90	5450.00	10168.30
合　计	110000	134096.40	108544.50	145637.90

小贷公司风险拨备情况表

表 11 单位：万元

公司名称	坏账准备余额	一般风险准备余额	合　计	风险拨备覆盖率
浙丰小贷公司	2917.50	2317.30	5234.80	451.23%
永通小贷公司	10666.10	5619.50	16285.50	108.32%
荣泰小贷公司	1352.70	9022.00	10374.70	289.06%
海通小贷公司	12161.00	2934.50	15095.50	94.78%
富仑小贷公司	641.50	3400.20	4041.70	318.74%
先进小贷公司	738.00	3239.70	3977.70	469.99%
合　计	28476.80	26533.20	55009.90	145.43%

小贷公司贷款业务集中度情况表

表 12

公司名称	第一大行业（万元）	占比（%）	第二大行业（万元）	占比（%）
浙丰小贷公司	造纸及纸制品	19.17	金属制品	5.61
永通小贷公司	批发和零售业	21.68	加工纸制品	11.18
荣泰小贷公司	投资与资产管理	19.42	其他行业	15.83
海通小贷公司	批发零售业	31.60	造纸及纸制品	18.50
富仑小贷公司	批发零售业	27.60	造纸及纸制品	21.70
先进小贷公司	造纸及纸制品	29.07	批发和零售	23.29

部门由区经济和信息化局变更为区政府金融工作办公室。

【风险拨备覆盖】 2019 年，富阳区小额贷款公司共计提准备金 55009.90 万元，其中坏账准备 28476.80 万元，一般风险准备 26533.20 万元，风险拨备覆盖率 145.43%。

【贷款业务】 2019 年，富阳区小贷公司贷款行业相对分散，行业集中度均未超过 30%，主要集中在批发零售业和造纸及纸制品业。3 家小贷公司贷款业务集中的第一大行业均是批发零售业，2 家小贷公司第一大行业是造纸及纸制品业。

担　保

【概况】 2019 年，富阳区有融资担保机构 7 家，其中，5 家主要为区内中小微企业和“三农”提供融资担保，2 家主要提供汽车消费贷款担保。

2019 年，全区融资担保机构共提供融资担保 59052.73 万元，提供非融资担保金额 15401 万元，年末融资担保业务在保余额 122676.80 万元，非融资担保业务在保余额 14826 万元。其中提供中小微企业和“三农”融资担保金额 13590 万元，年末在保企业担保余额 22659 万元，比年初下降 9378.40 万元；

提供消费融资担保（含中小微企业、工程车、运输车、个人小汽车）金额45462.73万元，比上年减少67977.20万元，年末在保余额100017.80万元，比年初减少14220.66万元；提供工程履约和诉讼保全非融资担保金额15401万元，年末在保余额14826万元。全区融资担保机构全年收入共计580.77万元，同比减少326.88万元，计提担保赔偿准备金178.37万元，计提未到期责任准备金-12.14万元，合计计提两项准备金166.23万元，同比减少464.98万元。

2019年，全区融资担保机构发生代偿964笔，累计代偿19451.68万元；回收当年及以前年度应收到代偿款9294.26万元，年末应收代偿款余额18881.20万元，比年初减少1741.71万元。

至年底，全区融资担保机构总资产90671.09万元，其中流动资产89036.43万元，占总资产的98.2%（其中货币资金49741.55万元，应收款19644.32万元，存出保证金19600.23万元），固定资产885.56万元，占总资产的1%；融资担保机构总负债5620.15万元（其中应付款2665.82万元，存入保证金1344.65万元，担保赔偿准备金1202.67万元，未到期责任准备金227.43万元），负债率为6.20%，融资担保机构所有者权益84366.29万元（其中注册资金71318万元，占84.53%）。

（何 君）

【编 辑 赵雪红】

18 交通运输
Transportation

● 打造现代版富春山居图

综 述

【概况】 2019年，总投资达304.90亿元的春永快速路、彩虹快速路、地铁6号线、绕城西复线及其两条连接线等6个重大项目累计完成投资140.08亿元，完成年度计划投资117%。地铁6号线富阳段9个车站完成4个主体工程，8个盾构区间16台盾构机15台下井，隧道暗挖累计掘进14392米（完成55%）。大源和高桥互通连接线有序推进。5月，东洲互通“4进6出”收费广场，9月，龙门古镇互通通车，12月，大盘山隧道、环金线开工建设，绕城西复线路基贯通，春永线右幅通车。重大项目杭淳开高速、灵桥互通迁建以及地铁6号线延伸等前期规划研究进一步深化。全区功能定位精准的大交通网络体系和拥抱大都市融入长三角的交通框架快速形成。

根据《富阳区建设高品质“四好农村路”实施意见》要求，全方位打造“大美龙羊”“烟雨桐洲”“古渡东梓”“四好农村路”示范区3个，全年累计完成民生实事项目农村公路提升改造182.30千米、路面维修87.80千米、打造美丽经济交通走廊115千米。建成普通公路服务站6个、渡口改造7个、乡镇运输服务站4个、村级农村物流网点242个。

全年新增公交线路18条，开通较大自然村公交线路25条，更新投入新能源公交车179辆，建成公交候车亭317个，建成启用龙门、东洲等公交首末站4个，打通城乡断头路5条，新建停车泊位1247个，群众出行更加便捷。加大交通质监、路政、运政执法力度、强化公交等行业管理。2019年，交通质监部门积极开展交通建设工程质量安全、文明施工及违法转分包等突出问题专项整治行动，累计约谈施工企业3家、检测单位1家，实施行政处罚共30起，罚款34万元。强化错时执法与联合执法，严厉打击超限超载等违法运输行为。累计现场查扣超限车辆1318辆（其中查扣“百吨王”59辆）、卸载货物5.60万吨，查处抛洒滴漏车辆30辆、罚款5.90万元。公路治超“非现场”执法结案562件、罚款235.90万元；运政部门累计办结行政处罚案件752件，罚款185.10万元，取缔无证维修摊点5处、“黑驾培”培训点1处。

组织开展出租车高考免费接送、“阳光维修”进驾校、进校园、进社区等民生服务活动，服务企业、服务群众意识持续提升。

推进“就近办”“一证办”“网上办”“自助办”等改革。全年完成事项办理22115件，按时办结率100%，零投诉。累计创新工作20余项，率先在中心建立“跑一次办不成投诉热线”，7次获“最多跑一次”示范窗口。率先在全省打破交通工程传统审批模式，实行交通项目“联

美丽经济走廊胥高线开通

（区交通运输局 供稿）

审联批”。

路政审批“跑零次”、小客车指标摇号乡镇自助机办理全覆盖、基层党支部与民主党派支部共建等3项工作，在杭州地区首创。

公路运输

【概况】 全年，辖区管养公路1004条，总里程1983.19千米。按行政等级分，国道4条（其中2条系规划国道）100.28千米，占5.06%，省道4条88.25千米，占4.45%，县道公路46条460.68千米，占23.23%，乡道公路96条329.83千米，占16.63%，专用公路3条12.59千米，占0.63%，村道851条991.56千米，占50%；按技术等级分，国家高速公路37.29千米，占1.88%，一级公路110.12千米，占5.55%，二级公路208.27千米，占10.5%，三级公路203.57千米，占10.26%，四级公路1201.46千米，占60.58%，准四级公路222.48千米，占11.22%；按路面等级分，高级路面1960.33千米，占98.85%，次高级路面8.58千米，占0.43%，中级路面14.28千米，占0.72%。全区公路通乡率、通行政村率均100%。

【农村公路建管养】 2019年是高品质“四好农村路”三年行动计划任务最重的一年，全年有序推进农村公路建管养工作，完成通自然村道路2条1.80千米；打通断头路1条1千米；基本完成低等级公路提升187条197.78千米；新建县乡公路改扩建3条4.84千米，完成3条4.84千米，完成工程量100%，续建县乡公路改扩建9条16.18千米，完成8条13.29千米，完成工程量82.14%；新建农村联网公路25条25.75千米，完成7条6.93千米，完成工程量26.91%；全年完成县乡公路大中修工程27条91.84千米，村道大中修工程23条20.95千米；完成病危桥改造2座；完成农村公路服务站5个。县乡道水毁及安保维修工程总投资139万元。完成国省道大中修2条，实施里程39.78千米，总投资3656万元。

【交通质监行业管理】 全年以“品质工程”建设为标杆，全力推进工程质量提升。强化日常监督检查力度。结合农村公路建设实际，积极开展交通建设工程质量安全、文明施工及违法转分包等突出问题专项整治行动。开展各类专项检查253次，组织交通质监人员监督检查556人次，发出《责令限期整改指令书》57份。推进“品质工程”建设。紧紧围绕“品质工程”建设，从设计、招标等环节入手，明确“品质工程”建设要求，通过示范工地标准化建设，树立农村公路建设新标杆。监督工作扩面，确保检查“全覆盖”。将200万以下村级项目纳入日常检查范围，制定相应工作举措，确保日常监管“横向到边、纵向到底、不留死角”。开展质量问题排查回头看行动。全面排查全区2017年至2018年实施的64个县乡公路改扩建项目及农村村道等级提升项目，下发整改通知书9份，督促相关单位整改到位。全面排查全区2016年至2018年完成的105条公路项目，其中，县乡道改扩建项目16条，村道等级提升项目35条，大中修项目54条，对排查发现的问题进行原因分析，并督促责任单位整改。

【安全监管体系建设】 以“平安工地”建设为抓手，全力推进安全监管体系建设。加强安全生产宣传教育。2019年，召开平安创建和扫黑除恶工作会议6次，悬挂平安建设相关的宣传标语、横幅共74条，张贴扫黑除恶海报39幅，发放宣传手册500余份。督促全区交通建设工程参建单位强化平安建设和扫黑除恶宣传教育工作。做好重要时期（恶劣天气、春运）在建工程的安全生产工作。对施工单位进行雨雪、防汛等工作检查，挖除施工便道和管涵4条，转移机械设备14台，排查民工板房136间，转移人员20人。推进“平安工地”创建活动。督促西复线高桥和大源两条连接线工程施工安全总体风险评估报告的编制和落实，指导西复线高桥和大源两条连接线工程开展应急演练。以招标文件审查、监督交底、开展“安全生产月”等活动为载体，明确500万元以上项目平安工地建设的要求。督促项目参建各方认真履行职责，严格管理，提高施工安全应急处置能力。牵头组织实施道路安全隐患治理。全年交通部门牵头组织实施的道路安全隐患治理点（段）共80处，分别为事故多发点段3处。护栏安装56处，非法路(缺)口14处、路灯安装7处，至2019年年底，护栏安装完成52处，完成率92.90%，其余安装隐患治理点完成率均为100%，总体形象完成进度约95%。

【公路路政管理】 依托“一巡多功能”综合执法机制，通过跨区域错时执法、部门联动等手段加大对抛洒滴漏和超限运输等野蛮违法运输行为整治，并采取设卡与企业约谈等方式，进一步强化源头监管。全年，共排查年进出货物30万吨以上企业40家，开展联合执法整治活动70次，出动执法车辆2659辆次，执法人员4200人次，移交／查扣违法超限运输、抛洒滴漏车辆1422辆。其中，查处公路治超“非现场”执法案件597件，查处损坏公路设施赔（补）偿案件37起，卸载货物5.56万余吨，罚款人民币263.80万元，征收公路赔（补）偿费3.99万元。对投资3150万元，11个“非现场”执法点位建设项目编制招投标。按照防汛体系规范化建设工作要求，配齐防汛抢险物资，提高抢险和保障能力；以网格化方式加强对辖区三级以下公路禁止客运车辆通行标志等安全隐患进行排查；建立值班备勤制度和组织应急抢险队员演练。路政、养护部门密切配合，采取督促、跟踪方式对全区25条县级以上公路标志标线完好程度进行全面排查，共排查标志242余块。按照轻重缓急原则，对交通流量较大的主要县道的车道标线、斑马线、停车线、减速线等标线分别进行漆划，累计共漆划标志标线15887平方米，投入资金70多万元。结合“路政宣传月”和“安全生产月”活动，开展进公路沿线党政机关、进乡村集镇、进厂矿企业、进在建工地、进货运站场、进中小学校等“六进”活动。通过悬挂宣传横幅、制作小手册等方式着力宣传公路工作，呼吁社会一起爱路护路。派发宣传资料2800余份，制作横幅62条，图板54块，电子显示屏播放4块。

【公路养护】 完善公路养护体系建设。根据《中华人民共和国公路法》和行业规定，起草修订《富阳区公路养护管理办法》。完善公路精细化养护制度，强化监督检查。与交达公路养护公司签订年度养护协议，明确公路年度养护责任单位。部门联动，强化公路病害处置。2019年，养护春永线、环金线等公路，累计投入沥青混合料2538.90吨，冷拌料100吨，铣刨水稳料利用117吨，宕渣填补165吨，机械设备、车辆793余台次，出动4166余人次，检查标志355余块，涉路工程57处，加固临时标牌、围挡105处，修补坑洞332处，修复警示锥152个，边沟清理186千米，处理积水路段73处，清理树木263棵，及时消除公路病害。完善养护考核机制，提升养护行业监管活力。区公路管理段养护部门整合资源，投入养护资金4550万元（其中，留取1000万元作为考核奖励，根据年终考核结果拨付；乡村道路日常养护资金预留25%，根据年终考核结果拨付）。

【道路运输安全管理】 2019年3月，由交通运输局牵头，公安交警、城管、住建、安监等部门协同配合，旨在加强政府监管和行业自律，减少安全隐患，为工程运输车企业提供交流和信息共享的平台，成立富阳区工程运输车管理协会。至年底，1874辆工程运输车加入协会，涵盖了73家企业，入会车辆均完成了智能视频系统和主动预防系统，并建立了工程运输车统一监管平台。大力推进“两客一危”车辆智能视频系统的安装，2019年，客运车辆全部安装智能视频系统，231辆危化品运输车完成安装，安装率为95.50%。加强从业人员安全培训，对全区340名道路运输企业负责人、安全员进行安全培训，提高从业人员安全意识，要求企业落实安全管理主体责任。成立新中国成立70周年国庆护航领导小组，下设的四个运管所成立机动小组，加大路面的巡查力度，保障国庆期间全区道路运输平稳、安全、有序。加大传统节假日（小长假出行高峰期）安全隐患检查力度，全年共出动执法检查人员2400余人次，发现隐患179条，全部完成整改，客运、公交、危货、出租车无亡人事故。开展营运客车及校车突发事件应急逃生演练、安全知识竞赛、“党建+平安巡防”等活动，形成“人人懂安全、人人要安全”的良好氛围。

【客运市场监管】 2019年，新建改建乡镇运输服务站4个，更新农村客运车辆130辆，建设港湾式停靠站300个，农村物流点240个；进一步优化公交线路，新增公交线路14条，优化调整公交线路7条，对5条公交线路进行班次增密，启用东洲、银湖公交首末站和龙门公交站；进一步推进村村通公交，完成83个200人以上较大自然村通公交车，完成率332%；缩短了11个建制村公交车通达距离（从2千米缩短到1千米），完成率157%；缩短了17个较大自然村公交车通达距离（从1千米缩短到0.5千米），完成率212.5%。采取多部门联动、错时执法、联合执法、专项整治等措施，加大源头检查和路面管控力度。检查道路运输企业（含源头）2469家次，检查各类型车辆27233辆次（含电瓶车），非现场检查巡游出租车3633辆次，勘验各类型车辆1827辆次；累计办结行政处罚案件752件，罚款185.13万元，处罚案件数是上年同期的142%。依法执法，规范执法，文明执法，全年无行政复议、行政诉讼案件。

【出租车行业管理】 全年加强巡游出租车和网约车管理工作。通过路面和监控检查，在车站、医院、商业区等重点地段布控，进行巡查；以实施“错时执法”机制为抓手，在夜间或者周末进行非现场执法及上路巡查，弥补执法空档，有力震慑不规范经营行为；不定期集中整治和日常稽查相结合，重点打击群众举报投诉较多的依附在客运站、医院、商业区的“黑车”及私家车从事非法营运行为。通过非现场执法查实通途、腾飞两家企业出租车驾驶员无服务资格证从事客运出租车营运，分别罚款1万元。全年查处违规违章案件37起，罚款3.34万元。开展巡游出租车服务质量大比武，聘请局行风监督员对全区巡游出租车进行为期3个月的暗访。开展高考免费接送，共派出101辆出租车接送130余名高考学子和家长。同时，出租车行业拾金不昧、救死扶伤等好人好事层出不穷，2019年出租车司机捡到财物170起，其中，现金共83270多元、手机42只、箱包等物品78件，传递正能量。

【维修驾培行业管理】 多措并举，规范驾培行业秩序，维护学员利益。先后出台富阳区驾培行业综合监管业务管理办法、驾培非现场执法线上巡查、驾培行业监管平台日常照片提醒、驾培行业综合监管平台处置情况半月通报等制度，线上指定专人每天对平台推送的数据进行核查和研判，线下对重点线索开展专项检查。2019年，共查处驾培违规行为131起，收缴“跑马机”7台，罚款78800元。依托“一巡多功能”全覆盖机制，对区综巡办移交的交办件，做到有报（交）必查，有查必果，治理小微维修业户无证维修、占道经营、环境卫生脏乱差等顽疾。取缔东洲街道、东吴大桥等周边5家小微无证维修摊点和1家“黑驾培”培训点，督促3家维修业户进行环境卫生整治。组织维修行业协会开展阳光维修“进驾校、进校园、进社区”等活动，为50余辆教练车和100余辆社会车辆提供免费检测，故障诊断，添加油液、保养咨询等各类服务。组织开展维修行业区级一类竞赛，即汽车修理工职业技能竞赛。整合区域内5家驾培机构，引导驾培行业走一体化、规模化、集约化、规范化的发展新路。

水路运输

【概况】 全区境内共有航道7条，干线航道1条和支流航道6条，计76.76千米。其中四级航道1条，48.60千米；6级航道3条，12.56

千米（新江线 5.23 千米，渌渚江 4.41 千米，赵东线 2.92 千米）；7 级航道 2 条，6.20 千米（壶源江 3.8 千米，大源江 2.4 千米）；准 7 级航道 1 条，9.4 千米（周东线）。至 2019 年年底，富阳航区有各类船舶 199 艘，143101 载重吨，平均吨位 719 吨。全区有各类码头 25 处，其中，砂石料码头 15 处，煤炭码头 3 处，成品油码头 1 处，件杂货码头 2 处，客旅码头 3 处，其他码头（华鹰游艇码头）1 处。富阳有渡口 6 处，渡船 10 艘。

2019 年，杭州港富阳港区完成货物吞吐量 1978 万吨，同比减幅达 26.50%。其中，进口量 646 万吨，出口量 1332 万吨，同比分别减少 25.30% 和 27%。港口吞吐量按货种分析，矿建材料、煤炭及钢铁占 83%，矿建材料 1365 万吨，煤炭 138 万吨，钢铁 143 万吨，同比分别减少 33%、48% 和 5.20%。

2019 年，水运集装箱吞吐量 74123TEU、1018046 吨，与上年同期（60661TEU、796048 吨）相比增幅为 22% 和 28%，其中，进港集装箱 36568TEU（重箱占 85%），出港集装箱 37555TEU（重箱占 26%），水运集装箱进港出港重箱比例约 8 ∶ 2，乍浦航线吞吐量 57552TEU，上海航线吞吐量 16571TEU。进出东洲港主要货种包括铜精矿、废纸、成品纸、导轨、家具、粮食、红酒、煤炭等等。其中，完成散改集箱子 29549 个、633618 吨，与上年同期（30622 个、457359 吨）相比，箱量减少 3%，重量增长 38%。

【海事管理】 2019 年春运工作自 1 月 21 日起至 3 月 1 日结束，共计 40 天。在春运期间，辖区渡口投入渡船 9 艘，运力 1092 客位，完成渡口客运量 47297 人次，车辆 36860 车次。2019 年 7 月 1 日，浙江省交通运输厅公布 2018 年度浙江省“美丽渡口”创建考评验收通过名单，全省达到“美丽渡口”创建考评验收标准的渡口共有 58 个，富阳区里山渡和新沙渡榜上有名。2019 年 1 月，富阳区撤销横山埠渡和满庵渡。2019 年，辖区开展全面排查，对所有“三防”安全隐患点进行取证登记，共处置 33 艘，其中，长期不营运的货船 12 艘，报废渡船 2 艘，报废加油码头趸船 3 艘，无证采砂船 5 艘，无证加油船 1 艘，报废渔业辅助船 3 艘，无证货运码头趸船 2 艘，报废工程船 1 艘，无证吊梢船 3 艘，油罐 1 个。启动 6 次“三防”防汛应急响应，其中“三防”一级响应 4 次，最大流量达 11800 立方米 / 秒，最高水位 8.68 米（85 高程），超警戒水位 0.68 米。灵桥镇陈家埠渡、新桐乡王家埠渡、东洲街道五丰渡和小沙渡共 4 处渡埠、3 艘渡船列入“四好农村路”建设提升改造项目。做好秦望隧道水下钻探作业工程、西大道景观勘探工程、西复线富春江大桥工程、西大道景观工程、五丰防洪堤应急抢险工程等水上水下工程的许可审核、日常监管和安全保障工作。开展“安全生产月”活动，共展示宣传图板 20 块，发放宣传资料 100 余份，接受咨询 20 余人次，培训教育学生 42 人次。开展 400 总吨以下内河船舶防污染改造资金补贴工作，完成改造并上报资金申领的船舶 84 艘，资金 109.50 万元。自 2018 年起，累计完成改造并上报资金申领的船舶 105 艘，资金 137.70 万元，发放船舶 16 艘，资金 21.60 万元。

【航道管理】 2019 年，每月对航道开展现场巡查和遥感遥测航标智能系统检查，整改完成杭千大桥、富春江第一大桥、桐州大桥、天然气管道下穿渌渚江标牌、取水口警示标志及夜间发光问题。3 月和 11 月，分别许可中电建北亚（杭州）投资有限责任公司北支江过江通道（北支江大桥）工程建设、周东线富阳段航道上游船闸工程建设。4 月，对拟新建的铁路湖州至杭州西至杭黄铁路连接线跨渌渚江特大桥开展现场核查。7 月，开展航道沿线标志专项检查。8 月，开展钱塘江沿线建筑物核对工作，核对并上报码头、渡口、桥梁、缆线、取水设施等涉航建筑物的名称、数据。12 月，会同杭州市水务集团有限公司现场核查拟新建的银湖水厂一期工程取水口项目。

【港口管理】 2019 年，开展现场检查码头数 228 家次，出动执法人员 530 人次，责令整改数量 166 家次，港口安全检查做到检查全覆盖、码头不遗漏、台账有记录。3 月，钱塘江海事救捞基地码头通过竣工验收。4 月，富阳区交通运输局、杭州市港航管理局富阳管理处对危货码头开展 4 次港口危险货物专项整治检查。5 月，富阳区交通运输局、环保所、渌渚、灵桥镇政府开展码头污染防治联合检查。4 月至 6 月，开展大气污染专项执法检查。8 月，出动检查人员 37 人次，对 17 家经营码头开展污染防治专项检查。10 月，完成港口危险货物企业应急能力建设专项检查。12 月，开展“清洁家园、文明富阳”专项行动，共计专项检查 63 次（含复查），累计发现问题并责令整改 21 家次。

2019 年，推进绿色港口建设，新增船舶生活污水接收点 3 处，分别是浙江澄宇环保新材料股份有限公司接收点、浙江日昌升建材有限公司（趸船）和东洲内河国际港有限公司的接收点。浙江澄宇环保新材料股份有限公司新建 3 套标准岸电设施，富阳港区累计建成岸电设施 10 套。至年底，完成所有港口企业的 15 台非道路移动源申报工作，其中挂牌 11 台。全年，富阳港区码头累计投入环保资金 722.95 万元，用于环保设施维护、道路修整、路面硬化、喷淋设施更换、沉淀池新建、车辆冲洗设备新建提升、绿化种植等。其中，企业投入 290 余万元用于道路硬化，同时新增雾炮 3 台、洒水车 3 辆，新、改建车辆自动冲洗设施 3 套。

【运输管理】 至年底，辖区船舶 199 艘（比 2018 年底增加 30 艘），76271 总吨，143101 载重吨（集装箱船舶 11 艘，378TEU）；货运公司 9 家，自有运力船舶 45 艘，20762 总吨，40736 载重吨，108TEU。开展 2019 年度企业船舶核查换证工作，核查通过辖区内全部普货企业 8 家；船舶 181 艘，其中，个体货船 135 艘，85770 载重吨，企业货船核查 46 艘，41017 载重吨。继续开展内河船型标准化工作，申请的拆解补贴船舶共计56艘，于2018年12月31日前拆解注销上报，补贴资金1067.81万元，2019年补贴资金发放到位。全年，共许可办结个体水路运输许可证35个，核发个体船舶营运证38个，核发企业船舶营运证12个。

【船舶检验】 2019年，开展船舶检验331艘次，112775总吨，主机功率58448.02千瓦。船舶转入26艘，12178总吨，主机功率5948千瓦。其中，新建转入船舶2艘，全部为多用途船，1306总吨，425千瓦；杭州港内转入船舶2艘，736总吨，440千瓦。安装生活污水柜船舶86艘，其中，海事艇3艘和工程船1艘。至年底，富阳辖区营运的100—400总吨的运输货船全部安装完毕。

重大交通项目

【杭州至富阳城际铁路工程（杭州地铁6号线）】 项目总投资132.98亿元（富阳段99.27亿元），2017年11月开工建设，计划建设工期4年，线路全长23.50千米，起点为西湖区美院象山站，向西经银湖街道、富春街道，终点位于富春街道桂花路站（一期），设站12座，设计速度100千米／小时，全线入地。西湖区段长6.76千米，设站3座，分别为美院象山站、音乐学院站、中村站；富阳区段长16.74千米，设站9座（预留1座），分别为文创园站、科创园站、科受风井（预留）、受降站、高桥站，汽车北站站、高教路站、富春站、桂花路站。计划2020年12月完工。至年底，富阳段9个车站主体结构基本完成，8个盾构区间（中文风井—文创园站，文创园站—科创园站，科创园站—科受风井，受降站—受高风井，高汽盾构井—汽车北站，汽车北站—高教路站，高教路站—富春站，富春站—桂花路站）已贯通5个（汽车北站—高教路站左右线2个，高教路站—富春站左右线2个，富春站—桂花路站右线1个）单线区间。

【湖州至杭州西至杭黄铁路连接线工程（富阳段）】 项目富阳段总投资58.95亿元，自湖州站引出，经吴兴区、德清县、余杭区、西湖区、富阳区，最后并行在建杭黄铁路引入桐庐站。线路全长137.60千米，其中富阳段约38千米，穿越银湖街道、富春街道、鹿山街道、渌渚镇。在富阳区富春街道西郎区块设富阳西站，拟建规模约20000万立方米。至年底，完成富阳区资本金出资2.14亿元，主体工程完成征地协议签订，完成4个乡镇街道共210户民房签约工作。

【杭富城际铁路附属配套工程（彩虹快速路西延）】 项目总投资44.1亿元，2017年11月开工建设，计划工期4年。全长16.96千米，自麦岭沙互通以西开始沿320国道至新老320互通交叉口以南约200—300米处。富阳段长8.01千米（其中地面形式1.76千米，隧道结合地面辅路6.25千米），与320国道、城际铁路320国道段共线。采用一级公路标准兼顾城市道路功能，主路设计速度80千米／小时，辅路60千米／小时，均为双向六车道。2019年，各隧道开展土方开挖和主体结构施工。至年底，累计完成投资15.95亿元，占36.20%。

【杭州绕城高速西复线富阳段工程】 杭州绕城西复线起于湖州德清与杭州余杭交界的姜家山附近，途经余杭、临安、富阳、萧山和诸暨等地，终点在杭金衢高速公路直埠枢纽南侧，路线全长98千米，双向六车道，设计时速100千米／小时。其中富阳境内48.54千米（占全线总长的近一半），总投资130.50亿元，平均每千米造价2.69亿元。途经银湖街道、春建乡、富春街道、鹿山街道、环山乡、大源镇6个乡镇街道30个行政村，工程共有桥梁40座，共计17863米，其中特大桥一座（富春江大桥，长2176.83米），大桥26座；共设置隧道17座，隧道总长17885米，其中特长隧道2座（六弓山隧道，长3470米；驻军坞隧道，长3539米）；沿线设置互通立交5处〔高桥、富春、鹿山、大源、环山（该处为杭千高速上的互通）〕，大型枢纽1处（中埠），服务区1座（春建）。计划2020年12月正式通车。至年底，路基完成率100%，桥梁上部结构施工有序推进，富春江特大桥贯通，隧道总长34千米已打通33千米。累计完成投资78.32亿元，占60%。

【西复线银湖互通连接线工程】 项目总投资5.95亿元，线路全长约6.11千米，按一级公路兼顾城市道路功能设计，设计速度80千米／小时，路基宽39米，起于银湖互通出口，向东与县道横桐线相交后，经赤坞坑（北）、洪庄（南）后，与县道高泰线相接，随后沿高泰线老路展线，跨北渠（周公坞溪），经泗洲村南后与G320国道平交（终点）。2019年，银湖连接线路基全线开工，6座桥梁同时进行桩基施工。累计完成投资4.47亿元，占75.10%。

【西复线大源互通连接线工程】 项目总投资5.71亿元，路线全长约7.55千米，按一级公路兼顾城市道路功能设计，设计速度60千米／小时，路基宽38米，起于杭新景高速连接线（大源过镇线交叉），与大源镇亭山东路相交后，下穿杭新景高速后至蒋家村北，经宫前村、大源互通出口、兰庄，至新关村。2019年，大源连接线路基全线开工，3座桥梁同时进行桩基施工。累计完成投资4.15亿元，占72.70%。

【G235富阳灵桥至渔山段工程（春永线）】 项目总投资19.22亿元，全长13.98千米，位于富阳东部，是浙江省普通国省道路网中规划国道G235的组成部分。本次实施起点位于灵桥镇灵桥村（汤山桥），途经灵桥、里山、渔山等乡镇，终点位于富阳渔山乡与萧山义桥交界处的长岭头，与萧山境内的春永线相接，全长10.48千米。采用一级公路标准兼顾城市道路功能，设计速度80千米／小时，双向六车道，路基宽42米。桥梁荷载等级为公路—I级，共设置大桥1座，中桥

大盘山隧道效果图

（区交通集团　供稿）

4座。计划2020年10月完工。至年底，右幅道路通车，累计完成投资11.27亿元，占58.64%。

【杭新景高速东洲互通口整治提升项目】　项目总投资6200万元，位于东洲街道学校沙村，用地面积5.83公顷，改造既有匝道长约442米(收费站由2进3出改为4进6出)，整治起点位于东桥路与中心路交叉口，终点位于下穿杭新景高速后交叉口，整治段长约621米，主要进行路基、路面、路线交叉、桥梁、涵洞、交通工程及沿线设施（照明、机电、房建等）、景观绿化、市政管线等。2019年5月30日，4进6出10车道收费广场启用，12月底完成东桥路路面改造。

【富阳320国道至富阳大桥连接线鹿山（大盘山）隧道工程】　项目总投资25.90亿元，起点位于西环北路与公望街交叉口，路线沿西环北路往南布设至大盘山后分左右线设隧道穿越大盘山，出洞后沿鹿山5号路布线，最终与已建成的富阳大桥北侧桥头相接。路线全长6.35千米，其中隧道长2.29千米，一级公路兼顾城市道路标准设计，双向六车道，设计速度80千米/小时。2019年，完成征迁工作，12月30日开工建设，计划工期3年。

【环金线整治（二期）】　项目总投资30880万元，2019年12月开工建设，计划工期两年。项目位于常安镇、湖源乡，项目起点桩号K8+870，终点桩号K13+027。全长约3.90千米，设计速度60千米每小时，路基宽度为12米，按二级公路标准进行建设。“三隧二桥”长约2.52千米，三个隧道长度分别为950米、770米、756米；桥梁两座分别为25米、60米。2019年，累计完成投资2700万元（政策处理及前期费用）。　（鲍双玉）

【编　辑　赵雪红】

19 邮政通信

Postal Communication

邮 政

【概况】 2019年全区邮政业务总收入9325.26万元，实现利润151万元。其中金融业务收入4009万元，较上年增长17.36%；寄递类收入5316.26万元，较上年增长15.29%；完善农村电商“村邮乐购”点604个。至年底，区邮政分公司有员工376人（人力系统内人员），下设职能部室2个，专业化经营单位5个，邮政网点26个。

【邮务类业务】 快递包裹2019年寄递业务收入5316万元，同比增长29.99%，尤其是快递包裹，全年累计快包收入业务量715万件，同比增幅126%，收入2278万，同比增幅48%，市场占有率达到21.50%。一是机构设置和作业流程进一步优化。对寄递事业部内部各营业部、转运组、普邮组等人员岗位进行梳理，总优化6人，全部充实到营揽一线。对装卸车、邮件分拣等简单工种，采用外包形式，加快内部处理流程，确保邮件及时下行，保证投递人员有更多的有效投递时间。通过转运邮路“下改上”工作，优化进出口转运邮路，确保旺季期间的运输能力。二是以资源整合，抢占市场为指导思想，实现降本增效。推行大学城投递准加盟，投递成本由原1.50元降至0.95元，与韵达快递合作进行大华园区的邮件投递工作，投递成本减少50%，两个项目全年可节省投递成本30万元。三是积极推行准加盟制。2019年，全面激发快包团队的经营能力和业务量，重点是与城区营业部、东洲经营部签订营揽投准加盟制协议，进一步提升经营效益。

报刊、集邮业务：函件、集邮、报刊等传统邮务类业务加大创新力度，通过开展项目营销及走出去的模式，坚持抓大不放小，积极转型，各项业务均取得了较好发展，特别是在函件、集邮等专题营销项目上取得突破。全年实现集邮收入200.71万元，同比增长95.70%；函件收入202.90万元，增长112.80%；报刊收入557.04万元，增长11%，呈现出较好的发展态势。通过重点项目的推进促进传统邮务类业务发展，在函件业务上，通过中邮传媒智融平台项目，实现45万元的函件收入；通过银湖学校

富阳区2019年度邮政实绩情况表

表13

项目	单位	2019年实绩	项目	单位	2019年实绩
业务总量	万元	9945.00	邮运车辆	辆	12.00
业务收入	万元	9325.26	计算机总数	台	128.00
收支差额	万元	0.00	函件	万	45.00
固定资产原值	万元	1681.00	包件	万	715.00
本年新增固定资产	万元	154.00	报刊收入	万元	557.04
期末员工总人数	人	376.00	订阅报刊流转额	万元	1792.66
邮政（电）所总数	处	26.00	集邮业务	万元	200.71
自有房屋建筑面积	平方米	24594.97	邮政储蓄余额	亿元	25.45
邮路单程长度	千米	603.00			
农村投递线路单程长度	千米	3541.00			

明信片、科职院校庆等项目，累计实现封片卡申报收入 103 万元。

【金融类业务】 2019 年，金融业务收入 4009 万元，实现全年计划的 105.82%，同比增长 18.30%；余额规模达 25.45 亿元，年增 4.68 亿。全年累计实现保险业务收入 1056.64 万元，同比增加 251 万元，同比增长 31%。代理保险实现标保 2.28 亿元，增长率达 107.70%，居杭州地区前列。“三个百万”工程中，云闪付全年增长 137%，电子支付全年增长 136%，手机银行全年增长 112%，较好实现“三个百万”工程目标全达成。一是夯实客户基础。每月开展“客户节”活动，通过拓客户、稳存量，持续做好走访外拓 + 厅堂活动。全年通过开展“百场电影进村社”“垃圾分类知识讲座”等系列活动，加大网点与村社的互动沟通，进行批量增客；扎实开展到期客户维护和生日客户维护，提升客户体验，实现客户资产提档。二是抢抓收入，大力发展保险理财业务。通过理财经理知识竞赛、家庭资产规划大赛等活动，以赛带练，整体提升理财经理队伍素质，同时定期召开理财经理例会，实现理财经理队伍培训提能和业绩目标全方位推进。开展“学 + 练”等多项保险专项活动，全年保险业务得到健康、持续的发展。三是抓好团队建设。全年，在省公司教育培训部安排下，富阳分公司的网点所有管理团队成员分批前往省培训中心，参加“降压增效训练营”活动，重点提高云平台使用和网点经营管理能力的提升。同时进一步落实营业主管派驻制，实现所有网点的营业主管由金融部直接管理。四是强化风险管控。在风控管理上，时刻防范金融风险防控这根弦，并加强日常检查和查处力度，督促各网点学习相关风控知识，做到健康、有序、规范经营。

【电商业务】 针对电商发展势头好、见效快等特点，并结合富阳本地实际，全年分公司采取了主动走出去的策略，主要措施有：一是扩大批销业务规模。依靠快销品、畅销食品、饮料及家电的批销，同时，依托优质掌柜的培育，并充分利用集团公司各阶段的优惠活动，从而促进分公司批销业务的达成。全年批销业务实现 3106 万元，增长 115%。二是加快农产品进城。通过“邮乐网”“邮乐小店”等线上渠道，积极推广东坞山豆腐皮、湖源手工面、半山桃子等富阳特色农产品。三是大力拓展两险业务。实时关注社会市场，优化奖励方案，提升业务发展积极性。自年初实施优化方案后，“自邮一族”车险，全年办理 4500 辆，实现计划目标 115%；简易险销售额约 200 万元，增长 120%。四是协同做好“四好农村路”工作。全区 110 个邮乐站点叠加了代投点，为将来丰富农村电商服务功能奠定基础。

【邮政服务】 全年持续推进“提升普遍服务三年行动计划”，开展普遍服务质量考核工作。集中精力对网点的服务规范、设施等软硬件进行集中升级，提升网点整体服务能力。通过对“两岗履职”报告书评比，对检查报告书问题整改闭环管理，对所有网点的监控营业网点签到、签退情况管控营业时间等方面进行全覆盖现场检查，推进网点规范化服务建设。对投递员薪酬考核办法调整；对约投挂号、小包、银企账单等投递考核到道段，严格落实省、市公司服务质量考核的责任追究到相关人员，提高商务类邮件投递质量、各类工单处理质量和出口邮件规格质量。加强机要通信管理，严格制度执行，加强管理人员和检查人员的履职检查。

【邮政安全】 区邮政分公司综合办（安保室）按照上级和地方政府的工作要求，以《中华人民共和国安全生产法》为指导，牢固树立以人为本、安全发展的理念，坚持“安全第一，预防为主，综合治理”方针，全面落实企业安全生产责任，建立健全安全管理体系和事故防控机制。重点开展“安全生产月”和“安康杯”安全知识竞赛活动；组织开展单位负责人和管理人员 260 余人参加安全知识学习和考试。通过悬挂横幅、图版、标语宣传、专项检查、应急预案演练和网点 LED 显示屏宣传等方式，认真做好新中国成立 70 周年安全护航工作和节假日、重大活动期间邮政服务质量等各项工作。

【邮政便民工程】 全年积极响应政府“最多跑一次”政务服务改革的民生工程号召，加快邮政综合便民服务平台建设，实现“典型引路、量质并重、以线带面、全面发展”的战略目标。紧紧围绕“购物不出村、销售不出村、生活不出村、金融不出村、创业不出村”等五大服务，建成“村邮乐购”农村电商服务点 312 个，重点做好批销业务、标准站建设、农产品进城、车险项目。至年底，17 个金融网点全部成功开办“警医邮”业务，代理交管业务，真正实现“便民利民”。

做好“四好农村路”建设工作，严格按照建设标准布局全区高品质包快自提点工作。“四好农村路”农村物流服务点已全部验收评定，富阳区财政分批拨付共计 424.9 万元建设运营资金，已建设 302 个物流服务点配套设施。自 2018 年 12 月审批通过运行以来，已累计投放本局邮件约 200 万件，接收其他快递公司邮件约 1500 万件，定点自取的方式得到当地群众认可。该项目的有效实施，较好地解决快包自提点建设的资金来源问题，同时也为“行业国家队”身份奠定一定的经济和社会基础。助力区政府“人生一件事”改革。5 月，富阳区政府正式启动“人生一件事”改革项目，成为首个对公民个人全生命周期 129 个事项进行梳理的地区。富阳区分公司积极助力改革，多次参与区行政中心协调会议，广泛听取各部门的意见和建议，制定细致、周密的服务方案。通过各方及员工们的一致努力，邮件交寄量日均增加到 100 多件，进一步深耕富阳政务市场，同时也为不断加快标快业务开发夯实基础。

（王安娜）

中国电信股份有限公司富阳分公司

【概况】 2019年，中国电信股份有限公司杭州富阳区分公司（简称富阳分公司）下设3部1室、1个中心、14个支局，辖29家自建自营营业厅、62家他建他营专营店。服务区域：东与杭州市萧山区毗邻，西南与桐庐县接壤，南邻诸暨市，西北与临安市毗邻，北与杭州市西湖区、余杭区和临安区毗连。服务面积为1831平方千米。

至年底，公司实现主营收入达1.91亿元，净利润2554.24万元。

【雪亮工程】 全面建设3100余个监控点位。11月，建成杭州市公安局富阳区分局2019年度视频监控服务项目（250个点位）。建设好富阳公安治安监控一期、二期升级、六期项目（950个点位），智能交通道路监控，五水共治监控项目二期，环保污染源监控项目，乡镇、村委治安监控，国土矿山高清监控等项目。

【基层治理综合信息中心平台外包项目】 为区基层治理综合信息中心提供系统平台、云网资源及相关服务配套。深耕区信访局统一平台整合项目，在原协议基础上，签订补充协议，针对平台座席进行扩容，从原有的10个座席扩容至13个坐席。

【企业上云重转型】 以政府打造为依托，积极响应政府号召，结合区经信局政策推进企业上云。持续开展企业上云推荐会，重点在政府、机关、学校等单位推广政务云；并在现有客户中挖掘企业需求，以先使用后商用模式，让客户真正体验到上云的快捷、便利和安全。全年，共协助31家客户完成企业上云。

【提升服务能力】 在服务管理方面，坚持系统取数监控与实地抽检测评相结合的方式，开展服务稽查工作，有效提升服务能力。全年服务用户投诉率降低至2.90件，同比下降21.30%，营业客等超时率3.60%，同比下降27.30%。以总经理谈服务为引领，掀起服务提升教育热潮，上下一致找差距抓落实，开展“服务找茬”“倾听一线声音”等活动。切实从客户感知出发，着力解决用户的操心事、烦心事、揪心事，不断提高广大人民群众的获得感、幸福感、安全感。

【5G网络元年】 结合区政府《加快数字经济发展全面推进“三化融合”行动计划》的要求，大力推进富阳5G网络试点步伐。5月17日，建设开通5G基站12个，实现区政府、达夫路、桂花路、龙山路商圈等核心城区和富阳高教园区5G网络连片覆盖。8月初，开通富阳区委区政府大院内，骨伤科医院部分楼层及桂花路营业厅的第一批5G室分；8月底，改造塔桅60余点位。

【提升“双网”质量】 全年，围绕“五高一地”等重要场所室分建设，总计安装开通LTE站点50个，动态扩容室外站点18个，整治有C无L室分点位11个，DO退网713个载波，实现100%退网；累计开通23个室分点位，扩容及覆盖科职院、建设技师学校校园等的室分，并增RRU45台；累计调整富阳城区及乡镇话务密集区域基站天馈46个。至年底，全网CDMA站点达377个，扇区708个；LTE站点数达961个，扇区4056个；室分站点达151个。启动B改H扫尾攻坚。截至11月底，从年初的存量达标率96.59%提升至98.04%；提前退网老旧OLT13台，退网率100%。目前，接入网光缆长度已达26万皮长千米，管道长度达1.90万千米，杆路杆程千米数达2.80万千米，全网FTTH接入能力已达39.50万线，光宽带占比达到99.70%。

（王旋羽）

中国移动富阳分公司

【概况】 中国移动通信集团有限公司富阳分公司（简称“中国移动富阳分公司”）成立于1998年，目前有正式员工142人，下设职能部门4个、属地分局5个。公司拥有营业厅21家，代办移动业务营业网点238家；服务企事业单位6200余家，涵盖党政军、金融、教育、医疗、交通物流、能源制造、设备制造、房产等部门和行业；拥有4G、5G基站分别为1419个、161个。

至年底，富阳移动客户规模通话用户数为60余万，市场份额在70%以上。获中国移动浙江公司“明星县（市、区）”、模范职工小小家，五四红旗团委（团支部）等省公司荣誉称号。

2019年4月26日，富阳首个5G基站开通
（中国电信股份有限公司富阳分公司 供稿）

2019年7月，富阳区人民政府与中国移动杭州分公司签订5G战略合作协议
（中国移动富阳分公司　供稿）

【5G基站建设】　至年底，实现开通5G试验网规划站点161个，成环率100%。重点推进5G业务建设、发展，与富阳区政府、龙门镇政府、新恒力电机等部门（企业）签订5G战略合作协议。助力区5G产业升级，为本地数字政务、智慧医疗、智慧旅游、远程教育等领域的5G应用推广打下基础。

【提升信息化合作能力】　富阳分公司紧贴富阳区“突进高新产业发展、高品质城市建设、高水平社会治理”发展思路，深化与政府部门合作，全力打造智慧应用。在公安、交通等重点部门行业中标签约亮点项目近10个，包括公安智能交通、水文站视频监控、交通特殊路段监控等项目。借力四个平台，与政法部门开展条线合作，助力平安富阳建设。依托“五水共治”大背景，跟进区“五水共治”综合管理平台监控。同时，为适应当前村级信息化拓展需求，在新登镇潘堰村开展村级信息化试点工作，探索具有富阳特色，至下而上的信息化快速通道，为智慧富阳建设提供了强有力的信息支撑。

中国联通富阳分公司

【概述】　联通富阳区分公司现有在职员工71人，党员8人，平均年龄34.70岁，大专及以上学历占全员的90.50%，前端占比为59.50%。2019年，富阳区分公司按照市公司整体部署，坚持“互信、担当、创新、卓越”的企业精神，以党建为统领，党团联盟，共同发展，不断提升综合实力和核心竞争力，以市场业务发展为切入点，加强团队管理以及窗口服务质量管理，提升整个公司的服务、水平、运营能力。

2019年，业务收入增长100%以上，增扩移动用户2.80万户，增扩宽带数据业务0.80万户，获2019年度“杭州联通产业互联网发展先锋奖”。

【网络建设】　全年，分公司坚持以用户为中心，以满足广大用户的信息服务需求，创想美好智慧生活，争做互联网+时代创新发展的一流标兵。富阳移动目标网项目总规划站点39个，总开通数179个，开通率达459%，铁塔交付率100%。加快5G网络建设部署。全年规划基站106个，至10月已开通75个，开通率70.75%，在杭州市排名第4，在五县市排名第1，预计到年底累计开通数80个以上，基本实现富阳主城区5G网络连续覆盖。实现杭黄高铁富阳站室分开通，有效保障市场一线业务的发展。同时做好首装、修障客户的服务工作，加强服务、调度体系打造，整合资源，实行7×24小时服务制度，自有修障NPS指标平均高于考核基值14个百分点，首装平均指标高于考核基值10个百分点，故障解决率平均指标高于达标值3个百分点，大幅度提升用户感知度。

【经营管理】　2019年，富阳联通分公司坚持以用户为中心，围绕品牌套餐整合、市场规范、业务促销、渠道建设等开展经营工作，成效显著。为不断提升直销队伍的建设，持续推进自营厅建设工作，同时做好“走出去、引进来”文章，持续提升公司产能。一方面，做好项目制工作，引进外部活力，提升发展质量。主要是引进生普直销渠道，从培训到物料，从解疑到实战，在全体网格人员的携同帮扶下，5—10月生普合计发展用户生普发展19019户，有效用户16796户，有效率88.30%。另一方面，打破传统思维，拓展创新业务，向互联网转型。主要是以互联网2.0思维拓展工作方向，达成了与富阳区人民政府5G战略框架协议签订，积极对接区数据资源管理局、区经信局，与区政府达成同频共振，区域划小承包工作稳步推进。与此同时，坚持公正用人，严把德才关，开展双选及主要岗位竞聘工作，进一步打造人才队伍培养体系。

【便民服务】　全年，分公司坚持以“一切为了客户、一切为了一线、一切为了市场”的经营管理理念，以互联网+为重点，加大发展力度，拓宽发展领域、提升服务水平，全面增强通信服务综合竞争力和可持续发展能力，为用户提供最周全的服务。从年初开始，每月25日贯穿全年的“客户服务日”，通过线上+线下多种活动的组织，提升用户感知度，让广大客户真正体验“互联网时代”的精彩、快捷、便利。此外，随着“最多跑一次”的持续深入开展，分公司着力做好用户感知服务，让用户缩短时间和空间，充分体现高效、便捷的一站式服务。

（孙　莹）

杭州富阳华数公司

【概况】 杭州富阳华数数字电视有限公司是国有上市公司华数传媒下属的全资子公司，公司成立于2005年1月，注册资本2.30亿元。公司下设本部11个部门及9个乡镇服务部（下辖24个乡镇/街道广电服务站），是富阳区广播电视网络建设、运营管理、安全播出的责任单位。近年来，按照华数传媒与富阳区政府签订的《战略合作协议》，在原有的政府专网、监控业务、信息化项目等合作基础上，富阳华数依托自身的网络、技术、团队优势，进一步深化与政府的全方位合作，成为富阳区集广播电视、互联网、数据及信息化业务于一体的综合运营商。至年底全区数字电视开通用户23.50万户，有线电视数字化率已达100%；全区华数宽带用户近7.40万户，平均每3—4户家庭就有1户使用华数宽带。

【城市书房项目】 该项目主要建设成为全开放、全免费、全时段、高品位的24小时无人值守自助图书馆。馆内配备自助借还机、电子书借阅机、电子报刊机、门禁、监控系统等现代化设备和万册纸质图书，全程实施智能化管理，随借随还。富阳本地市民可凭身份证、市民卡或图书馆借阅证刷卡进入书房，享受24小时自助借书、还书、阅览等系列服务。

【区政府会议中心视频项目改造】 整个系统由全彩微间距LED大屏系统、音频系统及信号切换系统等三部分组成。全彩LED微间距大屏系统，主要由10.04平方米的全彩LED微间距大屏及配套设施组成，包括设备的安装及后续的维护；音频系统，主要由数字音频处理器，会议发言系统、会议扩声系统及配套设施组成，包括设备的安装及后续的维护；信号切换系统，主要由高清数字混合矩阵组成，包括设备的安装及后续的维护。

【“爱尚富阳”APP项目】 6月12日挂牌成立富阳区融媒体。按照“应融尽融、移动优先”的原则，区融媒体中心整合全区传统媒体与新媒体资源，爱尚富阳APP是以“新闻+”为特色，开设“推荐、时政、民生、专题、直播、短视频、晒图”等栏目，为用户提供精准的本地资讯及政务、生活服务。用户可以通过APP收看本地电视新闻，收听广播节目，阅读报纸文章，通过政务服务模块实现不动产登记预约、社保查询等便民服务。

【数字经济服务】 全年，在数字经济布局建设上，公司着力开拓三个方面，一是智慧农村：通过智慧龙门、智慧常安等一些乡镇建设经验，服务乡镇美丽经济，助力乡村振兴计划；二是物联网：巩固I-fuyang无线二期、智慧文化无线建设，提升无线网络服务，夯实运营服务能力，为拓展物联网业务打好基础；三是大数据：依托区社会服务管理二级平台发展，推进乡镇四个平台综合业务发展，为大数据业务拓展输出运营方案。

【集团业务全方位开展】 杭州市富阳区“杭州办事服务”综合自助机采购项目；杭州市富阳区农业农村局富阳区2019年新增35座山洪灾害防治监控租赁项目；2019年度富春江江面远程视频监控系统项目；2019年度杭州市富阳区行政事业单位网络线路租赁定点服务承诺入围项目；大青小学改扩建工程网络及视频会议系统等设备采购项目；杭州市公安局富阳区分局2019年度人脸抓拍租赁服务项目；富阳区政务云平台扩容设备采购项目。

（胡晓钰）

【编　辑　胡春国】

20 旅游业 Tourism

打造现代版富春山居图

综　述

【概况】 2019年，全区接待国内外游客1854.34万人次，同比增长22.81%；实现旅游总收入173.10亿元，比上年同期增长24.29%。乡村旅游接待游客1732.91万人次，同比增长62.03%，乡村旅游收入10.59亿元，同比增长59.67%。实现旅游增加值48.7亿元，同比增长16.20%，占GDP比重为5.94%。至年底，全区有国家A级景区8家，其中：AAAA级景区4家，AAA级景区4家。省A级景区村庄36个，其中AAA级12个，AA级22个，A级2个。省AAAA级景区镇1个，国家AAA级旅游景区1个。星级宾馆酒店7家，其中：五星级2家，三星级4家，二星级1家。全年增三星级品质旅行社5家、增四星级品质旅行社1家。至年底，拥有三星级以上品质旅行社12家。

旅游开发

【规划编制】 编制壶源溪流域、万市洞桥区域2个旅游联动发展总体规划；编制"江北走廊"美丽经济（旅游休闲）建设专项规划，继续推进大龙门区域旅游联动发展总体规划编制。指导洞桥镇搞好"浙江省旅游风情小镇"创建专项规划，指导浙江永耀文化旅游发展有限公司编制西岩温泉文化旅游度假区规划，指导杭州富阳小六石旅游开发有限公司编制杭州富阳小六石欢乐园总体规划。

【重点项目】 全年指导推进富春小叠空梦想田园综合体、天钟山景区、富春桃源、杭州野生动物世界等项目改造提升；协调推进坑西村西岩温泉文化旅游度假区、新登小六石欢乐园2个签约项目；牵头协调推进壶源溪流域联动发展项目；积极开展项目招商引资，协调组织有关部门及乡镇（街道）接待北京华熙鑫隆科技产业发展有限公司、北京中农国发集团有限公司等到富阳客商10余批次，协调推进旅游项目招商引资18.10亿元，其中：坑西村西岩温泉文化旅游度假项目14.60亿元，新登小六石欢乐园项目3.50亿元。

【品牌创建】 创建江洲村、贤德村等省A级景区村庄36个，其中：AAA级12个，AA级22个，A级2个；创建常绿镇为省AAAA级景区镇；创建药谷小镇为国家AAA级旅游景区；创建杭州富伦生态科技有限公司为省级工业旅游示范基地；指导黄公望隐居地成功创建浙江省生态旅游区。

宣传促销

【旅游宣传推广活动】 2019年，富阳旅游宣传推广工作主要以"长三角"为重点，"省内城市"为核心，"杭黄高铁"开通为契机。结合2019味道山乡大会、东梓关富春江江鲜大会以及美丽乡村建设成果，着力推介富春山居实景游经典线路等产品。组织杭州野生动物世界、

2019年7月17日，富阳区、黄山区全域旅游战略合作框架协议签订
（区文广旅体局　供稿）

富春桃源、龙门古镇、开元名都、民康特产、竹纸制作等文旅企业，赴上海、南京、武汉等高铁沿线城市开展“富春山居实景游”为主题的富阳旅游推广；邀请上海旅行社联盟走进富阳踩线考察活动，实地考察杭州野生动物世界、龙门古镇、富春桃源、通天飞瀑、黄公望隐居地等景区；在龙门古镇举行以“味道山乡·田园餐桌”为主题富春山居实景游推介会，并推出10条富春山居实景游推荐路线；组织浙江品质旅游组团联盟到富阳考察并召开富春山居·味道山乡推介会，介绍富阳旅游产品。组织参加2019浙江（江苏）旅交会、中国国际（昆明）旅游交易会、第十五届杭州·浙西旅游合作峰会；组织百名上海市民乘着“富阳·富春山居”冠名首发列车游富阳美丽乡村和百名富阳市民免费游美丽乡村活动；组织参加杭州市文旅局举办的重庆、贵州等城市的旅游宣传推广；加强区域合作，做好对口扶贫工作，组织开展新疆阿克苏旅游帮扶暨富阳疗休养产品（乌鲁木齐）恳谈会；组织“走亲”队伍赴缙云县开展“山海协作 文旅走亲”活动；邀请黄山区旅游局和旅游企业到富阳考察乡村旅游点，并举办黄山区与富阳区两地全区旅游战略合作座谈会。

【节庆主题活动】 全年指导和参与第二届百花大会、富春江江鲜大会、2019味道山乡大会、杭州野生动物世界百兽狂欢节、安顶山云雾茶文化节、常绿纳凉大会、万市银杏节、渔山稻香节等农事节庆和旅游活动。

【旅游形象宣传】 全年与杭州电台FM90.7、浙江电视台、杭州电视台、《休闲》杂志、《风景名胜》杂志及《中国旅游报》《杭州日报》《常州晚报》《姑苏晚报》《江南晚报》《富阳日报》等专业媒体开展密切合作，宣传富阳旅游专版100余个，拍摄富阳旅游专题片7期。与富阳电视台联办《我在富春山居》栏目，拍摄、播放20余期。同时与“富阳旅游”“杭州发布”“富阳发布”等新媒体积极合作，更好推介、引导省内外游客到富阳旅游观光。进一步加大富阳旅游形象宣传力度，在杭州城市公交、杭黄高铁、移动智能短信项目等平台投放富阳旅游形象宣传；编印“富阳旅游宣传册”“富阳旅游指南”等宣传资料20余万份。“富阳旅游”微信公众号粉丝数量突破5万。

旅游管理

【旅游教育培训】 全年组织开展景区村庄、文化礼堂、旅游景区讲解员业务知识培训、全国导游员年度培训、旅游行业艾滋病防控等培训活动，培训各类在职人员1500余人次。组织全区21家游泳场所的救生员参加职业技能考试和复训工作，全年培训42名，其中：32名初级救生员培训者通过并取得职业资格证书，对115名救生员进行复训工作，全部通过复训考核。

【旅游行业安全生产】 1月，召开2019年度安全生产工作会议，与63家旅游体育企业签订《富阳区旅游体育行业安全生产管理目标责任书》。6月，开展第十八个“安全生产月”活动，利用宣传画廊、黑板报、标语牌进行广泛宣传，组织开展“防风险保平安迎大庆”消防安全执法专项行动的部署、培训及安全预案演练。全年组织检查旅游景区、星级饭店、旅行社、高危险性体育项目经营单位114家次，发现问题115件，发出责令整改通知书115份，整改率达100%；对2家游泳场所发出限期责令整改通知书2份，行政约谈2家游泳场所负责人。指导富阳电视台、富阳华数数字电视有限公司做好安全播出应急救援预案演练，与杭州市文化广电旅游局在杭州野生动物世界联合举办防动物外跑应急预案演练等。全年开展元旦、春节、五一、国庆等节假日期间安全大检查，协助做好“龙门百花大会”“湖源龙鳞坝”“味道山乡”等节庆活动的安全保障工作。协助区安委办出台《杭州市富阳区水上运动休闲项目管理暂行办法》，并组织开展富阳区水上旅游项目检查，组织开展高危体育项目、旅游饭店、A级旅游景区等行业的安全生产和反恐怖防范工作专项检查。

【行业管理】 全年在开展行业管理上，实现全区旅行社一社一档，对三年无投诉的旅行社做好质保金减存、责任险投保统缴工作。组织开展旅行社品质提升，2019年，杭州蒲公英旅行社有限公司被杭州市评为全区首家“四星级品质旅行社”，杭州君悦旅行社有限公司、杭州富阳启程国际旅行社、杭州旅邦旅游有限公司、杭州富阳中南旅行社有限公司、杭州春秋国际旅行社有限公司等5家旅行社被富阳区评为“三星级品质旅行社”。协助富阳国际贸易中心大酒店通过省级绿色饭店复核。

【导游技能大赛】 11月26日，由区文广旅体局、区总工会、区人社局、共青团富阳区委等联合举办的2019年度杭州市富阳区在富阳瑞莱克斯大酒店导游技能大赛。全区22家旅行社（分社）、4家景区、区导游协会、万市镇游客服务中心等企业（协会）选送62名导游员（讲解员）参赛。经过综合知识测试、精品线路讲解、才艺表演三个环节的晋级赛，选拔出20名导游、讲解员进入总决赛，决出杭州市富阳区优秀导游（讲解）员8名和最佳单项奖选手4名。 （夏 晨）

【编 辑 胡春国】

21 富阳经济技术开发区

Fuyang Economic and Technological Development Zone

● 打造现代版富春山居图

综 述

【概况】 2019年，富阳经济技术开发区全年实现四上主营业务收入980亿元，同比增长10.80%，占全区总量的22.20%。高新技术产业、数字经济核心产业增加值分别实现85.20亿元、40亿元，同比增长21.60%、27.60%。全年“小升规”入库企业83家，上报高新潜力企业31家，拟上市培育企业22家，新技增国家级高新技术企业32家；硅谷小镇获评省级优秀小镇；富阳信息经济核心产业创新服务综合体进入省级创建名单。在经济运行稳中有进的同时，开发区发展空间得到持续拓展。全年富阳经济技术开发区把腾空间作为一项重点工作来抓，以地铁沿线为重点，先后拆迁观前村、受降村两个区块，累计拆迁农户1307户、企业41家，腾出地块150公顷。启动“新制造业计划”200公顷工业用地的整理工作，至年底已腾出工业用地近30公顷；项目推进速度进一步加快。重点抓好高新产业项目招引落地、开工投产等工作。累计签约供地产业项目32个，其中亿元以上项目19个，总投资额88亿元，总部类项目9个，高新产业项目19个。全年开工项目47个，总投资额27亿元。银湖总部区块的金固科技、图南电子等7个总部项目于10月底集中基建开工。大华二期、爱科机器人等69个在建项目推进顺利；国自机器人一期、集世迈智能装备生产项目等15个项目建成投产，其中高新项目8个。开发区按照主城区标准，自加压力，持续打好环境提升组合拳，加快扮靓银湖科技城核心区的城市形象，加大环境整治；以整治“十个乱”为抓手，持续开展集中整治行动，车乱停、菜乱种、线乱拉、工地杂乱等现象得到基本遏止。参照苏州工业园区先进经验，全面开展“围而未建”地块的拆围复绿工作，扩增绿化面积31.40公顷，银湖草坪成为周边居民、创业青年的打卡胜地。万达广场动工建设、人才公寓完好装修并投入使用、味来银湖餐饮街区、银湖健身馆开业、国贸银湖酒店装修中，园区创业青年和居民认可度不断提升。

硅谷小镇鸟瞰图

（富阳经济技术开发区 供稿）

【省级创建】 为响应“浙江快速打造优良5G产业生态体系，到2022年建成全国5G网络建设先行区、创新应用示范区、产业发展集聚区”的建设规划，富阳将信息经济核心产业聚焦到5G关键技术及应用方向。自2018年始，着手创建浙江省富阳信息经济核心（5G关键技术及应用）产业创新服务综合体，以创新和服务带动富阳产业集群发展，以期能在一定程度辐射杭州全城，助力打造数字经济第一城。富阳信息经济核心产业创新服务综合体（简称“富阳5G综合体”），位于富阳经济技术开发区所在的银湖科技城，2018年申报。自2018年开始逐步培育，两年来，围绕该产业平台打造，取得了一系列进展，主要体现在：（一）主导产业更加集聚。富阳5G综合体带动信息经济产业快速发展中，5G主导产业地位日益突出。2019年开发区实现5G相关产业业务收入159.40亿元，占富阳经济技术开发区规上工业主营业务收入的12.80%。（二）运营管理更加专业化。1.成立领导小组加强统筹协调；2.明确综合体建设依托单位，富阳经济技术开发区作为省级综合体的运营团队，推进综合体建设的各项管理和服务工作；3.引进专业机构，实现运营招商。（三）技术支撑更加有力。1.以企业研发平台为主体，推进技术创新。区内拥有富通集团技术中心国家级工程技术中心1家，富生工业信息工程、雄迈智能安防等省级研究院4家，市级研发中心15家，院士工作站1家，博士后工作站2家。2.以大院名校平台为主导，开展政产学研用协同创新。积极引进大院名校共建创新载体，开发区引进中科院上海光机所杭州分所、浙工大银湖创业院、杭州电子科技大学富阳研究院、大数据产业创新研究院等5G产业相关产学研平台落户，开展政产学研用协同创新，攻克一批对5G产业竞争力整体提升具有全局性影响、带动性强的关键共性技术。（四）综合服务更加完善。1.引进了一批科技服务机构，丰富公共创新服务。依托科技大市场，合作或引进入驻中国电子科技集团第五十二研究所、杭州机电设计研究院等21家中介服务机构，进行涉及工业设计、检测技术交易、知识产权、科技金融等公共创新服务，开发区与省科技信息研究院已签约共建银湖科技信息中心。2.完善线下线上业务协同的科技成果交易市场服务。（1）富阳科技大市场内，现已有浙江大学、上海交大等10家高校院所技术转移中心入驻、2019年为企业增添科技创新顾问15个，服务企业800家次，促进技术交易额约5000万元。（2）富阳科技云服务平台已于5月正式上线。平台内已经拥有61所国内国际高校资源、将近1000项可产业化技术项目。3.以科创基金为主导，提供科技金融服务。建立“富阳区科技投资引导基金和富阳区科技型中小企业贷款风险池基金。（五）创新平台更加丰富。建成银湖创新中心、银湖第二创新中心和中国智谷富春园区三大特色创新平台，平台总占地15.37公顷，总建筑面积38.10万平方米。（六）5G产业链更加完整。开发区将5G产业链作为主导产业来打造，上游布局光器件、芯片，加强射频器件产业化，下游做强物联网、智能制造、媒体娱乐三大应用，已集聚规上企业41家，逐步形成5G关键技术及应用产业集群。2月，“富阳5G综合体”被批准列入浙江省第二批培育名单；11月，被正式列入创建名单。

【省级众创空间】 10月，省科技厅公布2019年度省级众创空间名单，位于富阳银湖科技城的工创谷众创空间通过备案，成为2019年度省级众创空间。

工创谷众创空间依托浙工大银湖创新创业研究院，着重在总部研发、电子信息、文化创意、物联网、电子商务、生物医药、先进装备制造、新能源新材料等领域引进和培育国内外高层次创新创业人才，开展高新技术和产品的研发，整合创新创业资源，推动创业项目孵化。

作为富阳与浙江工业大学共同打造的众创空间，工创谷众创空间集创新创业、信息共享、创业服务、项目孵化为一体，汇集全国高校校友资源，为园区及入驻企业提供基础服务、政策解读、工商注册、创业指导、财税代理、法律咨询等各类服务。富阳工创谷自2016年创立以来，已培育孵化与引进企业80多家、有28个项目入选富阳区高层次人才“5110”计划，常住人口近300人。2019年9月，开发区又与浙工大银湖创新创业研究院签订合作协议，在银湖科技城共建高层次人才创业园，高层次人才创业园一期以银江智谷园区3幢楼宇物业基础建筑面36000平方米，着力打造海内外高层次人才创新创业孵化基地。

【银湖创新中心被认定为省级小微企业园】 11月，浙江省小微企业园工作联席会议办公室下达《关于公布第二批审核认定小微企业园名单的通知》，富阳经济技术开发区银湖创新中心被认定为省级小微企业园。

小微企业园是由政府统一规划、各类主体开发建设，集聚效应明显、产业定位明确、配套设施齐全、运营管理规范、生产生活服务健全、企业入园成本合理，为小微企业创业创新和成长壮大提供的生产经营场所，具有准公共属性，主要分为生产制造类小微企业园和生产性服务类小微企业园。银湖创新中心属于生产性服务类小微企业园区，近年来，银湖创新中心重点招引科技研发企业，培育打造“1+6”智慧经济产业，“1”即1个智慧经济产业集群，“6”即物联网、智能制造、信息软件、生物医药、新材料新能

创新中心

（富阳经济技术开发区 供稿）

源等六大重点产业。银湖创新中心坚持以科学发展观为指导，以培育科技型中小企业创新性企业为目标，鼓励创业优化环境拓展功能，突出特色化和专业化，强化技术和资金服务功能，推进创业指导的专业培育模式，打造提高企业自主创新能力为核心的培育服务能力，努力将小微企业园发展成为具有专业水准的特色企业园。至年底，银湖创新中心入园小微企业已达150余家，产业集聚效应明显。

招商引资

【概况】 2019年，受中美贸易战影响，招商引资形势异常严峻，面对不利局面，开发区围绕“引进和服务技术研发、招引和培育高新产业，将信息经济核心产业聚集到5G关键技术及应用方向，创建‘浙江富阳信息经济核心产业服务综合体’这个产业平台”，精准定位“银湖、东洲、场口、新登”四大区块功能，主动出击，盯住产业集聚能力强、具有行业代表性、体量大的优质项目，使招商引资、项目储备、项目推进等各方面有所突破。开发区直管区域内全年实现实际利用外资10006万美元，累计招引产业项目45个，总投资85.35亿元，总用地面积66.94公顷，创新中心累计注册项目43个，注册资本金达5.1亿元。总部经济、物联网、智能制造、电子商务占比明显提高，高端装备、文化创意、生物医药、新材料产业较快增长；如落户银湖新区的山东圣诺绿碳化硅总部大楼项目，富通集团新一代信息技术产业园项目以及由杭州贝贝集团、浙江格家网络技术、杭州多麦电子、杭州阿思拓集团，杭州高浪控股五家合资开发建设的数字零售创新中心项目，思科道明新能源联合总部基地项目；东洲新区的杭州精科仪器教学设备生产性项目，杭州盈达精密机械年产200万件精密机械及滚齿机生产线项目，杭州高品智能装配检测线生产基地项目；场口新区的中荷医疗科技智能气腹机及医用耗材研发生产基地项目，杭州唐能阀门建设执行器生产研发基地项目，杭州鼎岳空分设备有限公司新建年产1000套医用分子筛制氧机等空分设备生产线项目；新登新区的杭州言志机械研发生产及制造工业自动化生产线项目，浙江江丰新材料有限公司金属材料深加工项目以及杭州中策清泉实业有限公司年产250万套全钢载重子午线轮胎扩建项目等。帮助小微企业解决缺空间、缺规范管理、缺配套服务、缺要素支撑等实际问题，推动小微企业竞争力提升和高质量发展，推动园区向布局合理、功能完善、环境优美的开发区迈进。

项目建设

【概况】 2019年，开发区直管区域内被列入富阳区大计划政府投资项目共125个，其中：续建项目71个，增建实施类项目28个，预备类项目26个。这125个项目里有产业项目114个，其中工业项目94个、服务业项目20个，基础配套项目11个。全年固定资产投资66.80亿元，其中工业性投资31.4亿元，高新业投资占20.60亿元。开发区从队伍建设、经营管理、效能考核等方面着手，推进项目建设工作，冲刺新高度、创造新业绩。通过每月工作例会、进行公开通报、项目关键节点梳理备案、日常督查督办等机制措施，抓进度、抓开工、抓投产。全年增开工项目47个，其中：工业项目43个。东洲新区4个：智帛科技有限公司服装智造生产线项目、佰德流体年产500万只散热器恒温控制阀及卡压管件生产线项目、显迈科技监控结构件项目、大华智联二期项目；银湖新区3个：星帅尔热保护器零部件装配中心项目、图南电子智能广播系统设备生产项目、富通科技新一代信息技术产业园项目；场口新区18个：正浩富梅、精通汽配、域邦科技、新远机械、诺强实业索乐光电、丽康医疗等；新登新区18个：汉莱电器、双安机械、豪腾科技、乐梯科技、亿邦空分等。服务业项目4个：银湖新区3个：杭州光谷置业有限公司的“杭州光谷国际中心”，总建筑面积49923.42平方米；集世迈大厦，总建筑面积29172平方米；岩嘉实业，总建筑面积20000平方米。场口新区1个：浙江振和商务咨询有限公司的“振和大厦”，总建筑面积18295平方米。全年竣工项目11个。场口新区6个：杭州集世迈新能源智能装备有限公司投资2亿元兴建的集世迈新能源物流车辆及智慧物流智能装备生产项目，总建筑面积46551平方米；杭州摩光通讯器材有限公司投资5200万元增建的年产射频无源器件800万只及通信基站配套设施项目，总建筑面积12995平方米；杭州维彬科技有限公司投资3800万元增建的年产各型号3D打印机7万台生产线项目，总建筑面积10402平方米；杭州华固机械设备有限公司投资3000万元增建的压力容器及空分设备生产线项目，总建筑面4009平方米；杭州凯威工艺品有限公司投资1350万元增建的年产4000万平方米高档压范塑台布项目，总建筑面积2400平方米；杭州大华塑业有限公司投资3亿元兴建的动能性膜材料研发生产基地项目，总建筑面积40937平方米。新登新区5个：杭州贝斯特气体有限公司投资5300万元扩建的配套仓储中心项目，总建筑面积7087平方米；杭州美祥新材料科技有限公司投资9380万元增建的年产25000吨新型木塑复合材料项目，总建筑面积36417平方米；杭州百维艾特卫浴有限公司投资8500万元增建的年产卫浴产品144万套生产线项目，总建筑面积23629.85平方米；杭州昆仲机械有限公司投资3.5亿元增建的新型建筑装备生产基地项目，一期总建筑面积61781平方米和二期总建筑面积19114平方米；杭州双安机械有限公司投资5890万元增建的年产4万付叉车货叉总成及半轴横梁生产线项目，总建筑面积13066.54平方米。均已竣工投产。竣工基础配套项目28个：场口集镇31号路二期工程、新登新区成北路综合整治工程。

引进项目

【两大智能项目签约】 11月27日，

开发区签约两大智能装备项目，分别为杭州中泰深冷技术股份有限公司液化天然气成套装置撬装装备、冷箱、板翅式换热器生产基地项目，和杭州富生控股有限公司高端电机智能制造、智能物流系统、智能装备研发生产基地项目。两大智能项目均落户东洲新区。其中：众泰深冷项目占地 9.42 公顷，富生控股占地 8.49 公顷。杭州中泰深冷技术股份有限公司液化天然气成套装置撬装装备、冷箱、板翅式换热器生产基地项目，投产后年产 3 万—20 万立方米 / 天 LNG 撬装 DNG 成套装置 2 套、20 万—100 万立方米 / 天 LNG 撬装 DNG 成套装置 2 套和 3 万—10 万立方米 / 天 LNG 撬装 DNG 加注装置 5 套、冷箱 20 套、板翅式换热器 3000 吨；杭州富生控股有限公司高端电机智能制造、智能物流系统、智能装备研发生产基地项目投产后，年产制冷压缩机电机 500 万台、非道路运行电机 100 万台、电动汽车电机 500 万台、航天航空电机 1 万台、智能物流系统 5 套、冲床智能后处理机 20 套、高速冲片模具 50 付、转子自动离心浇铸及后处理系统 20 套、转子自动精加工生产线 20 套、定子自动接线机 100 套、定子浸漆机 5 套。两大项目总投资 25 亿元以上，投产后预计年产值 20 亿元，税收 1.30 亿元。

【万达广场项目落户银湖新区】 8 月 5 日，富阳万达广场项目地块成交，标志着“富阳万达广场”项目正式在银湖新区落地。该项目由杭州富阳万达置业有限公司开发建设。万达置业有限公司是万达地产集团全资子公司。万达地产集团有着三十多年房地产开发经验，是中国领先的城市综合体、高档住宅群及写字楼开发企业。万达广场项目总投资约 75 亿元，用地面积 13.95 公顷，总建筑面积 565904 平方米，容积率 2.73，项目由 1 幢商业综合体和 27 幢住宅楼组成。预计购物中心建成后可实现年销售额 8 亿元、商管运营年营收入 7500 万元以上，税收 900 万元以上。

【智能装配检测线生产基地项目】 9 月 5 日，开发区与杭州高品自动化设备有限公司签约，由杭州高品自动化设备有限公司投资 1.50 亿元，建设智能装配检测线生产基地项目，项目位于高新技术产业园区内，占地 2 公顷。该公司成立于 2013 年，目前高品的产品主要覆盖智能装备、测试技术、MES 系统、仓储物流、电阻点焊等领域。基于成熟稳定的功能化模块，丰富的开发集成经验，行业领先的综合实力，为汽车零部件、新能源汽车、农业 / 工程机械、电梯等行业众多知名客户提供超过 245 个智能制造案例。2017 年全球 100 强汽车零部件企业中有 11 家已成为高品的客户，其中前 10 强占 6 家，同时也为众多民族品牌企业供应商，如中车、上汽、一汽、吉利、柳工、中国兵工、中国兵装、西奥电梯等供货。该公司智能装配检测线生产基地项目投产后，预计产值 1.70 亿元，税收 900 万元。

【线束生产整体搬迁项目】 4 月 25 日，开发区与杭州阿斯丽电器有限公司就该公司“线束生产整体搬迁项目入园”签约，投资 4500 万元，在高新园区内开展线束生产整体搬迁项目。该项目占地 0.83 公顷，建成投产后，预计年产值 2.30 亿元，年税收 430 万元，就业人员 400 名以上。该公司创建于 1994 年，系日本 ASLE 電器株式会社在中国杭州成立的独资企业。公司主要生产电器产品配套用组合电线和连接器组件。产品远销日本、新加坡以及东南亚和欧美等国家与地区，公司主要客户为索尼、松下、东芝、理光、日本电气、富士通等，主要供应商有泰科（TYCO）、MOLEX、日压（JST）、住友、HRS、乐庭等。

【金属材料深加工项目】 8 月 1 日，开发区与浙江江丰新材料有限公司就“金属材料深加工项目”签约，投资 15 亿元，在新登新区兴建“金属材料深加工项目”，占地 13.33 公顷，总建筑面积 58316 平方米。规划年产 90 万吨金属加工制品。（包括特种机械设备金属加工产品 20 万吨、各种型号履带板 20 万吨、圆钢加工轴 25 万吨、电梯导轨 20 万吨及电梯配件 5 万吨）。项目全部投产后，预期年产值约 51.50 亿元，税收约 3 亿元。

【子午线轮胎扩建项目】 11 月 29 日，杭州中策清泉实业有限公司年产 250 万套全钢载重子午线轮胎扩建项目开工兴建，该项目于 8 月 26 日签约，位于开发区新登新区，总投资 20 亿元，占地 8.57 公顷，总建筑面积 197399.70 平方米。项目规划年产高性能全钢载重子午线轮胎 250 万套，与现有产能合并后达到年产 750 万套产能规模，预期年产值将达到 29.11 亿元、税收超 2 亿元。该公司是一家资源综合利用型企业，其主导产品全钢载重子午线轮胎的生产技术水平处于全国领先水平。

【智能气腹机及医用耗材研发生产项目】 8 月 7 日，中荷医疗科技（杭州）有限公司智能气腹机及医用耗材研发生产项目签约，项目位于开发区场口新区，由中荷医疗科技（杭州）有限公司投资建设。该公司是一家集医疗器械技术研发、生产、销售于一体的高新技术企业。该项目总投资 6000 万元，用地面积约 0.90 公顷，总建筑面积约 18826 平方米，容积率不低于 2.00。项目规划年产智能气腹系统 13 万套，项目整体建成达产后，预计年产值约 1.20 亿元，税收约 600 万元。

【两个总部项目】 2 月 18 日，开发区与浙江圣诺企利实业有限公司签约。由该公司投资 1.20 亿元，在银湖新区占地 0.76 公顷，总建筑面积 15000 平方米。建设绿碳化硅等新材料领域行业领先的办公、研发、运营和销售中心，为山东圣诺母公司和主要子公司（事业部）及其他关联公司在内的总部基地。项目预计在 2023 年前全部投入使用后实现年营业收入约 1.20 亿元，年税收超 600 万元。

浙江西城工程设计有限公司总部项目入驻。8 月 12 日，开发区与浙江西城工程设计有限公司签约，总投资约为 2 亿元，选址开发区银湖新区 13-L 地块，用地 1.04 公顷（商业办公总部用地）兴建公司总部项目。项目全部投入使用后，预计实现年营业收入5亿元以上，年缴纳税收2000万元以上。该公司是一家集业务涵盖市政、建筑、风景园林、城乡规划、BIM、EPC等领域的综合性设计咨询机构。公司员工250余人，其中专业技术人员180余人，高级及以上职称50余人。目前在全国全省各地设有10余家分公司。公司具有建设部颁发的市政行业（燃气、轨道交通除外）甲级、建筑行业（建筑工程）甲级、风景园林专项设计甲级等设计资质，同时也是浙江省内唯一一家取得甲级资质的非转制民营设计企业。

该公司总部项目拟建设成为涵盖市政、建筑、风景园林、城乡规划、BIM、EPC等综合性设计咨询行业领先的办公、研发和运营中心，成为浙江西城工程设计母公司和主要子公司（事业部）及其他关联公司在内的总部基地。

【零售产业综合体项目】 8月30日，分别由杭州贝贝集团有限公司、浙江格家网络技术有限公司、杭州多麦电子商务股份有限公司、杭州阿思拓集团有限公司、杭州高浪控股有限公司五家单位就联合开发兴建总部基地即“杭州西谷数字零售产业综合体项目”与开发区签约。位于开发区银湖新区（银湖15-8、15-9、15-10、15-11、15-12地块），项目总投资约为8.50亿元，用地面积3.76公顷，总建筑面积预计10.80万平方米。该项目作为贝贝、多麦、阿思拓、格家网络、高浪控股子公司及其引进相关企业的总部办公中心将围绕以社交零售为核心的数字零售，以新品牌、新渠道、新国界、新科技、新流通方向进行创业创新，助力富阳数字经济的发展。预计建成后可实现年营收约为16亿元，税收约为1.65亿元。

【银湖新区九大项目集中开工】 10月24日上午，开发区举行2019年银湖新区产业项目集中开工仪式，九大项目集中开工，总投资13.79亿元，项目建成后预计年营收35亿元。此次集中开工的九大产业项目，除一个高新工业项目（投资5240万元的星帅尔电器装配中心）、一个现代服务业项目（投资1亿元的富通银湖酒店）外，其余均为总部项目。其中，建东医院总部项目总投资1.20亿元，拟建成第三方现代医药品牌推广、医药营销分析、代理模式分析中心；图南电子总部项目总投资1.20亿元，拟建设成为智能广播设备的研发、生产、装配和运营中心；金固股份总部项目总投资5亿元，拟建设成为金固高端制造及汽车后服务板块的办公、研发中心；创韵环境总部项目总投资1.32亿元，拟建设成为环境科技相关的技术研发中心；安耐杰科技总部项目总投资1亿元，拟建设成为工业水务绿色设计与精细化运营中心；岩土科技总部项目总投资1亿元，拟建设成为建筑物加固和地下空间改造的研发中心；集世迈总部项目总投资1.55亿元，拟建设成为新能源智能装备相关的技术研发中心。这些项目具有“无污染、高科技、小空间、大产出”等特征。

（周根潮）

【编　辑　胡春国】

22 杭州富春湾新城

Fuchunwan New Town Hangzhou

杭州富春湾新城

【概况】 杭州富春湾新城位于富春江南岸，与富阳主城区隔江相望，辖“一街两镇”（春江街道、大源镇和灵桥镇），新城为富春江以南、杭新景高速公路以北区域，面积40.60平方千米，户籍人口5.26万人，外来人口4.63万人。2018年12月26日，原江南新城更名为杭州富春湾新城。新城交通条件优越，交通路网十分发达，距杭州复兴大桥30分钟车程，距杭州萧山机场50分钟车程，距上海和宁波分别为200千米、180千米，是富阳融入长三角三小时经济圈的有力保障。杭州富春湾新城总面积4060公顷，其中建设用地面积1922.33公顷、农用地和未利用土地面积2137.67公顷。建设用地中工业用地793.93公顷，其中造纸企业用地491.33公顷，其他企业用地302.60公顷，商住用地137.73公顷，村庄建设用地533.67公顷，行政服务用地53.73公顷，道路绿化用地244.13公顷，其他（物流仓储、交通公共设施）用地121.40公顷，闲置建设用地37.73公顷。

2016年年底，富阳召开区第一次党代会，提出“建设富裕阳光的大都市新型城区”的奋斗目标和“三看四态促转型”的发展路径。2017年3月23日，成立江南新城建设指挥部，确定“产城融合、田园风光、现代气派、江南韵味”新城建设总体目标，基本确定“一年破题、三年变样、五年基本转型、十年初具雏形、二十年基本建成”总体思路，正式吹响挺进江南的冲锋号。

杭州富春湾新城规划图

（杭州富春湾新城管委会　供稿）

【征地拆迁】 纲领性制定《新城“一三五”征迁行动方案》，研究出台新城农居整村搬迁政策和企业拆迁政策，用征迁红利撬动、破局难题。作为全省传统制造业改造提升分行业试点，造纸腾退转型工作获副省长高兴夫点赞“路径清晰、举措扎实、成效明显”。三年来，以“公平公开、廉洁有序”为原则，通过上下联动、府院联动、政银企联动，以“拆执破结合”等方式，精准化解“两链”（资金链、担保链）风险，累计关停造纸及关联企业等工业企业740家，其中造纸企业99家、热电企业2家、污水企业2家，削减产能707.5万吨，到2020年年底，预计减少消耗标煤约300万吨，减少排放废水约9000万吨，减少二氧化硫废气排放约5900吨、氮氧化物5400吨。创新农居“整村搬迁、集中签约”模式，“一口定价”做法全区推广，实现农居搬迁 4183 户。通过农居搬迁、企业征迁，腾出空间近 1133.33 公顷，完成收储约 800 公顷。示范性推进新城全域土地整治工作，完成验收面积 145.67 公顷，新增建设用地指标 17.80 公顷，进一步促进要素整合、实现空间再造，为“三高”发展和实施“新制造业计划”提供用地保障。

规划编制

【概况】 杭州富春湾新城坚持高起点定位，特邀杭州国际城市学研究中心王国平教授团队编制《江南新城发展战略研究》，提出打造成“强、大、优、美、高”的“品质江南”和“山水智城”，为新城打造全国范围内具有竞争力和影响力的产城融合示范区。坚持高水平谋划，经国际招标，由中国城市规划设计研究院中标，编制完成《杭州富春湾新城总体规划》，构建“一轴三带六片区”的城市空间结构，明确具有长远发展策略的 4 个“10 平方千米”大方向规划格局，即 10 平方千米城市形态、10 平方千米产业业态、10 平方千米田园生态、10 平方千米留白；坚持高标准规划，以打造“生态之城、智慧之城、活力之城、人民之城”为目标，系统性开展《新城规划深化专项行动（2017—2021 年）》，形成以总体规划为总纲、控制性详细规划为基础、城市设计为特色、专项规划为支撑的规划体系，至年底，已开展规划设计 51 个，完成 43 个，为新城发展打下了扎实的基础，其中总体规划、交通规划及高铁站前城市设计分获省优秀城乡规划二、三等奖。

【江南新城总体规划】 杭州富春湾新城以“产城融合、田园风光、现代气派、江南韵味”为发展理念，构建“一轴三带六片区”的空间结构，形成 10 平方千米城市建设、10 平方千米产业发展、10 平方千米生态建设、10 平方千米留白空间的规划布局，着力打造成为集创智研发、活力创业、智慧制造、文化休闲、旅游观光、休闲体验、交通枢纽为一体的产城融合的山水田园新城。

十平方千米城市建设：南起高铁站广场、北临富春江北岸城市眼，立足山水、滨江、人文等特色，提出“江南都心、富春城脊”的功能定位，构建“一脊、两城、双心、四片”的空间结构，规划建设文体中心、总部基地、生活服务中心和商业商务中心，打造一条服务区域、山水特色、跨江联动、人文引领、创智升级的城市中轴线。

十平方千米产业发展：以“无污染、小空间、高科技、大产出”为导向，构建“一带四区”产业发展格局，重点发展新一代信息技术、高端装备制造、新材料、新能源汽车及关键零部件等四大主导产业，协同发展生产性服务业，鼓励发展文化创意产业，形成“面向未来、智造主导、互联引领、服务协同”的新型产业体系。

十平方千米生态建设：以“全境田园湿地”为规划理念，协调解决农田保护与城市开发建设、生态景观与城市景观、滨水亲水性与行洪排涝等关系，通过“一心、一廊、一园、七小镇（聚落）”总体空间布局串联融合生态湿地空间，特色化展现江南韵味、田园风光、产城多元融合的山水田园之城。

【规划深化专项行动】 为落实总规战略思想，聚焦规划深化专项行动，启动编制《江南新城规划深化专项行动（2017—2021 年）》，按照控制性详细规划、城市设计、专项规划、工程项目设计四大类，提出 5 年内编制完成 60 个规划，其中战略规划 1 个，总体规划 1 个，总体规划评估 1 个，控制性详细规划 7 个，城市设计 7 个，专项规划 28 个，工程项目设计 15 个。通过 5 年规划的编制，形成相对完善的杭州富春湾新城规划体系，确保总规实施到位，控规有效指导，完善配套设施，提升杭州富春湾新城城市品质、展现江南韵味风貌。

【江南新城竖向标高布局专项规划】 为更好引导城市空间形态塑

杭州富春湾新城实景图

（杭州富春湾新城管委会 供稿）

造，以“安全、适用、经济、美观、通达”为原则，综合考虑防洪排涝、雨水排放、道路工程、重大基础设施及城市用地等，结合江南新城现状水系、规划路网等，将新城划分为26个竖向小区，通过分析现状建筑标高、用地布局、道路交通、城市景观等方面的要求，合理确定坡度，提出主次干道、各支路交叉点的控制高程，并提出地形改造的土方量及平衡措施，以建立江南新城地面高程控制系统，为新城规划管理与实施提供具体竖向要求。

【杭州富春湾新城生态湿地规划】 规划以再现中沙落雁、春江水灯等场景和江南文化保护与传承为出发点，以“全境田园湿地”为理念，协调解决农田保护与城市开发建设、生态景观与城市景观、滨水亲水性与行洪排涝等关系，形成“一心、一廊、一园、七小镇（聚落）”总体空间布局。通过水生态系统保护与修复，恢复鸟类、鱼类等栖息空间；种植乔灌木、花卉等植被，营造多样化景观空间；打造生态型护岸，满足防洪排涝、亲水景观等需求，营造多样复合生境系统，促进生态效益与经济效益的可持续发展。

【杭州富春湾新城中轴线地区总体城市设计】 北至中沙岛、南至杭黄高铁南区块、东至大桥南路、西至科甲路，面积约8.50平方千米。规划以“富春之脊、江南都心”为愿景，通过创智联动、文化引领，山水联动、绿色营城，高效联动、立体复合，公共联动、活力聚集等四大策略，构建“一脊、两城、双心、四片”的空间结构，打造一条服务区域、山水特色、跨江联动、人文引领、创智升级的城市发展轴和人民服务轴。

【杭州富春湾新城“四大之城”专题研究】 以生态之城、智慧之城、活力之城、人民之城建设为目标，立足拥江发展、转型发展等历史机遇，充分挖掘新城生态、文化等资源要素，响应城市发展的需求，提出“富春山水、幸福江南”的愿景，规划以人民为核心、以生态为本底、以智慧为触媒、以活力为动能，从生产空间、生活空间、生态空间进行专题研究，针对新城发展，提出实施路径，描绘好现代富春人居的美好蓝图。

【杭州富春湾新城交通体系布局专项规划】 以“高快速路、主干路、次干路”为道路网骨架，“刚性支路、弹性支路”为道路网基础依托，构建“外畅内达、结构合理、功能清晰、衔接有序”的“绿色、智慧、安全、高容、畅通”道路交通系统，为新城人流、物流与车流提供良好的服务。规划形成“两横五纵”的对外交通布局，“五横五纵”的高快速路及主干路布局，“一环、五横、八纵”的次干路布局，同时对道路断面形式、立交节点、公共交通、慢行系统、智慧交通等进行统筹规划，提出近远期建设时序，为加快构建杭州富春湾新城安全、便捷、高效的交通体系提供规划支撑。

【杭州富春湾新城公共服务设施布局专项规划】 以“品质新区，服务兴城”为目标，统筹谋划行政、文化、体育、教育、医疗、养老、市政、商贸等公共服务设施，进一步优化城市空间布局，形成“一轴一带、一主三副、五区三片、多层级”的空间体系，构建“优质、便捷、智能、高效”的公共服务体系，打造“十五分钟生活圈”，加快推动宜居宜业的新城区建设。以“适度集聚、品牌升级、精准投放、共建共享、智慧邻里、重构体系”为策略，提出构建“城市级＋街道级＋社区级”三级公共服务体系，规划邻里中心12处、行政设施12处、文化设施29处、体育设施24处、教育设施51处、医疗设施32处、社会福利设施25处、农贸市场13处、市政设施13处，打造多维公共生活空间，实现公共服务设施均等化、全覆盖，全面提升新城公共服务质量，推动杭州富春湾新城公共事业的良性发展。

【杭州富春湾新城给排水布局专项规划】 随着千岛湖引水工程及杭州富春湾新城产业转型的推进，对新城整体给排水格局产生重大影响。在结合上位规划及现状的基础上，统筹谋划给水、污水、雨水等管网系统。根据城市建设目标、用地布局、人口规模等对给排水需求量进行预测，提出给水厂原址扩建，近期规模为35万立方米／日，远期为45万立方米／日；污水厂选址于生态湿地内，近期规模为10万立方米／日，远期为15万立方米／日，通过合理布局给排水管网，明确管径、流向、泵站等参数，构建“安全、经济、合理”的杭州富春湾新城给排水管网系统，以科学指导新城开发建设。

【杭州富春湾新城春南产业区块城市设计控制性导则研究】 北至富春湾大道、南至亭山路、西至赤亭纸路、东至科甲路，总面积约为1.85平方千米。规划以“双创新天地、聚慧生态园”为目标定位，按照“聚绿营城、轴向布局、成组成团、功能复合”的理念，依托北影项目聚核心，构筑强力驱动的核心引擎，形成“7”字形聚核结构体系，打造集科创研发、商业商务、休闲娱乐、生活配套等一体的公共中心，辐射周边产业组团；依托不同类型产业发展特色塑空间，通过组合灵活弹性的产业空间，为不同项目招引提供弹性服务载体；依托本底资源显生态，营造多彩生活的景观界面，通过多样的景观设计手段，营造极具创新性、艺术性、生态性的办公环境，打造三生融合的生态园区。

【杭州富春湾新城大源产业区块城市设计控制性导则研究】 北至富春湾大道、东至董家桥路、南至规划道路、西至经纬路，总面积约1.4平方千米。规划以产业运转、环境适宜、风貌良好为目标，通过观山水定格局、量产业度形态、鉴来往营风貌的策略，形成“一个中心、两组簇群、三条界面”的空间结构，通过产业导向分析、公服配套需求预测，合理布局研发、生产、配套等功能板块，打造兼顾产业运转效率与自然环境本底需求，同具有独特风貌形象能够引领未来发展，集合生产、生活、商务为一体的产城融合的示范区。

【杭州富春湾新城灵桥产业区块城市设计控制性导则研究】 北至富春湾大道、南至杭新景高速、西至杨元坎村规划道路，总面积约3.45平方千米。规划以数字和制造的融合、产业和生活的融合、人本和生态的融合为导向，致力于打造成为数字制造示范区、三化融合引领区、生态智慧先行区。通过对产业进行遴选，从规模效益、创新能力、智造水平、生态发展四大维度，制定园区经济发展指标体系，并根据不同产业用地要素整合，进一步优化用地空间，构建“两轴两带、两心四片”的空间结构，健全完善公服配套设施，打造集产业、居住、商业、生活娱乐等于一体的数字制造小镇。

招商引资

【概况】 杭州富春湾新城围绕“一高三新”为主导的产业定位，积极招引高新产业项目，搭建高能级产业链平台，做优做细项目配套服务。三年累计招引落地宏华数码、新亚低温、银湖激光等产业项目36个，总投资128亿元，其中高新产业项目32个，重点在谈项目30余个，计划总投资约500亿元。初步形成依托中科院上海光机所杭州分所、浙江飞旋科技、北影电影产业基地为核心引擎的产业发展链条。构建滨富特别合作区、春南产业区两大重点平台，打造永泰小微企业孵化园及以上海光机所为依托的中小企业创新园。积极推动“办事不过江”改革，高效推进重点项目开工建设，同时定期开展“走亲连心三服务”活动。

【留心留根】 深入实施“留心留根”工程，鼓励拆（搬）迁高新企业提档升级和二次创业，规划建设一批总部经济项目，择优安置一批高新产业项目。三年来，累计落地“留心留根”等本地企业转型升级项目9个，金山仪表、新亚低温等高端装备制造项目7个，鸿昊集团、金富春集团大集团总部项目2个。总投资15.50亿元，预计达产产值约25亿元、税收13亿元。

【项目建设】 2019年，全至电子、新亚低温、北影、飞旋科技、梁辉消防、金山阀业、远鸿科技、兰星科技等项目开工建设。华神、赫博药业、春江研究院、新昌华、宏华数码项目完成项目供地。荣生机电、科强电子、上海光机所杭州分所等项目在临时过渡厂房进行生产。

【飞旋科技磁悬浮+产业化项目】 由天津飞旋科技有限公司投资建设，选址灵桥镇，总投资22亿元，总用地面积33.33公顷，其中一期投资7亿元，用地面积7.07公顷，建成投产后年产值35亿元，税收1.7亿元，其中一期建成投产后，产值约8亿元，税收约3800万元。目前项目主体施工中，主要建设企业总部、磁悬浮技术研发中心及生产磁悬浮技术系列产品。磁悬浮轴承、高速电机、变频器、复合分子泵已量产，磁悬浮制冷压缩机、空压机已研发成功。项目建成后，预计年销售总额可达55亿元。

【中科院上海光机所杭州分所】 由中科院上海光机所与富阳区政府合作建设，选址春江街道，总投资12亿元，用地面积9公顷。其中一期项目用地2.17公顷，计划总建筑面积93495平方米，容积率2.66。项目将重点引进光电功能材料、激光智能制造与智能传感、光电材料加工与检测技术，建设科研孵化大楼和光电激光特色产业园。5—10年后形成一个从材料、光纤到激光器及激光应用的产业集群，年产值10亿元以上。杭州分所已在春胜大楼进行临时办公，先期落户富阳项目5个。

【春江研究院】 由杭州春江新材料研究院有限公司投资建设，选址春江街道，总投资1.50亿元，用地面积2.02公顷，容积率2.20，主要建设内容为新材料创新平台、孵化（中试）中心、产业化（生产）基地、综合配套服务中心等。项目建成投入使用后，预计年产值可达2.50亿元，税收约1250万元。目前该项目已完成施工图设计，正在办理线上图审，引进新原起、谷泓贸易等项目。

【专业园区】 盘活利用暂缓拆除的厂房空间，改造提升永泰小微企业创业园。园区位于原永泰集团，面积约5.70万平方米，其中办公楼约8300平方米，厂房约4.30万平方米，主要为招引企业提供过渡场所。目前科强电子、晶富科技、华神消防等3家企业已入驻，预计年产值2.30亿元、税收1500万元，另有华清科技、求是嘉禾等4家企业即将装修入驻，作为项目建设期过渡生产经营场所。

滨富合作区

【概况】 8月28日，富阳区和滨江区在杭州富春湾新城内设立特别合作区，杭州高新区（滨江）富阳特别合作区挂牌成立。合作区以新城东部产业区块（灵桥镇）5.80平方千米为启动区，东、南起杭新景高速，西至小源溪和杨元坎村，北至富春江。合作区范围视需要可扩展至富阳区其他区域。合作期限20年。合作方式采用产业用地净地合作，两区组建特别合作区管委会，实行“独立管理、单独核算、封闭运行”的开发模式。通过建立跨区域的沟通协作机制，充分利用其“大孵化器”优势和丰富的管理经验，加快资源要素在区域间的流通、配置，实现“1+1 > 2”的叠加效应。挂牌以来，签约项目3个，在跟进有较强意向的重点项目6个，有一定意向的储备项目10个，签约项目用地和意向项目预留用地面积达93.33公顷。11月29日，宏华数码项目签约后实现用地挂牌仅15天。

【招商引资】 围绕产业导向，建立招商引资名单，洽谈中控、士兰微、伏打科技、大希地、和而泰、泰林生物、意能电力等项目40余个。11月15日，举行高新区（滨江）建设世界一流高科技园区暨新制造业计划推进大会，会上与宏华数码、东方通信、模拟芯片IDM等3个重点项目签订落地协议。其中，宏华数码，拟投资10亿元，供地8公顷，其中一期供地3.33公顷；东方通信，拟投资5亿元，供地约5.33

公顷，建设智能制造产业化基地；模拟芯片IDM项目，力争在通过国家发改委窗口指导后，能快速推进该项目。对已有迫切生产需求的单位，包括正泰太阳能、意能电力、奥能电源、雄伟科技、精工技研等项目（用地需求约40公顷），就地块位置、周边市政配套、土地指标、出让时序等关键环节进行沟通，争取早签约、早落地、早开工。邀请网易严选、大和热磁、东方日升等企业到特别合作区考察，争取网易严选高端合作生产伙伴集中入驻发展，牵线大和热磁和国家集成电路大基金即华芯投资基金开展合作，争取芯片装备零部件项目落户特别合作区。利用特别合作区已征收但未拆除厂房，积极引入高新区（滨江）有生产需求，但规模尚小的企业，推动研产协调发展，如奇汇电子等公司，租用原中超通信厂房开展高端提花机的生产。

【工作机制】 初步形成特别合作区行政审批工作机制。牢牢树立特别合作区特别高效、专业服务的工作理念，将全流程划分为项目供地、审批和批后管理三个阶段，采取完全授权、见章盖章和专人专班、限时办结的方式，实现审批服务更优化。与相关部门对接明确具体工作的操作路径。与市规划资源局富阳分局对接供地流程相关事宜，形成特别合作区工业用地挂牌出让审批流程、特别合作区产业用地收件清单及标准；与富阳区联审联批中心商议行政审批授权工作，采用“主要审批事项充分授权，其他审批事项限时办理”的模式开展行政审批工作；与市场监管局对接企业办理注册登记事宜，形成特别合作区企业注册住所登记申报承诺制，并建立特别合作区与市场监管局联络制。建立议事机制。建立两区联席会议制度，两区区级分管领导根据实际工作需要，定期或不定期商议特别合作区建设有关事项；建立特别合作区管委会与富春湾新城管委会沟通协调会议制度，针对项目推进过程中出现的基础设施建设、公共配套等具体问题，及时研究、及时解决；建立特别合作区工作例会制度，每周召开一次，商议解决特别合作区重、难点工作。 （陆钰天）

项目建设

【概况】 全年共承担政府投资项目23个。其中：民生项目（安置房）12个，市政基础设施项目8个，公建配套项目5个，完成固定资产投资41.37亿元。

【市政基础设施项目】 全年实施市政路网项目8个，总投资59.95亿元。

富春湾大道（一期）项目：起点位于富春湾大道与学院路交叉口，终点位于江南大道与经纬路交叉口，一期工程实施总长约2.98千米；项目建设形式为地下快速路（双向六车道）+地面主干路（双向六车道）形式，道路总宽55米；主要建设内容包括隧道工程、管廊工程、桥涵工程、河道工程、雨污水工程、交通工程及景观绿化工程等相关内容，总投资53.24亿元。

江滨南大道东延至大源溪工程项目：位于富春江南岸与富阳区新沙岛隔江相望起点位于江滨南大道洋浦江出口处终点至大源溪，总用地面积约237800平方米，道路宽度24.50米，全长4837.20米，新增绿化面积约145200平方米，总投资3.75亿元。

亭山路（一期）项目：西起科甲路东段，东至董家桥路，全长2120.98米，宽40米。项目主要建设内容为道路工程、排水工程、桥梁工程、景观工程、管线综合工程及道路附属工程等相关内容，总投资11.23亿元。

经纬路一期项目：位于富阳区春江街道和大源镇，工程范围为北至江南大道，南至亭山路，总长1835.24米，道路红线宽度40米+10米绿化带；项目主要建设内容为道路工程、雨污水管线工程、桥梁工程、绿化工程、相关道路附属设施（含照明、标志标线）等相关内容，总投资1.43亿元。

经纬渠新建及景观配套工程项目：位于富阳区春江街道和大源镇，经纬渠为新开河道，南北走向，南起亭山路，终至江南大道南侧，全长1835米，宽15米，根据区块单元控制规划，经纬渠西侧绿化带宽度为15米，东侧绿化带宽度为20米。为了经纬渠水体交换的需要，拟将四季坞支渠改道流入经纬渠，改道长度约428米，采用箱涵形式。经纬渠渠道防洪标准为20年一遇，总投资0.76亿元。

春江园区竹筒路北段改造工程：位于春江街道，南起新中线，北至春南路，全长436.61米，工程内容为老路面层及人行道拆除、新建道路及人行道、新建雨污水管、渠道清淤、新建渠道挡墙土建部分等，排水管最大管径DN800毫米，总投资0.12亿元。

东升1号安置区块配套道路工程项目：位于大源镇，主要包含经纬路延伸段和环山路2条城市支路，经纬路延伸段为南北走向，起于环山路，终点为亭山西路，长约278.76米，红线宽度24米；环山路为东西走向，起于经纬西路，终点为经纬路延伸段，长约338.71米，红线宽度16米。总投资0.45亿元。

朝阳南路延伸工程项目：位于大源镇，呈南北走向，北接现状朝阳南路，南至现状塔堰路，为城市次干路，全长321.86米，道路宽度17.20—18.00米，最大排水管径DN1500毫米。主要包括道路工程、排水工程、给水工程等建设内容，总投资0.07亿元。

【公建配套项目】 全年实施公建配套项目5个，总投资227.06亿元。

杭黄铁路站前广场项目：总用地面积118325平方米，包含站前人行广场、公交及出租车场站、游客集散中心、站前地下停车场、亭山路、进出站匝道、附属市政道路及景观等内容，总投资6.50亿元。

杭黄高铁片区一平方千米综合开发项目：位于杭州富春湾新城市核心轴南部，北至规划同登路、南至杭黄高铁富阳站、西至竹简路、东至规划支路，总用地面积约104.36公顷。根据《杭黄高铁站前区域城市设计》，片区开发将借助高铁要素集聚，依托TOD复合开发，整体谋划片区功能，构建“1+4”空间格局，即以高铁“未来社区”为引领，引入研发孵化、公共服务、创新创业、品质居住等业态，打造功能复合、配套完善、宜居宜商的新富春门户空间。项目总投资约200亿元。其中，土地整理、基础设施、公建配套投入44.10亿元，精品街区、总部办公、商务酒店、高品质住宅建设投入156亿元。项目基础设施、公建配套建筑面积约55万平方米，区域内整体建筑面积大于100万平方米通过公开招投标，由中交城投作为中标合作方，负责项目整体开发策划、投融资、建设、土地开发等，合作期5年，其中建设期3年。为富春湾新城首个采用“片区综合开发模式”项目。

省人民医院富阳院区项目：总用地面积12.27公顷，容积率1.80，绿地率35%，建筑密度不大于35%，建筑高度80米，总投资32亿元。本项目分期实施，一期总建筑面积211990平方米，其中地上139920平方米，地下72070平方米，总投资26.19亿元（含征迁费10.70亿元）。

洋浦江绿道改造工程项目：绿道全长约为3.50千米，并对原有绿道的游径系统、绿道绿化、服务设施、市政设施、标志设施等进行提升，总投资0.20亿元。

上海光机所杭州分所项目：位于杭州富春湾新城，东侧为经纬路，南、西、北侧为规划道路，总用地面积21680平方米。主要建设内容为科研实验室、商务办公楼、会议中心、科研展厅及配套用房。总建筑面积78313.94平方米，其中地上总建筑面积49203.16平方米（科研实验建筑面积39056.75平方米，商务办公建筑面积7640.61平方米，其他附属2505.80平方米），地下建筑面积29110.78平方米。容积率2.30，建筑密度45%，绿化率20%。建筑高度限高80米。总投资约6.30亿元。

【安置房项目】 全年实施安置房项目12个，其中在建项目7个：东升1号区块安置房工程（一期）（12月完成竣工验收）、大源亭山安置小区、大源东升1号安置小区（二期）（5月进场施工）、春南安置小区（6月进场施工）、灵桥永丰安置小区（7月进场施工）；春北安置小区A、B区块（12月进场施工）；前期项目5个：灵桥安置小区二期A、B、C区块、大源安置小区二期A、B区块均于12月完成招投标。

大源镇东升1号安置小区建设工程一期：本工程位于富阳区大源镇，总共有6幢11F—16F住宅楼，总建筑面积33609.81平方米，其中地上23672.92平方米，架空层422.22平方米，地下9514.67平方米。总投资25800万元。

春南安置小区建设工程项目：用地面积为16.67公顷，总建筑面积64.92万平方米，其中地上建筑面积41.36万平方米，住宅总套数2884套，配建18班幼儿园1所，总投资25.09亿元。总承包单位为中电建建筑集团有限公司。项目于2019年4月正式开工建设，至年底，已完成工程量的30%。

大源镇东升1号安置小区建设工程二期项目：用地面积为2.58公顷，总建筑面积8.56万平方米，其中地上建筑面积5.98万平方米，住宅总套数395套，总投资3.60亿元。总承包单位为龙元建设集团股份有限公司。项目于2019年3月正式开工建设，至年底，已完成工程量的30%。

大源镇亭山安置小区建设工程项目：用地面积为6.87公顷，总建筑面积22.84万平方米，其中地上建筑面积16.22万平方米，住宅总套数1180套，总投资7.52亿元。总承包单位为龙元建设集团股份有限公司。项目于2019年3月正式开工建设，至年底，已完成工程量的30%。

灵桥镇永丰安置小区建设工程项目：用地面积为7.87公顷，总建筑面积27.50万平方米，其中地上建筑面积20.22万平方米，住宅总套数1370套，配建12班幼儿园1所，总投资10.82亿元。总承包单位为龙元建设集团股份有限公司。项目于2019年3月正式开工建设，至年底，已完成工程量的30%。

春北安置小区A区块项目：用地面积为6.87公顷，总建筑面积21.41万平方米，其中地上建筑面积12.96万平方米，住宅总套数890套，项目总投资8.36亿元。总承包单位为中铁建设集团有限公司。项目于2019年12月正式开工建设。

春北安置小区B区块项目：用地面积为11.40公顷，总建筑面积42.20万平方米，其中地上建筑面积27.90万平方米，住宅总套数1938套，总投资16.11亿元。总承包单位为中铁建设集团有限公司。项目于2019年12月正式开工建设。

大源安置小区二期A区块项目：用地面积为6.60公顷，总建筑面积22.26万平方米，其中地上建筑面积14.10万平方米，住宅总套数920套，总投资7.17亿元。总承包单位为中铁十八局集团有限公司。项目于2019年12月完成招投标。

大源安置小区二期B区块项目：用地面积为3.74公顷，总建筑面积13.22万平方米，其中地上建筑面积7.77万平方米，住宅总套数606套，总投资4.41亿元。总承包单位为中铁十八局集团有限公司。项目于2019年12月完成招投标。

灵桥安置小区A区块项目：用地面积为11.27公顷，总建筑面积42.90万平方米，其中地上建筑面积28.12万平方米，住宅总套数2142套，总投资17.15亿元。总承包单位为中交一公局集团有限公司。项目于2019年12月完成招投标。

灵桥安置小区B区块项目：用地面积为8.40公顷，总建筑面积32.72万平方米，其中地上建筑面积21.08万平方米，住宅总套数2142套，总投资10.95亿元。总承包单位为浙江奔腾市政园林建设工程有限公司。项目于2019年12月完成招投标。

灵桥安置小区C区块项目：用地面积为5.33公顷，总建筑面积19.40万平方米，其中地上建筑面积11.37万平方米，住宅总套数916套，总投资7.91亿元。总承包单位为浙江奔腾市政园林建设工程有限公司。项目于2019年12月完成招投标。（陈　政）

【编 辑 刘 亮】

23 投融资平台

Investment and Financing Platform

富春山居集团

【概况】 2019年，富春山居集团实现利润12560.90万元，主营业务收入4075.28万元，上缴税收2350.38万元。全年底，集团总资产93.24亿元，净资产4075.28万元。9月，公司名称变更，由“杭州富阳工贸资产经营投资集团有限公司”更名为“杭州富春山居集团有限公司”。

【资产经营投资管理】 至年底，集团拥有房产25.70万平方米，土地41万平方米。全年物业实现收入约3237万元。对外投资12家企业，其中：全资企业7家，出资额62728万元。参股企业5家，出资额23848.25万元。

【直属子公司】 全年，清风实业公司实现总收入1110万元，资产租赁收入926万，同时，加强星级文明市场续评创建工作，认真做好城市文明指数的测评迎检工作。粮储公司搞好区级政策性粮食销售出库25962.08吨、收购入库14000吨，同时继续做好军粮供应、粮油经营及防汛物资管理工作。黄公望景区持续加强旅游宣传营销工作，实现旅游人数13.11万人次，营收426.60万元，同比增加41.90%，实际增收126.04万元。文旅集团深入挖掘富阳旅游资源，指导三国圆旅行社开展千人团、富阳人游富阳、新劳动教育等活动项目，实现营收514.24万元，同比增长142.60%。食品公司屠宰生猪62265头，1—8月出售生猪6553头，实现盈利37.40万元。农林资产经营公司做好森林资源管护及各类营林生产项目建设工作，严控林地使用，加强森林防火，进一步加大对野生动植物的保护力度。

阳陂湖效果图

（富春山居集团　供稿）

【融资管理】 全年集团融资19.40亿元，还贷11.82亿元，融资余额29.80亿元，对外担保余额38.21亿元。

【项目建设管理】 全年集团负责建设政府投资项目11个，投资12.20亿元。

续建项目：杭州富阳阳陂湖生态修复治理项目（一期）做好前期工作及总承包单位的招标，并进行主湖区池塘的排水、清表以及主航道的开挖工作，投入资金约1.25亿元，占总工程量的24.50%。“1+7”红色综合体施工图调整设计方案，并竣工地下室施工项目。上湾乡村文创聚落项目配套道路工程的主要路面建设竣工。区第二粮库项目在政策处理之中。壶源溪流域联动发展项目分为龙鳞坝景区建设提升项目、瓜桥埠东吴文化体验点和场口镇旅游服务中心等3个子项目，分别由湖源乡和文广旅体局牵头设计方案。

全年，在项目建设管理上获得了较好的成绩，主要是在“寻找最强施工队”大比武活动中，荣获“擂主”称号，并取得了全区第1名的好成绩。

【文旅产业发展】 规划编制：编制了《常绿镇全域旅游策划方案》《大鹳山景区提升改造及运营策划方案》《富阳泗州造纸遗址文化旅游区开发策划研究纲要》《富阳区常绿镇黄弹石梯旅游项目策划》。

文旅活动：以全区“味道山乡”活动为契机，乘势推出“味道山乡游”“富阳人游富阳”“新劳动教育”等乡村旅游活动，全年吸引游客达5万余人（次），带动乡村旅游产业的发展。举办风铃节、紫藤花艺术节、“十一”木偶戏剧节等系列特色活动，全年接待游客达32万人次。

景区提升：黄公望隐居地被评为国家AAAA级旅游景区、浙江省生态旅游区。

【国企改革】 全年集团进行归并整合，打造全新富春山居品牌。划转工贸置业、阳光担保（中小保）、二手车交易市场、教发公司、医投公司至其他平台公司，托管粮食收储公司至商务局，吸收合并杭州富阳文化旅游投资集团有限公司及其下属子公司，变更集团名称、法人、董监事的工商手续。

【机关事业单位公共资产管理中心】 至年底，集团公共资产管理中心拥有房产3.20万平方米，土地1.70万平方米，年租金实现收入765.64万元。（盛露晨）

区城投集团

【概况】 2019年，区城投集团总资产873亿元，总负债523亿元，净资产349亿元，资产负债率为59.90%；全年实现收入29.88亿元，利润6.22亿元。

【筹融资】 全年实现融资145.45亿元，纳入经营业绩考核融资金额185亿元，超额实现融资任务。借助主体信用等级AA+的力量，在资本市场拓展业务，以集团为发行主体，在交易商协会分期发行30亿元中期票据，实现资本市场融资全覆盖；进一步优化债务结构，不断扩大直接融资比例，50亿元PPN项目和40亿元公司债项目获批。

江边灯光

（区城建集团　供稿）

【供排水】 全年，全区售水总量7876万吨，同比增长1.91%，自来水水质合格率为100%；污水处理量5367万吨，同比增长7.25%，污水处理排放合格率100%。

全年累计铺设管网408千米，旧管网改造28千米，完成东洲部分区块污水管道迁改、上旺、洞桥、万市四线供水等政府投资项目11个，完成渚佳坞泵站建设工作，改造金苑山庄、高尔夫路、幸福路等3个区块的旧管网，建设上旺村、灵苑村、高联村、平畈村等一户一表工程21个，改造裕达大厦、富宸嘉苑等二次供水5个，建设山水如画、金汇之星等房地产接水类工程11个，改造如意花园、金塘花园等背街小巷配套工作，改造无水、管道老化等内部应急工程61处，改造屠家埭区块、儿童公园区块和虎山雅苑区块雨污水等应急工程9个。

【燃气供应】 全年实现销气总量1.56亿立方米，同比增长3.80%，其中管道煤气13798万立方米，车用气1623万立方米，液化气1309万立方米。全增工商业145家，民用户1.66万户。

全年，建设竣工天然气工程项目301个；敷设地下中低压管网160千米，燃气管道累计1513.08千米。（刘超强）

富阳交通集团

【综述】 2019年，区交通集团在区委区政府领导下，践行“交通建设主力军”职能，持续狠抓项目建设，激发投资和经营活力，提高服务质量，助力全区“三高”工作不断推进。年初，集团制定第三个三年行动计划（2019—2021）及《2019年重点工作计划》，量化、细化目标，明确各阶段目标任务和责任人。全年营业收入16.20亿元，经营性利润7669万元；固定资产投入14.7亿元，超额完成全年任务；融资58.92亿元；客运、公交安全行驶8200万千米，客运量6647万人次，公共自行车服务107.80万人次；安全生产形势稳定。总资产212亿元，净资产87亿元，资产负债率59%。

集团狠抓项目建设，打造一流施工队。全年集团承担政府投资项目28个，按照杭州市委书记周江勇“打造一流施工队”的要求，做到以“不抓进度就是不讲政治”的站位，在“提速、提质、提标”上下功夫，项目进度、管理水平、整体形象得到明显提升。汤马线2020年春节前通车，同时全线亮灯；7月，出租车服务中心竣工；10月，横桐线西郈段、320国道与蒋大线交叉口大中修竣工；12月，开工建设大盘山隧道、环金线整治（二期）、新中线等项目。在建春永线及综合整治工程、大源和高桥连接线、江南绿道、公交停保中心等重点项目均符合年度目标。

【重点工程】 汤马线整治工程：该工程北起中埠大道汤家埠，南接G320沪瑞线富阳场口至受降过境线马山交叉口，道路改造长度6.70千米，路灯安装长度16千米。道路设计等级为一级公路，设计速度为80千米/小时，标准路基宽度为24.50米，总投资6500万元。2018年8月正式开工，2019年1月竣工通车。该工程是场口、环山、常安、湖源等乡镇进入富阳主城区的重要通道，实现沿线乡镇百姓对汤马线和320国道场口段全线亮灯的期盼，提升道路行车品质。

G25富阳灵桥至渔山段工程及综合整治工程：G25富阳灵桥至渔山段工程（春永线）起于灵桥镇黄泥沙村，终于渔山乡与萧山交界处的长岭头，全长约10.48千米。道路设计等级为一级公路，设计速度为80千米/小时，采用双向六车道标准，路基宽42米，总投资19.25亿元。2018年12月正式开工，计划2020年9月建成通车。G235灵桥至渔山段综合整治工程是春永线的附属配套工程，工程范围为整条春永线两侧，总投资5.90亿元。春永线及其附属工程的建设，将为富阳沿江乡镇（街道）及江南区块提供一条与杭州主城区融合的快捷通道。

大源互通至灵桥互通连接线工程：该工程起于大源过境线与杭新景高速分离处，终于大源镇新关村。主线全长6.17千米，其中杭新景高速至大源互通段4.75千米为一级公路标准，兼顾城市道路功能，设计速度60千米/小时，双向六车道，路基宽38米；大源互通至新关段1.42公路为二级公路标准，路基宽17.00米；另设稠溪支线1千米为三级公路，路基宽8.50米。总投资5.80亿元。2019年1月正式开工，至年底，已建设总工程量的70%，计划2020年10月建成通车。该项目的建设，将极大地满足富阳江南片区连接线杭州绕城高速西复线的交通需求，同时也进一步完善该区域路网结构，并带动沿线乡镇经济社会更好发展。

高桥互通至320国道连接线工程：该工程起于G25长深高速德清至富阳段扩容杭州段工程高桥互通出口，终点位于G320国道平交，道路全长6.11千米，采用国家一级公路标准，设计时速80千米/小时，双向六车道，路基宽39米，总投资5.90亿元。1月正式开工，至年底，已建设总工程量的70%，计划2020年12月建成通车。该项目承担着杭州绕城高速西复线高桥互通的集散作用，将进一步提升高泰线、横桐线的车辆通行能力，逐步完善全区（县）、乡公路及区域公路路网。

环金线效果图

（交通集团 供稿）

公交停保中心工程：该项目位于富春街道青云桥村、春华村之间，东侧为富阳区实验中学，北侧为南渠及23省道，整体项目依山而建。总用地面积88220平方米，总建筑面积28601.60平方米，地上建筑面积22516.50平方米，地下建筑面积6085.10平方米，总投资2.15亿元。2018年11月正式开工建设，至年底，已建设总工程量的80%，计划2020年9月完工。该项目是集停车、维修、保养、车辆安全检测等功能于一体的综合公交站场，便于集中管理，解决公交车停放难的问题。

富春江两岸贯通项目（南线）：该工程起于富阳大桥，终于场口镇赵欧村，全长约22千米，由西向东分别为场口堤（含湖源溪西侧段）、青江口桥、马山堤、汤马线、中柏堤、新中线（已纳入新中线公路项目）、太平堤上下游等段落，建设内容为道路工程、桥梁（栈桥）工程、绿化工程及附属设施，总投资1.34亿元。2018年7月正式开工，目前已建设太平堤及汤马线段，计划2020年12月竣工。该工程是富阳对外展示良好风采的重要窗口，同时也是进一步改善生态环境和提高广大人民生活质量的公益事业。

鹿山（大盘山）隧道及连接线工程：该工程起于西环北路与公望街交叉口，路线沿西环北路往南布设至大盘山后分左右线设隧道穿越大盘山，出洞后沿鹿山5号路布线，最终与已建成的富阳大桥北侧桥头相接。路线全长约6.34千米，其中：隧道长约2.30千米。道路设计等级为国家一级公路，兼顾城市道路标准，双向六车道，设计时速80千米/小时，总投资额24.40亿元。12月正式开工，计划2022年6月竣工。该工程直接连接富阳鹿山板块与城西金桥板块，不仅大大可以缓解富阳城区的交通压力，同时还可以减少汽车尾气、噪音污染，进而有利的改善城区的生态环境。

场口至金沙段工程（环金线整治工程二期）：该工程二期路线全长3.90千米，共有三个隧道，长度分别为943米、725米、760米。设计有桥梁两座，长分别为20米、40米。设计时速40千米/小时，路基宽度为12米，按国家二级公路标准进行建设。总投资为3.09亿元。12月正式开工，计划2023年6月竣工。该工程对富阳实施城镇总体规划和城乡一体化建设起着积极的推动作用，它不仅可以改善沿线村民出行便利的条件，同时也是一项促进当地旅游发展的需要。

新中线（太平至中埠大桥）工程：该工程起于太平南峰村，路线沿原有老路逆江而上，设置长290米隧道穿越石塘岗山，终于中埠大桥桥头汤马线形成T字平交口。全长2.19千米，道路设计等级为国家一级公路，兼顾城市道路标准设计，双向六车道，设计时速60千米/小时。同时实施的绿道工程，起点与现状太平堤相连，终点与中柏堤相连，沿现状新中线布置，全长3.14千米，总投资额3.84亿元。12月正式开工，计划2021年11月竣工。该工程不仅可以有效缓解富阳城区的交通压力，进一步改善城区的生态环境，同时还可以修复富春江沿线岸边的环境，通过绿化、景观节点的有效建设，可以大大提升富春江南岸的靓丽风景线。

【交通投融资管理】 2019年度全年营业收入16.20亿元，实现经营性收入9.50亿元，经营性利润7669万元；总资产为212亿元，负债125亿、净资产为87亿元，资产负债率为59%。全年融资58.92亿元，较好实现国资下达的全年融资计划，释放近30亿的中长期流贷，同时在直融市场及拆迁项目上也取得了突破性，主要有：发行7年期10亿元停车场专项债，票面利率5.50%，是杭州地区第一单，自2017年以来的最低发行价；渌渚镇循环经济产业园项目贷款授信24亿元，其中农行12亿元（年限18年、综合成本6.30%、已放拆迁资金6.80亿元），杭州银行授信12亿元（年限5年、已置换拆迁资金5.10亿元）；发行南京银行5亿元3年期债融计划。经过全年国企专业化改革，集团对外投资16.90亿元，下设7家全资子公司：杭州富阳交通建设有限公司、杭州富阳交拓生态环境工程有限公司、杭州富阳保安服务有限责任公司、杭州富阳交达公路养护有限公司、杭州富阳交通服务有限公司、杭州富阳渌渚循环经济产业园建设投资有限公司、杭州富阳交通贸易物流有限公司。控股3家公司：浙江东南汽运股份有限公司（80%）、浙江蓝盾汽车销售服务有限公司（51%）、杭州富阳05省道建设有限公司（70%）。参股杭州市富阳公共交通有限公司、杭州富阳润通新能源有限公司、杭州东洲内河国际港有限公司等7家公司。

【公路运输】 全年客运、公交安全行驶8200万千米，客运量6647万人次，公共自行车租还量107.80万人次。全年有效办好民生实事任务，公交车辆已增投及更换210辆；线路增设19条、优化8条，“村村通”稳步推进；东洲、银湖首末站5月30日启用，龙门站7月31日启用；建设途中候车亭300个；积极开展“三服务”，有效提升全域旅游服务。同时开展“富阳人游富阳”活动，开通东梓关、开渔节、湖源龙鳞坝等假日旅游专线；增投新桐小学接送车1辆，至年底，校车规模已达52辆，日运送学生4300人（次）。

（吴晓婕）

杭州富阳开发区集团

【概况】 2019年，开发区集团总资产480.50亿元，负债279.61亿元，所有者权益200.89亿元，资产负债率58.19%，实现收入18.50亿元，净利润3.05亿元。全年，在重点项目建设上，集团大计划政府投资项目125个，总投资15.8亿元，其中：续建项目71个，增建实施类项目28个，增建预备类项目26个。

在土地经营上，全年集团出让40宗土地，主要是出让经营性用地33.20公顷，做地收益达27.79亿元。

【国企改革】 根据区属国有企业专业化整合要求，原浙江富春山居集团有限公司吸收合并杭州富阳新登城镇建设投资集团有限公司更名“杭州富阳开发区建设投资集团有限公司”。集团下设6家专业化全资子公司：杭州富阳开发区基础设施建设有限公司、杭州富阳富春江房地产开发有限公司、杭州富阳资产运营养护管理有限公司、杭州富阳新登小城镇投资建设有限公司、杭州富阳场口小城镇投资建设有限公司、杭州富阳开发区产业投资有限公司。

【筹融资】 集团2019年增融资83.58亿元，其中质押贷款14.98亿元。至年底，集团贷款余额为229.20亿元，其中：债券类融资18亿元，融资租赁12.53亿元，信托贷款4亿元，其他类款项1.40亿元，银行贷款198.67亿元，涉及银行22家，前五名金融机构依次为：宁波银行44亿元，农业银行23.14亿元，光大银行19.13亿元，中信银行19.07亿元，民生银行14.18亿元。年度实现定期收益3602.87万元。

【亚运射击射箭现代五项馆项目】 该项目位于银湖街道，项目主体为杭州富阳银湖新区建设有限公司，工程概算总投资142272.96万元，资金来源方式为自筹。该项目用地面积27.52公顷，总建筑面积82495.70平方米，其中地上建筑面积60580.82平方米（射击综合管43584.58平方米、新闻及安保中心3921.60平方米、飞碟辅助用房5252平方米、射箭及现代五项辅助用房5762.64平方米、马厩1960平方米、隔离马厩100平方米）；地下建筑面积21914.88平方米。工程于2018年10月开工，至年底，完成建设合同工程量的40%。

【银湖区块安置房建设项目】 该项目位于银湖街道（4#、5#安置地块），项目主体为杭州富阳富春江房地产开发有限公司，工程概算总投资 17.04 亿元。

4# 地块用地总面积为 7.02 公顷，总建筑面积为 22.52 万平方米，其中地上建筑面积 16.19 万平方米（其中住宅 14.69 万平方米），地下建筑面积 6.33 万平方米，建设套数 1231 套。于 9 月 12 日正式开工建造。

5# 地块用地总面积为 6.47 公顷，总建筑面积为 19.98 万平方米，其中地上建筑面积 14.87 万平方米（其中住宅 12.82 万平方米），地下建筑面积 5.11 万平方米，建设套数 1080 套。于 12 月开工建造。

至年底，1、4# 地块地下室工程桩已部分竣工，土方外运总量的 43%；外围降水施工，其中 1# 楼、4# 地下夹层在施工中，7# 楼、12# 楼地下室在施工中，已开挖区域地下室施工中，建设总工程量约 11%；5# 地块地勘进度为 95%。

【银湖区块安置房建设项目】 该项目位于银湖街道（6#、7# 安置地块），项目主体为杭州富阳富春江房地产开发有限公司，总建筑面积 253598.17 平方米，其中地上计容建筑面积 180947.07 平方米（包括住宅面积 157860.24 平方米，配套公建 18872.79 平方米，幼儿园 4214.04 平方米）。地上不计容架空层 632.52 平方米；地下建筑面积 72018.58 平方米，概算总投资 13.89 亿元，资金来源方式为自筹。

6# 地块用地总面积为 3.86 公顷，总建筑面积为 11.50 万平方米，其中地上建筑面积 8.08 万平方米（其中住宅 6.84 万平方米），地下建筑面积 3.42 万平方米，建设套数 587 套。6# 安置地块项目采用 EPC 模式，施工单位为中天建设集团有限公司，于 11 月 15 日进场施工，采取桩基先行方式进场先行桩基施工，项目工程桩为 1358 根。至年底，桩基进场，准备开始施工。

7# 地块用地总面积为 4.04 公顷，总建筑面积为 13.86 万平方米，其中地上建筑面积 10.08 万平方米（其中住宅 8.94 万平方米），地下建筑面积 3.78 万平方米，建设套数 769 套。6# 安置地块项目采用 EPC 模式，施工单位为中天建设集团有限公司，要求开工时间是 2020 年 4 月。至年底，科艺家私正在拆迁中。

【场口公寓房九期项目】 该工程位于场口镇，项目主体为浙江富春山居集团有限公司，工程概算总投资 17434.85 万元，资金来源方式是自筹。总建筑面积 45146.09 平方米，其中地上建筑面积 34612.90 平方米［住宅面积 29129.61 平方米、公建配套面积 2522.76 平方米（含居家养老服务设施）、物业管理用房 318.46 平方米、消控室 88.13 平方米、开闭所 84.32 平方米、计容多层储藏室面积 2469.62 平方米］；地下建筑面积 10533.19 平方米，由 8 幢主楼及公建配套组成，建设套数为 271 套，概算总投资 1.74 亿元。容积率 1.80，建筑密度 27.98%，绿地率 30.03%。实际开工时间是 2017 年 9 月，至年底，正在主体施工，其中 5 幢主体结顶待中间结构验收，2 幢主体结顶二次结构施工中，1 幢施工至 17 层，累计已建设工程量的 73%。

【场口村棚户区改造安置房项目】 工程位于场口镇，即场口公寓房六期项目。该项目主体为杭州富阳富春江房地产开发有限公司，工程概算总投资 35342.06 万元，资金来源方式为自筹。总建筑面积 78291.56 平方米，其中地上建筑面积 59383.36 平方米（住宅面积 41826.06 平方米，配套公建 17557.3 平方米：配套商业 15496.2 平方米、车库 1472.3 平方米、社区用房 131.8 平方米、物业经营用房 270 平方米、物业服务用房 187 平方米）；地下建筑面积 18908.20 平方米。至年底，共 12 幢住宅楼与 2 幢商业楼正在主体施工，其中 12 幢主体结顶并验收中间结构，进入装饰装修粉刷阶段；2 幢屋面施工中，累计建设工程量的 75%。

【东洲新区安置房一期项目】 该工程位于东洲新区，项目主体为杭州富阳富春江房地产开发有限公司，用地面积 5.34 公顷，工程概算总投资 67617.19 万元，资金来源方式为

新登镇秉贤安置小区

（开发区集团 供稿）

自筹。总建筑面积157786.93平方米，地上计容建筑面积104904.23平方米，其中住宅建筑面积94234.95平方米，配套公建面积10269.28平方米；地下建筑面积55882.70平方米。容积率1.96，建筑密度24.91%，绿地率30%。至年底，桩基进场，施工围墙、项目部搭设正在搭设中。

【新登镇共和花园公寓安置区（一期）项目】 该工程位于新登镇，项目业主为杭州富阳新登小城市建设有限公司，工程概算总投资40593.52万元，资金采用PPP模式筹措。建设用地面积为3.22公顷，总建筑面积为98239.22平方米，其中地上建筑面积71793.39平方米（含住宅面积59929.98平方米），地下建筑面积26445.83平方米。容积率2.22，建筑密度28.32%，绿地率30.0%。2019年3月开工。至年底，已做好桩基检测，土方建设80%，护坡建设65%，建设总工程量的10%。

【新登镇惠来花园公寓安置区（一期）项目】 该工程位于新登镇，项目业主为杭州富阳新登小城市建设有限公司，工程概算总投资60176.06万元，资金采用PPP模式筹措。用地面积为3.91公顷，总建筑面积为143728.66平方米，其中地上建筑面积111833.52平方米，地下建筑面积31895.14平方米，设计由10幢主楼及公建配套组成，建设套数882套。容积率2.84，建筑密度24.06%，绿地率30%。至年底，围墙建设90%，围护桩开始施工，场内道路正在硬化中。

【新登镇塔山花园公寓安置区工程】 该工程位于新登镇，项目业主为杭州富阳新登小城市建设有限公司，工程概算总投资46829.14万元，资金采用PPP模式筹措。该工程建设用地面积3.08公顷，总建筑面积为106805.15平方米，其中地上建筑面积78914.60（包含住宅建筑面积70579.72平方米），地下建筑面积27890.55平方米。容积率2.55，建筑密度24.07%，绿地率30%。工程于2019年7月开工，至年底，土方平整好20000立方米。

【场口综合便民服务大楼及执法中心项目】 该工程位于场口镇，项目主体为杭州富阳场口新区建设有限公司，工程概算总投资16196.59万元，资金来源方式为自筹。用地面积1.16公顷，总建筑面积36505.10平方米，其中地上建筑面积27576.50平方米，地下建筑面积8928.60平方米。工程于2018年12月开工，至年底，基础土方开挖外运、地下室结构施工建设75%，A楼主体一层施工。

【药谷小镇综合配套工程（一期）】 该工程位于胥口镇，项目主体为杭州富阳新登城镇建设投资集团有限公司，工程概算总投资34873.83万元，资金来源方式为自筹。该工程建设内容为药谷客厅工程：用地面积2.73公顷，总建筑面积15657.30平方米，其中地上建筑面积11672平方米，包括药谷客厅11432平方米、公共厕所61.50平方米、连廊126.40平方米、消控室52.10平方米；地下建筑面积3985.30平方米。配套道路工程：全长804.34米，宽8米，设计车速20千米/小时。葛溪沿线综合整治工程：亲水平台、大坝下移和葛溪两岸综合整治。下练大桥工程：长约130米，宽12米。工程于2018年4月开工，至年底，建设总工程量的30%。

【松溪家园五期工程】 该工程位于新登镇，项目主体为杭州富阳新登城镇建设投资集团有限公司，工程概算总投资16625.72万元，资金来源方式为自筹。该工程用地面积2.82公顷，总建筑面积60608平方米，其中地上建筑面积52873平方米（住宅面积34504平方米；配套用房17642平方米；物管用房429平方米；社区用房98平方米；消控室、开闭所200平方米）；架空储藏室等面积3657平方米；地下建筑面积4078平方米。工程于2016年6月开工。至年底，建设总工程量的87%。

【银湖小学工程】 该工程位于银湖街道，项目主体为杭州富阳银湖新区建设有限公司，工程概算总投资20945.76万元，资金来源方式为自筹。该工程用地面积3.11公顷，总建筑面积46697.22平方米，其中地上建筑面积30047.63平方米地上不计容面积3010.29平方米，地下建筑面积13639.30平方米。工程于2018年12月开工，至年底，临时实施已竣工、基坑开挖建设60%、基坑围护建设30%、桩基打下120根。

（董林晓）

杭州富春湾集团

【概况】 2019年7月，集团名称由杭州富阳江南新城建设投资集团有限公司正式更名为杭州富春湾新城建设投资集团有限公司（简称富春湾集团）。至年底，富春湾集团总资产为504亿元，总负债342亿元，净资产达162亿元。

2019年10月经区编委批准，集团内设部室调整为办公室、人力资源部（党群工作部）、财务部、纪检审计部、资产经营管理部、总师室、项目建设部等7个职能部室。2019年12月经区国资办批复，集团组建杭州富春湾新城基础设施建设有限公司、杭州富春湾新城资产运营管理有限公司、杭州富春湾新城产业投资有限公司、杭州富春湾新城房地产开发有限公司等4家全资子公司。至年底，集团共有员工60人，其中：集团本级29人，子公司31人。

【2019年度获得荣誉】 太平公园获得2019年度浙江省优质综合公园；大桥南路延伸工程获得2019年度浙江省绿化美化示范路；大桥南路延伸工程获2019年度富阳区建设工程“富春杯”优质工程奖。

【筹融资】 2019年12月26日，经中诚信评级公司评定，富春湾集团获评AA+主体信用评级，该项评级认定将为富春湾集团市场主体融资增信赋能，降低综合融资成本，提升风险管控水平起到积极助推作用。集团公司2019年年度融资任务为150亿元，实际完成融资159.97亿元（财政口径融资168.41亿元），为年度计划的106.65%，其中：产业基金融资66.41亿元，银行融资77.38亿元，盘活用活11.18亿元，棚改专项债5亿元；完成做地收入4.13亿元，完成社会资本合作14.65亿元。

资产管理

【资产运营公司合并整合】 根据《关于印发杭州市富阳区区属国有企业政企分离、清理整合方案的通知》（富政办〔2017〕57号）及《关于同意杭州富阳江南新城物业管理有限公司人员编制的批复》（富江管委〔2018〕15号）文件精神，富春湾新城辖区内春江街道、大源镇、灵桥镇的园区服务公司将成建制划转至富春湾集团。结合集团实际，将春江街道春江工业园区投资公司、服务公司、大源镇园区投资公司、灵桥镇园区投资公司、供水公司整合至富春湾集团下属子公司杭州富阳江南新城物业管理有限公司。2019年8月，园区公司18名人员整体移交、全员转岗，按规定重新核定身份、待遇，编入集团子公司正式合并运营。同月，更名为杭州富春湾新城资产管理运营有限公司，按照“三定”方案，经营班子由集团委派2人，下设1办4部，编制23人，在编人员17人，编外7人。根据富春湾新城建设总体规划发展要求，资产运营公司主要为运营集团资产，富春湾新城新建市政道路管养，安置房物业监管、南站办公楼管理，安置房商铺、小微企业园（含收储厂房，为政府引进项目孵化和过渡提供场所）、土地出租管理及待用（收储）厂房的安保工作。

2019年10月21日，三星热电烟囱启动拆除

（富春湾新城集团　供稿）

【征迁情况】 2019年，富春湾新城完成农居搬迁234户，腾出空间14.07公顷，补偿资金5.43亿元；企业征迁120家，腾出土地空间226.47公顷，合计补偿资金62.25亿元。自2017年以来，累计关停造纸及关联企业等工业企业740家，其中造纸企业99家、热电企业2家、污水企业2家，削减产能707.50万吨。

【做地情况】 杭州富春湾新城2019年度完成出让土地38.28公顷，出让地价款24.54亿元。其中：产业用地12宗26.01公顷，出让地价款2.02亿元；经营性用地2宗12.23公顷，出让地价款22.52亿元；农转用土地191宗计148.58公顷。自2017年以来，通过农居搬迁、企业征迁，腾出空间约1133.33公顷，完成收储约800公顷。

【安置房分房情况】 自2015年2月首次分房农居回迁，建设村安置小区一期（建设锦苑482套）、民主村安置小区一期（民主佳苑340套）、民主村安置小区二期（直塘新居340套）、中沙安置小区一期（雁沙公寓488套），共计1650套房屋，农居回迁592户，安置分配1442套，剩余安置房源208套。2019年，完成安置房（雁沙公寓）农居回迁118户，安置分配118套。

【创建富春湾新城小微企业创新园】 富春湾新城小微企业创新园位于春江街道新建村（原永泰纸业），占地面积约10公顷，建筑面积约44000平方米。小微园区南邻杭千高速连接线（广源大道），西邻大桥南路，北邻春永线（即富春湾大道）。小微园区建设改造总投资约1130万元，完成改造园区厂房11座，以及电力配套3千伏开关站、消控设施、职工之家、食堂、超市等配套设施。富春湾新城小微企业创新园作为富春湾新城片区产业发展的培育区，依托于富春湾新城总体规划及产业发展规划，并结合集团现有资产实际情况，为建设孵化器（众创空间）及小微企业（创客团队）提供综合服务完善的孵化场所及富春湾新城管理委员会等相关单位招商引资项目做好配套服务。目前，入住浙江科强电子科技有限公司、浙江晶富科技有限公司、浙江华神消防科技有限公司等企业3家，意向新引入企业2家。

（陈　政）

【编　辑　胡春国】

24 城乡建设与管理

Urban-Rural Develepmend and Management

综　述

【规划概况】　2019年，富阳区共开展规划41项，完成或基本完成29项；开展地块选址论证编制或审查80余项。推进拥抱大都市，以国际化都市理念引领规划实践工作。完成富阳分区规划并制定八大行动计划，谋划城市新格局，明确富阳在杭州大都市发展与拥江发展中的角色地位；推进国土空间规划编制工作，完成富阳发展大纲、富阳城市综合交通发展报告等。推进拥抱富春江，以富春气质促进拥江发展建设工作。积极对接三江汇流区域规划，深入参与《三江汇·杭州“未来城市”实践区战略与行动规划》；制订《富阳区“春江花月夜”规划研究及行动计划》，描绘五十里春江花月夜，百里富春山居图。推进拥抱新时代，以体系化城市设计框定富阳发展主形象工作。开展《富阳区总体城市设计》编制工作，描绘富春画境，打造山水之城，提升城市整体空间品质；开展《湖杭高铁富阳西站枢纽地区城市设计》国际方案征集，制订《鹳山区块城市设计暨整体风貌控制导则》《彩虹快速路沿线产业业态与城市形态研究》等工作，塑造重要节点、主要道路沿线高品质城市形象。推进拥抱新富阳，以都市标准补齐城市功能短板工作。谋划富阳远期轨道交通线网规划，在富阳境内形成闭环，开展《富阳区城市文化陈设规划》《富阳区学前教育布点专项规划》《富阳中心城区人街过街设施整治规划》《富阳区社区用房布点专项规划》《富阳区渣土消纳专项规划》等专项规划，优化完善城市配套服务设施；开展富春湾新城03、04单元控规、秦望区块控规调整等，落实法定化刚性要求。强化公众参与，开门规划。富阳规划展示馆自2019年2月1日正式对外开放以来，接待省市领导、各级党政代表、企事业单位、外地考察团、社会群体等各类团队超400个，参观者达30万余人次，单日最高人流量超7000人次；强化开门做规划，举办规划宣传和公众沙龙等活动11次。

【富阳区总体城市设计】　为加强全区城乡规划统筹管理，充分发挥城市设计对城市特色风貌和建筑景观管理的关键作用，彰显富阳的山水格局、历史文化与建筑风貌特色，建设现代版富春山居最美示范区、富裕阳光的大都市新型城区，特启动项目编制工作。总体城市设计以富阳全域为整体研究范围，以富阳中心城区城市建设范围（含主城、鹿山、富春湾新城、银湖、东洲、渔山、里山）及新登、场口两镇为重点规划范围，面积约330平方千米。以“现代版富春山居图最美示范区、富裕阳光的大都市新型城区”为核心目标，提出“富春画境、山水诗城”的总体愿景，通过“定格局·写意富春境、塑形秩·和合景中城、融活力·人文风骨韵、优社区·雅趣诗生活”四个定制化策略，提炼代表富阳的特色空间意象，强化十类特色空间的管控和营造，划定风貌管理区39个，确定重点风貌管控区域11个，分类分级管控；编制风貌管控导则，细化各项控制指标，纳入各区块控规，保障规划刚性执行。

【彩虹快速路沿线产业业态与城市形态研究】　彩虹快速路沿线产业业态与城市形态研究聚焦彩虹快速路地铁核心区段，为强化沿路沿线产业业态与城市形态研究，启动项目编制工作。系统分析沿线4处地铁站点周边规划建设情况与资源特征，规划形成“一轴、四段、十五功能单元、N项目业态”的总体结构；以彩虹快速路作为区块内功能联系轴，串联地铁站点，打造“艺术汇智段（野生动物园站）、服务中枢段（银湖站）、科技领航段（虎啸杏站）、乐活标榜段（受降站）”四大功能区段，对接九高九新产业目录与银湖科技城产城融合发展要求，布局十五功能单元及N项目业态；围绕地铁站点进行高品质TOD开发，协调整体建设高度与开发强度，统一断面设计与建筑退让，形成高度错落、变化丰富、呼应富春山水城市形态格局的整体天际轮廓线，通过空间和景观的大段落收放和韵律，突出彩虹快速路沿线景观特色。同时，对沿线公交系统、地铁接驳、慢行系统及公共配套空间进行系统梳理，引导打造集文化、商务、科创、生活于一体的品质轴线。

【鹳山区块城市设计暨风貌控制导则】 鹳山区块是拥江发展重点区块、富阳五十里春江花月夜核心区、富阳古县发源地，为全力建设富裕阳光的大都市新型城区、打造拥江发展的重要节点，启动编制《鹳山区块城市设计暨风貌控制导则》，规划范围北至龙浦街，东、南至富春江，西至苋浦江，面积约86.1公顷。设计聚焦“一鹳山、一古县”为核心的历史老城区块，提炼“隐、变、谐、巧”四大特征，形成“千年富春源，春江文化眼，古城文化区”的特色定位；以风貌整体保护为前提、文化重塑微更新为手段、局部触媒为带动，依托大鹳山景区整体打造，“自上而下＋自下而上”分步实现地区有机更新，并重点以“问题＋目标”为导向提出城市设计更新指引，基于未来城市更新的不确定性编制风貌控制导则。

【富阳区社区用房布点专项规划】 为切合富阳区社区调整（即社区总数由28个调整至50个），优化社区管理与服务品质，统一社区用房建设标准，完善社区基础配套设施，精准对接居民群众需要，补强城市功能短板，从而有效提高全区基层治理水平，增强居民群众归属感与获得感，组织编制《富阳区社区用房布点专项规划》。在对富阳区社区用房现状进行全面摸底调查的基础上，根据新时期社区管理需求，按照“服务集成、功能集聚、活动集中、用地集约”规划原则对各个社区的社区用房进行统筹规划；同时明确社区用房（党群服务中心）包含社区健康中心、社区服务中心、社区文体中心三大功能，结合相关技术规范、配建指标要求，科学确定建设规模；结合各个社区现状与可用地情况对社区用房配建模式、布点位置、建设时序等内容进行细致研究，为富阳城区社区用房的建设提供规划引导与支撑。

【杭州富阳区学前教育专项规划】 教育设施建设是保障民生和经济社会高质量发展的重要前提。根据党中央国务院关于“办好人民满意的教育”的相关指示，结合全区打造富裕阳光的大都市新型城区、现代版富春山居图最美示范区的规划愿景，对标杭州国际化大都市建设要求，全面落实“二孩”政策，特组织编制《杭州市富阳区学前教育布局专项规划》（2019—2035）。以科学布局全区学前教育设施，补齐短板和提供高标准供给为目标，形成覆盖城乡、布局合理、标准领先、质量一流、选择多元的学前教育服务设施体系。充分分析现状基础，对原有规划实施评估和查漏补缺，在严格遵守新建住宅12生／百户、全区11生／百户综合指标的原则上，结合新一轮国土空间规划，以300—500米为服务半径，按照网格化管理理念，优化2035年规划总体布局，共规划192所幼儿园（含规划保留），明确具体选址地块和制定二年行动计划，结合出让住宅用地与安置房用地等推进全区在建幼儿园项目建设。

【富阳区渣土消纳专项规划】 在富阳城市有机更新、城中村改造、地铁及亚运场馆建设等工程建设高峰来临之际，为解决渣土处置的阶段性矛盾，启动《富阳区渣土消纳专项规划（2019—2022）》编制工作。遵循“全区统筹消纳一批”“属地自主消纳一批”“应急处置外运一批”原则，在科学合理分片区预测未来4年全区渣土消纳量的基础上，提出结合尾矿生态修复、结合全域土地整治、结合现状调研潜在填埋场、结合地坪抬升工程、结合水路外运工程等五大类规划方案。

【富阳中心城区人行过街设施整治规划】 为切实保障行人过街和道路行车安全，助力高品质城市建设，根据区委区政府工作部署，启动《富阳中心城区人行过街设施整治规划》编制工作。以步行安全和交通高效为目标，在问题点位分析基础上，识别出斑马线过密、干道上行人绕行距离远、商业中心周边交通通行效率低、游憩场所过街不安全等问题，针对性提出减少斑马线（同步信号优化与协调）、设置立体或二次过街设施、利用桥下空间营造滨水慢行通道等对策。在结合交通流量分析及规划策略指导下，建议近期建设13处人行过街设施，结合工程造价、建设条件等内容，对近期建设方案进行比选。

【开展全区用地布局及调查梳理工作】 2019年，重点梳理全区276个行政村发展需求和盘活存量空间潜力，在保证乡镇和农居点必须空间需求的前提下，同步挖潜内部存量建设用地以满足全力支撑城区和重点平台建设需求，保证空间规划方案编制的科学性和可操作性。为贯彻落实市委市政府推动产业高质量发展的要求，合理优化产业空间布局，在工业用地专项规划的基础上，结合2015—2019年各类产业用地做地、收储、出让“三个计划”实际执行情况，进一步摸清至2025年和2035年富阳区三产发展用地需求，完善做地、收储、出让“三个计划”，加大对工业和三产用地的保障。

【初步完成富阳区国土空间规划基数现状一张图】 以第三次国土调查数据为基础，收集基数转换所需相关资料，梳理历年农转用项目及垦造耕地项目等可进行基数转换的数据，开展规划基数转换工作，进而形成国土空间全覆盖的规划底图。通过收集有效转换资料，按照省厅基数转换技术指南要求，于2019年11月中旬形成富阳区第一稿基数转换成果。为确保数据准确性以及完整性，进行乡镇第一轮核实工作，于12月底形成第二稿基数转换成果。

【完成五个“多规合一”村庄规划编制试点工作】 探索村庄“多规合一”规划经验，完成银湖街道坑西村、新登镇元村、长垄村、富春街道新方家井、宵井村等5个行政村“多规合一”试点编制，总结提炼新一轮村庄规划编制经验。

（林初晓）

城市更新

【概况】 2019年，富阳区市政公共事业配套管理投资达到33.50亿。从以往的传统市政项目建设管理逐步向高水平城市建设转型，在继续做好城区综合环境整治工作的同时，摸底调查水环境治理工作底数并拟定工作计划，同步梳理老旧小区三年建设计划。按照上级部门要求，统筹路网建设、给排水建设、绿化建设等九大类工作，管理范畴扩展至城市基础设施建设的各个方面。

【城市交通建设工作】 继续推进地铁6号线、彩虹快速路等重要城市交通项目，按节点进度确保项目在2021年年底完工，完成秦望通道建设方案的审查、特许经营招标等多项工作，确保秦望城市眼整体建设顺利开工。

【城市绿化建设工作】 开工阳陂湖生态修复工程，完成城区河道景观综合改造一期和西大道精品江景一期工程，提升约14千米河道的景观品质，联通河道周边慢行系统。

【城区环境综合整治工作】 按照“雨污分流、功能完善、基础配套、环境提升”的要求，完成后周、城西两大片区城区环境综合整治的任务，面积73.15万平方米，统筹推进背街小巷整治、截污纳管、二次供水、污水零直排区创建、消防安防、垃圾分类等专项工作。

【地下空间开发利用工作】 建设地下空间31.82万平方米，完成率127%。对接完成《江南新城地下空间专项规划》和《杭州市富阳区江南新城中轴线地区》两个规划编制。秦望隧道与广场地下空间开发及配套工程已开工。金桥北路市政综合管廊建设完成4.60千米廊体，配合杭州市通过国家试点项目专项考核。

【城市给排水系统建设工作】 新增污水收集管网30.02千米，完成率200%；改造污水管网14.06千米，完成率341.26%；提升改造农村生活污水440处；创建“污水零直排”生活小区14个。改造易涝积水点13个，完成率260%；建设雨水管网8千米，完成率133%；提标改造雨水管网6千米，完成率200%；清淤排水管网200千米，完成率166%；增加应急设备0.06万立方米/每小时，完成率100%。新建供水管网50千米，完成率125%；改造供水管网12千米，完成率100%；开工建设银湖水厂1座；乡镇供水直接受益人口2.30万余人。完成屋顶集雨收集系统45处，完成率125%；完成节水器具改造0.04万户，完成率100%；完成一户一表改造0.20万户，完成率100%。

【农村生活污水提标改造和运维工作】 以“五位一体”管理模式为纲、以三套制度办法为内容、以终端正常运行水质达标排放为目标，扎实推进农村生活污水处理设施提升改造和运维工作，新增省级标准化运维站点45个，完成杭州市建委考核任务。完成440个点位的提标改造工作及省民生实事工作考核，完成《富阳区农村生活污水治理专项规划》的编制、批复工作并印发实施。

【停车场（位）建设统筹工作】 竣工验收并启用公共停车场泊共计530个，新开工及续建公共停车泊位1612个，完成新增建筑配建停车泊位8000余个；完成公共停车泊位智能化改造3000余个，接入城市智慧大脑系统1万余个，实时更新可停车数量，实现精确共享。

【充电设施建设统筹工作】 共备案公用、共用充电基础设施建设项目24个，目前已完成竣工验收并接入市平台项目13个，累计建设公用桩84个（140枪），其中农贸市场、商业中心、产（工）业园等物流基地新能源物流车配套充电桩24个公用桩（42枪）。全区累计安装自用充电设施1643个。

【海绵城市建设统筹工作】 2019年继续统筹管理海绵城市建设，审查全区所有工程的海绵城市专项设计并确保落实，确保主城区河道整治等10个项目专项施工达标，其中秦望区块安置房项目列入全省典型示范项目库。

【村镇建设】 根据市建委要求2019年富阳区计划完成农房改造1900户，实际完工1910户。创新推行村镇建筑工匠积分制管理。遏制村镇建筑工匠承接违章建筑、不文明施工等现象。全区因承接违章建筑、不按图施工、不文明施工等现象被着重扣分工匠51名；同时一大批优秀工匠因施工品质优秀、比武夺得名次等原因获得加分。全年共开办村镇建筑工匠培训班28期，其中继续教育培训班26期，新证取证培训班2期，共培训工匠2080左右人次（其中继续教育1700人次，新证380人次）。

【美丽宜居示范村创建】 全年共通过省级美丽宜居示范村验收1个（万市镇白石村）；申报市级美丽宜居示范村24个，验收通过7个（杨家村、槎源坞村、三岭村、六渚村、大章村、查口村、上练村）。

【危房管理】 农村C级危房已完全解危（拆除或修缮加固）1718户，D级危房已完全解危（拆除或修缮加固）2766户，其余危房大部分处于初步解危状态（即做好腾空、防控）。在已登记录入省危房管理系统的7475户全区农村危房中，D级危房腾空率已降至25%左右，同比降低约7个百分点；C级危房腾空率已降至54%左右，同比降低约7个百分点。

【城中村改造工作】 扎实稳妥推进城中村改造政策制定，启动湖塍、巨利两个城中村改造试点。按照安置面积适当减少、村民利益不受损、试点经验能复制的要求，会同富春街道反复进行政策模拟。湖塍村城中村自主改造土地规划方案基本明确，自主改造方案经区政府常务会议审议通过。

房地产业

2019年，富阳区房地产市场健康有序发展，土地出让市场平稳，价格波动相对稳定。严格贯彻落实中央关于房地产市场的调控要求，房产主管部门严格执行“一房一价”“一城一策”的调控制度，做好预售商品房资金监管，加大对房地产中介的监督管理。及时分析房地产市场形势，研究落实相关政策，积极贯彻居住区配套条例的实施。

【房地产固定投资】 全年房地产完成投资131.15亿元，同比增长0.98%，其中住宅108.75亿元，同比增长0.46%。房屋施工面积679.48万平方米，同比增长20.04%，其中新开工面积232.75万平方米，同比增长38.33%。

【新建商品房交易】 全年新建商品房共签约12820套，同比增长6.92%；销售面积134.48万平方米，同比增长2.75%；销售金额252.80亿元，同比增长10.06%；销售均价18799元/平方米，同比增长7.11%。其中住宅9552套，同比增长4.38%；销售面积115.98万平方米，同比增长4.78%；销售金额222.68亿元，同比增长11.02%；销售均价19200元/平方米，同比增长5.95%。

【二手房交易】 全年二手房成交4012套，同比下降7.92%；销售面积42.83万平方米，同比下降20.86%；销售金额64.99亿元，同比增长4.44%；二手房成交均价15173元/平方米，同比增长31.95%。其中：二手住房成交3716套，同比下降2.93%；销售面积39.04万平方米，同比下降8.83%；销售金额61.36亿元，同比增长10.66%；二手住房成交均价15718元/平方米，同比增长21.38%。

【新建商品房库存】 据透明售房网显示，至年底，全区可售商品房7837宗，面积82.33万平方米。其中：可售商品住宅3744套，面积45.47万平方米；可售非住宅4093间，面积36.86万平方米。共核发商品房预售许可证142份，建筑面积150.22万平方米，其中：住宅123.07万平方米，10204套；商业5.82万平方米，823间；办公21.33万平方米，4579间。

2019年10月16日，富阳首台既有住宅加装电梯落地
（区住建局 供稿）

【物业两金管理】 全年缴存物业专项维修资金11765.79万元，累计本金9.15亿元；2019年核准拨付物业专项维修资金1002.91万元，涉及项目95个；累计使用本息3700.49万元，累计项目673个。

【富阳首台整体装配式电梯亮相】 2019年12月1日，位于江滨西大道7号1单元的整体装配式加装电梯正式落地，这是富阳首台整体装配式电梯，该电梯建成费用约60万元。政府补助20万元，其余约40万元由一、二楼以外住户按楼层高低承担相应费用。其中，三楼承担总费用的10%，四楼15%，五楼20%，六楼25%，七楼30%。

【开展物业小区考核排名】 与各乡镇（街道）共同组织实施物业服务企业考核。根据《富阳区物业服务评分标准》，区住建局和各乡镇（街道）对住宅小区、非住宅小区项目考核打分，并结合消防隐患整治、垃圾分类、文明指数测评等各项考核加分和扣分情况，综合考核评比。

【富阳区三个物业管理项目获评市优荣誉称号】 杭州市物业管理协会公布《关于公布2018年度杭州市物业管理优秀住宅小区（大厦）考评结果的通知》，山水国际公寓、九龙仓世纪华府、富阳区人民法院三个项目获得“杭州市物业管理优秀住宅小区（大厦）”荣誉称号。

【全区开展物业经营性收支信息公示试点工作】 根据《杭州市物业管理条例》规定，物业经营性收益的收支情况应当定期向全体业主公布，接受业主查询和监督以及属地街道、社区监督。富阳区住建局于2019年8月开展物业经营性收支信息公示试点工作，全区4个试点小区的物业经营性收支信息平台提供业主查询功能，试点小区业主可注册查询。

【公房管理】 开展直管公房底数核查，全区直管公有住房共有598套，建筑面积3.65万平方米；商业性公房58间，建筑面积4951.35平方米；办公用公房16间，建筑面积6535.66平方米；车库车位12个，建筑面积461.26平方米；储藏室3间，建筑面积255.82平方米，均位于富春街道和新登镇。2019年7月，对申请公租房的1086户资格进行核查，并对已享受公租房政策的1250户资格进行复核，确保公平。完成2018年度公共租赁住房14户备选家庭实物配租和708户符合保障资格家庭货币补贴申领工作。

【保障房建设】 全面完成2019年度省棚改计划，其中货币化安置项目钢圈厂路区块棚改项目、江南新城城市有机更新棚改项目完成拆迁住户750户，折合货币化安置套数1025套；安置房开工项目春北安置小区A区块、B区块项目于2019年9月开工，开工套数2828套、总建筑面积63.63万平方米。加快配建人才房7宗土地、面积20.84公顷建设，其中银湖50号A地块、银湖50号B地块、东洲1-3地块，3宗土地完成出让。银湖50号A、B地块进场施工。山水如画300套人才限价房竣工。

【房地产行业监管】 2019年，富阳区房地产完成投资100.30亿元，同比增长7.18%。根据杭州市下达的年度销售目标和房价增长目标要求，按照"价格高低配"的原则，指导开发企业申报预售价，完成全年调控任务。新建商品住宅完成销售118.16万平方米，同比增长0.97%，销售均价18692元/平方米，同比增长5.18%。

建筑业

【概况】 2019年，富阳区本地建筑企业181家，其中一级26家、二级64家、三级91家；外地进富建筑企业1621家，其中特级69家、一级209家、二级472家、三级871家。全区建筑业产值118.65亿元（口径内108.35亿元，口径外10.30亿元），同比上涨5%，其中：统计口径内108.35亿元（区内产值94.05亿元、区外产值14.30亿元），同比上涨0.80%。

全年新开工面积1065万平方米，总施工合同额276.60亿元，其中本地企业占47.60亿元。至年底，全区项目开工面积1422余万平方米，总施工合同额为380亿元，根据施工进度应产生266亿元产值（房建产值应为244.70亿元、市政产值应为21.90亿元），实际至年底全区建筑业产值仅为108.35亿元（区内40.35亿元、区外产值14.30亿元、往年工程与小额工程53.7亿元），流出产值225.65亿元，其中仅安置房项目就流出50多亿元。

【建筑业管理】 开展建筑工程施工发包和承包违法行为专项整治行动，加大执法检查和处罚力度。共检查建设项目1061个（次），发现安全生产隐患及文明施工问题2122处，下发责令限期整改通知书1013份，下发停工整改通知书48份，实施行政处罚90起、罚款837.10万元。

【推行政府投资项目建设过程全公开】 从招投标开始至竣工验收结束，评标过程信息、工程建设重点部位、隐蔽工程、检测过程及结果等，全面接受社会监督，在153个政府投资项目施工现场醒目位置设置公开栏。启动建筑工地智慧化监管云平台建设，完成招投标等前期工作。

【混凝土行业管理】 加大检查抽测频率，全年开展三轮商混企业飞行抽检，从检查情况看，整体尚可。推进绿色升级改造，将现有13家预拌商品混凝土生产企业整合成8家。开展预拌商品混凝土价格垄断、市场垄断调研，协调矛盾纠纷。向市建委争取到在全区新增2家由国有平台全资投入的集砂石料生产、混凝土生产的子公司，在缓解全区砂料供应紧张的同时，树立商混企业生产标杆，打破行业垄断。

【建设工程审批制度改革】 牵头开展工程建设项目审批制度改革。投资项目在线监管平台3.0与工程融合建设审批管理系统，新立项项目全部进3.0平台审批。基本实现工程审批90天目标。开展施工图联合审查，将消防、人防、防雷、建筑节能等纳入施工图审查范畴，确保图审平均7天完成；实行施工许可并联办理，实现施工许可当天办结；公用事业纳入设计方案联合审查范畴，推进用水、用气、用电报装工作；加快完善"多规合一"平台基础数据录入更新，按照划拨项目、一般经营项目和工业项目三类要求，完成项目入库清单、入库项目具体信息及图纸整理。

【新制定《富阳区建设工程施工在表投标管理规定》】 随着建筑市场发展和国家政策调整，原有建设工程招投标管理办法中的很多内容已不适应行业管理的要求。为此，区住建局招标办将行业管理规定的重新制定和完善作为2019年的中心任务来抓。通过三轮意见征求，五次重大修改，新制定的《富阳区建设工程施工在表投标管理规定》，于2019年8月10日经区政府第27次常务会议同意，在2019年10月1日正式实施。

【开展建筑工人、村镇建筑工匠技能比武大赛】 为进一步提升一线建筑工人业务技能，加快实施人才强区战略，由区总工会、区人社局、区住建局主办；浙江省农村建筑工匠分会富阳代表处、区建筑业协会协办，浙江海大建设有限公司承办的2019年富阳区"海大杯"建筑工人、村镇建筑工匠技能大赛于2019年6月10日开幕。来自全区19家施工单位和24个乡镇街道，共计124名参赛选手。

【强化建筑行业监管力度】 以整治建筑工地存在的质量安全、文明施工问题为目标，加大行业监管力度，严厉打击违法施工、违法分包、转包、挂靠等行为，提升工程质量和文明施工水平。开展建筑工程施工发包和承包违法行为专项整治行动，加大执法检查和处罚力度并对违法违规企业进行公开曝光，树立反面典型案例，形成震慑。

【开展安全生产月活动】 2019年6月12日召开安全生产月现场会，组织全区各政府投资建设平台负责人、24个乡镇街道及所有在建工地施工单位项目负责人和项目总监共450余人在场口老鹰培训基地组织召开建设工程"安全生产月"现场会，分管副区长王洪光参加会议并对全区建设行业从业人员提出了三个规范、三个到位的要求（执业规范、程序规范、管理规范，人员到位、履职到位、培训到位）。

【强化各类检查】 2019年，组织开展各类检查（春节前安全生产大检查、节后复工检查、塔吊专项检查、临时用电专项检查、防雷减灾专项检查、半年度大检查等）12次，其中区领导带队检查4次，通过对检查出问题的企业限期整改、停工整改、行政处罚、积分制扣分等，建筑行业整体风气。

【提升建筑工地文明施工管理水平】 2019年5月出台《关于进一步加强富阳区建筑工地文明施工（扬尘治理）管理的通知》，进一步明确建筑工地文明施工（扬尘治理）标准，落实建设各方主体责任，全面提升建设工程扬尘管控水平，努力实现建设工程“7个100%”的长效管理机制。

【督促商品混凝土企业改造安装出入口冲洗设备】 对商品混凝土企业提出4个100%（厂区进出车辆100%净车出场，厂区裸露土方100%覆盖，厂区路面100%硬化，厂区周边100%围护）扬尘治理工作目标，全区13家混凝土企业全部安装出入口冲洗设备。

【开展富阳区建筑工程施工发包与承包违法行为专项整治行动】 为有效遏制发包与承包活动的违法违规行为，根据上级行业管理部门要求，5月21日下发《关于开展富阳区建筑工程施工发包与承包违法行为专项整治行动的通知》，在全区建筑行业内开展专项整治，设立举报电话，并于5月22日召集全区各大政府平台、所有在富施工、监理企业负责人，在建工程项目经理、总监等500余人召开宣贯会议。全年共实施各类行政处罚77起，罚款总计603.40万元。

（赵心露）

城市公用设施

【市政基础设施建设】 全年城建集团共承担政府工程项目83个，其中：重大项目16个，民生服务工程11个，精品项目4个，年度总投资92亿元。

杭富城际铁路车站主体土建施工完成，盾构区间掘进50%，约16单线千米。金桥北路综合管廊围护结构完成25%，累计完成75%，廊体结构完成30%，累计完成70%。彩虹快速路4号隧道主体结构完成，5号隧道主体结构完成80%，6号隧道主体结构完成，其余节点工程正常推进。秦望“城市眼”——秦望隧道完成20%工程量。秦望区块搬迁安置房工程（一）完成40%，秦望区块搬迁安置房工程（二）完成50%。观前村安置小区及教师限价房建设工程主体完工。北支江综合整治工程及亚运场馆上游水闸船闸工程土建完成；下游水闸船闸工程土建完成80%；清淤及堵坝拆除工程开工建设；水上运动中心项目土建完成80%；激流回旋场馆土建完成60%；过江通道桩基基本完成。

完成对城西街小区区块等7个区块的老旧小区整治进行改造，整治面积约37万平方米；完成德邑上城区块等14个小区的污水零直排改造，累计完成5901米的雨污水管网升级更换，建筑外墙立面雨水、阳台废水PVC排水管分流改造2665米。完成鹳山等18个社区31个点的基础设施整治改造施工任务，埋设管道约3082米。

全年累计完成新安装路灯2150套，铺设电缆5.12万米；维修路灯2586盏、景观灯303盏；养护市政道路累计沥青路面维修约21.20万平方米、累计修补面积约8200平方米；精品绿地养护约55万平方米及完成绿地提升改造约3万平方米。

（刘超强）

城市管理

【概况】 2019年，杭州市富阳区城市管理局围绕“决战决胜六大硬仗 推进高品质城市建设”目标，真抓实干、担当作为，创造新的城管业绩。全年，共审理审核一般案件2707件，审结2378件，执行罚款1024万余元；共查处人行道违停简易案件23278件，其中移送交警六合一系统10868件，共处理15825件，罚款239万余元；共拟定发出执法联系函171份。2019年，受理承办各类信访投诉件5405件，其中区长公开电话2483件，“110”联动平台347件，浙江省平安建设信息系统平台50件，通过区电转接或举报人直打投诉受理热线2525件。2019年，“一巡多功能”（项目）共巡查发现各类问题线索9016件，现场整改、自行处置到位7357件，现场整改率为

城西后周片区老旧小区整治效果

（区住建局 供稿）

桂花路夜景

（区城建集团　供稿）

81.60%；抄告交办 1659 件，有效整改 1490 件，整改率 89.80%。杭州市富阳区城市管理局城西中队党支部被杭州市城管委评为“基层最强支部”，杭州市富阳区城市管理局城南中队获杭州市全行业省级青年文明号称号。

【一巡多功能】　2019 年，区综巡办针对城乡环境中工地环境、道路环境、厂区环境、村社环境、机关环境等问题，开展“道路环境三查三改三提升”“清洁家园　文明富阳”专项行动，累计解决环境问题 9339 个。联合多部门进行污染源整治销号，完成整改 254 个，整改率 100%。加大对工地扬尘、工地排污深入监管，尤其加大对交通、水利等线性工程综合性检查，共对工地污染立案查处 18 件，罚款 34200 元。建立城管、路政、运管、交警四部门现场执法信息交换中心，统一违法违规车辆查处标准、现场证据采集标准、案件办理流程标准，通过“一车四查”，规范道路运输秩序。共查扣各类违法违规货运车辆 1459 辆，路政卸货 18397.87 吨；运管处罚 429300 元；交警罚款 732600 元、扣分 2556 分；城管结案 756 起，处罚金额 6571600 元。

【二级平台】　2019 年，借助“一巡多功能”“提卫办”“清洁办”三大平台，推进城区保洁市场化和垃圾清运市场化。启用“渣土管理综合监管平台”，整合公安（交警）、城管、交通、住建等部门监控设施，结合车辆定位系统、车牌识别系统，形成智慧化监管平台，对渣土出土场地、消纳场地、车辆运输情况等综合数据进行智能动态分析及汇总，提升管理效率。

【数字城管】　2019 年，全区共采集交办数字城管案卷 120710 件，共涉及 50 家网络单位，全年问题及时解决率 100%。针对疑难复杂案件共组织相关责任单位现场踏勘 170 余件次。完成《数字城管月情况分析》12 期。《富阳日报》刊登效能指数 12 期。完成智慧城管一期项目建设。全年，共参加及组织参加培训 15 次，接待各类慰问考察 12 次。做好智慧城管一期项目包括采购执法单兵设备、智能视频探头、海康无人机监控设备等硬件升级及智慧城管信息系统建设软件开发工作。1 月，完成浙江省统一政务咨询投诉举报平台政务知识库收集、录入和更新工作；3 月，进行道路指示牌专项普查，配合做好道路环境提升工作；4 月，进行道路“杆线下垂”专项普查，做好“行走杭州·春季大扫除”工作；5 月，配合做好文明城市创建工作；6 月，进行城区 51 个公厕设施设备情况、物品配备情况、使用情况及卫生状况专项普查；8 月，开展 2019 年度富阳区区级各单位数字城管工作培训；9 月底，完成富阳区智慧城管 10 个建制镇推进的验收工作，完成城市大脑智慧停车 18107 个泊位信息接入工作；10 月，开展道路“撤桶进巷”专项普查；12 月，开展“行走杭州·重点工程环境整治”专项行动。

【精细化管理品牌创建】　2019 年，按照“一城区一品牌”精细化管理标准，确立东至花坞路、桂花路、鹳山路，南至富春江北岸沿线，西至华庭路，北至西堤南路、西堤路、西堤北路、大浦闸桥、龙浦街合围区域（包括达夫路整条）为富阳区精细化管理提升区域。打造桂花路街容示范街、富春湾堤护及景观绿化工程。将老城区便民服务点改造纳入政府采购流程。

【亮灯建设】 2019年，组织城建集团、规划、住建等部门，加强亮灯设计和研究，推进亮灯工程建设。1月，完成2019年春节灯光秀和“富春大地红”的招标和验收工作。3月，完成春节期间“富春大地红”项目的拆除工作；3月，完成富阳区照明总体规划的招标工作。10月，完成富阳区照明总体规划初稿。

【犬类管理】 2019年，全区共受理犬类办证1603件，登记温顺中大型犬561只，收容犬只673只。各中队建立相对固定的犬类执法队伍，做好日常管控和专项治理期间流浪犬、无主犬、伤人犬的应急处置和执法支撑。4月，开展为期一个月的文明养犬春季集中整治行动，整治期间进社区、小区、校园宣传31次，办理犬证61件、年审67件。9—10月，选定城区6个小区为重点治理对象，开展物业小区规范化提升整治工作，治理期间教育劝导小区不文明养犬行为127起，收容扰民犬只5只。10月开始，每周开展3次文明养犬检查岗工作，每月开展3次文明养犬进社区宣传工作，加大日常管控、宣传力度。11月，开展秋季文明养犬治理，教育劝导不文明养犬行为100次，发放宣传资料120余份，办理养犬许可证33件、年审55件，收容流浪犬16只。

【环卫保洁】 2019年，区环卫处共承担全区35个社区、172条道路（共930万平方米道路及绿化面积）、8条河道（共118.55万平方米的河道面积）及全区21座中转站，城区52座公厕的日常保洁、管理任务。基本全面完成城区道路保洁作业市场化，全区生活垃圾清运市场化。完成1500余名保洁人员劳务关系转接；完成里弄小巷、人行道、空地332.56万平方米及绿化40.49万平方米、房屋6027个楼道等共计426.37万平方米保洁工作移交；完成垃圾清运量共26.18万吨。城区环卫作业机械化率达到94.80%。2019年，根据“公厕革命”年度要求，城区21座公厕全面提改，其中6座亮点公厕形成“一厕、一景、一特色”效果，其余15座重点突出“四大亮点”。完成中转站大箱、果壳箱等项目招投标，接管渌渚、上官、高桥三座中转站。填埋场雨污分流项目于12月中旬完工。落实国三环卫柴油车及道路、转运市场化后闲置车辆淘汰处置工作，全年梳理需淘汰处置环卫车辆共99辆。

【市政公用】 2019年，开展针对燃气企业、燃气设施和小餐饮等燃气使用场所专项检查2次，根据检查情况取缔东洲鸡笼山供应站，停用春建供应站、银湖供应站和大青供应站，并对春江、贬口、里山等站点进行重新选址建造。组织两次专业培训提升队伍能力，就燃气管理与燃气执法对乡镇（街道）燃气管理人员、中队执法骨干、燃气企业责任人进行培训；联系杭州市燃气协会对四年未经培训的送气工进行集中统一培训考核，淘汰部分不符合要求的送气工，统一换发新证。安排水务公司自检并每月通过富阳日报公布供水水质情况，组织第三方检测公司每季度对供水质量进行检测；确保污水管控到位，组织局属执法中队开展两次工地排水与牙科医院排水专项检查。重点对车行道路面沥青老化、沉降等严重问题进行维修，完成幸福路、龙浦街、江滨西大道等沥青路面维修；整修春江五号路、康月路、公厕、银行、商场等80余处人行道及无障碍设施缺少、中断等问题。2019年，完成全城区随路桥梁的排查汇总及富春江第一大桥栏杆修复、公望隧道积水点处理。社区整治工程累计涉及18个社区53个点位共完成管道埋设1172米，砌筑雨污水井330座、化粪池43座，完成地块硬化约4000平方米，增加车位50余个，共计铺设沥青9775平方米，基本解决整治区域内管网堵塞、路面破损等基础设施老化问题。

【园林绿化】 2019年，完成城区9个区块共320万平方米的绿化铺装养护管理工作。完成杭州市级四个季度“双最”及专项绿地迎检，新中国成立70周年主题花事三评比活动中，依江路节点自然花境获三等奖，春节环境小品获一等奖。完成太平公园和大桥南路参加杭州市“优质综合公园、绿化美化示范路”评比工作及场口中学园林式居住区（单位）评比工作。开展植树节义务植树、“书香换花香”等宣传活动，动员市民爱绿护绿。加强公园日常管理，确保运营安全有序。公园安保、保洁服务实行政府采购服务，走向市场化。以月考核和年度考核的标准支付服务费。公园零星设施维修工程按照审批、施工、验收等规范化流程标准进行。

【垃圾分类】 2019年，全区清运处置生活垃圾日均744.64吨，同比增长-0.28%。全区3504个主体参与垃圾分类工作，其中居住小区144个，公共机构193个，企业3167个。完成116家封闭式物业小区、城东4社区、城区76家机关企事业单位食堂泔水、25家示范小区生活垃圾分类专线清运，634个中型以上餐饮企业餐厨废弃物规范化收运。完成大家小墅、山水御园、山水华庭等10个小区开展市级示范小区创建，18个小区开展区级示范小区创建，永昌镇唐昌村、里山镇民强村、新桐乡新桐村等3个省级示范村创建，诸佳坞村、窈口村、汤家埠村等50个区级建制村创建，春江街道、春建乡2个达标街道（乡镇）创建。开展垃圾分类项目执法1031件。完成再生资源分拣中心建设6万平方米，回收再生资源25.84万吨，初步建立可回收物、大件垃圾、园林垃圾、装修垃圾收运体系。

【志愿者活动】 2019年，累计组织2263名志愿者参与志愿服务活动，共产生10398小时的志愿服务时长。以“走亲连心三服务”活动为载体，与新桐乡开展结对共建，共走访农户821户，慰问困难家庭61户，召开民情恳谈会和座谈会6次，通过“科室+中队+X”的模式协助解决各类“三服务”问题49个。以“行走富阳”活动为载体，通过“情况在一线掌握、问题在一线解决、作风在一线转变”的“三个一”活动，共处置各类问题4842件。以“城管驿站”品牌创建为载体，开展各类志愿者活动20余次，参与青年志愿者100余人，服务市民2000余人次。以垃圾分类志愿服务为载体，累计开展生活垃圾分类培训53次，开展社区、小区宣传活动94次，开展广场主题宣传活动29次，开展固定时间“桶边督导”286次，服务户数达7830户。

行政执法

【机构改革】 围绕机构改革部署和部门三定方案，协同梳理部门职责，核对事项清单。与编办和其他部门梳理部门事项的职责边界清单，理清部门职责交叉问题。

【市容秩序】 2019年4月，开展春季市容集中整治，整治期间累计出动686人次，查处无证摊贩76起，劝导整改562起；查处占道经营8起，劝导整改466起；占道堆物劝导整改1191起；查处其他占道管理1起，劝导整改49起；便民服务点教育劝导25起。牵头全区僵尸车整治行动，共发现僵尸车263辆，拖移84辆。10月，重新研究制定《富阳区城管局序化考核实施细则（暂行）》，组织开展对辖区内属地镇街序化检查考核，每月检查2次，做好检查结果考核应用，编发每月通报。

【三沿管理】 2019年，深入开展沿路、沿江、沿景的“三沿”专项整治，全年共巡查发现各类问题2267件，现场整改1982件，现场整改率87.40%；交办成员单位问题线索285件，有效整改268件，有效整改率94%。联合属地乡镇街道、交通、环保、市场监管等部门通过看现场、查手续、明措施的综合手段进行污染源整治销号254个，整改率为100%。对已整改的点位全部纳入日常监管，定期组织回头看，防止问题反弹回潮。结合日常巡查工作，及时发现新的污染源，分批次逐个整治，各个突破。

【户外广告】 2019年，共开展围挡设施广告整治、清除视觉污染整治、安全管理整治等各类户外广告专项整治工作5次。共拆除户外广告2463处、面积15621.82平方米，其中拆除广告灯箱98处、277.39平方米，屋顶广告15处、1366.5平方米，立柱式大牌2处、30平方米，道旗10处、100平方米，店牌店招28处、268.44平方米，横幅1584条，其他各类户外广告726处、4470.49平方米。7月，会同区委宣传部（文明办）、区财政局、区住建局、公安富阳分局（交警大队）、属地街道等单位，对全区户外公益广告管理事项讨论并形成备忘录，明确户外公益广告审批程序、部门职责、比例等规范。完成公望街、富春街等12条道路户外广告详细设置规划编制，且经杭州市城管局组织评审通过。12月，完成金桥南路、金桥北路等17条道路户外广告详细设置规划、设计、招投标工作。

【两违防控】 2019年，加速推动物业小区违建登记制度在全区落地，牵头并协调属地政府设置宣传公示栏127块；共接到物业报送违建信息107起，及时拆除100起、其他方式处置7起。区城市管理局受理中心接涉违投诉举报339件，同比2018年下降32.70%。立案查处违建案件297起，已办结247件，办结率83.20%，合计执收罚款763.70万元。组织拆违112次，拆除面积24617平方米。协助乡镇（街道）拆违28次，拆除面积15974平方米；交办乡镇（街道）各类违建218处，完成有效处置167处，处置率76.60%。全力参与紫云山庄综合整治，抽调5名干部专职参与紫云山庄综合整治，全过程参与工作推进计划、确定统一答复口径、整合排查摸底数据、制订违建处置政策、违建行政处罚，完成831套存量违建全覆盖。

【渣土管控】 2019年，全区处置消纳渣土合计848.24万立方米，保障市域统筹消纳70.30万立方米。坚持“两公开三统一”原则，公开透明信息，公开公平竞争，及时公布场地布点、消纳容量、运输路线、运输车队、收费标准等相关信息，统一管理，统一协调，统一标准。按照“最多跑一次”要求，协调交拓公司安排专职人员进驻行政服务中心审批窗口，实现渣土处置办证、缴费、线路审核一窗办理。强化对“两个源头和中间”的一体化管控，全面落实扫黑除恶专项斗争渣土领域的工作精神和要求，深入排查涉黑涉恶线索，加大渣土行业重点整治力度，强化运输车辆管理，严格消纳监管，提升渣土行业规范化水平，通过区“一巡多功能”综合巡查机制和辖区中队日常监管执法办案的有机结合，对违规处置渣土形成强大威慑，全年查处办结各类渣土案件722件，罚款790.30万元。

【法制培训】 2019年6月4日至6月13日，组织2019年度富阳区城市管理局执法业务培训。邀请杭州市城管委业务科室进行授课，采用授课、主题讨论交流和军事训练等相结合的方式，促进学员理论和实践知识的融合。

【紫云山庄综合整治】 2019年，抽调56名干部专职参与紫云山庄综合整治，完成831套存量违建全覆盖，整治期间无明显上访、复议、诉讼，受到省委常委、杭州市委书记周江勇高度肯定。

（郭琬鑫）

人民防空

【人防宣传演练】 结合“5·12”防空防灾警报试鸣活动，共发放防空防灾宣传手册1.50万余册，组织在校学生、社区居民、企业员工、商场员工共20场次计2.80万余人进行人员应急疏散演练，有效提升民众的防空防灾知识和技能。积极向各类媒体投送信息，《国家人防》杂志录用1篇，省人防网站录用信息8篇，杭州人防网站录用信息14

篇，《杭州民防报》录用信息5篇，《富阳日报》刊登3篇，富阳电视台报道1篇。警报试鸣日前后3天，共通过便民信息服务平台向社会各界发送防空防灾宣传信息累计30余万条。

【人防警报试鸣管控工作】 召开警报试鸣部署及警报维护管理员培训工作会议，全面部署警报试鸣工作，对警报鸣放人员进行再培训；逐一检查和测试防空警报，确保全区25台警报完好率100%、鸣响率100%。

【人防指挥通信工程建设及岗位联训】 全年与市办进行电台联训40次，与省办和市办视频会议联通10次，应急指挥车与市办以及省办联训联通各3次，自行组织训练5次，并参与"浙江金盾—2019"演习训练。

【人防应急指挥保障】 在年初大雪、梅雨汛期、台风灾害天气等时期，积极做好应急准备、充分发挥设备优势，出动应急通信指挥车及时保障抢险一线指挥。

【人防行政审批】 区人防办严格按照人防相关法律法规和省、市人防办审批要求，做到依法规范审批，严格按程序操作。至年底，共收取人防工程易地建设费30276844.40元。全年共审批结建项目44个。

【人防工程管理】 工程监管水平稳步提升。全年通过竣工验收的人防工程共134个，区人防办组织33个工程使用单位进行人防工程管理员培训，有31人取得工程管理证书；在组织培训的同时，区人防办加大对人防工程和设施的巡查力度，落实日常维护管理责任。至年底，随机巡查单位61个，下发整改通知单9张。从检查的情况看，全区结建防空地下室工程安全和设备使用情况基本良好。人防工程建设稳步推进。

【人防专业队整组】 为进一步优化人防专业队伍的结构、规范人防专业队伍的建设，整合人防专业队伍，真正构建一支"平时能应急、战时能应战"的人防专业队伍，区人防办于7月27日组织召开了全区人防专业队整组工作会议，研究和布置了2018年度人防专业队整组和训练计划，全面优化了7支共240名队员的人防专业队伍。

（赵心露）

【编 辑 吕 克】

25 环境保护

Environmental Protection

● 打造现代版富春山居图

环境质量

【概况】 2019年，城区空气优良率93.90%，PM2.5浓度年均值35微克/立方米，首次达到环境空气质量国家二级标准。富春江干流水质稳定保持Ⅱ类，出境断面水质持续保持“优秀”；全区12个地表水监测断面（点位）、4个集中式饮用水源地水质达标率100%。全区声、辐射、固废、土壤等环境质量总体稳定，环境安全得到有效保障。

【水环境】 2019年，富阳4个集中式饮用水水源地水质监测项目均达到Ⅱ类地表水环境质量标准，总体优良，其中，国控点位——富阳水厂各月监测指标均符合《地表水环境质量标准》（GB3838—2002）的标准限值，达标率为100%，与2018年持平；新登水厂（塔山）、江南水厂、亭山水库（备用水源）3个农村集中式饮用水水源地水质优良，达标率为100%。12个地表水环境质量监测断面水质达标率100%，全区主要水域水质均达到环境功能要求，总体水质优良，与2018年持平。窄溪、渔山、青何、汤家4个交接（出入境）断面水质持续稳定向好，均达到功能区要求，其中，渔山出境断面水质自2015年1月以来持续优秀。

全年富阳工业废水排放5291.49万吨，工业化学需氧量排放2208.54吨，工业氨氮排放17.32吨，同比下降32.37%、26.78%、47.79%。（此为2019年生态环境统计初稿数据，仅供参考，具体数据请以环境统计数据为准）

【大气环境】 2019年，全区环境空气优良天数为336天（总有效天数358天），优良率达93.90%，同比上升3.30%，在杭州市13个县（市、区）中排名第3。全区PM2.5年均浓度为35微克/立方米，首次达到环境空气质量国家二级标准（35微克/立方米），同比2018年（36微克/立方米）下降了2.80%，在杭州市13个县（市、区）中排名第3。

全区24个乡镇街道PM2.5均值范围为28.00—42.10微克/立方米，年平均浓度为34.90微克/立方米。其中，龙门镇、灵桥镇、洞桥镇等11个乡镇街道达到环境空气质量国家二级标准。

全区共设酸雨监测点2个，2019年共采集样品138个，全年大气降水pH平均值为5.55，属于轻度酸雨区，优于2018年。

全区排放工业二氧化硫2157.25吨，工业氮氧化物4578.35吨，同比下降64.44%、35.18%。（此为2019年生态环境统计初稿数据，仅供参考，具体数据请以环境统计数据为准）

【声环境】 2019年，全区8个功能区类别噪声测点共获得48个昼间、夜间的定点噪声等效声级，均符合相应功能区要求，达标率100%；全区区域环境噪声昼间平均等效声级为55.90dB（A），所有监测点位噪声值均达到相应标准；全区道路交通噪声路长加权平均等效声级为67.40dB(A)，质量等级为好。

【固废环境】 据初步统计，2019年全区主要一般工业固废产生量为294.49万吨，较2018年增加102.05万吨，同比增加约53.03%。其中，污泥16.55万吨（不含水计）、粉煤灰22.19万吨、炉渣9.32万吨、脱硫石膏5.99万吨、尾矿80.64万吨、冶炼废渣73.94万吨，其他85.86万吨等；全区生活垃圾产生总量28.85万吨，日均产生约790吨，生活垃圾均焚烧处置；全区工业危险废物转移处置量17.58万吨（其中垃圾飞灰7.82万吨），安全处置率100%；医疗废物产生量1383.09吨，安全处置率100%。

【生态环境公众满意度】 2019年浙江生态环境质量公众满意度调查结果显示，富阳以总分85.56分位列杭州市13个县（市、区）第二位，连续四年攀升，由2016年的76.63分到2019年的85.56分。

环境综合整治

【水污染防治】 进一步深化河（湖）长制：制定印发《关于进一步做好各级河长巡查工作的通知》，强化河（湖）长责任落实；加强河（湖）长制工作培训，强化河（湖）

长工作履职能力；开展河（湖）长工作调研，积极听取河（湖）长工作意见建议。全年全区河（湖）长巡河率和问题处理率均达到100%。加强饮用水水源地保护：加大饮用水水源地保护力度，编制《钱塘江杭州饮用水源保护区问题排查方案》，深入开展饮用水水源地、千吨万人农村饮用水源地生态环境保护问题排查及整改工作，整治关停渔山区块污染企业9家，关停、搬迁葛溪流域污染企业29家。加大涉水行业整治：巩固城市黑臭水体治理成果，累计完成涉水企业清洁化改造68家、“低散乱”块状行业整治提升152家，淘汰落后和严重过剩产能企业30家。全面推进“污水零直排区”建设：按照早谋划、早排查、早设计工作要求，针对各街镇不同情况，认真分析、研究对策、科学安排、周密部署，积极推进富阳区“污水零直排区”建设，全年累计完成污水零直排小区建设14个，完成4个乡镇、鹿山新区“污水零直排”建设。加强治水基础设施建设：新增、改造污水收集管网44.08千米，提标改造农村生活污水处理设施终端440个，建设省级标准化运维站点41个，全面加强治水基础设施建设，提升污水纳管、处理能力。提升河湖环境质量：出台《富阳区美丽河湖建设行动方案（2019—2022年）》，富春江、壶源溪、葛溪（胥口段）通过省市“美丽河湖”验收，富春江被评为2019年浙江省“美丽河湖”；深化河湖生态修复与岸线保护，完成河湖库塘清淤96.70万立方米，创建无违建河道141千米，河湖“清四乱”年度任务全面完成。加强船舶污水治理：成立水上搜救中心，完善船舶与港口水污染防治联合监管机制，实现监督检查常态化。建成码头船舶生活污水接收点4处，完成77艘100—400总吨内河货船生活污水存储装置安装。

【大气污染防治】 全面统筹谋划年度目标任务：编制《杭州市富阳区打赢蓝天保卫战实施计划》《杭州市富阳区2019年度污染防治攻坚战重点任务清单》，明确年度大气污染防治目标、重点措施和工程，全面推进大气污染防治工作。大气污染精细化防控：针对秋冬季大气污染状况高发的现状，运用激光雷达监测、大气六参数走航监测系统，开展秋冬季大气污染精细化防控，累计发现、整改秸秆焚烧等城乡环境空气异常问题466个，有效确保全年环境空气质量达标。燃煤烟气治理：继续推进富春湾新城工业企业腾退，关停浙江三星热电有限公司8台热电锅炉，完成35蒸吨/小时以下燃煤锅炉淘汰及清洁能源替代3台。完成61台生物质锅炉清洁能源替代改造、5台10蒸吨/小时以上燃气锅炉低氮改造、11家工业炉窑废气整治。全年全区煤炭消费215.20万吨，远超杭州下达的削减任务。深化工业废气治理：深化产业结构调整，完成产业结构调整企业86家，完成“低散乱”企业整治186家，完成VOCs深度治理企业61家；完成240家涉VOCs“散乱污”企业整治，完成恶臭整治48家。深化扬尘灰气治理：打好“清洁家园文明富阳”攻坚战，制定出台《关于加强大气污染精细化管控工作的通知》等文件，全面加强辖区建设施工工地扬尘防控细则，要求建设工地按照7个100%的要求落实扬尘防治措施，裸土地块按要求采取复绿、覆盖、洒水等措施；加快推进矿山综合整治，编制绿色矿山提升方案4个，关停矿山2家，治理废弃矿山10个。城乡排气治理：按照“关停一批、整治一批、规范一批”要求，协同抓好餐饮油烟问题整治；开展三级网格化巡查，落实网格化巡查1900余人次，扑灭露天焚烧垃圾秸秆火点300余处。车船尾气治理：强化机动车尾气排放管理，开展30天以上秋冬季联合交警部门开展机动车尾气道路执法，检查机动车744辆，处罚173辆；完成淘汰国Ⅲ柴油车、老旧拖拉机2247辆，新增（更新）新能源公交车210辆；7月31日，全省第一块非道路移动机械环保号牌挂牌。

2019年1月20日，市生态环境局富阳分局揭牌
（市生态环境局富阳分局 供稿）

【固废污染防治】 巩固提升造纸废渣、垃圾飞灰处置问题整改成果，造纸废渣存量由2018年年底的14.78万吨减少至2019年年底的2.80万吨，垃圾飞灰做到日产日清、规范处置。积极开展工业固废执法检查，严厉打击违法违规运输、倾倒、处置等行为，确保“动态清零”。加强涉危废物经营企业规范化建设，指导危废产生单位及工业污泥产生单位做好年度危险废物及工业污泥管理计划备案，完成全区314家危险废物产生单位及危险废物经营单位第三方核查，开展一般工业固废产生处置情况核查。深入实施重金属减排，全年共关停重金属排放企业4家，完成年度重金属减排任务。

【土壤污染防治】 全面启动土壤污染防治工作，累计完成5家危废经营单位、12家非正规填埋场、25个九大重点污染行业退役地块土壤污染状况调查；加强农用地土壤超标治理，完成9个国控点位、51个省控点位农用地土壤超标点位“对账销号”工作。提升重点行业企业用地信息调查质量，对辖区304家重点行业企业用地信息进行重新审核、修改及录入，调查新增企业9家。出台《关于加快推进环山区域土壤污染防治工作的意见》，扎实推进环山乡区域土壤污染防治工作。加强土壤污染评估及治理行业管理，累计审核备案土壤污染场地评估咨询单位18家、土壤污染治理修复单位13家。

【生态环保督察整改】 积极推进第一轮中央环保督察交办信访件的整改和“回头看”。采取“自查、抽查、排查”和“交叉督察”等方式，狠抓重点热点、进度滞后等信访件整改落实，完成全区160件信访交办件整改落实和台账资料更新完善。高标准完成省级生态环境保护督察迎检和交办问题后督察。完成省级生态环保督察迎检协调保障；制定《杭州市富阳区贯彻落实省生态环境保护督察反馈意见整改方案》，推进省督察组交办信访交办（督办）问题整改落实。完成23件省级督察信访件，4件正在推进。

环境管理执法

【环境风险管控】 全年共审批建设项目环评230个、零地备案17个，完成排污许可证核发、变更215家，办理夜间施工许可证109个。按时完成富春湾新城北影，全子电子项目，循环经济产业园生活垃圾焚烧项目、餐余垃圾项目等多个区政府重点项目环评审批。紧紧围绕生态环境保护中心任务，以生态环境质量监测为重点，以地表水常规监测、环境空气质量日常为基础，深入开展主要河湖地表水、饮用水水源地、乡镇小流域、河流交接断面、农村生活污水处理设施等水环境监测，城区及乡镇环境空气质量、降水、降尘、硫酸盐化速率、噪声等其他监测项目，全年累计获得监测数据30余万个，出具监测报告993份。全年累计收贮19家关停企业共53枚放射源，办理辐射项目环评审批7项、安全许可证项目初审34项，督促37家放射源在线监控企业做好巡检工作，完成115家辐射工作单位年度安全评估。全年未发生辐射安全事故，区域辐射环境安全。

【生态环境执法】 开展生态环境保护执法提升年活动，实施“双随机”检查4期检查企业627家次、“蓝剑”系列专项执法40期693家次，全年累计作出行政处罚决定172件，处罚金额1073.68万元。办理生态环境损害赔偿案件1起，受理生态环境保护类信访1270件，同比下降20%。开展重点生态环境问题排查，围绕第一轮中央环保督察、省级生态环保督察、长江经济带、饮用水源保护区、突出生态环境问题、污染防治攻坚战以及其他重点关注的生态环境信访问题开展排查，对重点环境问题、信访较多问题进行重点和专题督办。全面落实应急管理，启动环境应急响应29次，处置环境应急事故10件，完成重点风险源隐患整改41项。完成污染源在线巡检6.3万家次，发送超标预警1465次。指导督促134家重点排污单位做好环境信息公开工作，对9家排污单位开展自行监测专项检查。完成新建、改造年度污染源在线改造任务共80家。

【机制体制改革】 全面深化环境保护“最多跑一次”改革，从重审批向重服务转变，生态环境行政许可窗口分别推出全程代理制、窗口服务联系卡、环评联审联批制、党员+周末服务企业、项目预审制等措施，压缩环评审批时间，精简审批材料，简化环评流程，实现环保审批网上办、掌上办、满意率、即办率四个100%。实施“区域环评+环境标准”改革，完成全区9个产业集聚区改革。杭州市生态环境局在富阳区设立生态环境分局，作为市生态环境局的派出机构。将原区环境保护局的职责，区发展和改革局的应对气候变化和减排职责，市国土资源局富阳分局的监督防止地下水污染职责，区水利水电局的编制水功能区划、排污口设置管理、流域水环境保护职责，以及区农业和林业局的监督指导农业面源污染治理职责划入市生态环境局富阳分局。2019年1月20日，杭州市生态环境局富阳分局正式揭牌。杭州市生态环境局富阳分局增挂杭州市富阳区生态环境保护综合行政执法队。2019年10月23日，杭州市富阳区生态环境保护综合行政执法队正式揭牌，实行“局队合一”体制，局长兼任队长，执法队伍主要职能是依法查处生态环境违法行为，依法开展污染防治、生态保护、核与辐射安全等方面的日常监督检查。

（熊 蔚）

【编 辑 吕 克】

26 科学技术
Science and Technology

科技进步

【概况】 2019年，全区新增国家重点支持的高新技术企业65家（累计242家）、省级科技型企业122家（累计789家）、杭州市高新技术企业6家（累计122家）、杭州市雏鹰企业11家（累计54家）；新认定省级企业研究院5家（累计22家），省级企业研究中心10家（累计58家），杭州市级企业研发中心14家（累计106家）。全年完成高新技术产业增加值135.50亿元，同比增长11.20%，占规上工业增加值比重53%；规上高新技术产业销售产值609.60亿元，同比增长8.90%，占规上工业销售产值38%；新产品产值525.50亿元，同比增长9.20%，新产品产值率39.80%。

【国家高新技术企业数量再创新高】 全面实施“高新工业强区”战略，围绕高新产业发展的总目标，把培育和引进以高新制造业为主体的新兴产业作为主攻方向。实施高新技术企业培育三年行动计划，抓好国家重点支持领域的高新技术企业、省级科技型企业培育工作。全年新增国高企65家，总数达242家；新增省级科技型企业122家，总数达789家，新增数均为历年最高。

【研发平台培育工作】 通过加大研发经费补助力度，积极引导和鼓励企业争创省市研发机构。全年新增省级企业研究院5家、省级研发中心10家、杭州市研发中心14家，全区企业研发能力得到提升。杭州盘古生态农业开发有限公司获省级星创天地备案，全区累计达到3家。

2019年9月21日，上海光机所杭州分所揭牌

（区科技局　供稿）

【引进杭州地区首家中科院系统科研院所】 与中科院上海光机所共建杭州地区首家中科院系统科研院所，建设中科院上海光机所杭州分所，推动高层次人才的引育、科技研发和科技成果的转化。6月完成杭州光学精密机械研究所的实体注册和运营团队的组建，9月完成杭州分所的挂牌、理事会成员和运营班子的确定，实现杭州分所两块牌子一套班子的设立。同时，杭州分所已完成过渡场地的装修、入驻，杭州分所科研大楼和产业园已完成选址、规划和建设方案设计初稿。至年底，12个可产业化项目完成入驻协议签订，其中8个项目已完成入驻，第二批10个可产业化项目已完成遴选工作。机构入选2019年度杭州市十大重点新型研发机构。

【引进重大创新要素有突破】 杭州电子科技大学富阳研究院项目完成前期运营工作，正进行场地装修，梳理首批10个项目并申报区“5110”项目。浙工大“工创谷”完成在银江智谷富春园区9000立方米扩容，新增落地项目23个，建立浙江工业大学研究生院富阳分院进行首批招生，并与富阳经济技术开发区共建富阳高层次创新创业人才产业园。富阳大数据研究院成功落地，并引进首批9个可产业化项目。有序推进新引进的双创产业研究院、富春湾伯乐研究院和省科技信息研究院银湖科技信息中心建设中。

【产业创新服务综合体】 “浙江省富阳信息经济核心产业创新服务综合体”列入省级第二批培育名单。2019年，进一步明确以“5G关键技术及应用”为主体，开展浙江省富阳信息经济核心产业创新服务综合体的创建，即重点围绕银湖创新中心、银湖第二创新中心和中国智谷三大平台引进和培育5G关键技术及应用项目、企业，做好创新服务工作，并带动全区5G关键技术及应用产业链的发展。调整综合体规划编制方案，制定综合体建设目标体系。12月，正式创建为省级产业创新服务综合体。9月，上官球拍产业创新服务综合体创建为杭州市级产业服务创新综合体。

【科技金融服务提升】 深化与杭高投合作，充分发挥2亿元科技投资引导基金作用，组建首期放大规模为5000万元的区级风险池基金，吸引区内外社会资本和金融资本参与富阳产业转型，破解科技型企业融资难。至年底，引进禧筠朝旭、StarVc、启赋资本等3家子基金投资落地富阳项目。

【双创平台建设】 开展对全区重点乡镇（街道）、产业发展平台的调查摸底，并进行跟踪服务管理和针对性指导。经过评审，工创谷众创空间和云巢智慧联合办公分别被认定为省级众创空间备案与市级众创空间，同时工创谷众创空间申报国家级众创空间备案并列入省科技厅推荐名单中，实现区内双创平台的提质扩面。至年底，全区共有市级以上科技企业孵化器3家（其中省级1家），孵化面积54848平方米，孵化企业120余家；市级以上众创空间2家（其中省级备案1家，正申报国家级众创空间备案），众创空间面积6412平方米，孵化企业40余家。

【小微企业创新园建设】 12月，制定出台《关于印发杭州市富阳区加快推进小微企业创新园建设的实施意见（试行）的通知》，启动小微企业创新园建设工作，梳理小微企业园22个，按照“三个一批”行动路径分步建设。经过评审，杭州富阳银湖创新中心小微企业创新园等7家单位被认定为富阳区小微企业创新园，富阳上官球拍小微企业创新园等4家单位列入富阳区小微企业创新园创建单位。

【深化科技大市场运营机制】 依托10家高校院所技术转移中心组织校企产学研合作对接会6场、依托入驻中介机构开展各类创新创业活动7场，组织高校老师服务企业近350多家次，促进创新顾问签订15个、产学研合作项目签订20个。启动富阳科技大市场优化升级工作，赴多地进行实地调研，对接上海“科创邦”“迈凯科技”等运营团队，形成富阳科技大市场优化升级方案。

【“双创周”活动】 5月30—31日，2019杭州（富阳）科技成果展览与创新人才交流大会暨全国“双创周”富阳分会场系列活动在中国智谷富春园区召开。系列活动包括大会开幕式、首届杭州（富阳）科技成果展览与对接会、2019“创新富阳”技术成果转移富春论坛、2019杭州（富阳）科技人才业务（政策）培训会和2019杭州（富阳）名家送智进企创新服务五项子活动，中国工程院院士王广厚，浙江工业大学党委委员金晓明，杭州市科技局党组成员、总工程师楼立群，区委常委、区政府党组成员丁永刚，区委常委、组织部部长、区委人才办主任仰中旻，区人大常委会副主任赵玉龙，富阳经济技术开发区党工委书记、管委会主任许玉钧等领导，以及国内外21家高校院所代表和省内外10家风投机构、区内有关双创平台和高新技术企业代表参加。

【外国专家管理服务】 全年办理外国人来华工作许可206项，推荐并认定为杭州市“115”引智计划项目19个（高端年薪3个，重点项目3个，一般项目13个），推荐外国专家并成功入选杭州“521”计划人才1名，成功推荐外国专家获杭州杰出人才奖1项。推荐1名澳大利亚专家去北京出席庆祝国庆活动，推荐2名外国专家出席杭州市庆祝国庆活动。

【科技特派员选派】 7月，启动第八批区级科技特派员选派工作。8月，确定来自区农业农村局的王晓阳等12人为全区选派的第八批科技特派员，分别入驻湖源乡等12个乡镇，结合专业特长和派驻乡镇的产业发展特点，因地制宜开展科技服务。9月，区科学技术局和洞桥镇被评为杭州市第七批科技特派员工作先进单位，来自杭州市农业科学研究院的张伟武、杭州市植保土肥总站的陈瑞等2名科技特派员被评

2019年5月，“双创周”活动开幕

（区科技局 供稿）

为杭州市优秀科技特派员。区第七批科技特派员区农业农村局植保土肥站（生态能源站）站长裘雪龙同志荣获省第十三批优秀科技特派员称号，受到省委办公厅和省政府办公厅表彰。

【科技宣传】 3—4月参与“送科技下乡”6次，服务农民3000余人，发放各类宣传资料3000余份。5月，以“科技强国 科普惠民”为主题，联合区委宣传部、区科协等部门，采用多种宣传形式，展示区重大科技创新成就以及大众创业、万众创新成果，彰显富阳区科技创新和科普事业发展水平，促进科技成果普及，增强公众科技意识。

（汪晓萍）

亚热带林业研究所

【概况】 2019年，全所有在职人员169人（含2名在站博士后），离退休人员127人。在职人员中，正高级职称23人、副高级职称56人、中级职称65人、初级职称6人，具有博士学位人员80人、硕士学位37人；在职职工中国家和省部级有突出贡献中青年专家3人，国家优青项目获得者1人，享受国务院特殊津贴22人。具有博士生导师12名，硕士生导师28名，全日制在读研究生85名。

【科技创新】 适应形势，深化改善，通过“收缩、转型、强化、新增”等措施，完成亚林所创新研究体系布局及调整，围绕三大领域、明确8个主攻研究方向、设置15个研究组。将原21个研究组优化调整为15个研究组，平均人数由4.5人增至6.7人。

通过加强项目过程管理、规范经费管理，有力保障202项在研项目顺利实施、51个项目结题验收。年度共立项53项纵向科研项目，其中国家重点研发专项项目2项、课题2项、省重点研发计划项目1项、国家基金3项，年度新增合同经费约8000万元。

科研成果产出水平和影响显著提升。主持成果“喀斯特石漠化山地人工促进植被恢复技术研究与应用规范”和“高品质油茶籽油安全、定向制取关键技术研究与示范”均获梁希进步奖二等奖。发表论文158篇，其中SCI收录54篇，CSCD核心库85篇（影响因子大于0.5的85篇），SCI论文兼具量质；著作主编3本；审定品种13个；2个兰花品种在英国皇家园艺学会成功登录；认定成果5项，评价成果1项；专利授权7项，其中发明专利5项，实用新型专利2项；软件著作权15个；标准颁布修订8项，其中国家标准1项，行业标准5项，省级地方标准2项，实用性技术成果保持稳定。在基础研究与技术研发等多方面取得重要进展。

【服务林业大局】 一是持续全产业链支撑全国油茶产业发展。在油茶高产示范、自动化种苗生产技术、截干更新技术、茶油安全、定向制取等方面取得了较好进展。9月17日，习近平总书记视察河南光山司马光油茶生产基地，该基地由亚林所专家技术支撑历经10年完成建设。二是多技术、多方位、多区域科技服务脱贫攻坚。围绕国家林草局定点扶贫县、三洲三区贫困连片区等重点扶贫区域，投入资金700万元，通过推广配套技术、营造高效示范林、开展培训指导等方式加强支撑力度。支撑贵州独山油茶产业，为油桐企业挽回经济损失1000多万元。4人因科技扶贫工作突出荣获中国林科院科技扶贫先进个人。在亚热带12个国家重点扶贫区域，构建经济林、香椿等扶贫模式，重点支撑革命老区、深度贫困区发展，签订合作协议18份。三是聚焦长江经济带和长三角一体化发展。牵头中国工程院“长江经济带陆生生态系统恢复保护与农林产业绿色发展战略研究”，开展生态保护、产业发展调研，提出院士建议初稿。四是服务食用林产品质量安全。全国经济林产品标委会、国家林草局经济林产品质检中心充分发挥行业牵头作用，提升行业影响。

【科技服务地方】 借势拓展，彰显贡献，协助帮扶广西昭平县、贵州锦屏县，通过购买服务方式，实现科技成果推广转化与科技创收有机结合。持续巩固与浙江的科技合作，积极参加浙江省政协送科技下乡活动、省林业科技周活动，送科技下乡整体工作得到省政协领导肯定。因服务地方工作突出，1人获浙江省“千万工程”和美丽浙江建设突出贡献个人奖，3人获得浙江省优秀科技特派员，木本粮食研究组获浙江省林业技术推广突出贡献先进集体，2人获浙江省林业技术推广突出贡献先进个人。充分发挥资源及技术优势，开设科普教育课堂，全年接待中小学生3800余人次，社会反响良好。

【人才培养与团队建设】 制定优秀人才引进、智力引进办法，广揽精英人才，引进青年专家1名、毕业生4名，聘任客座专家2名，入站1名博士后，2人晋升正高、4人晋升副高，队伍建设持续巩固。13人荣获“庆祝中华人民共和国成立

亚林所介绍科技支撑精准扶贫工作经验

（亚热带林业研究所 供稿）

2019 年亚林所获奖成果一览表

表14

序号	成果名称	获奖类别等级	授奖单位
1	喀斯特石漠化山地人工促进植被恢复技术研究与应用示范	梁希科技进步二等奖	中国林学会
2	高品质油茶籽油安全、定向制取关键技术研究与示范	梁希科技进步二等奖	中国林学会
3	我国亚热带重要经济林重大病虫害绿色防控技术及其应用	梁希科技进步二等奖	中国林学会
4	杉木及主要珍贵树种良种种苗产业化关键技术推广	梁希科技进步三等奖	中国林学会
5	地被类木质观赏植物资源发掘与利用	梁希科技进步三等奖	中国林学会
6	竹子种质资源库营建技术研究与示范推广	梁希科技进步三等奖	中国林学会

2019 年亚林所年度编写著作一览表

表15

序号	著作名称	出版单位
1	Study of Ecological Engineering of Human Settlements	Springer Nature
2	扇脉杓兰生物学研究	中国林业出版社
3	油茶实用栽培技术	中国林业出版社

2019 年亚林所专利情况一览表

表16

序号	类别	名称	状态
1	国内发明专利	一种竹子杂交授粉的方法	授权
2	国内发明专利	一种毛竹林节水灌溉方法	授权
3	国内发明专利	一种与油茶种子油脂中花生烯酸含量相关的 SNP 分子标记及其应用	授权
4	国内发明专利	一种茶油化妆品基础油的加工方法	授权
5	国内发明专利	一种抗菌除臭聚氨酯泡沫及其制备方法	授权
6	实用新型专利	一种安全性高的野外人字梯	授权
7	实用新型专利	一种人工授粉用授粉器	授权

2019 年亚林所技术标准一览表

表17

序号	类别	名称
1	国家标准	油茶籽
2	行业标准	锥栗栽培技术规程
3	行业标准	竹卵圆蝽综合防治技术规程
4	行业标准	植物新品种特异性、一致性和稳定性测试指南 刚竹属
5	行业标准	红豆树苗木培育技术规程
6	行业标准	植物新品种特异性、一致性、稳定性测试指南 樟属
7	省级地方标准	盆栽杜鹃红山茶生产技术规程
8	省级地方标准	主要珍贵树种大规格容器苗培育技术规程

2019 年亚林所审认定品种权一览表

表18

序号	类别	名称	审认定单位
1	省审定	山核桃亚优 XK89 号	浙江省林木品种审定委员会
2	省审定	山核桃亚优 GL8 号	浙江省林木品种审定委员会
3	省审定	薄壳山核桃亚优 YLC21	浙江省林木品种审定委员会

续表

序　号	类　别	名　称	审认定单位
4	省审定	薄壳山核桃亚优 YLC28	浙江省林木品种审定委员会
5	省审定	薄壳山核桃亚优 YLC35	浙江省林木品种审定委员会
6	省审定	甜柿：太秋	浙江省林木品种审定委员会
7	省认定	无患子“亚新1号”	浙江省林木品种审定委员会
8	省认定	锥栗：ZL6	浙江省林木品种审定委员会
9	省认定	重庆市木荷无性系种子园	重庆市林业局

2019 年亚林所认定成果一览表

表 19

序　号	成果名称	认定单位
1	纸浆用丛生竹高效经营关键技术	中国林学会
2	茶梅遗传资源及株行控制技术	国家林业和草原局
3	檫木、枫香等秋季彩叶树种良种选育与生态林景观彩化改造应用	国家林业和草原局
4	山苍子基于原生质体的基因瞬时转化技术	国家林业和草原局
5	林木花序 / 花粉过敏原蛋白鉴定及基因分离技术	国家林业和草原局
6	基于 FvCB 模型的森林植被光合固碳效率评价技术	国家林业和草原局

70 周年”纪念章；1 人入选局科技创新领军人才，1 个团队入选局科技创新团队、获全国生态建设突出贡献先进集体，1 人获先进个人称号；1 人获“全国农村青年致富带头人”称号。提前争取优质生源，落实博士研究生招生申请制；持续强化研究生过程培养及安全教育等，提升综合素质，毕业 23 人。目前在读研究生 110 名（含 25 名联培生），研究生培养取得较好成绩。

【条件与平台建设】　获批国家林草局国外松工程中心及国外松、薄壳山核桃、椿树国家创新联盟等 4 个平台。拥有各类创新平台近 40 个，平台运行稳步有序。浙江省林木育种重点实验室绩效评价为优秀，油茶产业国家创新联盟入选高活跃度联盟，钱江源生态考评为优秀站。通过 8 个基本建设及修缮购置项目验收，为建设项目申报、固定资产增长打下可靠基础，完工基建类项目全部完成验收。年度获批基建项目和院区安全设施项目各 1 项，为科研工作保驾护航。

【健全社会保障】　完成全所职工省级医疗保险参保，破解多年职工参保难题。完成养老、医疗、工伤、生育等参保，健全社会保障，解决职工长期以来关心的民生问题。

【运行机制】　实现新旧会计制度衔接，预算执行进度高于上年同期。落实上级科技创新重大决策部署，修订制度 10 余项；强化业务代办，推动一站式服务，激发科技人员创新活力。 主题教育扎实有效。通过集中学习研讨、调查研究、检视问题、专项整治，边学边查边改，扎实推进整改落实。　（王舒琦）

中国水稻研究所

【概况】　2019 年，中国水稻研究所共取得 1 项成果奖励，即 2018—2019 年度神农中华农业科技奖科学研究类三等奖。获省级及以上品种审定 28 个（次），获国家发明专利 30 项，获国家自然科学基金 13 项。

【顶尖人才实现零突破】　2019 年 11 月，所长胡培松研究员、副所长钱前研究员分别入选中国工程院院士、中国科学院院士，实现了院士级顶尖领军人才零突破。

【基础研究取得新突破】　王克剑研究员带领团队利用基因编辑技术建立了水稻无融合生殖体系，得到杂交稻克隆种子，实现杂合基因型固定，研究结果发表于 2019 年 1 月 5 日的 Nature Biotechnology。世界学术组织 F1000Prime 推荐认为“该系统为杂交种自我繁殖系统的发展奠定了基础”。

【水稻品质遗传改良团队获 2018—2019 年度中华农业科技奖优秀团队奖】　该团队长期坚持以稻米品质遗传改良为研究方向，突破稻米品质改良技术难点。2011 年被农业部评为农业科研杰出人才创新团队，2013 年入选国家创新人才推进计划重点领域创新团队。获国家科技进步奖二等奖 2 项、国家技术发明奖四等奖 1 项、浙江省科技进步一等奖 1 项等。审定品种 35 个，获得发明专利 17 项、品种权 15 项；团队育成的米粉加工优质专用早稻中嘉早 17，是南方稻区推广面积最大的水稻品种。

【水稻新品种新技术获认可】 “华浙优1号”获农业农村部超级稻冠名、“水稻叠盘出苗育秧模式及技术”入选农业农村部2019年主推技术，被评为浙江省“十三五”期间20项重大农业科技成果。

【大力开展水稻绿色提质增效技术创新与集成】 针对长江中下游、东北、西南、西北稻区特点及技术需求，遴选水稻新品种15个、关键技术17项，建立核心示范基地14个，集成双季稻机械化生产、杂交稻机械化高效种植、优质稻绿色提质等技术6项，开展区域性技术集成模式研究与示范，示范面积1600余公顷。集成基于侧深施肥、增密减氮、缓控释肥、硅氮互作、微生物肥、氨基酸叶面肥等减肥增效技术与“三防两控”全程病虫害减药控害技术，与全国农技中心、基层农技推广部门合作，在长江中下游稻区建立肥药减施增效综合集成技术示范点9个，在氮肥减量20%、减药20%—40%、减少施药施肥1—2次的情况下，有效控制病虫害，产量增加5%以上，亩节本增收50—300元。

【扎实推进科技扶贫与乡村振兴】 制订所科技帮扶重点贫困县工作方案，明确工作重点，构建帮扶体系。在新疆墨玉县，在加罕巴格乡恰尔巴格村等9个村开展水稻机插秧新技术试验示范266.67公顷，辐射带动墨玉县2000公顷水稻生产。分别在阿克陶县、墨玉县开展水稻高产高效栽培技术、机插秧中后期管理技术培训。在黑龙江桦川县，实施“水稻科技扶贫适用技术集成创新与示范应用”项目，开展水稻钵毯苗机插、机插侧深施肥、有机覆膜机插等新技术试验示范。在江苏东海县，围绕品种、育秧、种植、施肥、植保等关键环节，集成以基质育秧和叠盘出苗为核心的优质稻全程机械化生产、优质稻机械侧深施肥及营养诊断施肥、病虫草综合防控等绿色增效技术

【RICE SCIENCE影响因子大幅度提高】 据WEB OF SCIENCE的期刊引证报告（JCR）结果，Rice Science 2019年影响因子增至2.370，在该领域89个期刊中名列第18，位于Q1区。

【公共科技服务】 继续加强“中国水稻品种及其系谱数据库”“水稻功能基因数据库”“参考文献数据库”等3个数据库的建设与维护。承担稻米品质等样品检测2.6万余份。开展水稻资源鉴定评价、分发利用等工作。

【国际合作与交流】 获批国际合作项目3项。接待外宾18批、130人次，派出专家24批、33人次。

【人才培养】 1名专家入选为国家科技创新领军人才，2名专家入选为浙江省“万人计划”科技创新领军人才，1名专家入选为浙江省有突出贡献中青年专家。1名专家获“浙江省劳动模范”称号。全年招收国内研究生63人，其中博士22人（含外籍博士7名）、硕士41人。 （章蓉蓉）

杭州光学精密机械研究所

【概况】 杭州光学精密机械研究所（简称：杭州光机所），是上海光机所的直属分支机构，由上海光机所与杭州市富阳区人民政府共建，2019年1月签约，2019年6月注册，2019年9月正式揭牌，2020年3月荣获“2019年度杭州市最具有影响力新型研发机构”称号。现有人员50余人，其中30人为上海光机所派出的核心管理团队和技术团队成员。

【科技创新】 杭州光机所致力于光电材料与激光领域为主的应用和工程技术研究，力求打造光电领域顶级“硬科技”产业技术工研院。围绕着特种光纤、先进光学材料、高端光电装备等板块开展项目熟化和孵化。面向全球光电领域开展项目遴选，引进项目团队12个，8个孵化项目完成公司注册并进行产业化。建设高水平公共研发平台，投入经费4000余万元，采购近20台（套）设备，服务地方公共研发需求。

杭州光机所着力推进高科技产业化的体制机制创新和生态构建，吸聚全球科技人才和成果，推进成果熟化与转化，完善“人才引育+科技创新+资本嫁接+产业转化”功能架构体系，推进“人才链、创新链、资金链、产业链”的融合，形成人才聚集地、技术根据地、产业策源地，打造“产业技术孵化+创投+产业园”相互支撑、联动发展的生态链条。努力建设成为具有一流人才队伍、一流生态环境、一流成果产出、一流自我发展能力的示范性新型研发机构，打造杭州（富阳）发展“金名片”和“吸金石”，在招才育才、招技育技、招商育商、培育高科技产业新生态，以及服务地方等方面发挥重要作用，成为杭州（富阳）转型升级、创新发展的新引擎，助力推进和落实长三角一体化国家战略实施。 （包拯业）

【编辑 吕克】

27 教 育
Education

综 述

【概况】 2019年，全区有各级各类学校、幼儿园162所。其中：幼儿园76所（民办46所），小学45所（民办2所），初级中学17所（民办2所），普通高级中学7所（民办2所），中等职业学校2所，技工学校1所，特殊教育学校2所，独立建制区域性成校5所，辅导学校6所。其中，省三级以上幼儿园创建率为100%；5所公办普高全部通过浙江省特色示范高中的验收，省一级特色示范普通高中1所，省二级特色示范普通高中4所。国家级重点职高2所，其中1所为国家中职改革发展示范学校，1所为省中职改革发展示范学校。2所中职学校积极参与浙江省、杭州市“十三五”中等职业教育质量提升行动计划项目创建，至2019年年底，有名师、技能名师、名校长、品牌专业、现代学徒制试点单位、普职融通试点学校、示范性职教集团、示范性校企合作共同体、示范性教学实训车间、综合性品牌实训基地等30个项目被列为杭州市立项建设项目；有名校、名师（大师）、品牌专业、优势特色专业、示范性校企合作共同体、德育品牌、创新创业教育实验室和优秀毕业生等18个项目被列为浙江省立项建设项目。另有教研中心1个，中小学素质教育实践基地1个。

在校学生约11.11万人，其中，幼儿约2.48万人，小学约1.17万人，初中约0.45万人，普高约1.24万人，职高约0.68万人，随迁子女2.46万人，盲、聋哑学生246人。在编公办教职工编制0.68万名。

全区学前三年净入园率为99.80%，九年义务教育入学率、巩固率均为100%，初升高比例99.94%，优质高中招生比例90%。普通高中与职业高中（含中专、技校）的招生保持基本平衡。

2019年高考报名5130名，其中普通高考招生录取3841人，录取率为96.80%，双一流大学录取考生401人，录取率10.11%，被北大录取4人，被录取为空军飞行学员1人；传统体育和盲人考生录取10人，录取率100%。高职单独考试录取人数1025人，录取率为98.46%，其中，本科录取151人，录取率14.51%。第一批高职扩招录取93人。2019年富阳区高中招生文化考试和信息技术、实验操作、体育三项考试平稳有序，共有6968人参加报名考试，普高职高录取比为55∶45。在全国职业院校技能大赛中，富阳学院手工制茶、蔬菜嫁接项目分别获得银牌；省职业能力大赛，师生获一等奖3项，二等奖1项，三等奖6项；市级职业能力大赛，师生获一等奖10项，二等奖32项，三等奖46项。

全年被列入政府投资建设项目61个，其中续建项目23个，新建实施类项目22个，新建预备类项目16个，总投资32.40亿元，2019年计划投资9.30亿元，项目数量与投资额比2018年有较大增加。建成并投入使用大源镇二小、春建乡中心幼儿园、新登镇第二幼儿园大山分园项目。推进富春九小新建工程，大青小学、富阳中学改扩建工程等。公办学校食堂大宗食品定点采购统一配送率达100%。300人以上A、B级学校等级食堂率达100%，阳光厨房建成率达100%。学校品牌超市比例达100%。中小学校加热保温水、直饮水系统建成率100%。参加食品安全责任保险学校覆盖率100%。

深入推进课程改革，走内涵发展道路。深化学前教育课程改革，依托“分层推进·园本建构”开展课程建设，分层推进课程园本化建设。深化义务教育课程改革，推进课程改革由课程建设转向“课堂转型”，深化小班化教育联盟工作，先后承办杭州市、浙江省级的推进展示活动，以及全国性的小班化研讨会；继续组织区第三届“富春情·教育梦”中小学幼儿园学术节，所有项目融入北上广苏及国际化元素，并实现学术引领、现场解决的目的。不断深化普通高中课程改革，制订新课程实施方案，区内所有普高全面实施新课程，全面建立并实施走班制度，健全教育质量监控及评价机制。实行小学公民办同步招生，普通高中分配比例提高到60%，名额分配初中覆盖率达到100%，初升高比率达99.90%，普通高中与职业高中招生比为51∶49。富阳区教育考试管理中心被浙江省教育考试院评为2018年度浙江省考试招生工作先进集体。2018年度教育现代化发展水平监测位列全省第11位，进入全省第一方阵；获2019年度全省教育工作业绩考核先进单位称号。

深耕党建主题活动，开展“我和我的祖国”“庆祝中华人民共和国成立70周年”等系列主题教育活动，富阳中学等多所学校主题活动微视频登上学习强国。“三个维度”、“四学”机制落细落实，确保主题教育和教育事业发展密切联系，互为促进。强化党员队伍建设，新吸收入党积极分子36名，新发展党员61名。聚焦清廉教育建设，实施“清明政风、清净校风、清正教风、清新学风”四大工程建设，创建“清廉学校”示范点10所。梳理编制学校“小微”权利清单和办学行为负面清单，局机关科室与115所学校共梳理风险点2318个，提出防范措施9289条。举办富阳区教育系统清廉学校工作交流暨入党初心故事分享大会。新登镇中、新登镇小等创建成为“杭州市廉政文化进校园示范校”“杭州市党风廉政建设培育点”。强化意识形态工作，引导8649名平台学员用好“学习强国”，获评富阳区“学习组织之星”。“富阳教育”微信发布荣获“优秀二级发布平台”称号。

强化教师专业发展。举行第20轮暑期师德培训、领导干部暑期读书会和全区教育大会等活动。聘请28名行风监督员，加强师德师风建设。深化干部教师管理，调整局机关科室设置，推进校级干部公开竞聘与调整工作，提拔60人、交流45人、原校转岗9人、退职35人。扎实推进“区管校聘”，城区骨干教师、校长到农村任教占交流教师总数的30.40%，实施80名农村新教师挂职锻炼工程。强化教师培养培训，60名骨干教师赴北师大、华东师大、浙江大学等知名高校集中培训，10名骨干教师、2名退休校长到贵州省锦屏县挂职或支教，1名骨干教师到青海省德令哈市支教。接待69名锦屏县干部教师跟岗挂职培训，组团14人赴黔东南锦屏县进行短期支教交流，区教育局被评为贵州省脱贫攻坚先进集体。注重人才引进培养，招考新教师217名（其中民办60名），其中硕士及以上研究生56人，双一流大学优秀毕业生12人。培育正高级教师1名、高级职称教师91名、浙江省教坛新秀3名，新增C类人才3名、D类人才11名、E类人才349名。新建省级乡村名师工作室1个、市级乡村名师工作室2个、区级乡村名师工作室32个，对593名乡村教师进行订单式培养，该做法在杭州市专题会议上作经验交流。

办理人大代表建议、政协委员提案31件，满意率为100%。承办“12345”“网上信访”等信访件1476件，及时响应率100%、及时处理率100%、按时反馈率100%、满意率99%。回访工作规范，无一退办件和重复交办件。

幼儿教育

【概况】 全区有各类幼儿园76所，其中教育部门办30所、民办46所，在园幼儿24843人。幼儿园教职工3044人，园长和专任教师1942人，其中本科毕业1179人、专科毕业725人、高中阶段毕业38人；具有专业技术职称的园长和专任教师1302人，其中，中级及以上教师378人，幼教一级教师672人、其他级别252人。

学前三年幼儿入园率99.80%、富阳等级幼儿园在园人数比例100%、优质学前教育覆盖率79.12%，普惠率90%。甲级幼儿园20所；乙级幼儿园25所；丙级幼儿园31所。有省一级幼儿园12所，省二级幼儿园25所，省三级幼儿园39所。

坚持公益性和普惠性，构建覆盖城乡、布局合理的学前教育体系，让全区适龄儿童接受均衡、优质的学前教育。建立学前教育生均经费保障制度，推行落实学前教育成本核算。从2018年开始，确定全区学前教育生均公用经费为500元/生•年，逐年加大普惠性民办幼儿园的生均公用经费补助力度。2019年，在第一批幼儿园开展课程实施的基础上，第二批幼儿园依托《园本化课程实施方案》再次通过专家的指导厘清基于本园的课程理念及课程体系，通过搭建平台、信息共享、伙伴合作等方式，助推幼儿园园本课程建设的进程。开展优秀教师辐射乡村工作，设杭州市乡村名师工作室1个，区级乡村名师工作室3个，工作室总人数达53人，实现优质教育资源的引领和助推，提升乡村幼儿教育发展。2019年启动民办园第三方审计工作，根据审计的问题提出整改督查方案，逐步做好民办园财务规范工作，并与年度考核挂钩。积极开展幼儿园等级创建工作，省三级幼儿园创建率达100%。

【2019年学前教育宣传月浙江省“安吉游戏”实践园（浙北片区）展示活动在富阳举行】 5月31日，2019年学前教育宣传月浙江省“安吉游戏”实践园（浙北片区）展示活动在鹿山中幼举行。活动对实践园第一阶段目标“放手游戏、发现儿童、改变儿童观”工作进行检验和总结，也为实践园实现第二阶段目标“读懂儿童”奠定基础。鹿山中幼作为浙江省首批“安吉游戏”实践园，在游戏场地、设备、材料及教师观念等方面提升改变，致力于在真情境、真材料、真游戏中支持幼儿真体验、真学习获得全方面的真发展。

【大源镇幼新建工程开工】 12月30日，举行大源镇幼新建工程开工仪式。大源镇幼新建项目总投资5000万元，建筑面积10129.10平方米，建设规模为18个班，为省一级现代化幼儿园，至年底完成项目设计、前期等。项目以“回归本真，快乐生活”为教育理念，结合富春湾新城的发展理念，根据周边区位优势，打造杭派民居、田园风格、适合3—6岁幼儿生活体验式教育的儿童乐园。

中小学教育

【概况】 全区小学45所（含民办小学2所），1252个班，学生44996人，教职工2917人。专任教师2811人，其中研究生毕业58人，大学本科毕业 2222 人、大学专科毕业 513 人、高中段毕业 18 人，大专及以上学历 99.36%。具有专业技术职称的专任教师有 2660 人，其中正高级 1 人、副高级 159 人、中级 1734 人、助理级 692 人，员级 74 人。

全区初级中学 17 所（含民办初中 2 所），531 个班，学生 22014 人。教职工 2236 人，专任教师 1737 人，其中研究生毕业 90 人、大学本科毕业 1613 人、大学专科毕业 34 人，大学专科及以上学历为 100%。专任教师中具有专业技术职称的 1613 人，其中正高级 2 人、副高级 652 人、中级 690 人、助理级 264 人，员级 5 人。

全区普通高中 7 所（含民办高中 2 所），283 个班（含盲人学校高中班 3 个），学生 12357 人。教职工 1238 人（含民办高中），专任教师 1115 人（含民办高中），其中研究生毕业 159 人、大学本科毕业 956 人，大学本科及以上学历为 100%。专任教师中具有专业技术职称的 1022 人，其中副高级 424 人、中级 412 人、助理级 186 人。

学前教育至高中教育的十五年基础教育高水平普及，学前三年净入园率 99.80%，九年义务教育入学率、巩固率均为 100%。不断推进名校集团和城乡学校互助共同体建设，实现“新名校集团化”“互联网加义务教育”的全覆盖，15 所初中、43 所小学与杭州城区及周边县市学校结为互助共同体，结对率达到 100%，不断推进义务教育优质均衡发展。5 所公办普高分别构建具有校本特色的课程体系，均通过浙江省特色示范高中的验收，其中省一级特色示范高中 1 所，省二级特色示范高中 4 所。制定出台《2019 年富阳区义务教育公办学校招生工作指导意见》，严格执行招生政策，实施“阳光招生”。实施“零择校，不收费”，按照“分类报名、按序录取”的方式，稳步推进招生工作规范有序，公开透明，公平公正。在此基础上，进一步改革中考招生制度，完善普通高中分配名额招生方案，分配比例提高到 60%，名额分配初中覆盖率达到 100%；改革普通高中特长生录取方式，把专业课考试成绩和中考成绩按 1:1 折算成综合分，在中考总分达到一定要求的基础上，按综合分从高到低进行录取；改革志愿填报制度，普高志愿由两个批次调整为一个批次，职高志愿由按学校录取改为按专业录取。实行小学公民同招，推行“上学报名一站式”办理流程，区跑改办、区教育局、公安富阳分局联合开发启用“入学报名一站式查审平台”，联合公安、规划资源、市场监管、人社等部门，共同为学生报名信息的查验、审核提供服务，实现全流程网上核查和部门零跑腿，实现零投诉、零差错，群众满意度高。

第一时间将招生政策、招生计划、招生程序、监督举报电话通过报纸、电视、网络（富阳发布、富阳教育等微信公众号）等媒体向社会公开，并通过多种途径加以宣传，提高招生工作的公正性和透明度。出台《关于 2019 年杭州市富阳区各类高中入学考试和招生工作的意见》，规范高中招生秩序，严格执行公办普高“零择校”政策，推进富阳与杭州主城区学校双向招生，省一级重点普高提前自主招生名额重点向农村薄弱初中倾斜。初升高比例 99.9%，优质高中招生比例 90%；普通教育与职业教育招生比例基本平衡，初步建成具有富阳特色的现代职业教育体系。

严格执行减负精神，落实各类教育政策，推行教育教学改革。高中段深入结合新高考改革，鼓励各高中结合自身办学情况，发挥传统优势，优化课程结构，开设校本选修特色课程，实现特色发展。深入推进分层教学、走班制、学分制等改革，切实增加学生个性化、多样化学习选择空间，促进学生的全面发展。2019 年，全区高考报名总人数 5130 人，比 2017 年增加 164 人。其中，普通高校招生考试录取人数 3841 人，录取率 96.80%，双一流大学录取考生 401 人，录取率 10.11%。区教育考试管理中心被东部战区空军政治工作部评为空军招飞工作先进集体。高职单独考试录取人数 1025 人，录取率 98.46%，其中本科录取 151 人，录取率 14.51%。

全区义务教育段共接纳外来务工人员子女 16851 人。其中，分别在春江街道、富春街道、鹿山街道、东洲街道、大源镇、灵桥镇独立设置 10 所外来务工人员子女学校，就读小学的 3157 人，就读初中的 191 人；外来务工人员子女总人数占全区义务教育阶段学生总数的 25.21%。

实施教育信息化环境提升行动，完成教育城域网和校园万兆网络升级和 IPv6 改造工作，中小学校校园网出口带宽达到 2.50G 以上；加强教育城域网络信息中心安全防火、存储、灾备等系统建设，完成应用系统等保测评工作；完成义务教育段学校普通教室交互式多媒体全覆盖工作；建立教育智慧视频综合管理系统，充分发挥学校各类视频监控系统功能。加大教育信息化投入，着力打造智慧校园。投入 3000 余万元，为全区 40 所中小学配备了 408 台交互式触控一体型多媒体设备，为 14 所学校更新学生计算机房，新增无线网络节点 1681 个，配备了一批现代教学设施设备，实现多媒体教学全覆盖、无线网络全覆盖，为推进教育信息化提供网络支撑。

【举行第四届“孙过庭奖”中小学师生书法大赛】 3 月 27 日，富阳区第四届“孙过庭奖”中小学师生书法大赛举行，174 名学生参加现场比赛；45 名教师参加现场比赛。

【三千师生市民 唱响《我和我的祖国》】 4 月 1 日，一堂以快闪形式呈现的思想政治理论拓展课在达夫路展开。3000 多名师生以及市民同唱《我和我的祖国》。该活动视频在学习强国平台播出。

【富春五小“颜色密码”工作坊获全国第六届中小学生艺术展演活动一等奖】 4 月 15 日至 20 日，富春第五小学“颜色密码”工作坊参加由教育部主办的全国第六届中小学生艺术展演现场活动并获得全国一等奖。

【开展全国首个“工匠日”庆祝活动】 9 月 26 日，各校（园）结合

2019年11月13日，全国小班化教育研讨会在富阳举行

（区教育局 供稿）

全国首个“工匠日”，积极开展多种形式的“工匠日”庆祝活动，引导广大师生牢记新时代教育使命，不忘教育初心，匠心筑梦。

【举行全区2019年青少年红十字应急救护知识和技能竞赛】 10月29日，区教育局、红十字会、卫生健康局联合举行杭州市富阳区2019年青少年红十字应急救护知识和技能竞赛活动，共21所小学、27所中学的219名选手参加比赛，除完成规定项目比赛外，选手还进行红十字应急救护理论知识现场问答。

【举行富阳区第48届中小学生田径运动会】 10月31日，举行区第48届中小学生田径运动会。运动会历时四天，来自全区各中小学校的71支队伍、1100余名运动员，参加高中组、初中组、小学A组、小学B组四个组别20个项目的竞技比赛，决出108个奖项。

【富春七小“新劳动教育”在央视专题片《教育强国》播出】 11月6日，富春七小“新劳动教育”在中央广播电视总台专题片《教育强国》播出。专题片展示富春七小在立德树人，培养德智体美劳全面发展的社会主义建设者和接班人方面作出的探索。

【举行富阳区首届青少年创客大赛】 11月9日，富阳区首届青少年创客大赛在区青少年宫举行。本次大赛共有来自全区34所中小学校107支队伍的141名青少年参加，围绕“科技与灾害”主题，进行了创客大赛（作品展示评选）和STEAM项目挑战赛（现场竞技）。

【举行2019年全国小班化教育研讨会议】 11月13日，2019年全国小班化教育研讨会议在富阳举行。会议围绕“关注每一个学生的深度学习”的主题，多维度展示全国各地小班化教育实践研究开展情况，探寻小班化教育融合新理念、新技术、新方法。富阳区28所学校进行了拓展性课程成果展示。

【长三角基础教育年度峰会暨中国长三角新劳动教育20校联盟成立仪式在富阳举行】 11月28日，由浙江省教育厅、上海市教委、江苏省教育厅、安徽省教育厅共同主办的第一届长三角基础教育年度峰会暨中国长三角新劳动教育20校联盟成立仪式在富阳举行。活动发布了“中国长三角新劳动教育20校联盟”富阳共识，全区16所学校以及永昌·唐昌基地等9个新劳动教育实践体验点展示了新劳动教育成果。

【中国陶行知研究会求真教育实验研究分会2019年学术年会在富阳举行】 11月30日至12月1日，由中国陶行知研究会和杭州市富阳区教育局共同主办的中国陶行知研究会求真教育实验研究分会2019学术年会暨“三新”教学质量提升高峰论坛在富阳举行。会议围绕新理念、新高考、新教材下的教学质量提升等进行主题分享，并开展了“浙江新高考改革经验与思考分享”“新高考改革经验与思考分享”等主题圆桌论坛。

【举行富阳区2019年中小学、幼儿园啦啦操比赛】 12月14日，2019年富阳区中小学（幼儿园）啦啦操比赛火热举行，全区共有45支参赛队伍参赛。鹿山中幼、松溪小学、新登镇中、富阳学院等20所学校获得金奖。此外，杭州银湖实验小学在2019—2020年全国啦啦操联赛中获得儿童丙组校园花球套路和儿童丙组校园街舞套路双冠军。松溪小学获得中国体操节集体花球自选动作冠军和规定动作亚军。

2019年11月28日，第一届长三角基础教育年度峰会——聚焦新时代劳动教育在富阳举行

（区教育局 供稿）

【德国“迷你慕尼黑”青少年素质教育试点项目在素质基地开营】 12月23日，德国“迷你慕尼黑”青少年素质教育实践试点项目，在富阳区中小学素质教育实践基地开营。该项目通过“理论+实践”双线通道，重点构建“建筑•共筑家园”“少儿汽车技术”“生活电器工程”“自行车机械技术”四大特色课程体系，实施“双元”实践教学，展示多领域、多文化的教育风采，满足学生“知行合一”的成长需求。

中等职业教育

【概况】 全区中等职业学校(机构)2所，学生6789人，教职工688人。专任教师633人，具有专业技术职称的600人，其中副高级239人、中级291人、初级70人。技工学校1所，学生数439人，教职工34人。专任教师29人，具有专业技术职称的27人，其中副高级10人、中级10人、初级7人。

富阳学院和区职教中心实行一副班子多块牌子的运作模式，两校均为国家级重点职高，其中1所为国家中职改革发展示范学校，1所为省中职改革发展示范学校。两所中职学校积极创建中职教育质量提升建设项目，积极参与浙江省、杭州市“十三五”中等职业教育质量提升行动计划项目创建，至2019年年底，有名师、技能名师、名校长、品牌专业、现代学徒制试点单位、普职融通试点学校、示范性职教集团、示范性校企合作共同体、示范性教学实训车间、综合性品牌实训基地等30个项目被列为杭州市立项建设项目；有名校、名师（大师）、品牌专业、优势特色专业、示范性校企合作共同体、德育品牌、创新创业教育实验室和优秀毕业生等18个项目被列为浙江省立项建设项目。

落实区委区政府关于非遗项目传承的有关要求，开展非遗（富阳竹纸制作技艺）传承人培养，建设富阳学院非遗传承项目实训基地。非遗（竹纸制作技艺）传承特色班招生31人。创新人才培养模式，富阳学院和职教中心分别与AICC澳洲国籍职业教育中心联合举办中澳国际班。重视职高学生技能培养和训练，引导师生在各级各类技能比赛中培养能力、水平提升。举行职业教育周活动，开展形式多样，丰富多彩的赛事和活动，增强中职学生的职业自豪感，弘扬“工匠精神”。开展初中学生职业体验活动，全区3700余名初三学生走进中职学校进行12项职业体验。

【举行2019年职业教育活动周启动仪式暨职业教育成果展】 5月7日，“荣光70年成就人生梦”——2019年富阳区职业教育活动周启动仪式暨职业教育成果展举行，重点开展职业体验、职业教育宣传展示、“三美”人物进校园、社会服务等活动。

【技工学校庆祝建校40周年】 5月18日，区技工学校庆祝建校40周年庆典。技工学校创建于1979年4月，40年来先后为社会培养毕业生4500余名，为挖掘和发扬富阳区烹饪非遗文化、助力“美丽乡村”建设作出贡献。

【举行“富阳光华产教融合促进中心”共建项目签约仪式】 7月2日，“富阳光华产教融合促进中心”共建项目签约仪式举行。该项目以区教育局、人社局，区职业教育中心为载体，以区内产业重点扶持的科技型产业企业需求为导向，以中国光华科技基金会的资源为依托，旨在提升富阳区“校企合作、产教融合”服务精准度，搭建优先服务于富阳、联通杭州、辐射浙江省的科技人才和技术工人服务平台。

【非遗富阳竹纸制作技艺传承特色班正式开班】 9月27日，非遗富阳竹纸制作技艺传承班开班仪式举行。传承班的成立旨在培养“富阳手工竹纸制作”等非遗项目技艺传承人才，保护和传承竹纸制作工艺。富阳区非物质文化遗产传承学校于12月12日在富阳学院正式挂牌。

成人教育

【概况】 富阳成人教育工作分高等教育和成人教育两条主线。高等教育主要以富阳学院和富阳区职业教育中心为主，与国内高校联合开展各类专科、本科学历教育。其中，富阳学院成人高等学历教育在读学员4725人。其中开放教育学员共2742人（本科936人、专科1806人）、网络教育1308人（中国人民大学567人、奥鹏教育741人），杭师大函授教育253人，浙江大学远程教育11人，杭州科技职业技术学院37人，成人中专374人。2019年，富阳学院获得全省电大系统思想政治工作先进集体、全省电大教材发行管理先进单位、全省电大招生工作先进单位、全省电大系统教务工作先进集体，省奥鹏招生工作先进单位、人大网院2019年度招生先进教学服务中心，2019年度全省市县电大业务工作考核A等单位等先进荣誉。富阳区职业教育中心与西南科技大学、重庆大学、对外经济贸易大学等开展联合办学，在册学生241人，另有成人高中106人。

成人（社区）教育主阵地在社区学院和成人文化技术学校。全区有各级各类社区教育学校352所，其中社区学院1所、农民学校1所、区域性社区教育中心5所、乡镇街道社区教育学校19所、市民学校327所；全区24所乡镇成校全部创建成为浙江省标准化乡镇成校。已拥有浙江省示范性乡镇成校5所，浙江省现代化成校4所，浙江省标准化乡镇成校24所，浙江省企业职工培训示范基地2个，浙江省优秀农村预备劳动力培训基地1个，全国职工教育培训示范点2个。获得浙江省社区教育示范区、全国社区教育实验区等荣誉。

构建市民学习圈，推进终身教育工作。2019年，继续以市民学习圈建设“1+3”文件为指导，在巩固提高“浙江省学习型城市”创建成果的基础上，通过以评促改、以评促建、以评促管，进一步加强乡镇（街道）30分钟市民学习圈建设，基本形成了“政府领导、教育主管、部门配合、社会支持、街镇实施、居民参与”的建设格局。举办全民终身学习活动周启动仪式，促进终身学习工作的推进。富阳区被认定为国家级农村职业教育和成人教育示范县以及优秀展示分平台；银湖街道、鹿山街道成功创建成为杭州市示范街道（乡镇）30分钟市民学习圈。湘河村婆婆乐舞蹈队等5个社团被认定为杭州市社区示范性学习型社团。方志洪、方凯2人被评为杭州市2019年百姓学习之星。富春街道、东洲街道、春江街道、灵桥镇、常安镇被认定为富阳区示范乡镇（街道）30分钟市民学习圈。鹿山街道被认定为富阳区文教综合体。认定区级2019年度“百姓学习之星”51位。持续推进市民学校标准化建设，2019年度评估标准化市民学校50所，示范性市民学校20所。

推进社区教育进农村文化礼堂工作。制订行动计划、明确三年行动目标任务进度。2019年开展社区教育学习服务活动的农村文化礼堂为213个。社区学院、新登成校、大源贬口村及新登潘堰村文化礼堂被评为杭州市社区教育进农村文化礼堂先进集体，2人被评为杭州市社区教育进农村文化礼堂先进个人。

扎实推进社区教育品牌项目建设。2019年富阳学院的“富阳经理人大讲堂”被认定为浙江省成教培训品牌，新登成校“玉兰馨苑越剧社团”被认定杭州市终身学习品牌。富阳区“一乡镇一品牌”建设工作继续推进，认定“龙门古镇民宿管理菜单式培训”等3个优秀项目，“培育农村学习型社团 助力市民学习圈建设”等8个为合格项目。

高质量发展有品质的老年教育。浙江老年开放大学富阳学院在全区各个乡镇（街道）设立教学点共计24个，实现老年教育机构全覆盖。

搭建乡村振兴教育培训服务新平台。2019年6月，区政府联合杭州科技职业技术学院、杭州市决咨委办公室，共同成立“乡村振兴学院”。以乡村振兴学院为引擎，整合区农民学校、区农业教育培训站、乡镇成校、农业农村教育培训创业基地等服务平台，打造“出门是现场、进门是课堂”式田间课堂12家，统筹推进重点乡镇、重点人群和重点项目的教育培训服务。启动农民大学生“学习创业共同体”培育工程。

【创建成为第五批全国农村职成教示范县（区）】 8月27日，全国农村职成教示范县（区）创建工作检查组对富阳进行了全国农村职成教示范县（区）创建工作复检，富阳在全省申报的区县市中排名第一，成功创建为第五批国家级农村职业教育和成人教育示范县。

特殊教育

【概况】 全区有特殊教育学校2所，即浙江省盲人学校（省教育厅委托富阳区教育局代管）和富阳区特殊教育学校。两校共设26个班，其中视力残疾17班，智力残疾9个班；在校学生246人（其中视力残疾174人，智力残疾72人）；教职工98人，专任教师97人。本科及以上学历80人，副高级27人，中级47人，助理级16人。2019年，全区持证残障儿童少年入学率居全省前列，其中学前教育入园率为97%；义务教育入学率为100%；高中教育段入学率为85%。在全区普通中小学（幼儿园）新增4个杭州市合格资源教室，其中2个为杭州市示范性资源教室。

【浙江省首个融合教育教师发展学校在富阳落户成立】 6月6日，浙江省首个“融合教育”教师发展学校签约授牌仪式在春江中幼举行。浙江师范大学与富阳区教育局签订合作共建协议。

【浙江省盲人学校庆祝建校30周年】 12月8日，浙江省盲人学校举行办学30周年成果展示活动。建校30年来，已有900余名视障学生接受了不同层次的教育，先后向各级各类高等学校输送100余名毕业生，就业率达100%，其中45%的毕业生成功创业，不仅自立，还担负起社会责任安置其他残疾人实现就业。

学校管理

【概况】 坚持高站位谋划，高标准开展，高质量推进。全系统聚焦立德树人根本任务，积极构建“自学、领学、督学、研学”的“四学”机制，重点加强“减负”“同步课堂”“规范培训机构”等创新举措的有效落实。聚焦党建品牌建设，抓好示范引领。培育和创建“一校一品”党建工作品牌，深入开展“三争”“党建双强”工程，举行清廉学校工作交流暨入党初心故事分享大会。评选出15个先进基层党组织和三、四季度之星60余人，充分发挥先锋典型的示范引领作用。新登镇小等学校视频登上学习强国平台。

2019年12月11日，富阳区教育系统清廉学校建设工作交流暨入党初心故事分享大会举办

（区教育局 供稿）

以政治教育、清廉文化进校园、阳光工程”，以及三项重点工作为抓手，聚焦“清廉教育”，全面排查防控廉政风险，开展廉政风险排查防控，局机关科室与学校（单位）梳理风险点累计2318个，提出防范措施累计3000余条，使每项权力行使过程做到可查可控可追溯。

强化系统内审监督作用，开展公务支出公款消费专项审计、校长离任（在职）经济责任审计等内审工作。积极推进“阳光工程”建设，对干部竞聘、教师招考、高考中考、工程管理、小额公共资源交易等工作实行过程监督，实施“阳光招生”专项检查。

加强师生法制宣传教育，提高教师依法执教能力，引导学生知法、懂法、守法。进一步推进学校章程建设，全区各校基本建立了一校一章程，提升学校科学化、规范化、制度化管理水平。组织开展了教育行政执法人员培训考试，提高教育执法能力。加强党员执纪问责力度，全年党纪处分5人，行政处分2人，效能问责10人。

加强“千校结好”“百校结对”工作，鼓励学校与国外（境外）优秀中小学开展交流合作；2019年，在组织21名教师参加省市组织的研修团的基础上，区教育局自主组团，组织21名骨干教师赴新加坡研修。

有效利用国际教育资源，探索高中教育跨国合作办学模式，深入推进普通高中中外合作办学模式。富阳中学国际部98%的学生入读美国前100名的知名大学，以及英国、加拿大、澳洲、法国、瑞典的世界一流大学。严格执行省市教育行政部门关于减负工作的相关文件精神，规范学校办学行为，实施“零择校，不收费”的招生政策。重点推进幼儿园课程改革、义务教育段学校深化课程改革，高中新高考改革、走班制改革等，深入推进名校集团（城乡学校互助共同体）工作，继续做好新疆阿克苏等地的教育对口支援工作。2019年，全国小班化教育研讨会、全国公望班主任论坛、长三角基础教育年度峰会暨中国长三角新劳动教育20校联盟成立仪式等富阳举行。新劳动教育富阳范式在第5届中国教育创新成果公益博览会进行经验介绍，中央电视台《教育强国》《新闻直播间》播放富阳新劳动教育实践体验活动开展情况。中央教育工作领导小组《教育工作情况》对此专报推广。

制定《杭州市富阳区教育现代化发展水平监测指标目标任务分解》和《杭州市富阳区教育现代化发展水平监测重点问题整改任务责任清单》，获得2019年度全省教育工作业绩考核先进单位。开展学校安全、规范办学工作督导检查、学前教育专项督导整改工作，对所有公（民）办幼儿园、中小学实现责任督学挂牌。

创新“护校安园”载体和形式，首创区域联防巡逻模式得到杭州市教育局推广。制定《富阳区乡镇街道“护校安园”行动推进情况明细表》，实行工作联系单制度、开展全区乡镇街道“护校安全大比武”活动。开展校车安全、防溺水等专项活动，聘请新一轮法制副校长。切实做好“平安护航新中国成立70周年大会战”工作，开展全区中小学、幼儿园地震火灾疏散应急演练等各类应急演练活动；开展禁毒、反邪教等各类教育法治宣传活动。加大校园食品安全管理，实现定点采购统一配送率100%，参加食品安全责任保险覆盖率100%，学校品牌超市引进率100%；300人以上A、B级学校等级食堂创建率100%，阳光厨房建成率100%。

落实“最多跑一次”改革，开发启用“入学报名一站式一窗查询平台”，实现全流程网上核查和部门“零跑腿”；该项改革工作在杭州市全面推广，并代表杭州参加浙江省“最多跑一次”改革成果展，在省第四次跑改例会上作典型交流。区教育局在区改革攻坚擂台大比武中获得二等奖和“助跑先锋队”称号。

【召开教育系统纪念建党98周年暨深化“三争”活动工作部署会】 6月28日，富阳区教育系统纪念建党98周年暨深化“三争”活动工作部署会召开，提出要结合“三争”和比武争先活动，进一步夯实党建工作基础。挖掘教育系统党建工作的特色做法和创新亮点，力争涌现更多的“最强党支部”“最强领头雁”和“最美党员”。

【召开全区中小学、幼儿园垃圾分类工作现场会】 12月16日，区教育局召开全区中小学、幼儿园垃圾分类工作现场会。至12月底，全区学校完成各项整改，实现“宣传培训覆盖率100%、垃圾分类知晓率100%、垃圾分类参与率 100%和分类投放准确率90%”的工作目标。

【富阳区教育现代化进入浙江省第一方阵】 12月5日，浙江省教育现代化研究与评价中心发布的2018年教育现代化发展水平监测评估公告显示，富阳区教育现代化发展水平达成度超过80%，位列全省第11位，进入全省第一方阵。区教育局在2019年度全省教育工作业绩考核中被评为先进单位，七县市区唯一。

师资队伍

【概况】 全区各级各类学校有教职工10221人，其中幼儿园教职工3044人，园长和专任教师1866人；小学教职工2917人，专任教师2811人；初中教职工2236人，专任教师1737人，普通高中教职工1238人（含民办高中），专任教师1115人（含民办高中）；中等职业学校教职工688人，专任教师633人；特殊教育学校教职工98人，专任教师97人。

2019年，培育全国模范教师1名，正高级教师1名，浙江省教坛新秀3名，浙江省技能大赛一等奖获得者1名；培育高级职称教师91名；新增C类人才3名，D类人才11人，E类人才349名。全区有浙江省特级教师14名，杭州市级学科带头人24名，富阳区级学科带头人207名、班主任带头人20名、名校长14人。杭州市“新锐教师培养工程”培养人选85名，富阳区131培养计划人选共9名，名师高级研修班学员29名。开展首届功勋班主任评选，朱湘妹等10位老师入选，推荐场口镇小凌红群老师参评第6届感动杭城十佳教师评选并成功入围20佳。

签订《师德承诺书》7000余份，聘请局、校两级行风监督员28名，定期开展群众满意度测评，先后向学生和家长发放问卷调查表8000份；列出教师从教行为负面清单，引导教师知畏知止，强化师德意识。及时修订出台制度，严格刚性执纪问责，全面开展师德承诺活动，加强督察检查力度，组织各类教育活动，做好榜样引领。加强干部教师出国（境）与外出请假审批工作，实现管控人员的证件统一管理。

扎实推进“区管校聘”，加强教师的交流、支教和挂职工作。推动骨干教师校长向农村学校流动，城区骨干教师、校长到农村任教约占交流教师总数的30.40%，实施80名农村新教师挂职锻炼工程。综合考评302名校级干部，46名正副书记、校长获评校级干部“优秀”等次。完善职称评审机制和岗位设置管理办法。统筹使用中小学教职工编制，核定各级各类学校(单位)的编制数;组织实施进高校招聘工作，不断优化教师结构。在原有18个杭州市名师乡村工作室和20个富阳区级名师乡村工作室的基础上，新建省级乡村名师工作室1个、市级乡村名师工作室2个、区级乡村名师工作室12个，对623名乡村教师进行订单式培养，该做法在杭州市专题会议上作经验交流。7名评为正高级教师。构建的“骨干教师—学科带头人—富春名师—省级名师”的教师梯队建设，开设学科骨干培训班3个，培养学科骨干教师150名，到高校进行专题培养；组织29人的“教育高端研修班”，赴江苏进行集中培训、研修实践以及成果展示；选派11名富春名师名校长，参加省、市级名师名校长高研班。

举行全区教育大会暨第35个教师节庆祝大会，彰显区委区政府对教育的高度重视，教师对教育事业的热爱，学生、家长及社会对教师的尊重，展现了教育事业蓬勃发展的良好局面。举行为期一个月的“富春情 教育梦”学术节，举办专家讲座27人次，区内校园长观点报告14人次，教研组长、骨干教师观点交流37人次，开放课堂32节次，参会校长和骨干教师3000余人次。

【富阳3名教师赴黔东南支教】 3月14日，原三桥中学校长、青云辅导学校校长马钢民，原新登中学副校长杨翼，富阳学院教师巴荣飞赴黔东南支教。2019年，有37名城区骨干教师校长到农村任教，占交流教师总数约30.4%；21名优秀骨干教师分别赴新疆阿克苏、贵州锦屏、青海支教。

【召开思想政治课教师座谈会】 3月26日，全区思想政治课教师座谈会召开。会议提出要认真学习贯彻习近平总书记重要讲话精神和全省教育大会要求，上好思政课，培养好德智体美劳全面发展的社会主义建设者和接班人，让家长放心，让社会满意，让国家安心。

【召开全区教育大会暨庆祝第35个教师节表彰会】 9月8日，全区教育大会暨庆祝第35个教师节表彰会举行。会上表彰了国家、省、市、区各级各类优秀教师和特级教师，对全面推动富阳教育事业高质量发展、争创“四个一流”，在全省率先高水平实现教育现代化，争创全省一流综合教育强区提出新标准、新要求。

【举行第二届“公望”全国班主任论坛】 11月15日，第二届“公望”全国班主任论坛在富阳举行。论坛构建名师讲坛、专家讲座、德育品牌介绍和工作室展示等模块，省内外乃至国内班主任领域专家、名家分享经典案例及经验成果，共同探讨如何成为一名智慧班主任，迸发班主任智慧，实现班主任的自我成长。

【举行富阳区第三届“富春情·教育梦”学术节】 11月7日，第三届“富春情·教育梦”学术节在富阳学院举行。本届学术节以“优化教学方式、培育核心素养”为主题，旨在深入贯彻落实全区教育大会精神，结合区域教育改革实际，围绕课程改革与学生发展，创新活动形式、丰富活动内容、提升活动水准，全面提升学术节的引领辐射作用。

【富阳区2019中小学骨干教师赴新加坡研修】 12月8日至12月21日，富阳区中小学骨干教师一行21人赴新加坡研修，这是区教育局首次独立组织教师赴国外研修，也是区教育局破解新时代富阳教育两大核心问题的有力举措。

教学与教育科研

【概况】 秉承科研和课题研究聚焦课堂教学、课题研究植根于教学实践的理念，注重教育科研主题的前沿性、内容的群众性、成果的实用性，在实践中把前沿性课题做实、做细，切实解决教育科研的普及问题，努力把优秀的科研成果转化成教育教学的生产力，形成了研教结合、优质实用、内涵丰富、有效推广的科研成果。

注重培训实效，减少工学矛盾，建设高素质的教学科研相融的、专兼职结合的教科研队伍，发挥其区域内的指导功能。全年完成90学分项目44个，培训教师1725人次；短期项目145个，培训教师11310人次，为区域内教师专业发展提供了强有力的专业支撑。教研中心教研员进校听评课5400余节，人均127节；开设讲座172次，人均4次；共开设示范课28节。

全年全区在省、市课题立项中累计获立项117项，国家级获奖1项;省级获奖5人次，杭州市级获奖64人次；教研中心被评选为2019年度浙江省教科研先进集体和2019年浙江省先进教研集体。

【杭州市“六县七校联盟”同课异构教研活动在场口中学举行】 5月16日，杭州市“六县七校”联谊体语文、生物学科“同课异构”教研活动在场口中学举行。富春名师、富阳二中赵红老师围绕“社会责任”这个核心素养开设题为《基于社会责任的高中生物教学设计实践研究》的专题讲座。

【杨金红名师乡村工作室主题培训活动暨省（市）教研课题开题论证会在新登镇小举行】 6月19日，杨金红名师乡村工作室主题培训活动暨2019年省（市）教研立项课题开题论证会议在新登镇小举行。教研中心杨金红作题为《基于“文化理解”的中国传统音乐语境构建的研究》的开题报告；刘金虎对开题报告内容逐项进行可行性评估，并结合该课题作题为《教育科研立项课题的实践操作》讲座。该课题于2019年5月首先在杭州市立项，随后被杭州市基础教育研究室推荐参加浙江省立项评审，获得省级立项。

【杭州市职教教研室对富阳二中进行创客教育调研】 10月10日，杭州市职业教育与成人教育研究室相关教研员到富阳二中，对该校开展机器人等创新科技教学交流进行专项调研。该校创客中心依托海尔生态产业资源及开放的社会创新资源，拥有通用技术教室、金工坊、木工坊、机器人实验室、物联网实验室、无人机实验室、创客实验室、VR体验室、3D打印实验室等9个功能创客体验室。

【银湖中学获得“最佳教研团队奖”荣誉称号】 12月7日，由教育部教育管理信息中心《基础教育参考》杂志主办的“第三届未来教育家成长暨人工智能赋能城乡教育”学术研讨会在杭州举行，银湖中学荣获“最佳教研团队奖”。近年来，该校积极创建智慧校园，探索“互联网+教育”发展，推进信息技术与日常教学深度融合，鼓励教师运用丰富的教学手段，创新的教学理念，实现“互联网+”条件下的城乡教育资源均衡配置，让来自四面八方的孩子们能享受到优质的教育，教学质量稳步提升，受到学生和家长多方好评。

经费设施

【概况】 2019年，落实教育经费绩效包干试点工作，教育事业专业经费2.93亿元。新增中等职业学校教育专项资金1000万元和教育信息化500万元、义务教育段学校生均公用经费补助800万元、职业高中生均系数补助450万元、学后托管和校医专项经费各300万元、安保经费200万元等。调整幼儿园和普通高中生均公用经费补助标准，幼儿园500元/生·年，普通高中1200元/生·年。全年安排全区学校（幼儿园）装备、维修总资金7480万元。拨付资金4423万元，对民办永兴学校进行考核奖励。区人民教育基金会新增“新桐二董教育基金”“龙门乡贤教育基金”，协助筹设“里山夏振武教育基金”“鹿山东吴教育基金”“万市教育基金”。全年区人民教育基金会累计接受社会捐赠1574万余元，“未来基金”“合作银行阳光成才基金”共资助、奖励优秀学子1186名，区级先进集体166个，金额145.92万元。

完成《富阳区学前教育布局专项规划（2019—2035）》编制工作，制定《富阳区学校建设行动计划（2019—2022年）》。全年共有61个项目列入政府投资建设项目，其中续建23个，新建实施类22个，新建预备类16个，总投资32.40亿元。大源二小、春建中幼、新登二幼大山分园、富春四小改造工程竣工并投入使用。富阳中学改扩建项目、大青小学改扩建工程、永昌幼儿园等8个项目进入收尾阶段。富中国际部项目、富春九小、春江幼儿园等10个项目工程，以及富春十小、富春五幼项目前期工作进展顺利。进一步做好公办学校不动产确权工作，目前已完成办理22所。

【举行2019年“未来基金”助学仪式】 8月20日，举行2019年“未来基金”助学仪式。全年区人民教育基金会累计接受社会捐赠1574万余元，“未来基金”“合作银行阳光成才基金”共资助、奖励优秀学子1186名，区级先进集体166个，金额145.92万元。

（程　琳）

【编　辑　董江军】

28 文化·传媒

Culture Media

公共文化服务

【概况】 2019年，杭州市富阳区文化和广电旅游体育局（简称杭州市富阳区文广旅体局）直属事业单位8个，局机关科室9个，在职人员155人，其中有艺术、群文、图博等高级专业技术职称35人，中级专业技术职称26人。全区组织举办各类文化活动5466场。渌渚镇被命名为“全国孝道文化之乡”；银湖街道被命名为“浙江省民间文化艺术之乡”。

区文化馆全年举办、联办各类文艺演出138场次，观众达175000人次，组织摄影比赛1次，新故事征文比赛1次，组织摄影、美术、书法骨干外出采风、新故事题材研讨会21次。举办文艺公益培训班2期，学员900余人。到基层企事业单位、乡镇（街道）、社区、农村辅导文艺节目300余次。全年在省级以上赛事获奖8个，杭州市级获奖6个。

区图书馆全年接待读者49.50万人次，书刊外借132.80万册次。专项购书经费160万元，新购图书2.70万余册，订购报刊675种，收集地方文献215种、355 册。至年底，藏书56万余册。全年举办各类读者活动143次，参加人员8.50万余人次。组织开展送书下乡活动，向24个乡镇（街道）、村基层图书室赠送书刊5000余册。

2019年1月20日，区文化和广电旅游体育局揭牌

（区文广旅体局　供稿）

【杭州市富阳区文化和广电旅游体育局挂牌】 1月20日，杭州市富阳区文化广电新闻出版局和杭州市富阳区旅游体育局整合成为杭州市富阳区文化和广电旅游体育局，并正式挂牌，将原区文化广电新闻出版局的文化、广播电视管理职责和原区旅游体育局的职责整合，组建区文化和广电旅游体育局，作为区政府工作部门。夏朝明为区文化和广电旅游体育局党委书记、局长。副区长孙洁和局长夏朝明为区文化和广电旅游体育局揭牌。

【基层文化队伍建设】 5月24日，举行杭州市村级宣传文化员（富阳区）培训会，24个乡镇（街道）文化员、宣传干事、村（社区）级宣传文化员（行政村负责宣传文化工作的网格员）350余人参加培训。9月9日，举行浙江智慧文化云平台培训会，区文化馆、文物馆、图书馆相关负责人及24个乡镇（街道）文化员、宣传干事，村（社区）、村级文化员代表共80余人参加。10月29日，举行基层宣传文化队伍培训会，24个乡镇（街道）文化员、宣传干事，村（社区）级宣传文化员共350余人参加。

【文化馆场馆搬迁】 7月5日，区文化馆办公场馆及所属公共活动设施从区文化中心B座搬迁至区体育中心。

【通过省标认定】 组织召开全区省标认定工作部署会，成立“全区基本公共文化服务标准认定工作督查小组”。根据省委办公厅、省政府办公厅《关于加快构建现代公共文化服务体系的实施意见》文件精神，逐条对照《浙江省基本公共文化服务标准（2015—2020年）》（以下简称“省标”）49条进行自查，完成智慧文化云系统标准化填报、台账资料等相关工作。对24个乡镇（街道）综合文化站建设情况进行督查，于2019年12月通过省标认定工作。

【省农村文化礼堂“我们的村晚”省主场晚会】 2月2日，省委宣传部、浙江广播电视集团、省文化和旅游厅主办，浙江电视台教育科技频道、区委区政府承办的2019年浙江省农村文化礼堂“我们的村晚”省主场晚会，在场口村文化礼堂热闹开演。歌舞、小品、武术、非遗、曲艺等来自全省各地“沾着泥土气、冒着文化味”的节目轮番上场，演绎喜庆乡村年味，述说农村美好生活。

【“味道山乡大会”之山乡大戏活动】 3月，开展“味道山乡大会”之山乡大戏的节目策划、创作、排练、舞美设计等工作。先后完成3月23日首场（新登）“味道山乡 葛溪花开”开幕式、4月13日第二场（洞桥）“味道山乡 状元故里行”、7月26日第三场（胥口）“味道山乡 桃园避暑行”、11月11日第四场（万市）“味道山乡 杏福满地”演出。5月，开展“味道山乡进杭城”3场社区演出活动。

【“欢歌祖国 悦动富阳”暨第八届富阳区乡镇（街道）文艺会演】 为庆祝新中国成立70周年，全方位展现富阳美丽乡村、生态文明建设成果，持续打造“家在富春江上”特色文化品牌，6—10月，由区委宣传部、区委组织部、区文广旅体局主办的“欢歌祖国 悦动富阳”暨第八届富阳区乡镇（街道）文艺会演在龙门镇举办，活动开展乡镇（街道）PK赛12场和精品节目展演1场，24个乡镇（街道）作为参赛单位，经过初赛、复赛决出12个优秀节目参加最后总决赛。

2019年9月27日，拥抱新时代——庆祝新中国成立70周年文艺晚会举办
（区文广旅体局 供稿）

【“我和我的祖国”新故事征文比赛】 7月，开展“家在富春江上”2019富阳区庆祝新中国成立70周年“我和我的祖国”新故事征文比赛。比赛共征集作品50余篇，经评选，选送获奖新故事作品12篇参加第十届杭州市网络故事大赛。朱剑星创作的《欠债还钱》获二等奖，应秀玉创作的《免费乘车的老人们》获三等奖。

【“灿烂星河 放飞梦想”——“家在富春江上”富阳区首届青少年才艺大赛】 7月，区文广旅体局主办，区文化馆承办的“灿烂星河 放飞梦想”——“家在富春江上”富阳区首届青少年才艺大赛举行。400余名选手报名参赛，经过舞蹈、声乐、语言、器乐4个组别的角逐，评选出金奖16名、银奖32名、铜奖64名。8月14日，举行颁奖晚会和优秀节目展演，展示全区青少年的才艺风采。

【富阳·嵊泗两地摄影联展活动】 6月初，富阳区文广旅体局和嵊泗县文广旅体局联合举办的“山海联姻·家在富春江”富阳·嵊泗两地摄影联展活动启动。省内外广大摄影工作者、爱好者的踊跃投稿。至8月20日，共收到各类摄影作品472幅。经省文化馆组织摄影专家评选，50幅作品入选联展。9月16日，开展两地摄影作品联展活动。10月12日，富阳22位摄影骨干赴嵊泗县参加文化摄影回亲活动。

【“拥抱新时代”一庆祝新中国成立70周年文艺晚会】 9月27日，举办“拥抱新时代”——庆祝新中国成立70周年文艺晚会。晚会以“站起来”“富起来”“强起来”三个篇章，真切反映富阳70年来取得的伟大成就和辉煌变革，激发全区人民更加坚定走向新时代。

【浙江省第四届“棒棒虎”幼儿故事会大赛】 10月，由山海经杂志社、浙江少年儿童出版社、幼儿故事大王杂志社联合主办、杭州市富阳区文化馆和杭州卓言艺术培训有限公司承办的浙江省第四届“棒棒虎”幼儿故事会选拔赛分别在新登镇第一幼儿园和杭州卓言艺术培训学校举行，比赛决出66名晋级选手参加全省总决赛。澎湃获高段组“浙江省十佳幼儿故事大王”称号，金奕娇、叶淳获“第三批优秀故事员”称号。

【富阳区第九届富春江读书节】 3—12月，举办富阳区第九届富春江读书节，内容包括 “走读富阳”大型系列活动、公益文化讲座“鹳山大讲堂”、以“读经典·学新知 链接美好生活”为主题的“4•23”世界读书日系列活动、“薪火相传话青春 同心共建富春湾”青年畅读会、“祖国祖国我爱你”少儿演说大赛、“不朽的征程”——纪念中华人民共和国成立70周年系列活动、“庆祝中华人民共和国成立70周年”中秋诗会、“家是最小国，国是千万家”富阳区庆祝中华人民共和国成立70周年家书分享会、“激情壮丽七十年 凝心聚力新时代”富阳区老年诗词创作大赛、“点亮生活 无碍阅读”第二十八个“国际残疾人日”活动、主题图版展览24场、亲子阅读活动42期、英文绘本唱读会38期、科学实验公益课堂、重点图书推荐活动32期等。

【公共图书馆服务体系建设】 提升完善乡镇（街道）图书分馆建设。场口图书分馆年初改建完成并重新开放。新登图书分馆改建与新登党群服务中心整合，正式对外开放。完成鹳山社区红色主题馆和龙门旅游主题馆建设。新建山水社区、皮划艇基地、场口大海书屋、东方茂书屋及春江街道民主佳苑等8 处图书流通点，配置图书5000余册。开展24小时自助图书馆的建设，完成新登“罗隐书屋”、达夫街“小隐书屋”2个自助图书馆的建设并对外开放。

【读者活动】 全年，区图书馆举办迎新春送福送春联活动、“欢喜迎新年，童心绘春节”活动、“猪事顺利”木刻水印贺年画体验、“闹元宵、猜灯谜、观大片”活动、图版巡展进文化礼堂活动、“我在渔山有块田”富春山居“芒种”节气送图书进校园活动、寒暑假文化志愿服务、暑期主题电影大展播活动，组织选手参加“弘美德 承家风”——浙江省未成年人家风少年说大赛杭州地区选拔赛，联合富阳各界开展“文化援疆·书的力量”向新疆阿克苏地区中小学捐书助教活动。

【杭州富阳越剧艺术传习院】 2019年，杭州富阳越剧艺术传习院赴萧山、西湖、余姚、桐庐、黄岩、诸暨、建德、东阳、苍南、三门等县（市、区）剧院及农村、海岛巡回演出。全年为富阳区农村文化礼堂、社区“送戏下乡”惠民演出20场，完成“家在富春江上”周末剧场惠民演出15场。9月3日，与上海越剧院战略合作项目《红楼梦》的开排仪式在富阳影剧院举行，12月26日、27日，在富阳影剧院完成“家在富春江上”越剧（徐派）剧目汇报演出暨经典剧目《红楼梦》首演。12月，越剧《苍生》获杭州市第十四届精神文明建设“五个一工程”优秀作品奖。全年累计开展完成各类演出活动156场。

文化遗产保护

【概况】 2019年，贯彻落实“保护为主、抢救第一、合理利用、加强管理”的方针，开展各项文物保护利用工作。全区共有各级文物保护单位（点）162处，包括全国重点文物保护单位1处，省级文物保护单位7处，杭州市文物保护单位81处、文物保护点73处。2019年共投入修缮资金约910万元，修缮文保单位11处，历史建筑15处。富阳博物馆、抗日战争胜利浙江受降纪念馆、郁达夫故居全年共接待参观35万余人次。2月，抗日战争胜利浙江受降纪念馆成为杭州市第二批红色博物馆联盟成员单位，12月，抗日战争胜利浙江受降纪念馆成为杭州市民盟盟员传统教育基地。

至年底，全区有国家级非物质文化代表性项目3项，省级15项，市级35项，区级118项，镇级175项；国家级非物质文化遗产代表性项目代表性传承人3名，省级14名，市级27名，区级122名。3月，设立文化遗产科，负责非遗和文物保护行政工作。编撰出版《罗隐传说论集》和国遗丛书《渌渚周雄孝子祭》。2019年浙江省非物质文化遗产保护发展指数综合评估排名第11名。

【文物保护与安全】 制定完善《富阳区文物建筑安全管理办法》《富阳区文物建筑安全管理职责》，并在全区152个文保单位、点安装上墙。4月，开展对各乡镇（街道）149个木结构市级文保单位、点的安全检查。4—5月，完成对富阳73处杭州市文物保护点保护标志牌挂牌工作和杭州市第五批市级文物保护单位保护范围和建设控制地带划定工作。6月中旬，完成全区1745处“三普”登录不可移动文物复核工作。11月，完成龙门建筑群、两浙公所、曹氏宗祠三处浙江省第七批省级文物保护单位“四有”档案编制工作，并通过省文物局审查。成功申报路西县后方医院旧址（圣僧庵）为杭州市第六批市级文保单位。至年底，完成富阳泗洲造纸作坊遗址（二期）保护展示工程设计方案编制并通过省文物局审核，完成项目资金概算编制和审核工作。

【展览和宣教活动】 全年，区文物馆组织策划“家在富春江上”纪念改革开放四十周年乡镇（街道）文化工作成果展、“家在富春江上”童绘家乡美术作品展、“延寿长相思”汉代瓦当展、“文为士范、行为世则”张堃先生专题展、富阳籍著名画家朱琡先生捐赠藏品展、庆祝中华人民共和国成立70周年富阳历年考古成果展、“红色记忆”奋斗与梦想富阳历史图版展、朱颖人、厉剑飞师徒诗书画作品展、“金石恒寿 富春永年”富春印社建社二十周年篆刻书画作品展等9个特色临时展览，以及新春送祝福、喜乐闹元宵等一系列主题宣教活动。全年在博物馆、抗日战争胜利浙江受降纪念馆、郁达夫故居共组织举办第二课堂活动50余场次，参与学生2000余人次。浙江卫视、浙江日报、富阳电视台、富阳日报、富阳发布等新闻媒体对活动进行宣传和报道，共刊登（播出）报道100余篇。

【“红色记忆”主题活动】 5月至8月，开展纪念新中国成立70周年，富阳区“红色记忆”青少年儿童笔记大赛活动，收到参赛作品500余件，评选出优秀作品20件，在“红色记忆”杭州市青少年艺术作品展上展出。拍摄制作《富春忠魂》《双松挺秀 一门三烈》《富阳军民抗战》三部“红色记忆”主题微视频，其中《富春忠魂》获得杭州市“红色记忆”微视频征集活动唯一特等奖。受降纪念馆讲解员团队获杭州市“红色基因传承团队”称号。郁达夫故居与抗日战争胜利浙江受降纪念馆被命名为富阳区首批红色基地。

【瓦窑里遗址考古发掘】 下半年，配合浙江省考古研究所在瓦窑里遗址开展第4次考古发掘工作，发掘面积近500平方米，清理战国墓葬1座，良渚墓葬12座，出土各类陶、石、玉器80余件，富阳境内首次发现良渚文化时期的玉镯。此次考古发掘证明瓦窑里遗址所在的富春江沿岸，极有可能是良渚文化向西南传播的一个通道，对认识和复原富春江流域史前社会的发展过程及其在整个浙江史前文化的区域性地位具有重要意义。

【非遗名录项目挖掘保护】 组织开展竹纸制作技艺、民间信俗（孝子祭）、中医正骨疗法（张氏骨伤疗法）国遗项目保护单位评估和调整工作。杭州富春江宣纸制作的“醉石印蒿”佚编、杭州富阳受降东坞山豆腐皮厂制作的东坞山豆腐皮、杭州富阳金竺斋工艺伞厂制作的油纸伞入选首批浙江省优秀非遗旅游商品。组织罗隐传说申报第五批国家级非遗名录。配合中科大手工纸研究所完成《中国手工纸文库浙江卷》编写，对富阳手工纸企业进行田野调查，完整记录富阳手工纸生存状态。

【传承人服务保护】 走访慰问陆余良、何法根、李仁贤、汪祥明、高波、夏良田等6位代表性传承人。开展国家级代表性传承人评估检查工作。配合省厅做好国家级传承人张玉柱的抢救性记录工作。组织开展第二届十佳非遗传承人评选活动，汪美英、江幽松、高波、闻士善、刘苗根、夏良田、李法儿、吕介和、孙文喜、马利华被评为第二届富阳区“十佳非遗代表性传承人”。举办首届竹编技能竞赛和第二届抄纸技能竞赛。推荐郭培云、朱起杨等参加传承人研究研习培训班。

【非遗保护载体建设】 银湖街道金竺村（伞笔制作技艺）成功申报为省级非遗主题小镇，常绿镇大章村、渌渚镇六渚村为省级民俗文化村。湖源乡窈口村、渌渚镇六渚村、常绿镇大章村成功申报第二批杭州市非物质文化遗产旅游景区（民俗文化村）。杭州科技职业技术学院、富春第三小学等十二所学校（15个项目）成功创建第三批区级非遗传承教学基地。建成山居造纸体验馆、蔡氏纸坊研学体验馆。

【非遗展示展演与交流活动】 2月，举办迎新春富阳区传统工艺展，40项传统手工艺项目在场口集中展示；富阳竹纸、纸伞技艺赴美国进行文化交流；3月，组织竹纸、毛笔企业参加第43届全国文房四宝博览会（北京）；6月，组织竹纸、纸伞项目参加“根与魂”澳门非遗展；6月，富阳纸伞技艺赴摩洛哥进行文化交流；6月6日晚，举办“诗路锦绣——富春江流域优秀非物质文化遗产展演”活动，展示富春江流域优秀的表演艺术类项目；7月，组织富阳竹纸、传统装帧技艺参加国新办建国70周年新闻发布会浙江非遗展示活动；9月，组织富阳竹纸技艺参加浙江（江苏）旅游交易会，组织竹刻、纸伞、竹纸技艺和孙式太极拳参加第二届杭州钱塘江文化节；10月，组织竹纸、毛笔企业参加第44届全国文房四宝博览会（福建厦门）；12月，组织竹纸、龙门面筋参加2019杭州非遗武林年货节。

【非遗创新发展工作】 探索“非遗+旅游”工作，9月，举办富阳竹纸文化旅游节，包括抄纸技能竞赛、竹纸包装与衍生品设计大赛、竹纸保护研讨会和纸乡体验游系列活动。探索非遗+互联网工作，助推富阳纸伞等非遗项目的互联宣传，富阳纸伞“闻叔的伞”在中央电视台（新闻联播）的《中秋消费激发经济新活力》报道中呈现。探索“非遗+学校”传承模式，指导富阳学院设立竹纸非遗传承班，首期开班学员31名。

文化市场

【概况】 2019年，全区有文化、广电、旅游、体育经营单位327家，其中歌舞娱乐场所33家、互联网上网服务营业场所56家、艺术表演团体18家、演出场所7家、艺术品经营单位24家、演出经纪机构3家、网络文化4家、广播电视制作单位16家、旅行社32家、旅行社分社9家、旅行社服务网点4家、高危险性体育项目（游泳）26家、高危险性体育项目（攀岩）2家、民办非企业单位及社会团体93家。

【行政审批】 区文广旅体局驻行政服务中心窗口全年受理、办结各类事项198件，其中即办率86%，上网审批率、办理准确率和按时办结率均为100%。窗口获OSM现场管理工作大比武活动（第二期）二等奖。区文广旅体局所有事项全部开通网上办理，实现“最多跑一次”。

【杭州市富阳区文化市场综合行政执法队挂牌成立】 10月24日，杭州市富阳区文化市场综合行政执法队挂牌成立，整合原区文化市场行政执法大队、区文物监察大队和区旅游质量监督管理所职能，依法履行全区文化、文物、出版、广播电视、电影、旅游、体育等领域的行政执法职责，承担“扫黄打非”相关任务。

【文化市场行政执法】 全年，发放各类宣传资料700余份（册）、市民读物等图书300余册，组织、参加各类广场宣传咨询活动5次，组织召开全区性行业管理工作会议、文化市场业主培训会议11次。全年出动执法人员1096人次，检查经营场所2870家次，办理行政处罚案件30件，一般程序28件，简易程序2件。收缴罚没款102180元，停业整顿2家次，没收违法物品17个，收缴各类出版物3987本（册），与其他职能部门开展联合检查18次，检查场所126家次。销毁罚没非法计算机23台，非法书刊23000余册，非法音像制品11000余张。全面推行文化市场“双随机”抽查监管工作，共组织“双随机”抽查26次，其中跨部门“双随机”2次，出动执法人员61人次，检查各类文化经营单位130家次，发现问题场所42家次，问题检出率为30.80%。2019年，区文化市场综合行政执法队被评为杭州市文化执法“优秀单位”。

【“扫黄打非”】 以庆祝新中国

成立70周年为契机，大力整顿出版物和印刷市场，开展“扫黄打非”“护苗”“清源”“净网”等各类专项行动。全年检查出版物、印刷、广播电视、网络文化类经营单位537家次，查处违规经营单位11家次，立案11起，简易程序处罚11起，其中广电播出类4起，新闻印刷出版类7起。开展网络文化市场专项整治，重点针对网络棋牌类游戏和涉嫌含有赌博、色情、淫秽等内容的网络直播等违法违规行为，开展了一系列专项行动。全面规范整顿印刷企业，立案查处印刷企业未建立五项承印制度案件3起。开展打击非法宗教出版物、印刷品及有害信息集中行动，收缴涉宗教类非法出版物1100余册。开展护校安园专项整改，共出动556人次，检查1496家次，发现存在问题场所52家次，督促改正44家次，对8家场所作出行政处罚，其中场所接纳未成年人案件3起，擅自开展艺术考级案件2起，擅自从事出版物经营活动案件3起，有效震慑各类不法行为。

【文物监察】 以日常巡查和联合检查等形式，对在册重点文物保护单位（点）进行全覆盖检查，检查文物保护单位198家次。实现检查常态化，双随机开展文物单独建库抽检，每次不少于2家。1月和6月开展冬季消防、雨季防汛文物安全联合检查。3月起，联合应急管理局、乡镇（街道）对国保、省保、市保等文物保护单位开展全方位巡查，督促整改文物安全隐患50多处。12月，执法队员在省文物局执法技能培训会上介绍渔山乡五岭村擅自修缮万寿桥案办理经验。

【文化市场安全生产】 安全生产督查、日常巡查及经营单位自查相结合，发现安全隐患问题833起，督促整改830起，消防部门立案调查3起。开展从业人员管理工作培训15次，培训人员1500人次，组织和指导人员密集型文化场所开展消防培训和演练87场次。加强文化和旅游体育执法融合，召开融合会议5次，联合开展业主培训8场。举行人员密集型文化场所落实企业全员责任制和消防责任制专题培训，普签责任状110余份。确定每月18日为“文化市场安全固定日”，安排执法队员上门指导和督促场所落实安全生产培训和应急演练。开展“3·18”文化市场日及“今冬明春火灾防控”“安全生产月”等宣传活动。开展元旦、春节、全国“两会”、五一等重点节日文化市场保平安行动。联合公安、市场监管、应急管理等部门开展各类专项行动15次，联合富春、东洲、新登等基层站所开展检查10次。5—10月，全区文化市场和文物保护单位（点）等区域开展“防风险保平安迎大庆”消防安全执法检查专项行动。启动安全生产和消防安全整治百日大会战，做好文明指数测评和卫生城市创建工作。

（夏　晨）

文化创意产业

【概况】 2019年，全区文化创意产业增加值97.30亿元，增速20.10%。至年底，全区共有文化及相关产业法人单位7834家，新增文创企业1383家（信息服务业366家，设计服务业126家），其中规模（限额）以上文创企业194家。浙江二元文化发展有限公司、浙江彩格子文化创意有限公司入选第四批浙江省成长型文化企业名单，浙江诗路文化旅游发展有限公司入选第三批浙江省创新型数字文化企业。北影（杭州）电影产业基地于5月20日正式开工建设。“钱塘江诗路”重点项目——数字诗路e站IP开发体验中心（富阳）已经省发改委立项。“春江花月夜”文创街区被授予省级文创街区，其入驻企业普照影业有限公司出品的《老师·好》票房达3.60亿元，成为年度叫好又叫座的影视作品。出台《杭州市富阳区文化产业发展财政专项扶持资金管理办法（试行）》，共兑现产业资金716.70万元。完成第二届十佳文创人才评选工作。

【杭州国际动漫节富阳分会场】 5月1日至3日，以春江花月夜文创街区、杭州野生动物世界为载体，积极承接杭州国际动漫节富阳分会场活动，举办COSPLAY SHOW、动物嘉年华等活动，共吸引游客30余万人次，点亮“二次元”氛围。

【中国（杭州）电影产业高峰论坛】 5月19日，由中国电影评论学会、中国文联电影艺术中心、杭州市富阳区人民政府联合主办的中国（杭州）电影产业高峰论坛在富举办，区领导吴玉凤、夏芬、孙洁参加，共同研究和探讨影视艺术、影视技术和影视产业发展。诺贝尔文学奖获得者莫言发来视频祝贺。

【“富春山居”创意设计助力乡村振兴暨全国艺术院校大学生创新创业大赛】 7—9月，为期2个月的“富春山居”创意设计助力乡村振兴暨全国艺术院校大学生创新创业大赛在富举办，共组建了8支以中国美院、中央美院为代表的全国优秀艺术团队到富阳实地考察、调研、创作，助力富阳乡村美学发展，推动设计成果转化。

【2019浙江国际青年电影周——导演、编剧创投活动】 11月11日—15日，由中共浙江省委宣传部、浙江省电影局、中国电影资料馆、中国电影艺术研究中心共同主办的2019浙江国际青年电影周——导演、编剧创投活动在富举办。电影周导演创投单元主席宁浩、编剧创投单元主席刘恒到富阳举办大师课。通过孵化、路演展示及创投洽谈，共挖掘了10位最富表达力的青年电影作者和最具潜力的电影项目。落成浙江国际青年电影周创投单元富阳实践基地和“春江花月夜”文创街区电影人之家成功揭牌。同时，成功聘请刘恒、宁浩等十位创投终评委成员为富阳影视产业发展顾问。

（叶　晶）

广播电视

【概况】 2019年，富阳广播电视台通过“两台一网一微信”共四个传播平台，围绕区委区政府中心工作，结合“三看四态促转型”发展思路，开展全方位多媒体融合传播。

全年爱尚富阳App发稿量6800余条，微信公众号“富阳电视台”1500余条，直播共77场次。外宣工作有所突破，特别是在浙江之声的发稿用稿上升明显。中心根据全年的目标任务，调配最强力量成立外宣攻坚小组，由中心主任来协调对接日常采访，确保外宣采访优先；加大与上级台的通联，及时捕捉选题信息，提高外宣上送的针对性和有效性；加大外宣工作的激励考核，激发全体记者外宣送稿的积极性。2019年，在央视发稿10条，在浙江卫视发稿104条，在杭州台发稿150多条；在中央人民广播电台发稿12条，在浙江之声早新闻、联播发稿166条。2019年，广播外宣排名为全省21位，电视外宣排名为全省30位。

【主题宣传】 2019年，除报道好“两会”、区委全会等重要会议外，每月推出不同主题的自主策划主题报道，体现“新闻立台”。电视新闻中心深入开展“四力”教育实践活动，服务全区中心工作，结合“三个拥抱”（拥抱富春江、拥抱大都市、拥抱新时代）和“三高”（高新产业发展、高品质城市建设、高水平社会治理）要求，先后策划寻找记忆中的年味、新春走基层、节日我在岗、青年助力乡村振兴、小城镇的美好生活、味道山乡、爱国情奋斗者、创业创新在路上、交通安全行、新中国成立70周年、走亲连心三服务、对口帮扶在锦屏、聚集三高服务发展、主持人带您走近红色基地、主持人带您走近重点工程、与国旗同框向祖国告白和不忘初心、牢记使命主题教育等新闻宣传报道，营造“忠诚、实干、担当、坚毅、有为”的富阳精神，提振广大干部群众精气神。

【民生报道】 民生新闻牢牢把握贴近百姓、关注热点、服务大众的理念。对老百姓反映强烈的难点、热点问题予以关注，多篇报道播出后有反应、有成效。全年共播出民生新闻4000多条次。

【舆论监督】 2019年，富阳广播电视台采制的舆论监督栏目《聚焦一线》，聚焦全区各地在“五水共治”“三改一拆”“环境整治”“消防隐患整治”“高水平社会治理”“拥江发展”“平安富阳”等工作中存在的各类问题，至年底，共刊播节目34期，反馈32期，区委书记朱党其针对栏目聚焦的问题先后29次作出相关批示。

【大型专题】 高质量地完成《若到江南赶上春》《在富春山居》《美丽河湖创建》《三铁三高三快速 富阳高质量构筑立体融行路》等多部专题、纪录片的拍摄。共申报公益类、商业类、专题类3篇作品参与杭州市政府奖评比。分获一、二、三等奖，为历届来最好成绩。推出“爱心无止境 助残见真情”的2019家博会共3场，成交订单、总成交金额各项数据均创历史新高，成为富阳家装建材市场“龙头”活动。

【活动策划】 举办富阳区首届少儿春晚海选及大型晚会，几千名中小学幼儿园学生参与活动，为富阳百姓的春节奉上了一场精彩的晚会。2019年6—9月，承办富阳区“欢歌祖国 悦动富阳”暨家在富春江上第八届乡镇街道文艺会演。整个活动历时4个月，全区24个乡镇及组团单位积极参与。在富阳全区营造庆祝中华人民共和国成立70周年的氛围。

【广播节目】 先后推出“红色经典大传唱”“探寻红色记忆·感受富春之美”“读经典名句，讲中国经验，共听一习话”“不忘初心牢记使命初心故事分享”等10多组系列活动，多层次、多角度缅怀历史、赞美家乡。联合区各职能部门推出《24节气小精灵》系列广播剧、“节日里我们为您读诗”“双台合力·见证行动”等直播活动，宣传传统文化、助力环保行动。并对《美丽乡村·幸福家园》《听见好时光》《音乐喜洋洋》等栏目进行调改，增强节目针对性、服务性。

【融媒体建设】 富阳区融媒体中心挂牌成立，广电记者也面临着技能转型、工作流程再造的现实问题。一方面，新闻中心记者认真学习相关的融媒体采编发稿技能，从思想上行动上积极融入，尽可能做到资源、信息共享；另一方面对栏目、节目进行包装，根据各阶段的报道重点，开辟好新栏目，制作好栏目的片头、片花和挂角，让电视新闻报道靓丽出彩。

2019年6月12日，富阳区融媒体中心揭牌

（区融媒体中心 供稿）

【节目创优】 围绕“内容为王”理念，大力完善节目策划、制作、考评机制，加大节目创优投入，优化节目创优环境，细化节目评议规则，通过本台编辑评议、部门落实反馈、季度好稿评选、各类优秀作品参评等多种举措，不断提高富阳电视台节目创优水平。在省、市广播电视节目评比中，富阳电视台共有25件次新闻、社教和播音主持等作品获奖。其中，省级获奖作品7件；杭州市获奖18件，包括一等奖5件，二等奖4件，三等奖9件。

【安全播出】 牢固树立安全意识，全年安播保障零差错；完成了114天《新闻联播》延时的正常转播，保障两会等重要安播期100余天。区广播电视台安播保障团队先后获得省金鼎奖、省金潮奖等荣誉。

【项目建设】 完成电视节目高清编码改造，在杭州地区各县级台中率先上线5套高清频道节目，标志着富阳电视台历时3年多时间实施的全流程高清化改造取得成功。按照区委区政府的要求，全面开展广电大楼搬迁工作，完成项目招标并启动建设。

【更名】 根据《中共杭州市委机构编制委员会办公室关于同意杭州市富阳广播电视台更名的函》（杭编办〔2019〕83号）精神，杭州市富阳广播电视台更名为杭州市富阳区融媒体中心（杭州市富阳广播电视台）。 （孙泽璐）

新媒体宣传

【概况】 2019年，围绕“新中国成立70周年”“撤市建区五周年”等重大主题，紧扣“三高发展”、产业转型、“三美”建设等中心工作，刊发报道9.71万篇，市级以上媒体报道1.63万篇，央级媒体报道2370余篇。全媒体推介“味道山乡”“美丽大会”系列活动和“富春山居乡村振兴论坛”等活动，相关报道3156条，互动平台阅读量超1700万人次，全网曝光量超5000万人次，有效助推美丽城乡“颜值”转化为“产值”。组织召开“辉煌70年”等主题新闻发布会12场，推动新闻发布工作常态化。策划推出《如果我在富阳遇见你》《Love the City 富阳》等城市品牌外宣片，丰富对外宣传形式与载体。推进“学习强国”学习平台推广应用，构建党员、党外并联的多层次学习组织构架，总学员数突破10万人。挂牌成立“银骥笔谈”舆情工作室。举办第二届网络文化节，积极开展“国家网络安全宣传周”宣传活动进社区、进校园，覆盖人群达1万余人。举办“青少年网络文化素养建设——网络安全伴我行”活动，提升青少年网络安全意识。持续推进网络生态治理专项行动，打造清朗网络空间。

【召开区委网络安全和信息化委员第一次全体会议】 5月28日，富阳区委网络安全和信息化委员会召开第一次全体会议，区领导朱党其、徐林亮、丁永刚、夏芬、赵志军及各成员单位主要负责人参加。会议贯彻学习习近平总书记关于网络强国的战略思想，审议并通过《中共杭州市富阳区委网络安全和信息化委员会工作规则》《中共杭州市富阳区委网络安全和信息化委员会2019年工作要点》。

【挂牌成立区融媒体中心】 6月12日，正式挂牌成立区融媒体中心，“富阳融媒·爱尚富阳”App同时正式上线运行，杭州市委常委、宣传部部长戚哮虎，富阳区委副书记、区长吴玉凤共同为区融媒体中心揭牌。杭州日报报业集团党委书记、社长董悦，富阳区领导夏芬、孙洁出席揭牌仪式。

【富阳发布】 至2019年年底，“富阳发布”微博微信粉丝突破34万人，建成二级平台99家，总阅读量突破1300万人次。创新运用社交媒体思维，深化打造政务发布主流叙事“网红”，推出“10万+”文章28篇。

【富阳新闻网】 2006年12月1日正式开通，至2019年年底，已开通13年。2019年，围绕区委、区政府中心工作，制作宣传报道专题15个，拓展直播业务，完成直播活动23场。 （皮莉琴）

富阳日报

【概况】 2019年，《富阳日报》平均期发量4.50万份，出版252期，总发行量1134万份。富阳日报社有员工48人，下设办公室、总编办、新媒体部、编辑部、时政部、民生部。富阳日报社实行采编、经营分离，报纸广告委托杭州富阳日报传媒有限公司经营。

2019年，富阳日报社紧扣庆祝新中国成立70周年宣传这一主线，围绕区委、区政府中心工作，弘扬主旋律，传播正能量，统筹重大主题报道，推进媒体融合，提升党媒传播力、引导力、影响力、公信力，为富阳高质量转型发展、加快推进一流的大都市新型城区建设营造良好的舆论氛围。富阳日报社继2017年、2018年后连续第三年获评富阳区区级机关单位综合考评单列参评单位满意单位。

【报纸发行】 在杭报集团和富阳区委、区政府支持下，2019年度《富阳日报》发行基本实现区域党员家庭全覆盖，征订量4.50万份，创历史新高，牢牢巩固区域内第一主流媒体地位。定期推出《富阳党建》专版，展示富阳党建特色亮点、先进经验等，进一步加强对党建工作的宣传报道。

【新中国成立70周年报道】 紧扣新中国成立70周年宣传这一主线，以“壮丽70年、奋斗新时代”栏目为统领，刊发《我们都是追梦人》《富春大地风云录》等六大系列共计百余篇稿件；推出倒计时音乐海报、H5《70秒“拼”出幸福》、富阳版《我和我的祖国》MV、《国庆节富阳大直播》等新媒产品；刊发万字长篇述评《今日中国，如你所愿》。

【主题报道】 围绕中心工作，全年完成“两会”、“不忘初心、牢记使命”主题教育、三高发展、大党建擂台比武、机构改革、“最多跑一次”改革、走亲连心三服务、“学习强国”学习、味道山乡、对口帮扶锦屏和缙云、乡村振兴、重大项目推进等主题报道，涌现《1.6万字报告这个词出了69次》《在反思中不断提升优质服务能力》等一批有影响力报道。

【舆论引导】 《春江时评》栏目紧跟全区中心工作，全年刊发30多个主题（版面）共200余篇。《聚焦一线》栏目不断强化媒体监督力度，在紫云山庄整治、三星热电“三根烟囱”、老旧小区“加装电梯”等热点舆情上有效发声，加强正面引导。

【民生报道】 “帮办新闻”“为贫困儿童圆过年心愿”等品牌公益栏目，继续深入践行新闻为民理念，取得了良好社会效益；《民生议事厅》栏目持续关注民生热点，以全社会力量来加快“民生小事”更好更快地解决；《点赞美丽富阳》《富阳好人》《请你上头条》《社区故事》等栏目，挖掘报道了一批身边典型。

【媒体融合】 单设新媒体部，新媒影响力不断提升，“无线富阳”APP升级为“富阳新闻”APP，富报有约、实时播报、富视频等新媒栏目亮点纷呈。区融媒体中心挂牌后，按照“积极参与、主动衔接、认真磨合”的原则，配合区融媒体中心建设。继续高质量完成“富阳发布”的组稿、编辑任务，承接“学习强国”供稿任务。

【“不忘初心 牢记使命”主题教育】 开展“不忘初心、牢记使命”主题教育，结合党媒特色，深化拓展载体，采编人员撰写成长故事，举行“记者讲故事”演讲比赛。践行“走转改”，组织开展记者新春走基层、跑高温一线、开展“助力高水平社会治理·记者进社区”活动。采写的《春江街道“小队会”创新乡村治理新模式》内参得到了杭州市委书记周江勇、部长戚哮虎的批示肯定。

【报业经营】 2019年，策划并承办了2019“富春山居”创意设计助力乡村振兴暨全国艺术院校创新创业系列活动，推动“八大美院”与乡镇“一对一”结对，实现赛事成果转化。以“乡村振兴、美丽富阳”展示推介系列活动为主线，承办了15个乡镇街道的20多项农事节庆活动，打造区域农事节庆综合服务商，进一步奠定了富阳日报媒体品牌知名度、美誉度。（王　磊）

【编　辑　董江军】

29 卫生健康

Health

综 述

【概况】 2019年，全区有区属公立医院6家，其中三级甲等医院1家，三级乙等医院2家，二级甲等医院2家，二级乙等医院1家；社区卫生服务中心25家。卫生健康系统在编职工4395人。区财政卫生事业费投入67728.23万元，占财政总支出6.42%，人均卫生事业费915.99元。2019年引进浙江省中医院、浙江省人民医院到富阳合作建院办医。启动区第三人民医院易地迁建项目及区妇幼保健院门急诊医技及儿科综合大楼、富阳中医骨伤医院康复楼、东梓关中医骨伤康养医院新建项目。继续推进富阳中医骨伤医院病房装修工程，常绿社区卫生服务中心新建工程、场口社区卫生服务中心提升工程、银湖街道坑西服务站新建工程、富春街道大青服务站新建工程、万市镇彭家和罗宅服务站新建工程。

全区共出生6783人，计划生育率97.60%，出生人口性别比107.96:100，统计误差率控制在1%以内，无计划生育侵权行为发生。

居民前5位死亡原因顺序为恶性肿瘤、脑血管疾病、心脏病、损伤和中毒、呼吸系统疾病，占总死亡数的84.69%。

【"最多跑一次"改革】 在省"八统一"基础上，窗口所有事项形成"最小颗粒化"办事指南。2019年，富阳区推出"人生一件事"改革，"出生一件事"和"身后一件事"办理率先试点运行，至年底，共办理"出生一件事"联办事项3680件、"身后一件事"联办事项2283件，实现"一窗受理、数据跑腿、部门联办、群众方便"。生育登记实现"掌上办"，与民政部门婚姻登记事项有机衔接，在全省首推婚育"一件事"联办。

推进部门间"最多跑一次"改革，配合商事登记领域做好跨部门"一窗受理""证照联办"工作，"营利性医疗机构设置审批""公共场所卫生行政许可"等6个行政许可事项理顺先照后证，证照联办模式。取消二级以下医疗机构设置审批，整合执业登记环节一并办理。妇产科医师执业证书和母婴保健技术考核合格证书实现"两证合一"。

利用数据共享平台推进电子证照替代居民身份证、医疗机构执业许可等纸质证照。打破部门壁垒，在杭州地区首推"电子健康证"服务管理，减少办证环节5个，缩短办证时间3天，逾5.30万群众受益，每年减少群众跑腿12万次。推进医师、护士电子化注册管理，依托电子化注册管理服务平台，推进线上线下并行审批，全面实现医师、护士注册业务网上服务管理模式。2019年965名医师、1090名护士实现医师护士电子化注册。

2019年5月6日，富阳区推出"出生一件事"改革，对富阳区户籍的新生儿提供出生一站式"十事联办"

（区卫生健康局　供稿）

【医疗投资管理】 完成小额交易招投标项目66个。完成相关建设项目投融资款，其中区第一人民医院

2019年9月30日，浙江省中医院新院区项目签约仪式举行
（区卫生健康局　供稿）

医疗卫生中心工程744万元，妇幼保健院二期工程990万元，中医骨伤医院二期工程564万元，区第二人民医院病房扩建工程392万元、门急诊楼69万元，区中医院整体搬迁工程310万元，中医骨伤医院一期维修项目798万元，“120”急救站提升工程462万元，妇幼保健院门急诊医技和儿科综合大楼10551万元，区第三人民医院异地迁建工程1399万元，东梓关中医骨伤康养医院416万元，中医骨伤医院康复楼项目111万元，共拨付工程建设款16806万元。配合中医骨伤医院完成二期工程审计及竣工财务决算。

【区属医院业务】　全年区属医院门急诊378.33万人次，同比增长1.71%，其中：区第一人民医院门急诊143.20万人次，同比增长5.80%；出院11.83万人次，同比增长15.19%。全年完成业务总收入19.34亿元，其中：医疗收入18.40亿元，医疗收入同比增长9.33%。

【社区卫生建设】　25家社区卫生服务中心收入总计72974万元，支出总计67271万元，收支结余5703万元，门(急)诊人次341.35万人次，同比增长13.17%，门（急）诊均费129.46元，比2018年度增长10.86%。2019年，提供预约转诊19.68万人次，同比增长20.10%；下转随访3.35万人次，同比增长17.60%。

【基本公共卫生】　全区基本公共卫生服务项目年度补助资金5054.15万元，常住人口人均补助经费68.40元。至2019年年底，建立居民电子健康档案658769份，建档率89.10%；管理高血压患者84290人，目标任务完成率100%；管理糖尿病患者20097人，目标任务完成率100%。开展老年人健康管理，为7.86万名65岁以上老年人提供健康体检等服务。

【家庭医生签约】　全区组建家庭医生签约服务团队179个，团队成员846人，其中签约医生246人。市民卡插卡签约23.98万人，续签率83.75%；共完成 65岁以上老年人、高血压、糖尿病患者等10类重点人群签约229765人，重点人群覆盖率85.80%，同比增长9.73%；签约居民基层就诊率68.99%，同比增长4.40%；建立家庭病床337张，同比增长19.10%；开具慢性病长处方23.90万张，同比增长199.90%。

【医疗帮扶】　共计选派医务人员56人次前往贵州锦屏、西藏那曲、新疆阿克苏开展医疗帮扶。富阳中医骨伤医院完成阿克苏市人民医院第一轮医疗帮扶工作，开展援疆工作两年来选派10批32人次骨科专家赴阿克苏“柔性援疆”，培育本土专家10余人，总计减少骨伤疾病医保负担2000余万元。富阳区中医院共派出6位医护人员（第四批援贵专家）参加黔东南州锦屏县中医院、人民医院帮扶工作，推广中医儿科推拿、雾化，消化科胃镜、针灸康复等治疗。接收锦屏县人民医院医护人员2名、湖北宣恩县民族医院医护人员3名进修挂职。富阳区妇幼保健院派出4名医护人员前往贵州锦屏、西藏那曲开展医疗帮扶，接收锦屏县医共体医院共5名医护人员进修。推进锦屏县医共体建设，为锦屏县13家县乡医疗机构落实“雾化吸入治疗”项目。

【清廉医院建设】　下发《杭州市富阳区清廉医院建设标准（试行）》，公开清廉医院投诉举报电话，畅通红包回扣上交渠道，医务人员全体签名《廉洁从业承诺》并上墙。全年建设具有清廉特色科室（网格）文化长廊8个，集中开展以“清廉党课、清廉宣誓、清廉承诺”为核心的清廉医院教育活动。建立一套清廉医共体制度体系，形成标准化《清廉医共体工作制度汇编》。梳理“小微权力”岗位46类，小微权力风险点228条，制定防范措施280条。至2019年12月，全区医务人员主动退还（上交）“红包”、回扣161人次，金额32万元。

健康富阳

【体制机制建设】　建立健康富阳建设考评机制，将健康富阳建设纳入区委区政府对区级机关和乡镇（街道）的综合目标考核。印发2019年健康富阳建设考核办法和考核评分细则。与浙江中医药大学合作，联合开展健康城市建设系统评估，监测评估富阳区主要健康问题及影响因素，并做出相应健康干预。9月，召开健康浙江考核指标涉及部门联络员会议和卫健系统内部考核部署会议；10月，召开健康富阳建设推进会；11月，召集“6+1”平台组长副组长单位及健康浙江、健康杭州考核指标评析会议，副区长孙洁

2019年区属各医院业务情况表

表20

单　位	平均实际开放床位(张)	卫生技术人员(人)	门诊人次(万人次)	出院病人(万人次)	实际占用总床日(万床日)	出院者平均住院床日(日)	床位使用率(%)	业务总收入(亿元)
区第一人民医院	833	831	143.20	4.46	33.87	7.64	111.47	7.62
区第二人民医院	324	422	42.83	1.20	11.48	9.73	95.80	1.88
区中医院	428	644	88.63	1.97	12.84	6.47	82.16	3.24
中医骨伤医院	500	443	35.07	1.40	16.57	11.89	90.81	3.69
区妇幼保健院	340	539	63.19	2.51	9.98	3.97	80.49	2.51
区第三人民医院	260	130	5.41	0.29	11.67	39.56	122.93	0.40
合　计	2685	3009	378.33	11.83	96.41	8.17	98.24	19.34

出席并提出工作要求。12月，组织健康浙江考核信息系统培训；召集“6+1”平台组长副组长单位、乡镇街道联络员部署健康富阳考核工作。

【宣传阵地建设】 与富阳日报、富阳广播电视台和富阳广播电台合作开办《健康城市》《健康121》《健康加油站》等栏目，制作刊播400余期。在城区主要街道沿街墙体设置户外墙绘、广告宣传牌、宣传画，通过楼宇电视、车载电视和车身广告及宣传折页等开展主题宣传，投放楼宇电视宣传400余台，设计制作3辆车身广告，发放各类宣传资料7万余份，受益群众达到6万余人。健康教育讲师团开展健康知识讲座授课100余次，市级金牌讲师团30场。组织参加第七届杭州市市民健康知识大赛，10937人参与，列全市第三；组织参加市第二届健康家庭大奖赛，区健康办获优秀组织奖。举办富阳区第一届健康知识大赛，1万余人参与网络答题，6个乡镇街道被评为优秀组织奖。

【健康素养进农村文化礼堂】 联合区委宣传部等部门印发健康素养进农村文化礼堂三年行动计划和家庭医生进农村文化礼堂实施方案。区卫生健康局组建健康365志愿服务团，下辖33支健康365志愿服务队，为老百姓提供医疗卫生、预防保健、健康宣教等服务。针对农村婴幼儿意外窒息、溺水等多发现象，在农村文化礼堂开展急救技能操作培训。各社区卫生服务中心以“提高群众参与健康活动积极性，助力健康生活方式养成”为目标，利用农村文化礼堂，多频次、多渠道、多载体为当地百姓普及健康知识，并对年纪偏大、行动不便、卧床不起的签约村民主动上门访视。全年在富春街道东吴公园、里山镇灵峰村等举办健康素养和家庭医生进文化礼堂纳凉晚会。全年开展健康讲座进文化礼堂608场，健康活动进文化礼堂418场，健康服务进文化礼堂895场，中医药进文化礼堂325场，上门访视近7000户，赠送健康知识书籍1600余册，发放宣传资料4万余份，健康素养进农村文化礼堂活动数量居全市前列。

卫生保健

【孕产妇系统管理】 区妇幼保健院每周一、二、三，区第二人民医院每月5日15日25日开设高危筛查门诊。区妇幼保健院每周一至周五开设高危专家门诊下基层高危筛查26次。富阳户籍孕24周以上区级高危筛查6755人，筛查率达99.81%；外来流动人口孕24周以上区级高危筛查1154人，筛查率达93.74%。共筛查出黄色高危孕产妇3793例，橙色高危孕产妇2079例，红色高危孕产妇103例，紫色高危孕产妇38例。全年分娩产妇数6768人（富阳户籍），活产数6859，住院分娩活产6859人，新法接生率100%，高危孕产妇住院分娩率100%。建母子健康手册6765，建卡率99.96%。其中孕12周前建册6735例，早孕建册率达98.19%；系统管理数6732例，系管率98.15%；产后访视人数6765例，产后访视率98.63%。

【妇女保健】 妇女病普查78798人，疾病检出率23.45%。完成国家级和省级农村妇女宫颈癌检查6818例，乳腺癌检查9161例；区级宫颈癌检查13726例，乳腺癌检查17405例，确诊乳腺癌8例，宫颈癌1例，宫颈高级别病变81例。全年分娩产妇数6768人（本地），活产数6859，住院分娩活产6859人，新法接生率100%，2019年未发生孕产妇死亡。

【儿童保健】 全区7岁以下儿童应检45659人，建档管理45385人，管理率99.40%；0—3岁儿童系统管理20903人，系统管理率98.89%。全年活产婴儿6859人。围产儿死亡20例，围产儿死亡率2.99‰；全年5岁以下儿童死亡12例，5岁以下儿童死亡率1.75‰；婴儿死亡7例，婴儿死亡率1.02‰，新生儿死亡2人，死亡率0.29‰。全区0—3岁疑似残疾儿童监测21093人，检测率99.79%，发现疑似残疾儿童24人，0—3岁儿童疑似残疾发生率8.44/万。

【干部保健】 将全区24个乡镇（街道）党政正职纳入区内保健服务范围，设立专人提供“一对一”健康管理。全年为70位保健对象建立健康档案，提供就诊陪诊服务104人次，微信回访55人次，每月微信推送个性化宣教资料400余条。2019年机关、事业单位在职及退休人员体检完成23812人，体检套餐对40岁以上人群进行肺部CT检查，共发现肺部结节7611人，其中可疑的高危结节27人。发现甲状腺及乳腺4A以上结节、乳腺结节4A以上及其他脏器占位等重大疾病355人。4月底，配合区老干部局完成24位副区级以上离退休老干部的健康体检。6月，分三批完成一级保健对象共45人的健康体检工作，未检出重大疾病。全年2家基地医院保健门诊共提供服务816人次，其中离退休老领导636人次，在职区管干部172人次，高层次人才8人次。全年为离退休干部提供上门服务1143人次。骨伤科共接诊上级保健对象29人次。保健站为保健对象及区府大院工作人员提供测血压3991人次，巡诊2420人次，配药2160人次，咨询1331人次。

计划生育

【帮扶服务模式】 帮扶服务失独家庭309人，再生育辅助成功6例，周末陪伴83次，困难帮扶30户，节日慰问215户，心理援助105户，完成微心愿208个，组织200余户家庭集体赴桐庐、龙门古镇、千岛湖等开展春秋游，参与志愿者400人次。完成中国计生协会“暖心家园”项目建设，在区委统战部下属统战之家建成面积60平方米、集计生特殊家庭联谊交流、健康指导、志愿服务于一体的“暖心家园”项目。

【青春健康教育】 2019年12月，全国青春健康五年规划终期总结研讨班暨青春健康教育基地现场会在富阳召开，青春健康教育“富阳模式”得到了全国推广。全区中小学“成长之道”课程开课率100%，开展“沟通之道”课程讲座，2009年授课300堂，富阳区青春健康教育基地（郁达夫文豪校区）被评为国家级青春健康教育基地，汪淑霞被评为国家级青春健康教育主持人。

【促进“优生优育优教”建设】 组织开展“优生优育优教”指导师技能竞赛并将其列入卫健系统职工技能竞赛项目，来自银湖街道何赛君、富春社区卫生服务中心朱丽燕、春建幼儿园徐瑶分别获冠、亚、季军。结合社区卫生服务中心的妇儿保门诊推进“三优”（优生优育优教）指导中心建设，2019年共有6家建成并通过卫健、教育、妇联、计生协会组织的联合验收（其中按省级标准4家，区级标准2家）。

【推进母婴设施建设】 进一步推进公共场所母婴设施建设，全年有21处母婴设施建成并通过了卫健、妇联、总工会、计生协会等单位的联合验收，至2019年年底，全区共有标准化母婴设施66处。

【落实计生利导政策】 承接奖扶、特扶、农保补贴3项惠民政策审核和发放职能，完善部门信息互通和联审机制，加大上门信息核查力度，实现惠民政策发放“零跑次”，与富阳农商银行合作，将发放信息及时通过短信方式告知奖扶特扶对象，准确率和及时率均达100%，通过杭州市奖扶特扶信息核查。2019年全区符合奖扶3282人、特扶613人、农保补贴6734人，发放资金1513.11万元。

【建立保险理赔直付系统】 依托智慧医疗云平台，建立计生保险“理赔直付系统”，实现住院保险理赔免报案、免申请、免资料、无纸化直接赔付。建立镇村二级代办制，让计生家庭足不出户完成投保、理赔服务，实现计生保险领域的“最多跑一次”。2019年，共理赔58例，赔付58.7万元，赔付率达79.41%。

【计划生育依法行政】 征收社会抚养费49例，共计193.87万元，其中通过法院执行11例，乡镇（街道）执行38例。

卫生监督

【公共场所卫生监督】 全区有各类持卫生许可（登记备案）的管理单位2034家。其中，公共场所经营单位1286家、集中式供水单位4家、二次供水单位10家、学校98家、涉水产品企业16家、医疗机构526家（其中民营医疗机构220家）、放射诊疗单位57家、消毒产品生产企业26家、餐饮具集中消毒单位6家、病媒生物预防控制服务备案单位5家。全年行政处罚537起，罚没款金额95.50万元，涉嫌犯罪移送1起，申请法院强制执行1起。复议案件1件、诉讼案件1件。开展公共场所卫生监督监测工作，检查住宿、美容美发、商场超市等公

2019年12月13日，富阳区首家“国家级青春健康示范基地”揭牌
（区卫生健康局 供稿）

共场所1555家次，实施行政处罚单位共351起，罚款金额24.64万元。

【饮用水和涉水产品卫生监督】 开展饮用水和涉水产品监督检查，共检查单位71家次，采样154份均合格，查处无证单位1家，罚款金额2.90万元。开展4家市政供水单位的卫生监督和检测，监督检查16家次，检测水源水4份，出厂水8份，其中5份出厂水进行全分析检测，水样均为合格。开展龙头水检测和公示，对市政供水范围的25个龙头水开展检测，共采样100份，水样均为合格并进行社会公示。开展二次供水监督和检测，监督40家次、检测样品40份，水样均为合格。开展涉水产品卫生监督，监督15家次，抽检1家2批次，检测结果均为合格，查处1家无卫生许可批件的生产企业，实施行政处罚、罚款3万元。

【学校卫生监督】 检查学校200余家次，实施行政处罚单位31起，罚款金额0.60万元。联合区疾控中心及第三方检测机构对全区国家双随机抽取单位和重点单位（饮用水安全）开展传染病防控、常见病管理以及饮用水、教学环境监测等工作，对存在问题的学校联合区教育局进行通报。

【医疗机构监督】 检查医疗机构712家次，实施行政处罚126家，罚款金额19.90万元。开展医疗机构校验工作，共现场校验547家，通过513家，不合格单位17家，注销或拟注销单位17家。查处非法行医24家，罚没金额42.46万元，涉嫌犯罪移送1家。开展医疗废物、医院污水专项整治，共检查单位533家次，责令改正25家，立案查处73起，罚款32350元。开展社区卫生服务中心（站点）监督检查，共检查单位179家次，实施行政处罚31家。开展消毒产品生产企业抽检检查，共检查单位24家次，责令改正11家，实施行政处罚1家。开展传染病综合评价工作，共涉及医疗卫生机构133家，其中疾病预防控制中心1家，二级以上医疗机构7家，一级医疗机构（按实际开放床位）13家，未定级医疗机构112家，评价结果其中优秀75家，合格52家，重点监督单位6家。开展餐饮具集中消毒服务单位监督、监测工作，共检查单位4家次，抽检样品187件，实施行政处罚5起。开展民营口腔医疗机构专项整治，共检查单位67家次，采集样品386份，立案查处9家，罚款21900元。开展中医医疗机构监督检查，立案查处中医类民营医疗机构违法违规行为为10起，结案9起，罚款18100元。开展职业卫生监督执法和尘毒专项执法工作，共检查单位32家次，实施行政处罚单位3起，罚款金额5万元。

疾病预防控制

【免疫规划工作】 对全区社区卫生服务中心规范化门诊及冷链、疫苗管理和预防接种服务全程规范性开展多次督导检查，组织多轮次培训，完成区中医院犬伤门诊开设工作。常规五苗接种率保持98%以上，开展春节返乡入城儿童查漏补种工作，常住儿童接种率达到97.80%，流动儿童接种率97.60%。组织专项培训，在全区推广使用入学入托网络查验系统。配合完成“出生一件事”产房发放预防接种证工作，完成3家产科医院出生后发放预防接种证，全区已实行产院发放预防接种证。完成第三轮、第四轮九价HPV疫苗网络预约工作。

【传染病疫情】 全区未发生甲类传染病报告。报告乙类传染病12种，报告病例1537例，发病率207.14/10万。乙类传染病发病数居前5位的依次是梅毒、肺结核、淋病、痢疾和肝炎，占总报告发病数的93.69%。全区有4例艾滋病死亡病例和1例HIV死亡病例报告。处理各类突发公共卫生事件268起，比上年同期上升87.41%，2019年度全区无突发公共卫生事件报告。

【H7N9流感防治】 共采集各类人感染H7N9禽流感外环境标本109份，其中甲型流感通用病毒阳性标本25份，阳性率为22.94%；H5阳性标本和H9阳性标本各3份，阳性率均为2.75%。阳性样本均来自家禽屠宰加工厂。

【艾滋病防治】 联合社会组织开展中老年男性、外来务工人员、吸毒人群、戒毒所宣传干预共45场次，覆盖3025人，检测887人；全年完成暗娼、男男、流动人口、中老年男性、青年学生、羁押人群等高危人群和重点人群检测11518人次。加大宣传力度，提高学生人群防艾意识，在杭州市富阳区职业教育中心设置学生人群监测哨点，开展职高学生问卷调查800余人。全年新报告发现HIV抗体阳性42例，现住址管理艾滋病感染者/病人302人，治疗率为91.72%，病毒载量检测率为99.56%，随访及CD4检测率为95.65%，结核病筛查率为96.27%，单阳家庭配偶HIV抗体检测率为94.44%。

【结核病防治】 继续开展结核病中盖项目三期电子药盒CRT项目，共筛查521例，有效纳入电子药盒病人108人。处理结核病疫情41起，筛查密切接触者1770人，其中拍片1322人，PPD试验1600人；PPD筛查试验强阳性129人；预防性抗结核服药28人。全年共登记结核病424例；活动性肺结核病人368例（结核性胸膜炎54例），肺外结核56例；其中病原学阳性病人176例。全年疑似病人追踪率100%（958/958），到位率为96.6%（459/475）。全年肺结核病人转诊率100%（145/145），管理率97.8%（311/318），规则服药率99.3%（304/306）。

【慢性病防治】 全区共计出生报卡6859例，死亡3879例，报告糖尿病3412例，肿瘤3478例，心、脑血管病急性事件2661例，伤害病例16323例。35岁门诊首诊测压率达99.13%，开展成人危险因素调查、健康素养、中医药素养调查、双生子队列等专项调查工作。

【地方病防治】 血吸虫病防治开展春季查螺工作和领导干部“查螺日”活动，完成查螺面积15.68万平方米，未查到钉螺。全年开展血吸虫病查病监测 448 人，均为阴性。

疟疾防治 完成“三热”病人血检 659 人，未发现疟原虫阳性者。

碘缺乏病防治 对食用盐批发场所检测盐样 36 份，合格率 100%。对春江、万市、常安、受降、新登 5 个乡镇（街道）小学生碘缺乏病病情监测共采集 8—10 岁学生盐碘和尿碘各 210 份，学生合格碘盐覆盖率为 83.33%，学生尿碘中位数 185.65 毫克 / 升，并对采样学生开展甲状腺触诊，学生甲状腺肿大率 < 5%。孕妇碘缺乏病病情监测共采集孕早、中、晚期妇女碘盐和尿碘各 35 份，共计 105 份，孕妇合格碘盐覆盖率为 86.67%，孕妇尿碘中位数为 116.4 毫克 / 升。对春江、常安、万市、受降、新登辖区内的 5 所小学五年级 150 名学生进行碘缺乏知识问卷调查，知晓率为 98.67%。对以上 5 个乡镇（街道）的 105 名孕妇进行孕妇补碘率调查，补碘率为 92.38%。开展“5·15”碘缺乏病日宣传活动，发放防治碘缺乏病宣传资料 200 余份，接受群众咨询 200 余人，发放碘盐 200 袋。

地氟病防治 湖源厅基、塔坞 2 村开展水源氟化物监测，共采集水样 5 份，水氟含量均未超标。对 2 个自然村 8—12 岁的 40 名儿童进行尿氟监测及氟斑牙检查，尿氟含量未超标，未发现氟斑牙病例。

布鲁氏菌病防治 对杭州富阳九鲜牛肉定点屠宰场的 75 名工作人员进行布鲁氏菌病筛查，未发现病例。6 月、11 月，分别报告 1 例布鲁氏菌病病例，处置 1 起羊布鲁氏菌病疫情，共发现 4 名患者。

【生活饮用水监测】 对 12 份市政供水和 98 份农村饮用水进行网络直报工作。其中市政供水全部合格，农村饮用水合格率 87.80%，主要不合格项目是总大肠菌群、大肠埃希式菌、肉眼可见物、铝、pH 及游离余氯 6 个指标。

【精神卫生】 建立部门联动机制，开展精神障碍患者网格化排查，复核诊断疑似精神障碍患者 65 例，联动处置 15 例。二级以上医疗机构严重精神障碍患者共发病报告 118 例。全年集中基层精神卫生管理人员 1700 余人次，开展心理健康讲座 61 场，基层督导 108 次。全年救助资金 320.87 万元，实行严重精神障碍患者监护责任以奖代补和保险政策，发放奖励资金 100.68 万元，保险保障金额 900 万元；400 余名精神障碍患者由乡镇工疗站托管照料。

爱国卫生

【城乡爱国卫生】 以“两代表一委员”爱国卫生督查为抓手，强化对农贸市场、城郊接合部（城中村）等重点难点问题的督查，及时通报并跟踪解决问题。10 月底，富阳区通过“国家卫生城市”巩固省级综合评估。永昌、万市、新登、胥口、龙门、湖源、场口、环山、新桐、里山 10 个乡镇通过“国家卫生乡镇”杭州市和省级技术评估，全区国家卫生乡镇比率 58%。全年创建省级卫生村 118 个，全区省级卫生村实现全覆盖。

【健康城市建设】 实验小学、万市镇中心小学成功创建省健康促进金牌学校，环山中学等 2 家学校创建健康促进学校铜牌，东洲中学、龙门镇社区卫生服务中心等 12 家单位成功创建杭州市健康单位。贯彻落实《杭州市公共场所控制吸烟条例》，区广播电视台专题制作贯彻新条例访谈节目，城区主要大型电子屏、滚动阅报栏、楼宇电视、各单位电子屏，以及富阳发布、富阳日报、富阳卫生等微信公众号，广泛宣传新条例颁布实施。全年开展 2 次控烟执法行动，共检查 365 家、出动 730 人次、下发工作联系单 14 份、整改 45 家、罚款 2 家。创建杭州市无烟单位 12 家，区级无烟单位 20 家。

【病媒生物防制】 建立乡镇（街道）、村（社区）病媒生物防制工作网络和应急消杀队伍，完成城区公共环境除四害招标工作。24 个乡镇街道开展集镇公共环境除四害服务效果第三方评价，召开相关乡镇街道评估反馈会，对评价结果进行反馈，并督促相关乡镇街道限期整改落实。新桐乡、新登镇等 11 个新创建（复审）的国卫乡镇完成病媒生物控制水平评估认可。

【农村改水改厕】 购置水质消毒药物并下发，确保全区各农村水站消毒工作正常开展。全年完成杭州市改水项目 2 个，农村改厕 1721 户，全区无害化户厕率达到 98.32%，超额完成杭州市下达的改厕任务。

医政管理

【医共体改革】 全区组建由区第一人民医院为牵头单位，富春、受降等 10 家社区卫生服务中心为成员的富阳区第一人民医院医共体；由区第二人民医院院为牵头单位，新登、万市等 6 家社区卫生服务中心为成员的富阳区第二人民医院医共体；由区中医院为牵头单位，春江、大源等 9 家社区卫生服务中心为成员的富阳区中医院医共体。全区医共体制定出台 26 个相关政策文件，在构建医共体服务新体系、建立医共体管理新体制、完善医共体运行新机制、落实医共体改革新举措、实现医共体能力新提升等 5 个方面均取得实效。

医共体完成门诊 588.48 万人次，同比增长 8.10%，其中医共体分院完成 341.35 万人次，同比增长 13.17%，分院住院（包括家庭病床）2236 人次，同比增长 15.26%，分院开展手术（包括门诊小手术）28571，同比增长 12.96%，总院向分院转诊 25682 人次，同比增长 27.06%，分院向总院转诊 196816 人次，同比增长 20.14%。总院在分院常规排班专家 76 人，开设全—专科门诊 54 个，新开展专科 31 个，开展新技术新项目 30 项，高血压、糖尿病等慢病门诊 103.16 万人次，同比增长 20.03%，基层首诊目录 83 个病种，25 家分院中 24 家分院可以首诊 70 个病种以上，基层首诊 32 个操作，25 家分院中有 24 家可以首诊 20 个以上操作。医共体工作在杭州市综合排名位列第 2。

【院前医疗急救】 全区院前医疗

急救站点增加至10个，城镇服务区缩短至5千米以内，乡村服务区不超过15千米，城区平均急救反应时间小于10分钟。院前急救运行经费690万元。院前急救各类相关信息与区急救指挥中心的急救调度指挥系统及区创伤中心、胸痛中心院内信息系统实现无缝对接。全区救护车辆总数25辆，实现常住人口每4万人1辆救护车的配置水平，其中高性能救护车辆比例65%以上。全区人员密集公共场所投放AED31台，基本实现全覆盖。完成《杭州市深化院前医疗急救体系建设三年行动计划（2018—2020年）》，在杭州地区领先。

【医疗保障和体检任务】 完成2019年高校招生体检4989人次，2019年征兵体检6657人次，承担"我们的春晚""味道山乡大会之'骑游春天'""男子篮球超级联赛"等各级各类指令医疗保障任务129次，共派出医务人员387人次。

【智慧医疗】 富阳"先看病后付费"舒心就医模式作为杭州"城市大脑·卫健系统"的重要内容在全市推广，全市公立疗机构（3家省级医院，11家市级医院，43家区县级医院，195家基层医疗机构）系统接入富阳云医平台，并在杭州城市大脑系统综合展示平稳运行。在全区6家区级公立医院、25家社区卫生服务中心推行分时段全号源预约诊疗、双向转诊、刷脸就医、数据选医等智慧医疗服务，惠及600余万人次，荣获2019品牌杭州生活品质总点评年度区块，成为富阳智慧服务城市"新名片"。

【安全生产管理】 组建安全生产专家组，实现全区医疗机构安全生产全覆盖。至年底，检查安全生产工作536家次，发现安全隐患1208个，完成隐患整改1208个。

【无偿献血】 全区10373人次献血，比上年增长12.76%，献血总量2944.70升。其中团体单位献血37次、6572人次，比上年增长12%。10月11日起，新增流动献血点高桥中心广场点，每月不定期停靠。全年商业城、大润发、新登、高桥4个献血点献血3801人次，比上年同期增长11.17%。一次献血300毫升以上5916人次，占总献血人次的57%，同比上升1%。5家公立医院、2家民营医院临床用血红细胞8235.60U，同比增长5.36%，血浆517.11升，同比增长30.57%，同比增长20.10%。临床用血继续保持100%自来无偿献血。2019年浙江省人民政府表彰富阳区为"2016—2018年无偿献血先进区"。

2019年3月6日，富阳区医共体建设动员大会召开

（区卫生健康局　供稿）

中医中药

【概况】 共举办各类中医科普专题讲座20余次，发放宣传资料1000余份，与场口镇共同举办"寻兰问药"活动，吸引省、市、区各界媒体。在新疆阿克苏开设"张玉柱全国名老中医药专家传承工作室驻阿克苏工作站"，累计援疆32人次，将"张氏骨伤疗法"引入当地医院，单个骨伤患者的治疗费下降90%，骨科住院患者中医治疗率达到90%以上，中药饮片用量同比增加300%，获杭州市委书记周江勇高度肯定。举办中医继续教育项目8项，其中国家级继续教育《富阳张氏正骨技术及骨伤治疗新进展研修班》1项，省级3项，市级4项，参与人数2000人次。富阳中医骨伤医院新增省卫、中医药项目7项，新增市中医专科专病2个；区中医院新增省中医重点专科1个、市级中医专科2个，新增省中医药项目1项。完善区中医药质控中心，设置中医临床、中医护理、中医治未病、中医适宜技术、中药质控5大质控小组，定期开展中医药质量控制。

【区中医院】 2019年3月，联合春江、东洲、大源、灵桥、里山、渔山、常绿、常安、湖源9家社区卫生服务中心成立杭州市富阳区中医院医共体。新开十五病区（泌尿外科、妇科、皮肤科）、十六病区（肾内科、肿瘤内科）。新增浙江省重点专科肾病科、杭州市中医特色专科（专病）内分泌科、针灸科。新增国家级名中医周锦中医肾病工作室、省级名中医章勤中医妇科工作室、院级曹新民名中药师工作室。新开设中医院医共体创伤中心。新开设头晕头痛、高血压等25个院内专病门诊。新开设中医护理、犬伤门诊。在研课题29项，通过验收课题8项，新立项10项，举办省市级继教班6期，发表SCI论文5篇。外派进修人员46人次，外出参加各类学术交流100人次。成为江西中医药大学教学医院。引进普外科、泌尿外科、胸外科、ICU等科6名紧缺岗位高层次人才。新招聘硕士研究生13名、紧缺岗位本科生13名、护理人员10名。医院启动第三批中医学术经验继承、富春乡贤名医师带徒工作。1名中医师成为浙江省基层名中医培养对象，8名医师入选“135”优秀中青年人才培养计划，1名中药师入选2019年全国中药特色技术传承人才培训项目。2019年，推广适宜技术40项，集中培训4次，区域内推广覆盖率100%。全年开展下乡、下社区活动11次，下派医护人员60余人次，发放中医健康资料900余份，惠及1000余人次。举办富阳区适宜技术推广应用比武1期。2019年，全院共开展实施23个3090例优势病种中医护理方案。

【中医骨伤医院】 2019年医院业务收入4.31亿元，门诊人次350729人次，出院人次14007人次。杭州市重点学科 “骨关节外科学（中西医结合）”通过验收；杭州市级重点专科立项2项；课题立项省卫生厅1项，省中医药管理局6项，杭州市科技局入库项目2项，富阳区科技局5项；课题验收省中医药管理局1项，杭州市级3项，富阳区级6项；获国家发明专利1项；出版论著1本；完成继教项目5项，其中国家级1项，市级4项。举办国家级中医药继续教育项目“富阳张氏正骨技术及骨伤质量新进展研修班”，承办2019年杭州市中医药协会骨伤分会、杭州市中西医结合微创骨科分会、杭州市中西医结合学会骨伤分会三大学会的年会；完成省重点学科（中西医结合骨伤科学）、杭州市重点学科（骨关节病学）及区重点学科（骨创伤科学）的建设，“中医骨伤护理学”入选首批33个市基层医疗机构中医特色专科建设项目之一。投入2540万元完成病房大楼的装修维护工程，投入200万改造提升临床示教中心。

医教科研

【概况】 启动实施“136”优秀医卫人才百人培育工程，富阳乡贤名医“师带徒”三年行动计划，搭建省市区三级医学重点学科建设平台，进一步加强卫生科技教育内涵建设。选聘13名富春乡贤名医“师带徒”17人。组织开展评选富阳区卫健系统“三十佳”，评选出“十佳医生”“十佳护士”“十佳家庭医生”。

【学科建设】 区中医院肾病科成为省中医药重点专科，中医骨伤医院康复科等4个业务科室成为市中医特色专科，全区11个市级重点学科完成终期验收。浙大邵逸夫医院蔡秀军名医工作室落户区第一人民医院，区中医院开设名中医馆，全区新建各级名中医工作室、博士工作站20余个，成功申报2020年省医药卫生（中医药）科技项目17项，全区共举办国家级继教项目1项、省级15项，市级19项，均创历史新高。在建省卫健委县级龙头学科、中医药重点专科5个，市级重点学科11个，区级重点学科30个，名医工作室10个，博士工作站47个。全区共有15名临床业务骨干拜师富春乡贤名医，有20余人次赴省内外知名医院二次进修，有119位优秀医务人员入选“136”卫生人才培育工程。2019年，住院医师规范化培训结业考通过率达95.91%。

老龄工作

【概况】 富阳区老年人口维持快速增长，人口高龄化日益显著。至年底，按户籍人口统计，全区总人口68.81万人，60周岁及以上老年人口154982人，占总人口的22.52%，比上年增加4151人，增长2.75%。65周岁及以上老年人口107676人，占总人口的15.65%，比上年增加7122人，增长7.08%。70周岁及以上老年人口66424人，占总人口的9.65%，比上年净增4069人，增长6.53%。80周岁及以上老年人口23520人，比上年净增127人，占总人口的3.42%，占老年人口总数的15.18%。90周岁及以上老年人口3344人，比上年净增323人，占老年人口总数的2.16%。100周岁及以上老年人50人，比上年净增9人，其中女性为35人，男性为15人。全区有23个乡镇（街道）老龄化达20%以上，其中万市镇老年人口占总人口比例最高，为27.54%。

全区纯老年人家庭的老年人口数为8558人，占老年人口总数的5.54%。失能、半失能老年人口5717人，占老年人口总数的3.70%。其中失能老人2027人，半失能老人3690人。全区23520名80岁以上高龄老人享受政府高龄津贴补助，全年累计发放1496万元。全区有315个行政村、社区建立了老年协会，会员143087人，占老年人总数的92.32%。

【老年文教体育事业】 全区有老年电视大学分校1所，教学点307个，春秋两季参加老年电视大学学习的学员共23175人次。老年大学1所，在校学员1428人。老年文艺团队326个，参加人数6015人；老年体育协会及各类老年体育团队707个，参加人数41217人。2019年，富阳区老年体育健身中心建成使用。6月12日，杭州市健康素养进农村文化礼堂三年行动启动仪式暨2019年老年健康宣传周活动在富阳区春江街道新建村友谊文化礼堂启动。

【老年人意外伤害保险】 2019年度保险期限从2019年7月1日0时起至2020年6月30日24时止。至年底，全区150831名老年人投保老年人意外伤害保险，占老年人口100%。投保金额为1531.46万元，其中政府统筹保险452.49万元、村（社区）统一投保1063.42万元，个人投保15.55万元。

【“敬老月”活动】 2019年10月，全国第10个“敬老月”和第7个“老年节”期间，富阳区以“孝老爱亲 向上向善”为主题，开展“送温暖、献爱心”走访慰问活动。区四套班子领导分别带队走访慰问百岁老人、高龄老人和困难老人，为全区73名百岁老人、744名高龄和困难老人送去慰问金和慰问品。区老龄办、区交治办联合印发30万份《致全区老年交通参与者的一封信》，发放到全区15余万老年人手中。举办“孝老爱亲 向上向善”为主题的广场宣传活动和重阳节文艺晚会。选送55份作品参加杭州市“壮丽70年 奋斗新时代”庆祝中华人民共和国成立七十周年老年书法、绘画和摄影比赛，16幅作品获奖。富春街道被评为杭州市“最美敬老爱老示范街道（乡镇）”。

【医养结合】 全区医养结合机构5家，其中核定医疗床位343张，养老床位1619张。2019年区人大十六届三次会议提案，建议加大财政力度，保障新登镇社区卫生服务中心病房正常运行，加快推进医养结合工作。新登社卫中心分批选派医护人员到区第二人民医院、桐乡市屠甸镇卫生院和海宁市斜桥中心卫生院斜桥分院（斜桥镇居家养老服务中心）进行医养结合工作的参观学习和进修。采购除颤仪、心电监护仪、神经肌肉刺激治疗仪、全自动生化仪、骨密度仪、抢救车、床单位、电脑等设施设备，改善病房、厨房、停车等环境设施，合计总投入157万余元。《致力提升养老医疗服务质量》入选全国医养结合典型经验名单。确定城西社区、江滨社区为老年人心理关爱项目试点社区。 （王慧超）

【编　辑　陈炜祥】

30 体 育
Sports

综 述

【概况】 2019年，组织实施富阳区本级群体赛事及培训活动50余项次，联络指导区各类体育协会及乡镇（街道）组织开展群体赛事活动100余项次，参加群众6.90万余人。主要赛事活动有健康浙江富阳区迎三八“富春杯”女子健身赛、富阳区“工间操”培训、富阳区庆五一“里山杯”全民健身登山比赛、富阳区全民健身足球比赛、健康浙江全民健身日、区级机关篮球赛等。结合推行工间操制度工作，组织开展富阳区第九套广播体操、健身气功培训和展示赛。在秦望广场组织开展富阳区全民健身太极项目风采展示活动2次，2700余人同台展示太极健身运动的风采。“富阳永安山滑翔伞飞行嘉年华”被列入浙江省体育局公布的“浙江省重点培育品牌体育赛事名录库（2019年）”。

【富阳区第九届全民运动会】 区第九届全民运动会自2019年6月底开始筹备，10月18日，在富阳体育中心举行九运会开幕式活动。有来自全区各乡镇（街道）、机关、企事业单位54个代表团8000余名运动员参加了篮球、足球、田径、游泳、气排球、羽毛球、乒乓球、网球、拔河、跳绳、登山、桥牌、棋类（中国象棋、围棋）、武术（太极拳、剑）等14个大项的比赛及第九套广播操、排舞两个集体项目，参与人数创历届之最，共产生金牌、银牌、铜牌499枚，破4项7人次赛会纪录。

2019年10月18日，富阳区第九届全民运动会开幕
（区文广旅体局　供稿）

【永安山第十四届滑翔伞嘉年华暨第二届浙江省滑翔伞锦标赛（定点）】 11月1—4日，由浙江省航空运动协会、富阳区文广旅体局主办，常安镇人民政府、杭州富阳永安山飞翔运动有限公司与杭州富阳区航空运动协会共同承办，锦绣富春集团有限公司协办的2019年浙江富阳永安山第十四届滑翔伞嘉年华暨第二届浙江省滑翔伞锦标赛（定点）在常安镇永安山中国滑翔伞训练基地举行，来自全省各区域68名具备滑翔伞B证及以上飞行证书的顶尖运动员参赛。

群众体育

【“全民健身日”千人健步走活动】 2019年8月8日是全国第11个全民健身日，杭州市富阳区全民健身日暨第九届全民运动会代表团授旗仪式在秦望广场举行，全区各企业、机关单位和社区老年体协的54个代表团1000余人参加，用徒步健身走的方式，践行全民健身理念。活动开始，老年体协带来长绸柔力球、太极功夫扇、八法五步拳、太极红绸伞等热身表演。区委副书记徐林亮为九运会授会旗，主席台领导为54个九运会代表团授旗。

【全民健身日展示交流大会】 2019年8月8日，由杭州市体育局主办，杭州市上城区、下城区、江干区、拱墅区、西湖区、滨江区、萧山区、余杭区、临安区、富阳区、桐庐县、建德市、淳安县、名胜区和钱塘新区体育行政部门联合承办，市总工会，江干区九堡街道党工委、办事处联合协办的“健康中国，你我同行——迎亚运·杭州市全民健身日展示交流大会”在杭州阿里体育中心举行。富阳区文广旅体局组织的广播操队伍在本次比赛中以9.10分的成绩在13支区县市队伍中名列第1。并代表杭州市参加省体育局广播操比赛，获得“体育道德风尚奖”“工间操比赛三等奖”等荣誉。

【社会体育队伍培养】 2019年11月18—20日，组织各乡镇（街道）相关人员159名参加社会体育指导员培训，均顺利通过考试并取得等级证书。7月25日，区文广旅体局举办篮球裁判员培训班，全区57名裁判员参加培训。

【国民体质监测】 在杭州市体质监测中心的指导下完成年度国民体质监测任务，全年开展国民体质监测任务（样本）3000余名，监测合格率93.80%。

【体育社团工作】 2019年，富阳区体育总会通过浙江省先进体育总会复审。富阳区航空运动协会、富阳区桥牌协会、富阳区气排球协通过区民政局对社会团体的等级评估，其中富阳区航空运动协会、富阳区桥牌协会为AAAA级，富阳区气排球协会为AAA级。

【浙江省男子篮球超级联赛】 2019年 5月18日至8月4日，浙江省男子篮球超级联赛在各市（区）举行，比赛采用赛会制和主客场制相结合的方式，其中第一阶段赛会制比赛于5月18—24日在富阳区举行。该项赛事由浙江省体育局主办，富阳区人民政府承办，富阳区文广旅体局协办，共有11个市15支球队、232名运动员报名参赛，比赛在区体育中心体育馆进行。富阳区被浙江省体育局授予“突出贡献奖”。

【五省市羽毛球联赛】 2019年五省（市）“球拍名镇·上官杯”羽毛球对抗赛由杭州市富阳区人民政府、浙江体育职业技术学院小球系、浙江省体育竞赛中心主办，富阳区文广旅体局、富阳区上官乡人民政府承办，共有来自浙江、上海、山东、江西、陕西五省（市）男女各12支代表队参加比赛，比赛于7月6日在区体育中心体育馆结束。

竞技体育

【队伍建设】 2019年，富阳区有在库运动员528名，分布在田径、篮球、足球、乒乓球、羽毛球、武术（套路）、射击、摔跤、柔道、跆拳道、散打、拳击、举重、击剑、游泳、艺术体操、中国象棋、国际跳棋、水上体育、轮滑、自行车20余个项目。其中在省体育专业队试训的富阳籍运动员有22人，在杭州市级体育训练单位参加试训有86人。

【竞技体育大赛成绩优秀】 2019年，摔跤项目运动员陈毅凡获得2019年全国U17古典式摔跤锦标赛冠军、2019年亚洲少年古典式摔跤锦标赛季军和2019年第二届青年运动会古典式摔跤比赛冠军，入选中国摔跤队国家青年预备队。柔道项目运动员徐焕、蒋聪励各获得2019年第二届青年运动会参赛级别的铜牌；童双燕获得2019年全国青少年柔道锦标赛亚军。

【富阳籍运动员获得帆船与射击项目东京奥运会入场券】 2019年4月21日，富阳籍浙江选手徐臧军获得“世界杯帆船赛”男子470级别银牌，创造了中国队在世界杯该项目的最好成绩。6月28日，徐臧军获得“2019年全国帆船帆板锦标赛”男子470级冠军。8月2—9日，帆船470“世界锦标赛暨奥运会资格赛”在日本江之岛落下帷幕，徐臧军最终取得了男子帆船470级第12名，获得中国代表队男子帆船470级唯一一张奥运入场券。

2019年3月24日至4月1日，富阳籍浙江省射击队队员赵中豪获得“全国射击冠军赛（步枪项目）”男子50米步枪三种姿势的个人冠军。5月26-30日，赵中豪获得“2019年射击世界杯（德国站）”男子50米步枪三种姿势比赛冠军。7月22日至8月2日，射击项目“东京奥运会初步阵容选拔赛”在国家体育总局射击射箭运动管理中心举行，赵中豪以总积分70分排在男子50米三种姿势项目的第1名，入选东京奥运会初步阵容。

【市级阳光体育赛事】 2019年，参加杭州市田径、篮球、足球、乒乓球、举重、射击、武术、跆拳道、摔跤等项目的青少年阳光体育比赛和浙江省青少年田径冠军赛，共获金牌65枚、银牌58枚、铜牌52枚。

【区级学校体育工作】 全年与区教育局一起科学落实“阳光体育进校园”及学校体育工作，组织开展富阳区青少年田径、篮球、足球、乒乓球、羽毛球、航海模型等项目的体育赛事，加强针对性体育苗子选拔、训练培养和输送工作，配合上级专业队参加选材集训160余人次。

【体育传统项目学校建设】 2019年，布点在全区中小学校的各级各类体育传统项目学校23所，其中省级阳光体育后备人才传统项目学校3所（实验小学、郁达夫中学、春江中心小学），杭州市级体育传统项目学校7所，区队联办单位3家，常年开展篮球、足球、乒乓球、举重、摔跤、击剑、武术、田径、跆拳道、网球、羽毛球等项目的业余训练，承担着向杭州市及以上各级体育学校输送苗子的任务。

体育设施

【民生实事工程建设】 2019年，筹划实施健康浙江富阳区第十七轮全民健身提升工程布建计划，其中省级全民健身场地设施建设包括社区多功能运动场2个、中心村全民健身广场1个、体育小康村提升工程15个；杭州市民生实事项目：杭州市全民健身提升工程——全民健身公园2个；区本级全民健身公园8个、全民健身广场1个、室内活动室1个。

【学校体育场地面向社会开放工作】 2019年，与教育、公安、财政、富春街道等相关部门一起，联络指导全区首批21所学校（22个点）向社会开放室外健身体育场地，满足市民体育活动需求。

【体育中心项目建设】 体育中心体育馆提升改造工程于2019年9月开工建设，计划于2020年12月竣工，工程概算总投资4368.44万元，2019年度投入821.80万元。体育馆提升改造后将承办2022年第19届杭州亚运会篮球小组赛，进一步提升体育中心的场馆形象和服务保障水平。投入23万余元专业养护足球场草坪及周边绿化，投入22万余元全面维修田径场看台、跑道等体育设施。

【亚运场馆建设】 射击射箭现代五项馆 总投资67800万元，总用地面积275182平方米，新建总建筑面积约87939.32平方米，其中，射击综合馆建筑面积约46485.52平方米。建设内容包含综合馆、马术场地、射箭比赛场地、飞碟比赛场地及配套附属等。工期25个月，至2021年3月31日赛事功能验收完成。2019年，完成投资32610万元（约占总投资48.10%）。

水上运动中心项目（赛艇、皮划艇和皮划艇激流回旋） 总投资63700万元，规划用地面积128064平方米，总建筑面积62318平方米；地上建筑面积40551平方米，地下建筑面积21767平方米。建设内容包含场馆及配套设施、艇库、赛道等。工期25个月，至2021年3月31日赛事功能验收完成。2019年，完成投资28411.80万元（约占总投资44.60%）。

体育馆项目（篮球） 施工合同总价2851.55万元，用地面积24880平方米，建筑面积10426平方米，其中主馆体育馆改造8611平方米，竞技组配套用房改造840平方米，热身场地改造975平方米，以及设备维修更换、外立面整饰、室外附属工程等。工期15个月，至2021年3月31日赛事功能验收完成。2019年，完成投资821.80万元（约占施工合同总价的28.82%）。

体育产业

【体育产业发展资金项目申报】 2019年，杭州飞鹰船艇有限公司“一次吹膜单人赛艇研发与制造”及杭州富阳永安山飞翔有限公司“富阳永安山滑翔伞嘉年华”两个项目申报2019年度浙江省体育产业发展资金项目并获得资金补助。

【运动休闲旅游基地、线路评选】 2019年，杭州富阳永安山滑翔基地（滑翔伞、滑翔飞翼、拓展）获评2019年浙江省运动休闲旅游示范基地，桐洲岛（皮划艇）—永安山（滑翔伞）—龙门古镇（定向、登山）线路获2019年浙江省运动休闲旅游精品线路。

【2019年浙江省龙舟裁判员培训班】 2019年12月1—2日，由浙江省龙舟协会、富阳区文广旅体局共同主办、杭州富阳祥瑞水上运动器材有限公司承办的2019年浙江省龙舟裁判员培训班在富阳举行，来自全省各地的104名龙舟裁判员、教练员参加。

【产业创新】 做好户外智能信息化平台建设工作。采集富阳区域内相关登山古道及骑行道等15条线路，录入“浙江省全域户外运动智慧信息平台”，于11月2日正式上线“浙里办”APP。方舟船艇、康华船艇及良金船艇等体育产业企业入驻11月2日上线的浙江省“政采云装备馆”，正式开启“互联网+体育”新模式。

【体育彩票】 2019年，全区共有体育彩票销售网店103家，销售收入达1.80亿元。（夏　晨）

【编　辑　陈炜祥】

31 社会生活
Social Life

打造现代版富春山居图

人民生活

【城镇居民生活】 2019年，城镇常住居民人均可支配收入为60576元，同比增加4591元，增长8.20%。城镇居民人均工资性收入33592元，增长6.90%。人均经营净收入15753元，增长5.60%。人均财产净收入6654元，增长10.60%。人均转移净收入4577元，增长25.80%。

城镇常住居民人均生活消费支出37338元，同比增加2517元，增长7.20%。在八大类消费支出中，人均食品烟酒类消费支出9615元，增长5.70%。人均衣着类消费支出3283元，增长5.10%。人均居住类消费支出为7878元，增长8.30%。人均生活用品及服务类消费支出1929元，下降13.40%。人均交通通信类消费支出7362元，增长39%。人均教育文化娱乐类消费支出4550元，增长4.40%。人均医疗保健类消费支出2050元，下降15.90%。人均其他用品和服务类消费支出673元，下降33.20%。

【农村居民生活】 2019年，农村常住居民人均可支配收入35531元，同比增加 3083元，增长9.50%。农村居民人均工资性收入20046元，增长8%。人均经营净收入9762元，增长6.30%。人均财产净收入511元，增长10.10%。人均转移净收入5212元，增长22.90%。

农村常住居民人均生活消费支出25378元，同比增加2046元，增长8.80%。在八大类消费支出中，人均食品烟酒类消费支出7101元，增长10%。人均衣着类消费支出1770元，增长30.90%。人均居住类消费支出5720 元，增长5.30%。人均生活用品及服务类消费支出1158元，增长9.90%。人均交通通信类消费支出4305元，下降21.80%。人均教育文化娱乐类消费支出2661元，增长68.10%。人均医疗保健类消费支出2277元，增长38%。人均其他用品和服务类消费支出385元，增长29.50%。

【居民消费品价格】 2019年，居民消费价格总水平比上年上涨2.80%，服务项目价格上涨1.40%。八大类商品和服务项目价格中，食品烟酒类价格上涨5.50%，衣着类价格持平，居住类价格上涨1.10%，生活用品及服务类价格上涨0.80%，交通和通信类价格上涨0.50%，教育文化和娱乐类价格上涨1%，医疗保健类价格上涨6.60%，其他用品和服务类价格上涨4.10%。农业生产资料价格上涨4.10%。

【居民住房】 2019年年底，城镇居民人均住房建筑面积54平方米，农村居民人均住房建筑面积89.10平方米。 （孙依娃）

人力资源

【"最多跑一次"改革】 2019年，构建人才就业、退休养老等7个人力资源和社会保障领域"一件事"体系，"人才就业一件事"改革工作全省领先，受到省、杭州市、富阳区各级领导批示肯定，其中省委常委、杭州市委书记周江勇批示肯定"做得好"。深化"就近办"，实现64个人社事项"15分钟生活圈"办理、22个社保事项银行网点办理，所有事项实现网上办、掌上办和"跑零次"，43项民生事项"一证通办"。推出社保"一窗受理"、人才就业"综合受理"和"取号+咨询"服务机制，强化"15分钟办结"。

【新增就业】 全年全区城镇新增就业人数10341人，引导和帮助4744名城镇失业人员和5337名就业困难人员实现再就业，城镇登记失业率为1.80%，就业形势总体稳定。

【就业公共服务】 全年举办和参与46场招聘会，组织1540家次单位参会，提供6497个岗位，现场初步达成意向3193人次。开发运行线上"精准招聘"平台，公共职业介绍中心登记发布6048家次单位、14667个岗位的招聘信息。全年发放创业担保贷款3039.80万元，建成100个高质量就业社区（村）。

【就业困难群体帮扶】 全年公益性岗位安置就业128人，发放岗位综合补贴376万元，惠及1390人次。发放失业保险金7032.09万元，惠及43666人次；发放临时价格补贴172.29万元，惠及28133人次。工伤鉴定3367人次。制定《富阳区2019年就业援助精准服务计划》，完成500余名农村残疾就业困难人员认定延期，新增认定就业困难人员2939人，完成271名离校未就业高校毕业生就业调查。

【异地对口就业扶贫】 与吉林省长春市九台区、湖南省怀化市靖州县、会同县建立区域劳务协作关系，先后4次组织企业前往贵州、湖北、四川等地招用当地就业困难人员到富阳就业。2月，组织30家企业到贵州省锦屏县开展脱贫帮扶“春风行动”，2019年年底锦屏籍在富阳就业人数达1097人，其中建档立卡人员643人，新增建档立卡人员127人。

【职业技能培训】 通过技能竞赛认定、企业自主评价、高技能人才直接认定等方式，全年完成技能培训13390人次，其中培养制造业紧缺急需技能工人1219人。组织11562人参加22个职业（工种）的国家职业技能鉴定，9252人取得国家职业资格证书．深化政校企合作“订单式”培训模式，企业合作签约35家。

【建设和谐劳动关系】 开展“双爱”示范、企业薪酬调查、劳动合同签订督查、劳务派遣行为监管等活动，为企事业单位和乡镇（街道）、村（社区）经办人员举办9期人力社保政策法规培训班，1600余人参加培训，为300家企业提供劳动用工诊断评估服务，实施精细化管理20家。5月，召开协调劳动关系三方第26次会议。2019年，“富通集团”被人力资源社会保障部、中华全国总工会、中国企业联合会/中国企业家协会、中华全国工商业联合会评选为“全国模范劳动关系和谐企业”。

【创建全省“无欠薪”区】 全年开展工程建设领域“六项机制”建设，全区124个在建工程项目实行“挂图作战”专项检查，培育50个“无欠薪”样板项目。12月，富阳区通过国务院、省、杭州市三级考核验收，创建为全省“无欠薪”区，“无欠薪”平安过程性考核名列杭州市第二位。全年处置欠薪案件1698件，为2573人追发工资及补偿金2804.64万元。

【劳动人事争议仲裁】 实施“1+X”劳动纠纷多元化解，24个乡镇街道都建立劳动人事争议调解中心，72.22%案件在一线化解。全年受理案件643件，结案率98.91%，调解率89.78%，为782名劳动者挽回损失2753.24万元。

2019年7月，劳动监察员在施工现场检查维权告示牌设立情况
（区人力社保局　供稿）

【信访维稳】 全年共办理各级来信来访件46件、浙江政务服务网网上咨询投诉举报693件、区长公开电话交办件423件，办结率、反馈率和满意率100%。

社会保险

【企业职工基本养老保险】 2019年，全区266216人参加企业职工基本养老保险，169043人享受职工基本养老保险待遇，全年新增职工养老保险2.68万人。2019年度企业基本养老保险、失业保险、工伤保险和生育保险等社会保险费缴费基数为5536元/月。

【机关事业单位养老保险】 2019年，全区28294人参加机关事业单位养老保险，其中9540人享受待遇。全年基金收入7.60亿元，支付7.55亿元，累计积余基金2889万元。

【城乡居民社会养老保险】 2019年，全区15479人参加城乡居民社会养老保险，27541人领取城乡居民社会养老待遇。城乡居民基础养老金上调至240元/人·月，城乡居民各类养老保险综合参保率为98%。

【被征地人员社会保障】 2019年，全区1932人参加被征地人员社会保障，其中1920人享受被征地社会保障待遇，全年新增失地转保5493人。全年征缴被征地人员基本生活保障资金78万元，支付852万元，累计结余3806万元。

【工伤、失业保险】 2019年，全区226981人参加工伤保险，224631人参加失业保险。全年累计发放工伤保险金0.99亿元、失业保险金2.38亿元。

【企业社会保险降费减负】 2019年，下调灵活就业人员和个体工商户养老保险缴费基数，落实制造业、交通运输业、建筑业2个月社会保险费减免，落实参保企业失业、工伤保险减征政策，其中，养老保险减征2.80亿元，失业保险减征4231万元，惠及1.58万家企业，工伤保

2019年7月5日，富阳区企业退休人员庆祝中华人民共和国成立70周年文艺会演在场口文化礼堂举行　　（区人力社保局　供稿）

险减征3850万元，惠及1.26万家企业。

【社会保险业务经办】　全年65项业务全部实现“即办”和“网办”，为全区13200家企业免费开通CA认证网服功能，实现企业办事“跑零次”，22个社保事项可在全区76家农商银行网点办理。全年办理工伤结算2500余人次，职工、城居养老新增退休10587余人。

【退休人员社会化管理】　2019年，出台《富阳区企业退休人员社会化管理专项资金管理暂行办法》，全年完成24个乡镇街道专项资金使用情况三方审计。举办庆祝新中国成立70周年文艺会演，开展65周岁以下企业退休人员免费健康体检，体检人数8万余人。企业退休人员人均每月增资123元，城居养老退休人员每月增资20元，全年累计发放各类慰问4.58亿元。（舒　清）

医疗保险

【杭州市医疗保障局富阳分局成立】　2019年1月20日，杭州市医疗保障局富阳分局挂牌成立。局机关共有内设科室3个，核定编制7名，下设事业单位1个，为杭州市富阳区医疗保障管理服务中心，核定编制18名。主要任务是贯彻实施医保法律法规，建立健全医疗保障制度，协调推动“三医联动”改革，具体承担辖区参保筹资、基金支付、协议管理、基金监管、待遇服务、医疗救助以及药械招采等职责。

【基本医疗保险】　2019年，全区684988人参加基本医疗保险，综合参保率99.73%。其中：378795人参加职工基本医疗保险，比上年净增参保20474人；306193人参加城乡居民基本医疗保险。全年征缴职工医疗保险基金14.23亿元，支出16.03亿元，累计结余17.23亿元，支付能力13个月。6月始，推行由税务部门征收的城乡基本医疗保险基金征缴方式改革。

【生育保险】　合并生育保险和职工基本医疗保险，统一保障制度、统一参保登记、统一基金征缴管理、统一医疗服务管理、统一经办和信息服务。全区199657人参加生育保险，全年征缴生育保险基金1.02亿元，支付0.81亿元，累计结余1.17亿元。

【医疗保障改革】　2019年，开展医疗服务价格改革，调整全区公立医疗机构3171项医疗服务项目价格，实现“同城同级同价”；开展以“医共体”为单位的总额预算改革，按照“结余留用、超支分担”原则加大奖惩力度，推动分级诊疗；试行按床日付费改革，对全区13家养老康复类定点医疗机构实施住院医疗费按床日支付。

【医疗保障监管】　2019年，开展国家医疗保障局统一部署的打击欺诈骗取医疗保障基金专项行动，检查定点零售药店、康复类医疗机构、民营医院等定点医药机构331家次，检查覆盖率58%。全年处理130家，同比增长900%，其中记分104家，暂停18家，解除医保定点8家，直接追回基金34.69万元。开展公立医疗机构医保违规行为自查自纠，上缴自查自纠金额726.56万元。开展医疗服务价格“腾空间”考核，扣除未完成价格腾空间相关费用936.34万元。启动“安心医保”大数据智能监管项目。

【医疗保障服务】　2019年，深化医疗保障领域“最多跑一次”，在医院端直接办理新生儿参保4165次，生育津贴发放1562次。开通区内长三角门诊直接结算医院28家，杭州市外可直接刷卡结算的全国跨省住院结算医院27143家，长三角门诊直接结算医院5023家，方便全区2.80万人次就诊，涉及医疗费用5383万元。（张月虹）

民政事务

【社会救助】　2019年7月，与杭州主城区同步调整城乡居民最低生活保障线标准：1041元每人每月，提高9%。全年累计发放低（残）保金1.15亿元，低边（低保边缘户）补助金501.89万元。开展低保集中审验，全年动态调整2521户3977人，执行区、乡镇（街道）、村（社区）三级公示制度，至12月底，全区共有低（残）保8537户11928人，特困人员586人，低边2044户5224人。开展低保专项治理，落实近亲属备案制度，完善审批、变更、注销程序。实施适度普惠儿童制度，向社会散居孤儿、困境儿童、低保家庭儿童、低边家庭儿童发放生活费，全年累计发放947.90万元，惠及2000余名儿童。培育和引导社会组织主动介入社会救助服务。完善“社会救助一站式服务平台”建设，实现线上线下融合救助及部门间的转介服务；实现社会救助申请一证通办，开通“浙里办”APP及浙江政务服务网移动端申请功能，优化办理流程，实现办理时限由20个工作日压缩到9个。

【养老服务】 2019年，超额完成省、市、区三级民生实事项目及区政府重点工作任务，建成示范型居家养老服务中心10家，超额完成3家，累计建成17家；新增养老床位568张，超额完成368张。全区享受居家养老服务补贴4620人，平均每人每月提供上门养老服务5小时左右，月投入资金40余万元。拨付村级居家养老服务照料中心及老年食堂建设、运行补助资金1230万元，80%的村（社）为老年人提供就餐服务。养老机构建设运行补助150余万元。会同卫生健康、应急管理、市场监管、消防救援5部门联合开展养老院服务质量建设专项行动，提升养老服务质量。6月，举办养老护理员技能竞赛，8个养老服务机构40余名选手参加，决出团体一、二、三名，并选派人员参加杭州市养老护理员技能竞赛。全年举办养老护理员培训班2期，130余人参加。完善智慧养老服务平台，推动养老服务补贴电子化结算。区老龄事业发展基金会出资20余万元，为全区400余名困难老人发放重度护理补贴。

【殡葬改革】 2019年12月，出台《杭州市富阳区生态公墓规划编制》，将公墓布点分为重点区、次重点区和一般区3个层次，进行科学规划。开展“青山白化”专项整治，联合规划资源、农业农村等部门开展督查3次，制定“青山白化”整治工作专项考核办法。全年共整治完成墓地508座，其中整治活人墓313座、老坟硬化修缮64座、公墓环境脏乱差整治131座。开展党员、领导干部签订“无违建坟墓承诺”工作；创建无烟公墓（陵园），实行扫墓绿色出行。

【行政审批】 2019年，政务服务事项全面推行“网上办”“简化办”“就近办”“移动办”。130个事项开通网上办理，网上可办率达95%，所有民生事项实现一证通办，13个事项在乡镇（街道）或村就近可办，高频民生事项可在政务服务网手机APP申请。启动“人生一件事”改革，上线运行“婚育户一件事”“收养一件事”“殡葬一件事”“扶残助残一件事”等改革事项，大幅压缩办理时限，大力缩减办事材料，一个窗口就能办理多个部门事项。全年办理“婚育户一件事”3234件，“收养一件事”12件，“殡葬一件事”2256件，“扶残助残一件事”240件。此项改革在全市推广，其中“收养一件事”改革在全省首推。婚姻登记实现全市通办，社会组织审批实现“一窗受理、集成服务”，社会救助改革项目参与全区“最多跑一次”改革攻坚大比武擂台赛，获“助跑先锋队”称号。

富春街道居家养老服务中心

（区民政局　供稿）

【慈善福利事业】 区慈善总会全年累计接收慈善捐款4760.50万元，支出4190.50万元。“春风行动”开通支付宝扫码捐款通道。组织“春节送温暖”“夏季送清凉”等活动，惠及全区1万余户困难家庭。与青螺公益服务中心合作建设花开岭慈善基地，并举办首次村级公益组织参与社会治理赋能轮训活动。开展多形式公益慈善项目，“夕阳入画”“圆梦课桌”“小鱼治水”“圆梦礼包”等品牌活动丰富、影响不断扩大。全年福利彩票销售量6000余万元，开展“福彩暖万家”系列公益活动资助项目，资助困难儿童、老人、大学生、环卫工人等190人，中福在线富阳销售厅被省福利彩票中心评为“五星级”管理销售厅。

【社会事务】 全年流浪乞讨人员进站救助125人次，医疗救助18人次，帮助返乡102人次，帮助9名无身份信息人员成功寻亲。建立残疾人集中就业企业服务监管联席会议制度，至2019年年底，全区福利企业64家，集中安置残疾人1702人。完成富西萧三交点联检及8个责任界桩的年度检查，完成第二次全国地名普查，清理整治不规范地名31处。全年共办理各类婚姻登记业务7804件，办理结婚登记4519对，离婚登记1878对，补发婚姻登记证1398件。推行水库移民安置融入服务，安排后期扶持项目49个资金2489万元；推进“1+1+1”结对帮扶工作机制，完成移民职业技能培训2400余人次；《富阳移民志》编撰完成。

【民政法治建设】 全年新增执法人员15名，共计21人，持证率达80%以上。实行法律顾问聘任制，法律顾问参与重要行政规范性文件合法性审查1件，参与案件研究讨论2件，参与其他法律服务事项5件。落实“双随机一公开”工作，2019年共抽取1071个检查对象，

富阳区2019年道路、隧道命名更名一览表

表21

序号	所在乡镇（街道）	标准地名	所处地理位置	地名含义	地名类别
1	富春街道	金云路	道路南北走向，沿5号渠西侧；南起横凉亭路，北至丰收中路西延伸段；长约3000米，宽15-20米，介于西环北路、金苑路之间	因位于金桥区块，已命名道路以“金”系列命名，故名	路
2	富春街道	龙舌里路	道路南北走向，巨利区块内道路；南起公望街，北至巨利路；长260米，宽20米	因位于原“龙舌里”居民点内，故名	路
3	富春街道	修远弄	道路东西走向，位于富阳文创大厦南侧；东起劳动路，西至幼儿园；长850米，宽10米	取自屈原《离骚》中“路漫漫其修远兮，吾将上下而求索”，寓意富阳日报不畏困难求索真理的初心，故名	弄
4	东洲街道	永通路	道路东西走向，临富春江；东起学校沙村小庙路，西至明星路；长为750米，宽为40米	因道路紧临富春江，江水长年不息流向大海，寓意沿路企业（公司）走出国门、走向世界，在创业道路上永远畅通无阻，故名	路
5	场口镇	龙集路	道路南北走向；南起场康路，北至场口东街；长335米，宽12米	“龙”寓意一种企业精神，“集”有聚集、集中之意，故名	路
6	场口镇	汤青山路	道路东西走向；东起双林渠，西至化竹路；长300米，宽12米	因该范围内原有汤青山，故名	路
7	大源镇	郎家湾路	道路东西走向；东起兴源路，西至大源溪；长600米，宽11米	因道路位于大源村郎家湾居民点内，故名	路
8	富春街道	秦望路	更名原“西环路”部分路段为秦望路：东起金桥南路，西至体育馆路。长820米，宽30米	因道路为秦望路向西延伸段，故名	路
9	富春街道	金桥南路	更名原“西环路”部分路段为金桥南路：南起鹿山大道，北至金桥南路；长1300米，宽40米	因道路为金桥南路向南延伸段，故名	路
10	春江街道、灵桥镇	富春湾大道	更名原“灵富路、江南路、江南东路”及春永线部分路段道路为富春湾大道：东起灵桥镇富春江边，西至春江街道富阳大桥连接线（暂定）；长12000米，宽50—55米	因道路位于富春湾南岸为新城东西向主干道，故名	大道
11	富春街道	公望隧道	隧道连接高尔夫路与公望街，东起高尔夫路连接道路，西至公望街起点；长1850米，双线6车道	隧道穿越师姑坪与虎山间山体，因处公望街向东延伸，故名	隧道
12	银湖街道	银湖宸语公寓	东起富闲路，西至上林路，南起上林湖路（暂名），北至规划道路	与银湖新语为一南一北姐妹地块，同时该项目体量较大，寓意尊贵，故名银湖宸语公寓	居住区
13	银湖街道	宸光悦公寓	东起高桥浦，西至高桥南路，南起新桥新路，北至规划道路	“宸”意为居住的场所，悦见城市发展的第一缕晨光之所；“光”是融杭时代之光、未来之光，“悦”契合祥生悦系产品，故名	居住区
14	春江街道	济宸府	东至规划支路，西至大桥南路，南至规划支路，北至永济渠	“济”寓意春江南，跨江而来，与区域建设者和衷共济；“宸”寓意城与城融合发展的交汇处；“府”寓意新城是各大高端产业与各类人才的聚集处，故名	居住区
15	富春街道	富春江滨府	东至开源路，西至江堤路，南至江滨西大道，北至放马沙路	因项目位于富春街道江滨西大道，濒临富春江，取街道“富春”和路“江滨”组成，故名富春江滨府	居住区
16	富春街道	现代文苑	东至文教路，南至天河路，西至原320国道，北至鹿山祥风自然村	因项目位于文教路旁，故取名“文苑”，并且建筑风格为现代风格，故名现代文苑	居住区
17	富春街道	德邑尚城	东至春秋北路，南至孙权路，西临戴家墩路，北至春秋苑	“德邑”理性、纯净的现代建筑规划，具有城市雕塑感的建筑群围成一个专属的居住版图。“尚城”指上风上水之地，上上之城，故命名德邑尚城	居住区

续表

序号	所在乡镇（街道）	标准地名	所处地理位置	地名含义	地名类别
18	春江街道	春江江临府	东至大桥南路，西至竹简路，南至洋浦江路，北至永济路	因位于春江街道，高层住宅可见富春江，故名春江江临府	居住区
19	富春街道	云上金铭府	东至金秋大道，西至规划道路，南至华虹路，北近青云浦	“铭”是指铭刻城市的荣耀，将产品永远铭刻于富阳人民心中，同时楼盘位于金秋大道，传承大家“府”系列，故名云上金铭府	居住区
20	银湖街道	溪畔云璟府	东为高桥南路，南为新桥新路，西侧为规划道路，北侧规划道路	因本项目三面临路，一面临水，临河段比邻湿地公园，故名“溪畔”，“云璟”意味高端、大气的宜居环境，故名溪畔云璟府	居住区
21	富春街道	东虹风尚铭座	东至西堤路，西至回春路，南至清幽弄，北至桂花西路	东虹指彩虹在东方，比喻天晴后好景象，风尚出自《晋书》“长虞，刚简，无兮风尚”，故名	居住区
22	鹿山街道	悦江府	东至龙江路，西至鹿山大道，南至空地，北至望波街	因项目坐落于富阳鹿山新城核心地段，以“悦”开篇，透露年轻人的审美和生活方式；同时，项目位于富春江畔；“府”为阳光城府系列，故名“悦江府”	居住区
23	银湖街道	富景都会公寓	东至金桥北路，南至汽贸城2号路，西至汽贸城1号路，北至高桥西路	富阳自古景色宜人，现正融入杭州市主城发展，建设都会产品系列，故名	居住区
24	鹿山街道	瑞胜江畔铭座	东至江滨西大道，南至江波街，西至电力大楼，北至规划道路	“瑞胜”取自本公司两个字，“江畔”表示房屋紧邻富春江畔，占据　线富春江景，“铭座”为房屋商务属性	建筑物
25	富春街道	金汇之城	东至金桥北路，西至金汇之星公寓，南至文居街，北至三号渠	“金”因该项目在金桥板块，位于金桥北路；“汇”意指汇聚公司最好的人力和资源建造商业办公之城，故名	建筑物
26	银湖街道	光谷商业中心	东起银溪路，西至园区道路，南起银湖路，北至园区道路	该项目借鉴美国“光谷”经验，以国家级开发区富阳经济技术开发区为依托，建设一家集城市物联网、LED光电供应链企业于一体的LED总部基地，故命名光谷商业中心	建筑物

（袁明武）

发现问题并责令整改990条，完结率达100%。（吴　凌）

优抚　双拥　安置

【概况】　区退役军人事务局于2019年1月19日挂牌成立，内设科室3个，为办公室、优抚科、安置科，行政编制8人；下属事业单位2个，即军队离休退休干部休养所、退役军人服务中心，事业编制9人、核定编外编制2人。单位主要职能为贯彻执行国家、省、市和区有关退役军人工作的法律法规和政策措施，褒扬彰显退役军人为党、国家和人民牺牲奉献的精神风范和价值导向。2019年，完成区、乡镇（街道）、村（社区）退役军人服务中心（站）建设352个。

【开展“双拥”活动】　结合“春风行动”，走访慰问困难重点优抚对象及驻地部队，慰问各类困难优抚对象727人，发放慰问经费64.84万元。春节、“八一”建军节期间，走访慰问杭州驻地部队单位，送去慰问金及慰问品共82万元，为全区重点优抚对象发放两节慰问金246万元。深入推进社会化“双拥”工作，安排50万元专项经费，通过政府购买服务形式，为全区“三属”（烈士遗属、因公牺牲军人遗属、病故军人遗属）、老复员军人和2019年入伍新兵家属等开展针对性服务。继续开展关爱功臣活动，分2期组织229名重点优抚对象进行短期疗休养活动。

【接收安置工作】　完成2019年退役士兵、专业士官和军转干部接收安置工作，开展“军人退役一件事”改革，变7个部门受理为一窗式服务，21份材料缩减为8份，19个工作日缩减为3个。组织退役士兵参加成人学历教育培训142人，经费131万元。举办退役士兵专场就业招聘会2次，达成意向100余人。

残疾人事业

【概况】　2019年年底，全区持有第二代中华人民共和国残疾人证的残疾人21724人，其中肢体残疾

2019年1月19日，区退役军人事务局揭牌
（区退役军人事务局 供稿）

11686 人、视力残疾 2199 人、听力残疾 2572 人、言语残疾 145 人、精神残疾 2304 人、智力残疾 2343 人、多重残疾 475 人。6 月，银湖街道彩虹社区通过“省级无障碍示范社区”验收，成为全区第二个“省级无障碍示范社区”。

【“最多跑一次”改革】 2019 年，继续深化最多跑一次改革，开设“扶残助残一件事”综合服务窗口，推出“一窗受理、内部流转、事项联办”的办事模式，打破残联、民政、人社、医保、教育等部门的数据壁垒，通过单位联动、事项整合、材料精简、流程再造，残疾人在“扶残助残一件事”办事窗口，最多一次可办理 22 项涉残业务，需提交的材料由 125 份减至 9 份，20 项业务办结时间由 22 个工作日压缩至最多 7 个工作日，其中 7 项业务实现当场办结。

【残疾人基本民生保障】 2019 年，对残疾人“两项补贴”进行提标扩面，将听力、言语重度残疾人纳入补贴范围，全区分别有 7144 名和 9594 名残疾人享受困难残疾人生活补贴与重度残疾人护理补贴，累计发放补助金 5104 万元；对 638 名残疾学生与困难残疾人家庭子女实施助学补助，发放补助款 70.91 万元；为 24 户困难残疾家庭危房改造进行补助，发放补助款 6.80 万元；对 600 余户困难残疾人家庭开展慰问，发放慰问金 48 万元；为 1659 名残疾人办理助残免费乘车卡；继续为全区持证残疾人投保住院医疗、重大疾病及身故慰问保险，全年理赔 284 人，赔付金额 113.68 万元。

【残疾人康复服务】 全年完成 60 例白内障患者复明手术补助，130 台助听器、30 台助视器、10 台智能眼镜验配，70 例假肢安装；完成 176 名残疾儿童抢救性康复训练及评估；为 1080 名残疾人免费提供轮椅、拐杖等辅助器具；对 120 名贫困残疾人的人工关节置换手术进行补助；开展无障碍进家庭服务，制定“一户一案”，为 135 户残疾人家庭免费安装扶手等无障碍设施；继续落实精神病患者每月 500 元的住院补助政策，实现补助全覆盖。2019 年，全区残疾人基本康复服务率、精准康复服务率和辅助器具适配率均达 100%。

【残疾人就业创业】 全年举办残疾人职业技能和实用技术培训班 9 期，培训残疾人 483 人；举办残疾人就业专场招聘会 4 场，全年新增残疾人就业 204 人；20 家残疾人之家通过省级验收组验收，安置残疾人 521 人。

【残疾人文体活动】 2019 年，在“全国爱耳日”“全国助残日”“全国特奥日”等重要节日期间举办垃圾分类知识竞赛、残疾人读书沙龙、残疾人朗诵会演、义诊、无障碍电影下乡等公益活动。残疾人书法家羊晓君入选全国自强模范。开展文化助残“五个一”系列活动，全年受益人群 400 余人。在世界残奥田径大奖赛（北京站）暨第 7 届中国

评残医院扶残助残一件事办理现场
（区残联 供稿）

残疾人田径公开赛和全国第十届残疾人运动会中，富阳区残疾人运动员分别获得2金1铜和6金、5银、3铜。

【残疾人合法权益维护】 全年接待处理来信、来访、来电45件次，办结率、按时反馈率、满意率均达100%。开展残疾人法律救助工作站建设试点，出台《区残联法律救助工作制度》，免费为残疾人提供法律咨询和法律援助，全年提供法律援助17次。（瞿忠烈）

社区（村）建设

【社区规范化建设】 2019年，落实社区办公用房，以新建、改造、租赁等形式，全区50个社区办公用房基本投入使用，保障社区“有地办事”。统一社区外观标识，增强辨识度、亲民感，方便群众办事。

【社区人才队伍建设】 2019年，推行“全科社工”制度，建立社区综合服务接待岗，按照“最多跑一次”要求，实行“一口式受理、全科式服务”，减少坐班人员，增强走访力量，实现专职社区工作者50%以上的工作时间用于走访居民群众。7月，出台《关于进一步明确专职社区工作者薪酬待遇的通知》（富城党建发〔2019〕4号）文件，确定三岗十八级薪酬体系，专职社区工作者平均工资待遇由7.20万元提升至9.70万元，并形成动态调整和正常增长机制。保障专职社区工作者依法享受养老、失业、医疗、生育、工伤等社会保险待遇，享受带薪年休假以及国家规定的假期及每年一次免费健康体检；评选表彰10名区级社会工作领军人才；新招聘专职社区工作者35人；新增通过社会工作者职业水平考试148人。

【社区创建】 2019年，获第二批省级引领型农村社区8个，东洲街道新沙村、洞桥镇洞桥村、大源镇蒋家村、渌渚镇六渚村、富春街道拔山村、鹿山街道三合村、永昌镇青何村、龙门镇龙门七村。杭州市撤村建居社区示范点1个，巨利社区。

2019年10月9日，杭州市公益嘉年华在渌渚镇孝子湾公园举办
（区民政局 供稿）

社会组织

【社会组织培育孵化】 至2019年底，全区各类社会组织4391家，其中，民政部门登记社会组织946家（社会团体230家，民办非企业712家，基金会4家），备案社区社会组织3445家。2019年，社会组织等级评估获AAAAA等级社会组织2家，AAAA等级社会组织4家，AAA等级社会组织9家。全区AAAAA等级社会组织7家，AAAA等级社会组织18家，AAA等级社会组织28家，成长型品牌社会组织5家，品牌社会组织公益项目2个。

【社会组织规范化管理】 2019年，开展社会组织检查工作，年检合格528家，基本合格14家，不合格40家。发挥社会组织综合党委作用，新增新联会支部，共设7个支部，下属杭州市富阳区狼群应急救援服务中心党支部获杭州市“最强党支部”称号。

【打造社会组织品牌】 2019年10月，承办2019年杭州市暨富阳区社会组织“公益嘉年华”活动，投入专项资金50万元，在渌渚镇孝子湾文化公园举行“公益嘉年华”活动开幕式，省民政厅领导、80余家社会组织和1000余名市民参加，举办杭州都市圈、山海协作成员单位社会组织参与社会治理论坛；杭州市富阳区吾爱吾老服务中心被评为杭州市2019年成长型品牌社会组织。（吴 凌）

民族 宗教

【民族概况】 2019年年底，全区少数民族37个，户籍人口6810人，主要分布在富春街道，东洲街道、新登镇，万市镇。外来少数民族人口10626人，呈现大散居，小聚居的分布格局。少数民族村1个新登镇双江村；少数民族聚居村3个，富春街道拔山村、万市镇槎源坞村和白石村。全区有春江街道、大源镇育才小学、区教育局、华达新材料、日月电器、广福禅寺、富春街道春晖社区7个“少数民族之家”。10月，举办纪念新中国成立70周年大型少数民族庆祝活动。

【宗教概况】 2019年年底，全区有宗教团体3处，分别是佛教协会、基督教两会、天主教爱国会，经政府登记的寺观教堂及固定处所93处，其中佛教32处，天主教2处，基督教59处。共有已登记的教职人员157人，其中基督教79人、佛教78人。

开展“爱国爱教、缘结富春”庆祝新中国成立70周年茶会暨书画义卖募捐活动
（区民宗局　供稿）

【民族村振兴】 2019年，新登镇双江村“畲族元素节点打造”“畲族文化广场”2个重点项目动工兴建，总投资1000余万元。4月，举办第六届“三月三”民族文化节；4月，成立区畲族文化研究会；全年还组建舞蹈队、山歌队、彩带编织队。万市镇白石村、槎源坞村结合文化礼堂提升改造，投资30万元建设“民族文化馆”。

【推进“云南班”系列帮扶计划】 2019年3月起，对47名“云南班”在读少数民族学生（其中富阳学院13名、职教中心34名）开展系列帮扶，组织5家爱心企业提供社会实践活动16次，参与学生336人次，其中企业劳动生产活动12次，公益活动4次；开展“新登双江三月三民族文化节”“追寻先辈足迹绍兴参访学习行”社会体验活动2次，参与学生81人次。

【宗教领域规范化建设】 2019年，建立“三人驻堂”工作机制，落实三级网络两级责任制，推动宗教场所规范化建设。新登镇广福禅寺被推荐为“2019年省级平安宗教活动场所”。推行宗教场所财务管理上线，规范宗教场所财务收支管理。

【各宗教团体开展庆祝新中国成立70周年系列活动】 2019年，区基督教两会组织信教群众开展义务献血活动，共献血13100毫升；组织常务理事赴延安进行学习考察。区佛教协会组织开展“爱国爱教、缘结富春”庆祝新中国成立70周年茶会暨书画义卖募捐活动，募捐善款5万元，全部捐给贵州省锦屏县贫困村。

【举办“中国佛教讲经交流会”到富阳巡讲活动】 2019年5月13日至15日，在新登镇广福禅寺开展中国佛教讲经交流会”到富阳巡讲活动，该活动由中国佛教协会主办，浙江省佛教协会、中国佛教讲经交流基地协办，富阳区佛教协会、广福禅寺承办。社会各界500余人参加。

【开展普法宣传】 全年到各乡镇街道开展国务院《宗教事务条例》和《浙江省宗教事务条例》等法规学习讲座6场，各乡镇街道组织法律知识宣传56场次，发放法制宣传资料1500余份。

【巩固传统文化阵地建设】 推进文化“四进”工程，通过一庙一故事，继承民间传统风俗；10月8日，举办“周雄孝文化节”。开展宗教法规进学校、下基层宣传20余场次。区委党校将宗教理论方针政策纳入教学内容，对全区党员进行教育培训。（许　军）

【编　辑　陈炜祥】

32 乡镇·街道

Township and Streets

富春街道

【概况】 2019年，富春街道总面积105.45平方千米，其中城镇建成区面积17.30平方千米、绿地面积6.20平方千米，辖行政村13个，社区35个，居委会35个，股份经济合作社9个，党员6985人，其中党委32个、党总支45个、党支部397个，村民小组186个。年末总户数49198户，总人口133911人。全年实现工农业总产值2071167万元，按可比价格计算，比上年增长7.80%；其中工业总产值2035693万元，农业总产值35474万元。全年实现财政总收入140892万元，其中一般公共预算收入73619万元。农村经济总收入5410537万元，农村经济净收入783364万元。农民人均收入45176元。

年末耕地面积955公顷，其中水田面积836公顷，高标准农田面积789公顷，农作物播种面积2271.20公顷，其中：粮食作物播种面积1135.40公顷。粮食总产量835.90万千克。农机总动力6.95万千瓦。水利投工1.38万工，投资1095万元。完成环境污染治理项目1个，投资额86.88万元。存栏生猪4125头，出栏肉猪6552头，存栏家禽5.80万羽，出栏家禽11.08万羽。水产品养殖面积87公顷，水产品产量117.50万千克。绿化造林97公顷，封山育林4087公顷。水果种植面积276公顷，水果产量1744.90万千克。茶园面积867.30公顷，茶叶产量139.60万千克。农业技术服务机构个数1个，从业人员22人。农民专业合作社数量38个，成员418户。种植大户10户，家庭农场68个。工业企业总数806家，从业人员10298人，其中规模以上工业企业58家，实现产值199.71亿元、销售204.42亿元、利润总额4.46亿元。建筑业企业425个，总产值5981265万元。住宿餐饮业企业21个，营业总收入20550万元。商品交易市场20个，交易额235103万元。

中学3所，在校中学生6801人，教职工540人；小学10所，在校小学生17427人，教职工947人；幼儿园39所，在园幼儿12022人，教职工1425人。社区卫生服务中心1家，卫生室19家，执业（助理）医师91人。兽医（防疫）技术人员7人。全年出生1290人，计划生育率97.60%。固定电话用户36830户，移动电话用户299063户，因特网用

富春新貌

（富春街道　供稿）

2019年富春街道各行政村基本情况表

表22

村 名	户数（户）	人口（人）	农村经济总收入（万元）	农村经济总支出（万元）	农村经济净收入（万元）	农民人均收入（元）
拔 山	967	3403	30994	17047	14432	26000
三 联	538	2060	13444	5595	8064	35539
三 桥	905	3139	92679	68957	27226	35301
杨清庙	672	2441	18512	10804	9520	29955
湖 塍	507	1623	7421	3813	4508	24696
青云桥	890	3020	24160	12430	12010	33069
西 邮	796	2958	20585	15977	8680	26523
执中亭	447	1554	9809	4689	5133	31094
方家井	683	2340	25660	18700	7610	26800
宵 井	696	2158	13802	8770	6975	31673
春 华	733	2295	71665	55915	16070	30458
秋 丰	1050	3107	66844	55366	13431	34561

户82469户。社会福利收养性单位1个，床位138张。参加城乡居民养老保险1084人。参加城乡居民基本医疗保险39106人。最低生活保障救助人数679人。农户新建房屋54户，建筑面积19440平方米。金融机构网点134个，公园及休闲健身广场6个。

【各行政村基本情况】 （详见表22）

【“拔钉清零”比武】 1月，富春街道开展“拔钉清零”比武活动，集中解决历史遗留问题，共派出“攻坚小分队”25个，完成窑墩区块综合整治工程；打通风浦路、西山路、文豪路、西堤北路、文居街等城市“断头路”5条；完成区第三人民医院整体迁建土地征收；提前完成桂花路精品街区政策处理，征迁10家企业、34户住户、42户经营户；推进富春70号、71号和73号等9宗政府做地收储征迁；完成妇保医院扩建、拔山安置区块、地铁沿线等8个政府投资项目政策处理，确保无障碍施工；完成青云桥大型渣土消纳场征迁工作，征迁农户14户，累计征收土地24.33公顷。

【举办“展巾帼风采 筑大美富春”三八节庆祝活动】 3月4日，富春街道妇联在秦望广场举行纪念第109个“三八”国际妇女节活动。现场分最美家庭故事分享、先进表彰、千人秧歌大展示、文艺会演、图版展示、女性专场志愿服务等系列活动6个，明确富春女性48字的职责和使命，号召广大妇女姐妹逐梦2019，为富阳“三高”建设中贡献巾帼力量。富阳区妇联党组书记、主席钟怡媛，富春街道党工委书记汪军飞等领导出席，共计1200余人参加庆祝活动。

【第五届大青草莓节】 3月17日，富阳第五届大青草莓文化节在富阳富春街道执中亭村草莓长廊启动。活动由富春街道办事处主办，区乡风文明指导办、区“三美”新农村建设指挥部、区农业农村局、区文广旅体局、区总工会、区科协、区妇联、团区委、富阳日报社、中国农业银行杭州富阳支行协办，杭州市富阳广播电视台承办。杭城家庭50户、富阳区家庭50户受邀参加。活动设有卡通人物秀、情境歌舞，DIY草莓蛋糕等环节，累计吸引游客23400多人，带来经济收益2165万元。

【第十届拔山开茶节】 3月27日，富春街道在拔山村举办“富春山居 斗茶大会”暨第十届拔山开茶节活动。此次开茶节采取“一心两翼（主会场，观茶亭、太山庙两个分会场）”“一个特色集市”模式，设追梦影像、寻梦游园、共饮“第一锅春茶”等活动3个，共计

2019年3月27日，拔山开茶节活动举办

（富春街道 供稿）

吸引游客16700多人，带来经济收益11918万元。

【老旧小区改造】 5月，富春街道启动后亭子社区等10个区块的老旧小区改造，其中实施后周、城西2个区块的环境综合整治工程3天内，拆除各类违建8000多平方米，整治区域面积73万平方米。

【基层党建“互学互比”】 5月10日，富春街道“共绘富春红 共筑强国梦”基层党建“互学互比”活动在街道5楼会议室举行，区委党建和乡村振兴第一指导组全体领导莅临指导。在这场“比功底、比规范、比进步”的规范化建设“互学互比”中，由区委党建和乡村振兴第一指导组组成的专家评审组和由各行政村、股份经济合作社组成的基层互学组分别对35个社区的三务公开栏张贴情况、党员固定主题党日开展情况、党组织及支部活动记录本、联席会议记录本等规范化内容进行检查评分。

【承办区职工技能大赛】 5月25日，富阳区职工技能大赛暨“三方杯”制造业（车工）竞赛活动启动。大赛由区总工会、区人力资源和社会保障局主办，富春街道办事处承办，富春街道总工会、浙江三方控制阀股份有限公司协办。全区共有选手参赛45名，其中浙江三方控制阀股份有限公司职工卢三春获得第1名，杭州富阳区洞桥镇一昶五金厂职工徐一昶获得第2名，浙江三方控制阀股份有限公司职工袁光增获得第3名。

【试点信访“最多访一次”工作】 6月，富春街道试点信访“最多访一次”单位，建立首接首办、值班接访、代办等机制为主的信访超市。至年末，街道层面登记转办57件，自登自办48件；村社一级已报送最多访一次处置记录304件，已处置271件。

【融杭交通项目征迁】 9月初，富春街道实施“大兵团作战”，推进湖杭铁路、大盘山隧道等融杭交通征迁项目2个，12月，完成前期政策处理和房屋拆迁工作，共计签约企业23家，农户222户，拆除企业16家，房屋222套，拆除面积129058平方米，为重大交通融杭项目建设打下基础。

【“不忘初心、牢记使命”主题教育】 9月12日上午，富春街道召开“不忘初心、牢记使命”主题教育工作会议，街道党工委书记汪军飞主持会议并作动员讲话，部署全街道主题教育工作。至11月底，编印《富春街道2019年重点工作、重大项目手册》，确定《以社区建设推进精细化社会治理》等16个研究课题，领衔破难解决重大问题21个。

【少年儿童圆梦志愿活动启动仪式】 11月13日，富春街道团工委联合街道总工会、妇联开展“传递爱心温暖 情满富春大地”少年儿童圆梦志愿活动启动仪式，街道领导、区工青妇领导参加，活动组织志愿者近120名，上门走访慰问辖区内残疾青少年和重点青少年105名。

【开展消防隐患治理破冰风暴行动】 11月18日，富春街道联合区委政法委、公安富阳分局、公安交警大队、区住建局、区消防救援大队、区城管局等单位，在富春八小启动“除隐患、保平安、建长效”消防隐患治理破冰风暴行动。行动累计清除楼道堆积物43000多处，清理鞋柜7200多个，新增消防设施器材4980处，安装智能充电桩24500余口。消防隐患治理验收的100个封闭式小区全部达标。

【2019年度基层团支部大比武活动】 12月5日，街道团工委在街道5楼会议室举行基层团支部大比武活动，10个社区团总支对2019年团线工作特色亮点工作进行展示，鹿山社区团总支荣获一等奖，盘龙山社区团总支、蒋家桥社区团总支荣获二等奖，巨利社区团总支、春晖社区团总支、恩波社区团总支荣获三等奖。

【推广打造“家门口的监委”富春经验】 12月11日，全市“家门口的监委”建设现场会在富阳召开。市委常委、纪委书记、监委主任陈擎苍、各区（县、市）纪委书记及乡镇街道监察办公室主任等200余人参加并视察了富春街道监察办公室硬件建设和运行情况。监察体制改革以来，杭州市推动监察职能向基层延伸，富春街道在有效解决监察监督“最后一公里”问题方面进行积极探索，经验做法得到肯定和推广。

【巡察整改】 2019年，富春街道以巡察整改为契机，查找问题49个，组织处理6人，提醒谈话201人，建立完善41个长效机制。强化结果，督促领导干部履行“一岗双责”，加强街村党员干部管理考核，打造“清廉富春”。

【党建引领高水平社会治理】 2019年，富春街道积极引导207家“大党委”共建单位参与党建引领高水平社会治理比武，实施“百日解百难”攻坚行动，完成攻坚项目106个。组织在职党员7331名到所在社区参与平安巡防、党员认领楼道、垃圾分类、文明指数测评等工作，实施区管领导干部照片社区上墙制度。

【开展环境整治行动】 2019年，富春街道先后组织垃圾分类“百日攻坚”行动、城乡环境卫生、文明创建大比武，按照《富春街道垃圾分类工作实施方案》要求，通过宣传发动、入户指导、党建引领、宣传设施、志愿服务、示范创建六方面全覆盖，全面开展垃圾分类攻坚战。全面组织开展“清洁家园、美丽富春”行动，补复绿18.30万多平方米，清理垃圾4.50万吨，绿化美化城区闲置土地10宗，不断提升城市品质，城市文明指数测评名列杭州市前茅。

【高新产业发展】 2019年，全面提升富通光通信、惠迪森生物制药和金固集团高端装备制造等高新产业。完成工业固定资产投入4亿元，完成13个工业项目建设，完成物联网数字化改造项目6个，机器换人项目8个，创建省级科技型企业18家，国家重点支持高新企业7家，小微创新创业园1个。

【获得荣誉】 2019年，富春街道获得多项国家、省、市和区级荣誉。1月，蒋家桥社区党委书记徐建儿获杭州市社会工作领军人才称号；3月，城西社区获全省城乡社区治理和服务成绩突出单位称号，富春街道城市管理科干部周亮获杭州市“三改一拆”“无违建”创建及“四边三化”专项整治行动优秀个人称号；5月，湖滕村村委主任谢益飞获2017—2018年度杭州市“优秀志愿者”称号；7月，富通集团获“全国模范劳动关系和谐”荣誉称号，鹿山社区获杭州市基层妇女工作先进集体称号，春秋社区获得杭州市青年文明号；8月，富春街道干部何凤娣获“农民诗路杯”浙江省第十届“中国梦·故乡情”乡村诗歌大赛三等奖和“家在富春江上”2019富阳区庆祝新中国成立70周年“我和我的祖国”新故事征文二等奖2项荣誉；9月，富春街道获第三批全省“扫黄打非”进基层示范点称号及“欢歌祖国 悦动富阳”富阳区第八届乡镇文艺会演银奖和优秀组织奖；10月，富春街道获得2019年度富阳区第九届全民运动会道德风尚奖和金牌总数乡镇组第一名和团体总分乡镇组第一名和2019年度“我和我的祖国·悦动无邪富阳区反邪教广场舞大赛总决赛二等奖”，巨利社区获得杭州市“三型社区”荣誉称号，城西社区党委书记赵利群获得杭州市最美社区工作者称号；11月，富春街道荣获浙江省“国乐乡村”建设优秀单位称号，江滨社区“大党委”组团获评“党建引领高水平社会治理大比武”最佳案例，春晖社区、蒋家桥社区获得杭州市4星级文化家园，镬子山社区、新民社区获得杭州市3星级文化家园，凤浦社区党总支书记吕小霞、金秋社区党委书记陆文霞获得区“十佳社区书记”荣誉称号。12月，镬子山社区获得2019年度国家卫生城市社区评估良好社区荣誉称号，宵井村获得浙江省卫生村荣誉称号，宵井村党委书记赖新明获浙江省担当作为好支书和杭州市劳动模范荣誉称号，青云桥村文化礼堂获得浙江省5星级文化礼堂、方家井村文化礼堂获得杭州市4星级文化礼堂称号，城西社区被浙江省老干部局命名为“银尚之家”，富春街道获得2019年度杭州市“学习强国·学习组织之星”称号，陈煜琴、何凤娣、傅敏、金终、邵萍、周亮等6人被评为2019年度富阳区“学习强国·学习个人之星”，江滨社区党委书记陆丽霞获得市级最强领头雁称号，鹿山社区党委书记邵琴获得杭州市“社会工作督导助理人才”。

（陈　东）

春江街道

【概况】 2019年，春江街道总面积41.47平方千米，其中城镇建成区面积4平方千米、绿地面积3平方千米，辖行政村9个，股份经济合作社9个，党员1598人，其中党委10个、党总支1个、党支部62个，村民小组141个。年末总户数7287户，总人口29328人。全年实现工农业总产值1244277.36万元，按可比价格计算，比上年增长-35%；其中工业总产值1226702万元，农业总产值17575.36万元。全年实现财政总收入80200万元，其中一般公共预算收入45800万元。农村经济总收入2335760万元，农村经济净收入535895万元。农民人均收入48540元。

年末耕地面积447公顷，其中水田面积447公顷，高标准农田面积113.53公顷，农作物播种面积1415.20公顷，其中：粮食作物播种面积445.47公顷。粮食总产量2886.40万千克。农机总动力3440万千瓦。水利投资200万元。存栏生猪48头，出栏肉猪4596头，存栏家禽1.80万羽，出栏家禽7.78万羽。水产品养殖面积915公顷，水产品产量980.60万千克。封山育林1108.20公顷。水果种植面积8.27公顷，水果产量3088.50万千克。茶园面积6.13公顷，茶叶产量20万千克。农业技术服务机构个数1个，从业人员4人。农民专业合作社数量7个，成员35户。种植大户4户，家庭农场1个。工业企业总数107家，从业人员8458人，其中规模以上工业企业75家，实现

2019年春江街道各行政村基本情况表

表23

村　名	户数（户）	人口（人）	农村经济总收入（万元）	农村经济总费用（万元）	农村经济净收入（万元）	农民人均收入（元）
太　平	997	3896	152410	124509	27900	49520
临　江	1129	4569	578575	405003	173573	54030
春　江	716	2785	42769	31231	11538	36388
中　沙	773	2972	16440	10169	6271	37040
民　主	820	3397	296521	200397	96124	53271
建　设	745	3110	174140	56347	117793	52202
八　一	530	2218	431532	409541	21991	48758
新　建	628	2580	214139	166983	47156	50630
山　建	949	3801	429235	395685	33550	50058

产值 121.67 亿元、销售 125.86 亿元、利润总额 0.01 亿元。建筑业企业 42 个。商品交易市场 4 个。

中学 1 所，在校中学生 821 人，教职工 76 人；小学 1 所，在校小学生 2306 人，教职工 204 人；幼儿园 8 所，在园幼儿 1464 人，教职工 186 人。社区卫生服务中心 1 家，卫生室 9 个，医疗床位 120 张，执业（助理）医师 16 人。全年出生 410 人，计划生育率 98%。社会福利收养性单位 1 个，床位 15 张。参加城乡居民养老保险 22982 人。参加城乡居民基本医疗保险 12003 人。最低生活保障救助人数 115 人。农户新建房屋 18 户，建筑面积 6480 平方米。金融机构网点 7 个，公园及休闲健身广场 4 个。

【各行政村基本情况】 （详见表 23）

【召开第一届人民议事会议第二次代表会议】 1 月 11 日，春江街道召开第一届人民议事会议第二次代表会议，议事代表 60 名和列席代表 47 名以及组团考核单位相关负责人参加。会前，议事代表视察了新建村垃圾分类资源站和建设村居家养老服务中心。会议听取和审议春江街道办事处 2018 年度工作报告、人大春江街道工委 2018 年度工作报告、春江街道办事处 2018 年度环境状况和环境保护目标完成情况的报告，书面审议春江街道办事处 2018 年度财政预算执行情况和 2019 年度财政预算的报告，票选出春江街道 2019 年民生实事工程项目 10 个。

【完成第二批工业企业拆除签约】 1 月 15 日，春江街道完成第二批 99 家工业企业拆除签约工作。本次拆迁工作于 2018 年 11 月 8 日正式启动，成立工作小组 6 个，深入摸排企业，做好政策解释，了解企业诉求，帮助企业解决实际困难，建立一企一档。

【成立乡贤联谊会】 2 月 23 日上午，春江街道举行“春江燕归巢 同心谋发展”——乡贤联谊会成立大会，来自省内外的 40 余位春江乡贤参加会议审议通过《春江街道乡贤联谊会章程》《春江街道乡贤联谊会选举办法》，选举产生首届乡贤联谊会会长、副会长、秘书长和副秘书长。

【完成中沙村整村搬迁（一期）】 3 月 15 日，春江街道正式启动中沙村整村搬迁（一期）工作，共涉及农户 121 户。通过沿用“公开公平、统一尺度、民主监督、一口定价”的“华共模式”，成立临时党支部，分设红旗小组 6 个，深化“党建＋重点项目”融合发展，充分发挥党组织的战斗堡垒作用。4 月 11 日，完成入户调查、测绘、评估等前期工作。4 月 15 日，完成搬迁集中签约，签约率 100%，提前 4 天完成签约任务，刷新签约工作的“春江速度”。4 月 25 日，组织搬迁户集中选房。所选房源为中沙村雁沙公寓剩余住宅 161 套，符合参加选房条件的安置户共有 121 户，除自愿放弃的 3 户外，均分到新房。

2019年4月22日，富阳区扩大有效投资暨重大项目集中开工活动在春江街道举行
（春江街道 供稿）

【成立“春江红”党建诵读团】 4 月 16 日下午，春江街道举办“春江红”党建诵读团成立仪式。“春江红”党建诵读团是春江街道着力打造的党建宣讲品牌之一，成员主要包括街道及各单位的基层党员，有街道机关干部、大学生村官、村干部、小学教师、医务工作者等。2019 年，结合庆祝新中国成立七十周年，共计举办诵读活动 7 场，以诵读的方式向党员群众宣传党的路线方针政策，弘扬传统文化，为杭州富春湾新城建设摇旗呐喊、宣传造势。

【二董纪念馆开馆】 5 月 28 日上午，春江街道在新建村举行首届二董“清廉”文化节暨二董纪念馆开馆仪式。开馆仪式后，还举行“走读富阳”市民讲堂——《二董的清廉文化》专题讲座、“二董”清廉文化主题书画雅集等活动。春江街道新建村是董邦达、董诰后裔聚居地。为继承弘扬“二董”清正廉洁、勤政奉公、勤俭守己的精神，彰显地方历史文化，新建村历时 7 年，积极筹建二董纪念馆。纪念馆围绕勤政清廉主线，展陈董邦达、董诰父子的生平事迹、艺术成就、故乡情缘、传说故事、渊源与承嗣，是展示“二董”为官做人及书画艺术成就的重要窗口。

【承办杭州市健康素养进农村文化礼堂三年行动启动仪式暨 2019 年老年健康宣传周活动】 6 月 12 日上午，杭州市健康素养进农村文化礼堂三年行动启动仪式暨 2019 年老年健康宣传周活动在春江街道新建村友谊文化礼堂举行，市委常委、宣传部部长戚哮虎，市政协副主席周智林，市人民政府副秘书长毛根洪，市卫生健康委党委书记、主任孙雍容，富阳区委副书记、区长吴玉凤等领导出席启动仪式。该行动

2019年6月12日，杭州市健康素养进农村文化礼堂三年行动启动仪式暨2019年老年健康宣传周活动在春江街道新建村友谊文化礼堂举行

（春江街道 供稿）

由市委宣传部、市卫生健康委、市文化广电旅游局、市体育局、市红十字会联合发起，旨在通过农村文化礼堂这一新型农村健康教育与促进平台，在广大农村群众中普及健康知识、传播健康理念、培育健康文明的生活方式，以达到保障农民群众健康的目的。

【“春江红”党建联盟成立暨首届春江论“建”】 6月27日上午，春江街道举办“春江红”党建联盟成立暨首届春江论“建”活动，将包括街道机关、捆绑考核单位、社会组织、非公企业、基层单位等在内的47个党组织纳入党建联盟，实现组织联建、工作联促、队伍联抓、活动联办、信息联通。活动现场，区人大办机关党支部、杭州富阳江南医院党支部、春江村党委等5个党组织通过亮家底、晒经验、秀品牌，交流党建工作经验。

【“七一”大合唱比赛】 7月1日下午，春江街道举行庆祝新中国成立70周年系列活动——“不忘初心 继续前进”暨“七一”大合唱比赛。本次活动由春江街道党工委、办事处主办，春江街道建设村承办。活动现场对街道2018年度先进基层党组织进行表彰。来自街道各行政村、机关、企事业单位的12支队伍参加合唱比赛，中沙村获得一等奖，八一村、建设村获得二等奖，临江村、道勤纸业、太平村获得三等奖。

【街道党群服务中心挂牌启用】 8月30日，位于春江街道大桥南路228号的春江街道党群服务中心正式挂牌启用。中心共一层三个独立区块，总建筑面积600余平方米，内设服务大厅、党建展厅、社会组织（志愿服务办公室）、党群议事区、阅读沙龙区、红色影院、妇联（亲子手工坊）、乒乓球房、亲子乐园等功能室9个。

【庆祝中华人民共和国成立70周年文艺展演】 9月27日晚，“奋进新时代 逐梦富春湾”——春江街道庆祝中华人民共和国成立70周年文艺展演在太平村太平公园举行。本次晚会由春江街道党工委、春江街道办事处主办，街道各行政村联办，共吸引2000余名观众到场观看。

【冬至节气民俗活动】 12月22日，春江街道在新建村友谊文化礼堂举办“冬至一阳生，民族一家亲”冬至节气民俗活动，来自云南、新疆等地的少数民族同胞与春江乡贤代表参加。活动现场设打年糕、搡麻糍等传统民俗活动，以及民乐联奏、祭祀仪式、少数民族歌曲舞蹈等节目。春江街道乡贤代表为街道内90周岁以上老人150余名赠送棉衣，并捐赠10万元设立“再就业技能培训扶助基金”。

【拆除永泰热电厂排烟烟囱】 浙江永正控股有限公司下属永泰热电厂的排烟烟囱该烟囱净高122米，于2009年建成并投用，曾是富阳江南区块造纸产业兴旺的象征和春江街道的标志性建筑之一。随着杭州富春湾新城转型升级、企业腾退工作进入新阶段，2018年1月，永泰热电厂关停，11月28日烟囱正式开拆，2019年上半年拆除到位。

（孙绮虹）

东洲街道

【概况】 2019年，东洲街道总面积69.89平方千米，辖行政村15个，社区4个，股份经济合作社15个，党员2569人，其中党委13个、党总支8个、党支部146个，村民小组216个。年末总户数11937户，总人口47156人。全年实现工农业总产值1727868万元，其中工业总产值1646868万元，农业总产值81000万元。全年实现财政总收入110595万元，其中一般公共预算收入63039万元。农村经济总收入3987587万元，农村经济净收入366260万元。农民人均收入44848元。

年末耕地面积895.80公顷，其中水田面积223.80公顷，农作物播种面积2885公顷，其中：粮食作物播种面积896公顷。粮食总产量621.80万千克。农机总动力17373万千瓦。水利投工2.20万工，投资5050万元。完成环境污染治理项目2个，投资额250万元。存栏生猪218头，出栏肉猪327头，存栏家禽2.34万羽，出栏家禽1.35万羽。水产品养殖面积203.80公顷，水产品产量1838.41万千克。绿化造林3.10公顷，封山育林1500公顷。水果种植面积318.27公顷，水果产量1780.58万千克。茶园面积59.13公顷，茶叶产量42.8万千克。农业技术服务机构个数1个，从业人员13人。农民专业合作社数量64个，成员320户。种植大户33户，家庭农场20个。工业企业总数691家，从业人员29890人，其中规模以上工业企业110家，实现产值164.69亿元、销售163.85亿元、利润总额4.75亿元。住宿餐饮业企业34个。商品交易市场3个。

2019 年东洲街道各行政村基本情况表

表24

村　名	户数（户）	人口（人）	农村经济总收入（万元）	农村经济总费用（万元）	农村经济净收入（万元）	农民人均收入（元）
鸡笼山	1331	5093	701266	645794	64471	47715
黄公望	747	3043	406472	369554	36928	46273
富春江	1407	5535	388051	352495	35556	47258
何　埭	466	1999	109574	99128	10445	42917
新　沙	265	1059	66620	60152	6468	45313
木桥头	599	2291	147719	133997	13721	43372
东　洲	1213	4887	344197	312672	31524	42739
红　旗	601	2409	135548	122767	12781	42457
陆家浦	473	1835	101453	91935	9518	44081
张　家	893	3519	179539	163169	16370	42605
建　华	1047	4234	220097	199357	20740	42546
学校沙	796	3146	186485	169401	17084	42797
民　联	693	2897	671137	609915	61221	48629
紫　铜	635	2468	161522	159902	15828	44241
五　丰	623	2421	144692	131093	13598	47552

中学 1 所，在校中学生 1261 人，教职工 103 人；小学 1 所，在校小学生 2802 人，教职工 189 人；幼儿园 1 所，在园幼儿 1425 人，教职工 119 人。社区卫生服务中心 1 家，卫生室 10 个，医疗床位 70 张，执业（助理）医师 103 人，兽医（防疫）技术人员 1 人。全年出生 528 人，计划生育率 97.50%。固定电话用户 7109 户，移动电话用户 43316 户，因特网用户 21344 户。参加城乡居民养老保险 838 人。参加城乡居民基本医疗保险 20766 人。最低生活保障救助人数 549 人。农户新建房屋 277 户，建筑面积 33240 平方米。金融机构网点 3 个，公园及休闲健身广场 76 个。

【各行政村基本情况】 （详见表 24）

【对口帮扶锦屏县彦洞乡、缙云县大源镇】 东洲街道于 2018 年 8 月与锦屏县彦洞乡，2019 年 5 月与缙云县大源镇成为结对乡镇街道。其中，黄公望村与锦屏县平秋镇高坝村成为结对村，黄公望村与缙云县大源镇大源村、东箭集团和庙下村分别签订结对协议。2019 年 1 月和 6 月，锦屏县彦洞乡干部分两批到街道挂职学习；12 月，缙云县大源镇主要领导干部来街道开展“山海协作”工作交流和考察学习。

【亚运项目开工建设】 3 月 23 日，北支江水上运动中心项目和皮划艇激流回旋项目正式动工；5 月，北支江过江通道工程正式动工；10 月，北支江拆迁安置房项目正式获批，该项目位于东洲街道东洲村，自带幼儿园，文化、生活与养老服务用房；12 月 8 日，堵坝拆除及清淤工程正式动工。

【东洲街道首批社区成立】 5 月 14 日，东洲街道举行公望、逸城、华墅三个社区进驻集中揭牌仪式，标志着东洲街道从传统乡镇街道向大都市新型城区转变。

【召开杭州市农村家宴中心创建提质扩面工作现场会】 8 月 29 日，杭州市农村家宴中心创建提质扩面工作现场会在东洲街道紫铜村文化礼堂家宴中心召开，杭州市市场监管局副局长汪晓敏和东洲街道党工委副书记、办事处主任包杰峰共同为紫铜村家宴中心揭牌。

2019年8月29日，杭州市农家乐家宴中心创建提质扩面工作现场会在东洲街道召开
（东洲街道　供稿）

2019年9月29日，东洲街道70年史料展陈开放仪式举行
（东洲街道 供稿）

【乡贤工作】 6月1日，东洲街道召开首届乡贤代表联谊会会议，街道全体班子成员、各行政村书记及50余名乡贤代表参加。11月2日，紫铜村召开街道首个村级乡贤联谊会会议。11月10日，街道首个异地乡贤会—广东富阳东洲乡贤会在广州市正式成立，党工委书记费国民带队参加成立仪式。11月17日，建华村召开乡贤代表暨乡贤联谊会。

【推进美丽经济“三大计划”】 东洲街道启动“新沙重振”“公望增值”和“红旗田园”三大计划，推进“美丽街道”与美丽经济示范村创建。5月，召开新沙美丽经济示范村创建工作动员会；6月，举办红旗芒种插秧节；10月，组织部分东洲乡贤调研新沙村美丽经济示范村建设；12月，完成庙山坞路沿线综合环境整治。

【“不忘初心、牢记使命”主题教育】 9月12日，东洲街道召开“不忘初心，牢记使命”主题教育工作会议。9月28日，开展“奋力争先、勇创一流”村级大党建工作擂台比武，全面深化“不忘初心、牢记使命”主题教育，推进基层党建。

【创建浙江省果蔬特色农业强镇】 9月23日，富阳区东洲街道省级果蔬特色农业强镇创建工作，通过浙江省粮食安全和推进农业现代化工作协调小组农业“两区”办公室的专家组验收。

【东洲街道70年史料展陈】 9月29日，由区委宣传部、区委统战部主办，区史志办、东洲街道党工委承办的“天翻地覆慨而慷”——“东洲70年史料展陈”开放仪式在东洲街道陆家浦村举行。展陈通过时间轴的方式，记录反映东洲70年发展历程。

【“谷牧在新沙纪念展厅”正式开放】 12月16日，东洲街道新沙村举行“谷牧在新沙纪念展厅”开放仪式，谷牧长子刘念远将军一行，区委常委、人武部部长吴国灿等领导出席本次活动。

【杭新景高速东洲岛道口扩容】 12月，杭新景高速东洲岛互通扩容完成，互通口段宽度由30米提升到40米，收费口由“二进三出”扩建为“四进六出”，互通匝道由14米提升到24米。 （陆依玲）

鹿山街道

【概况】 2019年，鹿山街道总面积63.31平方千米，辖行政村9个，社区2个，股份经济合作社9个，党员1858人，其中党委11个、党总支4个、党支部87个，村民小组110个。年末总户数8178户，总人口25267人。全年实现工农业总产值154.33亿元；其中工业总产值150.70亿元，农业总产值3.63亿元。全年实现财政总收入41457万元。农村经济总收入903700万元，农村经济净收入100667万元。农村居民人均可支配收入45668元。

年末耕地面积756公顷，其中水田面积624公顷，农作物播种面积1653.40公顷，其中：粮食作物播种面积735公顷。粮食总产量508.10万千克。存栏生猪300头，出栏肉猪6100头，存栏家禽2万羽，出栏家禽39.50万羽，封山育林3484.30公顷。水果种植面积120.60公顷，水果产量447.40万千克。茶园面积35.80公顷，茶叶产量7.70万千克。农民专业合作社数量13个，成员196户。种植大户15户，家庭农场21个。工业企业总数210家，从业人员12000人，其中规模以上工业企业45家，实现产值135.90亿元、销售134.80亿元、利润总额3.90亿元。住宿餐饮业企业46个，商品交易市场4个。

中学2所，在校中学生2215人，教职工315人；小学1所，在校小学生2045人，教职工127人；幼儿园1所，在园幼儿1031人，教职工133人。社区卫生服务中心1家，卫生室6个，医疗床位5张，执业（助理）医师20人。全年出生273人，计划生育率97.40%。参加城乡居民养老保险295人。参加城乡居民基本医疗保险10395人。最低生活保障救助人数279人。农户新建房屋221户，建筑面积79560平方米。

【各行政村基本情况】 （详见表25）

【东吴社区创建杭州市垃圾分类示范小区】 6月，东吴社区启动“创建杭州市垃圾分类示范小区”。东吴社区结合社区大党委制和在职党员进社区服务活动，组建垃圾分类网格，以楼幢为单位，实行1+1+1+3+X捆绑模式开展工作，暨区管领导干部1名+专职社工1名+物业管家1名+保洁人员3名+党员若干，破解社区居民生活习惯及人力物力财力限制等创建难题，实行责任到网到户到人，齐抓共管形成合力。12月，居民参与率100%，分类正确率90%以上。

【开展“微心愿”圆梦仪式】 12月10日，鹿山街道、东吴小学联合

2019 年鹿山街道各行政村基本情况表

表 25

村　名	户数（户）	人口（人）	农村经济总收入（万元）	农村经济总费用（万元）	农村经济净收入（万元）	农民人均收入（元）
陆　家	816	2870	105365	92500	12865	49967
谢家溪	867	3048	155805	142041	13764	49100
蒋　家	895	2790	141140	127955	13185	49850
江　滨	560	1735	55516	47856	7660	45800
汤家埠	1075	3428	122411	110980	11431	41458
南　山	1189	3820	119370	105162	17428	49413
三　合	668	1987	96653	87501	9152	48132
五　四	502	1520	71330	64821	6509	47285
新　祥	633	2018	36110	29796	8673	43107

开展“微心愿”圆梦仪式，街道党工委副书记周益强、东吴小学校长俞小祥等 8 人参加。鹿山街道机关党委、团工委、关工委和东吴小学老师共 24 人，完成学生“微心愿”56 条，捐赠作业本 12000 本、铅笔 1 万支。

【召开“奋力争先、勇创一流”环境卫生大比武暨垃圾分类提质扩面推进大会】 12 月 12 日下午，鹿山街道在东吴小学报告厅召开“奋力争先、勇创一流”环境卫生大比武暨垃圾分类提质扩面推进大会，区党建和乡村振兴指导组、区妇联、区城管执法局和区应急管理局、区城投集团、区科协等“三服务”结对单位领导、专家及街道机关干部、村（社）两委干部、全体社工、各小区物业负责人、区两代表一委员、街道议事代表、村保洁员和易腐垃圾收集员等 200 余人参加。会议提出，要加快推进机关事业单位生活垃圾分类，封闭式小区垃圾分类，农村垃圾分类撤桶并点，农贸市场垃圾分类，新区沿街商铺垃圾分类，垃圾分类专职督查等工作。

【鹿山街道创建省级示范数字档案室】 11 月 8 日，鹿山街道成功创建省级示范数字档案室。制定档案管理制度；完善档案设施配备；建立档案资源；定期检查，确保安全；实施数字化、查阅网络化管理，提升档案服务水平，提高办事效率。

2019年12月11日，区委书记朱党其赴山水社区调研垃圾分类工作

（鹿山街道　供稿）

【东吴社区举办金婚庆典活动】 11 月 9 日，东吴社区在东吴文化公园内举办以“追逐岁月的足迹，传承民族文化”为主题的金婚庆典活动，金婚老人 12 对参加。活动主要内容为婚纱精心装扮、走红地毯、颁发“最美家庭”荣誉值证书、分享恋爱故事、告白仪式等。

【鹿山街道举办“假日爱心学校”开班仪式】 7 月 8 日上午，鹿山街道在东吴小学蒋家村校区举行“假日爱心学校”开班仪式。共设班级 9 个，其中东吴小学蒋家村校区内班级 5 个，由杭州日月电器股份有限公司、浙江美科斯叉车有限公司、杭州兴业合成革有限公司、富阳通力机械制造有限公司、浙江永盛科技股份有限公司等 5 个企业冠名；杭州广安汽车电器有限公司内设班级 2 个；三合村设书画班 1 个、山水社区设兴趣爱好班 1 个。

【北京市西城区政协考察组赴山水社区指导工作】 8 月 28 日下午，北京市西城区政协考察组赴山水社区实地考察社区规范化建设工作。考察组一行参观山水社区的红星阅览馆、幸福驿站、阳光心语室、群团之家、睦邻议事厅、社会组织联盟室等各功能室，对山水社区各功能室的布局及社区规范化建设表示肯定。

鹿山花海

（鹿山街道　供稿）

【“五彩富阳”农业综合体项目】 10月，“五彩富阳”农业综合体项目一期竣工并试运营。项目选址鹿山街道蒋家村，总规划面积约233.33公顷，其中一期用地面积80公顷。项目为集农业休闲康养于一体、生产生活生态相融合、六大产业全链条增值的乡村田园综合体和“宜业宜游宜居”的都市有机农业综合体，形成产村相融、三产互动、城乡统筹的综合示范效应。

【认定鹿山街道为2019年杭州市示范街道（乡镇）30分钟市民学习圈】 11月7日，鹿山街道被杭州市教育局认定为2019年杭州市示范街道（乡镇）30分钟市民学习圈。依据“新城+乡村”组合形成“以城带乡、以工促农”的社会转型发展模式，在“花海小镇（文旅体验）、城西新城（宜居宜业）”总体规划下，整合各类资源、全域建设学习阵地、联动共建保障力量、全优打造学习特色、科学架构学习网络，构建街道“全域共融”30分钟市民学习圈。

【鹿山街道山水社区获评“浙江省社会组织党群服务中心示范点”】 11月26日，在浙江省社会组织党的建设工作会上，鹿山街道山水社区山水社会组织党群服务中心被命名为浙江省第二批“社会组织党群服务中心示范点”，为富阳区首个省级层面的社会组织党群服务中心示范点（杭州市首个社区层面）。本次示范点评选全省共35家，省民政厅副厅长、省社会组织综合党委书记江宇为获奖单位代表授奖。山水社区山水社会组织党群服务中心于2019年5月9日正式投入使用，建筑面积1000平方米，现有专职工作人员7名，持证社工4人（其中中级2人），邀请浙江大学教授顾俊峰老师为社会工作师督导，入驻的社会组织4家，备案社会组织15家，其他类社会组织256家，党员志愿者300余人。（王勖文）

银湖街道

【概况】 2019年，银湖街道总面积158.24平方千米，其中城镇建成区面积37.50平方千米、绿地面积112.41平方千米，辖行政村22个，社区5个，居委会5个，股份经济合作社22个，党员3472人，其中党委15个、党总支14个、党支部198个，村民小组429个。年末总户数14061户，总人口50708人。全年实现工农业总产值1544034万元，按可比价格计算，比上年增长3%；其中工业总产值1470000万元，农业总产值74034万元。全年实现财政总收入132000万元，其中一般公共预算收入12696万元。农村经济总收入6943933万元，农村经济净收入1043418万元。农民人均收入48473元。

年末耕地面积1632公顷，其中水田面积1258公顷，高标准农田面积5公顷，农作物播种面积3749.47公顷，其中：粮食作物播种面积1929.73公顷。粮食总产量1218.92万千克。农机总动力5.58万千瓦。水利投工11.35万工，投资1700万元。完成环境污染治理项目10个，投资额657万元。存栏生猪3215头，出栏肉猪23484头，存栏家禽7.96万羽，出栏家禽54.09万羽。水产品养殖面积46.33公顷，水产品产量66.87万千克。绿化造林6.67公顷，封山育林8243.07公顷。水果种植面积65.40公顷，水果产量269.30万千克。茶园面积669公顷，茶叶产量61.89万千克。农业技术服务机构个数1个，从业人员18人。农民专业合作社数量28个，成员273户。种植大户9户，家庭农场38个。工业企业总数846家，从业人员83760人，其中规模以上工业企业68家，实现产值110.60亿元、销售111亿元、利润总额61.70亿元。建筑业企业231个，总产值11550万元。住宿餐饮业企业54个，营业总收入3500万元。商品交易市场1个，交易额5000万元。

中学2所，在校中学生2758人，教职工353人；小学5所，在校小学生4705人，教职工350人；幼儿园10所，在园幼儿2444人，教职工306人。社区卫生服务中心2家，卫生室13个，医疗床位30张，执业（助理）医师26人，兽医（防疫）技术人员3人。全年出生723人，计划生育率96.68%。固定电话用户5350户，移动电话用户45233户，因特网用户21270户。参加城乡居民养老保险1740人。参加城乡居民基本医疗保险22871人。最低生活保障救助人数952人。农户新建房屋219户，建筑面积78840平方米。金融机构网点3个，公园及休闲健身广场4个。

【各行政村基本情况】 （详见表26）

【地铁沿线征迁】 2019年，银湖街道共实施整村搬迁2期，共计投入资金27.44亿元，搬迁观前、受降两个行政村农户1307户，经营户

2019年银湖街道各行政村基本情况表

表26

村名	户数（户）	人口（人）	农村经济总收入（万元）	农村经济总费用（万元）	农村经济净收入（万元）	农民人均收入（元）
高桥	1379	5139	1789535	1538471	251064	49295
观前	1228	4317	493510	419921	73589	48341
泗洲	531	1768	119909	46349	73560	48284
勤丰	363	1228	140591	118770	21821	48465
郜村	409	1470	64071	44954	19117	47591
勤乐	514	1689	413607	385971	27636	47320
唐家坞	522	1756	238827	184535	54292	51011
沈家坞	404	1506	82139	54476	27663	49025
坑西	523	1870	66169	38809	27360	47406
上陈	362	1276	127548	104685	22863	47071
洪庄	676	2430	289707	238808	50899	47896
千家	440	1518	23614	4401	19213	46976
人地	501	1836	77879	51768	26111	47894
杜墓	420	1440	89502	68330	21172	48750
新生	432	1439	45673	26645	19028	46946
金竺	447	1532	85325	59141	26184	47255
受降	1127	4032	617669	534601	83068	48802
新常	702	2678	659176	601659	57517	48423
大庄	775	2809	402357	371859	30498	47554
梓树	568	2251	168765	143573	25192	50148
东坞山	785	3278	373382	341869	31513	47422
银湖	953	3446	574978	520920	54058	50591

193户；投入资金5.70亿元，拆、搬迁企业29家，共腾出存量建设用地146.67公顷。

【推进征补项目】 2019年，银湖街道共完成银湖新区富阳中学国际部项目、银湖1-4地块、银湖48号地块等项目18个，土地征用79.60公顷；完成银湖13号-1地块、13号-2地块、14号地块等项目11个，政策处理66.67余公顷。

【全面推进垃圾分类】 2019年，建设并投入使用坑西、洪庄、金竺、勤丰、受降、高桥等6个资源化处理站点。建立垃圾分类收运体系行政村22个、社区5个、封闭小区26个，落实每日收运、分类，街容风貌和城市管理水平得到提升，居民获得感和满意度增加。

【发展美丽经济】 2019年，成功举办美丽乡村党建联盟成立暨“银湖趣村游—西岩趣处暑”系列活动，吸引线下游客近10万人次，线上点击量累计60万人次。12月11日，举办富阳区美丽经济现场会。

【坑西村温泉度假和唐家坞村农旅产业园项目】 11月，坑西村西岩温泉文化旅游度假项目成功开采出地热资源，每日出水量约600吨，该项目由浙江永耀旅游文化发展有限公司投资建设，投资16.80亿元，由其打造的彩虹路也已成为新晋网红打卡点，预计每年增加村集体收入300万元；是月，唐家坞村农旅产业园项目一期农业园开园，该项目由杭州荣发农业公司投资建设，投资2.80亿，预计每年增加村集体收入15万元。

【开展平安银湖建设】 2019年，银湖街道开展巡防活动1087余次，共计巡防18806余人次，检查走访单位3451家6128次，及时发现问题并整改2321处；平安整治辖区内29个小区，均通过消防隐患整治验收。

【七色“彩虹党群联盟”】 6月29日，银湖街道以党建为引领，组建如意社区、香山社区、九龙社区、硅谷社区、彩虹社区、党群服务中心等七大党群队伍，结成七色“彩虹党群联盟”。围绕街道各项中心工作，“党群联盟”开展彩虹讲堂、彩虹沙龙、彩虹超市、彩虹公益、彩虹助学、彩虹微心愿、彩虹风采等七大“彩虹行动”。通过项目领办，过程监督、绩效评估等程序督促落实，把党群服务向便民一线集聚。

【回迁安置】 10月，完成高桥花苑多高层安置户的分房工作，113户安置户拿到安置房，解决了长达

坑西西岩山温泉项目

（银湖街道 供稿）

9年的历史遗留问题。同时，针对银湖、施家园、梓树等3个安置小区房屋办证难题，银湖街道多方协调，牵头成立由相关职能部门组成的安置房不动产转移登记现场办理工作专班组，分别在银湖村等3个安置村的文化大礼堂内开展“一站式”服务活动，集中为安置户们办理析产公证、纳税申报表填报、不动产转移登记受理等工作，完成3个安置小区安置房首次登记、不动产产权证办理48户。

【全面发展社会民生】 2019年，银湖街道出资300多万元对现有小学、幼儿园的教学楼、食堂、设备等进行改建和完善；完成投资983万元的野风山幼儿园装修工程。注册社区社会组织中心5个、村社会组织服务中心11个、街道社会组织服务中心1个；建立村级居家养老照料中心22个；完成适龄青年应征入伍18名。

【紫云山庄环境综合整治】 12月，完成紫云山庄小区环境综合整治工作，共拆除违建2.4万余平方米，完成主路7条、支路65条“白改黑”工程，铺设雨（污）水管道5300余米，绿化提升4000余平方米，建立健全党支部、业委会等组织。

（郑国英）

2019年12月25日，区领导调研紫云山庄环境综合整治

（银湖街道 供稿）

春建乡

【概况】 2019年，春建乡总面积48.19平方千米，其中城镇建成区面积0.43平方千米、绿地面积0.01平方千米，辖行政村（股份经济合作社）6个，党员570人，其中党委2个、党总支5个，村民小组107个。年末总户数2951户，总人口9275人。全年实现工农业总产值105840.40万元，其中工业总产值72000万元，农业总产值33840.40万元。全年实现财政总收入5325.59万元，其中一般公共预算收入4331.21万元。农村经济总收入253657万元，农村经济净收入48470万元。农民人均收入35197元。

年末耕地面积562.50公顷，其中水田面积406.10公顷，高标准农田面积390.60公顷，农作物播种面积1292.70公顷，其中：粮食作物播种面积576公顷。粮食总产量377.87万千克。农机总动力2.20万千瓦。水利投工1.92万工，投资1170万元。存栏生猪500头，出栏肉猪500头，存栏家禽1.80万羽，出栏家禽0.90万羽。水产品养殖面积5公顷，水产品产量4.70万千克。绿化造林50.70公顷，封山育林3013.30公顷。水果种植面积52.5公顷，水果产量1233.80万千克。茶园面积585.70公顷，茶叶产量87万千克。农业技术服务机构个数1个，从业人员4人。农民专业合作社数量9个，成员72户。种植大户1户，家庭农场20个。工业企业总数41家，从业人员1297人，其中规模以上工业企业8家，实现产值3.80亿元、销售3.60亿元、利润总额1.30亿元。住宿餐饮业企业7个，营业总收入1500万元。

小学1所，在校小学生383人，教职工30人；幼儿园1所，在园幼儿150人，教职工18人。社区卫生服务中心1家，社区服务站3个，村卫生室2个，执业（助理）医师9人，兽医（防疫）技术人员2人。全年出生94人，计划生育率98.90%。参加城乡居民养老保险345人。参加城乡居民基本医疗保险5046人。最低生活保障救助人数

210 人。农户新建房屋 53 户，建筑面积 19080 平方米。金融机构网点 3 个，公园及休闲健身广场 23 个。

【各行政村基本情况】 （详见表 27）

【成立春建乡首届乡贤联谊会】 4 月 6 日，春建乡召开首届乡贤联谊会成立大会，来自全国各地的近 50 位乡贤代表参加，会议审议通过《春建乡乡贤联谊会章程》，聘任何关新为名誉会长，选举产生首届乡贤联谊会会长周建富，副会长彭贤标、骆土泉、丁文松（兼秘书长）、杨平洪、裘金波、唐志新。

2019 年 6 月 24 日，“夏至春建 麦有嬉乐”夏至节晚会在咸康村举行

（春建乡 供稿）

【农村人居环境大提升大比武攻坚行动】 4 月 21 日，春建乡召开农村人居环境大提升大比武攻坚行动大会，全年共开展大比武活动 8 次，组织各种形式的整治活动 25 次，拆除乱搭乱建、违章建筑 322 处 15000 余平方米，整治视觉污点 1258 处，清理农户庭院 2380 户，完成整治提升区块 34 个，在区妇联组织的 8 次最美庭院大比武活动中，取得 5 胜 3 负，在全区环境卫生排名成绩较好。

【台湾南投营北营盘中小学师生文化走亲】 5 月 30 日下午，台湾南投营北营盘中小学师生一行，到春建乡中心小学开展传统文化走亲活动，两校师生们以传统文化为纽带，一起听琴音、品茶香、做手工、尝美食，互换礼物，在交流中互学互鉴，建立两岸一家亲的深厚友谊。

【“夏至春建，麦有嬉乐”夏至节气活动】 6 月 24 日，“夏至春建，麦有嬉乐”夏至节气活动在春建乡咸康村举行。活动分“麦有小集”山乡市集、“麦有味道”美食体验和“麦有创艺”夏至晚会三个部分，在原有称重、吃麦食、编麦扇等夏至传统习俗和村民展演比拼基础上，增加“市民直通车”2 辆，向全区公开招募市民 100 名，共同参与活动。

【春建乡中心幼儿园新园开园】 9 月 1 日，春建乡中心幼儿园新园投入使用，新园占地面积 4000 平方米，投资 1200 多万，共招收班级 6 个，拥有教职工 18 名。

【获“欢歌祖国 悦动富阳”乡镇文艺会演金奖】 9 月 21 日，春建乡选送的大合唱节目《四渡赤水出奇兵》，与渔山乡对唱竞演比拼胜出，获得“欢歌祖国·悦动富阳”暨“家在富春江上”第八届富阳区乡镇（街道）文艺会演金奖。

【咸康村创建 AAA 级景区村庄】 11 月，春建乡咸康村通过 AAA 级景区村庄创建验收，提升旅游基础设施和服务、旅游交通、环境卫生和综合管理等方面，建设游客接待中心，培育民宿，修建特色登山道，完成特色项目和活动梳理，设置“咸康十景”和旅游路线 3 条。

【举办山地自行车越野赛】 12 月 8 日，在春建乡大唐村下唐自然村举办 2019 年杭州·富阳·春建山地自行车越野赛。春建乡以专业赛事为良媒，以茶山美景为赛道，吸引来自各地的近百位骑友参赛，角逐男子精英组、男子大师组、女子组冠军，宣传“人在画中游”的嬉骑体验。

【横桐线巧溪至青山桥段全线贯通】 2019 年，春建乡实施横桐线 K3+160—K8+220 路段改扩建工程，从春建村巧溪 2 号桥桥头至青山桥头，全长 5.10 千米，路基宽度 12 米，路面宽度 10 米，为二级公路，并实现全路段亮灯。

2019 年 4 月 6 日，春建乡首届乡贤联谊会召开

（春建乡 供稿）

【“茶艺小镇”建设】 2019 年，春建乡以全域景区化、乡村美丽化、美丽产业化和产业经济化为目标，

2019 年春建乡各行政村基本情况表

表 27

村 名	户数（户）	人口（人）	农村经济总收入（万元）	农村经济总费用（万元）	农村经济净收入（万元）	农民人均收入（元）
咸 康	622	2074	132305	113105	19200	37162
下 俞	304	877	23228	18888	4340	34543
徐家坞	293	911	17921	13911	4010	33997
铁 坎	362	1175	18257	13808	4449	34613
春 建	879	2629	43564	32975	10590	34131
大 唐	491	1609	18381	12501	5880	36734
合 计	2951	9275	253657	205187	48470	35197

守护山水美景，加快茶艺小镇建设。建立“茶艺小镇”创建工作领导小组专班，制定《春建乡“茶艺小镇”建设总体设想》和《春建乡“茶艺小镇”建设五年行动计划》等纲领性文件，完成“春井访茶景观带、滨水绿道休闲带、美丽茶山高速带、高铁小镇配套区、环巧溪滨水休闲区”（简称“三带两区”）规划，统筹推进“美丽乡村、茶艺小镇、果蔬乐园”一体化建设。

（董琳洁）

新桐乡

【概况】 2019 年，新桐乡总面积 49.82 平方千米，辖行政村 7 个，党员 665 人，其中党委 3 个、党总支 6 个、党支部 27 个，村民小组 83 个。年末总户数 4473 户，总人口 13935 人。全年实现工农业总产值 174403 万元，其中工业总产值 148542 万元，农业总产值 25861 万元。全年实现财政总收入 22572 万元，其中一般公共预算收入 5748.64 万元。农村经济总收入 311702 万元，农村经济净收入 47434 万元。农民人均收入 31967 元。

年末耕地面积 695.83 公顷，其中水田面积 513.11 公顷，高标准农田面积约 540 公顷，农作物播种面积 1467.40 公顷，其中：粮食作物播种面积 662.20 公顷。粮食总产量 468.80 万千克。农机总动力 0.61 万千瓦。水利投资 500 万元。完成环境污染治理项目 3 个，投资额 350 万元。存栏生猪 132 头，出栏肉猪 89 头，存栏家禽 3.70 万羽，出栏家禽 14.30 万羽。水产品产量 210 万千克。绿化造林 19.80 公顷，封山育林 1466.70 公顷。水果种植面积 314.60 公顷，水果产量 456.30 万千克。茶园面积 52 公顷，茶叶产量 13.70 万千克。农民专业合作社数量 13 个，成员 300 户。种植大户 15 户，家庭农场 12 个。工业企业总数 30 家，从业人员 944 人，其中规模以上工业企业 7 家，实现产值 14.85 亿元、销售 14.96 亿元、利润总额 3.56 亿元。住宿餐饮业企业 3 个，营业总收入 984.80 万元。

小学 1 所，在校小学生 209 人，教职工 34 人；幼儿园 1 所，在园幼儿 99 人，教职工 20 人。社区卫生服务中心 1 家，卫生服务站 3 个，医疗床位 5 张，执业（助理）医师 13 人，兽医（防疫）技术人员 2 人。全年出生 130 人，计划生育率 96.90%。参加城乡居民养老保险 629 人。参加城乡居民基本医疗保险 7507 人。最低生活保障救助人数 1230 人。农户新建房屋 90 户，建筑面积 32400 平方米。金融机构网点 1 个，公园及休闲健身广场 1 个。

【各行政村基本情况】 （详见表 28）

【区新联会乡村振兴新桐实践基地启动仪式暨首个“新联书屋”共建活动】 1 月 12 日下午，富阳区新联会乡村振兴新桐实践基地启动仪式暨首个“新联书屋”共建活动在新桐乡新中村文化礼堂举行。区委统战部、新联会、新桐乡共同揭牌，宣布富阳区新联会乡村振兴新桐实践基地正式启动。区委统战部领导向新联会、新桐乡授牌，宣布全区首个新联书屋落地。

【获浙江省美丽乡村示范乡镇称号】 1 月 16 日，浙江省“千村示范万村整治”工作协调小组办公室公布 2018 年度浙江省美丽乡村示范乡镇名单，新桐乡位列其中。5 月，因在 2018 年度高质量高水平推进农村人居环境提升行动中成绩突出，经杭州市人民政府批准，予以集体嘉奖，同时被评为富阳区市容环境先进单位。新桐乡围绕乡村振兴战略，发挥“一江”“一岛”的独特优势，以党建引领乡村振兴，以拥江发展思路厚植环境优势，以打造美丽乡村和乡村振兴示范基地为目标，围绕发展和稳定两大主题，重点做好美丽乡村、美丽经济、党建引领和平安稳定四篇文章。重点推进俞家村历史文化村，新中村特色村，新桐村、程浦村、小桐洲村、春渚村、江洲村拥江发展精品村项目的建设，全力描绘“烟雨桐洲、富民和谐”新画卷。

【首届乡贤大会】 1 月 26 日，新桐乡召开首届乡贤大会，新桐籍乡贤代表 50 余名参加。大会审议通过《乡贤联谊会章程》《乡贤联谊会常务理事会选举办法》，选举山水置业集团董事长凌士良为会长，赵晋安、包昌福为副会长，徐军罗为秘书长。

【成立二董教育基金会】 9 月 10 日下午，新桐乡举行庆祝第 35 个教师节暨二董教育基金会成立大会，

2019 年新桐乡各行政村基本情况表

表 28

村 名	户数（户）	人口（人）	农村经济总收入（万元）	农村经济总费用（万元）	农村经济净收入（万元）	农民人均收入（元）
程 浦	699	2165	69307	61355	7952	32619
新 桐	1204	3693	140424	123183	17241	35142
小桐洲	466	1374	9735	6327	3408	30520
新 中	405	1244	8765	5555	3210	28134
春 渚	420	1329	18226	14426	3800	31332
江 洲	729	2435	45735	38858	6877	30566
俞 家	550	1695	19510	14564	4946	30534

新桐乡机关干部、新桐乡中心小学、中心幼儿园全体教师、乡贤理事会全体成员及部分乡贤代表、新桐商会部分代表、部分“区两代表一委员”、全体村干部等 150 人参加。会议表彰获“富阳区优秀教师”称号的新桐中心小学章安平，获“富阳区优秀教育工作者”的原新桐中心幼儿园沈荣娟及获“新桐乡优秀教师”的教师汪永余等 10 人。新桐乡党委委员徐国林通报二董教育基金会筹备情况，乡贤联谊会副秘书长倪荣柱宣读教育基金管理办法，并为 2019 年考上 985、211 等重点大学及富阳中学的 14 名新桐籍优秀学子家长发放首批奖学金 1.80 万元。新桐乡二董教育基金共募集资金 180 多万元，理事会成员：名誉理事长凌士良，理事长赵晋安，副理事长沈志成、屠金雷，秘书长倪荣柱，副秘书长俞程飞，理事俞雪堂、何东晓、蒋微、倪冠群。

【争创“最强领头雁”大比武活动】 9 月 15 日下午，新桐乡在春渚村文化礼堂举办“党员干部一起上，引领垃圾分类新风尚”暨争创“最强领头雁”大比武活动。大比武活动设主、分会场，7 个行政村的党员干部通过视频直播的形式观看。本次大比武分陈述汇报、现场问答、实践互动、市民代表投票等 4 个环节。在现场汇报环节，9 支参赛队伍陈述汇报垃圾分类的做法成效，并接受评委现场提问。程浦村获一等奖。

【新中村“金萧支队江北办事处史料馆”被命名为富阳首批党史教育基地】 9 月 27 日上午，富阳首批党史教育基地授牌暨新四军两渡富春江纪念馆实物征集工作会议召开。金萧支队江北办事处史料馆被命名富阳首批 12 处党史教育基地之一，为全区开展党史教育、爱国主义教育和革命传统教育提供了阵地和平台。

【“不忘初心、牢记使命”思想交流研讨会】 9 月 30 日下午，新桐乡党委联合杭州电视台《钱塘论坛》栏目组，在新中村金萧支队江北办事处史料馆，开展以“承红继拓·泽惠新桐”为主题的“不忘初心、牢记使命”思想交流研讨会。全国著名“三农”发展专家、浙江省农村经济研究会会长顾益康，浙江财经大学公共管理学院教授、浙江省大学生乡村振兴创意大赛组委会秘书长魏遐，富阳区委党校老师胡洪明等作为特邀嘉宾出席，富阳区委第四巡回指导组成员、桐洲岛皮划艇基地负责人、新桐乡乡村两级干部 100 余人参加。程浦村老党员徐连胜应邀讲述 1945 年 8 月 1 日新四军从程坟渡江的革命历史。与会人员就如何改变经济相对薄弱村、如何发挥基层党组织的战斗堡垒作用等开展研讨交流。魏遐教授和新桐乡乡长汪孝君签订将新桐乡作为浙江省大学生乡村振兴创意大赛基地的战略合作协议。

【通过省级“现代农业产业园”评审立项】 11 月，浙江省确定 11 个园区为 2019 年省级现代农业园区创建对象，富阳新桐省级现代农业园区成功入围，为杭州地区唯一。新桐省级现代农业园区规划范围，北至鹿山街道蒋家村，西与渌渚镇相连，东与场口镇隔江相望，南至富春江上桐洲岛。园区规划总面积约 4233.33 公顷，核心区面积约 1666.67 公顷，包括新桐乡程浦、

美丽新桐

（新桐乡 供稿）

2019年9月30日，“承红继拓·泽惠新桐”为主题的“不忘初心、牢记使命”思想交流研讨会举行（新桐乡 供稿）

新桐、小桐洲、新中、春渚、江洲、俞家和鹿山街道的江滨、汤家埠、南山、蒋家等11个行政村。园区以花卉苗木、水产、蔬菜为主导优势产业，主导产业产值占比59%左右。同时拥有子兰苗艺、花鹿原、彩薇谷、晶伟实业等农业龙头企业。

【新桐村获评2019年度浙江省高标准农村生活垃圾分类示范村】 12月，省“千村示范万村整治”办公布2019年度浙江省美丽乡村示范乡镇等名单，新桐乡新桐村获评2019年度浙江省高标准农村生活垃圾分类示范村。新桐村创新工作方式方法，党员干部带头进行生活垃圾分类，每户党员家庭垃圾桶印上“党员户”标识；开展“最美支部”“最美党员”擂台比武5场；组建“巾帼宣讲队”，对农户进行轮训；成立“桶嫂”志愿者服务队，按网格和清运区块，参与农户垃圾分类日常宣传和督查指导工作；深化智慧应用，引入二维码实名制，实现全村“一户一码”全覆盖，通过扫码对农户分类情况进行客观评价；在农贸市场人流密集处设置再生资源智能回收站，运用“云端系统”实现物联网和互联网无缝结合；开通村民虚拟“绿色账户”，通过“智慧互联”实现垃圾分类情况与积分兑换挂钩，将村民投放可回收物自动转化为积分，并存至村民“绿色账户”，积分可兑换生活物品。

（王慧娟）

新登镇

【概况】 2019年，新登镇总面积179.37平方千米，其中城镇建成区面积10.10平方千米、绿地面积40.75平方千米，辖行政村28个，社区4个，居委会4个，股份经济合作社3个，党员3653人，其中党委15个、党总支21个、党支部192个，村民小组590个。年末总户数23006户，总人口68499人。全年实现工农业总产值2629000万元，其中工业总产值2530000万元，农业总产值99000万元。全年实现财政总收入89800万元，其中一般公共预算收入44500万元。农村经济总收入2332631万元，农村经济净收入193690万元。农民人均收入35792元。

年末耕地面积2258公顷，其中高标准农田面积402公顷，农作物播种面积301公顷，其中：粮食作物播种面积178.50公顷。粮食总产量1302万千克。农机总动力21015千瓦。水利投资1500万元。完成环境污染治理项目1个，投资额110万元。存栏生猪16227头，出栏肉猪24340头，存栏家禽15.17万羽，出栏家禽113.80万羽。水产品养殖面积108.50公顷，水产品产量60.50万千克。绿化造林17.33公顷，封山育林4548.50公顷。水果种植面积46.33公顷，水果产量2686万千克。茶园面积126.70公顷，茶叶产量19万千克。农业技术服务机构个数1个，从业人员28人。农民专业合作社数量83个，成员2458户。种植大户55户，家庭农场95个。工业企业总数552家，从业人员30312人，其中规模以上工业企业60家，实现产值240亿元、销售235亿元。建筑业企业60个，住宿餐饮业企业37个，商品交易市场3个。

中学2所，在校中学生2834人，教职工245人；小学3所，在校小学生4203人，教职工197人；幼儿园2所，在园幼儿1626人，教职工58人。社区卫生服务中心1家，卫生室18个，医疗床位425张，执业（助理）医师522人，兽医（防疫）技术人员10人。全年出生580人，计划生育率98%。社会福利收养性单位1个，床位96张。参加城乡居民养老保险2120人。参加城乡居民基本医疗保险33714人。最低生活保障救助人数856人。农户新建房屋111户，建筑面积33333平方米。金融机构网点11个，公园及休闲健身广场4个。

【各行政村基本情况】 （详见表29）

【获2018年度小城镇环境综合整治省级样板】 2019年1月21日，浙江省城乡环境整治工作领导小组公布2018年度第二批省级样板，新登镇位列其中。整治投入资金57600万元，涉及项目34个，清除建筑垃圾、堆积物1.20吨，拆除各类彩钢棚、违建、老旧附房、危旧房60万平方米，完成“上改下”整治23.50千米，新建停车场8个、停车位1297个，绿化17.60万平方米，道路49万平方米，健身点10个。

【半山桃花节暨味道山乡大会开幕】 3月23日，富阳区美丽乡村“山乡大会”在新登镇开幕。现场上演新登竹马、百米青龙、传统迎亲、戏剧表演等传统民俗活动，与当地春季盛开的桃花构成了一幅极具特色的山乡春季图景，吸引当地百姓和各地游客前来感受特色风情。共吸引游客20多万人，带来经济收入1000余万元。

2019 年新登镇各行政村基本情况表

表 29

村　名	户数（户）	人口（人）	农村经济总收入（万元）	农村经济总费用（万元）	农村经济净收入（万元）	农民人均收入（元）
湘　河	368	1156	35842	32600	3242	32855
和　山	372	1105	39298	36160	3138	32787
湘　溪	702	2242	46829	40200	6629	33475
仙　里	295	890	35166	32430	2736	34551
马　弓	434	1353	41390	37590	3800	34035
长　兰	483	1679	40554	35090	5464	34991
湘　主	498	1644	37075	31800	5275	34203
潘　堰	764	2556	45203	36514	8689	35915
元　村	576	1890	100956	94212	6744	33386
半　山	1014	3427	139486	127160	12326	36913
九　儿	409	1218	47642	43560	4082	35920
长　垄	491	1499	71515	65780	5735	36958
双　庙	539	1678	42158	36520	5638	34636
五里桥	590	1958	66159	58430	7729	37845
南　津	840	2772	97394	87010	10384	36847
昌　东	816	2767	96804	87120	9684	35280
上　山	328	1072	68451	64780	3671	36241
官　山	565	2005	78638	71500	7138	33711
包　秦	410	1449	58189	53350	4839	35908
松　溪	1344	4840	531314	511655	19659	37479
上　旺	493	1769	37409	31460	5949	34958
官　塘	610	1975	49176	42350	6826	35671
乘　庄	474	1698	209935	202400	7535	35059
双　江	312	1084	43035	38720	4315	34308
双　塔	326	1067	53753	49940	3813	37020
双　联	725	2376	41057	32650	8407	36368
大　山	673	2314	56301	47410	8891	37813
塔　山	894	2896	121902	110550	11352	38156

【松溪小学啦啦操队获杭州市特等奖】 4 月 27 日，由杭州电视台少儿频道、杭州市啦啦操健美操协会主办的 2019 杭州市少儿啦啦操电视大赛在杭州文化广播电视台落幕。松溪小学获少儿组规定花球、少儿组自选花球两个特等奖。

【推进“阳光工程”建设】 4 月，新登镇在全区率先实施“阳光工程”建设，成立“阳光工程”建设规范化管理工作领导小组，制定《新登镇“阳光工程”建设规范化管理办法》和《新登镇工程项目信息全过程公开实施办法》，明确工程项目“三段十环”监督管理重点 56 个，实现决策、设计、预算到验收、审计、监督的全过程全方位监管。实行线上 + 线下监督，开展监督检查 30 余次，涉及小型工程信访同比下降 80% 以上。7 月 25 日，召开全区镇级工程项目信息公开暨村级工程规范化管理现场会。12 月 19 日，荣获全区改革攻坚擂台大比武活动第 1 名。

【杭州市市长徐立毅调研新登古城复兴和城镇有机更新】 5 月 9 日，市长徐立毅专程赴新登镇调研新登古城复兴和城镇有机更新。徐立毅对新登镇协同推进历史传承、环境塑造、产业振兴的理念思路表示肯定，指出要进一步做好文化的“加法”和建筑的“减法”，修复城镇肌理、营造舒朗空间、强化集聚功能，全力打造古城复兴新示范。

【新登镇“贤明讲堂”开班】 5 月 11 日上午，新登镇举办 2019 年度第一期“贤明讲堂”学习讲座暨开班仪式。区政协副主席王小丁作题为“新登故事”的专题报告。镇党委理论学习中心组全体成员、全体镇机关干部、各行政村（社区、股份经济合作社）、各基层站所、各学校负责人和老干部代表等200余人参加。“贤明讲堂”每月举办一期，镇党委邀请专家学者、各级领导、本地乡贤以及老干部、道德模范，为新登镇村干部队伍讲解政治理论、法律法规、业务知识和新登的人文历史等。

【杭州市领导来新登调研“家门口的监委”工作】　6月12日下午，杭州市委常委、市纪委书记、市监委主任陈擎苍一行来新登调研“家门口的监委”即乡镇（街道）监察办公室履职情况。区委常委、区纪委书记、区监委主任胡志明陪同。座谈会前，陈擎苍一行实地踏看区监委派出新登镇监察办公室，参观信访接待室、廉情档案室、监察谈话室等硬件设施，了解相关组织保障以及制度规范建设等情况。座谈会上，区纪委监委作富阳“家门口的监委”建设情况汇报，富春街道、银湖街道、大源镇、新登镇4个派出监察办公室分别作履职情况汇报。新登镇党委作有关情况汇报。陈擎苍对富阳乡镇（街道）监察办公室工作取得的成效表示充分肯定。

【杭州市“美丽城镇、美丽乡村”建设考察组来上山村考察】　6月26日，杭州市委常委、宣传部部长戚哮虎带领全市“美丽城镇”“美丽乡村”建设比学赶超活动第四考察组来新登镇上山村考察观摩。杭州市领导许勤华、陈永良参加第四组考察活动，富阳区领导朱党其、吴玉凤、徐林亮、钟永明陪同。考察组成员边走边看，实地感受群众乐享美丽城镇建设成果的场景，为富阳利用小城镇整治契机，带动整体环境提升，提升群众生活品质的做法点赞。考察组对上山村以美丽田园项目为依托，带动村民参与农产品深加工、餐饮、民宿等业态的做法给予肯定。

2019年7月25日，全区乡镇级工程项目信息公开既村级工程规范化管理现场会在新登召开　（新登镇　供稿）

【新登镇湘溪乡贤馆开馆】　8月28日上午，富阳区首个村级乡贤馆——新登镇湘溪乡贤馆正式开馆。乡贤馆位于新登镇湘溪村8号，面积235平方米，投入资金13万元，分上下两层，包括会客室、休闲室、休息室等。新登镇湘溪村乡贤理事会于2018年2月成立，是杭州市首家以村一级注册的乡贤协会。目前，协会共有会员56名。

2019年6月12日，杭州市纪委书记陈擎苍赴新登镇调研“阳光工程”　（新登镇　供稿）

【罗隐书屋正式开业】　11月18日，富阳首家24小时智慧图书馆——新登镇罗隐书屋正式开业。罗隐书屋位于新登镇新登共和南路1号，占地面积250平方米，拥有书籍近万册，设有中国小说、亚洲文学、欧洲文学、儿童文学、工业技术、历史地理、艺术、报告文学、散文诗歌、杂志、文学理论以及新登地方文化历史等内容分区。为富阳区首个24小时自助图书馆，实现图书馆公共文化服务全年每天24小时不打烊服务，市民凭身份证、市民卡即可进入，享受免费、开放、无障碍的阅读服务。

【获区“护校安园”专项行动大比武第1名】　2019年，新登镇以“四强”（强领导，落实责任；强自查，摸清现状；强联动，形成合力；强措施，确保长效）为指导，积极开展“护校安园”专项行动。在校门口设立护校安园公告牌，落实责任到人，细化安全管理工作内容，制定年度工作计划，经常性开展安全大检查，做好事故隐患的整改工作。

12月10日，新登镇荣获全区“护校安园”专项行动大比武第一名。

【富阳农发桐坞生猪养殖场项目开工】 12月25日，富阳农发桐坞生猪养殖场项目开工仪式在新登镇官山村举行，区领导吴玉凤、钟永明参加。根据富阳区“菜篮子”畜牧基地布局规划，经过前期招商，由浙江兴农发牧业股份有限公司与杭州富春山居集团有限公司共同投资建设的富阳农发桐坞生猪养殖场项目正式落地，建成后可以有效保障全区生猪供应，并为省市提供相应保障。该项目建设期12个月，总投资约5亿元，计划用地面积约30.73公顷，总建筑面积约15.63万平方米，预计将形成存栏8.70万头、年出栏16.20万头优质商品猪的生产规模。

【获评浙江省森林城镇】 12月24日，浙江省关注森林组织委员会公布2019年度“浙江省森林城镇”名单（浙森组〔2019〕1号），全省共有98个城镇入选，富阳区新登镇位列其中。目前，辖区内城镇林木覆盖率27.20%，人均公园绿地面积7.51平方米，乔木树种比重70%，全镇各单位和居住区绿地率29.30%，90%居民出行平均500米有公园休闲绿地，主要道路、河道绿化率90%。（方灵燕）

渌渚镇

【概况】 2019年，渌渚镇总面积79.24平方千米，其中城镇建成区面积15.40平方千米、绿地面积5.32平方千米，辖行政村13个，股份经济合作社13个，党员882人，其中党委1个、党总支6个、党支部12个，村民小组181个。年末总户数5402户，总人口17046人。全年实现工农业总产值326093万元，按可比价格计算，比上年增长94.67%；其中工业总产值266627万元，农业总产值59466万元。全年实现财政总收入30628万元，其中一般公共预算收入43557万元。农村经济总收入452729万元，农村经济净收入55349万元。农民人均收入38500元。

年末耕地面积921.46公顷，其中水田面积856公顷，高标准农田面积341.38公顷，农作物播种面积811.53公顷，其中：粮食作物播种面积1028.80公顷。粮食总产量653.91万千克。农机总动力1.05万千瓦。水利投工0.14万工，投资1300万元。完成环境污染治理项目1个，投资额40万元。存栏生猪3000头，出栏肉猪75320头，存栏家禽3.24万羽，出栏家禽27.70万羽。水产品养殖面积172公顷，水产品产量146.40万千克。绿化造林1.53公顷，封山育林2782.53公顷。水果种植面积146.06公顷，水果产量870.09万千克。茶园面积28.46公顷，茶叶产量3.20万千克。农业技术服务机构个数1个，从业人员27人。农民专业合作社数量11个，成员451户。种植大户24户，家庭农场8个。工业企业总数125家，从业人员3256人，其中规模以上工业企业14家，实现产值226627亿元、销售226378亿元、利润总额99.89亿元。住宿餐饮业企业2个，营业总收入350万元。商品交易市场9个，交易额9975万元。

小学2所，在校小学生310人，教职工53人；幼儿园1所，在园幼儿173人，教职工32人。社区卫生服务中心1家，卫生室5个，医疗床位5张，执业（助理）医师15人，兽医（防疫）技术人员 4人。全年出生132人，计划生育率100%。固定电话用户947户，移动电话用户9065户，因特网用户2957户。社会福利收养性单位1个，床位62张。参加城乡居民养老保险12831人。参加城乡居民基本医疗保险8958人。最低生活保障救助人数522人。农户新建房屋69户，建筑面积24240平方米。金融机构网点2个，公园及休闲健身广场38个。

【各行政村基本情况】 （详见表30）

【渌渚镇小城镇环境综合整治通过省级考核验收】 1月3日上午，浙江省小城镇环境综合整治考核验收小组对渌渚镇小城镇整治内容进行对标考核，通过实地检查、查阅台账、座谈听取汇报等形式，逐项评分。1月17日，顺利通过省级验收并获得“省级样板”称号，2月1日，入选浙江省小城镇文明行动样板小城镇名单。整治共涉及大项16个子项29个，集镇线路“上改下”强电0.32千米，弱电3.30千米，拔除废旧电杆200余根，入户线梳理全覆盖；新建停车场5个，新增大车停车位18个、小车停车位182个、临时停车位26个，有效遏制车辆乱停乱放行为；背街小巷整治面积55513余平方米，涉及农户338户农户；美化片区5个，划分12个整治区块，由除岘口村外的12个行政村书记担任片区负责人进行综合整治；发动“妈妈帮帮团”、青年志愿服务队、巾帼志愿队、交通劝导“红马甲”等参与整治累计，参与人数900余人次；有效化解群众诉求232件，查处违法车辆268辆；岘口村先行试点“五长联治”工作，确定路长9名、河长3名、庭长55名、厂长3名和店长5名，实现环境整治长效治理。

【渌渚镇杨袁村百亩七彩油菜花开放】 3月，渌渚镇杨袁村种植培育七彩油菜花开放，面积达6.67公顷，吸引游客近万人。该区块油菜花共有颜色7种，包括桃红、红橙、深橙、橘黄、翠绿、淡黄、白色。项目由富阳区农业农村局种子专家团队种植培育，2018年10月播种，2019年3月开花。

【举办“渌渚周雄”杯浙江省第三届少儿故事会总决赛】 5月25日，在孝文化之乡渌渚镇周雄纪念馆举办浙江省第三届“渌渚周雄”杯少儿故事会总决赛。少儿故事会历时3个月，经过全省各分赛区选拔淘汰，60名优秀小选手从来自全省各地的10000余名选手中脱颖而出，参加总决赛。总决赛分小学低段组（小学1—3年级）和小学高段组（小学4—6年级）。通过讲故事的方式诠释和弘扬孝道文化，讲好中国故事，传递正能量。经过评委老师专业打分，每个组别各评选出第一批优秀故事选手、第二批优秀故事选手、第三批优秀故事选手各10名。山海经杂志社总编、浙江省故事委员会

2019年渌渚镇各行政村基本情况表

表30

村 名	户数（户）	人口（人）	农村经济总收入（万元）	农村经济总费用（万元）	农村经济净收入（万元）	农民人均收入（元）
百 前	413	1259	40260	35893	4367	34806
杨 袁	305	898	26818	23551	3267	36771
六 渚	412	1339	38998	34484	4514	33925
莲 桥	283	889	32384	28545	3839	42720
董 湾	353	1039	35395	31109	4286	41470
岘 口	387	1137	42128	36637	5491	48395
阆 坞	691	2466	81648	70494	11154	44900
桃花岭	314	957	25447	22120	3327	35071
新 岭	532	1686	57379	52679	4700	29458
浦 中	410	1288	35283	30979	4304	34543
新 浦	402	1325	60006	55366	4640	35781
新 港	329	1053	29751	26240	3511	34255
山 亚	408	1468	41593	34904	6689	46305

主任毛晓青，杭州市富阳区人民政府副区长孙洁，中国民协故事委员会主任、民间文学杂志社总编、社长白旭旻为获奖选手颁奖。

【渌渚镇举行首届乡贤联谊会】 6月9日，渌渚镇举行首届乡贤代表联谊会，原省公安厅副厅长、巡视员凌秋来，杭州市财政局局长谢建华，市民宗局局长邵根松，市委副秘书长唐志祥，富阳区委副书记徐林亮，区委常委、统战部部长陈平等80余位乡贤参加。乡贤联谊会讨论通过《渌渚镇乡贤理事会章程》，选举产生首届乡贤联谊会名誉会长、会长、副会长、理事、秘书长和副秘书长。

【推进“不忘初心、牢记使命”主题教育】 6月15日，渌渚镇以“小板凳”为载体，贯彻落实“不忘初心、牢记使命”主题教育和“三服务”（服务企业、服务群众、服务基层）活动。全镇共出动“小板凳”宣讲服务150余次，在理论宣传、矛盾化解、征地拆迁、环境整治等方面发挥积极作用，切实拉近党员干部与群众的距离，宣传好党的政策，弘扬孝善文明新风，化解矛盾纠纷。

2019年5月25日，中国少儿故事浙江总决赛在渌渚镇举办

（渌渚镇 供稿）

【富阳循环经济产业园生活垃圾焚烧项目开工】 8月20日，富阳区循环经济产业园生活垃圾焚烧项目开工仪式在渌渚镇举行，区委书记朱党其宣布开工。根据市级工作部署，循环经济产业园项目一期包含生活垃圾焚烧处置、餐厨垃圾处置和飞灰处置三个项目。其中，生活垃圾焚烧处置项目占地7.80公顷，总投资13.76亿元，设计处理能力1500吨/天，并规划预留750吨/天，计划于2020年年底竣工；餐厨垃圾处置项目于2019年10月开工建设，2020年10月完工；飞灰处置项目设计规模150吨/日，于2019年12月开工建设，2020年10月建成投运。

【渌渚镇中心小学钟小凤老师获全国模范教师称号】 8月27日，2019年度全国模范教师、全国教育系统先进工作者名单结束公示，渌渚镇中心小学钟小凤老师获得全国模范教师称号，这是继2016年获浙江省农村教师突出贡献奖后，又获一个奖项。

【举办2019中国故事节·少儿孝善故事会】 10月7日，渌渚镇在

2019年10月16日，渌渚镇"孝善姐帮忙"服务团成立

（渌渚镇　供稿）

周雄纪念馆举办2019中国故事节·少儿孝善故事会总决赛，来自全国10余个省、市、自治区的30名小故事员参加，评选出第一批优秀故事员3名、第二批优秀故事员6名、第三批优秀故事员9名、第四批优秀故事员12名。6月，2019中国故事节·少儿孝善故事会在渌渚镇启动，吸引全国22个省、市、自治区的故事作家和作者参与，收到来稿近400篇。中国故事节由中国民间文艺家协会主办，为"中国民间文学大系出版工程"社会宣传推广示范项目，是全国唯一从事故事创作、故事表演的国家级专业性节会。

【举办2019"民间民俗·多彩浙江"周雄孝文化节开幕式暨中国故事节·少儿孝善故事会成果发布典礼】 10月8日上午，渌渚镇孝子湾文化公园举办2019"民间民俗·多彩浙江"周雄孝文化节开幕式暨中国故事节·少儿孝善故事会成果发布典礼。活动由省民宗委、省文旅厅、省文物局联合指导，市民宗局和富阳区政府主办，富阳区委统战部、渌渚镇政府承办。杭州市委常委、统战部部长陈新华宣布活动开幕。2019"民间民俗·多彩浙江"周雄孝文化节系列活动包括杭州市暨富阳区社会组织公益嘉年华、新劳动教育实践体验、"我和我的祖国"快闪点赞活动、"汇匠艺·展孝心"富阳多彩民俗小市集、"百孝进万家"书法雅集、百孝图剪纸创作、渌渚镇庆祝新中国成立70周年文艺会演、送文艺下乡、孝善飞行棋、周雄故事鸡鸣磨豆体验等。

【阆坞村整体搬迁】 12月10日，渌渚镇阆坞村整村搬迁基本完成签约、房屋搬空，阆坞村搬迁以"一次规划，分期实施"，一期一区块集体房屋及农户房屋155户于2018年12月25日完成签约，2019年1月10日完成房屋腾空。二期搬迁为二、三、四区块，具体为大同自然村邵家及新农居点、汪家自然村、阆港自然村，涉及农户555户、规下企业1家、规上企业1家。11月27日签约农户518户，12月25日完成房屋腾空及交房，拒绝签约农户37户。

【渌渚镇成功创建全国孝文化之乡】 12月21日，经中国民间文艺家协会评定，渌渚镇成功创建全国孝文化之乡。多年来，渌渚镇积极挖掘孝子周雄文化，2014年，成功申报第四批国家级非物质文化遗产名录，恢复民间非遗"孝子祭"；打造"孝善平安工作室"，创新实践基层矛盾化解"最多跑一地"联动机制；助推乡贤治理，建立乡贤"阿德哥"调解室、"小娘舅"调解室，化解矛盾纠纷27例；打造"孝心之旅"精品路线，以孝子湾公园为中心四周延伸，开展品孝子宴等活动。

【《渌渚镇镇》志完成初稿】 12月28日，完成《渌渚镇镇志》初稿编纂。2018年6月，启动渌渚镇志，经过资料收集、整理、编撰、手稿电子化输入等，完成初稿编纂，共分九编31章185节，26万余字。

【完成S305省道渌渚段亮灯工程】 12月31日，S305省道渌渚段亮灯工程经调式交付使用，总投资494.14万元，全线11.50千米，新安装地藏式100千伏变压器4台，安装高9米50瓦氙气灯路灯491套，岘口集镇安装25米3000W高杆灯1套。　　（叶建平）

胥口镇

【概况】 2019年，胥口镇总面积68.82平方千米，其中城镇建成区面积6.54平方千米、绿地面积58.60平方千米，辖行政村支15个、党支部55个，村民小组217个。年末总户数5593户，总人口18029人。全年实现工农业总产值443231万元，按可比价格计算，比上年增长25%；其中工业总产值411931万元，农业总产值31300万元。全年实现财政总收入35666.63万元，其中一般公共预算收入17746.64万元。农村经济总收入419763万元，农村经济净收入83080万元。农民人均收入31379元。

年末耕地面积887公顷，其中水田面积581.40公顷。粮食作物播种面积876公顷，粮食总产量919.80万千克。农机总动力1.62万千瓦。水利投工3.50万工，投资2500万元。完成环境污染治理项目1个，投资额700万元。存栏生猪5696头，出栏肉猪20595头，存栏家禽4.66万羽，出栏家禽9.40万羽。水产品养殖面积27.53公顷，水产品产量120.10万千克。绿化造林4.50公顷，封山育林17250公顷。水果种植面积92.20公顷，水果产量686.29万千克。茶园面积74公顷，茶叶产量19.80万千克。农业技术

2019 年胥口镇各行政村基本情况表

表 31

村　名	户数（户）	人口（人）	农村经济总收入（万元）	农村经济总费用（万元）	农村经济净收入（万元）	农民人均收入（元）
上　练	341	1156	7597	5011	2586	32625
下　练	547	1786	252696	212418	40278	31906
里　坞	490	1519	10592	7357	3235	30715
新　嵊	692	2061	9359	3937	5422	32005
查　岭	312	992	16553	13354	3199	31925
胥　口	647	1507	9320	5235	4085	31035
葛　溪	453	1461	45803	38954	6849	30703
金　慈	419	1321	7625	4883	2742	30602
棠　棣	360	1096	13904	10583	3321	31972
平　畈	561	1711	10020	6330	3691	30779
佛　鲁	404	1277	10496	7837	2659	30847
高　联	512	1551	7528	5473	2055	31805
灵　苑	315	905	18270	15312	2958	31365

服务机构个数 4 个，从业人员 16 人。农民专业合作社数量 23 个，成员 470 户。种植大户 6 户，家庭农场 79 个。工业企业总数 108 家，从业人员 4553 人，其中规模以上工业企业 14 家，实现产值 40.69 亿元、销售 37.53 亿元、利润总额 2.07 亿元。建筑业企业 1 个，总产值 200 万元。商品交易市场 1 个，交易额 730 万元。

小学 1 所，在校小学生 499 人，教职工 60 人；幼儿园 1 所，在园幼儿 307 人，教职工 43 人。社区卫生服务中心 1 家，卫生室 4 个，医疗床位 5 张，执业（助理）医师 12 人，兽医（防疫）技术人员 4 人。全年出生 166 人，计划生育率 96.38%。固定电话用户 1600 户，移动电话用户 15000 户。社会福利收养性单位 1 个，床位 80 张。参加城乡居民养老保险 814 人。参加城乡居民基本医疗保险 10274 人。最低生活保障救助人数 432 人。农户新建房屋 73 户，建筑面积 26280 平方米。金融机构网点 1 个，公园及休闲健身广场 33 个。

【各行政村基本情况】　（详见表 31）

【举行胥口镇农村饮用水工程通水仪式】　1 月 28 日，杭州城投集团与胥口镇在“百千万”活动中的重要共建项目——胥口镇农村饮用水工程通水仪式在胥口镇佛鲁村举行，杭州市城投集团党委书记、董事长冯国明，富阳区委副书记、区长吴玉凤，杭州市城投集团党委副书记范川，杭州市水务集团党委书记、董事长叶淦平，胥口镇党委书记周延军，富阳水务党委书记、董事长曹雨农，佛鲁村党总支书记徐中华等出席。工程总投资 1909 万元，建成后可满足胥口镇灵苑、佛鲁、平畈、高联以及新嵊 5 个行政村，2533 户 7522 人的用水需求。现场，杭州城投集团向胥口镇捐赠补助款 100 万元。

【首届乡贤联谊会】　2 月 16 日下午，胥口镇首届乡贤联谊会召开，来自社会各界的胥口籍乡贤 50 余名应邀出席。大会选出了胥口镇首届乡贤理事会成员，经理事会第一次会议讨论，决定由浙江久久控股有限公司董事长王忠杭担任胥口镇首届乡贤理事会会长，章瑞华、施久亮、王洪林为副会长，王建标为理事会秘书长。会后与众乡贤实地参观胥口村、棠棣村小城镇环境综合整治成果以及胥口镇统战之家——“胥口记忆”馆。

【科技文化卫生三下乡活动走进胥口】　4 月 10 日，科技文化卫生“三下乡”活动走进胥口镇。来自区科协、区科技局、区农业农村局、区市场监管局、区气象局和胥口镇各办各线等相关单位的专家和工作人员现场设摊提供政策宣传服务，内容包含农业科技、健康义诊、社保民政、禁毒、交通安全、扫黑除恶、法律服务、宗教反邪、卫生政策、流动人口、气象科普知识、安全生产、五水共治、食品安全、平安建设、妇女维权、金融服务等。现场还设理发、修指甲、测血压、书法作品赠送等便民服务，活动吸引 1200 余人参加，共派送各类宣传、技术资料 1600 份，蔬菜种子 2500 份，发放“味道山乡”亲在胥口宣传手册 1000 份。

【举办“乡约里坞 · 茶润古今”第二届古茶诗会】　4 月 27 日上午，第二届古茶诗会在胥口镇里坞村举行。活动以“味道山乡、亲在胥口、乡约里坞、茶润古今”为主题，以产量稀少的黄泥尖高山古茶为宣传亮点，通过乐器表演、诗朗诵、舞蹈、小品、歌唱、茶艺表演、书法展示等形式展示，成立“味道山乡”党建联盟，推出区域化党建新举措；举办“杭州市摄影艺术学会胥口摄影创作基地”挂牌仪式，凝聚摄影家的力量，提升胥口的对外知名度和美誉度；启动“味道山乡”胥口系列活动。

2019年2月16日，首届乡贤联谊会在胥口镇政府召开
（胥口镇　供稿）

【成立胥口富春药谷小镇妇女联合会】 6月19日下午，胥口镇召开富春药谷妇女联合会第一次代表大会。会上宣读了《关于同意成立胥口富春药谷小镇妇女联合会的批复》文件，筹备组组长、翰晖制药有限公司人力资源及行政事务高级主管林媛媛作筹备工作报告。选举产生胥口富春药谷小镇妇联第一届执行委员会，海正药业袁美为妇联主席，翰晖制药林媛媛、海晟药业祝宇蓝为副主席，汪小波、邓雨平、章初英、姚林凤、叶爱女等为执行委员。新当选的妇联主席袁美代表胥口药谷小镇第一届妇联班子做表态发言。胥口镇党委副书记倪运琰为药谷小镇妇联授牌。至年底，药谷小镇内共有妇女3063人，其中村级妇女1797人，企业女职工1266人，占总人数的47.60%。

【首届峭山论坛开幕】 6月29日上午，由富阳区政协办、区史志办、区乡贤联谊会办公室、胥口镇人民政府、胥口镇政协工委、区历史学会、富春江名人名胜研究会共同主办的“首届峭山论坛”在峭山坪开幕。杭州梦想田园农业开发有限公司人员介绍峭山概况及“小叠空”项目开发情况。在主旨演讲环节，富阳区史志办原副主任、区历史学会原会长张建华提出应着力挖掘和弘扬胥口的红色文化资源，乡邦文史研究专家、富春江名人名胜研究会顾问陈华林讲述南宋新城人孙邦出使金国、隐居峭山的故事，杭州市三国水浒学会常务副会长洪淳生分享读洪焘《游峭山夜宿小庵次日遂登绝顶》一诗有感。富阳区文联名誉主席蒋增福作《从“峭峰冠新登”说开去》书面发言。

【开展“假日爱心学校”“春泥计划”】 7月8号上午，2019年度胥口镇“假日爱心学校”开学典礼暨“春泥计划”启动仪式在胥口镇胥口村文化礼堂——“胥口书院”举行。全年，成立以镇教师、“五老”骨干、党员志愿者、回乡大学生及公益组织志愿者9人的教师团队，开展书法学习、古诗词经典诵读、青春健康教育、垃圾分类、创意手工等暑期公益课堂6次；邀请退休老干部、党员教师开展红色课堂2次；开展学生走进“春泥计划”富春桃源户外拓展营地18人次，紧急救护、户外知识培训2次，党员志愿服务5次，开展书籍赠送活动1次。

【开展味道山乡之“桃源避暑行”系列活动】 7月26日晚，2019杭州富阳·味道山乡大会之“桃源避暑行”系列活动在上练村鹤舞坪启幕。活动以新展示、新体验、新研学为亮点，围绕吃、玩、游做足“纳凉经济”文章。系列活动以“两洞一湖”为媒、以“纳凉避暑”为由，采取“景区（上练村富春桃源景区）+农户（上练村）”的模式，吃“桃源养生宴”、住“桃园古民宿”、玩“桃缘主题游”，品尝山乡美食，体味山乡民宿，品味山乡风情，探索美丽经济和乡村振兴新模式，促进胥口镇全域旅游发展，形成“让你来”和“好再来”的良性循环，活动当天接待游客3万余人次。

【胥口镇首家家宴中心设立】 10月9日上午，胥口镇居家养老服务中心举行揭牌仪式，标志着胥口镇

2019年7月26日，2019杭州富阳·味道山乡大会之“桃源避暑行”活动在上练村鹤舞坪启幕
（胥口镇　供稿）

首家“家宴中心”正式成立。“家宴中心”投资50余万元，其中厨房设备18余万元；建筑面积500平方米，其中就餐区300平方米，厨房200平方米，最多可容纳300人同时就餐。

【胥口镇第六届全民健身运动会】 11月17—19日，胥口镇举行第六届全民健身运动会。大会设拔河、篮球、象棋、乒乓球、家庭趣味田径、定点投篮、跳绳等运动项目12个，共有22支队伍、420名运动员报名参加。里坞村、棠棣村、灵苑村、佛鲁村、平畈村及胥口镇中心小学等6家单位荣获优秀组织奖，上练村、瀚晖制药等2家单位荣获体育道德风尚奖。 （骆丽飘）

永昌镇

【概况】 2019年，永昌镇总面积49.59平方千米，辖行政村5个，股份经济合作社5个，党员571人，其中党委3个、党总支4个、党支部26个，村民小组115个。年末总户数3449户，总人口11494人。全年实现工农业总产值136139万元，按可比价格计算，比上年增长6.30%；其中工业总产值102224万元，农业总产值33915万元。全年实现财政总收入6277万元，其中一般公共预算收入4529.07万元。农村经济总收入148171万元，农村经济净收入40454万元。农民人均收入37222元。

年末耕地面积16934公顷，其中水田面积392公顷，高标准农田面积265公顷，农作物播种面积829公顷，其中：粮食作物播种面积552公顷。粮食总产量381.90万千克。农机总动力0.38万千瓦。水利投工8.90万工，投资520万元。完成环境污染治理项目2个，投资额200万元。存栏生猪661头，出栏肉猪10123头，存栏家禽1.70万羽，出栏家禽3万羽。绿化造林38.67公顷，封山育林1984公顷。水果种植面积539公顷，水果产量193万千克。茶园面积775公顷，茶叶产量9.90万千克。农业技术服务机构个数1个，从业人员45人。农民专业合作社数量5个，成员410户。种植大户4户，家庭农场28个。工业企业总数127家，从业人员2366人，其中规模以上工业企业14家，实现产值7.60亿元、销售7.30亿元、利润总额2亿元。住宿餐饮业企业15个，营业总收入2500万元。

小学1所，在校小学生447人，教职工51人；幼儿园1所，在园幼儿204人，教职工29人。社区卫生服务中心1家，卫生室3个，医疗床位4张，执业（助理）医师11人，兽医（防疫）技术人员2人。全年出生103人，计划生育率100%。固定电话用户2810户，移动电话用户3449户，因特网用户3351户。参加城乡居民养老保险367人。参加城乡居民基本医疗保险5012人。最低生活保障救助人数176人。农户新建房屋36户，建筑面积4320平方米。金融机构网点2个，公园及休闲健身广场5个。

【各行政村基本情况】 （详见表32）

【“重燃初心 建享竹乡”党员春训活动】 2月23日，永昌镇举办“重燃初心 建享竹乡”党员春训活动，全镇600余名党员参加。通过重温誓词忆初心、看齐先进赞初心、展望新年燃初心、修身齐家正初心、回顾党史品初心、交流总结强初心、扮靓家园展初心七个篇章，参会党员接受了党性教育，得到党员干部精气神全面提升。

【青何村居家养老服务照料中心改造升级】 青何村居家养老服务照料中心位于永昌镇青何村何阜殿边，由原青何村小学改建而成。该建筑共有4层，占地面积约1500平方米，1—3层已投入使用。2013年，村支两委联合村老年协会创办村级老年食堂，后将其升级为居家养老照料中心，为全村70岁以上老人40余名提供就餐服务。2019年，根据区民政局统一要求部署，改造升级为“示范型居家养老服务照料中心”。项目2019年4月动工，预计总投资200元万元，一期累计投入约120万元，改建内容包括消防改建、室内硬装、厨房新建等。二期加装电梯、室内软装、购买设施设备等。改建后，建筑面积2130平方米，房间25间，床位数60余张，将承担辖区老年人生活服务、康复护理服务、托养服务、家庭支持服务、社会工作服务和康复辅助器具租赁服务六大服务。

【成立“漫”永昌特色产业联盟】 6月25日，成立永昌镇“漫”永昌特色产业联盟，设联盟党支部1个，召集人5名，现有成员30名。该联盟是永昌镇党委、政府为解决乡村振兴“由谁来振兴”及“如何实现‘共商、共建、共享、共赢’”问题，组织镇内非遗传承人、种养殖能手、民间艺人、农产品加工企业负责人、个体电商和休闲农庄、餐饮、民宿经营者等自愿加盟成立的民间合作组织。

【举办“臭味香投”厨艺擂台赛】 6月27日，在唐昌村举办“臭味香投”厨艺擂台赛。来自当地农家乐、民宿的14位厨艺师傅以臭豆腐为主材料，煎炒烹炸，烹饪特色美食。经评委打分，决出“臭味香投”十二道菜，“臭味香投十二品”成为永昌升级版的“全臭宴”。

【凝情竹乡·聚力永昌暨产业项目签约】 9月12日下午，永昌镇召开凝情竹乡·聚力永昌暨产业项目签约大会。区委统战部（乡贤办）、区乡村振兴指导组、区人社局、区民政局、区教育局、区农业农村局、区数据管理局、区总工会、中国银行富阳支行等部门，乡贤代表、新永昌人（企业）代表、产业项目代表、镇村代表共44人参加。会上，相关产业项目负责人进行介绍和现场签约。本次招商引资项目3个，总投资3.40亿元，分别是福建安心园项目、“云天·金色年华”唐昌社区项目、杭州科技技工学校项目。

【永昌镇中心小学举办2019年全国小班化教育研讨会】 11月14日，“关注每一个学生的深度学习”——2019年全国小班化教育研讨会1号分会场会议在永昌镇中心小学报告厅举行。来自上海、南京、广州、合肥、包头、东营、杭

2019年永昌镇各行政村基本情况表

表32

村　名	户数（户）	人口（人）	农村经济总收入（万元）	农村经济总费用（万元）	农村经济净收入（万元）	农民人均收入（元）
永　昌	1167	3858	70887	55260	15627	37706
长　盘	369	1233	10727	6720	4007	37405
唐　昌	456	1502	24454	19650	4804	36771
昌　岭	511	1719	16826	11260	5566	36690
青　何	946	3182	25277	14827	10450	37728

“漫”永昌特色产业联盟

（永昌镇　供稿）

州等地的小班化教育代表，富阳区小班化教育学校校长、教师代表共计240余人参加。会上，杭州市富阳区永昌镇中心小学校长钱国盛做“小班思想，让农村小学走向未来”报告，详细介绍永昌镇小小班化教育研究历程，落实“给每个孩子创造机会”核心理念具体做法，建立“尊重个性，顾忌所有”思想，打造“全域互动，多维空间”空间，设置“全员参与，可以选择”课程，推行“自主导航，差异策略”教学，通过学情整理、课堂观察表数据回敲教学目标与行为，真正让孩子站在舞台的最中央。

【开展造纸、胶鞋、食品三大传统行业整治提升】 8月，根据《富阳区永昌镇“三行业”整治提升实施方案（2019—2021年）》（富政办〔2019〕26号）的要求，按照“关停一批、改造一批、转型一批、培育一批”的标准，改进落后生产装备及工艺，美化厂区面貌环境，提高经营管理水平，提升污染防治、安全防范、职业病防治能力，力争在2021年年底前，完成特种纸、胶鞋、食品三大传统产业的整治提升工作。

【召开中国共产党永昌镇第十五届代表大会第四次会议】 12月27日，中国共产党永昌镇第十五届代表大会第四次会议召开，区、镇党代表、列席代表49人参加。会上镇党委书记蒋建军作工作报告并提出2020年推进“五高五美”（围绕政治高站位，实现“党建领美”；围绕产业高质量，实现“产业富美”；围绕服务高水平，实现“治理善美”；围绕乡村高颜值，实现“全域秀美”；围绕生活高品质，实现“民生和美”），全力打造慢生活旅居小镇的奋斗目标。

【推进“不忘初心”主题教育】 永昌镇按照主题教育“守初心、担使命、找差距、抓落实”总体要求，以“规定动作一个不少，自选动作突出实效”为标准，把主题教育学习教育、调查研究、检视问题、整改落实与坚持“三高”发展理念，坚定“三美”融合发展方向，与全镇58项重点工作结合起来同步推进实施，以中心工作的推进和民生问题的解决检验主题教育成效。在主题教育期间，重点抓好区管以上干部13名和全镇普通党员570余名的学习教育工作，

2019年6月27日，“臭味香投”厨艺擂台赛举办

（永昌镇　供稿）

开展领导班子集中学习研讨5场、普通党员集中学习研讨5场、思想大讨论30场、组织28个党支部开展红色研学、领导班子上党课11场、支部书记上党课29场、领导班子开展调研课题11个、领办破难攻坚项目11个，领导班子对照检视问题8个(完成整改7个,1个属长期整改)、班子成员个人检视问题127个（完成整改116个，11个属长期整改）、落实整改清单4个，以“全体动员学—对照检视谈—走访服务改”的工作路径，确保主题教育各项目标有效落实。（王　颜）

大源镇

【概况】 2019年，大源镇总面积105.23平方千米，其中城镇建成区面积5.47平方千米，绿地面积0.02平方千米，辖行政村15个，居委会1个，股份经济合作社15个，党员1914人,其中党委8个、党总支7个、党支部52个，村民小组199个。年末总户数10504户,总人口35881人。全年实现工农业总产值1405674万元，按可比价格计算，比上年增长-10.80%；其中工业总产值1367000万元，农业总产值38674万元。全年实现财政总收入28850.94万元，其中一般公共预算收入12888.66万元。农村经济总收入2840909万元，农村经济净收入416595万元。农民人均收入50739元。

年末耕地面积471公顷，其中水田面积200公顷，高标准农田面积30公顷，农作物播种面积1280.40公顷，其中：粮食作物播种面积514公顷。粮食总产量330.80万千克。农机总动力1万千瓦。水利投工8.80万工，投资2612万元。完成环境污染治理项目1个，投资额1500万元。存栏生猪145头，出栏肉猪177头，存栏家禽1.50万羽，出栏家禽3.80万羽。水产品养殖面积2公顷，水产品产量19.60万千克。绿化造林1284.60公顷，封山育林928公顷。水果种植面积2.20公顷，水果产量35.20万千克。茶园面积49.50公顷，茶叶产量7.60万千克。农业技术服务机构个数1个，从业人员8人。农民专业合作社数量21个，成员161户。种植大户5户，家庭农场14个。工业企业总数579家，从业人员17950人，其中规模以上工业企业34家，实现产值95.70亿元、销售98亿元、利润总额2.50亿元。建筑业企业2个。住宿餐饮业企业5个，营业总收入63万元。商品交易市场11个。

中学1所，在校中学生1391人，教职工95人；小学2所，在校小学生1794人，教职工206人；幼儿园1所，在园幼儿715人，教职工63人。社区卫生服务中心1家，卫生室11个，医疗床位34张，执业（助理）医师42人，防疫技术人员3人。全年出生371人，计划生育率97.30%。固定电话用户2794户。社会福利收养性单位3个,床位200张。参加城乡居民养老保险2077人。参加城乡居民基本医疗保险19403人。最低生活保障救助人数727人。农户新建房屋95户，建筑面积32058平方米。金融机构网点23个，公园及休闲健身广场43个。

【各行政村基本情况】 （详见表33）

【首届大源镇乡贤联谊会】 3月2日下午，首届大源镇乡贤联谊会在大源镇镇政府召开，来自社会各界的60余名大源籍乡贤代表应邀出席。大会选出大源镇首届乡贤理事会成员11名，经理事会第一次会议讨论，决定由王晓担任大源镇首届乡贤理事会会长，华爱金、华之江、吕玉生、张文法、蒋建民、李国生、史廷富为副会长，李国生为理事会秘书长。

【大源镇大同村打造美丽乡村新样板】 4月，大源镇大同村启动新时代美丽乡村示范村创建。至年底，完成大同村整村全域整治。共拆除房屋307间，超额完成84间，拆除建筑面积30111.18平方米，拆除彩钢棚79处，面积1857平方米，拆整工作超额完成。

【获“中国传统竹纸之乡”称号】 4月，大源镇通过中国林学会第二批“竹产业特色之乡”认定初评，11月27日，被认定为“中国传统竹纸之乡”。作为富阳传统造纸文化镇、富阳传统竹纸生产区和全国三大手工纸集散地之一的大源镇，拥有5000公顷竹林，其中特色竹林2000公顷，自汉代起大源竹纸就是富阳竹纸的金名片。

【大源镇集镇有机更新房屋搬迁】 5月26日，大源镇举行杭州富春湾新城城市有机更新大源集镇东升新村、震龙（一期）区块房屋搬迁工作集中签约。至下午3点整，涉及房屋搬迁的109户搬迁户全部签约，签约率100%。此次大源集镇房屋搬迁工作自4月15日启动，4月30日前完成评估，5月26日集

2019年4月，大源镇获“中国传统竹纸之乡”称号

（大源镇　供稿）

2019 年大源镇各行政村基本情况表

表 33

村 名	户数（户）	人口（人）	农村经济总收入（万元）	农村经济总费用（万元）	农村经济净收入（万元）	农民人均收入（元）
大 源	1172	4239	498673	443386	55287	55376
亭 山	1203	4049	1198745	1038187	160558	55466
杨元坎	275	1012	32678	27302	5376	52945
蒋 家	1128	3998	157436	138173	19263	55118
东 前	503	1886	86196	69700	16496	46103
稠 溪	750	2563	135617	113555	22062	48264
新 关	634	2268	71309	51720	19589	54074
大 同	840	2745	169836	147240	22596	48372
贬 口	726	2611	168192	143482	24710	51256
骆 村	920	3060	63547	34469	29078	47873
勤 功	365	1263	72385	62560	9825	46492
青 山	576	1820	62714	52149	10565	47775
虹 赤	520	1556	61040	52550	8490	48258
三 岭	589	1868	48742	40272	8470	42400
史 家	303	943	13799	9569	4230	43446

中签约，签约用时 8 小时，6 月 30 日前完成房屋腾空。

【“向美而行 大美大源”庆七一表彰大会】 为庆祝新中国成立 70 周年和建党 98 周年，6 月 28 日晚，大源镇在蒋家村文化礼堂举行“向美而行 大美大源”大源镇庆“七一”表彰晚会。表彰大会分为“初心志，追梦行”，“爱党心，奋斗行”和“家国情，向美行”3 个篇章，共有 900 余党员群众参加。

【大源镇稠溪村获富阳区村级大党建擂台比武擂主村】 9 月 26 日上午，2019 年富阳区“奋力争先、勇创一流”村级大党建擂台大比武竞赛活动在区政府举行，入围“八强村”的 8 位村党组织书记“登台打擂，比武过招”。大源镇稠溪村党组织书记杨如林用三句话讲述村庄蝶变。“你是不是稠溪人？”“阿拉是稠溪人！”“哦，你是稠溪人！”这三句大源方言，获得此次擂台比武的“擂主”。

2019 年 9 月 26 日，大源镇稠溪村获全区党建擂台比武擂主

（大源镇 供稿）

【大源镇第二小学综合教学楼启用】 大源镇第二小学综合教学楼是 2017 年富阳区政府投资项目，也是大源镇的民生项目。该项目总投资 600 万元，总建筑面积 2304.60 平方米，其中教学活动室 1200 平方米，办公及辅助用房 500 平方米。项目于 2018 年 3 月开工建设，2019 年 6 月完成主体工程建设，2019 年 9 月 30 日正式投入使用。

【杭州绕城西复线大源段白洋尖隧道全面贯通】 10 月 17 日上午 8 时 16 分，杭州绕城西复线大源段白洋尖隧道左洞贯通，继 9 月 16 日右洞贯通之后实现双洞贯通。作为全线最后一条隧道，白洋尖隧道双洞贯通标志 EPC 富阳分段隧道全部贯通。

【大源镇第一届“华达杯”全民运动会】 11 月 23 日上午，大源镇第一届“华达杯”全民运动会开幕。大会设跳绳、登山、拔河、乒乓球、中国象棋、田径、定点投篮、袋鼠跳、齐心协力等运动项目 9 个，共有参赛队伍21支，运动员200多名。参赛队伍分为行政村和机关两个组进行比赛，教育联队、社卫中心、政法联队分别获得机关组的团体第一、第二、第三名；大源村、新关村、稠溪村、亭山村、蒋家村、踸口村分别获得行政村组团体第一至第六名；三岭村、虹赤村、东前村、镇机关组获得体育道德风尚奖。本次全民运动会由大源镇人民政府、浙江华达集团主办，大源镇中心小学承办，是大源历史上第一次全民运动会。

【徐樟线骆村村内段改扩建项目竣工通车】 12月17日下午，大源镇举行徐樟线骆村村内段改扩建项目竣工仪式。徐樟线骆村村内段道路全长1.33千米，自入村口至汪家自然村，总投资2500万，其中骆村村乡贤捐款179万元，勤功村乡贤和村民捐款10多万元。改扩建后路面加宽至8米，路两侧增加停车位25个。 （方舒杨）

灵桥镇

【概况】 2019年，灵桥镇总面积54.84平方千米，辖行政村13个，股份经济合作社13个，党员1520人，其中党委9个、党总支9个、党支部60个，村民小组151个。年末总户数7299户，总人口26255人。其中规上工业总产值457977万元。全年实现财政总收入32900万元，其中一般公共预算收入8494.33万元。农村经济总收入1788124万元，农村经济净收入176946万元。农民人均收入41473元。

年末耕地面积582.92公顷，其中水田面积409.70公顷，高标准农田面积98.06公顷，农作物播种面积1166.73公顷，其中：粮食作物播种面积535公顷。粮食总产量296.50万千克。农机总动力6994万千瓦。完成环境污染治理项目10个，投资额10000万元。存栏生猪158头，出栏肉猪450头，存栏家禽0.96万羽，出栏家禽2.90万羽。水产品养殖面积38.40公顷，水产品产量49.30万千克。绿化造林30公顷，封山育林3722.60公顷。水果种植面积25.86公顷，水果产量124万千克。茶园面积25.86公顷，茶叶产量10.30万千克。农业技术服务机构个数1个，从业人员10人。农民专业合作社数量10个，成员250户。种植大户52户，家庭农场12个。工业企业总数222家，从业人员4473人，其中规模以上工业企业50家，实现产值45.80亿元、销售45.40亿元、利润总额2.90亿元。建筑业企业1个，总产值20695万元。住宿餐饮业企业15个，营业总收入200万元。

中学2所，在校中学生610人，教职工89人；小学5所，在校小学生1143人，教职工140人；幼儿园2所，在园幼儿411人，教职工67人。社区卫生服务中心1家，卫生室10个，医疗床位5张，执业（助理）医师21人。全年出生307人，计划生育率95.76%。固定电话用户1453户，移动电话用户21000户，因特网用户2744户。社会福利收养性单位1个，床位160张。参加城乡居民养老保险520人。参加城乡居民基本医疗保险12246人。最低生活保障救助人数681人。农户新建房屋117户，建筑面积40950平方米。金融机构网点1个，公园及休闲健身广场2个。

【各行政村基本情况】 （详见表34）

【灵桥镇第十七届人民代表大会第五次会议召开】 1月11日上午，灵桥镇第十七届人民代表大会第五次会议召开，160余名议事代表及列席人员参加。大会听取并审议了李迪华代表镇政府所作的2018年度政府工作报告，票决产生2019年政府投资项目10个。

【灵桥镇人民调解委员获司法部表彰】 1月10日，中华人民共和国司法部通报表彰坚持发展“枫桥经验”实现矛盾不上交试点工作中表现突出集体，杭州市富阳区灵桥镇人民调解委员会位列其中。

【举办“礼仪之源，孝善新华”活动】 1月18日，“潮涌钱塘，新春送欢乐，文化进万家”——“礼仪之源，孝善新华”暨2019“我们的村晚”在灵桥镇新华村文化礼堂精彩上演，晚会评选出最美寿星2名、最美孝星3名。

【首届乡贤联谊会】 4月6日，灵桥镇召开首届乡贤联谊会，会议主题为“礼仪之源，心灵之桥”，来自全国各地、各行各业的百余名乡贤代表参加会议审议通过《灵桥镇乡贤联谊会章程》，推选产生首届乡贤联谊会会长、副会长、秘书长和副秘书长及理事17名。

【灵桥籍射击运动员赵中豪获东京奥运会入场券】 4月24日，富阳区灵桥镇籍射击运动员赵中豪以445.10环的成绩摘得2019国际射击联合会射击世界杯（北京站）男子50米步枪三姿比赛铜牌，获东京

2019年7月1日灵桥镇红歌大赛举办

（灵桥镇　供稿）

2019 年灵桥镇各行政村基本情况表

表 34

村 名	户数（户）	人口（人）	农村经济总收入（万元）	农村经济总费用（万元）	农村经济净收入（万元）	农民人均收入（元）
灵 桥	1298	4872	917695.88	868586.80	49109.08	47900
王家宕	335	1499	343027.58	295898.47	47129.11	50140
江 丰	624	2368	27650.10	19053	8597.10	35954
外 沙	530	2116	45848.60	36713	9135.60	40303
董家桥	480	1906	114068.18	93917.88	20150.30	47300
永 丰	815	3002	138795	123209	15586	50000
光 明	627	2241	96956.01	86715.21	10240.80	42566
山 基	369	1299	25364.20	21985.39	3378.81	36169
利 民	554	1812	23318.67	18423.05	4895.62	35500
新 华	606	1973	25748.26	23102.40	2645.86	38500
陈 村	276	931	4021.22	2577.17	1444.05	31200
蔡家坞	403	1220	6158.71	4378.95	1779.76	28600
菖 蒲	405	1216	19472.26	16617.90	2854.36	36100

奥运会入场券。

【举办“小满”节气庆祝活动】 5 月 21 日，灵桥镇在新华村红色展览馆内举办庆祝新中国成立 70 周年活动系列活动之富春山居“二十四节气”之“小满”节气暨灵桥镇第五届孙过庭杯书法大赛颁奖活动。活动现场邀请来自杭州市和灵桥镇本土书法家及灵桥镇中心幼儿园、灵桥镇中心小学和灵桥镇礼源小学 50 名学生，以“小满”节气为主题现场写书作画。

【举办红歌大赛】 7 月 1 日晚，为庆祝中国共产党成立 98 周年，灵桥镇在镇中心小学（富阳县第一次党代会筹备会议会址）举行“壮丽 70 年，奋斗新时代”迎“七一”红歌大赛，来自镇机关、行政村及企业的 13 个党组织近千人参加。大赛演绎经典红色歌曲 15 首，产生一等奖 2 名，二等奖 3 名，三等奖 5 名，优胜奖 5 名。

【杭州高新区（滨江）富阳特别合作区管理委员会揭牌】 8 月 28 日上午，省委常委、杭州市委书记周江勇，富阳区委书记朱党其、高新区（滨江）党委书记詹敏共同为“杭州高新区（滨江）富阳特别合作区管理委员会”揭牌。该特别合作区位于杭州富春湾新城灵桥镇内，总面积约 5.80 平方千米，北起富春江，西至小源溪和杨元坎村，东、南至杭新景高速，将建设成为区域合作发展示范区、自主创新拓展区、产业有序转移承载区。

【举行村级大党建擂台比武】 11 月 13 日，灵桥镇举行村级大党建擂台比武。本次村级大党建擂台比武共分实地检查、知识测试、现场比武三个板块，其中在现场比武环节中，各村书记围绕党的建设、经济发展、美丽乡村、社会稳定等内容依次上台演讲，展现基层党建和美丽乡村建设成果，新华村夺得“擂主村”称号。

【灵桥镇 2019 年度重大民生实事项目集中开工】 12 月 31 日，灵桥镇举行 2019 年度重大民生实事项目——灵桥幼儿园项目、灵桥村安置房（A、B、C）项目开工仪式。灵桥幼儿园新建工程，设置规模为 18 个班，可容纳 540 名幼儿。建设地址为灵桥镇灵桥村，用地面积 1.00 公顷。工程概算总投资 4992.10 万元。灵桥村安置房项目位于杭州富春湾新城，为富春湾新城大型民生工程安置房项目，项目分为 A、B、C 三个区块，总投资 43.8 亿元，总建筑面积 950846.40 平方米，住宅总套数 4514 套。 （夏黎明）

2019 年 12 月 31 日，灵桥镇 2019 年度重大民生实事项目开工
（灵桥镇 供稿）

里山镇

【概况】 2019年，里山镇总面积25.46平方千米，其中城镇建成区面积0.52平方千米、绿地面积0.06平方千米，辖行政村5个，股份经济合作社5个，党员595人，其中党委4个、党总支2个、党支部5个，村民小组71个。年末总户数3099户，总人口10115人。全年实现工农业总产值258920万元，按可比价格计算，比上年增长25.10%，其中工业总产值232815万元，农业总产值26105万元。全年实现财政总收入14200万元，其中一般公共预算收入7206万元。农村经济总收入460987万元，农村经济净收入36168万元。农民人均收入38359元。

年末耕地面积120.4公顷，其中水田面积7.30公顷，高标准农田面积15.30公顷，农作物播种面积360公顷，其中：粮食作物播种面积253.30公顷。粮食总产量262万千克。农机总动力839万千瓦。水利投工1.95万工，投资1300万元。存栏生猪245头，出栏肉猪4151头，存栏家禽1.02万羽，出栏家禽3.24万羽。绿化造林2公顷，封山育林1080公顷。水果种植面积42.40公顷，水果产量383.30万千克。茶园面积400.50公顷，茶叶产量55.30万千克。农业技术服务机构个数1个，从业人员3人。农民专业合作社数量7个，成员222户。种植大户9户，家庭农场5个。工业企业总数37家，从业人员1477人，其中规模以上工业企业8家，实现产值20.40亿元、销售20.57亿元、利润总额0.17亿元。建筑业企业1个，总产值18000万元。住宿餐饮业企业22个。商品交易市场1个。

2019年4月26日，杭州茶文化博览会闭幕式暨安顶云雾茶开茶节举办
（里山镇 供稿）

小学1所，在校小学生240人，教职工38人；幼儿园1所，在园幼儿142人，教职工21人。社区卫生服务中心1家，卫生室2个，医疗床位5张，执业（助理）医师11人。全年出生88人，计划生育率97.80%。固定电话用户758户，移动电话用户2633户，因特网用户1650户。参加城乡居民养老保险154人。参加城乡居民基本医疗保险10359人。最低生活保障救助人数270人。农户新建房屋20户，建筑面积6990平方米。金融机构网点1个，公园及休闲健身广场20个。

【各行政村基本情况】 （详见表35）

【完成里山溪西侧企业、化工区块征迁】 2019年5月，完成里山溪西侧企业、化工区块征迁工作，共腾退企业19家，涉及土地14.13公顷。

【安顶风情小镇项目建设完成】 2019年8月，安顶风情小镇项目建设完成，并通过验收，该项目被列入杭州市级项目。项目总投资1600万元，包括休闲观光接待服务中心、集散中心、停车场、纸文化广场、观景平台、安顶公路、两侧沿线景观提升等子项目16个。

【完成精品线路弱电整治工程】 2019年11月，完成里山镇精品线路弱电整治工程，总投资237万元，对里安公路沿线11.80千米弱电线进行梳理，拔除废旧电线杆350余个。

【完成2座病危桥改造】 2019年10月，完成民强村“和平桥涵”和马鞍山村“朱家坎桥涵”2座病危桥涵改造桥梁板预制工程，总投资60万元，“和平桥涵”长11米，宽7米，“朱家坎桥涵”长7米，宽6.50米。

【完成里安公路精品线路二期工程】 2019年8月，完成里安公路精品线路二期工程，总投资530万元，提升零星节点、绿化建设、沿

2019年里山镇各行政村基本情况表

表35

村名	户数（户）	人口（人）	农村经济总收入（万元）	农村经济总费用（万元）	农村经济净收入（万元）	农民人均收入（元）
里山	963	2843	179437	166205	13232	40698
灵峰	678	2415	101115	92024	9091	38347
民强	425	1395	86889	81901	4988	37339
马鞍山	446	1438	43245	39630	3615	36723
安顶	587	2024	50301	45059	5242	36956

2019年8月30日，富阳区农村饮用水提标达标工程开工

（里山镇　供稿）

线的围墙、旧房屋立面改造、基础设施等项目5个。

【完成里山4村农村饮用水达标提标工程】　2019年12月，完成灵峰村、民强村、马鞍山村、安顶村等4个村的饮用水达标提标工程，总投资1140万元，铺设主管网约9.60千米，受益村民7000余人。

【创建国家级卫生乡镇】　开展村庄环境卫生大整治，集中整治各村房前屋后乱堆乱放等突出问题，通过“创国卫”的省级明察和国家暗访。在全区美丽庭院擂台比武中获得8战7胜1平的好成绩，12月，民强村获评“浙江省高标准农村生活垃圾分类示范村”。

【通过杭州市“无违建”乡镇创建验收】　推进大棚房排查整治和杭黄高铁沿线整治提升，拆除违章建筑10处，完成“三改一拆”4万平方米，完成“两路两侧、四边三化”点位整治83处，通过杭州市“无违建”乡镇创建验收。

【完成集镇“污水零直排区”建设】　2019年12月，完成里山集镇“污水零直排区”建设，完成集镇范围截污纳管、雨污混接整改264处，完成餐饮服务行业企业问题整改26家，加强农村生活污水运维，实现雨污分流，污水应纳尽纳。

【开展茶文化系列活动】　承办2019杭州茶文化博览会闭幕式和2019富春山居斗茶大会颁奖礼，推出“茶八碗”，开展“承茶礼”。连续承办“里山杯”登山活动，举办乡村振兴“光影茶香论春秋”有奖摄影征集活动，展示里山独特秀丽的山乡风貌。

【大力发展“茶经济”】　出具“安顶•云墅”精品民宿项目投资方项目书；签约“悠见南山”文创项目，投资5000万元。出租东洲畈安置留用地、灵峰完小等闲置资源，租赁模式为村集体经济带来了新收益。推进高端茶纯手工制作，建立专门的手工炒制中心和专业技术培训基地。2019年，安顶云雾茶获“杭州市名优茶金奖”。发展秋茶采摘与红茶制作，尝试制作茶饼、茶糕等，丰富产品品种，拓展增收渠道；以电商销售为媒介，进行网上销售，打通传统茶叶销售瓶颈。（金路华）

渔山乡

【概况】　2019年，渔山乡总面积36.76平方千米，其中城镇建成区面积11.50平方千米、绿地面积0.02平方千米，辖行政村4个，股份经济合作社4个，党员558人，其中党委4个、党总支2个、党支部22个，村民小组80个。年末总户数3744户，总人口13208人。全年实现规上工业产值40809万元，农业总产值14192万元。全年实现财政总收入6387万元，农村经济总收入311229万元，农村经济净收入45176万元。农民人均收入35589元。

年末耕地面积594.90公顷，其中水田面积204.02公顷，高标准农田面积47.60公顷，农作物播种面积390公顷，其中：粮食作物播种面积350公顷。粮食总产量130万千克。农机总动力0.68万千瓦。水利投工0.41万工，投资205万元。完成环境污染治理项目1个，投资额70万元。存栏生猪1010头，出栏肉猪1731头，存栏家禽0.30万羽，出栏家禽1.15万羽。水产品养殖面积4.70公顷，水产品产量21万千克。绿化造林16.70公顷，封山育林1640公顷。

2019年渔山乡各行政村基本情况表

表36

村名	户数（户）	人口（人）	农村经济总收入（万元）	农村经济总费用（万元）	农村经济净收入（万元）	农民人均收入（元）
墅溪	727	2543	87687	79891	7796	31258
渔山	1123	3979	93315	81077	12238	30216
五岭	709	2535	66860	58114	8746	39235
大葛	1185	4151	63367	46970	16397	44596

茶园面积259.10公顷，茶叶产量38.70万千克。农业技术服务机构个数1个，从业人员3人。农民专业合作社数量3个，成员28户。种植大户2户，家庭农场13个。工业企业总数43家，从业人员1079人，其中规模以上工业企业6家，实现产值4.08亿元、销售3.94亿元、利润总额0.27亿元。住宿餐饮业企业1个，营业总收入130万元。商品交易市场1个。

小学1所，在校小学生263人，教职工33人；幼儿园1所，在园幼儿141人，教职工24人。社区卫生服务中心1家，卫生室1个，医疗床位6张，执业（助理）医师12人，兽医（防疫）技术人员1人。全年出生115人，计划生育率100%。参加城乡居民养老保险10582人。参加城乡居民基本医疗保险13182人。最低生活保障救助人数264人。农户新建房屋60户，建筑面积21600平方米。金融机构网点1个，公园及休闲健身广场17个。

2019年6月6日，渔山稻香节举办

（渔山乡　供稿）

【各行政村基本情况】　（详见表36）

【首届乡贤联谊会成立】　2月16日上午，首届渔山乡乡贤联谊会在渔山乡政府召开，来自社会各界的渔山籍乡贤代表50余名参加，区委常委、统战部长陈平到会祝贺。大会推选产生渔山乡乡贤联谊会理事13名，并从理事会中推选出会长1名、副会长5名、秘书长1名、副秘书长1名。

【钱塘江饮用水源地保护整改】　5月30日，完成钱塘江饮用水源保护区整改任务，基本达到“两断三清”。此次整改任务，渔山乡共涉及点位12个，包括农业面源治理点3个、工业企业9家，总占地2.30公顷左右，职工150余人。

【芒种节气活动】　6月6日上午，渔山稻香节之“我在渔山有块田”芒种节气活动在渔山乡渔山村举行。组织开展以渔山“论稻”为主题的特别论坛。邀请“稻友会”创始人、作家周华诚，乡村振兴策划人、艺术家何越峰，诗人许志华，作家郑国芬，图书编辑杨青，媒体人吴卓平等重量级嘉宾，共论乡村振兴，为渔山发展建言献策。

2019年9月，渔葛复线通车

（渔山乡　供稿）

【举办党建大练兵擂台赛暨喜迎中华人民共和国成立70周年活动】　9月29日上午，渔山乡党委组织开展党建大练兵擂台赛暨喜迎中华人民共和国成立70周年活动，各行政村、机关、企事业单位参加。活动分党建大练兵擂台赛、初心故事分享、十个最美渔山人表彰三个篇章。

【渔山乡渔葛复线建成通车】　9月底，渔山乡渔葛复线工程完成安全护栏安装，并实现正式通车，为渔山村、五岭村、大葛村3个行政村1万余名村民出行带来便利。渔葛复线工程连接渔山西坞和五岭村老虎山，由富阳区交通运输局和渔山乡人民政府共同建设，渔山乡人民政府负责实施路基工程，区交通运输局负责实施桥梁、路面及交安设施，项目总投资3000万元。

【举办2019杭州富阳·渔山稻香节暨大杭州首届稻草艺术嘉年华】　11月2日，2019杭州富阳·渔山稻香节暨大杭州首届稻草艺术嘉年华在渔山乡省级粮食生产功能区举行。此次活动由稻田艺术、稻田农耕、稻田歌唱、稻田音乐、稻田美食、稻田集市、稻田展览等多个活动组成。推出70渔嫂丰收宴—渔山“真”味道系列菜肴，并首次尝试晚间稻田音乐会活动，拓展乡村夜经济。

（李　铭）

上官乡

【概况】　2019年，上官乡总面积27.06平方千米，其中城镇建成区面积0.10平方千米、绿地面积15.30平方千米，辖行政村5个，股份经济合作社5个，党员507人，其中党委3个、党总支4个、党支部21个，村民小组72个。年末总户数2666户，总人口8239人。全年农业总产值15341万元，规上工业销售产值10804万元。全年实现财政总收入3110万元，其中一般公共预算收入1517万元。农村经济总收入121452万元，农村经济净收入36826万元。农民人均收入39950元。

年末耕地面积212公顷，其中水田面积77.50公顷，高标准农田面积13.30公顷，农作物播种面积280公顷，其中：粮食作物播种面积131公顷。粮食总产量812万千克。农机总动力0.08万千瓦。水利投工0.50万工，投资110万元。完成环境污染治理项目4个，投资额850万元。存栏生猪730头，出栏肉猪1035头，存栏家禽4.8万羽，出栏家禽10.60万羽。水产品养殖面积0.87公顷，水产品产量1.30万千克。封山育林467公顷。水果种植面积0.80公顷，水果产量0.60万千克。茶园面积23.30公顷，茶叶产量0.50万千克。农业技术服务机构个数1个，从业人员7人。农民专业合作社数量4个，成员50户。家庭农场1个。工业企业总数276家，从业人员8210人，其中规模以上工业企业2家，实现产值1.06亿元、销售1.13亿元。住宿餐饮业企业34个，商品交易市场1个。

小学1所，在校小学生470人，教职工45人；幼儿园1所，在园幼儿203人，教职工26人。社区卫生服务中心1家，卫生室2个，医疗床位4张，执业（助理）医师14人，兽医（防疫）技术人员1人。全年出生66人，计划生育率100%。固定电话用户463户，移动电话用户5019户，华数网络用户635户。参加城乡居民养老保险345人，参加城乡居民基本医疗保险3925人。最低生活保障救助人数268人。农户新建房屋22户，建筑面积7920平方米。金融机构网点1个，公园及休闲健身广场8个。

【各行政村基本情况】　（详见表37）

【召开第十七届人民代表大会第五次会议】　1月4日，召开上官乡第十七届人民代表大会第五次会议，来自全乡各条战线的正式代表44名和列席代表46名参加。大会听取和审议《上官乡人民政府工作报告》《上官乡2018年财政预算执行情况及2019年财政预算草案报告》《上官乡第十七届人大主席团工作报告》等。选举金本忠为上官乡人民政府乡长，并票决产生2019年上官乡民生实事项目5件。

【召开清廉村社建设深化推进会暨廉内助座谈会】　1月11日，上官乡召开清廉村社建设深化推进会暨廉内助座谈会，全体村干部及其家属52人参加。会上播放廉政教育片《董事长的生意经》，发放《争做合格廉内助》倡议书，号召与会人员防微杜渐、警钟长鸣，当好“廉内助”，吹好“枕边风”，树立“好家风”。

【举办第二届山乡兰花大会】　3月16日，“兰蕙同心，香约上官”第二届山乡兰花大会在剡溪村文化礼堂举行，现场设兰花展，最美兰庭、十佳兰匠、十佳兰花评比、咏兰诗歌朗诵、《我与兰花的故事》有奖征文等系列活动7个。发布“球拍名镇•竹廉上官”摄影大赛参赛要求。

【举办第六届竹文化节】　4月2日，举办富春山居“二十四节气”之清明暨第六届竹文化节，现场祭奠直隶第一清官盛鸿，宣读文明扫墓倡议书，表演富春七小选送的笛子齐奏《春日》等节目5个，进一步传承和弘扬清明节民俗礼仪，亲近传统文化，感知节气之美，打造“球拍名镇·竹廉上官”品牌。

【举办球拍创意设计大赛】　4月16日，发布2019年上官球拍创意设计大赛，吸引全国多家美术院校、美术专业机构参赛，公开征集球拍花色创意设计、户外运动袋创意设计（羽毛球拍袋）等稿件300多件。7月底，经专家组评选，上官球拍创意设计大赛终审结果出炉，共产生金奖2名、银奖4名、铜奖6名、优秀奖6名，决胜入围的优秀作品均授权上官乡人民政府，后续投入产业化生产。

2019年3月16日，第二届山乡兰花大会举办

（上官乡　供稿）

2019年上官乡各行政村基本情况表

表37

村 名	户数（户）	人口（人）	农村经济总收入（万元）	农村经济总费用（万元）	农村经济净收入（万元）	农民人均收入（元）
四 堡	404	1168	17297	13052	4245	44940
深 里	485	1595	34002	26946	7056	37197
剡 溪	629	1889	23080	12994	10086	44214
大 盛	869	2623	29551	17279	12272	36603
芳 村	279	964	17522	14355	3167	39212

【举办“球拍名镇·上官杯”羽毛球对抗赛】 7月4日，“球拍名镇·上官杯”羽毛球对抗赛在富阳区体育中心正式开打，浙江、上海、山东、江西、陕西等6个省（市）12支省级队伍参加。

【举行第十七届人民代表大会第六次会议】 7月14日，上官乡举行第十七届人民代表大会第六次会议，来自全乡各行各业的正式代表45名、列席代表40名参加，富阳区人大常委会副主任裘富水到会指导。会议听取并审议上官乡2019年上半年度政府工作报告、财政预算执行情况、代表建议办理情况、民生实事项目实施情况，并就2018年度环境状况和环境保护目标完成情况开展专题询问和满意度测评，选举洪辉同志为上官乡人大主席。

【完成上官乡计生协会换届选举】 8月28日，上官乡召开第七届计生协会换届暨七届一次代表大会，来自各村、企业、单位会员代表共38人参加。大会听取、审议并通过上官乡计划生育协会第六届理事会工作报告。选举产生上官乡计划生育协会第七届理事会理事7名，其中会长1名、名誉会长1名、专职副会长1名、秘书长1名。

【成立“中共路西县场源区委、萧富联络站”史料收集课题组】 12月19日，“中共路西县场源区委、萧富联络站”史料收集课题组成立暨史料收集启动第一次座谈会在上官乡举行，区史志办、区新四军历史研究会、上官乡等24人参加。会议围绕上官乡红色文化资源的挖掘、保护和传承等进行研讨。联合成立“中共路西县场源区抗日根据地”(中共路西县场源区委、萧富联络站）史料收集课题组。

【球拍行业整治】 1月，根据区委统一部署及《杭州市富阳区上官乡球拍行业整治工作实施方案》精神，上官乡开展球拍行业整治，至11月30日，完成辖区内传统球拍产业转型升级，关停淘汰三通企业19家、印刷企业24家、水标企业8家和球拍企业56家喷漆台189个。通过企业重组和全自动生产线配套，新组建成水标生产线1条、印刷生产线2条、喷涂生产线3条，提升企业产能和产品档次。

【中国(上官)球拍产业园开园】 12月25日，杭州市富阳区上官乡中国（上官）球拍产业园正式开园。富阳区委书记朱党其宣布开园，国台办原副主任王在希，杭州市审管办党组书记赵金龙，区领导汤金华、丁永刚、夏芬、钟永明、祝一君等出席活动。区各有关单位、乡镇街道负责人以及社会各界代表约260人参加。现场，区领导为上官乡球拍摄影大赛、球拍创意设计大赛获奖人员颁奖，为入驻企业颁发纪念章；观看“破立融并举，走凤凰涅槃式突围之路”视频短片；7家入园企业、10家高校、企事业单位分别签署科技支撑、品牌推广、战略合作和共建共享协议；启动上官杯羽毛球对抗赛。正式投产全国首批使用水性油漆的球拍喷涂环保生产线，开放全国首个以球拍为主题的图书馆。中国（上官）球拍产业园总投资约1.50亿元，占地4.47公顷，总建筑面积达8.60万平方米，是全国首个以球拍产业为主导的产业园。

2019年12月25日，中国(上官)球拍产业园开园

（上官乡 供稿）

【举办中国（上官）球拍产业高峰论坛】 12月25日，以“新技术、新零售、新制造在球拍行业的应用和推广”为主题的2019中国（上官）球拍产业高峰论坛在富阳举行。全区数十家羽毛球拍骨干企业与红双喜集团，共同探讨新形势下球拍产业如何打破传统思维，重构市场模式。浙江省体育局经济处处长姜建成、省羽毛球协会秘书长朱晖、上官乡党委书记高扬等出席论坛，上官乡党委副书记、乡长金本忠致辞。论坛上，来自抖音官方、1688商学院、红双喜等公司的权威人士就多元化营销策略、产业数字化转型等课题，与在场企业主进行专题研讨，为球拍产业向纵深发展、打造贸易、物流、电商、金融一体化出谋划策。

（沈依依）

常绿镇

【概况】 2019年，常绿镇总面积49.08平方千米，其中城镇建成区面积1.30平方千米、绿地面积0.30平方千米，辖行政村8个，股份经济合作社8个，党员636人，其中党委4个、党总支5个、党支部30个，村民小组128个。年末总户数5143户，总人口14673人。全年实现工农业总产值20622万元，按可比价格计算，比上年增长5%；其中工业总产值14534万元，农业总产值6088万元。全年实现财政总收入2917万元，其中一般公共预算收入2917万元。农村经济总收入203679.06万元，农村经济净收入42260.40万元。农民人均收入33248元。

年末耕地面积175.55公顷，其中水田面积113.85公顷，高标准农田面积6公顷，农作物播种面积262公顷，其中：粮食作物播种面积120公顷。粮食总产量186.56万千克。农机总动力0.95万千瓦。水利投工15708万工，投资1240万元。完成环境污染治理项目3个，投资额292.20万元。存栏生猪775头，出栏肉猪6854头，存栏家禽1.10万羽，出栏家禽8.40万羽。绿化造林72公顷，封山育林2355.60公顷。茶园面积70公顷，茶叶产量7.90万千克。农业技术服务机构个数1个，从业人员3人。农民专业合作社数量5个，成员52户。种植大户1户，家庭农场3个。工业企业总数121家，从业人员492人，其中规模以上工业企业1家，实现产值0.47亿元、销售0.47亿元、利润总额0.001亿元。建筑业企业1个，总产值1905万元。住宿餐饮业企业7个，营业总收入911万元。

小学1所，在校小学生311人，教职工41人；幼儿园1所，在园幼儿115人，教职工24人。社区卫生服务中心1家，卫生室1个，医疗床位15张，执业（助理）医师13人，兽医（防疫）技术人员1人。全年出生121人，计划生育率98.30%。移动电话用户3868户。参加城乡居民养老保险1401人。参加城乡居民基本医疗保险5251人。最低生活保障救助人数513人。农户新建房屋41户，建筑面积4355.50平方米。金融机构网点1个，公园及休闲健身广场11个。

【各行政村基本情况】 （详见表38）

【举办2019杭州富阳“味道山乡·常绿溪山行”暨“红绿篮”纳凉大会】 8月3日至7日，常绿镇举办2019杭州富阳“味道山乡·常绿溪山行”暨“红绿篮”纳凉大会，紧扣“红绿篮”主线，按照“自然纳凉+内容纳凉”原则，突出“一条主线五个点”，精心设计“红”的味道、“绿”的味道、“篮”的味道、“老”的味道4类共16个子活动，淋漓尽致展现“红绿篮古”四个味道。纳凉大会持续5天，全镇共接待游客约6.50万人，成交营业额260余万元。

【启动常绿镇饮用水提升工程】 3月，常绿镇启动饮用水提升工程，解决村民饮水难问题。工程计划投资18000万元，新建集中水厂一座，改造全镇10个村用水管网31.501千米，计划2020下半年完工投入使用。

【完成大化线入镇口段综合整治边坡治理工程】 4月，对乡道大化线入镇口段边坡进行防护处理，项目投资190万元，全长303米，坡高10—26米，面积6418平方米，采用“清坡、系统锚杆+SNS主动网护坡、喷播绿化生态固坡、边坡截排水”防治措施进行治理。

2019年常绿镇各行政村基本情况表

表38

村名	户数（户）	人口（人）	农村经济总收入（万元）	农村经济总费用（万元）	农村经济净收入（万元）	农民人均收入（元）
大章	1197	3489	36121	25592	10529	35136
青龙	382	1198	15028	12661	2367	30419
双溪	306	906	8840	5948	2892	40077
北坞	686	1197	21240	15994	5246	31393
黄弹	406	1222	11258	8362	2896	31153
长佳	945	2775	58981	50943	8038	34043
长春	759	2366	31699	25479	6220	31858
五联	462	1520	20512	16439	4073	32270

常绿镇小城镇整治成果

（常绿镇　供稿）

【大章村被评为省级历史文化村落保护重点村】　12月2日，富阳区发改局批复常绿镇大章村历史文化村落保护利用重点村项目。该项目将历时三年（2019年—2021年），投入资金1500万元对大章村古村落进行全面的保护修复。常绿镇大章村被列入第七批（2019年度）省级历史文化村落保护重点村建设名单（浙村整建办〔2018〕14号文件），目前已完成规划编制并通过省级评审。下一步，将开展项目前期有关准备工作，进行古建筑修缮、基础设施建设等子项目的设计。

【启动江南县委旧址修缮布展工程】　该项目是“1+7”红色综合体项目的重要组成部分，计划投资200万元，重点对位于常绿镇双溪村席草坞自然村的原江南县委旧址（晚清时期的民居）进行修缮，至年底已完成修缮工程总量的70%，正在进行墙面粉刷，地面、隔墙修复，预计2020年年初完成主体建筑修缮工作。下一步继续做好史料征集和布展准备工作。

（夏震燕）

场口镇

【概况】　2019年，场口镇总面积58.05平方千米，其中城镇建成区面积1.32平方千米，辖行政村24个，居委会1个，股份经济合作社24个，党员1802人，其中党委5个、党总支17个、党支部87个，村民小组323个。年末总户数13615户，总人口43543人。全年实现工农业总产值686387万元，按可比价格计算，比上年增长3.20%；其中工业总产值656000万元，农业总产值30387万元。全年实现财政总收入32170.53万元，其中一般公共预算收入13624.59万元。农村经济总收入419137万元，农村经济净收入164362万元。农民人均收入38462元。

年末耕地面积1598公顷，其中水田面积1098公顷，高标准农田面积125公顷，农作物播种面积1598公顷，其中：粮食作物播种面积1566公顷。粮食总产量1104万千克。农机总动力2.03万千瓦。水利投工0.70万工，投资65万元。存栏生猪186头，出栏肉猪910头，存栏家禽3.20万羽，出栏家禽5万羽。水产品养殖面积110公顷，水产品产量100.70万千克。封山育林2542公顷。水果种植面积43.30公顷，水果产量426万千克。茶园面积22.50公顷，茶叶产量1.90万千克。农业技术服务机构个数1个，从业人员6人。农民专业合作社数量26个，成员85户。种植大户16户，家庭农场28个。工业企业总数546家，从业人员9200人，其中规模以上工业企业62家，实现产值156.98亿元、销售54.45亿元、利润总额14.22亿元。住宿餐饮业企业12个，营业总收入1200万元。商品交易市场1个，交易额2000万元。

中学1所，在校中学生1051人；小学1所，在校小学生1129人；幼儿园1所，在园幼儿516人。社区卫生服务中心1家，卫生室1个，医疗床位30张，执业（助理）医师43人，兽医（防疫）技术人员2人。全年出生388人，计划生育率97%。固定电话用户33208户，移动电话用户4.20万户，因特网用户4690户。社会福利收养性单位1个，床位128张。参加城乡居民养老保险7987人。参加城乡居民基本医疗保险24462人。最低生活保障救助人数1079人。农户新建房屋70户，建筑面积21520平方米。金融机构网点3个，公园及休闲健身广场20个。

【各行政村基本情况】　（详见表39）

2019年9月24日，场口镇叶盛区块房屋搬迁集中签约

（场口镇　供稿）

2019年场口镇各行政村基本情况表

表39

村 名	户数（户）	人口（人）	农村经济总收入（万元）	农村经济总费用（万元）	农村经济净收入（万元）	农民人均收入（元）
场 口	685	2382	22291	14755	8661	33466
真佳溪	1128	3840	33397	20839	15854	32087
叶 盛	568	1967	21849	14307	8904	36285
马 山	739	2354	24553	16733	9618	35365
青 江	778	2460	30794	24558	9930	32903
华 丰	637	2156	22760	15768	8356	32597
联 群	452	1352	17204	11875	6493	43825
洋 沙	430	1345	11716	7929	4876	34764
徐 家	639	1886	10160	5167	6050	31263
瓜桥埠	497	1438	14497	10321	5573	34669
上 沙	640	1810	20931	15945	7032	34266
百丈畈	365	1253	9416	5962	4418	33967
赵 欧	342	1129	9289	6045	3997	32193
东梓关	645	1907	22982	17534	7464	33266
上 村	517	1539	15865	12705	5283	32231
乌畴溪新	717	2308	24162	19997	7851	30928
下图山	308	960	7385	5251	3404	33746
上图山	616	1957	19036	14031	7272	33945
白石皎	427	1502	11679	7142	5524	32654
洪家塘	469	1583	10014	5457	5493	33061
宋家溪	287	892	5220	2741	3099	32952
新 元	349	1106	11547	7526	4968	36155
鸿 丰	508	1597	20032	15326	6398	37548
红 星	668	2010	22358	16571	7844	34535

【场口镇叶盛整村搬迁】 8月19日，启动场口镇叶盛村区块整体搬迁工作，9月15日前完成房屋评估工作；9月25日前，完成房屋补偿安置协议签订工作；10月30日前，完成房屋腾空及交房工作，涉及农户和经营户680户，为城市发展腾出40余公顷空间。本次搬迁严格遵循“公正公平、公开透明、统一尺度、一口定价”的原则，成立叶盛区块整村搬迁领导小组，下设综合组、政策组、信访维稳组、动迁组、后勤保障组，其中动迁组10个。

【举办浙江省第五届农村文化礼堂“我们的村晚”】 2月2日，浙江省第五届农村文化礼堂“我们的村晚”在场口文化礼堂举行，现场活动有文艺晚会、民间手工艺、特色小吃、非遗展示等，其中文艺晚会共有来自全省各地的歌舞、小品、武术、非遗、曲艺等节目18个。省委书记车俊，省委常委、省委秘书长陈金彪，省委常委、宣传部部长朱国贤，省委常委、杭州市委书记周江勇等观看演出并给予高度肯定。

【召开全国小作坊整治现场会】 4月18—19日，全国食品生产加工小作坊监管工作现场会在杭州召开，交流各地小作坊监管经验，探讨进一步加强小作坊监管的路径。富阳区场口镇为此次大会现场观摩地点。18日，国家市场监督管理总局副局长孙梅君带领来自全国各地的食品生产监管干部，实地考察富阳区场口镇土烧酒、红糖等特色小作坊，对富阳食品生产加工小作坊监管工作给予充分肯定。

【举办首届富春江开渔节】 7月1日，首届富春江开渔节在场口镇东梓关村举行。活动现场设开鱼第一船、富春第一鱼竞价、江鲜第一锅、音乐节等活动，吸引游客5000余人次，带来旅游收入50万元。

【场口镇机关党政机构改革】 7月，基本完成场口镇机关党政机构改革，完成机关中层干部、一般干部人员调整工作，设立党政综合办公室、党建工作办公室(群团工作办公室)、综合信息指挥室(公共管理办公室)、公共服务办公室、城乡建设管理办公室、区域发展办公室、平安建设办公室、财政管理办公室、党群服务中心、小城市管理服务中心、区域发展与治理中心等八办三中心。

2019年7月1日，首届富春江开渔节举办

（场口镇　供稿）

【举办"二十四节气·我们的场口"节庆活动】　2019年，场口镇以文化礼堂24个村全覆盖为契机，举办"二十四节气·我们的场口"节庆活动。根据各村特色每月举办主题节气活动，共举办24期，累计吸引超过3万余人。

【完成区第四人民医院四楼病区及门诊室升级改造工程】　累计投资1000余万元，对医院进行内部翻修，手术室进行改造，采购胃镜、CT等设备，于年底完工。

【推进精品村创建】　11月，完成赵欧、洋沙两个村拥江发展精品村创建，投资100余万元开展青江村、鸿丰村、上沙村、马山村、瓜桥埠村、宋家溪精品村创建，改善村内道路景观，建设村级小品点20余个。

【推进场口微镇项目】　11月，场口镇与绿城理想小镇签订整体开发框架协议计划，计划投资上百亿，建设一个集生态休闲、高端养老、文化创意、农旅体验、健康颐养、品质居住等功能于一体的滨水"微镇"。先期启动一期包括安置房七期、龙潭庙、龙潭渡、马山滩广场等项目建设，涉及资金约18亿。

【创建国家卫生镇】　2019年8月，浙江省浙江省健康委员会网站公示《2017-2019周期拟上报国家卫生乡镇名单》，场口镇位列名单中。2019年，场口镇围绕"一口田园小城市"目标，结合"一加强、三整治"小城镇环境综合整治，加大基础设施投入，全面开展美丽城镇、美丽乡村、美丽经济建设，不断提升城乡环境面貌。累计拆整85000余平方米，拆除1100余宗。

【获评浙江省森林城市】　12月24日，浙江省关注森林组织委员会公布2019年度"浙江省森林城镇"名单（浙森组〔2019〕1号），全省共有98个城镇入选，富阳区场口镇位列其中。辖区内城镇林木覆盖率25.9%，人均公园绿地面积48.19平方米，乔木树种比重75%，全镇各单位和居住区绿地率27%，95%居民出行平均500米有公园休闲绿地，主要道路、河道绿化率98%。

（陈沈和）

常安镇

【概况】　2019年，常安镇总面积63.84平方千米，其中城镇建成区面积0.63平方千米，辖行政村16个，党员1261人，其中党委5个、党总支9个、党支部10个，村民小组264个。年末总户数7685户，总人口25227人。全年实现财政总收入4197万元，其中一般公共预算收入2238万元。农村经济总收入218979万元，农村经济净收入68360万元。农民人均收入27062元。

年末耕地面积902.80公顷，其中水田面积770公顷，农作物播种面积1150公顷，其中：粮食作物播种面积1150公顷。粮食总产量77.80万千克。农机总动力1535万千瓦。水利投资1461万元。存栏生猪2161头，出栏肉猪3873头，存栏家禽2.60万羽，出栏家禽4.50万羽。水产品养殖面积12公顷，水产品产量780.10万千克。封山育林2945.60公顷。水果种植面积234.70公顷，水果产量3383.80万千克。茶园面积113.50公顷，茶叶产量104.10万千克。农业技术服务机构个数1个，从业人员5人。农民专业合作社数量47个，成员3532户。种植大户70户，家庭农场40个。工业企业总数60家，从业人员2360人，其中规模以上工业企业7家，实现产值12.50亿元、销售12.40亿元、利润总额0.50亿元。建筑业企业2个。住宿餐饮业企业7个。商品交易市场1个。

小学1所，在校小学生388人，教职工47人；幼儿园1所，在园幼儿158人，教职工27人。社区卫生服务中心1家，卫生室9个，医疗床位12张，执业（助理）医师29人，兽医（防疫）技术人员1人。全年出生244人，计划生育率98.77%。固定电话用户1685户，移动电话用户7685户，因特网用户1105户。社会福利收养性单位1个，床位150张。参加城乡居民养老保险1121人。参加城乡居民基本医疗保险13307人。最低生活保障救助人数782人。农户新建房屋111户，建筑面积39960平方米。金融机构网点1个，公园及休闲健身广场27个。

【各行政村基本情况】　（详见表40）

【常安镇景山阻击战纪念公园开园】　1月10日上午，常安镇景山阻击战纪念公园开园仪式在常安镇东风村紫和山举行。浙江省黄埔同学会秘书长张兵、杭州市台办副主任阮兆牛、富阳区委常委、统战部长陈平、副区长孙洁、区各部门领导及来自台湾、美东、上海、南京等各地黄埔军校同学会成员参加。

2019年4月6日，常安镇乡贤爱心发展基金会成立

（常安镇 供稿）

【第三届富春山居梨花节】 3月29日上午，常安镇第三届富春山居梨花节在吉庆农庄开幕。活动主题为“共创美好乡村”，以创意集市的形式结合“文化＋文明＋文创”的理念，整合结对高校、捆绑单位等各方资源，展现梨花之美，弘扬优秀传统文化，探索美丽经济，实现促民增收，助推乡村振兴。开幕式上演汉服秀、舞蹈、戏曲、诗朗诵等文艺演出6个，杭州团市委副书记陈龙宁授予吉庆农庄“青创农场”牌匾。活动共吸引游客500余人次。

【举行乡贤联谊会暨乡贤爱心发展基金成立仪式】 4月6日下午，在常安镇中心小学举行“常安是故乡”常安镇乡贤联谊会暨乡贤爱心发展基金成立仪式，来自全国各地、各个行业的常安籍乡贤60余人参加。常安镇乡贤联谊会名誉会长李雪勤、会长张国标等乡贤代表就如何加快打造“杏梅小镇”、如何确保乡贤联谊会组织领导和活动经常等方面提出意见建议；常安镇政府与feeker旅游平台创始人李洋签订乡村振兴战略合作协议；为由张国标、孙雁军、张小平、徐永平等4位乡贤发起的常安镇乡贤爱心发展基金揭牌；观看镇中心小学“飞天梦”无人机表演，参观“飞天梦”展厅和景山阻击战纪念公园。

【召开常安镇第十七届人代会第六次会议】 7月18日上午，常安镇在镇政府大会议室召开第十七届人民代表大会第六次会议，全镇57名人大代表参加，辖区内区人大代表、基层站所负责人、老干部代表、事业单位负责人、镇中层以上干部和非正式代表的各行政村书记、主任等100余人列席。应可军当选常安镇人民政府镇长，吴力军当选常安镇人大主席，汪东明当选常安镇人民政府副镇长。会议总结常安镇2019年上半年经济社会发展情况，部署下半年工作。

【常安童玩节开幕暨思科旅游“田更园”项目启动】 7月27日上午，杭州常安童玩节开幕暨思科旅游“田更园”项目启动仪式在常安横槎村

2019年常安镇各行政村基本情况表

表40

村名	户数（户）	人口（人）	农村经济总收入（万元）	农村经济总费用（万元）	农村经济净收入（万元）	农民人均收入（元）
项家	279	911	3696	982	2714	28765
礼门	331	1103	4483	1505	2978	27076
小剡	552	1754	18675	14133	4541	21379
大田	616	2247	19650	14966	4685	21952
安禾	1095	3578	24782	16607	8174	22142
沧洲	706	2223	11332	6793	4539	20894
东风	523	1661	14288	10367	3921	20805
幸福	626	2065	34295	27789	6505	20694
董家	449	1459	21731	16871	4860	24950
横溪	264	862	14306	9727	4578	44133
东山下	378	1298	4809	1892	2917	25334
横槎	752	2645	31504	25011	6493	19938
杏梅坞	246	756	4348	1296	3052	38039
景山	294	899	3557	705	2852	32206
东村坞	262	820	3364	802	2562	33534
五胜	312	946	4160	1172	2988	31145

2019年7月27日，常安童玩节暨思科旅游"田更园"项目启动仪式在横槎村田更园举行　（常安镇　供稿）

田更园举行。富阳区人大常委会副主任裘富水、副区长孙洁、区政协副主席孙柏平一行参加。常安镇党委书记裘云鹏致欢迎词。杭州思科旅游有限公司代表徐均讲话。常安镇党委副书记、镇长应可军和常安乡贤富阳奥运第一人孙杰签订落户协议。富阳区副区长孙洁宣布常安童玩节正式开始。领导嘉宾观看冠军孙杰等教你学皮艇以及皮艇球表演。活动共吸引游客1000余人次。

【醉美常安"初心晨读"学堂开班】　8月5日上午，醉美常安"初心晨读"学堂开班仪式在常安镇五楼会议室举行，全体镇机关干部80余人参加。镇党委书记裘云鹏做动员讲话，富阳区委宣传部社科联副主席赵国青就落实意识形态责任制进行宣讲。2019年，常安镇结合"大走访、大督查、大培训"活动相关要求，在集中学习、领导班子上党课的基础上，创新推行"初心晨读"学堂，组织党员干部、群众于每周一早上7:30—9:00进行90分钟晨读。

【抗击台风"利奇马"】　8月9日下午，常安镇党委、政府召开研判会议，部署防台抗台工作。台风"利奇马"期间，常安镇镇村两级共投入检查人数229人，发现并整治较大隐患点位7处，检查山塘水库27座，检查危旧房206处、转移群众46人，投入抢险救援力量58人、机械设备5台，投入应急抢险沙包500个。

【"迎大庆、排隐患、保平安"攻坚行动】　9月5日晚，常安镇举行"迎大庆、排隐患、保平安"攻坚行动启动仪式，全体镇干部、职工、公安富阳分局常安派出所民警、四个平台工作人员、专职网格员、各村义务巡防队等共计200余人参加。当晚，组织开展第一次集中排查，检查辖区内宾馆、饭店、超市、液化气供应站等临街商铺100余家、出租房30余户、企业12家、旅馆民宿13家、宗教场所3家、危房3户，排查出安全隐患36处。

【推进"不忘初心、牢记使命"主题教育】　9月12日上午，常安镇召开"不忘初心、牢记使命"主题教育工作会议。镇党委书记裘云鹏主持会议，区委第四巡回指导组组长蒋惠真、镇班子成员、全体镇机关干部、各村党组织书记、"两新"党组织书记、老干部党组织书记、部分"两代表一委员"共100余人参加。在主题教育期间，重点抓好区管以上干部14名和全镇普通党员1273名的学习教育工作，开展领导班子集中学习研讨8场、普通党员集中学习研讨8场、思想大讨论63场1486人次、各支部交流167场2814人次，组织61个党支部1286人次开展红色研学、领导班子上党课16场、支部书记上党课75场、领导班子开展调研课题13个、领办破难攻坚项目13个（已完成10个），领导班子对照检视问题89个。结合"三服务"活动，广泛征集意见建议782条，完成整改694条。

【成立常安高山味道电商联盟】　11月1日，在第四届杭州市富阳区"味道山乡·有家常安"常安家文化节开幕式上，长三角首个高山味道电商联盟——常安高山味道电商联盟正式成立。新成立的常安高山味道电商联盟是常安镇"政府搭台、产业唱戏"，推动"互联网＋农产品销售"的一次积极探索，也是当地践行"绿水青山就是金山银山"重要思想，带动乡村振兴的有益实践。

【召开中国共产党常安镇第十五届代表大会第四次会议】　12月30日下午，中国共产党常安镇第十五届代表大会第四次会议在镇政府五楼会议室召开，区级党代表、镇党代表、镇班子成员、各科室主任、村党支部书记、普通党员代表等139人参加本次会议。会议决定深入学习贯彻党的十九届四中全会精神，以习近平新时代中国特色社会主义思想为指导，坚决执行中央、省市区委系列决策部署，坚持"三高"发展不动摇，坚定生态发展之路，强化党建引领，严明政治规矩，统筹推进壶源溪流域和大龙门景区联动发展工作，以"一年脱掉一层皮"的决心，奋力谱写风清气正、山水相依、活力四射的常安新局面。

（丁敏雅）

龙门镇

【概况】　2019年，龙门镇总面积27.30平方千米，辖行政村4个，股份经济合作社4个，党员465人，其中党委5个、党总支2个、党支部25个，村民小组72个。年末总户数2525户，总人口7066人。全年实现工农业总产值28906万元，按可比价格计算，比上年增长-5.90%，其中工业总产值18013万元，农业总产值10893万元。全年实现财政总收入1327万元，其中一般公共预算收入2571万元。农村经

2019年龙门镇各行政村基本情况表

表41

村　名	户数（户）	人口（人）	农村经济总收入（万元）	农村经济总费用（万元）	农村经济净收入（万元）	农民人均收入（元）
龙门一村	602	1760	16615	11920	4694	33735
龙门三村	558	1650	15495	11070	4425	33499
龙门五村	508	1515	13965	9814	4151	33506
龙门七村	857	1987	18780	13543	5237	33710

济总收入68360万元，农村经济净收入19047.97万元。农民人均收入33621元。

年末耕地面积236.80公顷，其中水田面积236.80公顷，高标准农田面积20公顷，农作物播种面积250公顷，其中：粮食作物播种面积250公顷。粮食总产量243.52万千克。农机总动0.20万千瓦。水利投工0.10万工，投资150万元。完成环境污染治理项目1个，投资额60万元。存栏生猪150头，出栏肉猪382头，存栏家禽0.30万羽，出栏家禽1万羽。水产品养殖面积2公顷，水产品产量22.80万千克。绿化造林6公顷，封山育林115公顷。水果种植面积79公顷，水果产量192万千克。茶园面积57公顷，茶叶产量11万千克。农业技术服务机构个数1个，从业人员1人。农民专业合作社数量4个，成员9户。种植大户5户，家庭农场6个。工业企业总数14家，从业人员322人，其中规模以上工业企业2家，实现产值1.28亿元、销售1.27亿元、利润总额-0.03亿元。住宿餐饮业企业7个，营业总收入1050万元。商品交易市场1个，交易额530万元。

小学1所，在校小学生165人，教职工21人；幼儿园1所，在园幼儿101人，教职工19人。社区卫生服务中心1家，医疗床位3张，执业（助理）医师11人。全年出生68人，计划生育率100%。固定电话用户288户，移动电话用户4472户，因特网用户1349户。参加城乡居民养老保险327人。参加城乡居民基本医疗保险3593人。最低生活保障救助人数189人。农户新建房屋30户，建筑面积1万平方米。金融机构网点1个，公园及休闲健身广场5个。

【各行政村基本情况】（详见表41）

【召开龙门镇第十七届人大第五次会议】 1月10日，龙门镇第十七届人大第五次会议召开。来自全镇各界正式代表41名、列席代表34名参加。大会听取和审查了龙门镇2018年度政府工作报告、人大主席团工作报告、2018年政府投资项目完成情况及2019年候选政府投资项目说明，书面审查了政府财政报告和镇人大代表建议办理情况报告。大会还选举何建平为龙门镇人民政府副镇长，并对2019年政府投资候选项目进行了票决。全体代表参加宪法宣誓仪式。

【获评第二批浙江省旅游风情小镇】 2月13日，浙江省文化和旅游厅公布第二批浙江省旅游风情小镇认定结果，经实地暗访、集中汇报、台账评查、信息化管理等考核，全省共有28个小镇（区、街道）达到浙江省旅游风情小镇的要求。龙门镇榜上有名，成为富阳区首个获此殊荣的乡镇。

【举行2019年度党员春训】 2月23日，龙门镇2019年度党员春训首日活动在区委党校举行。来自全镇各级党组织的近400名党员参加培训。在课程设置上，除了常规的党委书记党课以外，还邀请到区委党校教师和区深改办、区纪委领导等进行授课培训和现身说法。活动现场，镇党委还对2018年度各类工作先进集体和个人进行了表彰，受表彰人员代表对做好2019年度工作进行了表态发言。

【龙门镇龙门禅寺祈福法会送祝福、倡文明、保稳定】 3月7日，龙门镇龙门禅寺举行了诵经念佛祈福法会，吸引龙门乃至杭州地区近百名信徒到场参加，为寺院建设、古镇发展和国家繁荣祝福。此次法会在传统诵读经文、野外放生等活动的基础上，增设了文明景区和政策法规宣传等内容，号召全体信教群众自觉配合政府工作，共同建设文明、美丽、整洁的古镇环境。

【举办台湾籍画家余素政“梦里家园”油画展】 3月15日，由龙门镇政府、连横纪念馆等主办的台湾画家余素政“梦里家园”主题油画展在连横纪念馆正式揭幕。本次画展共展出以江南水乡为主的油画作品62幅，展期将持续至5月3日。杭州市台办副主任阮兆牛、杭州市台办巡视员张吾昌、杭州西湖风景区管委会副主任邓兴顺、富阳区台办主任洪文明、龙门镇党委书记方亮、台湾画家余素政和来自海峡两岸的艺术家们共同出席画展开幕式。

【法国艺术家造访】 3月26日，法国造型艺术家德尔芬娜·吉古·马丁（Delphine Gigoux-Martin）在龙门古镇咸正堂举办讲座，分享艺术创作经历。还参观考察了龙门古镇，并在世德堂两岸文化艺术村进行座谈交流。德尔芬娜·吉古·马丁任教于法国利摩日国立高等艺术学院，主要用动物标本和自然材料创作雕塑装置，也常在其创作中加入一些不同的元素，如洞穴内的互动图案、动画投影等。

【举行2019年度龙门镇乡贤大会】 4月6日，在镇中心小学举行2019年度龙门镇乡贤大会，来自全国教育、科研、医疗、公共服务等领域的乡贤代表30余人参加。会上，镇党委副书记、镇长董晓峰介绍龙门镇2018年工作开展情况、2019年工作计划和乡贤联谊会建立筹备情况。推选产生了第一届乡贤联谊会成员，决定由孙金国担任龙门镇首届乡贤理事会会长，孙小明、孙志军、孙华堂、为副会长，孙德其为理事会秘书长。

【第二届百花大会开幕】 4月30日，富阳区第二届富春山居乡村百花大会暨“立夏”节气活动在龙门古镇拉开帷幕。开幕式上，龙门镇党委书记方亮致欢迎词，富阳区委常委、宣传部部长夏芬宣布活动开幕，并向世界发出邀请。本次百花大会由富阳区人民政府主办，富阳区龙门镇人民政府承办。主办方用50万盆鲜花点缀起美丽古镇，并设计推出了牛八碗美食、水幕光影秀、民谣音乐会、百花市集等活动内容，时间从4月30日持续到5月4日，吸引游客10.52人次，带来旅游收入659.20万元。

【开展对台文化交流】 积极服务富阳第8个“公望富春两岸文化周”活动，开展对台文化交流工作。5月30日，台湾南投市炎峰小学师生代表团一行到龙门古镇参观考察；5月31日，以罗振贤为代表的台湾著名书画艺术家代表团一行到龙门古镇参观考察；6月3日，台湾著名书画艺术家罗永贵一行到龙门古镇进行参观考察。此外，南投市民宿协会、台北爱乐妇女合唱团、南投县人民聘业雇业职业工会、中国国民党基层党代表参访团等团队也先后造访龙门，实地感受龙门古镇的自然人文风光，领略富春山居图的艺术魅力，感受“两岸一家亲”的文化氛围。

【承办“欢歌祖国 悦动富阳”乡镇对唱赛】 6月22日，为庆祝中华人民共和国成立70周年，全方位展现全区美丽乡村、生态文明建设成果，打造“家在富春江上”文化品牌，由富阳区委宣传部、区委组织部、区文旅局等主办的“欢歌祖国 悦动富阳”乡镇对唱赛在龙门古镇拉开大幕。24个乡镇（街道）组团以两两“欢乐对对唱”PK赛的形式举行，共分12场，每月安排2—4场。通过“欢乐对对唱”决出12个节目，参加最后的表演赛。

【举办庆祝建党98周年文艺晚会暨“入党初心故事分享”大会】 6月28日，龙门镇在古镇明前园举行庆祝建党98周年文艺晚会暨“入党初心故事分享”大会。此次活动由龙门镇党委主办，龙门三村党委承办，浙江金固股份有限公司党总支、龙门镇计生协会等协办。活动共分不忘来路，龙门的初心、古镇复兴，家乡换新颜，牢记使命、明天会更好等项目3个，吸引500名党员群众参加。

【开展龙门镇院校合作】 7月12日，杭州电子科技大学信息工程学院与龙门镇暑期社会实践交流会暨社会实践基地授牌仪式在龙门镇中心小学会议室召开。学院纪委书记蒋叠峰、党委副书记彭萌萌等一行人员及镇党委副书记徐磊等领导出席本次会议，学院团委书记（新闻中心主任）朱颖栋主持，学院学工部主任金阳、龙门镇团委书记叶菲媛、中心小学教导主任朱国强等相关负责人参加会议。

【龙门镇公交首末站正式开通】 7月31日，龙门古镇公交数字旅游9号线正式开通，标志着古镇村民及游客期盼已久的龙门公交首末站也正式投入使用。在开通仪式上，区交通集团介绍了公交数字旅游专线开通的背景意义情况，区交通局有关负责人宣布专线开通。龙门公交首末站是龙门镇2019年的重点民生实事项目之一。

【加快龙门古镇5G建设】 8月23日，龙门镇与中国移动富阳分公司共同签署加快推进5G数字经济发展的全面战略合作协议，借助5G先进技术手段，加快推动龙门镇的数字经济发展，为古镇的发展注入更多新的“活力因子”。签约仪式上，双方围绕5G技术与古镇旅游的结合进行了座谈交流和深入探讨。龙门镇将以此次签约为起点，切实加快各项前期筹备对接工作，加快龙门镇5G网络应用覆盖，努力使5G在各个领域的应用项目早日落地、建成达效，全力推动龙门古镇迈入5G时代。

2019年4月30日，富阳区第二届百花大会夜间表演开放

（龙门镇　供稿）

【开展“不忘初心、牢记使命”主题教育】 9月12日上午，龙门镇召开会议，对全镇开展“不忘初心、牢记使命”主题教育工作进行动员部署。参加会议的有区委第三巡回指导组、全体镇村干部，各组级支部书记，四个平台负责人等70余人。会议由龙门镇党委书记方亮部署龙门镇“不忘初心、牢记使命”主题教育工作实施方案。在主题教育期间，重点抓好区管以上干部12名和全镇普通党员465名的学习教育工作，开展领导班子集中学习研讨5

2019年6月28日，龙门镇龙门三村“迎七一”村晚举办

（龙门镇　供稿）

场、普通党员集中学习研讨22场、思想大讨论22场450人次、各支部交流22场440人次，组织22个党支部450人次开展红色研学、领导班子上党课10场、支部书记上党课26场、领导班子开展调研课题10个、领办破难攻坚项目10个（已完成10个），领导班子对照检视问题6个。结合“三服务”活动，广泛征集意见建议73条，完成整改73条。

【龙门景区假日专线开通】　9月29日，富阳公交开通“直达”龙门景区的假日专线，龙门假日定制专线遵循快速、直达原则，定制的线路由公交站直达到龙门景区，沿途大站停靠串联银泰、大润发、体育馆、东吴公园、文化中心等区块，整个行程市民从杭州到达龙门景区大约2个小时，较以往节省一倍时间。

【龙门古镇孙家厨获奖】　11月2日，浙江省第三届“妈妈的味道”民间美食巧女秀总决赛在水亭门广场举行。龙门镇上古堂面筋获得“巧手美食奖”；龙门镇“孙家大院”周丽明、“家和宾馆”朱惠群获得“十佳厨王”荣誉称号；悠闲宾馆余丽霞、古农宾馆骆军儿获得“厨王入围奖”；龙门一村孙春芳、龙门三村孙希娟获得“百家菜十佳”殊荣。

【龙门廉洁文化示范基地落成】　11月18日上午，富阳区纪委、浙江省轨道集团和龙门镇共同打造的龙门廉洁文化示范基地落成。浙江省纪委、浙江省国资委、浙江交通集团和富阳区纪委、龙门镇领导及嘉宾、媒体共80多人参加。富阳区委常委、纪委书记、监委主任胡志明参加活动并充分肯定三方签订共建协议以来所做的大量工作和取得的成效，特别是“正道馆”的建成开馆和红色讲解员的四堂廉政党课进一步丰富了龙门镇作为省级廉政文化教育基地，开展廉政教育活动的载体和形式，值得全区在推进廉政文化建设工作中学习借鉴。

【召开中共龙门镇十四届代表大会第四次会议】　12月31日，举行中共龙门镇十四届代表大会第四次会议。来自全镇各界的正式代表43名、列席人员28名、旁听人员10名参加。区委常委、纪委书记胡志明出席会议。镇党委书记周妙荣向全体与会人员作中共龙门镇委员会工作报告，全面回顾总结了2019年古镇各项工作进展和党建工作取得成绩，分析了面临的形势和问题，提出了2020年工作的重点和思路。会后，全体代表前往萧山区楼塔古镇参观考察。（金露洁）

湖源乡

【概况】　2019年，湖源乡总面积125.87平方千米，其中城镇建成区面积21.83平方千米、绿地面积121.36平方千米，辖行政村10个，股份经济合作社10个，党员658人，其中党委1个、党总支7个、党支部2个，村民小组107个。年末总户数4220户，总人口15502人。全年实现工农业总产值59051万元，按可比价格计算，比上年增长32.50%，其中工业总产值45264万元，农业总产值13787万元。农业增加值9686万元。全年实现财政总收入2628万元，其中一般公共预算收入1848.50万元。农村经济总收入101420万元，农村经济净收入17720万元。农民人均收入27145元。

年末耕地面积267.07公顷，其中水田面积220公顷，农作物播种面积512.87公顷，其中：粮食作物播种面积512.87公顷。粮食总产量324.65万千克。水利投资1190万元。完成环境污染治理项目1个，投资额40万元。存栏生猪452头，出栏肉猪1196头，存栏家禽3.70万羽，出栏家禽7.50万羽，水产品产量0.69万千克。绿化造林90公顷，封山育林8615.40公顷。水果种植面积95.53公顷，水果产量209.20万千克。茶园面积30公顷，茶叶产量3.20万千克。农业技术服务机构个数1个，从业人员3人。农民专业合作社数量14个，成员80户。种植大户15户，家庭农场10个。工业企业总数22家，从业人员730人，其中规模以上工业企业3家，实现产值2.88亿元、销售2.86亿元、利润总额0.32亿元。建筑业企业23个。住宿餐饮业企业3个，营业总收入276万元。商品交易市场1个，交易额18.25万元。

小学1所，在校小学生104人，教职工27人；幼儿园1所，在园幼儿38人，教职工16人。社区卫生服务中心1家，卫生室7个，执业（助理）医师15人，兽医（防疫）技术人员3人。全年出生159人，计划生育率98.10%。固定电话用户2035户，移动电话用户3602户，因特网用户306户。社会福利收养性单位1个，床位118张。参加城乡居民养老保险2052人。参加城乡居民基本医疗保险8000人。最低生活保障救助人数1140人。农户新建房屋36户，建筑面积11538平方米。金融机构网点2个，公园及休闲健身广场10个。

【各行政村基本情况】 （详见表42）

【举办“雨水”节气活动】 2月17日，窈口村举办“别样元宵、年味乡愁”雨水节气活动，以年味和乡愁为主题，举行越剧、女子板龙等特色传统民俗表演以及猜灯谜、放花灯、尝美食等民俗活动，展示国家级生态文化村窈口村的美丽乡村和独特的山水自然环境。

【“不忘初心、牢记使命”主题教育】 9月12日，湖源乡召开“不忘初心，牢记使命”主题教育工作动员会。通过个人自学、集中研讨学、专题读书会等形式，组织开展主题教育。共组织乡党委理论中心组学习19次；查找班子和个人不足51项，认真查摆9个方面28项重点问题清单，对照检视问题原因，对标制定并完成整改方案；举办“红色学堂”3期，开展党员集中轮训2次，覆盖全乡党员600余名；全面开展“思想大讨论”“民情大走访”“五美大调研”和村级班子“回头看”活动，走访党员群众1500余户，收集意见建议45条，撰写调研报告10篇；打造“山水源乡·红色印迹”红色研学线路，吸引全区党组织103个，党员3100余名参加。

【推进源乡特色旅游】 全年举办民宿、农家乐培训8期，培育高端民宿2家，新增农家乐、特色餐饮场所30余家，设计打造山水线、红色线、运动休闲线等旅游线路3条。暑假期间，“网红龙鳞坝”共接待游客近40万人，创收近2000万元，并带动漂流、餐饮、农产品销售等产业发展。

【加快美丽乡村建设】 2019年，新一村获评省AAA级景区村庄，常南村、新二村获评省AA级景区村庄。启动常南村旧村改造杭派民居项目建设；启动双喜村、新绿村、石龙村、杨家坞等4个村的新时代美丽乡村创建工作，累计拆整面积达13000余平方米。积极引导种植大户开展土地流转，全面消除季节性抛荒地67公顷。推进“大棚房”问题专项整治，完成7宗点位整治任务，共计拆除占永农建筑24间。完成省级年度拆整任务10700平方米，完成年度任务的107%，额外完成区级拆整任务近7000平方米。

【推进乡村环境综合整治】 组织开展2轮村级全域环境整治“提标创优”大比武活动，7个村获得大比武优胜村。常态化开展“美丽庭院”创建，推进“厕所革命”，全面落实垃圾分类，共举办垃圾分类专题讲座6场，走村入户开展宣讲活动30余场，覆盖3500余人，顺利通过国卫技术评估和省级暗访，环境卫生考核排名位列全区前列。

【加强生态资源保护】 打好污染防治攻坚战，完成“三线一单”编制，全年共整治“低散乱”企业10家。以“河长制”工作为抓手，持续做好“五水共治”、美丽河湖创建等工作，形成河道保洁长效机制。启动编制《壶源溪流域联动发展总体规划》，关停壶源溪干流小水电站6家，成功创建杭州市级美丽河道；沿壶源溪布置监控点10处，减少日常监管盲区，依靠乡村两级护渔、护砂力量，经常性开展河道非法采砂取石、非法捕鱼整治行动，全年共开展护渔行动30余次，联合上级执法部门共开展专项执法活动6起，立案4起，处罚4人，有效遏制偷采偷渔的不良态势。

【整合土地资源】 全面完成新一轮农村土地承包经营权确权登记工作，完成2017高标准农田地力提升项目、窈口垦造水田2016项目、上臧村大坞坞垦造耕地、小坞坞“旱改水”耕地质量提升等项8个，新增耕地5.40公顷。完成常南村洪家石尖坞“旱改水”申报立项。组织辖区内行政村对历年造地项目核查、复垦修复，累计完成9个项目、20个地块的修复工作，完成撂荒土地复耕、田坎修补13.33公顷。

【完善住房保障与公共配套】 着力破解危旧房整治和建房难问题，为符合条件农户做好建房审批服务工作，共完成农房审批34户、宅基地确权登记1818户，超额完成年度任务。窈口村文化礼堂获评省五星级农村文化礼堂，新建新绿村农村文化礼堂，修缮提升新三村文化礼堂、石龙村特色馆等，完成双喜村服务大楼、新一村家宴中心建设。

【持续提升供水安全】 改造提升全乡单村饮用水水站31个，其中窈口、石龙单村供水水站实现标准化建设，纳入市区两级民生实事工程，投资600余万元；实行农村饮用水水费收缴制度试点工作；启动农村饮用水达标提标工程，总投资约1.37亿元，至年底完成中心片、新二新三项目的设计批复。

2019年2月17日，湖源乡雨水节气活动举办(图为窈口村女子板龙民俗表演)
（湖源乡 供稿）

2019年湖源乡各行政村基本情况表

表42

村名	户数（户）	人口（人）	农村经济总收入（万元）	农村经济总费用（万元）	农村经济净收入（万元）	农民人均收入（元）
新一	224	839	26113	24821	1291	28179
新二	544	1999	7358	4472	2885	29620
新三	715	2635	11673	8870	2803	27145
常南	401	1450	3198	1729	1469	26462
新绿	335	1212	6617	5219	1398	27124
双喜	615	2417	20247	17723	2524	29884
杨家坞	442	1628	3882	2822	1060	24228
石龙	385	1365	3322	2086	1236	24952
上臧	197	682	13522	12068	1454	25854
窈口	362	1275	5489	3889	1600	28003

【推进交通基础设施项目建设】 完成百石线改扩建路基工程，全长0.90千米，投资126万元；小上线改造工程全线开工，投资6400万元，完成征地4.67公顷，拆迁房屋20户，铺设完成30%的路基工程；完成双喜村、新三村、窈口村、杨家坞村等5个村道路修复提升工程，共铺浇沥青30000余平方米；完成环金线综合整治二期前期准备。

【持续营造文明乡风】 开展庆祝中华人民共和国成立70周年系列活动30余场。开展夕阳红讲堂3次，覆盖老年人1000余人。举办文艺和宣教活动150余次，实现文明村创建率100%。建立乡级乡贤联谊会，搭建乡贤参与乡村振兴和基层治理平台；深入开展普法工作，让湖源百姓切实感受到法律服务的便利。

（朱斐然）

环山乡

【概况】 2019年，环山乡总面积38.52平方千米，其中城镇建成区面积0.85平方千米、绿地面积0.01平方千米，辖行政村7个，股份经济合作社7个，党员727人，其中党委4个、党总支5个、党支部5个，村民小组113个。年末总户数3834户，总人口12853人。全年实现农业总产值7087万元，财政总收入36220.27万元，其中一般公共预算收入16964.70万元。农村经济总收入433376万元，农村经济净收入23050万元。农民人均收入35743元。

2019年，湖源乡新一村龙鳞坝走红网络，带动乡村旅游

（湖源乡　供稿）

年末耕地面积360公顷，其中水田面积344公顷，农作物播种面积761公顷，其中：粮食作物播种面积500公顷。粮食总产量300万千克。农机总动力1.03万千瓦。水利投工275万工，投资550万元。完成环境污染治理项目2个，投资额1300万元。存栏生猪850头，出栏肉猪3400头，存栏家禽2.40万羽，出栏家禽14万羽。水产品养殖面积40公顷，水产品产量60万千克。绿化造林106公顷，封山育林1930公顷。水果种植面积27.50公顷，水果产量85.20万千克。茶园面积32.30公顷，茶叶产量0.30万千克。农业技术服务机构个数1个，从业人员4人。农民专业合作社数量8个，成员60户。种植大户4户，家庭农场12个。工业企业总数38家，从业人员1150人，其中规模以上工业企业3家，实现产值28.63亿元、销售29.78亿元、利润总额4.73亿元。建筑业企业25个，总产值24524万元。住宿餐饮业企业4个，营业总收入450万元。

中学1所，在校中学生785人，教职工110人；小学1所，在校小学生551人，教职工54人；幼儿园1所，在园幼儿230人，教职工34人。社区卫生服务中心1家，卫生室3个，执业（助理）医师14人，兽医（防疫）技术人员1人。全年出生99人，计划生育率97.90%。固定电话用户2103户，移动电话用户3288户，因特网用户2570户。参加城乡居民养老保险204人。参加城乡居民基本医疗保险7492人。最低生活保障救助人数223人。新建房屋51户，建筑面积18360平方米。金融机构网点1个，公园及休闲健身广场2个。

【各行政村基本情况】 （详见表43）

【开展“不忘记初心，牢记使命”主题教育】 9月，以“不忘初心，牢记使命”主题教育为契机，通过“走亲连心三服务”，深入企业、农户开展大走访，实现走访全覆盖，共走访企业57家，农户3825户，收集问题367个，实际解决145个，解决率39.50%。

【推进铜工业功能区拆除】 5月6日，启动铜工业功能区拆除工作，8月20日前完成签约区内企业50家，12月底企业基本拆除，腾出空间46.67公顷。

【完成环山乡党委巡察】 2月11日至3月22日，根据区委巡察工作统一部署，区委第四巡察组对环山乡党委进行巡察。5月8日，对巡察情况进行反馈，提出整改要求。环山乡党委共完成巡察移交问题40个和自查自纠问题整改3个，其中，政务处分1人，组织处理2人，提醒谈话110人次，建立、重申、完善制度19个，退回（追缴）相关资金80.80万元。

【启动新时代美丽乡村创建】 8月，启动中兴村、诸佳坞村新时代美丽乡村建设拆整工作，共拆除破旧主房、附房、彩钢棚等193处，累计拆除面积11588平方米，腾出空间近1.33公顷，通过拆整验收，为2020年项目全面推进打好基础。12月，诸佳坞、中兴村分别通过AA级和A级景区村庄创建。

【启动中埠精品村创建】 根据沿江精品线路创建要求，有序推进中埠精品村创建，项目总投资800万元，涉及基础设施、公共服务配套，村道沿线环境综合整治，沿江渔村、红色文化节点打造等5个项目建设，拆除主房、附房、钢架427处，累计拆除面积11250平方米，所有项目均已进场施工，预计2020年6月前完工。

【推进新中线拓宽工程】 完成新中线老路修复及道路拓宽征迁工程，7月，完成沿线农户24户、经营户4户签约；8月，完成腾空与拆除工作，并有效落实搬拆迁户安置工作。

【巩固小城镇整治成果】 3月，出台《环山乡小城镇环境综合整治长效管理实施办法》，投资100万元，对小城镇区域环境卫生、城镇秩序、乡容街貌等长效保洁工作进行明确，定责、定岗、定酬，进一步巩固整治成果。全年，共接待省内外各类参观考察团队30余批次，不断提升环山知名度和美誉度。

【完成19省道精品线路工程】 完成19省道精品线路工程，项目总投资900余万元，新建改建管道6.71千米，共计31.72孔千米，杆路3.04千米，共计10米杆87根。

2019年5月6日，环山铜工业功能区企业拆除工作动员大会举行
（环山乡　供稿）

2019年环山乡各行政村基本情况表

表43

村　名	户数（户）	人口（人）	农村经济总收入（万元）	农村经济总费用（万元）	农村经济净收入（万元）	农民人均收入（元）
中　埠	475	1465	56481	53715	2766	35414
诸佳坞	587	2138	96774	91467	5307	37045
中　兴	687	2324	82894	77712	5182	35988
环　一	497	1682	60601	58179	2423	36215
环　二	343	1189	40295	38157	2138	34535
环　三	352	1158	46740	44520	2220	34739
环　联	893	2897	49591	46577	3014	35359

【整治提升杭黄沿线、西复线互通周边环境】 全力做好杭黄沿线、西复线互通周边环境整治提升工作，完成杭黄沿线区块25处，督查点位60个，自查点位154处的整治工作，完成龙门互通周边土地流转18.67公顷，拆除乱搭乱建1300余平方米，清理垃圾2000余吨，绿化提升工程、田相整治工程、立面整治工程、排水沟及道路修复工程等4个项目进场施工。

【通过国家卫生乡创建】 按照“六个有”和“三字经”要求，持续打好五水共治、治危拆违、两路两侧整治、环境整治等组合拳，共集中整治156次，督查61次，完成整治点位1550处，开展环境整治大比武4期，11月，通过国家卫生乡创建，乡域环境面貌全面提升。

【通过杭州市无违建乡创建】 坚持以拆促改、拆用结合，依法拆违控违的原则，紧紧抓住“小城镇环境综合整治”“四边三化整治”“19省道整治”“铜行业整治”“彩钢棚整治”等一系列专项活动契机，组织人员1820余人次对影响整体环境或者有碍交通及非法占地、乱搭乱建的附房、店铺、危旧房、简易棚、彩钢棚进行拆除，累计拆除面积9万余平方米，12月，通过杭州市无违建乡创建验收。

（骆鸿群）

万市镇

【概况】 2019年，万市镇总面积155.37平方千米，其中城镇建成区面积0.95平方千米、绿地面积0.12平方千米，辖行政村15个，居委会1个，股份经济合作社15个，党员1294个，其中党委5个、党总支10个、党支部59个，村民小组293个。年末总户数6614户，总人口22199人。全年实现工农业总产值156733万元，按可比价格计算，比上年增长12%；其中工业总产值76025万元，农业总产值80708万元。全年实现财政总收入28615.32万元，其中一般公共预算收入7848.81万元，农村经济总收入807080万元，农村经济净收入82189万元，农民人均收入35141元。

年末耕地面积1184公顷，其中水田面积893公顷，高标准农田578公顷。农作物播种面积3112公顷，其中：粮食作物1043公顷。粮食总产量2523万千克。农机总动力19243万千瓦。水利投工19.50万工，投资2500万元。完成环境污染治理项目3个，投资额4600万元。存栏生猪3690头，出栏肉猪11325头，存栏家禽7.74万羽，出栏家禽21.96万羽，水产品养殖面积92.34公顷，水产品产量41.60万千克。绿化造林2872公顷，封山育林7100公顷。水果种植面积2166公顷，水果产量603.90万千克。茶园面积1518公顷，茶叶产量7.61万千克。农业技术服务机构1个，从业人员17人。农业专业合作社数量43个，成员275户。种植大户29个，家庭农场31个。工业企业总数140家，从业人员1680人，其中规模以上工业企业5家，实现产值2.43亿元、销售2.43亿元、利润总额0.12亿元。建筑业企业12个，总产值2300万元。住宿餐饮业企业44个，营业总收入350万元。商品交易市场1个，交易额1530万元。

中学1所，在校中学生550人，教职工29人；小学3所，在校小学生592人，教职工80人；幼儿园3所，在园幼儿238人，教职工36人。社区卫生服务中心1家，卫生室6个，医疗床位30张，执业（助理）医师52人。全年出生158人，计划生育率97%。固定电话用户4700户，移动电话18692户，因特网用户3953户。社会福利收养性单位1个，床位50张。参加城乡居民养老保险1646人。参加城乡居民基本医疗保险12788人。最低生活保障救助人数863人。农户新建房屋85户，建筑面积10200平方米。金融网点5个，公园及休闲健身广场27个。

【各行政村基本情况】 （详见表44）

【“味道山乡”写生活动暨杭州市乡村书画学共体联盟成立】 4月10日，万市镇举办“味道山乡”写生活动暨杭州市乡村书画学共体联盟成立仪式。富阳区有关领导、富阳草根书画家和师生共计200余人参加。活动现场，万市镇被授予“杭州市乡村书画学共体写生基地”，杭州市人民职业学校校长金卫东与万市镇人民政府镇长陈军峰签订“写生游学基地”协议。100余名富阳草根画家和师生分别到万市镇何务村浮云岭生态公园和葛溪山庄、知勤谷生态庄园基地写生。

【举办2019第三届环富阳骑游大会】 4月14日，万市镇举办2019第三届环富阳骑游大会，吸引来自世界各地的骑行爱好者800余名参加。本次大会以“骑游春天”为主题，将体育与旅游相结合，以山乡为媒，

2019年4月14日，骑游春天暨第三届环富阳骑游大会举办

（万市镇　供稿）

以特色景点、经典村落、风情小镇、历史文化等为看点，突出乡土、乡风、乡情，展现万市镇美丽乡村、美丽大花园建设成果，打造“体育+旅游”的活动新形式。设置千人骑游、UH智能骑行台体验、萌娃平衡车挑战赛等活动项目3个。

2019年11月30日，万市镇北京乡贤联谊站成立

（万市镇 供稿）

【中国藏学研究中心调研万市】 4月27日，中国藏学研究中心社会经济所所长扎洛一行到万市镇白马村调研弘道书院及新农村建设工作。区委统战部副部长郑金林、部委项开鹏、万市镇统战委员楼望坤陪同。调研组一行先到白马村岭脚，了解白马村新农村建设情况。随后前往白马村弘道书院，与书院主人钱弘道畅谈产学研一体化带动乡村振兴的思路。

【开展“与乡村益起”可持续发展乡村科技行富阳站活动】 11月17日，由杭州市科学技术协会、富阳区人民政府、阿里巴巴公益基金会等单位联合发起，杭州市治水办、富阳区委宣传部、水等主办的“与乡村益起”可持续发展乡村科技行富阳站活动在万市镇开展。杭州市科协副主席杨焕、富阳区人民政府副区长王洪光、等领导嘉宾出席活动。活动现场来自杭州市科协的专家分别与万市镇就园艺盆栽、林业资源、农村电商、气象灾害预防、生态河道可持续教育等方面展开深度对话，签署合作备忘。中国生物多样性保护与绿色发展基金会为万市镇颁发中华古银杏保护地的牌匾，万市镇成为全国第一个古银杏中华保护地。

【委内瑞拉语言文化研修班到万市镇参观交流】 11月19日，委内瑞拉语言文化研修班学员在区侨办主任陈水英、万市乡贤代表联谊会副会长桂帆等陪同下到万市镇参观

2019年万市镇各行政村基本情况表

表44

村名	户数（户）	人口（人）	农村经济总收入（万元）	农村经济总费用（万元）	农村经济净收入（万元）	农民人均收入（元）
东叙	248	851	13099	9898	3078	38600
白石	359	1130	34754	30700	4054	40575
何家	442	1541	38584	33293	5291	36010
彭家	713	2391	56896	47208	8338	39295
众缘	555	1871	105360	99533	5827	37442
罗宅	439	1407	96334	91396	3850	34838
白马	245	804	16594	14307	2287	34608
方里	279	940	45682	42897	2788	35322
何务	282	875	25279	19895	2195	30860
杨家	364	1194	33696	29145	3035	37142
平山	540	1759	46109	41740	4369	31733
新民	350	1228	34433	29344	5089	31754
槎源坞	443	1488	30086	25244	3428	31754
万市	634	2375	181164	157160	24004	35265
田源	721	2345	49010	41541	4556	31920

交流。交流组一行实地走访万市镇中心小学，通过足球、朗诵及声乐等活动与师生进行了互动交流，随后前往杨家村银杏主题公园，参观杨家村古银杏文化，体验打麻糍、磨豆腐等民俗活动。

【成立北京乡贤联谊站】 11月30日，万市镇乡贤代表联谊会北京联谊站在北京国际汉语研修学院举行挂牌仪式。万市镇党委书记刘国娟一行及北京乡贤代表参加。活动后，万市镇一行受邀参加中华汉字文化体验园2019年成果展示活动，并与万市镇乡贤代表联谊会副会长桂帆就分院落成事宜深入探讨研究。

【村级文化礼堂全覆盖】 12月，万市镇万市村、何务村、方里村文化礼堂建设工程，实现全镇15个村社文化礼堂全覆盖。

【启动“四线供水”工程】 启动东叙、彭家、白石、何家、众缘、万市，槎源坞“四线供水”工程，总投资2914万元，建设泵站6座，铺设管道98016米，受益人口达10106人，其中东叙村已全面完成饮用水入户，获富阳区农村饮用水先进单位。

【获浙江省“2019年度五水共治考核优秀乡镇”称号】 3月，万市镇荣获浙江省“2019年度五水共治考核优秀乡镇”称号。在“污水零直排区”和“美丽河湖”建设等工作中，万市镇发挥“争先创优、攻坚克难、开拓创新”的精神，紧盯年初制定的任务目标，加强对已整治“垃圾河”的监管控制，健全河道长效保洁机制，日常监管镇域小微水体743处，镇域内河道常年保持清洁，水质基本维持在二类标准。

（许波平　钟立赟）

洞桥镇

【概况】 2019年，洞桥镇总面积143.29平方千米，其中城镇建成区面积1.25平方千米、绿地面积0.05平方千米，辖行政村11个，股份经济合作社11个，党员1142人，其中党委5个、党总支7个、党支部33个，村民小组251个。年末总户数5850户，总人口18726人。全年实现工农业总产值101000万元，按可比价格计算，比上年增长6.30%，其中工业总产值80000万元，农业总产值21000万元。全年实现财政总收入6330万元，其中一般公共预算收入3070.70万元。农村经济总收入999605万元，农村经济净收入69135万元。农民人均收入32766元。

年末耕地面积1050公顷，其中水田面积390公顷，高标准农田面积875.93公顷，农作物播种面积766.67公顷，其中：粮食作物播种面积386.67公顷。粮食总产量487.60万千克。农机总动力0.81万千瓦。水利投工8万工，投资7500万元。存栏生猪3484头，出栏肉猪47.80头，存栏家禽16万羽，出栏家禽14万羽。水产品养殖面积122.10公顷。绿化造林78.30公顷，封山育林6836公顷。水果种植面积72.07公顷，水果产量128.50万千克。茶园面积300公顷，茶叶产量22.50万千克。农业技术服务机构个数3个，从业人员3人。农民专业合作社数量25个，成员1300户。种植大户30户，家庭农场15个。工业企业总数175家，从业人员2649人，其中规模以上工业企业8家，实现产值2.89亿元、销售2.88亿元、利润总额0.80亿元。建筑业企业39个，总产值7800万元。住宿餐饮业企业37个，营业总收入800万元。

小学3所，在校小学生303人，教职工56人；幼儿园3所，在园幼儿210人，教职工34人。社区卫生服务中心1家，卫生室6个，医疗床位4张，执业（助理）医师26人，兽医（防疫）技术人员2人。全年出生157人，计划生育率97.45%。固定电话用户1600户，移动电话用户13053户，因特网用户3553户。社会福利收养性单位1个，床位120张。参加城乡居民基本医疗保险10714人。最低生活保障救助人数143人。农户新建房屋74户，建

2019年洞桥镇各行政村基本情况表

表45

村　名	户数（户）	人口（人）	农村经济总收入（万元）	农村经济总费用（万元）	农村经济净收入（万元）	农民人均收入（元）
洞　桥	1217	3578	235572	223310	12262	32962
里　仁	606	2011	101933	94632	7301	32688
石　羊	357	1132	105715	100953	4762	32795
枫　瑞	438	1401	50271	45210	5061	32530
袁　家	398	1315	75587	70939	4648	32545
三　溪	669	2165	83113	75439	7674	32649
大　乐	177	510	11928	10053	1875	32523
大　溪	547	1816	90555	84011	6544	32795
贤　德	571	1756	87435	81081	6354	32928
文　村	572	1750	90293	83719	6574	32942
查　口	519	1651	67203	61123	6080	32683

筑面积8880平方米。金融机构网点2个，公园及休闲健身广场20个。

【各行政村基本情况】（详见表45）

【培育乡村经济】2019年，举办以“状元故里行”为主题的味道山乡大会，承办全区乡村振兴现场会、富春山居新时代乡村振兴论坛等活动，各级媒体宣传报道累计110余次。提升状元里游客服务中心等旅游基础设施配套项目34个，共引进产业项目11个，培育旅游经营主体52家，发展“营地+”农事体验点200余家，新增民宿47家床位216张，接待游客38万余人次，旅游经营收入超2000万元，带动增收农户2000余户。

【做优做活农业经济】加快传统农业向高效农业、生态农业、特色农业转型。推进赤水坞健康养生、唯本科技等项目。“龙羊笋干”连续多年获得省农博会金奖。完成2家区级示范性农民专业合作社建设。持续完善农特产品电商销售平台，新培育电商16家，香榧、小香薯等农特产品网络年销售额超2000万元。

【做实做好工业经济】积极开展领导班子联系服务企业，实行一对一、点对点精准化服务，提高服务实效。完成企业亩产效益评价工作，工业企业实现小升规3家，积极开展辖区内小微企业生产和消防安全综合整治工作。开展安全生产大检查，走访检查单位260余家，发现问题隐患1023个，全部整改完成，未发生重大安全生产事故。

【党建规范化建设】3月，开展“三片大提升、全域大提质”党建大比武，通过月月评比、整改，全面落实党建制度。结合项目推进、平安巡防、“美丽家园”、垃圾分类，不断深化组团联村责任制。高标准打造党群服务中心12个，实现镇村两级全覆盖。完成11个行政村年收入50万元、经营性收入15万元以上的消薄任务。

【味道山乡之状元故里行大会】4月13日，“味道山乡之状元故里行”活动在洞桥镇贤德村、文村村举行，活动分成两个阶段，第一阶段在贤德村发布新劳动教育研学方案发布、授牌全国新劳动教育实践基地（洞桥），根据方案，全区44000余名3—8年级的中小学生将参与到“新劳动教育”研学旅行中，到农户家中同吃、同住、同劳动，在1—2天的时间里，吃做农家菜、感受农家风味、体验农事活动。第二阶段分别在贤德村、文村村观看状元巡游和山乡大戏演出，吸引游客18000余人参加。

2019年4月13日，味道山乡之状元故里行大会举办

（洞桥镇 供稿）

【打造道路交通安全综合治理样板镇】4月，洞桥镇启动道路交通安全综合治理样板镇创建工作，出台《洞桥镇全面排查道路交通安全隐患工作方案》，通过优化全科网格管理，深化平安巡防、“110”联动、交通文明劝导等机制，成立村级农村交通安全劝导站11个，全年累计整治交通安全隐患15个，排查整治社会安全隐患70余个，获得区委副书记、区长吴玉凤批示点赞。

【推行矛盾纠纷“六制联动法”】洞桥镇创新基层矛盾纠纷调解，积极推行“六制联动”“六步渐进”工作法，引导乡贤会、志愿者等社会组织参与社会治理，逐步构建社会广泛参与的基层治理格局。针对重点信访问题，实行领导包案制，成立“领导+骨干”的工作专班，积极化解历史遗留问题6个和信访积案、要案2个。

【富阳区政协书画院洞桥创作基地揭牌】11月5日，富阳区政协书画院来到洞桥书画基地举行区政协书画院洞桥创作基地揭牌和书画捐赠仪式。2019年6月，洞桥镇成立洞桥书画基地，分别被授予浙江省杭州市西子画院洞桥创作基地、杭州市书法家协会创作基地、杭州市拱墅区书法家协会洞桥创作基地、杭州市拱墅区美术家协会洞桥创作基地。

【洞桥镇“营地之乡产业联盟”】11月7日下午，在杭州（国际）青少年洞桥营地召开洞桥镇“营地之乡产业联盟”成立大会。会议由镇党委委员沃超琳主持。会上富阳农商银行洞桥支行授信洞桥镇“营地之乡产业联盟”一亿元整，发布产业联盟运营实施方案以及行业自律公约。镇“营地之乡产业联盟”领导小组、联盟理事会成员、富阳农商银行行长、农商银行洞桥支行行长以及洞桥镇域范围内各类民宿、餐饮、电商、特色农业等联盟成员103人参加。

【创建省“诗词之乡”】11月13日上午，省诗词楹联协会会长王骏、

2019年11月28日，首届富春江诗词大会举办

（洞桥镇　供稿）

省拥江办生态文化处处长俞顺年、省诗词楹联协会秘书长周进和杭州市诗词楹联协会会长章剑清等组成的工作验收组，对洞桥镇创建省“诗词之乡”工作进行考核验收，洞桥镇成为继新登镇之后富阳区第二个省“诗词之乡”的乡镇。

【首届富春江诗词大会在施肩吾故里】 11月28日晚，由杭州市诗词楹联学会、富阳区文化和广电旅游体育局、区拥江办、洞桥镇人民政府、区诗词楹联学会主办的首届富春江诗词大会暨浙江省诗词之乡授牌仪式在洞桥镇举行。

【“营地之乡产业联盟”】 11月，成立全国首个“营地之乡产业联盟”，推进营地产业经营主体单打独斗向融合发展转型。完成众安民宿、天井山庄、“浙里好”等10余个产业项目向营地经济转型，推出主打“营地”特色的活动40余场，新增农事体验户200余家，新增民宿46家，带动农户、村集体增收近百万元。逐步实现产业营地化、营地品牌化目标，得到区委书记朱党其充分肯定。

【召开第十四届代表大会第四次会议】 12月30日，中国共产党洞桥镇第十四届代表大会第四次会议召开，全镇各界党代表和列席代表共120人参加。富春山居集团党委副书记、副总经理马雪奎莅临指导。会议回顾了2019年的工作重点和难点，定下2020年紧紧围绕“全省一流乡村振兴示范镇”这一总要求，深入开展两个“两年计划”，聚焦“花开洞桥，营地之乡”发展定位，突出改革、发展、创新、稳定，凝心聚力，真抓实干，全力打造全省一流乡村振兴示范镇。

（施梦佳）

【编　辑　刘　亮】

33 名　录
Directory

·先进集体·

【国家级和国家属部门级先进集体】

先进集体单位	先进集体称号	颁奖单位
富阳区	中国天然氧吧	中国气象服务协会
区森林公安局	集体二等功	国家林业和草原局森林公安局
区供销合作总社	2018年度全国供销合作社系统百强县级社	中华全国供销合作总社
区社会保险管理服务中心	全国人社系统2017—2019年度优质服务窗口	国家人力资源和社会保障部
区社会保险管理服务中心	全国巾帼建功先进集体	全国妇联
区社科联	全国社科组织先进单位	全国大中城市社科联工作会议主席团
区工商联	2019年度民营企业调查点工作示范单位	中华全国工商业联合会办公厅
区工商联	2019年度民营经济新闻宣传工作先进单位	中华工商时报社
区科学技术协会	2019年科普中国信息员队伍建设优秀组织单位	中国科协办公厅
区法院综合办公室	全国法院新闻舆论工作先进集体	最高人民法院
杭州富阳丰硕果蔬专业合作社	2018年度全国供销合作社系统农民专业合作社示范社	中华全国供销合作总社
大源镇	中国传统竹纸之乡	中国林学会
场口镇	国家卫生镇	国家卫健委
里山镇	国家级卫生乡镇	全国爱卫办
富阳学院	国家级1+X汽车运用与维修职业技能等级证书全国试点单位	国家教育部职业技术教育中心研究所
郁达夫中学	国家级青春健康教育示范基地	中国计划生育协会
大青小学	全国冰雪项目特色学校	国家教育部
春江中幼	全国足球特色幼儿园	国家教育部
富通集团	“全国模范劳动关系和谐”	国家人力资源社会保障部、中华全国总工会、中华全国工商业联合会
南京银行股份有限公司杭州富阳支行	中国星级银行网点(四星级)	中国银行业协会
浙商银行杭州富阳支行	中国星级银行网点	中国银行业协会
中国银行股份有限公司富阳支行	中国星级银行网点	中国银行业协会
中国农业银行杭州富阳支行	2019年度县域青年英才金融服务“三农”突击队	中国农业银行总行

续表

先进集体单位	先进集体称号	颁奖单位
中信银行杭州富阳支行	中信银行先进基层党组织	中信银行
中信银行杭州富阳支行	中信银行战略客户经营管理优秀团队	中信银行
灵桥镇人民调解委员会	坚持发展“枫桥经验”实现矛盾不上交试点工作表现突出集体	国家司法部
大源供销合作社	2018年度全国供销合作社系统基层社标杆社	中华全国供销合作总社

【省级和省属部门级先进集体】

先进集体单位	先进集体称号	颁奖单位
富阳区	浙江省首批一星平安金鼎	浙江省委、省政府
富阳区	2019年度浙江省新时代美丽乡村示范县（区）	浙江省委办公厅 省政府办公厅
富阳区	2019年度浙江省新时代美丽乡村建设工作通报表扬	浙江省“千村示范万村整治”工作协调小组办公室
富阳区	2018-2019年度“无欠薪”区建设考核达标	浙江省根治欠薪工作领导小组办公室（浙江省人力资源和社会保障厅代章）
富阳区	浙江省小城镇环境综合整治工作优秀区	浙江省城乡环境整治工作领导小组
富阳区	全省唯一绿色矿业示范区	浙江省自然资源厅
富阳区	全省农村文化礼堂建设示范区	浙江省农村文化礼堂建设工作领导小组办公室
富阳区	“无信访积案”县（市、区）	浙江省信访工作领导小组
富阳区	“零进京扰序”县（市、区）	浙江省信访工作领导小组
富阳区	2019年度浙江省全面深化改革（“最多跑一次”改革）考评优秀	浙江省委全面深化改革委员会
富阳区	《杭州市富阳区个人全生命周期“一件事”改革》被评为2019年浙江省改革创新优秀实践案例	浙江省委党校（浙江行政学院）、《今日浙江》杂志社、浙江省改革研究和促进中心
区纪委监委	浙江省扫黑除恶专项斗争成绩突出集体	浙江省委、省政府
区林业水利局国土绿化科	2019年度浙江省国土绿化美化突出贡献集体	浙江省政府办公厅
区农业技术推广中心林业站	浙江省林业技术推广突出贡献集体	浙江省林业局
区渔政管理所	杭富渔（渔政）罚字〔2019〕2号案卷被评为浙江省渔政执法“十佳案卷”	浙江省农业农村厅
区渔政管理所	浙江省农业农村系统突出贡献集体	浙江省农业农村厅
区农业技术推广中心	2018年度浙江省农业丰收奖二等奖	浙江省农业农村厅
区教育考试中心	招飞工作先进集体	中国人民解放军东部战区
区法院刑事庭	集体二等功	浙江省人民法院
区审计局	全省县级审计机关考核优秀单位	浙江省审计厅
区审计局	全省县级内部审计业务指导和监督工作优胜单位	浙江省审计厅
区关工委	浙江省关心下一代工作先进集体	浙江省关心下一代工作委员会 浙江省精神文明建设委员会办公室
区红十字会	浙江省级红十字工作先进县（市、区）	浙江省红十字会

续表

先进集体单位	先进集体称号	颁奖单位
区财政局	2019年度全省财政管理绩效考评优秀单位	浙江省财政厅
区供销合作总社	2019年度综合业绩考评优秀单位	浙江省供销合作社联合社
区供销合作总社	2019年度信息工作先进单位	浙江省供销合作社联合社
区民政局	全省先进县(市、区)民政局	浙江省民政厅
区移民局	全省先进县(市、区)移民管理机构	浙江省水库移民安置办公室
区人力资源和社会保障局	2019年全省劳动人事争议案件处理工作成绩突出单位	浙江省人力资源和社会保障厅
区人力资源和社会保障局	2019年度全省人社系统绩效考评优秀单位	浙江省人力资源和社会保障厅
区住建局	2018年度“四边三化”行动优胜单位	浙江省城乡环境整治工作领导小组“三改一拆”办公室
区经信局	浙江省小升规工作先进单位	浙江省经信厅
区住建局	2018年省级精品示范道路2018年省级精品示范道路	浙江省城乡环境整治工作领导小组“三改一拆”办公室、浙江省住房和城乡建设厅、浙江省交通运输厅
区政府办公室	2019年度全省政务信息工作考核优秀单位(一等奖)	浙江省政府办公厅
区委宣传部	2019年度全省宣传信息工作先进单位	浙江省委宣传部
区城市管理局城南中队	2018-2019年度未全行业省级青年文明号	共青团浙江省委
区工商联	浙江省工商联“五优”工商联	浙江省工商业联合会
区行政服务中心	习近平新时代中国特色社会主义思想在浙江生动实践——省委党校干部教育学院富阳区“最多跑一次”改革现场教学点	浙江省委党校干部教育学院
区行政服务中心交通运输局窗口	“跑小青”助力“最多跑一次”改革主题短视频大赛中荣获年度一等奖	共青团浙江省委、浙江省委改革办(省跑改办)、浙江日报社
区行政服务中心市场监管局窗口	“跑小青”助力“最多跑一次”改革主题短视频大赛中荣获年度一等奖	共青团浙江省委、浙江省委改革办(省跑改办)、浙江日报社
区农业农村局	浙江省非洲猪瘟防控工作表现突出集体	浙江省政府
富阳二中	浙江省中小学心理健康教育示范点	浙江省教育厅办公室
新登中学	浙江省中小学心理健康教育示范点	浙江省中小学心理健康教育指导中心办公室
场口中学	浙江省园林式居住单位	浙江省住房和城市建设厅
场口中学	浙江省中小学心理健康教育示范点	浙江省中小学心理健康教育指导中心办公室
实验中学	浙江省中小学心理健康教育示范点	浙江省教育厅办公室
富阳学院	浙江省社区教育优秀办学单位	浙江省社区教育指导中心
富阳学院	2019年浙江省中职校企合作共同体项目	浙江省教育厅
富阳学院	浙江省足球特色学校	浙江省教育厅
职教中心	浙江省中小学劳动实践教育项目试点学校	浙江省教育厅办公室
特殊学校	浙江省第一批特殊教育标准化学校	浙江省教育厅
教研中心	浙江省(2017—2018年度)教科研先进集体	浙江省教育科学研究院
教研中心	浙江省先进教研集体	浙江省教育厅教研室

续表

先进集体单位	先进集体称号	颁奖单位
新登镇中	浙江省中小学劳动实践教育项目试点学校	浙江省教育厅办公室
新登镇中	浙江省中小学心理健康教育示范点	浙江省中小学心理健康教育指导中心办公室
郁达夫中学	浙江省示范家长学校	浙江省妇女联合会办公室、浙江省教育厅办公室
东洲中学	浙江省中小学心理健康教育示范点	浙江省中小学心理健康教育指导中心办公室
银湖中学	浙江省中小学心理健康教育示范点	浙江省中小学心理健康教育指导中心办公室
大源中学	浙江省中小学劳动实践教育项目试点学校	浙江省教育厅办公室
实验小学	浙江省健康促进学校(金牌)	浙江省爱国卫生委员会
实验小学	浙江省中小学心理咨询与健康教育机构建设项目	浙江省教育厅办公室
富春七小	浙江省中小学劳动实践教育试点学校	浙江省教育厅办公室
富春七小	首批浙江省中小学生劳动实践教育基地	浙江省教育厅、共青团浙江省委
春江中小	亚运足球梦想学校	2022年第十九届亚运会组委会
春江中小	融合教育浙江省教师发展学校	浙江师范大学
富春二幼	2019年浙江省一级幼儿园	浙江省政府教育督导委员会办公室
春江中幼	融合教育浙江省教师发展学校	浙江师范大学
鹿山中幼	浙江省学前教育宣传月展示	浙江省教育厅
里山镇小	浙江省中小学心理咨询与健康教育机构建设项目	浙江省教育厅办公室
大源成校	浙江省现代化成校	浙江省教育厅
万市镇小	2019年浙江省健康促进学校(金牌)	浙江省爱国卫生运动委员会办公室、浙江省教育厅、浙江省卫生健康委员会
新登镇小	浙江省中小学心理健康教育示范点	浙江省中小学心理健康教育指导中心办公室
春建乡	浙江省卫生乡	浙江省爱国卫生运动委员会
春建乡下俞村	浙江省卫生村	浙江省爱国卫生运动委员会
春建乡徐家坞村	浙江省卫生村	浙江省爱国卫生运动委员会
春建乡大唐村	浙江省卫生村	浙江省爱国卫生运动委员会
春建乡咸康村	浙江省五星级文化礼堂	浙江省委宣传部 浙江省农村文化礼堂建设工作领导小组办公室
春建乡咸康村	浙江省 AAA 级景区村庄	浙江省农业和农村工作办公室 浙江省旅游局
春建乡咸康村	2018年度浙江省高标准农村生活垃圾分类示范村	浙江省农业农村厅办公室
春建乡下俞村	2019年度浙江省善治示范村	浙江省乡村振兴领导小组办公室
东洲街道	2018年度浙江省农业丰收奖三等奖	浙江省农业厅
东洲街道	浙江省特色农业强镇	浙江省政府

续表

先进集体单位	先进集体称号	颁奖单位
东洲街道	2018年度浙江省美丽乡村特色精品村	浙江省“千村示范万村整治”工作协调小组办公室
东洲街道黄公望村	浙江省民主法治村	浙江省司法厅
洞桥镇	2018年度浙江省美丽乡村示范乡镇	浙江省“千村示范、万村整治”工作协调小组办公室
富春街道	全省“扫黄打非”进基层示范点	浙江省“扫黄打非”办公室
富春街道	浙江省‘国乐乡村’建设优秀单位	浙江省文联、省音乐家协会
富春街道城西社区	浙江省城乡社区治理和服务成绩突出单位	浙江省民政厅
富春街道城西社区	银尚之家	浙江省委老干部局
富春街道宵井村	浙江省卫生村	浙江省爱国卫生运动委员会
中国人民银行富阳支行	浙江省财贸系统职代会制度建设示范单位	浙江省财贸工会
中国农业银行杭州富阳支行	第六轮浙江省银行业金融机构安全评估工作优秀单位	浙江省公安厅、中国银行保险监督管理委员会浙江监管局
富阳农商银行	2019年度浙江农信综合实力十强银行	浙江省农信联社
富阳农商银行	2019年度浙江省民企最满意银行	中国人民银行杭州中心支行 浙江省工商业联合会
中国银行股份有限公司富阳支行	中国银行浙江省分行先进基层党组织	中国银行浙江省分行委员会
中国银行股份有限公司富阳支行	中银卓越集体	中国银行浙江省分行
中国银行股份有限公司富阳支行	示范党支部	中国银行浙江省分行
中国银行股份有限公司富阳支行	2017-2018年度优秀志愿服务集体	共青团中国银行浙江省分行委员会
中信银行杭州富阳支行	浙江省财贸系统“工人先锋号”	浙江省财贸系统
中国邮政储蓄银行股份有限公司杭州市富阳区支行	2019年度“金雁奖”先进集体	中国邮政储蓄银行浙江省分行
里山镇	浙江省美丽乡村示范乡镇	浙江省“千村示范万村整治”工作协调小组办公室
里山镇	安顶云雾小镇“浙江省避暑气候胜地”	浙江省气象局
里山镇安顶村	浙江省美丽乡村特色精品村	浙江省“千村示范万村整治”工作协调小组办公室
里山镇安顶茶园	浙江省100个“最美田园”	浙江省农业农村厅、浙江省文化和旅游厅
里山镇民强村	浙江省高标准农村生活垃圾分类示范村	浙江省“千村示范万村整治”工作协调小组办公室
里山镇灵峰村	浙江省卫生村	浙江省爱卫办
里山镇安顶村	浙江省卫生村	浙江省爱卫办
灵桥镇新华村	浙江省首批善治示范村	浙江省乡村振兴领导小组办公室
灵桥镇光明村	浙江省首批善治示范村	浙江省乡村振兴领导小组办公室
杭州富阳大自然农副产品批发市场	省级城乡商贸综合服务中心	浙江省供销合作社联合社
杭州富阳大自然农副产品批发市场	2019年度省放心农贸市场	浙江省市场监督管理局
万市镇	浙江省“五水共治”（河长制）考核优秀乡镇	浙江省美丽浙江建设领导小组“五水共治”（河长制）办公室

续表

先进集体单位	先进集体称号	颁奖单位
中国移动富阳分公司	明星县(市、区)公司	中国移动通信集团浙江有限公司
中国移动富阳分公司	模范职工小小家	中国移动通信集团浙江有限公司
新登镇九儿村党总支	浙江省防台救灾先进集体	浙江省委“不忘初心、牢记使命”主题教育领导小组办公室 浙江省委组织部 浙江省委宣传部 浙江省政府防汛防台抗旱指挥部
新登镇	浙江省森林城镇	浙江省关注森林组织委员会
场口镇	浙江省森林城镇	浙江省关注森林组织委员会
银湖街道彩虹社区	无障碍社区	浙江省残疾人工作委员会
银湖街道	民间文化艺术之乡	浙江省文化和旅游厅
银湖街道金竺村	非物质文化遗产旅游景区	浙江省文化和旅游厅

【市级先进集体】

先进集体单位	先进集体称号	颁奖单位
区森林公安局	杭州市劳动模范集体	杭州市委、市政府
春建乡咸康村	2018年度高质量高水平推进农村人居环境提升	杭州市政府
洞桥镇	2018年度杭州市反邪教先进乡镇	杭州市委、市政府
洞桥镇	贤德状元里国家3A级景区	杭州市委、市政府
洞桥镇	杭州市科技特派员工作先进单位	杭州市委、市政府
洞桥镇	杭州市法治乡镇	杭州市委、市政府
杭州住房公积金管理中心富阳分中心	市级文明单位	杭州市委、市政府

·先进个人·

【国家级和国家属部门级先进个人】

姓名	单位	先进称号	颁奖单位
章振乐	富春七小	教育部教育发展研究中心实践教育研究所特聘研究员	国家教育部教育发展研究中心实践教育研究所
章振乐	富春七小	中国长三角最具影响力校长	中国长三角校长高峰论坛组委会
盛振毅	区农业农村局	2019年全国优秀农民教育培训基层农广校校长	中央农业广播电视学校、农业农村部农民科技教育培训中心
李先强	区农业农村局	2019年全国农机安全监理法规知识竞赛优秀奖	国家农业农村部农业机械化技术开发推广总站
朱益芬	区农业农村局	2018年度全国农机安全监理示范岗位标兵	国家农业农村部、国家应急管理部
钟小凤	渌渚镇中心小学	全国模范教师	国家教育部
俞　忠	区人民法院	全国法院人民法庭工作先进个人	最高人民法院
丁松茂	富阳农商银行	2019年中国经济十大创新人物	中国经济人物征评活动组委会
申屠珊	富阳农商银行	2018-2019年度中国企业报刊媒体先进工作者	中国报业协会
章　璐	中信银行杭州富阳支行	中信银行(集团)最佳员工	中信银行

续表

姓名	单位	先进称号	颁奖单位
盛宇立	中信银行杭州富阳支行	中信银行(集团)五十佳对公客户经理	中信银行
孙海平	区市场监督管理局	全国无偿献血奉献奖铜奖	国家卫生健康委员会、中国红十字会总会、中央军委后勤保障部
刘　珺	区纪委监委	优秀通讯员	中国纪检监察报社

【省级和省属部门级先进个人】

姓　名	单位或地址	先进称号	颁奖单位
金健勇	区公安分局	浙江省优秀共产党员	浙江省委
朱毅敏	区人民政府办公室	全省小城镇环境综合整治行动突出贡献个人	浙江省委办公厅、省政府办公厅
杨小华	区发展和改革局	全省脱贫攻坚优秀共产党员	贵州省委
钱国平	万市镇	浙江省公益林建设成绩突出个人	浙江省政府
何荣明	区应急管理局	浙江省防台救灾优秀党员干部	浙江省委“不忘初心、牢记使命”主题教育领导小组办公室
杨如林	杭州市富阳区大源镇稠溪村党委书记	浙江省担当作为好支书	浙江省委组织部
朱家暘	区人民政府办公室	2019年度全省政务信息工作考核优秀个人	浙江省政府办公厅
陆迪军	区委宣传部	2019年度全省宣传信息工作先进个人	浙江省委宣传部
章振乐	富春七小	2019浙江教育年度新闻人物	浙江省教育厅新闻办公室、浙江教育报刊总社
徐　琳	市生态环境局富阳分局	2018年度美丽浙江建设先进个人	省美丽浙江建设领导小组生态文明示范创建办公室
裘雪龙	区农业农村局	浙江省第十三批优秀科技特派员	省委办公厅、省政府办公厅
徐升华	区农业农村局	浙江省公益林建设成绩突出个人	浙江省政府
赵娟花	区畜牧兽医局	全省非洲猪瘟防控工作表现突出个人	浙江省政府
王灵玲	区农业农村局	全省国土绿化美化工作成绩突出个人	浙江省政府办公厅
帅　伟	区农业农村局	2019年度省水利建设工程质量监督先进个人	浙江省水利质量安全监督中心
楼　君	区农业农村局	2019年度浙江省林业技术推广突出贡献个人奖	浙江省林业局
钱海平	区农业农村局	2019年全省农机安全监理法规和业务职能竞赛优秀奖	浙江省农业农村厅
陈肖锋	区农业农村局	2019年全省农机安全监理法规和业务职能竞赛优秀奖	浙江省农业农村厅
何旭华	区农业农村局	全省农业农村系统突出贡献个人	浙江省农业农村厅
陈向忠	区渔政管理所	全省农业农村系统突出贡献个人	浙江省农业农村厅
盛彩芳	区农业农村局	第12届中国义乌国际森林产品博览会先进工作者	中国义乌国际森林产品博览会组织委员会
包萍亚	区农业农村局	2018年度省“千村示范、万村整治”工程和美丽浙江建设突出贡献个人三等功	浙江省委、省政府
李晓刚	区农业农村局	2018年度省“千村示范、万村整治”工程和美丽浙江建设突出贡献先进个人奖	浙江省委、省政府
徐　君	区农业农村局	2018年度浙江省农业技术推广贡献奖	浙江省农业农村厅
朱益芬	区农业农村局	2018年度浙江省农机安全监理示范岗位标兵	浙江省农业农村厅、浙江省应急管理厅
骆文俊	富阳中学	浙江省中小学教坛新秀	浙江省教育厅

续表

姓　名	单位或地址	先进称号	颁奖单位
练倩宇	银湖街道受降小学	浙江省中小学教坛新秀	浙江省教育厅
孙琴燕	鹿山街道中心幼儿园	浙江省中小学教坛新秀	浙江省教育厅
马伟贵	富阳中学	浙江省师德先进个人	浙江省教育工会
徐　英	区商务局	2019年度中国进口博览会先进个人	浙江省交易团
董文晓	区商务局	2018年度浙江省商务运行调查监测工作优秀工作人员	浙江省商务厅
董月霞	区人民法院	全省扫黑除恶专项斗争成绩突出个人	浙江省委、省政府
章永南	区审计局	全省审计系统先进个人	浙江省审计厅、浙江省人社厅
彭贤龙	区春建乡咸康村	2019年浙江省垃圾分类先进家庭	浙江省妇女联合会办公室
何凤娣	富春街道	浙江省乡村诗歌大赛三等奖	浙江省文化馆
赖新明	富春街道宵井村	浙江省担当作为好支书	浙江省委组织部
骆金木	区关工委	浙江省关心下一代工作先进个人	浙江省关心下一代工作委员会 浙江省精神文明建设委员会办公室
刘君华	富阳农商银行	2019年度全省农信系统优秀领导干部	浙江省农信联社
史贤良	富阳农商银行	2019年度全省农信系统优秀通联员	浙江省农信联社
洪华清	富阳农商银行	2019年度全省农信系统先进审计人员	浙江省农信联社
郎迪英	中国银行股份有限公司富阳支行	2019年度浙江省分行中银卓越行长	中国银行浙江省分行
金　沙	中国银行股份有限公司富阳支行	2019年度浙江省分行中银卓越中层	中国银行浙江省分行
周明慧	中国银行股份有限公司富阳支行	2019年度浙江省分行中银卓越员工	中国银行浙江省分行
洪海燕	中国银行股份有限公司富阳支行	2019年度浙江省分行中银卓越员工	中国银行浙江省分行
方怡媛	中国银行股份有限公司富阳支行	2019年度浙江省分行中银卓越员工	中国银行浙江省分行
张锦玲	中国银行股份有限公司富阳支行	2019年度浙江省分行中银卓越员工	中国银行浙江省分行
朱一群	中国银行股份有限公司富阳支行	2020年中国银行浙江省分行优秀女职工	中国银行浙江省分行
朱一群	中国银行股份有限公司富阳支行	2020年中国银行浙江省分行模范劳动者	中国银行浙江省分行
许　峰	中信银行杭州富阳支行	浙江金融五一劳动奖章	中国金融工会浙江工作委员会
汪晓萍	区科技局	2016-2018年度全省科技工作成绩突出个人	浙江省科技厅
王　晓	区老干部局	浙江省离退休干部先进个人称号	浙江省委老干部局
王韶国	区老干部局	浙江省"最美银耀志愿者"	浙江省委老干部局
朱夏玲	区老干部局	全省老干部工作部门十佳信息员	浙江省委老干部局
董银玲	富阳区供销合作总社	2019年度信息工作先进个人	浙江省供销合作社联合社
倪震华	杭州富阳农信融资担保有限责任公司	全省供销系统"三位一体"改革成绩突出个人	浙江省供销合作社联合社
孙燕飞	杭州富阳大自然农副产品批发市场有限公司	2017—2019年度全省放心农贸市场建设工作成绩突出个人	浙江省市场监督管理局

续表

姓　名	单位或地址	先进称号	颁奖单位
李晓波	区人力资源和社会保障局	2019年全省劳动人事争议案件处理工作先进个人	浙江省人力资源和社会保障厅
裘君珍	区文化市场综合行政执法队	浙江省“扫黄打非”工作先进个人	浙江省“扫黄打非”工作领导小组办公室
吴纪良	万市镇	浙江省优秀林技推广员	浙江省林业局
陆少尉	区环境卫生管理处	浙江省优秀城市美容师	浙江省住建厅
蔡荣木	银湖街道大庄村	浙江省十大龙井茶炒制能手	浙江省农业农村厅

【杭州市级先进个人】

姓　名	单位或地址	先进称号	颁奖单位
饶杨丽	区商务局	2018年度杭州市产业投资促进目标责任制考核行政奖励嘉奖	杭州市政府
丁云飞	东洲街道五丰村	2019年度杭州市首届乡村产业技能大师	杭州市委、市政府
张中锡	东洲街道	杭州市劳动模范	杭州市委、市政府
朱志军	区发展和改革局	2018年度扩大有效投资推进重点项目建设先进个人	杭州市政府
李安荣	区发展和改革局	2017年度杭州市节能降耗工作成绩突出的个人	杭州市政府
汪澄宇	区城市管理局	在2019年度高质量高水平推进农村人居环境提升行动中成绩突出	杭州市政府
蒋　臻	区城市管理局	第六届“最美杭州人”	杭州市政府
孙逢明	区农业农村局	杭州市劳动模范	杭州市政府
金健勇	区公安分局	杭州市优秀共产党员	杭州市委
赵　菲	中国移动富阳分公司	杭州市劳动模范	杭州市政府

【2019年度荣立三等功以上军人名录】

姓　名	乡镇街道	家庭住址	落款日期	立功等级	部队代号
金伟兵	场口镇	场口镇瓜桥埠村	2019.01.20	三等功	94691部队
蒋鑫磊	富春街道	富春街道巨利村	2019.01.25	三等功	武警南昌支队
唐洪伟	银湖街道	银湖街道银湖村	2019.01.18	三等功	91959部队
蒋生洪	新登镇	新登镇双庙村	2019.01.01	三等功	91428部队
陈　飞	上官乡	上官乡周村	2019.01.23	三等功	武警舟山支队
张平峰	富春街道	富春街道青云桥村	2019.01.25	三等功	海装上海局
董　康	万市镇	万市镇万市村	2019.02.11	三等功	92569部队
朱豪杰	富春街道	鹿山街道山水社区	2019.04	三等功	浙江海警某支队
沈连委	洞桥镇	洞桥镇文村村	2019.07.22	三等功	陆军海防学院昆明校区
陈昕稷	春建乡	春建乡云二村	2019.08.30	三等功	武警第一机动总队某支队
唐　芳	渌渚镇	渌渚镇百前村	2019.07.04	二等功	92961部队
杨继峰	富春街道	富春街道金桥社区	2019.11.27	三等功	92295部队
潘　建	万市镇	万市镇白马村	2019.12.31	三等功	91091部队
陈　涛	万市镇	万市镇杨家村	2019.12.02	三等功	92118部队
杨　洋	永昌镇	永昌镇永桥村	2019.12.01	三等功	91959部队
王程鹏	银湖街道	银湖街道观前村	2019.12.16	三等功	94701部队

续表

姓　名	乡镇街道	家庭住址	落款日期	立功等级	部队代号
陈晓锋	东洲街道	东洲街道紫铜村	2019.08.30	三等功	武警第一机动总队某支队
董家星	新登镇	新登镇九二村	2019.11.15	三等功	国防科技大学
章勇睿	胥口镇	胥口镇佛鲁村	2019.11.28	三等功	73132部队
张海华	东洲街道	东洲五丰村	2020.01.13	三等功	93246部队
裘华平	湖源乡	湖源乡新二村	2020.01.19	三等功	95778部队
朱少华	东洲街道	东洲街道鸡笼山村	2020.01.13	三等功	94994部队
俞轶锴	新桐乡	新桐乡俞家村	2020.02.06	三等功	95662部队
金　亮	洞桥镇	洞桥镇	2020.01.13	三等功	武警湖北省总队某部

·名优产品·

【省级以上含省级】

生产企业	产品名称	名牌级别	授予单位
杭州吉地园农业开发有限公司	吉地园白菜	浙江名牌农产品	浙江省农业农村厅
杭州富阳矮子鲜桃专业合作社	矮子鲜桃	2019年浙江省知名品牌农产品展示展销会时令农产品金奖	浙江农业博览会组委会办公室
杭州富阳湖上沙水果专业合作社	富四宝葡萄	2019年浙江省知名品牌农产品展示展销会优质奖	浙江农业博览会组委会办公室
杭州富阳千禧园艺场	有源梨	2019年浙江省知名品牌农产品展示展销会优质奖	浙江农业博览会组委会办公室
杭州富阳丰硕果蔬专业合作社	鲜桃	2019年浙江省知名品牌农产品展示展销会优质奖	浙江农业博览会组委会办公室
杭州富阳大青果园	梨	2019年中国北京世界园艺博览会国际竞赛优质果品大赛金奖	2019年中国北京世界园艺博览会组织委员会
杭州富阳海洪生态农业开发有限公司	白丽桃	2019年中国北京世界园艺博览会国际竞赛优质果品大赛优秀奖	2019年中国北京世界园艺博览会组织委员会
杭州富阳安顶山茶叶专业合作社	茶叶	2019中国西安国际茶业博览会金奖	中国西安国际茶业博览会组委会
杭州富阳富春江茶厂	茶叶	2019中国西安国际茶业博览会特别金奖	中国西安国际茶业博览会组委会
杭州富阳林庭生态农业开发有限公司	猕猴桃	2019年浙江农业之最二等奖	浙江农业之最委员会办公室
杭州市富阳区场口镇场口村滕雁鸣	蔬菜	浙江农业之最最大冬瓜195.4千克记录	浙江农业之最委员会
杭州绿禾源生态农业有限公司	蔬菜	2019浙江精品番茄金奖	浙江省农业技术推广中心
杭州富阳国英蔬菜专业合作社	蔬菜	2019浙江精品番茄优质奖	浙江省农业技术推广中心
富阳区国青食品有限公司	豆腐皮	2019年浙江农业博览会优质奖	浙江农业博览会组委会办公室
杭州富阳茂华竹笋专业合作社	笋干	2019年浙江农业博览会金奖	浙江农业博览会组委会办公室
杭州和宇食品有限公司	猪脚	2019年浙江农业博览会优质奖	浙江农业博览会组委会办公室
浙江天依蜂蜂业有限公司	土蜂蜜	2019年浙江农业博览会优质奖	浙江农业博览会组委会办公室
富阳受降东坞山豆腐皮厂	豆腐皮	2019年浙江农业博览会金奖	浙江农业博览会组委会办公室
杭州吉地园农业开发有限公司	绿芦笋	2019年浙江农业博览会优质奖	浙江农业博览会组委会办公室
杭州云开生态农业开发有限公司	蔬菜	2018浙江精品鲜菇	浙江省农业农村厅
杭州富阳赵氏家庭农场	草莓	2018年浙江精品草莓评选优质奖	浙江省种植业管理局
杭州富阳灿鑫家庭农场	草莓	2018年浙江精品草莓评选优质奖	浙江省种植业管理局

续表

生产企业	产品名称	名牌级别	授予单位
青圃生态农业开发有限公司	草莓	2018年浙江省十佳草莓称号	浙江省农业农村厅
杭州富阳灿鑫家庭农场	草莓—小白（品种）、越丰（品种）	2018浙江精品草莓评选优质奖	浙江省种植业管理局 浙江省蔬菜瓜果产业协会
杭州富阳贤康酿酒作坊	烧酒	名特优食品作坊认定	浙江省市场监督管理局
杭州富阳徐楼华酒坊	烧酒	名特优食品作坊认定	浙江省市场监督管理局
富阳东洲芦笋专业合作社	东洲岛牌绿芦笋	浙江名牌	浙江省市场监管局
杭州富阳湖上沙水果专业合作社	富四宝牌葡萄	浙江名牌	浙江省市场监管局
杭州盘古生态农业开发有限公司	富春田翁牌绿叶牌蔬菜	浙江名牌	浙江省市场监管局

·科研获奖项目·

课题名称	获奖名称等级	第一完成单位	主要完成者	颁奖单位
芦笋可持续生产高效生态关键技术研究与推广	2019年度浙江省农业丰收奖三等奖	杭州市富阳区农业技术推广中心	章忠梅	浙江省农业农村厅
水产养殖池塘内循环零排放的技术研究与示范	2019年度浙江省农业农村厅技术进步二等奖	杭州市水产技术推广总站	孙逢明(5) 袁杰(11)	浙江省农业农村厅
《水稻机插育秧质量控制技术及物化产品研发》项目	农业农村部2018—2019年度神农中华农业科技奖科学研究类成果三等奖	中国水稻研究所	蒋玉根	农业农村部
《加速发展生物氮肥绿肥、推进有机替代减肥增效》	2018年度浙江省农业丰收奖二等奖	杭州市富阳互利粮油专业合作社	蒋玉根	浙江省农业农村厅
《加速发展生物氮肥绿肥、推进有机替代减肥增效》	2018年度浙江省农业丰收奖二等奖	杭州市富阳互利粮油专业合作社	张佩胜	浙江省农业农村厅
《杭州市设施蔬菜水肥一体化技术研究与示范》	2018年度浙江省农业丰收奖三等奖	杭州市植保土肥总站	邵赛男	浙江省农业农村厅
协同教研舫：联盟学校教师专业分层发展的载体设计与实施	浙江省2018年度优秀教科研成果	富阳区实验小学	王燕群 何黄海 王龙胜 陆晓春	浙江省教育科学规划领导小组办公室
“四轮”驱动，全面卷入——以多样化拓展性课程开发促进教师专业发展的研究	浙江省2019年教师发展规划课题优秀研究成果	新登镇中心小学	张方明等5人	浙江省中小学教师培训中心 浙江省教育行政干部培训中心
专业部研修制：中职学校校本研训的新样态	浙江省2020年教师发展规划课题优秀研究成果	教研中心	刘金虎等5人	浙江省中小学教师培训中心 浙江省教育行政干部培训中心
课改背景下提升小学教师课程开发能力的实践研究	浙江省2021年教师发展规划课题优秀研究成果	富春第七小学	章振乐等5人	浙江省中小学教师培训中心 浙江省教育行政干部培训中心
乡野培训：小学综合实践类拓展性课程教师培训的路径设计与实施	浙江省2022年教师发展规划课题优秀研究成果	教研中心	赵晓云等6人	浙江省中小学教师培训中心 浙江省教育行政干部培训中心

续表

课题名称	获奖名称等级	第一完成单位	主要完成者	颁奖单位
青春健康教育师资三维研训模式构建与实践研究	浙江省2023年教师发展规划课题优秀研究成果	富阳区教育局	郦建等5人 苏立军(执笔)	浙江省中小学教师培训中心 浙江省教育行政干部培训中心
初中课堂心育技能运用的校本培训研究——君子生非异也善假于物也	浙江省2024年教师发展规划课题优秀研究成果	东洲中学	凌青松等5人	浙江省中小学教师培训中心 浙江省教育行政干部培训中心
学科带头人成长研修机制的实践探索——以“现代信息技术+”促进研修为例	浙江省2025年教师发展规划课题优秀研究成果	富阳中学	赵力红等6人	浙江省中小学教师培训中心 浙江省教育行政干部培训中心
基于课堂观察的高中新教师专业发展培训的设计与实施	浙江省2026年教师发展规划课题优秀研究成果	教研中心	李小红等5人	浙江省中小学教师培训中心 浙江省教育行政干部培训中心
幼儿园项目式主题活动的设计与实施	浙江省2027年教师发展规划课题优秀研究成果	灵桥镇中心幼儿园	丁健等7人	浙江省中小学教师培训中心 浙江省教育行政干部培训中心
一点+一课：数学核心素养视域下校本研训范式构建与实施	浙江省2028年教师发展规划课题优秀研究成果	教研中心	葛素儿等4人	浙江省中小学教师培训中心 浙江省教育行政干部培训中心
初中语文课堂活动化教学的实践研究	浙江省2029年教师发展规划课题优秀研究成果	永兴中学	施牡丹等6人	浙江省中小学教师培训中心 浙江省教育行政干部培训中心
班级管理维度·教学实践维度·学习创造维度	浙江省2030年教师发展规划课题优秀研究成果	教研中心	方苏云等3人	浙江省中小学教师培训中心 浙江省教育行政干部培训中心
学分制管理背景下班主任队伍“金砖(BRIC)”培训体系的构建与策略研究	浙江省2031年教师发展规划课题优秀研究成果	教研中心	俞尤棠等7人	浙江省中小学教师培训中心 浙江省教育行政干部培训中心
“敏学养心”理念下教师团组合作提升的策略研究	浙江省2032年教师发展规划课题优秀研究成果	富春第四小学	颜金国等7人	浙江省中小学教师培训中心 浙江省教育行政干部培训中心
基于核心素养的初中生数学题目解读能力培养的实践研究	浙江省2033年教师发展规划课题优秀研究成果	富春中学	卢华伟等7人	浙江省中小学教师培训中心 浙江省教育行政干部培训中心
扎根课堂的教师自我生长的路径研究	浙江省2034年教师发展规划课题优秀研究成果	永兴中学	李政森等5人	浙江省中小学教师培训中心 浙江省教育行政干部培训中心
学科工作坊：提升教师专业成长的路径设计与实践	浙江省2035年教师发展规划课题优秀研究成果	场口镇中心小学	徐献银等6人	浙江省中小学教师培训中心 浙江省教育行政干部培训中心
培养学生“证据意识”和“科学论证能力”的教学实践研究	浙江省2036年教师发展规划课题优秀研究成果	富阳中学	陈丽萍等3人	浙江省中小学教师培训中心 浙江省教育行政干部培训中心

续表

课题名称	获奖名称等级	第一完成单位	主要完成者	颁奖单位
整本书阅读教学组织的可操作性研究	浙江省2037年教师发展规划课题优秀研究成果	富阳中学	季丰等5人	浙江省中小学教师培训中心 浙江省教育行政干部培训中心
协同教研舫：联盟学校教师专业分层发展的实践研究	浙江省2038年教师发展规划课题优秀研究成果	富阳区实验小学	王燕群等5人	浙江省中小学教师培训中心 浙江省教育行政干部培训中心
幼儿园足球特色课程的设计与实施	浙江省2039年教师发展规划课题优秀研究成果	春江街道中心幼儿园	孙君湘等5人（詹国芬执笔）	浙江省中小学教师培训中心 浙江省教育行政干部培训中心
基于地方特色园本课程开发背景下教师美术素养提升的实践研究	浙江省2040年教师发展规划课题优秀研究成果	富春第二幼儿园	李琼英等5人	浙江省中小学教师培训中心 浙江省教育行政干部培训中心
建国70年来浙江农业合作改革回顾与展望	2019年省委党校系统理论研讨会二等奖	中共杭州市富阳区委党校	李　鸿	浙江省委党校
农业、农村新经济的创新思维与实践——以DZ街道农创客小镇发展为例	2020年省委党校系统理论研讨会三等奖	中共杭州市富阳区委党校	张宇峰	浙江省委党校
民主与民生：政府实事的理论依据、实践价值和长效机制	2021年省委党校系统理论研讨会三等奖	中共杭州市富阳区委党校	鲁华君	浙江省委党校
诉警调联动：基层治理机制实践与创新研究	2022年省委党校系统理论研讨会三等奖	中共杭州市富阳区委党校	唐炳华	浙江省委党校
乡村振兴视阈下新时代乡村文化重构路径探索	2023年省委党校系统理论研讨会三等奖	中共杭州市富阳区委党校	章丽华	浙江省委党校
乡村振兴视域下新乡贤的内涵、作用及发展环境问题研究	2024年省委党校系统理论研讨会三等奖	中共杭州市富阳区委党校	徐海峰	浙江省委党校
富阳区“三美”建设资金使用绩效情况专项审计调查	2019年省表彰审计项目	区审计局	夏军伟	浙江省审计厅
大数据审计小试牛刀　加油卡违规无处遁形	2019年省优秀大数据审计案例	区审计局	徐　斌	浙江省审计厅
全方位多角度精准分析社会救助对象大数据应用案例	2019年省优秀大数据审计案例	区审计局	俞筱静	浙江省审计厅
大数据审计技术助力基层审计机关实践常态化经济体检	2019年省优秀审计论文三等奖	区审计局	徐　斌	浙江省审计厅
杭州市天气预报质量管理平台	三等奖	富阳区气象局	张日佳 李　凯 姜　盈	浙江省气象局
香榧标准化栽培技术集成与基地示范	三等奖	杭州市富阳区农业技术推广中心林业站、杭州富阳森隆生态农业开发有限公司、浙江农林大学	楼　君 顾　怡 滕　莹 钱国平 俞卫武 楼科勋 蒋荣平	浙江省林业局、浙江省林学会
沼液雷竹林中无害化应用技术研究与示范	三等奖	杭州市富阳区森林和野生动植物保护管理总站、中国林业科学研究院亚热带林业研究所	俞文仙 郭子武 钱国平 盛建立 黄世明 杨清平 李迎春	浙江省林业局、浙江省林学会

34 附 录 Appendix

·新任区领导简历·

吴国灿 男，汉族，1973年11月出生，浙江绍兴人。1996年7月加入中国共产党，武汉海军工程大学学历。1992年10月应征入伍，历任东海舰队舟山基地部门长、艇长、副大队长、参谋长、大队长，荣立二等功1次，三等功5次。2017年12月调任浙江省军区杭州警备区富阳区人武部部长，2019年8月兼任富阳区委常委。

万重丰 男，汉族，1973年7月出生，江西鄱阳人。1994年8月参加工作，1994年6月加入中国共产党，大学学历，公共管理硕士学位。曾任杭州市委组织部干部一处副处长、调研员，杭州市委巡察组正处长级巡察专员，杭州市第九批援疆指挥部党委副书记、纪委书记、副指挥长，新疆建设兵团第一师1团党委常委、副团长。2019年12月，任杭州市富阳区委常委，区委组织部部长、区委人才办主任（兼）、区委直属机关工委书记（兼）、区委党校校长（兼）。

孙柏平 男，汉族，1965年4月出生，浙江杭州人，1983年8月参加工作，1993年11月加入中国共产党，会计师职称，大学学历。曾任富阳市财政局党委委员、副局长；富阳市财政局党委书记、局长，市地税局局长，国资局局长；富阳市财政局党委书记、局长，市地税局局长，国资办主任。十一届中共富阳市委委员。富阳市第十四、十五届人大常委会副主任。富阳区第十六届人大常委会副主任。2019年1月，当选中国人民政治协商会议第九届杭州市富阳区委员会副主席。

孙晓华 女，汉族，1976年3月出生，浙江杭州人。1997年8月参加工作，民盟盟员，中央党校大学学历。曾任鹿山街道办事处副主任，富春街道办事处副主任，区政协文史和教文卫体委员会主任，区文广新局局长，2019年1月，当选中国人民政治协商会议第九届杭州市富阳区委员会副主席。

·重要文件目录·

【中共富阳区委文件】

序号	文号	文件标题
1	富委〔2019〕1号	关于全面推进高新产业发展高品质城市建设高水平社会治理全力加快与杭州大都市高质量一体化发展的决议
2	富委〔2019〕2号	关于印发《关于加快数字经济发展全面推进“三化融合”行动计划（2019—2022年）》的通知
3	富委〔2019〕3号	关于印发《杭州市富阳区机构改革方案》的通知
4	富委〔2019〕4号	关于2018年度落实全面从严治党主体责任情况的报告
5	富委〔2019〕5号	关于支持民营经济高质量发展的若干意见
6	富委〔2019〕6号	关于调整区委常委工作分工的通知
7	富委〔2019〕7号	关于富阳区杭州市管干部2018年度考核等次评定建议的报告
8	富委〔2019〕9号	关于加强和改进人民政协民主监督工作的实施意见
9	富委〔2019〕10号	关于表彰2018年度“转型发展攻坚硬仗”先进集体和先进个人（担当作为好干部）的通报
10	富委〔2019〕11号	关于给予章振宇等511名同志表彰奖励的通报
11	富委〔2019〕12号	关于给予夏叶锋等166名同志表彰奖励的通报

续表

序号	文号	文件标题
12	富委〔2019〕13号	关于追授金健勇同志为富阳区优秀共产党员的决定
13	富委〔2019〕14号	关于印发《2019年度区级机关单位综合考评办法》的通知
14	富委〔2019〕15号	关于印发《2019年度乡镇(街道)综合考评办法》的通知
15	富委〔2019〕16号	批转区卫生健康局党委《关于召开杭州市富阳区计划生育协会第六次会员代表大会的请示》的通知
16	富委〔2019〕17号	关于主攻产业强化服务铆足干劲加快富阳经济高质量发展的决议
17	富委〔2019〕18号	批转区委统战部、区侨联《关于召开富阳区第六次归侨侨眷代表大会的请示》的通知
18	富委〔2019〕19号	关于开展"不忘初心、牢记使命"主题教育的实施意见
19	富委〔2019〕20号	关于建立区人民政府向区人大常委会报告国有资产管理情况制度的意见
20	富委〔2019〕21号	关于高水平推进新时代人大工作和建设的意见
21	富委〔2019〕23号	批转富人大党组《关于召开杭州市富阳区第十六届人民代表大会第四次会议有关事项的请示》的通知
22	富委〔2019〕24号	批转区科协《关于召开杭州市富阳区科学技术协会第十一次代表大会的请示》的通知
23	富委〔2019〕25号	关于实施"新制造业计划"加快"高新工业强区"建设的实施意见

【富阳区人大常委会文件】

序号	文号	文件标题
1	富人大〔2019〕1号	关于出席杭州市富阳区第十六届人民代表大会第三次会议的通知
2	富人大〔2019〕4号	杭州市富阳区第十六届人大常委会第十八次会议纪要
3	富人大〔2019〕6号	杭州市富阳区第十六届人大常委会第十九次会议纪要
4	富人大〔2019〕8号	杭州市富阳区第十六届人大常委会第二十次会议纪要
5	富人大〔2019〕9号	杭州市富阳区人大常委会2019年工作要点
6	富人大〔2019〕12号	关于印发《杭州市富阳区人民代表大会代表议案和建议处理办法》(修改稿)的通知
7	富人大〔2019〕19号	杭州市富阳区人大常委会关于补选杭州市富阳区第十六届人民代表大会代表的决定
8	富人大〔2019〕20号	杭州市富阳区第十六届人大常委会第二十一次会议纪要
9	富人大〔2019〕21号	关于进一步加强大气污染防治"一法一条例一规定"贯彻实施工作的审议意见
10	富人大〔2019〕22号	杭州市富阳区人大常委会关于批准杭州市富阳区2018年财政决算的决议
11	富人大〔2019〕23号	杭州市富阳区人大常委会关于批准杭州市富阳区新增地方政府债券预算调整的决议
12	富人大〔2019〕24号	杭州市富阳区人大常委会关于对区政府《关于杭州市富阳区2018年财政决算草案和2019年上半年财政预算执行情况的报告》和《关于杭州市富阳区2018年度财政预算执行和其他财政收支情况的审计工作报告》的审议意见
13	富人大〔2019〕25号	杭州市富阳区第十六届人大常委会第二十二次会议纪要
14	富人大〔2019〕26号	关于对美丽经济发展工作报告的审议意见
15	富人大〔2019〕27号	关于检查促进科技成果转化"一法一条例"执行情况的审议意见
16	富人大〔2019〕28号	杭州市富阳区人大常委会关于区检察院公益诉讼工作情况报告的审议意见
17	富人大〔2019〕29号	杭州市富阳区人民代表大会常务委员会关于杭州市富阳区2019年1-8月国民经济和社会发展计划执行情况与政府投资项目计划调整草案的审议意见
18	富人大〔2019〕30号	杭州市富阳区人民代表大会常务委员会关于《杭州市富阳区人民政府关于2018年度全区国有资产管理情况的综合报告》和三个专项报告的审议意见

续表

序号	文号	文件标题
19	富人大〔2019〕34号	杭州市富阳区第十六届人大常委会第二十三次会议纪要
20	富人大〔2019〕35号	杭州市富阳区人大常委会关于批准2019年财政收支预算第二次调整的决议
21	富人大〔2019〕40号	杭州市富阳区第十六届人大常委会第二十四次会议纪要
22	富人大〔2019〕42号	杭州市富阳区人大常委会关于补选杭州市富阳区第十六届人民代表大会代表的决定
23	富人大〔2019〕43号	杭州市富阳区人民代表大会常务委员会关于召开杭州市富阳区第十六届人民代表大会第四次会议的决定
24	富人大〔2019〕47号	杭州市富阳区第十六届人大常委会第二十五次会议纪要
25	富人大〔2019〕48号	关于表彰2019年度区人大代表履职积极分子的决定
26	富人大〔2019〕49号	杭州市富阳区人大常委会关于表彰区十六届人大三次会议代表优秀建议的决定
27	富人大〔2019〕52号	杭州市富阳区第十六届人大常委会第二十六次会议纪要
28	富人大〔2019〕54号	杭州市富阳区人大常委会关于补选杭州市富阳区第十六届人民代表大会代表的决定
29	富人大〔2019〕55号	杭州市富阳区第十六届人大常委会第二十七次会议纪要

【富阳区人民政府文件】

序号	文号	文件标题
1	富政〔2019〕1号	杭州市富阳区人民政府关于公布杭州市富阳区行政规范性文件清理结果的通知
2	富政〔2019〕2号	杭州市富阳区人民政府印发关于《中共杭州市富阳区委 杭州市富阳区人民政府关于实施“新制造业计划”加快“高新工业强区”建设的实施意见》具体政策解释说明的通知

【中共富阳区委办公室文件】

序号	文号	文件标题
1	富委办〔2019〕1号	关于进一步加强新时代乡贤工作的实施意见
2	富委办〔2019〕2号	关于深入开展2019年“春风行动”的通知
3	富委办〔2019〕4号	关于印发《杭州市富阳区医疗卫生服务共同体建设实施方案》的通知
4	富委办〔2019〕5号	关于印发朱党其同志在区委一届六次全体（扩大）会议上的报告的通知
5	富委办〔2019〕6号	关于进一步深化富阳区全科网格建设的实施意见
6	富委办〔2019〕7号	关于开展“服务企业服务群众服务基层”活动的通知
7	富委办〔2019〕8号	关于印发加强地方政府性债务风险管控的实施意见
8	富委办〔2019〕10号	关于印发《杭州市富阳区乡镇职能调整和体制改革方案》的通知
9	富委办〔2019〕11号	关于印发《杭州市富阳区街道职能调整和体制改革方案》的通知
10	富委办〔2019〕12号	关于印发《中共杭州市富阳区委2019年度政党专题协商计划》的通知
11	富委办〔2019〕13号	关于2018年度乡镇（街道）综合考评结果的通报
12	富委办〔2019〕14号	关于印发《富阳区融媒体中心建设方案》的通知
13	富委办〔2019〕15号	关于调整杭州市富阳区招商引资与产业发展委员会成员的通知
14	富委办〔2019〕16号	关于印发《中共杭州市富阳区委常委会2019年工作要点》的通知
15	富委办〔2019〕17号	关于进一步完善2019年度城乡组团竞赛活动联系制度的通知
16	富委办〔2019〕18号	关于成立杭州市富阳区推进“三高”发展工作领导小组的通知
17	富委办〔2019〕19号	关于2018年度富阳区招商引资工作考核情况的通报

续表

序号	文号	文件标题
18	富委办〔2019〕20号	关于通报杭州市富阳区“产业转型突出贡献企业”的通知
19	富委办〔2019〕21号	关于印发《中共杭州市富阳区富春街道工作委员会、杭州市富阳区人民政府富春街道办事处职能配置、内设机构和人员编制规定》的通知
20	富委办〔2019〕22号	关于印发《中共杭州市富阳区春江街道工作委员会、杭州市富阳区人民政府春江街道办事处职能配置、内设机构和人员编制规定》的通知
21	富委办〔2019〕23号	关于印发《中共杭州市富阳区东洲街道工作委员会、杭州市富阳区人民政府东洲街道办事处职能配置、内设机构和人员编制规定》的通知
22	富委办〔2019〕24号	关于印发《中共杭州市富阳区鹿山街道工作委员会、杭州市富阳区人民政府鹿山街道办事处职能配置、内设机构和人员编制规定》的通知
23	富委办〔2019〕25号	关于印发《中共杭州市富阳区银湖街道工作委员会、杭州市富阳区人民政府银湖街道办事处职能配置、内设机构和人员编制规定》的通知
24	富委办〔2019〕26号	关于印发《中共杭州市富阳区春建乡委员会、杭州市富阳区春建乡人民政府职能配置、内设机构和人员编制规定》的通知
25	富委办〔2019〕27号	关于印发《中共杭州市富阳区新桐乡委员会、杭州市富阳区新桐乡人民政府职能配置、内设机构和人员编制规定》的通知
26	富委办〔2019〕28号	关于印发《中共杭州市富阳区新登镇委员会、杭州市富阳区新登镇人民政府职能配置、内设机构和人员编制规定》的通知
27	富委办〔2019〕29号	关于印发《中共杭州市富阳区渌渚镇委员会、杭州市富阳区渌渚镇人民政府职能配置、内设机构和人员编制规定》的通知
28	富委办〔2019〕30号	关于印发《中共杭州市富阳区胥口镇委员会、杭州市富阳区胥口镇人民政府职能配置、内设机构和人员编制规定》的通知
29	富委办〔2019〕31号	关于印发《中共杭州市富阳区永昌镇委员会、杭州市富阳区永昌镇人民政府职能配置、内设机构和人员编制规定》的通知
30	富委办〔2019〕32号	关于印发《中共杭州市富阳区大源镇委员会、杭州市富阳区大源镇人民政府职能配置、内设机构和人员编制规定》的通知
31	富委办〔2019〕33号	关于印发《中共杭州市富阳区灵桥镇委员会、杭州市富阳区灵桥镇人民政府职能配置、内设机构和人员编制规定》的通知
32	富委办〔2019〕34号	关于印发《中共杭州市富阳区里山镇委员会、杭州市富阳区里山镇人民政府职能配置、内设机构和人员编制规定》的通知
33	富委办〔2019〕35号	关于印发《中共杭州市富阳区渔山乡委员会、杭州市富阳区渔山乡人民政府职能配置、内设机构和人员编制规定》的通知
34	富委办〔2019〕36号	关于印发《中共杭州市富阳区上官乡委员会、杭州市富阳区上官乡人民政府职能配置、内设机构和人员编制规定》的通知
35	富委办〔2019〕37号	关于印发《中共杭州市富阳区常绿镇委员会、杭州市富阳区常绿镇人民政府职能配置、内设机构和人员编制规定》的通知
36	富委办〔2019〕38号	关于印发《中共杭州市富阳区场口镇委员会、杭州市富阳区场口镇人民政府职能配置、内设机构和人员编制规定》的通知
37	富委办〔2019〕39号	关于印发《中共杭州市富阳区常安镇委员会、杭州市富阳区常安镇人民政府职能配置、内设机构和人员编制规定》的通知
38	富委办〔2019〕40号	关于印发《中共杭州市富阳区环山乡委员会、杭州市富阳区环山乡人民政府职能配置、内设机构和人员编制规定》的通知
39	富委办〔2019〕41号	关于印发《中共杭州市富阳区湖源乡委员会、杭州市富阳区湖源乡人民政府职能配置、内设机构和人员编制规定》的通知
40	富委办〔2019〕42号	关于印发《中共杭州市富阳区万市镇委员会、杭州市富阳区万市镇人民政府职能配置、内设机构和人员编制规定》的通知
41	富委办〔2019〕43号	关于印发《中共杭州市富阳区洞桥镇委员会、杭州市富阳区洞桥镇人民政府职能配置、内设机构和人员编制规定》的通知

续表

序号	文号	文件标题
42	富委办〔2019〕44号	关于印发《中共杭州市富阳区龙门镇委员会、杭州市富阳区龙门镇人民政府职能配置、内设机构和人员编制规定》的通知
43	富委办〔2019〕46号	关于印发《中共杭州市富阳区人民政府办公室职能配置、内设机构和人员编制规定》的通知
44	富委办〔2019〕53号	关于印发《中共杭州市富阳区发展和改革局职能配置、内设机构和人员编制规定》的通知
45	富委办〔2019〕54号	关于印发《中共杭州市富阳区经济和信息化局职能配置、内设机构和人员编制规定》的通知
46	富委办〔2019〕55号	关于印发《中共杭州市富阳区农业农村局职能配置、内设机构和人员编制规定》的通知
47	富委办〔2019〕56号	关于印发《中共杭州市富阳区财政局职能配置、内设机构和人员编制规定》的通知
48	富委办〔2019〕58号	关于印发《中共杭州市富阳区委机构编制委员会办公室职能配置、内设机构和人员编制规定》的通知
49	富委办〔2019〕59号	关于印发《中共杭州市富阳区委杭州市富阳区人民政府信访局职能配置、内设机构和人员编制规定》的通知
50	富委办〔2019〕60号	关于印发《中共杭州市富阳区委老干部局职能配置、内设机构和人员编制规定》的通知
51	富委办〔2019〕61号	关于印发《杭州市富阳区档案馆职能配置、内设机构和人员编制规定》的通知
52	富委办〔2019〕62号	关于印发《杭州市富阳区教育局职能配置、内设机构和人员编制规定》的通知
53	富委办〔2019〕63号	关于印发《杭州市富阳区文化和广电旅游体育局职能配置、内设机构和人员编制规定》的通知
54	富委办〔2019〕64号	关于印发《杭州市富阳区卫生健康局职能配置、内设机构和人员编制规定》的通知
55	富委办〔2019〕65号	关于印发《杭州市医疗保障局富阳分局职能配置、内设机构和人员编制规定》的通知
56	富委办〔2019〕66号	关于印发《杭州市富阳区人力资源和社会保障局职能配置、内设机构和人员编制规定》的通知
57	富委办〔2019〕67号	关于印发《杭州市富阳区数据资源管理局职能配置、内设机构和人员编制规定》的通知
58	富委办〔2019〕68号	关于印发《杭州市富阳区科学技术局职能配置、内设机构和人员编制规定》的通知
59	富委办〔2019〕69号	关于印发《杭州市富阳区审计局职能配置、内设机构和人员编制规定》的通知
60	富委办〔2019〕70号	关于印发《杭州市富阳区民政局职能配置、内设机构和人员编制规定》的通知
61	富委办〔2019〕72号	关于印发《杭州市富阳区城市管理局职能配置、内设机构和人员编制规定》的通知
62	富委办〔2019〕73号	关于印发《杭州市富阳区机关事务服务中心职能配置、内设机构和人员编制规定》的通知
63	富委办〔2019〕75号	关于印发《杭州市富阳区司法局职能配置、内设机构和人员编制规定》的通知
64	富委办〔2019〕76号	关于印发《杭州市富阳区统计局职能配置、内设机构和人员编制规定》的通知
65	富委办〔2019〕77号	关于印发《杭州市富阳区住房和城乡建设局职能配置、内设机构和人员编制规定》的通知
66	富委办〔2019〕78号	关于调整中共杭州市富阳区委人才工作领导小组成员的通知
67	富委办〔2019〕79号	关于印发《杭州市规划和自然资源局富阳分局职能配置、内设机构和人员编制规定》的通知
68	富委办〔2019〕80号	关于印发《杭州市富阳区交通运输局职能配置、内设机构和人员编制规定》的通知
69	富委办〔2019〕81号	关于印发《杭州市富阳区商务局职能配置、内设机构和人员编制规定》的通知
70	富委办〔2019〕82号	关于印发《杭州市富阳区市场监管局职能配置、内设机构和人员编制规定》的通知
71	富委办〔2019〕83号	关于印发《杭州市富阳区应急管理局职能配置、内设机构和人员编制规定》的通知
72	富委办〔2019〕84号	关于印发《杭州市富阳区人民政府金融工作办公室职能配置、内设机构和人员编制规定》的通知
73	富委办〔2019〕85号	关于对2018年度富阳区乡村产业特技大师予以命名的决定
74	富委办〔2019〕87号	关于印发杭州市富阳区高新产业发展等三个行动计划的通知
75	富委办〔2019〕89号	关于印发《中共杭州市富阳区委常委会关于规范“三重一大”事项集体决策制度的实施办法》的通知
76	富委办〔2019〕90号	关于印发《富阳区“育雏引凤”专项行动计划(2019-2021年)》的通知
77	富委办〔2019〕91号	关于高标准打好污染防治攻坚战高质量建设现代版富春山居图最美示范区的实施意见
78	富委办〔2019〕92号	关于建立杭州市富阳区数字经济发展工作领导小组的通知

续表

序号	文号	文件标题
79	富委办〔2019〕93号	关于印发《杭州市富阳区政协2019年度民主监督计划》的通知
80	富委办〔2019〕94号	关于印发《富阳区机关工作人员平安综治信访维工作问责办法》的通知
81	富委办〔2019〕95号	关于印发《2019年杭州市富阳区招商引资考核办法》的通知
82	富委办〔2019〕97号	关于2018年度区级机关单位综合考评结果的通报
83	富委办〔2019〕98号	关于印发《杭州市富阳区党政有关部门与区政协工作机构开展对口联系协商活动实施办法》的通知
84	富委办〔2019〕99号	关于成立中央环境保护督查暨生态环境部统筹强化监督富阳区工作领导小组的通知
85	富委办〔2019〕100号	关于印发《富阳区2019年党风廉政建设和反腐败工作组织领导和责任分工》的通知
86	富委办〔2019〕101号	关于印发《2019年杭州市富阳区普法教育依法治理工作要点》的通知
87	富委办〔2019〕102号	印发《关于加强新时代人民政协党的建设工作的实施意见》的通知
88	富委办〔2019〕103号	关于印发《区政协“请你来协商”平台建设和运行实施办法》的通知
89	富委办〔2019〕104号	关于开展2019年富阳区“奋力争先、勇创一流”擂台大比武竞赛活动的通知
90	富委办〔2019〕105号	关于成立杭州市富阳区“奋力争先 勇创一流”工作推进领导小组的通知
91	富委办〔2019〕106号	关于印发《杭州市富阳区政协2019年度协商计划》的通知
92	富委办〔2019〕107号	关于印发《中共杭州市富阳区委关于扎实推进清廉富阳建设的实施意见重点工作任务分工方案》的通知
93	富委办〔2019〕108号	关于印发《2019年督查检查考核年度计划》的通知
94	富委办〔2019〕109号	关于印发《2019年杭州市富阳区招商引资考核办法实施细则》的通知
95	富委办〔2019〕111号	关于印发《杭州市富阳区公务员职务与职级并行制度实施方案》的通知
96	富委办〔2019〕114号	关于整治形式主义突出问题切实减轻基层负担的若干意见
97	富委办〔2019〕115号	关于印发朱党其同志在区委一届七次全体（扩大）会议上的报告的通知
98	富委办〔2019〕116号	关于印发《杭州富春湾新城管理委员会职能配置、内设机构和人员编制规定》的通知
99	富委办〔2019〕117号	关于印发《区委常委会带头深入开展“不忘初心、牢记使命”主题教育的实施方案》的通知
100	富委办〔2019〕118号	关于印发《2019年杭州市富阳区招商引资考核办法》的通知
101	富委办〔2019〕119号	关于印发《2019年度区领导重点调研课题》的通知
102	富委办〔2019〕120号	关于印发《杭州市富阳区深化市场监管综合行政执法改革实施方案》《杭州市富阳区深化文化市场综合行政执法改革实施方案》《杭州市富阳区深化交通运输综合行政执法改革实施方案》《杭州市富阳区深化农业综合行政执法改革实施方案》的通知
103	富委办〔2019〕122号	关于印发《杭州市富阳区重大决策社会风险评估实施细则（2019—2020年）》（试行）的通知

【富阳区人民政府办公室文件】

序号	文号	文件标题
1	富政办〔2019〕1号	关于印发富阳区建立“一巡多功能”二级平台实施意见（试行）的通知
2	富政办〔2019〕2号	关于印发富阳区空闲土地“地长制”管理模式的实施意见（试行）的通知
3	富政办〔2019〕3号	关于印发杭州市富阳区十大工业功勋企业优秀企业家十大工业优秀企业评选办法的通知
4	富政办〔2019〕4号	关于印发富阳区机械行业落后设备及工艺核查处置实施方案的通知
5	富政办〔2019〕5号	关于印发杭州市富阳区创建“中国天然氧吧”工作方案的通知
6	富政办〔2019〕6号	关于印发杭州市富阳区招引高学历人才到富阳工作三年行动计划的通知
7	富政办〔2019〕7号	关于印发富阳区2019年度地质灾害防治方案的通知
8	富政办〔2019〕8号	关于印发富阳区政府投资项目决策管理实施办法的通知
9	富政办〔2019〕9号	关于印发富阳区规范人才公寓人才限价房上市交易的实施意见的通知
10	富政办〔2019〕10号	关于印发富阳区全域土地综合整治与生态修复工程三年行动计划的通知

续表

序号	文号	文件标题
11	富政办〔2019〕11号	关于印发富阳区推进更高水平气象现代化和亚运会气象服务能力提升实施方案2018—2022年的通知
12	富政办〔2019〕12号	关于推进富阳区政务公开统一管理平台建设的通知
13	富政办〔2019〕13号	关于鼓励球拍企业入园提升发展的若干意见
14	富政办〔2019〕14号	关于印发富阳区工程建设领域实施"黑名单"管理有关规定的通知
15	富政办〔2019〕15号	关于深入开展消费帮扶助力对口地区脱贫攻坚实施方案的通知
16	富政办〔2019〕16号	关于开展2019年富阳区"奋力争先、勇创一流"民生福祉项目擂台大比武活动的通知
17	富政办〔2019〕17号	富阳区农村供水工程运行管理实施意见
18	富政办〔2019〕18号	关于举办富阳区第九届全民运动会的通知
19	富政办〔2019〕19号	关于印发富阳区机关事业单位养老保险统筹参保人员养老保险关系衔接实施方案的通知
20	富政办〔2019〕20号	关于加快制造业数字化改造的实施意见2019—2021的通知
21	富政办〔2019〕21号	关于印发《杭州市富阳区加快推进小微企业创新园建设的实施意见（试行）》的通知
22	富政办〔2019〕22号	关于印发富阳区"小微企业三年成长计划"（2018—2020年）的通知
23	富政办〔2019〕23号	关于印发《杭州市富阳区科技型中小企业贷款风险池基金管理暂行办法》的通知
24	富政办〔2019〕24号	关于印发杭州市富阳区属国有企业专业化重组整合实施方案的通知
25	富政办〔2019〕25号	关于印发杭州市富阳区2019年法治政府建设工作要点的通知
26	富政办〔2019〕26号	关于促进和保障新沙岛绿色发展的若干意见
27	富政办〔2019〕27号	关于印发杭州市富阳区深化"最多跑一次"改革推进政府数字化转型实施方案的通知
28	富政办〔2019〕28号	关于印发杭州市富阳区深化农村家宴中心放心厨房创建提升的实施意见的通知
29	富政办〔2019〕29号	关于印发杭州市富阳区重污染天气应急预案（修订）的通知
30	富政办〔2019〕30号	关于印发《杭州市富阳区高新潜力企业培育工作实施意见（修订）》的通知
31	富政办〔2019〕31号	关于印发杭州市富阳区关于农村饮用水区级统管工作的实施意见的通知
32	富政办〔2019〕32号	关于印发杭州市富阳区关于推进新时代美丽乡村建设的实施意见建议的通知
33	富政办〔2019〕33号	关于促进和保障新沙岛绿色发展的若干意见
34	富政办〔2019〕34号	关于印发杭州市富阳区鼓励社会力量投资公共停车场（库）实施意见（试行）的通知
35	富政办〔2019〕35号	关于完善政府卫生健康事业投入政策实施意见

35 索 引
Index

说　明：

一、本类目设主题索引、照片索引和图表索引 3 个分目。

二、主题索引中文标目按汉语拼音顺序排列，同音字按笔画数从少到多排列。第一字相同，按第二字音序排列，依次类推。数字开头的标目则按数字 0—9 顺序排列。

标目后的阿拉伯数字表示内容所在页码。数字后的英文字母 a、b、c 分别表示从左到右第一、二、三栏。标目后有多个页码的，则表示相关信息在这些页码中均出现。

本年鉴的“特载”“年度聚焦”“大事记”均未做主题索引。

三、照片索引排序规则与主题索引相同，图表索引按序号排列。照片索引、图表索引仅标注所在页码，不标注分栏。

主题索引

0–9

“3·22”世界水日　144c
“爱尚富阳”APP 项目　184b
“不忘初心　牢记使命”主题教育　53b、63b、96a、240b、264b、269a、305a
“不忘初心、牢记使命”思想交流研讨会　276c
“不忘初心·建功新城”主题演讲比赛　98a
“灿烂星河　放飞梦想”——“家在富春江上”富阳区首届青少年才艺大赛　234b
“茶艺小镇”建设　274c
“春江红”党建联盟成立暨首届春江论“建”　267a
“奋力争先、勇创一流”战斗动员大会　53a
“枫桥式派出所”创建　107a
“富春山居”创意设计助力乡村振兴暨全国艺术院校大学生创新创业大赛　237c
“谷牧在新沙纪念展厅”正式开放　269b
“好家庭”信用贷　99a
“红色记忆”主题活动　235c
“护校安园”行动　107b
“欢歌祖国　悦动富阳”暨第八届富阳区乡镇（街道）文艺会演　234a
“降总量、提质量”改革　133a
“敬老月”活动　248c
“快递从业青年服务月”关爱活动　97a
“蓝剑 2019”专项行动　106a
“两会”议案建议和提案办理　76b
“美丽城镇”“美丽乡村”大会比武　54c
“凝心聚力共建新城”主题活动　60a
“培育青年创客，助力乡村振兴”主题培训班　98a
“七一”大合唱比赛　267a
“千家民企计量帮扶”活动　131b
“青春建功新时代　我与祖国共成长”荧光夜跑活动　98a
“青春心向党·建功新时代”红色团日活动　97c
“青春心向党·建功新时代”特别主题团日　97b
“清洁家园文明富阳”战斗动员大会　53c
“全民健身日”千人健步走活动　250c
“三对口两协作”结对扶贫　96c
“三高”专题培训班　63c
“三品”基地建设　141a
“三送、四化、五发”服务高品质城市建设　96b
“扫黑除恶”专项斗争推进会　52c
“扫黄打非”工作　236c
“扫黄打非”行动　58c
“双百示范”培育工程　131a
“双创周”活动　219b
“送欢乐、下基层”暨“诗画富春

山居”写生采风创作活动　101b
“味道山乡”摄影活动　102a
“味道山乡”写生活动暨杭州市乡村书画学共体联盟成立仪式　308c
“味道山乡大会”之山乡大戏活动　234a
“我和我的祖国”新故事征文比赛　234b
“我在富春山乡有个家”活动　99a
“五彩富阳”农业综合体项目竣工　271a
“夏至春建，麦有嬉乐”夏至节气活动　274b
“向美而行　大美大源”庆七一表彰大会　288a
“雪亮工程”建设　106b
“一带一路”拓市场　156b
“一局一品”创建　108b
“迎大庆、排隐患、保平安”攻坚行动　301b
“拥抱新时代”—庆祝新中国成立70周年文艺晚会　234c
“浙江制造”品牌培育硕果累累　131a
“智安小区”建设　106b
“智慧”监管升级　108a
“智慧法院”建设　113b
“中国梦·劳动美”庆“五一”主题活动　96a
“重燃初心　建享竹乡”党员春训活动　285b
“追梦富春·国旗下的诵读”活动　54c
“走亲连心三服务”活动　105b
“最多跑一次”改革 108c、117c、241b、253c、259a
“最美庭院”大比武活动 98c
《富阳年鉴（2019）》出版发行　65b
2019年度富阳区职业技能大赛启动　151a
2019年度获得荣誉　203c
2019年度基层团支部大比武活动　264b
2019年度荣立三等功以上军人名录　321
2019年学前教育宣传月浙江省“安吉游戏”实践园（浙北片区）展示活动在富阳举行　225c
2019年浙江省龙舟裁判员培训班　252c
2019浙江国际青年电影周——导演、编剧创投活动　237c
3家富阳企业入围“2019中国民营企业500强”　146a
3家富阳企业入围2019浙江省民营企业百强　146b
3家富阳企业入选杭州重点拟上市企业名单　146b
3名富阳企业家入围“品质杭商”候选名单　147b
4家富阳企业入选“2019浙商全国500强”　146a
5G基站建设　183a
5G网络元年　182b
G235富阳灵桥至渔山段工程（春永线）　178c
H7N9流感防治　245b
QC创新　159c
RICE SCIENCE影响因子大幅度提高　223b

A

艾滋病防治　245c
爱心驿站建设　96c
安诚财产保险股份有限公司富阳支公司　169a
安顶风情小镇项目建设完成　291b
安全播出　239a
安全监管体系建设　175b
安全培训　80c
安全生产管理　247b
安全生产月活动　80c
安全生产责任体系建设　80b
安全生产执法　80c
安信证券股份有限公司杭州富阳富春街证券营业部　167c
安置房分房情况　204b
安置房项目　196a

B

办理行政服务事项总量　76c
半山桃花节暨味道山乡大会开幕　277c
帮扶服务模式　244a
保安行业监管　107c
保持价格总水平基本稳定　135b
保密工作　56a
保障措施　143c
保障发展用地　126c
保障房建设　209a
保障民生支出　123a
报业经营　240c
报纸发行　239c
北京市西城区政协考察组赴山水社区指导工作　270c
北京银行杭州富阳支行　165a
北支江综合整治工程　144a
被征地人员社会保障　254c
避灾场所建设　80a
编印《奋斗与梦想——中国共产党富阳历史文集》　65a
便民服务　183c
标准化建设　131b
殡葬改革　256b
病媒生物防制　246b
博爱帮困　82a

C

财通证券股份有限公司杭州江滨西大道营业部　167a
彩虹快速路沿线产业业态与城市形态研究　205c
参与社会治理　111c
参与社会综合治理　113a
参政议政　91b、92b、93a、93c
残疾人合法权益维护　260a
残疾人基本民生保障　259a
残疾人就业创业　259c
残疾人康复服务　259b
残疾人文体活动　259c
蚕桑生产　137b
草地贪夜蛾　140a
茶叶生产　137b
拆除永泰热电厂排烟烟囱　267b
产地检疫与调运检疫　142a
产销合作　157b
产业创新　252c
产业创新服务综合体　219a
长安责任保险股份有限公司富阳支公司　169c
长三角基础教育年度峰会暨中国长三角新劳动教育20校联盟成立仪式在富阳举行　227b
长生人寿保险有限公司浙江分公司富阳营销服务部　171b
常安童玩节开幕暨思科旅游“田更园”项目启动　300c
常安镇景山阻击战纪念公园开园　299c
常委会决定　71b
场口村棚户区改造安置房项目　202c
场口公寓房九期项目　202b
场口镇机关党政机构改革　298c

场口镇叶盛整村搬迁 298a
场口综合便民服务大楼及执法中心项目 203b
畅通供销合作体系 158b
成长企业 147c
成立“春江红”党建诵读团 266c
成立“漫”永昌特色产业联盟 285c
成立“营地之乡产业联盟” 312b
成立“中共路西县场源区委、萧富联络站”史料收集课题组 295a
成立北京乡贤联谊站 310a
成立常安高山味道电商联盟 301c
成立春建乡首届乡贤联谊会 274a
成立二董教育基金会 275c
成立乡贤联谊会 266b
成立消费者权益保护中心 133b
成立胥口富春药谷小镇妇女联合会 284a
承办“欢歌祖国 悦动富阳”乡镇对唱赛 303b
承办杭州市健康素养进农村文化礼堂三年行动启动仪式暨2019年老年健康宣传周活动 266c
承办区职工技能大赛 264a
城区环境综合整治工作 207a
城市大脑建设 81b
城市给排水系统建设工作 207a
城市建设、资源灾害、环境保护和社会安全 44a
城市交通建设工作 207a
城市绿化建设工作 207a
城市书房项目 184a
城乡爱国卫生 246b
城乡居民社会养老保险 254c
城镇居民生活 253a
城中村改造工作 207c
持续提升供水安全 305c
持续推进对口帮扶工作 157c
持续营造文明乡风 306a
持续优化营商环境 154a
充电设施建设统筹工作 207b
稠州银行杭州富阳支行 165a
筹融资 199a、201c、203c
出口品牌建设 156b
出租车行业管理 176b
初步完成富阳区国土空间规划基数现状一张图 206c
储备管理 157a
传承红色基因教育 67b
传承人服务保护 236a
传染病疫情 246b
船舶检验 178a
窗口服务 109a
创办爱心游泳基地 67b
创建成为第五批全国农村职成教示范县（区） 229b
创建富春湾新城小微企业创新园 204c
创建国家级卫生乡镇 292a
创建国家卫生镇 299a
创建全省“无欠薪”区 254b
创建省“诗词之乡” 311c
创建浙江省果蔬特色农业强镇 269a
创客教育提速发展的建议 86b
创新实施8小时外干部培训 56c
春建乡中心幼儿园新园开园 274b
春江街道加快造纸企业腾退 149c
春江研究院 195b
慈善福利事业 256c
从严治警 109a
从优待警 109c
促进“优生优育优教”建设 244b
村干部党建工作擂台赛 52a
村级文化礼堂全覆盖 310a
村镇建设 207c

D

搭建党外人士成长成才平台 60a
打击黄赌犯罪 105c
打击民生领域犯罪 105c
打击知识产权侵权行为 131c
打造道路交通安全综合治理样板镇 311c
打造法治营商环境 111a
打造国际一流营商环境 120c
打造机关党建品牌 66c
打造精品渔业基地 138c
打造社会组织品牌 260b
打造特色小镇 120c
打造巡特警“金名片” 108b
大调解和基层基础 114a
大华智联创建科技化服务化仓储管理体系 150c
大华智联等3家企业入选浙江“聪明工厂” 150c
大会议案 73c
大家财产保险股份有限公司浙江分公司富阳区营销服务部 169c
大力发展“茶经济” 292b
大力开展水稻绿色提质增效技术创新与集成 223a
大气环境 215a
大气污染防治 216b
大型国情国力调查 133c
大型活动监管 105a
大型专题 238b
大源镇稠溪村获富阳区村级大党建擂台比武擂主村 288b
大源镇大同村打造美丽乡村新样板 287c
大源镇第二小学综合教学楼启用 288c
大源镇第一届“华达杯”全民运动会 288c
大源镇幼新建工程开工 225c
大章村被评为省级历史文化村落保护重点村 297a
代表活动 72a
贷款业务 172a
氮磷生态拦截沟渠建设 140b
党建工作会议 52c
党建规范化建设 311b
党建引领高水平社会治理 264c
党外代表人士队伍建设 59a
党员志愿服务活动 97c
党组织和党员基本情况 56b
档案接收 65c
档案库房智能化管理 65c
档案利用服务 65c
档案史志 108b
导游技能大赛 186c
道路运输安全管理 176a
道勤纸业转型升级 149c
德国“迷你慕尼黑”青少年素质教育试点项目在素质基地开营 228a
地方病防治 245c
地热资源勘查 128a
地铁沿线征迁 271c
地下空间开发利用工作 207a
地质灾害防治 128a
第二届百花大会开幕 303a
第三届富春山居梨花节 300a
第十一次代表大会和十一届一次全委会 99c
第五届“品质公益·志愿同行”公益项目对接会 97a
电博会富阳馆 157a
电商扶贫 157a
电商培训 156c
电商业务 181a
电网规划 152a
电网建设 152a
电影产业基地 58c
电子政务基础建设 81c
调整非常设机构 76a
顶尖人才实现零突破 222b
东吴社区举办金婚庆典活动 270c
东吴社区启动创建杭州市垃圾分类示范小区 269c
东洲街道70年史料展陈 269b

东洲街道首批社区成立 268b
东洲新区安置房一期项目 202c
冬至节气民俗活动 267b
动物尸体无害化处理 140a
洞桥镇“营地之乡产业联盟 311c
都邦财产保险股份有限公司富阳支公司 169c
督办工作 76b
督查工作 55c
督促商品混凝土企业改造安装出入口冲洗设备 210a
读者活动 235a
队伍建设 251b
对口帮扶锦屏县彦洞乡、缙云县大源镇 268a
对口联系 93b
对外经济 42c
对外文艺交流 102a
对外宣传 58a

E

儿童保健 243c
二董纪念馆开馆 266c
二级平台 211b
二手房交易 208a

F

发展美丽经济 272a
法国艺术家造访 302c
法律服务行业管理 114c
法律监督 70c
法制培训 213c
法治富阳建设 113c
法治监督 144c
法治宣传 114b
反恐执法 106a
防汛检查 143c
房地产固定投资 208a
房地产行业监管 209a
放映农村公益电影 58c
飞旋科技磁悬浮 + 产业化项目 195b
非法集资案件查处 106a
非公企业关工委组织建设 68a
非遗保护载体建设 236a
非遗创新发展工作 236
非遗富阳竹纸制作技艺传承特色班正式开班 229b
非遗名录项目挖掘保护 236b
非遗展示展演与交流活动 236b
废弃矿山综合治理 127c
风险拨备覆盖 172a
扶持薄弱村 137a
扶持大学生创业 79a
服务保障 66b
服务高新产业发展“五百”项目进企业 96a
服务基层群众 85a
服务林业大局 220b
服务贸易 156c
服务平安富阳创建 112c
妇女保健 243c
妇女维权 99a
妇女组织全覆盖 99b
富春江集团顺利通过工信部两化融合体系贯标 149b
富春江治理工程 144a
富春七小“新劳动教育”在央视专题片《教育强国》播出 227a
富春五小“颜色密码”工作坊获全国第六届中小学生艺术展演活动一等奖 226c
富德生命人寿保险股份有限公司杭州中心支公司富阳区营销服务部 170c
富通集团、富春江集团上榜中国光通信最具竞争力企业十强 149a
富通集团等 2 家企业入围 2019 年电子信息百强企业榜 149a
富通集团等 4 家企业入选 2019 年中国电子元件百强企业 149a
富通集团获“高质量发展”领军企业 149b
富通集团积极布局“5G+ 万物互联”新时代 149b
富通集团荣获“5G 创新企业”149c
富通昭和线缆（杭州）有限公司入围 2018 年铜导体线材加工企业十强名单 148c
富阳、台湾两地交流 56b
富阳•嵊泗两地摄影联展活动 234b
富阳 320 国道至富阳大桥连接线鹿山（大盘山）隧道工程 179a
富阳 3 家企业 7 个项目入选杭州市生物医药产业发展资助项目 152a
富阳 3 名教师赴黔东南支教 231b
富阳 5 个“152”工程项目开工 147b
富阳发布 239b
富阳规划展示馆揭牌 54a
富阳恒通村镇银行 165b
富阳籍运动员获得帆船与射击项目东京奥运会入场券 251b
富阳农村商业银行 164a
富阳农发桐坞生猪养殖场项目开工 280a
富阳区 2019 中小学骨干教师赴新加坡研修 231c
富阳区常委议军会议 117a
富阳区第九届富春江读书节 234c
富阳区第九届全民运动会 250b
富阳区工业企业百强榜出炉 146c
富阳区教育现代化进入浙江省第一方阵 230c
富阳区人大常委会文件 327
富阳区人民政府办公室文件 331
富阳区人民政府文件 328
富阳区三个物业管理项目获评市优荣誉称号 208c
富阳区社区用房布点专项规划 206a
富阳区首次实现 1 ∶ 2000 基础地理信息全覆盖 127c
富阳区土壤肥料检测中心 140c
富阳区渣土消纳专项规划 206b
富阳区政协书画院洞桥创作基地揭牌 311c
富阳区总体城市设计 205b
富阳首台整体装配式电梯亮相 208b
富阳新闻网 239b
富阳循环经济产业园生活垃圾焚烧项目开工 281c
富阳中心城区人行过街设施整治规划 206b
富冶集团入围浙江省第一批“雄鹰行动”培育企业名单 148c

G

改革向公共服务领域延伸 77c
改革向乡镇（街道）延伸 77c
干部保健 243c
干部培训 64a
港口管理 177c
高新产业发展 147c、264c
个人档案管理 79b
各宗教团体开展庆祝新中国成立 70 周年系列活动 261b
更名 239a
耕地质量监测 140c
工程建设领域监督 77c
工会干部培训 96c
工伤、失业保险 254c
工商联开展反邪宣传警示教育 101a
工业、建筑业 42b
工作机制 196a
工作监督 71a
公安工作会议 53b

公房管理 208c
公共场所卫生监督 244c
公共法律服务 114c
公共交通管理 107b
公共科技服务 223b
公共图书馆服务体系建设 235a
公建配套项目 196c
公路路政管理 175c
公路养护 176a
公路运输 201b
公望富春两岸文化周活动 54b
公望美术馆 2019 年展览 101c
公文处理 76c
公园绿地网络的建议 86b
供电服务建设 154b
供排水 199b
巩固传统文化阵地建设 261c
巩固小城镇整治成果 307c
共青团杭州市富阳区委二十一届三次全体（扩大）会议 97a
构建大维稳工作格局 103b
构建统战工作新格局 59a
古树名木保护 141a
固定资产投资、房地产业 42b
固废环境 215c
固废污染防治 216c
挂牌成立区融媒体中心 239b
关心关爱行动 99b
馆藏档案数字化 66a
鹳山区块城市设计暨风貌控制导则 206a
光大银行杭州富阳支行 165b
光照 46c
广播节目 238c
广告执法工作 130c
规范国有企业党建 121b
规范机构编制管理持续加强 62b
规范政府购买服务的建议 87b
规划编制 185a
规划概况 205a
规划深化专项行动 193c
规划资源法律法规宣传教育 126c
规模种粮（油）大户 138b
锅炉淘汰和综合功能站建设 120b
国华人寿股份有限公司富阳支公司 171b
国际合作与交流 223b
国际竹产业博览会 139c
国家高新技术企业数量再创新高 218b
国家级和国家属部门级先进个人 318
国家级和国家属部门级先进集体 313
国民体质监测 251a
国企改革 199a、201c
国任财产保险股份有限公司杭州市富阳支公司 169b
国有产权出租交易新平台 78c
国有资产概况 121a
国元证券股份有限公司杭州江滨西大道证券营业部 167c

H

海绵城市建设统筹工作 207b
海事管理 177a
海外联谊 93c
海外统战工作 60b
海外引才引智 79a
海正药业入选 2018 年度中国医药工业百强榜 152a
瀚晖制药有限公司获 2018 年度杭州市政府质量奖 152a
夯实供销组织体系 159a
夯实税收管理 125b
杭电股份 500 千伏电缆系统在国网中标 149b
杭富城际铁路附属配套工程（彩虹快速路西延） 178b
杭黄高铁“张小泉”品牌专列首发 150a
杭新景高速东洲岛道口扩容 269b
杭新景高速东洲互通口整治提升项目 179a
杭州富春湾新城“四大之城”专题研究 194a
杭州富春湾新城春南产业区块城市设计控制性导则研究 194c
杭州富春湾新城大源产业区块城市设计控制性导则研究 194c
杭州富春湾新城给排水布局专项规划 194b
杭州富春湾新城公共服务设施布局专项规划 194b
杭州富春湾新城交通体系布局专项规划 194b
杭州富春湾新城灵桥产业区块城市设计控制性导则研究 195a
杭州富春湾新城生态湿地规划 194a
杭州富春湾新城中轴线地区总体城市设计 194a
杭州富阳区学前教育专项规划 206a
杭州富阳越剧艺术传习院 235a
杭州高新区（滨江）富阳特别合作区挂牌 54c
杭州高新区（滨江）富阳特别合作区管理委员会揭牌 290a
杭州国际动漫节富阳分会场 237b
杭州绕城高速西复线富阳段工程 178b
杭州绕城西复线大源段白洋尖隧道全面贯通 288c
杭州市“家门口的监委”建设现场会 89a
杭州市“六县七校联盟”同课异构教研活动在场口中学举行 231c
杭州市“美丽城镇、美丽乡村”建设考察组来上山村考察 279a
杭州市富阳区文化和广电旅游体育局正式挂牌 233b
杭州市富阳区文化市场综合行政执法队挂牌成立 236c
杭州市级先进个人 321
杭州市领导来新登调研“家门口的监委”工作 279a
杭州市农村家宴中心厨房创建提质扩面工作现场会 130a
杭州市农田质量提升工程 138c
杭州市人大常委会党组书记、主任于跃敏到富阳调研 55a
杭州市市长徐立毅调研新登古城复兴和城镇有机更新 278b
杭州市医疗保障局富阳分局成立 255a
杭州市职教教研室对富阳二中进行创客教育调研 232a
杭州新永丰钢业有限公司实现在线检测技术 150b
杭州雄迈信息技术有限公司被评为“杭州市专利试点企业” 150b
杭州雄迈信息技术有限公司荣获“浙江名牌产品”称号 150b
杭州银行富阳支行 163c
杭州至富阳城际铁路工程（杭州地铁 6 号线） 178a
航道管理 177b
河道保洁 144b
河湖清淤工程 144a
恒丰银行杭州富阳支行 165a
横桐线巧溪至青山桥段全线贯通 274c
红十字精神宣传 82c
湖州至杭州西至杭黄铁路连接线工程（富阳段） 178b
户外广告 213b
花卉苗木 138a
华安财产保险股份有限公司浙江分公司富阳支公司 169a
华福证券有限责任公司富阳江滨西大道证券营业部 167c
华泰人寿保险股份有限公司浙江分公司富阳营销服务部 171a
华夏银行杭州富阳支行 165b
化肥零增长 140b

环金线整治（二期） 179c
环境风险管控 217a
环卫保洁 212a
皇天畈排涝站运行管理 144c
回迁安置 272c
惠迪森药业完成项目迁建 151c
混凝土行业管理 209b
活动策划 238b
获“欢歌祖国 悦动富阳”乡镇文艺汇演金奖 274b
获“中国传统竹纸之乡”称号 287c
获2018年度小城镇环境综合整治省级样板 277c
获得荣誉 265a
获评第二批浙江省旅游风情小镇 302b
获评浙江省森林城市 299b
获评浙江省森林城镇 280a
获区“护校安园”专项行动大比武第1名 279c
获浙江省“2019年度五水共治考核优秀乡镇”称号 310a
获浙江省美丽乡村示范乡镇称号 275c

J

机构改革 166c、213a
机关节能工作 120b
机关事业单位公共资产管理中心 199a
机关事业单位养老保险 254c
机制体制改革 217c
积极建言献策 94b
基本公共卫生 242b
基本医疗保险 255b
基层党建“互学互比”活动 264a
基层调研 102a
基层防汛防台体系建设 143c
基层基础建设 106c
基层教学调研联系点 63c
基层商会活动 95b
基层文化队伍建设 233b
基层协商 84a
基层治理综合信息中心平台外包项目 182a
基层组织力提升比武大会 98b
基础研究取得新突破 222c
基地建立 106b
集团业务全方位开展 184c
计划生育依法行政 244c
纪念“五四”运动100周年青年座谈会 97b
技工学校庆祝建校40周年 228b
继续推进“最多跑一次”改革 66a
继续推进新四军两渡富春江纪念馆史料征集工作 64b
加工贸易 156b
加快美丽乡村建设 305a
加强国企管理监管 121b
加强民事诉讼监督 111a
加强生态资源保护 305b
加强网络订餐安全监管的建议 86c
家庭教育 99a
家庭文明建设 99a
家庭医生签约 242b
家庭医生签约服务中提升中医药服务的建议 87c
价格监管领域执法 135c
假日爱心学校 67b
监测和经济形势分析 120b
监督协商 91c
检察公益诉讼 111b
检疫监管 142a
建立保险理赔直付系统 244c
建设工程审批制度改革 209b
建设和谐劳动关系 254b
建言献策 100a
建筑业管理 209b
健康城市建设 246b
健康素养进农村文化礼堂 243a
健全社会保障 222a
江南新城竖向标高布局专项规划 193c
江南新城总体规划 193b
江苏银行杭州富阳支行 165c
蒋莲英非法集资案 116c
降水 46b
交通、邮电通信 42c
交通投融资管理 201a
交通违法防控 107c
交通违法整治 107b
交通隐患治理 107b
交通质监行业管理 175b
教学科研咨政 64a
教育、科技 43a
接待外地到富阳培训 63c
接收安置工作 258c
接受监督提公信 112b
街道党群服务中心挂牌启用 267b
节目创优 239a
节庆主题活动 186a
结核病防治 245c
金伯中到分局调研 104b
金固股份、贝斯特气体联合进军氢能源领域 152c
金固股份汽车超人顺利召开2019年战略沟通会 152c
金固股份项目总部项目开工 152c
金融、保险 43a
金融类业务 181a
金志到分局专案基地调研 104b
金志到富阳联系基层人大代表和人民群众 104b
金属材料深加工项目 190b
进口贸易 156b
禁渔期管理 141c
经费使用管理 96c
经济工作会议 53a
经济领域统战工作 60b
经济责任审计 134c
经营管理 183c
经侦执法 106c
精神病人管控 107c
精神卫生 246a
精神文明建设 58a
精细化管理品牌创建 211c
精准扶贫 136c
警民共建共治 106c
警示教育 90b
警务保障 108b
竞技体育大赛成绩优秀 251b
境外投资 56c
救护培训 82a
救灾种子储备 137b
就业公共服务 253c
就业困难群体帮扶 254a
居民消费品价格 253b
居民住房 253b
举办“臭味香投”厨艺擂台赛 285c
举办“二十四节气·我们的场口”节庆活动 299a
举办“礼仪之源，孝善新华”活动 289c
举办“渌渚周雄”杯浙江省第三届少儿故事会总决赛 280c
举办“球拍名镇·上官杯”羽毛球对抗赛 295a
举办“乡约里坞·茶润古今”第二届古茶诗会 283c
举办“小满”节气庆祝活动 290a
举办“雨水”节气活动 305a
举办“展巾帼风采筑大美富春”三八节庆祝活动 263a
举办“中国佛教讲经交流会”到富阳巡讲活动 261c
举办2019“民间民俗·多彩浙江”周雄孝文化节开幕式暨中国故事节·少儿孝善故事会成果发布典礼 282c
举办2019第三届环富阳骑游大会 308c
举办2019杭州富阳“味道山乡·常绿溪

山行”暨“红绿篮”纳凉大会 296c
举办 2019 杭州富阳•渔山稻香节暨大杭州首届稻草艺术嘉年华 293c
举办 2019 中国故事节•少儿孝善故事会 281c
举办党建大练兵擂台赛暨喜迎中华人民共和国成立 70 周年活动 293c
举办第二届山乡兰花大会 294c
举办第六届竹文化节 294c
举办第十届拔山开茶节 263c
举办第五届大青草莓节 263b
举办红歌大赛 290a
举办庆祝建党 98 周年文艺晚会暨“入党初心故事分享”大会 303b
举办球拍创意设计大赛 294c
举办山地自行车越野赛 274c
举办首届富春江开渔节 298c
举办台湾籍画家余素政“梦里家园”油画展 302c
举办胥口镇第六届全民健身运动会 285a
举办浙江省第五届农村文化礼堂“我们的村晚” 298a
举办中国（上官）球拍产业高峰论坛 296a
举行“富阳光华产教融合促进中心”共建项目签约仪式 228b
举行 2019“未来基金”助学仪式 232c
举行 2019 年度党员春训 302b
举行 2019 年度龙门镇乡贤大会 303a
举行 2019 年全国小班化教育研讨会议 227b
举行 2019 年职业教育活动周启动仪式暨职业教育成果展 228b
举行村级大党建擂台比武 290b
举行第二届“公望”全国班主任论坛 231b
举行第十七届人民代表大会第六次会议 295a
举行第四届“孙过庭奖”中小学师生书法大赛 226c
举行富阳区 2019 年中小学、幼儿园啦啦操比赛 227c
举行富阳区第 48 届中小学生田径运动会 227a
举行富阳区第三届“富春情•教育梦”学术节 231b
举行富阳区首届青少年创客大赛 227a
举行全区 2019 年青少年红十字应急救护知识和技能竞赛 227a
举行乡贤联谊会暨乡贤爱心发展基金成立仪式 300b
举行胥口镇农村饮用水工程通水仪式 283a
聚焦高水平社会治理 103c
聚焦规划计划统筹 119a
聚焦重大课题及战略对接谋划 119b
聚焦重点领域执法 132b

K

开展“拔钉清零”比武 263a
开展“不忘初心、牢记使命”主题教育 303c
开展“不忘初心，牢记使命”主题教育 307a
开展“假日爱心学校”“春泥计划” 284b
开展“科技下乡、科普进文化礼堂”活动 100c
开展“猎狐行动” 106b
开展“双随机、一公开”工作 132b
开展“双拥”活动 258b
开展“万亩土地托管”工程 159a
开展“微心愿”圆梦仪式 269c
开展“与乡村益起”可持续发展乡村科技行富阳站活动 309a
开展安全生产月活动 209c
开展茶文化系列活动 292b
开展第二课堂教育实践活动 58b
开展对台文化交流 303a
开展蹲点调研工作 56b
开展富阳区建筑工程施工发包与承包违法行为专项整治行动 210b
开展国防动员潜力调查 118b
开展红色资源普查 64b
开展环境整治行动 264c
开展建筑工人、村镇建筑工匠技能比武大赛 209c
开展科普电影大篷车巡回放映和科普电影进校园活动 100c
开展龙门镇院校合作 303b
开展农村群众性文化活动 58b
开展平安银湖建设 272b
开展普法宣传 261c
开展企业调研 94c
开展全国首个“工匠日”庆祝活动 227a
开展全区用地布局及调查梳理工作 206c
开展食品安全监督执法 130a
开展味道山乡之“桃源避暑行”系列活动 284c
开展物业小区考核排名 208b
开展消防隐患治理破冰风暴行动 264b
开展药械“热点”专项整治 133a
开展造纸、胶鞋、食品三大传统行业整治提升 286a
抗击台风“利奇马” 301a
抗击台风“利奇马” 80a
考评工作 56a
科技创新 220a
科技创新 223c
科技服务地方 220c
科技金融服务有提升 219a
科技特派员选派 219c
科技文化卫生三下乡活动走进胥口 283b
科技宣传 220a
科普大讲堂活动 100b
科普工作信息化 100c
客运市场监管 176b
垦造耕地后续管护 138c
坑西村温泉度假和唐家坞村农旅产业园项目 272b
矿产资源开发管理 128a
矿山专项整治 127c
矿政管理 128a
扩大区农合联组织基础 158b
扩大有效投资 119c

L

垃圾分类 98c、212c
阆坞村整体搬迁 282b
劳动人事争议仲裁 254b
老干部助力“三高”宣扬“最美”大会 52c
老旧小区改造 264a
老年人意外伤害保险 248c
老年文教体育事业 248c
老年志愿服务队 67b
老字号品牌张小泉转型提升 150a
理论武装工作 57c
理论研究 84c
立功创模 110b
利用“城市大脑”平台查获马路杀手 116b
利用外资 155c
廉政风险排查防控 90a
廉政文化建设 90a
粮食高产示范 138b
粮食生产功能区 138a
粮油病虫害总体发生情况及防治 140a
粮油生产 137b
两大智能项目签约 189c

两个总部项目 190c
两规实施 98c
两违防控 213b
亮灯建设 212a
林区基础设施提升 138c
灵桥籍射击运动员赵中豪获东京奥运会入场券 289c
灵桥镇 2019 年度重大民生实事项目集中开工 290b
灵桥镇第十七届人民代表大会第五次会议召开 289b
灵桥镇人民调解委员获司法部表彰 289c
零售产业综合体项目 191a
领导重视信访 62b
领衔破难见实效 99c
刘威华到分局调研 104c
流动人口管理 107c
流通安全 157a
留心留根 195a
龙门古镇加快 5G 建设 303c
龙门古镇孙家厨获奖 304a
龙门景区假日专线开通 304a
龙门廉洁文化示范基地落成 304a
龙门镇公交首末站正式开通 303c
龙门镇龙门禅寺祈福法会送祝福、倡文明、保稳定 302c
龙头企业 147b
渌渚镇成功创建全国孝文化之乡 282c
渌渚镇举行首届乡贤联谊会 281a
渌渚镇小城镇环境综合整治通过省级考核验收 280b
渌渚镇杨袁村百亩七彩油菜花开放 280c
渌渚镇镇志完成初稿 282c
渌渚镇中心小学钟小凤老师获全国模范教师称号 281c
鹿山街道创建省级示范数字档案室 270b
鹿山街道举办“假日爱心学校”开班仪式 270c
鹿山街道山水社区获评“浙江省社会组织党群服务中心示范点” 271a
鹿山新城新建综合市场的建议 85c
旅游教育培训 186b
旅游行业安全生产 186b
旅游形象宣传 186b
旅游宣传推广活动 185c
履行社会责任 95c
率先成为杭州地区实行“权调承诺制”的县（市、区） 126b
率先群众办事“最多跑一次” 77a
绿色矿业发展示范区建设 128a
罗隐书屋正式开业 279c
落实计生利导政策 244b
落实减税降费 125a
落实中央“八项规定” 89b

M

马来西亚新胜大绿色造纸产业园项目签约落地 150a
麦家“童年与故乡”《人生海海》创作分享会 101a
慢性病防治 245c
芒种节气活动 293b
媒体融合 240b
美尔雅期货有限公司富阳营业部 167c
美丽河湖创建 144b
美丽经济现场会 53c
美丽林相 139a
美丽宜居示范村创建 207c
免疫规划工作 245b
民兵连长集训 117b
民兵组织整顿 117a
民生报道 238a、240a
民生产业改造 148a
民生电梯安全 132c
民生人寿保险股份有限公司浙江分公司富阳营销服务部 170c
民生实事工程建设 251c
民宿经济 136b
民政法治建设 256c
民主党派基层组织规范化建设 59c
民主管理 96b
民主监督 93a
民族村振兴 261a
民族概况 260c
民族团结一家亲 105b
民族宗教工作 60b
命名首批党史教育基地 64c
木本油料 137c

N

内部审计指导 135a
南京银行杭州富阳支行 165c
南浔银行富阳支行 164c
年降水 47c
宁波银行杭州富阳支行 165b
凝情竹乡·聚力永昌暨产业项目签约 285c
农产品质量安全检测 141a
农村电商 157a
农村改水改厕 246c
农村工作会议 53a
农村公路建管养 175a
农村集体“三资”管理 137a
农村家宴三年创建计划 129c
农村居民生活 253a
农村人居环境大提升大比武攻坚行动 274a
农村生活污水提标改造和运维工作 207b
农村统一灭鼠 140c
农村小水电管理 144c
农广校学历教育 143a
农机具推广 140a
农技人员继续教育培训 143a
农技推广体系建设 142c
农林项目网上申报 138a
农民素质提升工程 137a
农药废弃包装物回收处置 140b
农药零增长 140b
农业、新农村建设 42a
农业产业 136a
农业机械监督管理 140a
农业科技 142b
农业科技下乡 142b
农业实用技术培训 143b
农资市场监管 145b
农作物秸秆禁烧和综合利用 140c
农作制度创新 142c

P

派驻机构改革 89a
培训讲座 84c
培育档案文化品牌 66b
培育乡村经济 311a
品牌创建 185c
品牌工作室建设 67a
平安银行杭州富阳支行 165a
平台建设推动产业集聚 148b

Q

七色“彩虹党群联盟” 272c
其他对口工作 158a
其他重要会议 75c
企业上云重转型 182a
企业社会保险降费减负 254c
企业引育夯实产业基础 148b
企业职工基本养老保险 254c
启动“四线供水”工程 310a
启动常绿镇饮用水提升工程 296c
启动江南县委旧址修缮布展工程 297a
启动新时代美丽乡村创建 307b
启动中埠精品村创建 307b
启用“信访超市” 63a

气温 45c
汽车超人上榜杭州独角兽企业榜单 152c
牵头推进机关内部“最多跑一次”改革 62a
钱塘江饮用水源地保护整改 293b
强化案件强制执行 113b
强化财政监管 123c
强化各类检查 210a
强化国有资本运营 121a
强化建筑行业监管力度 209c
强化人才保障 57b
强化思想引领 94a
强化执法监察 127b
青春健康教育 244a
青何村居家养老服务照料中心改造升级 285b
青年学子看家乡主题活动 97c
青少年科普教育基地 100c
清理企业开办、注销门槛 129b
清理异常经营企业 132a
清廉富阳建设 90c
清廉医院建设 242c
请你来协商 83a
庆祝中华人民共和国成立 70 周年文艺晚会 55a
庆祝中华人民共和国成立 70 周年文艺展演 267b
球拍行业整治 295b
区本级农林项目 138a
区长办公会议 75c
区第二届人才群英大会 53b
区级机关统战工作规范化建设 59c
区级学校体育工作 251c
区纪委一届四次全会 88b
区科协系统改革 100a
区老年大学建设 67a
区十六届人大常委会第十八至第二十七次会议 69b
区十六届人大三次会议 69a
区市场监管局价监分局成立 135c
区数据资源管理局建立 81a
区委常委会（扩大）会议暨区四套班子务虚会 53c
区委常委会会议 49c
区委书记朱党其调研红十字狼群应急救援队 82c
区委一届六次全体会议 49a
区委一届七次全体会议 49b
区委一届五次全体会议 49a
区新联会乡村振兴新桐实践基地启动仪式暨首个“新联书屋”共建活动 275b
区新企联二届一次理事大会暨青商会三届一次会员大会 97a
区政府常务会议 74a
区政府会议中心视频项目改造 184b
区政府全体会议 74a
区政府与浙江中医药大学、省中医院合作签约 54b
区政府专题会议 75c
区中医院 247c
区属医院业务 242a
全方位“最多跑一次”改革 129a
全国科技工作者日活动 101a
全国食品生产加工小作坊治理工作现场会 129c
全面发展社会民生 273a
全面落实山海协作 158a
全面推进垃圾分类 272a
全民健身日展示交流大会 251a
全区高质量发展大比武暨乡镇工作交流会 53b
全区机构改革动员大会 52b
全区开展物业经营性收支信息公示试点工作 208c
全区项目集中开竣工活动 55a
全区重大项目集中开工活动 54b
全体会议建议案 85b
犬类管理 212a

R

燃气供应 199b
人才服务 79b
人才培养 223b
人才培养开发 79a
人才培养与团队建设 220c
人才招聘活动 79a
人防工程管理 214b
人防警报试鸣管控工作 214a
人防行政审批 214b
人防宣传演练 213c
人防应急指挥保障 214b
人防指挥通信工程建设及岗位联训 214a
人防专业队整组 214c
人口、人民生活、社会保障、救济福利 43c
认定鹿山街道为 2019 年杭州市示范街道（乡镇）30 分钟市民学习圈 271a
认证认可产品专项检查 131b
任免干部 71c
融杭交通项目征迁 264a
融媒体建设 238c
融资管理 198b
入围全国地方志工作先进典型推荐对象 65a

S

孙柏平 326
孙晓华 326
三江两岸女画家富阳采风活动 101c
三千师生快闪 唱响《我和我的祖国》 226c
三沿管理 213a
扫黑除恶“打伞破网” 89c
扫黑除恶 105c
森林病虫害防治 141a
森林公安、森林消防安全 141b
森林生态文化 139b
山亚南方水泥 5000t/d 生产线项目审批成功 151c
山亚南方水泥减量优化技术升级 151c
商贸、旅游 42b
商贸活市 156a
商贸项目 156a
商品质量安全监管 131a
上海浦东发展银行杭州富阳支行 164b
少年儿童圆梦志愿活动启动仪式 264b
设立老党员驿站 66c
社会保险业务经办 255a
社会服务 92a、92b、93b、93c
社会救助 255c
社会事务 256c
社会体育队伍培养 251a
社会组织规范化管理 260b
社会组织培育孵化 260b
社情民意调查 134a
社情民意信息 84a
社区创建 260a
社区规范化建设 260a
社区矫正和安置帮教 114a
社区青少年俱乐部工作推进会 97c
社区人才队伍建设 260a
社区卫生建设 242a
涉毒执法 106c
涉恐行业管理 105a
涉企收费专项检查 135c
涉稳风险处置 104c
深化“最多跑一次”改革工作 126b
深化财政改革 123b
深化大平安工作机制 103a
深化党建联盟机制 159a
深化改革 55b
深化价格成本监审工作 135b
深化检察服务职能 112a
深化科技大市场运营机制 219b

深化农民审批建房工作 127b
深化企业办事“最多跑一次” 77b
深化诉讼司法服务 113a
深化信用支农力度 158c
深入推进重点价格政策落实 135b
审查处置 89b
生产安全事故比上年下降 81a
生活饮用水监测 246a
生态调水 144b
生态环保督察整改工作 217a
生态环境公众满意度 215c
生态环境执法 217b
生育保险 255b
声环境 215b
省级标准农田地力提升 138b
省级和省属部门级先进个人 319
省级和省属部门级先进集体 314
省级美丽农业项目 138a
省级数字档案馆评估 65c
省级以上含省级 322
省级众创空间 188b
省农村文化礼堂“我们的村晚”省土场晚会 234a
省农作物病虫监测网富阳区域站建设 140b
湿地公园建设 141b
十届八、九次常委会和十届六次全委会 99c
石小忠到分局调研 104b
实践教学 110b
实施年轻干部“五级梯队”培养选拔 56c
实施农业“机器换人”示范工程 140a
实施文艺家进校园支教 101c
实现无信访积案区 62c
实训基地、田间学校 143b
食品小作坊三年提升计划 129c
史占彪到分局调研 104b
市场监管 159c
市级“菜篮子”工程建设 138a
市级先进集体 318
市级畜禽屠宰行业发展项目 138a
市级阳光体育赛事 251c
市纪委书记到新登镇调研 88a
市容秩序 213a
市政公用 212b
市政基础设施建设 210b
市政基础设施项目 196a
事业单位岗位管理 79b
试点信访“最多访一次”工作 264a
守护“舌尖上的安全” 111c
首次警察职务晋升 110b
首届大源镇乡贤联谊会 287b
首届富春江诗词大会在施肩吾故里举行 312a
首届青少年创客大赛 98b
首届乡贤大会 275c
首届乡贤联谊会 289c
首届乡贤联谊会成立 293b
首届峭山论坛开幕 284a
蔬菜生产 137c
蔬菜之王 138b
树立实绩实干用人导向 56c
数字城管 211b
数字赋能引导产业升级 148b
数字化派出所建设 107a
数字经济服务 184c
双创平台建设 219a
双聘工作 110a
双学双比·巾帼建功 98c
水稻品质遗传改良团队获2018—2019年度中华农业科技奖优秀团队奖 222c
水稻新品种新技术获认可 223a
水果生产 137b
水环境 215a
水利工程标准化管理 144c
水利工程管理 144a
水利规划 144a
水情 48a
水土保持 144b
水污染防治 215c
水域保护与管理 144b
水政执法 145b
水资源管理 144a
司法实战服务 108a
思想文化队伍建设 58c
思想政治引领 98c
四风问题整治 89b
四责协同 89c
松溪家园五期工程 203b
松溪小学啦啦操队获杭州市特等奖 278a
送药上山进岛便民服务点 132c
素质强警 109b

T

台湾南投营北营盘中小学师生文化走亲 274a
台州银行杭州富阳支行 165c
太平财产保险有限公司杭州富阳营销服务部 168c
太平人寿保险有限公司杭州中心支公司富阳营销服务部 170c
泰康人寿保险有限责任公司浙江杭州富阳第一营销服务部 171a
泰山财产保险股份有限公司杭州市富阳支公司 170a
探索节约集约利用土地新模式 126c
探索实施党建联盟助力乡村振兴机制 57b
特种设备安全大检查 132c
特种行业许可审批承诺制 109a
提案工作 84b
提供档案文化服务 66a
提升“双网”质量 182b
提升案件质量效率 113a
提升服务能力 182a
提升建筑工地文明施工管理水平 210a
提升精准就业服务能力的建议 87b
提升社有企业实力 159a
提升信息化合作能力 183a
体育彩票 252c
体育产业发展资金项目申报 252b
体育传统项目学校建设 251c
体育社团工作 251a
体育中心项目建设 252a
体制机制建设 243a
天安财产保险股份有限公司富阳支公司 169b
条件与平台建设 222a
停车场（位）建设统筹工作 207b
通过国家卫生乡创建 308a
通过杭州市“无违建”乡镇创建验收 292a
通过杭州市无违建乡创建 308a
通过省标认定 233c
通过省级“现代农业产业园”评审立项 276c
统计法治建设 134b
统计服务 133c
统计基础建设 134a
统一平台高效运转 63a
统一战线迎新会 52b
统战宣传 60c
投资项目审计 134c
土地“三权分置”改革 137b
土地供应出让 127a
土地综合整治和生态修复 127a
土壤污染防治 217a
团结联谊 85a
推出首批7条红色研学路线 64c
推动创新提质效 112a
推动基础教育国际化的建议 87a
推动乡村菜场规范提升 130c
推广打造“家门口的监委”富春经

验 264c
推广农业政策性保险覆盖面 18c
推荐身边好人选树文明家庭 58b
推进“不忘初心、牢记使命”主题教育 281b
推进“不忘初心、牢记使命”主题教育 301b
推进“不忘初心”主题教育 286c
推进“项目审批一件事”改革 77b
推进“阳光工程”建设 278a
推进“云南班”系列帮扶计划 261a
推进产业发展 119c
推进场口微镇项目 299a
推进初次信访程序改革 62c
推进国企专业化重组 121a
推进机关内部“最多跑一次”改革 77c
推进交通基础设施项目建设 306a
推进精品村创建 299a
推进美丽经济“三大计划” 269a
推进母婴设施建设 244b
推进其他领域改革 62a
推进热点难点的有效解决 130a
推进扫黑除恶专项斗争 110c
推进市场主体转型升级 132a
推进铜工业功能区拆除工作 307a
推进投资项目制度改革 120c
推进乡村环境综合整治 305b
推进小城市培育试点 120c
推进新中线拓宽工程 307b
推进依法治税 125b
推进源乡特色旅游 305a
推进征补项目 272a
推进政务服务标准化建设 77b
推行矛盾纠纷“六制联动法” 311c
推行政府投资项目建设过程全公开工作 209b
退伍老兵欢迎仪式暨就业推进会 117c
退休人员社会化管理 255a
拓展科普宣传阵地建设 100b

W

吴国灿 326
万重丰 326
瓦窑里遗址考古发掘 235c
外国专家管理服务 219c
外贸风险防控 156b
外事工作 76b
完成《中国共产党富阳历史第三卷》（1978—2002）初稿编写 64a
完成 19 省道精品线路工程 307c
完成 2 座病危桥改造 291c
完成 S305 省道渌渚段亮灯工程 282c
完成大化线入镇口段综合整治边坡治理工程 296c
完成大源镇集镇有机更新房屋搬迁 287c
完成党政机构改革 61c
完成第二批工业企业拆除签约 266b
完成环山乡党委巡察工作 307a
完成机构改革 126a
完成集镇“污水零直排区”建设 292b
完成精品线路弱电整治工程 291c
完成里安公路精品线路二期工程 291c
完成里山 4 村农村饮用水达标提标工程 292a
完成里山溪西侧企业、化工区块征迁 291b
完成区第四人民医院四楼病区及门诊室升级改造工程 299a
完成上官乡计生协会换届选举 295a
完成五个“多规合一”村庄规划编制试点工作 206c
完成中沙村整村搬迁（一期）工作 266b
完成紫云山庄环境综合整治 273b
完善“四个平台”和全科网格机制的建设 85c
完善农事节庆活动的建议 86a
完善人才政策 57a
完善住房保障与公共配套 305c
万达广场项目落户银湖新区 190a
汪勇到分局考察 104b
王双全、金志到分局督导全国“两会”维稳安保 104b
网络餐饮食品安全整治工作 130b
网络建设 183b
危房管理 207c
危险物品管理 107a
为老战士代表颁发庆祝中华人民共和国成立 70 周年纪念章 118a
围剿技战法 107c
违法企业曝光 81a
维护大局稳定 110c
维稳安保体系 104c
维修驾培行业管理 176c
委内瑞拉语言文化研修班到万市镇参观交流 309c
委派民主监督员 84a
未成年人司法保护 111c
味道山乡之状元故里行大会 311b
文化、卫生和体育 43b
文化馆场馆搬迁 233c
文化礼堂行政村、乡镇两个“全覆盖” 58b
文化市场安全生产 237a
文化市场行政执法 236c
文旅产业发展 199a
文史工作 85a
文物保护与安全 235b
文物监察 237a
文艺帮扶 101b
文艺惠民活动 102a
稳步集聚“双创”人才 57a
无偿献血 247b
五省市羽毛球联赛 251b
物业两金管理 208b
物资储备 80b

X

西复线大源互通连接线工程 178c
西复线银湖互通连接线工程 178c
咸康村成功创建 3A 级景区村庄 274c
线束生产整体搬迁项目 190b
乡村绿化 139a
乡贤工作 269a
乡贤统战工作 60b
乡镇（街道）监察办公室规范化建设 89a
乡镇（街道）统战工作规范化建设 59c
乡镇（街道）属地清单 62a
项目建设 195b、239a
项目建设大比武 55a
项目建设管理 198b
项目申报和资金争取 120a
消防安全管理 81a
消费者权益保护工作 133b
小微企业 147c
小微企业创新园建设 219b
协同推进反腐败工作 111a
新登镇“贤明讲堂”开班 278c
新登镇共和花园公寓安置区（一期）项目 203a
新登镇惠来花园公寓安置区（一期）项目 203a
新登镇塔山花园公寓安置区工程 203a
新登镇湘溪乡贤馆开馆 279b
新华人寿保险股份有限公司杭州中心支公司富阳区营销服务部 171c
新建商品房交易 208a
新建商品房库存 208a
新品种、新技术推广 143a
新设立非常设机构 76a
新时代美丽乡村 136c
新桐村获评 2019 年度浙江省高标准

农村生活垃圾分类示范村　277a
新型职业农民培育　143a
新增就业　253c
新制定《富阳区建设工程施工在表投标管理规定》　209c
新中村“金萧支队江北办事处史料馆”被命名为富阳首批党史教育基地　276b
新中国成立70周年报道　239c
新中国成立70周年系列纪念活动　65a
信达期货有限公司富阳营业部　167c
信访举报工作　89a
信访维稳　254c
信泰人寿保险股份有限公司浙江分公司富阳营销服务部　171b
信息工作　56a
信用工作　120a
信用信息公示　132a
兴业银行杭州富阳支行　164b
星帅尔取得2项商标注册证书　150c
行业管理　156a
行业管理　186c
行政村（社区）团干部培训班　98b
行政审批　145b、236c、256b
行政诉讼监督　111b
行政执法能力建设　145b
胥口镇首家家宴中心设立　284c
徐樟线骆村村内段改扩建项目竣工通车　289a
许强到富阳指导反恐怖工作　104c
畜牧生产　137c
宣传报道　68b
宣传工作　110a
宣传阵地建设 243a
学科建设　248b
学习贯彻习近平新时代中国特色社会主义思想　63b
学习生活　92b
学校体育场地面向社会开放工作　252a
学校卫生监督　245a
雪亮工程　182a
巡察方法创新　61b
巡察工作　89c
巡察工作公开　61c
巡察全覆盖　61a
巡察向村社延伸动员会　88c
巡察整改　264c

Y

压缩企业开办时间　129b
亚运场馆建设　252a
亚运射击射箭现代五项馆项目　201c
亚运项目陆续开工建设　268b
严惩侵害群众利益犯罪　110c
岩石岭水库运行管理　144c
研发平台培育工作　218b
阳陂湖生态修复治理项目开工　55a
阳光财产保险股份有限公司富阳支公司　168c
阳光人寿股份有限公司富阳支公司　170c
杨金红名师乡村工作室主题培训活动暨省（市）教研课题开题论证会在新登镇小举行　232a
养老服务　256a
药谷小镇综合配套工程(一期)　203b
药械安全检查　133a
野生动物救护　141b
野生动植物保护管理　141b
业务经营　159b
一村万树　139a
一亩山万元钱新模式　139a
一巡多功能　211a
医共体改革　246c
医共体建设动员大会　52b
医疗帮扶　242b
医疗保障服务　255c
医疗保障改革　255b
医疗保障和体检任务　247a
医疗保障监管　255c
医疗机构监督　245a
医疗投资管理　241b
医养结合　249a
依法维护信访秩序　62c
以检察公益诉讼守护英烈荣光　116b
义乌森博会　139b
议案建议办理　72c
异地对口就业扶贫　254a
银湖创新中心被认定为省级小微企业园　188c
银湖区块安置房建设项目　201c
银湖区块安置房建设项目　202a
银湖小学工程　203c
银湖新区九大项目　191b
银湖中学获得“最佳教研团队奖”荣誉称号　232a
引进高新企业　155b
引进杭州地区首家中科院系统科研院所　218c
引进优秀高校毕业生　79a
引进重大创新要素有突破　218c
饮用水和涉水产品卫生监督　245a
隐患排查治理　80b
应急管理机构建立 79c
英大泰和财产保险股份有限公司富阳支公司　169b
永安财产保险股份有限公司富阳支公司　169c
永安山第十四届滑翔伞嘉年华暨第二届浙江省滑翔伞锦标赛　250c
永昌镇中心小学举办2019年全国小班化教育研讨会　285c
永盛科技LNG低温阀通过鉴定　151a
优化法治营商环境　112b
优化纳税服务　125c
优化农资生产服务　158b
优化刑事诉讼监督　111a
优化营商环境　95a
优化营商环境的对策建议　86a
优化制度建设　61a
优势产业提升　147c
邮务类业务　181a
邮政便民工程　181c
邮政储蓄银行富阳支行　164a
邮政服务　181b
渔山乡渔葛复线建成通车　293c
渔业管理　141c
渔业生产　137c
渔业生态保护　141a
舆论监督　238a
舆论宣传　57c
舆论引导　240a
舆情管理　58a
雨情　47b
预算执行审计　134c
园林绿化　212c
院前医疗急救　246c
孕产妇系统管理　243a
运动休闲旅游基地、线路评选　252c
运输管理　177c
运行机制　222b

Z

灾害性天气　46c
再生资源工作　156a
在富高校团工作座谈会　98b
在京乡贤乘首趟直达富阳高铁回故乡　53c
在押人员服务保障　108a
在押人员管理　108a
造林抚育　138c
造血干细胞、器官捐献　82b
增强“四力”服务“三高”发展座谈会　101b
增强群众性活动教育实效　118c

渣土管控 213c
扎实推进科技扶贫与乡村振兴 223a
展览和宣教活动 235c
战略合作工程 139b
招商安商引商 94c
招商体制 155a
招商项目 155b
招商银行杭州富阳支行 164a
招商引资 195c
沼气安全生产 140b
召开“奋力争先、勇创一流”环境卫生大比武暨垃圾分类提质扩面推进大会 270a
召开常安镇第十七届人代会第六次会议 300c
召开第十七届人民代表大会第五次会议 294b
召开第十四届代表大会第四次会议 312c
召开第一届人民议事会议第二次代表会议 266a
召开杭州市农村家宴中心创建提质扩面工作现场会 268c
召开教育系统纪念建党98周年暨深化“三争”活动工作部署会 230b
召开龙门镇第十七届人大第五次会议 302b
召开清廉村社建设深化推进会暨廉内助座谈会 294b
召开区委网络安全和信息化委员第一次全体会议 239b
召开全国小作坊整治现场会 298b
召开全区教育大会暨庆祝第35个教师节表彰会 231b
召开全区中小学、幼儿园垃圾分类工作现场会 230c
召开首届乡贤联谊会 283b
召开思想政治课教师座谈会 231b
召开中共龙门镇十四届代表大会第四次会议 304b
召开中国共产党常安镇第十五届代表大会第四次会议 301c
召开中国共产党永昌镇第十五届代表大会第四次会议 286b
浙江江丰新材料有限公司金属材料深加工项目落户新登新区 151a
浙江民泰商业银行杭州富阳支行 164b
浙江省“我们的村晚” 54a
浙江省第四届“棒棒虎”幼儿故事会大赛 234c
浙江省盲人学校庆祝建校30周年 229c
浙江省男子篮球超级联赛 251a
浙江省首个融合教育教师发展学校在富阳落户成立 229c
浙江泰隆商业银行杭州富阳支行 164b
浙商财产保险股份有限公司富阳支公司 169a
浙商银行杭州富阳支行 164c
浙商证券富阳江滨西大道营业部 167b
侦破“3·28”黑恶犯罪团伙案件 115a
侦破“铜精矿粉”系列盗窃案件 115a
侦破持刀入室抢案件 115c
侦破全国首起以网络电商平台刷单方式进行非法吸收公众存款案件 116a
侦破网络诈骗团伙案件 115b
侦破微信交友诈骗案件 115c
侦破徐某特大跨省系列盗窃案件 115b
争创“最强领头雁”大比武活动 276b
征地拆迁 192c
征迁情况 204a
整合土地资源 305c
整治提升杭黄沿线、西复线互通周边环境 308a
整治组织工作的薄弱环节 57c
政策研究 55b
政府采购电子交易新举措 78a
政府数字化转型 81b
政府投资信息化项目全流程统筹管理 81c
政务信息 76c
政协常委会会议 83a
政协九届三次会议 83a
政协走亲活动 85a
支持经济发展 121c
执法管理辅助平台建设 108c
执法问题整治 108c
执法制度建设 108c
直属子公司 198a
职工服务 96c
职业技能鉴定 143b
职业技能培训 254a
指导地情文献编纂和成果应用 65b
指导乡镇（街道）人大工作 72b
志愿服务 82b
志愿服务活动 98a
志愿服务实务知识培训会 97c
志愿者服务 101a
志愿者活动 212c
治安隐患整治 105a
智慧电网建设 153c
智慧监管全面上线 130b
智慧医疗 247a
智能气腹肌及医用耗材研发生产项目 190c
智能装配检测线生产基地项目 190a
中策清泉挂牌“锦屏劳务输出就业基地” 152b
中共富阳区委办公室文件 328
中共富阳区委文件 326
中国(杭州)电影产业高峰论坛 237c
中国(上官)球拍产业园开园 295b
中国藏学研究中心调研万市 309a
中国大地财产保险股份有限公司富阳支公司 168c
中国工程院原常务副院长潘云鹤到富作专题报告 54a
中国工商银行富阳支行 163b
中国建设银行富阳支行 163b
中国交通银行富阳支行 163c
中国民生银行杭州富阳支行 164c
中国农业发展银行富阳支行 165c
中国农业银行富阳支行 162b
中国平安财产保险股份有限公司富阳支公司 168a
中国平安人寿保险股份有限公司浙江分公司富阳营销服务部 170b
中国人民财产保险股份有限公司富阳支公司 168a
中国人民健康保险股份有限公司富阳营销服务部 171a
中国人民人寿保险股份有限公司杭州市富阳支公司 170b
中国人民银行富阳支行 162b
中国人寿保险股份有限公司杭州市富阳支公司 170a
中国人寿财产保险股份有限公司杭州市富阳区支公司 168b
中国太平洋财产保险股份有限公司富阳支公司 168b
中国太平洋人寿保险股份有限公司杭州市富阳支公司 170b
中国陶行知研究会求真教育实验研究分会2019年学术年会在富阳举行 227c
中国银河证券杭州江滨西大道证券营业部 167b
中国银行富阳支行 163b
中华联合财产保险股份有限公司富阳支公司 169b
中科院上海光机所杭州分所 195b
中轻度污染农田安全利用示范 141a
中泰深冷、富春江环保各一项产品被认定为省内首台（套）产品 151b
中心工作护航 105b
中信银行杭州富阳支行 163c
中信证券杭州桂花西路证券营业部 167b

中央农业支持保护补贴（耕地地力保护） 138b
中药材 137c
中医骨伤医院 248a
中意人寿保险有限公司浙江分公司富阳营销服务部 171b
中银保险有限公司浙江分公司富阳营销服务部 170a
重大案事件侦破 105c
重大动物疫病防控 141c
重大活动社会风险评估做法 105b
重大科普活动 100a
重点场所管理 105a
重点创建并重 106c
重点工程 200a
重点项目 185b
重要创作成果 102a
朱党其出席公安工作会议 104c
竹产业 137c
主题报道 239c
主题教育 84c
主题教育正风肃纪检查 89c
主题宣传 238a
主要洪涝灾害 79c
主要经济指标 146a
主要灾害 143b
主要指标解释 44b
住房公积金“最多跑一次”改革 78c
住房公积金财务情况 78c
住房公积金贷款 78b
住房公积金归集 78a
住房公积金支取 78b
助解民生小事 84b
助力企业强化知识产权工作 131c
助力医疗器械企业健康发展 132c
助推法治政府建设 113a
助推生活垃圾源头分类的建议 86c
注重能力建设 94b
抓好国防教育 118a
专题调研 84b
专项集体民主监督 84a
专项审计调查 134c
专项治理 89b
专业园区 195c
资产经营投资管理 198a
资产运营公司合并整合 204a
子午线轮胎扩建项目 190c
紫云山庄综合整治 213c
自身建设 91a、92c、93c
宗教概况 261a
宗教领域规范化建设 261b
综合 41b
综合档案馆业务评价 65b
综合指挥室建设 107a
走亲连心三服务 95b
组建文艺轻骑兵礼堂小分队 102a
组织财政收入 121c
组织建设 92b
组织税费收入 125a
醉美常安“初心晨读”学堂开班 301a
作风建设 112a
做地情况 204b
做好“双控” 120a
做好降费减负工作 135b
做实做好工业经济 311a
做优做活农业经济 311a

照片索引

0—9

“漫”永昌特色产业联盟 286
2019年1月14日，区领导为新行政服务中心揭牌 77
2019年1月19日，区退役军人事务局揭牌 259
2019年1月20日，富阳区农业农村局揭牌 136
2019年1月20日，杭州市富阳区应急管理局揭牌 80
2019年1月20日，区文化和广电旅游体育局揭牌 233
2019年1月20日，市生态环境局富阳分局揭牌 216
2019年1月21日，杭州市规划和自然资源局富阳分局揭牌 126
2019年1月22日，富阳区机构改革人员转隶和“三定”工作动员培训会召开 62
2019年1月24日，出庭支持公诉富阳首例黑社会性质组织犯罪案件 111
2019年1月2日，区委第二巡察组巡察区水利水电局党委工作动员会召开 61
2019年2月16日，首届乡贤联谊会在胥口镇政府召开 284
2019年2月17日，湖源乡雨水节气活动举办（图为窈口村女子板龙民俗表演） 305
2019年2月18日，富阳区春季大型人力资源交流大会暨高校毕业生就业洽谈会在区体育馆举行 79
2019年2月18日，召开2019年度全区财政工作暨党风廉政建设工作会议 123
2019年3月16日，第二届山乡兰花大会举办 294
2019年3月22日，规划资源富阳分局“克难攻坚促转型，锻造一流施工队”战斗动员大会召开 127
2019年3月27日，拔山开茶节活动举办 263
2019年3月6日，富阳区医共体建设动员大会召开 247
2019年3月8日，富阳区老年大学400余名学员围绕庆祝中华人民共和国成立70周年，拍摄《我和我的祖国》《国歌》快闪 67
2019年4月，大源镇获“中国传统竹纸之乡”称号 287
2019年4月10日，东洲街道葡萄收购签约仪式举行 158
2019年4月13日，味道山乡之状元故里行大会举办 311
2019年4月14日，骑游春天暨第三届环富阳骑游大会举办 308
2019年4月15日，富阳锦屏东西部扶贫协作联席会议召开 157
2019年4月18日，全国食品生产加工小作坊治理工作现场会在富阳举行 129
2019年4月22日，富阳区扩大有效投资暨重大项目集中开工活动在春江街道举行 266
2019年4月26日，富阳首个5G基站开通 182
2019年4月26日，杭州茶文化博

览会闭幕式暨安顶云雾茶开茶节举办 291
2019年4月28日,“中国梦•劳动美”庆“五一”主题活动举行 96
2019年4月30日，“唱响时代旋律•奋斗青春梦想”“五四”青春分享会举办 97
2019年4月30日，富阳区第二届百花大会夜间表演开放 303
2019年4月6日，常安镇乡贤爱心发展基金会成立 300
2019年4月6日，春建乡首届乡贤联谊会召开 274
2019年4月9日，组织开展“天网一号”专项大执行 112
2019年5月,“双创周”活动开幕 219
2019年5月10日，浙江银保监局富阳监管组揭牌 167
2019年5月25日，中国少儿故事浙江总决赛在渌渚镇举办 281
2019年5月27日，富阳区委书记朱党其（左一）走访调研金火机床数字化改造 151
2019年5月6日，富阳区推出“出生一件事”改革，对富阳区户籍的新生儿提供出生一站式“十事联办” 241
2019年5月6日,环山铜工业功能区企业拆除工作动员大会举行 307
2019年5月9日，杭州市委副书记、市长徐立毅（右二）、富阳区委书记朱党其（右一）走访金鑫集团 148
2019年6月12日，富阳区融媒体中心揭牌 238
2019年6月12日，杭州市纪委书记陈擎苍赴新登镇调研“阳光工程” 279
2019年6月12日，杭州市健康素养进农村文化礼堂三年行动启动仪式暨2019年老年健康宣传周活动在春江街道新建村友谊文化礼堂举行 267
2019年6月22日，富阳区领导干部“周末学习大讲堂”开班 64
2019年6月24日，“夏至春建 麦有嬉乐”夏至节晚会在咸康村举行 274
2019年6月27日，“臭味香投”厨艺擂台赛举办 286
2019年6月28日，龙门镇龙门三村“迎七一”村晚举办 304
2019年6月6日,渔山稻香节举办 293
2019年7月，富阳区人民政府于中国移动杭州分公司签订5G战略合作协议 183
2019年7月，劳动监察员在施工现场检查维权告示牌设立情况 254
2019年7月17日，富阳区、黄山区全域旅游战略合作框架协议签订 185
2019年7月19日，富阳荣获中国天然氧吧称号 46
2019年7月1日，首届富春江开渔节举办 299
2019年7月1日灵桥镇红歌大赛举办 289
2019年7月24日，麦家《人生海海》创作分享会举办 101
2019年7月25日，全区乡镇级工程项目信息公开既村级工程规范化管理现场会在新登召开 279
2019年7月26日,2019杭州富阳•味道山乡大会之“桃源避暑行”活动在上练村鹤舞坪启幕 284
2019年7月27日，常安童玩节暨思科旅游“田更园”项目启动仪式在横槎村田更园举行 301
2019年7月29日，富阳区一府两院工作报告会暨民生福祉擂台大比武举行 72
2019年7月29日，区人大代表视察2019年区政府民生实事项目进展情况 73
2019年7月5日，富阳区企业退休人员庆祝中华人民共和国成立70周年文艺会演在场口文化礼堂举行 255
2019年8月29日，杭州市农家乐家宴中心创建提质扩面工作现场会在东洲街道召开 268
2019年8月29日，区政协提升富阳公共文化设施运营绩效请你来协商会议 85
2019年8月30日，富阳区农村饮用水提标达标工程开工 292
2019年9月，渔葛复线通车 293
2019年9月12日，富阳区“践行新使命、忠诚保大庆”誓师大会暨平安大巡防启动仪式在巡特警大队举行 109
2019年9月20日，区审计局实地考察新登镇亲水平台各处节点打造和环境整治情况 134
2019年9月21日，参加杭州市统计调查系统职工运动会 133
2019年9月21日，上海光机所杭州分所揭牌 218
2019年9月22日，“家是最小国，国是千万家”——庆祝新中国成立70周年家书分享会举办 66
2019年9月24日，场口镇叶盛区块房屋搬迁集中签约 297
2019年9月25日，富阳区举行“同心同行七十年，凝心聚力新时代”主题庆祝活动 59
2019年9月26日，大源镇稠溪村获全区党建擂台比武擂主 288
2019年9月27日,拥抱新时代——庆祝新中国成立70周年文艺晚会举办 234
2019年9月29日，东洲街道70年史料展陈开放仪式举行 269
2019年9月30日，浙江省中医院新院区项目签约仪式举行 242
2019年，湖源乡新一村龙鳞坝走红网络，带动乡村旅游 306
2019年10月，秦望社区召开党建共建联席会议，商讨文教西苑小区消防整改提升方案 57
2019年10月16日，富阳首台既有住宅加装电梯落地 208
2019年10月16日，渌渚镇“孝善姐帮忙”服务团成立 282
2019年10月17日，区领导调研金富春丝绸品展厅 95
2019年10月18日，富阳区第九届全民运动会开幕 250
2019年10月21日，三星热电烟囱启动拆除 204
2019年10月24日,杭州市富阳区市场监管综合行政执法队揭牌 128
2019年10月24日，红色记忆——“奋斗与梦想”富阳历史图版展开展 64
2019年10月25日，金健勇先进事迹报告会在杭州举行 110
2019年10月9日，杭州市公益嘉年华在渌渚镇孝子湾公园举办 260
2019年11月13日，全国小班化教育研讨会在富阳举行 227
2019年11月15日，杭州市富阳区重大项目集中开竣工活动举行 119
2019年11月15日，浙江省国际青年电影周创投实践基地揭牌 59
2019年11月27日，秋忆小隐文艺

沙龙举行 86
2019年11月28日，承办全省2019年“国家宪法日”暨“国家宪法宣传周”流动大舞台演出 114
2019年11月28日，第一届长三角基础教育年度峰会——聚焦新时代劳动教育在富阳举行 227
2019年11月28日，首届富春江诗词大会举办 312
2019年11月30日，万市镇北京乡贤联谊站成立 309
2019年12月10日，杭州市“家门口的监委”建设现场会举行 88
2019年12月11日，富阳区教育系统清廉学校建设工作交流暨入党初心故事分享大会举办 229
2019年12月11日，富阳区美丽经济现场会召开 142
2019年12月11日，区委书记朱党其赴山水社区调研垃圾分类工作 270
2019年12月12日，区科协十一次代表大会召开 100
2019年12月13日，富阳区首家“国家级青春健康示范基地”揭牌 244
2019年12月25日，区领导调研紫云山庄环境综合整治 273
2019年12月25日，中国（上官）球拍产业园开园 295
2019年12月26日，举办电商培训 156
2019年12月31日，灵桥镇2019年度重大民生实事项目开工 290
2019年金融机构负责人会议召开 162
2020年1月12日，区领导赴深圳招商 155

C

常绿镇小城镇整治成果 297
城西后周片区老旧小区整治效果 210
创新中心 188

D

大盘山隧道效果图 179

F

富春街道居家养老服务中心 256
富春新貌 262
富阳区人民来访联合接待中心 63

G

公积金办理窗口 78
供电服务进基层 153
硅谷小镇鸟瞰图 187
桂花路夜景 211

H

杭州富春湾新城规划图 192
杭州富春湾新城实景图 193
环金线效果图 200

J

江边灯光 199

K

开展“爱国爱教、缘结富春”庆祝新中国成立70周年茶会暨书画义卖募捐活动 261
坑西西岩山温泉项目 273

L

鹿山花海 271

M

美丽经济走廊胥高线开通 174
美丽新桐 276

P

评残医院扶残助残一件事办理现场 259

Q

区领导调研城市大脑建设 82
区税务局在办税服务场所设立减税降费专区，为纳税人提供涉税业务 125

S

深化服务我担当，不忘初心再出发——成立10支乡村振兴农技服务队 139

X

新登镇秉贤安置小区 202

Y

亚林所介绍科技支撑精准扶贫工作经验 220
严厉打击物流寄递环节涉烟违法活动 159
阳陂湖效果图 198

Z

组织民兵训练 117

图表索引

表 1　2019 年富阳区乡镇街道概况表　41
表 2　2019 年富阳区气象要素与 2018 年、常年对照表　45
表 3　2019 年富阳区平均各月降水量及降水日表　48
表 4　富阳区 2019 年财政收入执行情况表　122
表 5　富阳区 2019 年财政支出执行情况表　122
表 6　2019 年富阳税收情况表　124
表 7　2019 年全社会用电量及用电性质构成表　153
表 8　2019 年年末富阳区银行类金融机构人员情况表　160
表 9　2019 年富阳区金融机构本外币存贷款余额表　161
表 10　小贷公司 2019 年发放贷款情况表　172
表 11　小贷公司风险拨备情况表　172
表 12　小贷公司贷款业务集中度情况表　172
表 13　富阳区 2019 年度邮政实绩情况表　180
表 14　2019 年亚林所获奖成果一览表　221
表 15　2019 年亚林所年度编写著作一览表　221
表 16　2019 年亚林所专利情况一览表　221
表 17　2019 年亚林所技术标准一览表　221
表 18　2019 年亚林所审认定品种权一览表　221
表 19　2019 年亚林所认定成果一览表　222
表 20　2019 年区属各医院业务情况表　243
表 21　富阳区 2019 年道路、隧道命名更名一览表　257
表 22　2019 年富春街道各行政村基本情况表　263
表 23　2019 年春江街道各行政村基本情况表　265
表 24　2019 年东洲街道各行政村基本情况表　268
表 25　2019 年鹿山街道各行政村基本情况表　270
表 26　2019 年银湖街道各行政村基本情况表　272
表 27　2019 年春建乡各行政村基本情况表　275
表 28　2019 年新桐乡各行政村基本情况表　276
表 29　2019 年新登镇各行政村基本情况表　278
表 30　2019 年渌渚镇各行政村基本情况表　281
表 31　2019 年胥口镇各行政村基本情况表　283
表 32　2019 年永昌镇各行政村基本情况表　286
表 33　2019 年大源镇各行政村基本情况表　288
表 34　2019 年灵桥镇各行政村基本情况表　290
表 35　2019 年里山镇各行政村基本情况表　291
表 36　2019 年渔山乡各行政村基本情况表　292
表 37　2019 年上官乡各行政村基本情况表　295
表 38　2019 年常绿镇各行政村基本情况表　296
表 39　2019 年场口镇各行政村基本情况表　298
表 40　2019 年常安镇各行政村基本情况表　300
表 41　2019 年龙门镇各行政村基本情况表　302
表 42　2019 年湖源乡各行政村基本情况表　306
表 43　2019 年环山乡各行政村基本情况表　307
表 44　2019 年万市镇各行政村基本情况表　309
表 45　2019 年洞桥镇各行政村基本情况表　310
表 46　国家级和国家属部门级先进集体　313
表 47　省级和省属部门级先进集体　314
表 48　国家级和国家属部门级先进个人　318
表 49　省级和省属部门级先进个人　319
表 50　杭州市级先进个人　321
表 51　2019 年度荣立三等功以上军人名录　321
表 52　名优产品省级以上含省级　322
表 53　科研获奖项目　323
表 54　中共富阳区委文件　326
表 55　富阳区人大常委会文件　327
表 56　富阳区人民政府文件　328
表 57　中共富阳区委办公室文件　328
表 58　富阳区人民政府办公室文件　331